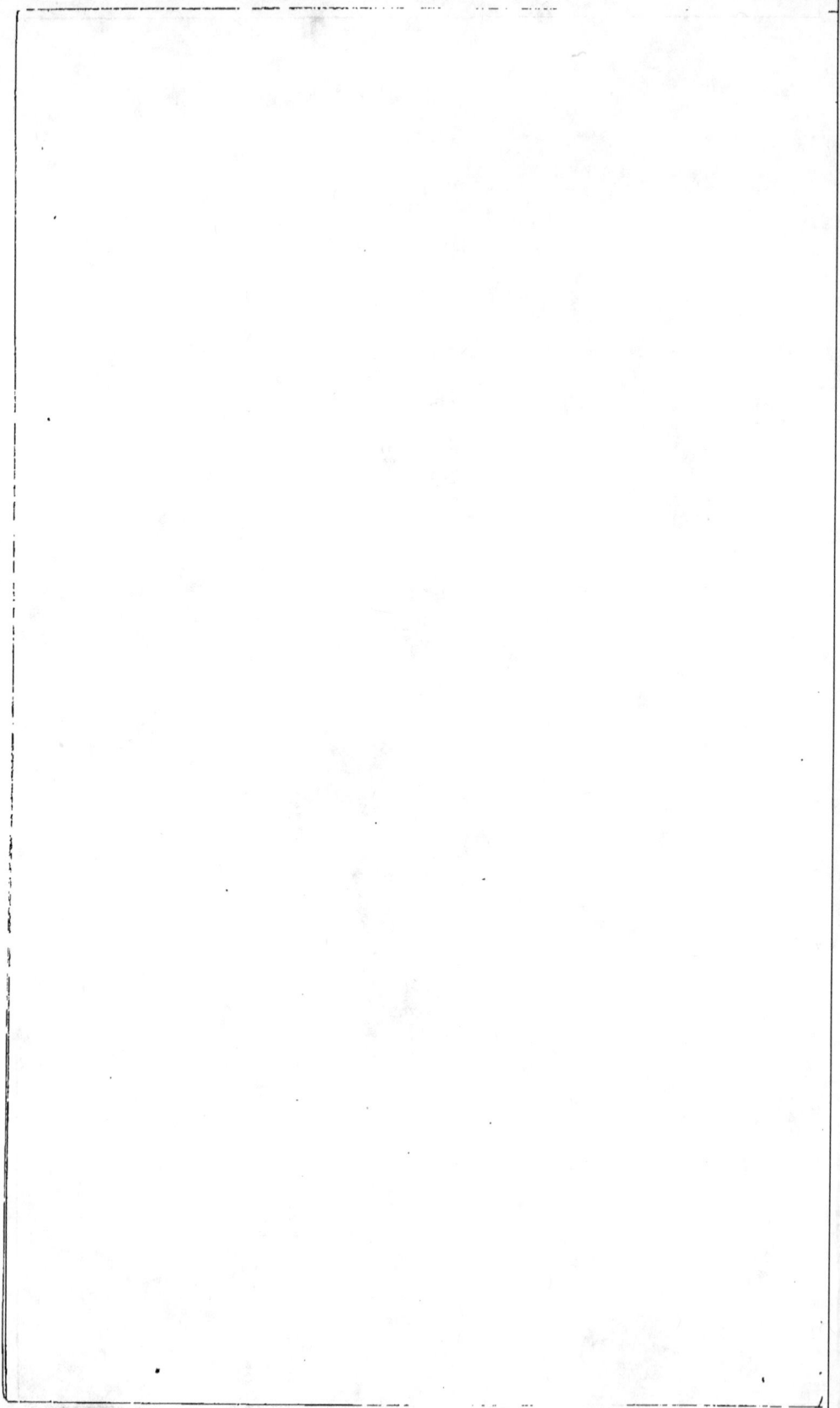

LA

JURIDICTION CONSULAIRE

DE PARIS

L'auteur et l'éditeur déclarent réserver leurs droits de traduction et de reproduction.

Ce volume a été déposé au ministère de l'intérieur (direction de la librairie) en juin 1872.

PARIS. TYPOGRAPHIE DE HENRI PLON, RUE GARANCIÈRE, 8.

LA
JURIDICTION CONSULAIRE
DE PARIS

1563-1792

SA CRÉATION, SES LUTTES, SON ADMINISTRATION INTÉRIEURE
SES USAGES ET SES MŒURS

Par M. G. DENIÈRE

ANCIEN PRÉSIDENT DU TRIBUNAL DE COMMERCE DE LA SEINE
PRÉSIDENT DE LA CHAMBRE DU COMMERCE DE PARIS

PARIS

HENRI PLON, IMPRIMEUR-ÉDITEUR

RUE GARANCIÈRE, 10

—

1872

Tous droits réservés

PRÉFACE.

Les documents qui ont servi à reconstituer l'histoire de la juridiction consulaire de Paris forment trois volumes in-quarto et trois registres in-folio manuscrits, appartenant au tribunal de commerce. C'est tout ce qui reste des archives du consulat.

Les trois volumes renferment *les chartres* de la juridiction, c'est-à-dire les édits, lettres patentes, arrêts et autres pièces sur lesquels reposaient les priviléges de la juridiction. Le premier volume est intitulé sur la couverture même : « Livre des » priviléges de la juridiction et place commune des marchands » de la ville de Paris. » Il est écrit sur parchemin comme les deux autres. On y trouve toutes les pièces recueillies de 1563 à 1660, et le rôle des juge-consuls de 1563 à 1657. — Le deuxième volume, relié en maroquin rouge, avec des fleurs de lys parsemées sur le dos et sur les plats à l'entour des armes de la juridiction, porte pour titre : « Livre des chartres de la juri- » diction consulaire, fait en l'année mil six cent soixante-sept, » estans en charge Sires Claude Nivert, juge, Louis Pocquelin, » Anthoine de la Porte, François Predeseigle et Anthoine Mus- » nier, consuls. » La date 1644 est gravée au-dessus de deux mains enlacées, sur les griffes du fermoir. Ce livre a été écrit en lettres simulant les caractères d'imprimerie par Sébastien de la Rue, qui l'a enrichi d'un frontispice et de lettres enlumi- nées. Il contient, classées méthodiquement, les pièces les plus importantes extraites du premier volume.

Le troisième volume des chartres est également relié en

maroquin rouge, avec un champ de fleurs de lys sur lequel se détachent des armes fleurdelysées et un cartel où se trouvent ces mots : « Livre contenant l'édit de création de la juridiction » consulaire en la ville de Paris, avec les noms, surnoms et » qualitez de tous les juges et consuls qui l'ont exercée. » Sur le fermoir de métal se lit la date 1658. On voit par le faux titre que ce livre a été fait en l'année mil six cent cinquante-huit, « estant Sire Denys Pichon juge, et Sires Michel Oulry, Pierre » Tiville, Marc Héron, et Claude Pulleu, consuls. » Sébastien de la Rue a commencé de l'écrire, et Jean Damoiselet, maître parcheminier à Paris, l'a terminé en 1694. Les lettres enluminées sont plus finement exécutées que celles du second volume. Les juge-consuls ont fait mettre dans ce livre, indépendamment de l'édit de création et de quelques déclarations essentielles déjà transcrites, plusieurs pièces omises dans le second volume, des déclarations, des arrêts et des résultats postérieurs à l'année 1660, et la continuation du rôle des juge-consuls de 1658 à 1697.

Les trois registres contiennent les délibérations des juge-consuls, écrites sur papier blanc. Le premier, relié en veau, porte pour titre sur le plat : « Registre des résultats de Mes-» sieurs les juge et consuls des marchands à Paris, recueillis » en l'année 1676. » Il a été fait par les soins d'Antoine de la Porte, juge, Nicolas de la Balle, Pierre Fraguier, Jean Guerreau et Denys Thierry, consuls. Les règlements du greffe, les délibérations relatives aux baux du greffe, aux greffiers et aux clercs d'audience, prennent une grande place dans ce registre. Les lacunes sont nombreuses; les délibérations, dont la dernière est datée de 1693, ne paraissent se suivre assez régulièrement qu'à partir de 1657. — Le second registre, relié en parchemin, porte sur l'un des plats ce titre en lettres dorées, inscrit dans un carré long, décoré d'une fleur de lys à chacun des angles : « Livre des délibérations pour la juridiction con-» sulaire; » sur la seconde face, les mots : « *Pour la juridiction*

» *consulaire.* » Les cinquante-trois premières pages sont consacrées à d'anciens résultats déjà transcrits dans le premier registre : cette copie paraît être plus ancienne que l'autre. Viennent ensuite les délibérations faisant suite à celles du premier registre; elles commencent au mois de janvier 1703, avec une lacune de dix années. A partir de cette époque, les résultats sont signés par les juge-consuls, les anciens juges et les anciens consuls, selon qu'il s'agit d'une réunion du siége ou d'une assemblée de toute la Compagnie. — Le troisième registre, relié en veau plein, avec les armes du consulat imprimées en or sur chacun des deux plats, dans un carré long, orné de fleurs de lys aux angles, porte sur la première face ces mots : *Livre des délibérations de la juridiction consulaire, commencé en l'année 1756.* Il fait immédiatement suite au second registre, et contient les délibérations prises du 28 avril 1756 au 12 avril 1792.

Les juge-consuls ont fait imprimer la plupart des ordonnances, édits, déclarations et arrêts favorables à la juridiction. La première édition de leur recueil fut imprimée en 1645, chez Denys Thierry, pendant que Sire Jean le Juge, Jean Lindo, Jacques Tiquet, Michel Semelle et Claude Haranger étaient en charge. Quelques arrêts y furent ajoutés en 1650.

En 1652, le livre de la juridiction fut augmenté d'une seconde partie ayant pour titre : *Recueil de ce qui s'observe en la justice des juge-consuls; de l'ordre et cérémonie observés en leurs élections, avec le catalogue de ceux qui y ont été élus pour juge et consuls.* Sire Sébastien Cramoisy était alors juge et les quatre consuls étaient Simon de Secqueville, Claude Simonet, Rolin Auvry et Simon Langlois.

Une autre édition du Recueil, avec plusieurs pièces nouvelles, fut donnée en 1660, et huit ans après, le juge Sire Robert Ballard et les consuls Roland Boisleau, Guillaume Belin, Sulpice Piart et Jean Goussette, firent réimprimer l'ouvrage entier, en deux volumes in-quarto, chez Robert Ballard. Enfin, une troisième partie fut éditée en 1689 par ordre de Sire Denys Thierry et des consuls Gilbert Paignon, Jacques Guillebon, Jean-Baptiste Gorge et Charles Troisdames, avec ce titre : *Troisième partie du recueil de ce qui s'observe en la juridiction consulaire, contenant plusieurs ordonnances, sentences et arrêts confirmatifs d'icelles nécessaires aux juges et aux parties pour leur instruction.* Il faut observer que malgré la date de 1668 imprimée sur le titre de la deuxième partie, et celle de 1689 que porte la troisième partie, l'une donne le rôle des consuls jusqu'en 1699 et l'autre contient des pièces de 1698.

En 1705, le recueil fut refondu en un volume in-quarto, ayant pour titre : *Recueil contenant les édits et déclarations du Roi sur l'établissement et confirmation de la juridiction des consuls en la ville de Paris et autres, et les ordonnances et arrêts donnés en faveur de cette justice. Divisé en deux parties. A Paris, de l'imprimerie de Denys Thierry, 1705.* Quoiqu'en un volume, le recueil était augmenté. Les pièces en étaient classées et divisées en huit livres, avec une table des matières ; la seconde partie se composait du catalogue des noms de ceux qui avaient possédé les charges de juges et consuls. Ce catalogue fut réimprimé à différentes époques sans doute, car l'exemplaire appartenant à la chambre du commerce de Paris contient l'ordre des élections jusqu'en 1759, quoique le titre porte la date de 1705.

On ignore s'il y a eu des éditions postérieures à celle de 1705. Une délibération de 1758 fait savoir qu'à cette époque l'agréé Thomas, nommé greffier, avait sous presse un ouvrage de quatre années, relatif à la juridiction ; peut-être ce travail lui avait-il été confié par le consulat ; mais n'ayant pu nous en procurer un seul exemplaire, nous ne pourrions dire si jamais il a fait l'objet d'une publication.

TABLE DES CHAPITRES.

CHAPITRE PREMIER.

CHAPITRE DEUXIÈME.

CHAPITRE TROISIÈME.

CHAPITRE ONZIÈME.

CHAPITRE DOUZIÈME.

CHAPITRE TREIZIÈME.

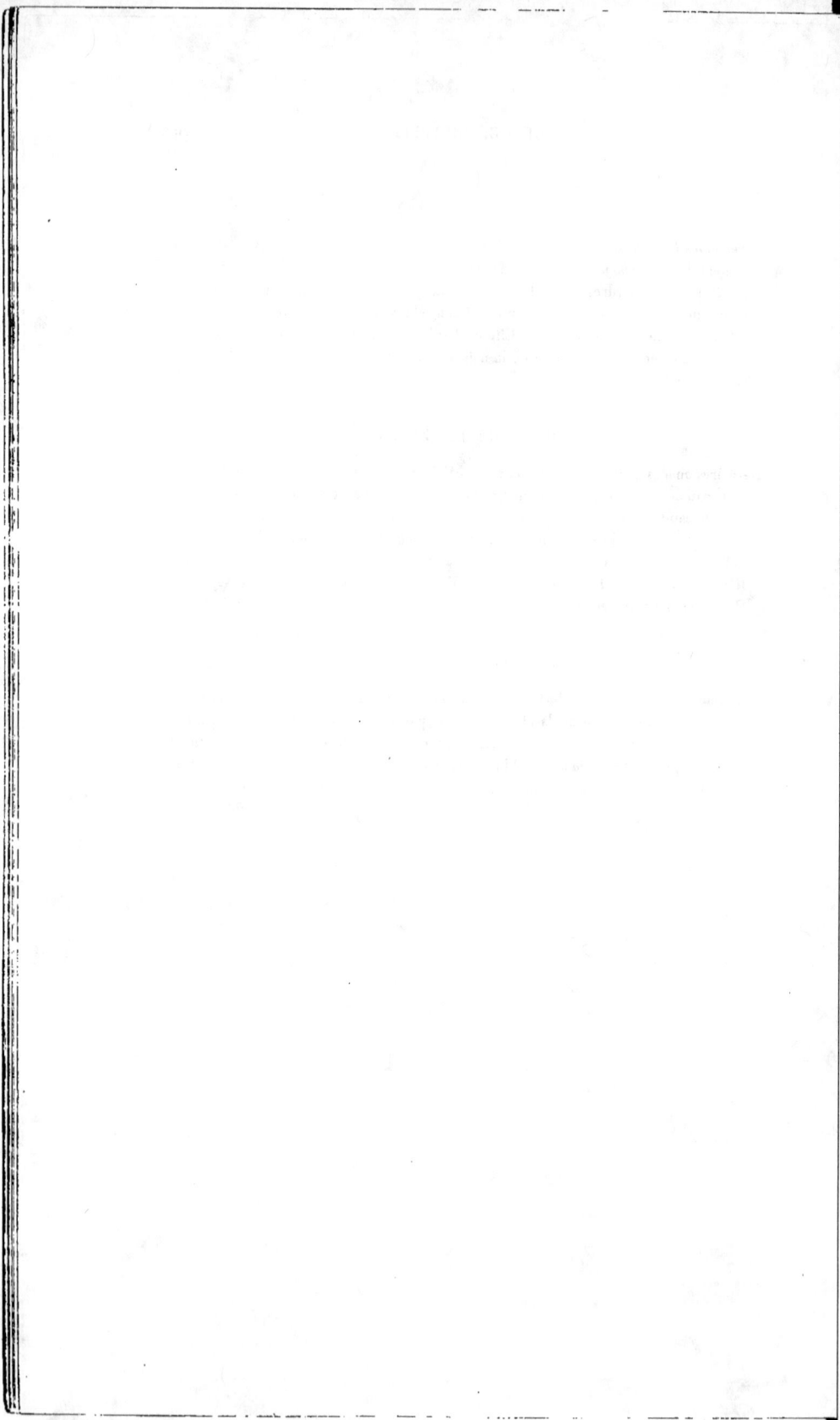

LA

JURIDICTION CONSULAIRE

DE PARIS

CHAPITRE PREMIER.

Les juridictions consulaires. — Leur création en 1563. — Leur compétence. — Luttes de la juridiction de Paris avec les juges ordinaires; conflits entre elle, le prévôt de Paris, le prévôt de l'hôtel et le prévôt des marchands. — Ordonnances de 1673. — Arrêt rendu par le Parlement en 1698 pour servir de règlement entre les officiers du Châtelet, ceux des autres juridictions et les juge-consuls. — Attribution provisoire aux juridictions consulaires de la connaissance des contestations en matière de faillites, 1715 à 1732. — Examen par les juge-consuls des bilans, titres et pièces dans tous les cas de faillites et de banqueroutes. — Progrès de la juridiction consulaire pendant le dix-huitième siècle. — Projet de réunion du bureau de la ville ou justice du prévôt des marchands à la juridiction consulaire de Paris. — Importance de la juridiction consulaire au moment de la Révolution.

La création de la juridiction consulaire, à Paris, date du mois de novembre 1563, mais il est nécessaire de remonter plus haut pour se rendre compte des origines de cette institution.

Le commerce des Gaules, florissant à l'époque de la domination romaine, puis anéanti sous les derniers rois mérovingiens, n'était sorti de ses ruines, grâce à l'esprit organisateur de Charlemagne, que pour retomber dans une décadence complète pendant les querelles des fils de Louis le Débonnaire et durant la période des invasions normandes. Lorsque le royaume de France eut été constitué et que les terreurs de l'an mille se furent évanouies, l'industrie et le commerce commencèrent à renaître avec l'ordre et les garanties données aux libertés publiques par Louis VI, Philippe Auguste et saint Louis. Ce dernier prince s'attacha particulièrement à poursuivre l'usure, qui était alors une des plaies du commerce, et ce fut sous son règne que les commu-

1

nautés d'artisans furent réorganisées par le prévôt de Paris, Étienne
Boileau. Les croisades, en amenant la sortie de presque tout l'argent
qui se trouvait dans le pays, entravèrent de nouveau les développe-
ments du commerce ; le numéraire était épuisé à ce point « qu'en 1254
on ne se servait plus en France que d'une monnaie de cuir, au milieu
de laquelle il y avait un clou d'or ou d'argent pour en différencier la
valeur [1]. » Presque tout le commerce se faisait alors dans les foires,
surtout celles de Brie et de Champagne, où se rendaient non-seulement les marchands des autres provinces, mais aussi ceux des pays
étrangers. Ces *établissements* languissaient, lorsque Philippe le Bel et
Philippe de Valois les firent revivre par de sages ordonnances « qui
sont regardées comme l'origine de la législation du commerce en
France ». L'impulsion que ces princes donnèrent au commerce ne se
ralentit pas sous leurs successeurs, malgré la guerre avec les Anglais
et les discordes intérieures. Le roi Jean publie en 1350 son ordonnance pour la police générale du royaume. Charles V réforme les
finances, diminue les impôts et attire dans nos ports, par des exemptions et des libertés, les trafiquants étrangers. Charles VI, en 1419,
établit les deux premières foires de Lyon ; Charles VII en crée une
troisième, et, sous ce prince, les vaisseaux de Jacques Cœur vont sur
les mers lointaines faire concurrence aux flottes marchandes de Gênes
et de Venise. Louis XI, dont la politique consiste à se faire un appui
de la bourgeoisie contre les seigneurs, renouvelle en les augmentant
les priviléges des corps et communautés ; il protége les manufactures
et favorise l'introduction de nouvelles industries dans le royaume ; il
établit la poste aux chevaux, crée des marchés, et ajoute une quatrième foire à celles de Lyon, qui ont hérité de la célébrité des foires
de Brie et de Champagne. Louis XII, poursuivant ces améliorations,
prodigue au commerce les encouragements ; la prospérité renaît de
tous côtés en France, et Claude Seyssel, conseiller du Roi, peut écrire :
« On ne fait guère maison sur rue qui n'ait boutique pour marchandises ou pour art mécanique, et les marchands font à présent moins
de difficulté d'aller à Rome, à Naples, à Londres et ailleurs de là la
mer, qu'ils n'en faisaient autrefois d'aller à Lyon ou à Gênes, car l'autorité du Roi à présent régnant est si grande que ses sujets sont honorés
en tous pays, tant sur terre que sur mer, et il n'y a si grand prince qui

---

[1] Clicquot de Blervache, *Mémoire sur l'état du commerce de la France, depuis la première croisade jusqu'au règne de Louis XII.*

osât les outrager [1]. » Sous François Ier, les relations avec les pays étrangers se multiplient ; l'art, pénétrant des Flandres et d'Italie en France, fait une heureuse alliance avec l'industrie, et les progrès du commerce contribuent à l'éclat de cette belle époque dite de la Renaissance.

Cependant le commerce rencontrait encore de nombreux obstacles qui s'opposaient à sa libre expansion. Des réformes étaient surtout nécessaires au point de vue de la justice, dont les lenteurs portaient le plus grave préjudice à ses intérêts.

Cette question de la justice à rendre aux marchands préoccupait depuis longtemps les rois de France. En 1349, les officiers préposés à la police des foires de Brie et de Champagne avaient reçu de Philippe le Bel la juridiction la plus ample, et, dans la suite, l'usage s'était généralisé d'instituer auprès de chaque foire une juridiction semblable, connue sous le nom de *conservation*, ou simplement de *consulat*. La justice s'y rendait promptement, comme on le voit par la recommandation de Louis XI au bailli de Mâcon, alors sénéchal de Lyon. En lui attribuant la garde des foires de Lyon, qu'il venait d'ôter aux anciens conservateurs, il lui enjoint de juger sommairement, ainsi que les gardes avaient fait auparavant, et de terminer les débats sans longs procès.

En dehors des foires, les contestations entre marchands étaient déférées aux juges ordinaires, prévôts, baillis, etc., et les abus que commettaient ces magistrats pesaient plus lourdement sur les marchands que sur tous autres. Malgré les réformes de saint Louis, les successeurs de ce prince avaient dû réprimer aussi les écarts de la justice, et au seizième siècle il ne s'était pas encore produit d'amélioration sensible dans cette branche de l'administration.

Louis XII s'était vu obligé de donner des gages aux magistrats pour qu'ils ne fussent pas tentés de céder à la corruption. « Rien, disait-il, n'offense plus ma vue qu'un procureur chargé de sacs. » « Les avocats, répétait-il aussi, sont d'habiles gens ; je suis seulement fâché qu'ils fassent comme les mauvais cordonniers, qui allongent le cuir avec les dents. » Il ajoutait : « C'est le devoir d'un bon juge d'ôter au buisson le plus d'épines que faire se peut, de réduire un procès à ses véritables expédients, et de ne pas laisser indifféremment se perdre le temps et l'argent des plaideurs en des preuves et des discussions inutiles. »

---

[1] CLAUDE SEYSSEL, cité par Gragnon Lacoste, *Précis historique de la juridiction consulaire.*

François Ier, pour rendre la justice plus facile, multiplia les tribunaux, en créant près de chaque bailliage un présidial composé de neuf
magistrats jugeant sans appel les causes n'excédant pas deux cent
soixante livres de fonds ou vingt livres de rente; mais cette mesure
était insuffisante pour sauvegarder les intérêts des commerçants lésés
par les formalités de la justice ordinaire, et ce fut alors que l'on eut
la pensée de soumettre les contestations en matière de commerce au
jugement de simples marchands.

Cette manière de procéder n'était pas nouvelle. A Paris même, les
marchands semblent avoir, pendant longtemps, réglé entre eux leurs
différends dans les assemblées du *parloir aux bourgeois*. A une
époque plus rapprochée, le prévôt des marchands, héritier des traditions du parloir aux bourgeois, avait eu à connaître des causes de
commerce, et lorsque ces causes avaient été rendues à la justice ordinaire, il avait au moins conservé une juridiction sur la marchandise de
l'eau. Au commencement du quinzième siècle, antérieurement suivant
d'autres, le puissant corps des merciers s'était donné, en s'organisant,
un *roi des marchands* ou *des merciers,* qui avait quelque juridiction sur les marchands, en même temps qu'un droit de visite sur les
marchandises et les aunages [1]. Enfin, à Marseille, les marchands
avaient, depuis un temps immémorial, des juges spéciaux appelés
consuls.

Henri II, prenant pour exemple ce qui se passait dans la conservation des priviléges des foires de Lyon, établit la *Bourse* des marchands
de Toulouse, en 1549, puis celle des marchands de Rouen. Toubeau
rappelle que Louis XIV, dans son édit du 14 août 1669, après avoir dit
que la conservation des priviléges des foires de Lyon est une des plus
anciennes et des plus considérables de son royaume, ajoute que c'est
elle qui a servi de modèle pour la création des juridictions consulaires. Argumentant de ce passage de l'édit, il établit, d'une part, que
les *conventions* ou *bourses* de Toulouse et de Rouen ont été instituées
« à l'instar, semblance et similitude du *Change* de Lyon, de la Bourse
d'Anvers et de l'*Estrade* de Londres »; d'autre part, que les juge-
consuls ont été établis par l'édit de 1563, tout ainsi que les places
appelées le Change, à Lyon, et Bourses à Toulouse et à Rouen, et il
conclut en déclarant que les Bourses et Conventions de ces deux der-

---

[1] Le roi des merciers, supprimé en 1544 puis rétabli, n'a définitivement disparu
qu'en 1597 par l'effet d'une déclaration de Henri IV.

nières villes ne peuvent passer que pour les premières juridictions consulaires du royaume.

Quoi qu'il en soit, l'heure de la création de la juridiction consulaire n'était pas encore arrivée. Au mois d'août 1560, François II, « voyant combien il était de conséquence de ne pas laisser plaider les marchands, pour fait de marchandises, par-devant les juges ordinaires, pour les exempter des frais et pour les tirer des longueurs des procédures[1] », rend un édit par lequel il organise un tribunal arbitral.

Voici le texte de cet édit :

« Le désir que nous avons de faire vivre en repos nos sujets nous fait penser tous les jours à de nouveaux moyens pour empêcher la naissance des procès, et, aussitôt qu'ils sont meus, les éteindre. Et d'autant qu'il n'y a rien qui plus enrichisse les villes, païs et royaumes que le trafic de marchandises lequel est appuyé et repose entièrement sur la foi des marchands, qui le plus souvent agissent de bonne foi entre eux, sans témoins et notaires, sans garder et observer la subtilité des loix, dont s'ensuit qu'aucuns cauteleux et malicieux, au lieu de payer ou de faire payer ce qu'ils ont promis, travaillent par procès ceux avec lesquels ils ont négocié, et les distraient de leurs marchandises; tellement que l'assurance et confiance des uns et des autres est par ce moyen tollüe, et le train de la marchandise diminué et anéanti.

» Pour à quoi obvier et remédier, par l'avis des princes de nostre sang et gens de nostre conseil étant auprès de nous, avons statué et ordonné, statuons et ordonnons : que doresnavant nos marchands ne pourront tirer procès les uns des autres pour fait de marchandises par-devant les juges ou autres; ains seront contraints d'élire et s'accorder de trois personnages ou plus grand nombre, en nombre impair, si le cas le requiert, marchands ou d'autre qualité, et se rapporter à eux de leurs différends; et que ce qui sera par eux jugé et arbitré tiendra comme transaction et jugements souverains.

» Et seront tenus les juges, à la requête des parties, mettre ou faire mettre à exécution tels jugements, sommairement et de plain, et sans figure de procès, comme s'ils étaient donnés par eux.

» Et au cas où lesdites parties ne voudraient ou pourraient convenir des dits personnages, en ce cas les juges ordinaires du lieu les y contraindront, et au refus ou délai de les nommer, les choisiront et

[1] TOUBEAU, les Institutes du droit consulaire.

nommeront sans que les parties soient reçues à appeler de la dite nomination. »

Toubeau dit que, dans son temps, l'édit de 1560 était encore observé à Metz, où il n'y avait point de juridiction consulaire. Cependant la loi de François II ne semble pas avoir été généralement appliquée. « Comme elle froissait, remarque Nouguier, le vœu des commerçants, qui n'avaient pas toujours la possibilité de trouver des arbitres éclairés et probes; comme elle amoindrissait aussi les prérogatives des juridictions ordinaires, tous les intéressés réclamèrent, et, malgré les bonnes intentions dont elle portait le germe, cette loi fut méconnue, et les procès commerciaux firent retour aux juges civils. »

La création des juridictions consulaires eût été retardée pendant de longues années peut-être, s'il n'y avait eu alors en France l'un des plus rares esprits et des plus grands caractères qui aient apparu dans l'histoire.

« C'était, dit Brantôme en traçant le portrait de Michel de l'Hôpital, c'était un autre Censeur Caton que celui-là; il en avait l'apparence avec sa grande barbe blanche, son visage pâle, sa façon grave, qu'on eût dit à le voir que c'était un portrait de saint Jérôme. Il ne fallait pas se jouer avec ce grand et rude magistrat, qui était doux pourtant là où il voyait de la raison. » L'Hôpital avait été nommé chancelier, après la mort d'Olivier, au mois de juin 1560. Placé entre les partis qui divisaient la cour, entre les catholiques et les protestants, ayant à répondre aux exigences du clergé, aux réclamations de la noblesse, aux vœux de la bourgeoisie, il adopta une politique toute de tolérance et de conciliation dont il ne se départit jamais, employant à poursuivre son but cette inébranlable fermeté dont il s'enorgueillissait lui-même, en prenant pour devise ces deux vers d'Horace :

Si fractus illabatur orbis
Impavidum ferient ruinæ.

Les états généraux, dont l'Hôpital provoqua la réunion à Orléans, au mois de décembre 1560, lui donnèrent l'occasion de procéder aux réformes que lui dictait son profond amour de la justice. Les doléances consignées dans les cahiers des trois ordres, et surtout dans ceux du tiers état, étaient nombreuses et énergiquement exprimées. Le chancelier examina dans quelles limites on pouvait sagement y faire droit, et le 31 janvier 1561, le jour même de la clôture des états, parut une ordonnance qui promulguait la plupart des réformes réclamées par le tiers état. Malgré la résistance que cette ordonnance éprouva de la part du Parlement, l'Hôpital poursuivit avec ardeur l'exécution du plan qu'il avait conçu, et il fit rendre par le Roi, au mois de novembre 1563, l'édit portant création des tribunaux de commerce, et, en février 1566, l'ordonnance de Moulins, qui réorganisa complétement le système judiciaire, et qui, suivant l'expression de Pasquier, *dépassa d'un long entrejet ce qu'on avait vu jusque-là en France*[1].

L'édit sur l'érection, l'élection et l'établissement d'un juge et quatre consuls des marchands était donné, comme le constate le préambule, pour « le bien du public et abréviation de tous procès et différends entre marchands qui doivent négocier ensemble et de bonne foi, sans être astreints aux subtilités des lois et ordonnances. » Il indiquait la manière dont on devait procéder à la nomination des premiers juge et consuls, et le mode d'élection à suivre pour leurs successeurs; faisait savoir de quelles contestations le nouveau tribunal aurait à connaître, réglait sa compétence, proclamait le principe de la gratuité de la justice consulaire, et autorisait enfin les marchands, bourgeois de Paris, à imposer et lever sur eux, dans des conditions déterminées, telle somme de deniers qu'ils aviseraient nécessaire pour l'achat ou le louage d'une maison ou lieu qui serait appelé la *place commune des marchands*.

Conformément aux prescriptions de l'édit, un juge et quatre consuls des marchands furent élus le 27 janvier 1564, ou plutôt 1563, car l'année ne commençait alors qu'à Pâques. Le même jour, une assemblée de cinquante notables, convoquée sur la demande des juge-consuls, décida qu'une somme de vingt mille livres, à répartir entre les marchands, serait faite pour l'acquisition d'un bâtiment qui serait le siége futur de la juridiction.

En attendant, les juge et consuls s'assurèrent un asile à l'abbaye Saint-Magloire, rue Saint-Denis, et, le 7 février 1563, *ils s'installèrent au siége eux-mêmes*, comme le constate le procès-verbal, *et commencèrent à rendre la justice au peuple*.

Tels furent les débuts modestes de cette juridiction composée de cinq marchands, ayant la connaissance pratique des affaires, le désir sincère du bien public, mais étrangers aux habitudes de la magistra-

---

[1] Cité par Gragnon Lacoste, *Précis historique de la juridiction consulaire*.

ture, dépourvus de toute tradition, privés de l'autorité qui accompagne
l'expérience et de l'appui moral que donnent les services rendus par
une longue suite de prédécesseurs; c'est dans ces conditions qu'elle
allait être obligée de lutter contre de puissants ennemis intéressés à
sa ruine, entre autres le prévôt de Paris, le prévôt de l'hôtel et le prévôt des marchands.

A Paris, la connaissance de la plupart des causes commerciales
appartenait, avant 1563, au tribunal inférieur de la prévôté, dont le
siége était au Châtelet.

Le prévôt de Paris, chef de la justice royale ordinaire de la capitale
du royaume, avait été institué vers l'année 1032, par Hugues Capet,
pour remplir les fonctions des comte et vicomte qui rendaient auparavant
la justice dans la ville. Il était chargé en outre du gouvernement
politique et des finances dans toute l'étendue de la ville, prévôté et
vicomté. Le gouvernement militaire ayant été séparé de la prévôté
sous le règne de François Ier, le prévôt de Paris conserva le droit de convoquer et de commander le ban et l'arrière-ban, et de connaître des
contestations qui s'élevaient à cette occasion. Dans le principe, le prévôt
rendait assidûment la justice en personne; par la suite, il se remit de
ce soin à ses officiers. En 1674, les justices seigneuriales qui existaient
encore dans Paris furent incorporées à la justice ordinaire du Châtelet.

Le prévôt de l'hôtel était un officier d'épée qui connaissait en première instance de toutes les causes intéressant les personnes à la suite
de la Cour, en quelque lieu que celle-ci se transportât. A l'office de
prévôt de l'hôtel était uni celui de grand prévôt de France.

Le prévôt des marchands était un officier municipal dont la charge
avait été créée par Philippe Auguste en 1190, en même temps que
celle des échevins de la ville. Ce magistrat tenait lieu du chef qui présidait auparavant aux assemblées des marchands dans le parloir aux
bourgeois. « Conjointement avec les échevins, il jugeait de toutes les
causes des marchands pour fait de marchandises arrivant par eau sur
les ports. Il connaissait aussi des causes des officiers de police de la
ville pour raison de leurs offices et fonctions; des délits commis par
les marchands, commis et facteurs au fait desdites marchandises..... Il
mettait le taux aux marchandises et denrées abordant sur les ports.....
Il avait la juridiction sur la rivière de Seine, tant en remontant qu'en
descendant, pour en tenir les rivages et la navigation libres. Il était

l'ordonnateur de la construction, réparation et entretenement des
ponts, remparts, quais, abreuvoirs, fontaines et autres ouvrages regardant la décoration et la commodité de la ville : il réglait les cérémonies
publiques, quand il en avait reçu l'ordre du Roi, et y représentait,
accompagné des quatre échevins et autres officiers de la ville, les
bourgeois et le peuple de Paris. Enfin, il avait droit de justice et juridiction ordinaire en plusieurs rues de la ville [1].

Le prévôt de Paris siégeait au Châtelet, le prévôt des marchands
tenait ses audiences à l'hôtel de ville, et le prévôt de l'hôtel dans le
palais du Roi.

L'appel des jugements du prévôt de l'hôtel se relevait au grand
conseil. Quant aux appellations des jugements du prévôt de Paris et
des sentences du prévôt des marchands, elles ressortissaient au
Parlement, tribunal supérieur qui connaissait de toutes les matières
appartenant à l'administration de la justice en dernier ressort, et qui
enregistrait aussi les édits royaux et les lettres patentes.

L'élection des juge-consuls à peine terminée, une première infraction à l'édit de 1563 est commise par le Parlement, qui s'attribue, lors
de la vérification de l'édit, la réception du serment des nouveaux
magistrats, au lieu et place du prévôt des marchands chargé de ce
soin par l'acte royal. La cour préludait ainsi aux attaques dont le tribunal consulaire allait être l'objet de la part des juges ordinaires à
qui échappait la connaissance des causes commerciales.

Il y avait un mois que les juge-consuls fonctionnaient, ils avaient
tenu douze fois le siège, quand un conflit éclata entre eux et le Châtelet. Deux femmes veuves de marchands ayant cru devoir appeler d'un
jugement rendu par les juge-consuls à l'occasion de sommes n'excédant pas cinq cents livres tournois, et constituant une dette vis-à-vis
de marchands de poisson de mer, s'étaient adressées au prévôt de
Paris pour obtenir des lettres de relief qui leur eussent permis de porter l'affaire devant le Parlement. Le prévôt de Paris, sous le prétexte
que la vente du poisson de mer était sous la surveillance de la police
du Châtelet, s'était empressé d'accéder à leur demande ; mais les juge-
consuls ayant réclamé près du Roi, celui-ci, par lettres patentes du
7 mars 1563, défendit au prévôt de retenir les poursuites exercées
par les marchands pour avoir payement du poisson de mer frais ou

[1] Dictionnaire de Savary.

salé, confirma la compétence des juge-consuls, et spécifia que l'appellation pour sommes au-dessous de cinq cents livres ne serait jamais
portée devant le Parlement, mais devant le Roi et son conseil, s'il y
avait lieu. Ces lettres patentes furent retenues au Parlement, et non
enregistrées, malgré les vives instances des juge-consuls. Aussi le Roi
fut-il obligé d'accorder, le 3 mai 1565, d'autres lettres patentes portant jussion aux gens tenant la cour du Parlement d'homologuer celles
du 7 mars 1563, et ordonnant de considérer comme aussi valable que
l'original le *vidimus* qui se trouvait joint à ses nouvelles prescriptions.

Ce peu d'empressement à satisfaire aux volontés royales se manifes-
tait aussi bien dans les provinces qu'à Paris. Dès la première année,
les baillis, les vicomtes, amiraux, maîtres des eaux et forêts font
défense aux sergents de poser des assignations par-devant les prieurs
et consuls de Rouen; des faits semblables ont lieu à Pontoise, Senlis,
Meaux et Melun, et le Roi ordonne par une déclaration « à tous huissiers et sergents de poser tous ajournements et exploits dont ils seront
requis sans demander aucun congé, sans qu'aucuns juges quelconques
les en puissent empêcher ni prendre sur eux pour raison de ce, aucune
cour, juridiction et connaissance..... »

L'année suivante, le mauvais vouloir des juges ordinaires se traduit
sous une autre forme.

L'édit de création porte que « les juge et consuls des marchands
connaîtront de tous procès et différends qui s'élèveront entre marchands, pour fait de marchandise seulement, leurs veuves marchandes
publiques, leurs facteurs, serviteurs et commettants, tous marchands;
soit que les différends procèdent d'obligations, cédules, récépissés,
lettres de change ou crédit, réponses, assurances, transports de dettes
et novations d'icelles, comptes, calcul, ou erreur en iceux, compagnies, sociétés ou associations déjà faites ou qui se feront ci-après.
Desquelles matières et différends, ajoute l'édit, nous avons de nos
pleine puissance et autorité royale attribué et commis la connaissance,
jugement et décision aux dits juges et consuls et aux trois d'iceux,
privativement à tous nos juges. » Cependant les juges ordinaires
empêchent le cours de la juridiction consulaire, *sous couleur* [1] que
son pouvoir n'a été si amplement et particulièrement déclaré que les
juge-consuls le prétendent; ils interprètent l'édit et en restreignent
le sens à l'avantage de leur juridiction.

[1] Déclaration du 28 avril 1565.

Le Roi était alors à Bordeaux ; un délégué des gardes de chacun des corps de la draperie, de l'épicerie, de la mercerie, de la pelleterie, de l'orfévrerie, et de la communauté des marchands de vin et de poisson de mer, se rend auprès de lui pour exposer les griefs des notables. La requête est écoutée, et Charles IX, par une déclaration donnée le 28 avril 1565, explique l'édit de 1563, en confirme les dispositions, et définit avec précision les attributions des juge et consuls.

Il est bien entendu que les magistrats consulaires connaîtront non pas seulement de tous différends entre marchands habitants de Paris, mais des « différends à naître au sujet de la marchandise vendue ou achetée ou promise à livrer, et du payement pour icelle destiné à faire à Paris par les marchands en gros et en détail, tant habitant cette ville qu'autres juridictions et ressorts du royaume, par cédules, promesses ou obligations, encore qu'elles soient passées sous le scel du Châtelet. »

Tous les marchands seront convenus, appelés devant les juge-consuls, et jugés, « nonobstant les fins d'incompétence et de renvoi qu'ils pourraient requérir, en vertu de lettres de committimus, par-devant les gens tenant les requêtes de l'hôtel, ou requêtes du palais du Roi, à Paris. » Ainsi les payeurs de compagnie et autres officiers royaux faisant trafic de marchandises, les conservateurs des priviléges des universités, messagers et autres officiers, ne pourront se prévaloir de leurs priviléges pour se soustraire à la juridiction consulaire. En cas de contravention, les juge-consuls pourront procéder par *mulctes* et amendes pécuniaires, jusqu'à concurrence de dix livres tournois, contre les parties condamnées. Il est, en outre, enjoint aux sergents d'assister au siége des juge et consuls quand ils en seront requis ; de faire tous les exploits et ajournements qui leur seront présentés à faire par les marchands, les uns contre les autres, pour fait de marchandise, et de mettre à exécution tous mandements, commissions et jugements donnés par les juge et consuls, sans remise, à peine de privation de leurs offices. Enfin le Roi interdit aux juges d'entraver les sergents, à peine de répondre en leur nom des dépens, dommages et intérêts des parties, procédant desdits empêchements.

Des ordres aussi formellement exprimés vont sans doute recevoir une prompte exécution. On ne pourrait le croire qu'en méconnaissant l'opiniâtreté de l'ancienne magistrature, au point de vue des prérogatives qu'elle prétendait sauvegarder. Le Parlement, par un arrêt du 18 juillet 1565, ordonne bien la lecture et la publication en jugement des lettres patentes du 18 avril, en ce qui concerne la confirmation de l'édit d'érection et l'attribution de la connaissance des causes provenant de marchandises vendues, achetées ou promises à livrer et à payer à Paris par forains, mais il enjoint aux juge-consuls de déférer aux appellations d'incompétence, sans pouvoir user de mulctes pénales et de condamnations.

La résistance était audacieuse. Les juge-consuls, éplorés, vont de nouveau trouver le Roi et en obtiennent des lettres patentes, données le 27 octobre. Par ces lettres, le souverain reproche au Parlement de n'avoir pas vérifié celles du 28 avril, d'y avoir, par arrêt, ajouté des restrictions, et lui ordonne d'homologuer lesdites lettres de déclaration.

Que se passa-t-il alors? Le Parlement s'inclina sans doute devant la volonté du Roi; mais les juges ordinaires ne se tinrent pas pour battus, et leurs entreprises décidèrent les maîtres et gardes des marchands, unis aux jurés des états et métiers, à faire de nouveau leurs remontrances par-devant le Roi, en son conseil privé.

Des lettres patentes données le 20 juillet 1566 confirmèrent l'édit d'érection, et en expliquèrent les termes de manière à ne plus laisser prise à de malveillantes interprétations.

Les juge-consuls ne connaîtront que des différends de marchand à marchand pour fait de marchandise seulement, et non de ce qui sera acheté pour l'usage personnel d'un marchand comme effets ou aliments, ni des ouvrages manuels qui ne sont pas l'objet d'un trafic, mais faits pour la commodité particulière. Ils connaîtront de tous différends de marchand à marchand pour argent baillé par prêt l'un à l'autre par missives ou lettres de change, ou à recouvrer et recevoir l'un pour l'autre dans le royaume et au dehors, etc..... Les veuves héritières d'un marchand, même non marchandes, comparaîtront devant les juge-consuls, s'il s'agit d'une dette de leur auteur provenant du fait de marchandise. Dans le cas où elles ne pourraient venir en personne, elles se feront représenter par un marchand auquel elles passeront procuration. Les officiers payeurs de compagnies et autres continueront à être justiciables des juge-consuls pour fait de marchandise; les juge-consuls connaîtront encore des gages, salaires et pensions des commissionnaires, facteurs et serviteurs des marchands pour le fait de trafic seulement. Il ne pourra être expédié aucune lettre de relief d'appel sur les sentences des juge-consuls qui n'excéderont pas la somme de cinq cents livres, et les personnes condamnées à payer définitivement ou à garnir par provision jusqu'à cette somme seront contraintes par toutes voies raisonnables et par emprisonnement, sans qu'il soit déféré aux appellations qui pourraient être interjetées. Les appellations pour prétendue incompétence seront jugées promptement par le Parlement, lorsque les parties n'auront pu s'accorder à la suite d'une communication faite par les juge-consuls au parquet des avocats et procureurs généraux de la cour, sans que les juge-consuls puissent être pris à partie.

Il est à présumer qu'à Paris les juges ordinaires ne se firent aucun scrupule d'éluder des ordres que le Parlement semblait peu disposé à faire respecter, malgré les recommandations du Roi. En province du moins la lutte continuait ouvertement, et les juge-consuls de Clermont se voyaient obligés, en 1567, de remontrer au Roi « que les officiers de la sénéchaussée de Clermont avaient tellement pris à contre-cœur l'érection et établissement de la juridiction des juge et consuls, qu'ils ne voulaient pas souffrir que les huissiers y posassent des assignations, et voulaient forcer le greffier d'apporter son registre par-devant eux. »

Le prévôt des marchands, les juge et consuls de Bourges se pour-voient aussi par devers le Roi, sur ce que le prévôt de Bourges a, le 8 février 1566, fait publier à son de trompe une ordonnance contenant défenses à tous manants habitants de la ville et septaine [1] de faire con-venir et appeler devant les juges et consuls des marchands, et à tous sergents de faire et poser exploits et ajournements, *sinon de même fait de marchandise* [2].

On voit encore par les ordonnances de Moulins (1566 et 1586), que les juges ordinaires élargissaient souvent de leur autorité privée les prisonniers arrêtés et emprisonnés par vertu des sentences et appoin-tements des juge et consuls, et faisaient défense aux parties de plai-der par-devant ce magistrat.

Ce fut au milieu de ces luttes que les juridictions consulaires se trouvèrent privées de leur plus énergique appui par la mort du chan-celier de l'Hôpital, arrivée en 1573. Le seul frein qui pût encore arrê-ter leurs ennemis n'existait plus; aussi des vœux consignés dans les cahiers des députés aux états de Blois demandèrent la suppression des juridictions consulaires. Henri III n'osa pas refuser de satisfaire à des réclamations émanant des amis de la sainte Ligue, et l'ordonnance

[1] Banlieue.
[2] TOUBEAU, *les Institutes du droit consulaire.*

de 1579 supprima les siéges établis dans toutes les villes qui n'étaient pas capitales et principales. Toutefois, les siéges à supprimer n'étant pas désignés, et toutes les villes où se trouvaient des justices consulaires étant considérées comme principales, le succès des juges ordinaires demeura stérile, et ne put porter aucun préjudice aux juges des marchands.

Quelques années s'écoulent dans des discordes sans trève; la Ligue renaît, les événements s'aggravent. La journée des Barricades et la fuite du Roi sont suivies de la sanglante tragédie jouée pendant les seconds états de Blois. Paris se donne aux ligueurs, et le roi de Navarre, mis en possession du trône par la mort violente de Henri III, est obligé de disputer son royaume à ses propres sujets. Henri IV entre enfin dans Paris, et l'édit de Nantes clôt l'ère des guerres de religion. L'ordre rentre dans les finances, l'industrie est protégée, le commerce reçoit de nombreuses marques d'encouragement. Le Roi crée notamment un contrôleur général du commerce; il institue une chambre supérieure et favorise les compagnies qui se forment pour le trafic des Indes Orientales. Un monarque aussi sage et aussi habile devait prendre intérêt au maintien des juridictions consulaires: en effet, par lettres patentes du 22 février 1599, il les défend contre les juges ordinaires, dont les attaques étaient devenues plus fréquentes à la faveur des troubles qu'entraînait la guerre civile.

Cette fois, c'est le prévôt d'Orléans et son lieutenant qui interdisent aux sergents d'exploiter les mandements et jugements des juge et consuls. Le Parlement, il est vrai, a déjà déclaré nuls les jugements rendus par le prévôt à la suite de ses entreprises; le Roi lui-même, par lettres patentes datées de 1597, a fait expresse inhibition audit prévôt d'entreprendre sur la juridiction consulaire en ce qui lui est attribué par les édits, mais il pense à propos de réitérer ses volontés, d'autant que les juges ordinaires élèvent la singulière prétention de restreindre la compétence des juge et consuls aux contestations de marchand à marchand de même marchandise, comme l'avait déjà fait le prévôt de Bourges en 1567; et qu'en outre, ils font croire aux marchands qu'il leur appartient de juger les différends procédant d'obligations passées sous leur scel, encore que la dette soit créée pour marchandise vendue de marchand à marchand. Les huissiers devront donc faire les ajournements devant les juge et consuls, s'ils ne veulent encourir les peines édictées déjà contre eux; les parties ajournées par-devant les juge-consuls y comparaîtront pour décliner leur juridiction si la matière y est sujette, et en cas d'appel d'incompétence, elles auront à se pourvoir devant la cour et devant le prévôt ou autres juges.

Après la mort de Henri IV, les juges ordinaires mettent à profit la réaction qui s'opère contre les ministres du défunt Roi, l'absence d'une direction ferme et les services qu'ils rendent à la régence, pour demander et obtenir que les attributions des juridictions consulaires soient limitées. La déclaration du 2 octobre 1610, qu'ils sont parvenus à surprendre, expose leurs griefs : « Les juge-consuls connaissent ordinairement de toutes sortes de conventions, ores qu'elles ne soient pour fait de marchandises, de cédules et obligations particulières de prêt en deniers, lesquelles ne sont pour fait de marchandises, de gages de serviteurs, de salaires de mercenaires, de vente de blés et vins par laboureurs et vignerons de ce qui est de leur cru, leur donnant la qualité de marchands; de loyers de maisons ou héritages, moissons et fermages, et de toutes autres affaires qui leur sont présentées, encore que cela ne soit de leur juridiction et connaissance, et que plusieurs ne soient capables du jugement des affaires qui ne sont de leur vacation, n'ayant la connaissance des ordonnances et coutumes; ce qui cause un grand désordre..... »

Il est donc interdit aux juge-consuls, sous peine d'être pris à partie, de connaître des procès et différends pour promesses, cédules et obligations en deniers de pur prêt qui ne seront causées pour vente et délivrance de marchandise; de loyers de maisons, fermes, locations, moissons de grain, ventes de blés, vins et autres denrées faites par bourgeois, laboureurs et vignerons étant de leur cru et revenu, salaires ou marchés par ouvriers et mercenaires.

Les juge-consuls restèrent pendant un an sous le coup de cette déclaration injuste qui les exposait à subir les conséquences d'une prise à partie, s'ils n'aimaient mieux décliner les fonctions dangereuses dont ils avaient bien voulu se charger par amour du bien public. Il n'y avait pas à s'y tromper : c'était la suppression des juridictions consulaires que l'on essayait d'obtenir indirectement. L'émoi fut général. Les juge-consuls et les corps et communautés des marchands de Paris, de Poitiers, de Niort et d'Orléans portèrent au pied du trône leurs doléances, et les conseillers du Roi mieux éclairés soumirent à sa signature une nouvelle déclaration, datée du 4 octobre 1611, par laquelle il était ordonné que les juge-consuls connaîtraient des causes et différends entre marchands, même pour argent prêté et baillé, à recouvrer l'un par l'autre par obligations, cédules, missives et lettres de change pour cause de marchandises seulement, et qu'ils ne pourraient être pris à partie, sinon ès cas des ordonnances, c'est-à-dire fraude, dol ou concussion. Le 30 janvier 1612, le Roi délivra une commission à son premier huissier pour que, sur la requête des juge-consuls, il eût à lire, publier à son de trompe et afficher aux carrefours et autres lieux publics la déclaration de 1611, et la signifier aux juges ordinaires.

Ainsi la protection royale reste acquise aux juge et consuls. C'est la dernière fois que la nouvelle magistrature se trouvera menacée dans son existence d'une manière aussi sérieuse; mais les juges ordinaires continueront longtemps encore à la troubler dans son fonctionnement par toutes les vexations que leur inspirera leur mauvais vouloir. Ils accueilleront les justiciables des consuls, les encourageront même à venir devant leur tribunal, et les consuls devront faire une ordonnance, le 17 février 1612, « pour défendre à tous les marchands de Paris et forains de se faire assigner les uns les autres en première instance ni en exécution de leurs jugements, tant en demandant qu'en défendant, ailleurs que par-devant eux, soit que les différends procèdent d'obligations passées sous le scel du Châtelet ou autres scels, et autres cas portés par les édits, etc. » Les juges ordinaires prêteront surtout la main aux défendeurs disposés à s'adresser à eux, sous prétexte que la contestation n'a pas pour objet un fait de marchandise.

Toutefois le Parlement, à qui est attribuée la connaissance des appellations pour incompétence des juge et consuls, commence à révoquer et à annuler les sentences des juges ordinaires, conseillé plutôt, il est vrai, par le sentiment de son propre droit que par son intérêt pour la juridiction consulaire. Déjà le 14 mars 1611, à l'occasion d'une cause où il s'agissait d'un bail de bestial, le Parlement, par un arrêt, avait défendu au prévôt de Paris, à ses lieutenants et présidiaux du Châtelet, de procéder par cassation des sentences des juge et consuls, et au substitut d'en empêcher l'exécution, à peine de dommages et intérêts des parties, sauf à celles-ci à se pourvoir contre lesdites sentences par appel. Le 13 juin de la même année, le conseil privé du Roi, faisant droit à une requête de la communauté des marchands de Poitiers et de Niort, ordonne aux présidiaux de Poitiers de ne pas troubler ni d'empêcher les juge et consuls dans l'exercice de leurs charges, met à néant leurs

sentences, sauf aux parties assignées à décliner la juridiction des consuls, si la matière y est sujette, et, en cas d'appel, d'incompétence ou
autrement, à se pourvoir par appel au Parlement, et non devant les
présidiaux et autres juges.

De nouveaux arrêts de la cour de parlement, rendus dans les années
suivantes en faveur des juge-consuls de Reims, de Troyes et autres
villes, confirmèrent les juridictions consulaires, en dépit des entreprises de leurs ennemis. Il suffira de citer un de ces arrêts, rendu
contre le duc de Vendôme, qui avait pris fait pour son procureur fiscal
appelant d'une sentence des consuls de Tours. Le Parlement déclara
que les consuls avaient la connaissance des causes de marchand à marchand pour fait de marchandises seulement, « tant contre ceux qui
demeuraient ès justices royales que des hauts justiciers. »

A Paris, le Parlement et le grand conseil eurent à se prononcer
maintes fois dans les conflits soulevés entre la juridiction des consuls
et celle du prévôt de Paris ou du prévôt de l'hôtel. Les juge-consuls
ont pris soin de faire imprimer un certain nombre de sentences rendues sur des cas particuliers, ainsi que les arrêts, soit du Conseil, soit
du Parlement, intervenus à l'occasion. L'analyse de quelques-unes de
ces pièces est intéressante au point de vue de la nature du conflit.

En 1614, deux marchands drapiers assignent un tailleur par-devant
les juge et consuls. Celui-ci prétend que le différend n'est pas relatif
à un fait de marchandise, et, sur un seul défaut, il est condamné et
jugé. Il s'adresse alors au prévôt de Paris, qui casse la sentence des
juge-consuls, et le fait élargir. Les marchands drapiers appellent du
jugement du prévôt devant le Parlement ; les consuls interviennent pour
la conservation de leur juridiction, et un arrêt du 5 mars 1615 révoque
et annule comme attentat tout ce qui a été fait par le prévôt de Paris.

Une autre fois, dans une affaire où il s'agit de vente de vins, l'in-
timé, un cabaretier, ne s'étant pas présenté devant l'arbitre nommé
par les consuls, est condamné à payer la somme qui fait l'objet du
litige ; mais il allègue que le demandeur est courtier et non marchand,
et il se pourvoit au prévôt de Paris, qui casse les jugements des consuls. Le Parlement, saisi, rend le 12 mars 1615 un arrêt conforme au
précédent.

Après le prévôt de Paris, voici le bailli du palais qui se heurte à la
juridiction consulaire. La contestation s'est élevée au sujet de « soixante-
quatorze vieils luths d'Italie », qu'un miroitier refuse de livrer à un

2

fabricant d'instruments de musique. La sentence des juge et consuls, donnée au profit du faiseur d'instruments de musique, a été cassée par le bailli du palais; appel par le faiseur d'instruments, comme de juge incompétent, des sentences du bailli. La cour, sur l'observation faite, par le procureur général du Roi, « que des arrêts et des règlements défendent à tous juges de casser ni révoquer aucune instance des juge-consuls, qu'il faut prononcer l'incompétence, et que, à faute de faire droit, la voie d'appel est ouverte; de sorte que toutes les procédures faites par le bailli ne se peuvent soutenir,... » infirme les sentences de ce dernier juge, décharge l'appelant des amendes prononcées contre lui, et, pour procéder au principal, renvoie les parties devant les juge-consuls, seuls compétents lorsqu'il s'agit de marchandises entre marchands, et de marchandises privilégiées, foraines, comme venant hors du royaume.

C'étaient surtout les marchands privilégiés, suivant la cour, qui cherchaient à se soustraire à la juridiction des consuls. Parmi les pièces composant le livre des chartes de cette juridiction, se trouve la copie de plusieurs arrêts du grand conseil confirmant la compétence des juge et consuls. Ainsi le 18 janvier 1630, le grand conseil renvoie devant les juges des marchands deux épiciers-confituriers, dont l'un, marchand privilégié suivant la cour, était demandeur par requête, à fin de règlement de juges d'entre le prévôt de l'hôtel et les juge-consuls, et de renvoi au prévôt de la cause pendante entre lui et son confrère.

Dans une autre affaire, une femme, veuve de marchand, ayant appelé, comme de juges incompétents, d'une sentence donnée contre elle, par le prévôt de l'hôtel, au profit d'un marchand corroyeur-baudroyeur, le grand conseil annule l'appellation et renvoie les parties par-devant les juge-consuls par un arrêt du 4 décembre 1634.

Parfois le conseil privé du Roi intervenait lui-même. Un sieur de Carcain, receveur général de deniers-décimes en Languedoc, ayant sommé les sieurs Gayot et Many de recevoir la somme de huit mille livres pour le payement d'une lettre de change tirée de Lyon sur lui, ceux-ci refusent les espèces, sous prétexte qu'elles sont courtes et rognées. Le sieur de Carcain consigne la somme et assigne ses adversaires à comparaître devant les juge et consuls. Gayot et Many font défaut et poursuivent, de leur côté, devant la cour des monnaies. Une requête est adressée au Roi par de Carcain, et le conseil privé, au lieu

de renvoyer les parties devant le grand conseil, à fin de règlement de
juges, préfère les renvoyer devant les juge-consuls par un arrêt du
27 novembre 1640.

En 1643, un jugement des consuls porte condamnation d'amende à
l'encontre d'un marchand mercier-grossier-joaillier, suivant la cour,
pour s'être pourvu, sous prétexte d'un prétendu privilége, par-devant
le grand prévôt de l'hôtel du Roi; il révoque l'assignation donnée par-
devant cet officier au demandeur, qui est un marchand drapier, et
ordonne aux parties de procéder devant le tribunal consulaire. A la
suite de nouvelles sentences de la prévôté, le drapier déclare se rendre
appelant comme de juge incompétent de la dernière de ces sentences,
et le mercier obtient des lettres d'anticipation, aux fins de procéder
sur l'appel au grand Conseil. Le grand Conseil met l'appellation et ce
dont est appelé à néant, évoque le principal différend des parties, et
ordonne qu'elles produisent leurs pièces par-devant lui. Sur ce, le
Parlement, saisi par le marchand drapier en appel des sentences de la
prévôté de l'hôtel, lui permet de faire intimer qui bon lui semblera
sur ledit appel, et défend de faire aucunes poursuites qu'en ladite
cour. Le conseil privé du Roi, sur requête à fin de règlement de juges
entre le grand Conseil et le Parlement, rend, le 30 juin 1644, un arrêt
par lequel il renvoie les parties devant les juge et consuls, pour être
fait droit aux parties, ainsi qu'il appartiendra par raison.

Les conflits entre les juges ordinaires et autres et la juridiction consulaire n'exigent pas toujours une si haute intervention; il arrive
même que le prévôt du Châtelet ou le prévôt de l'hôtel sont quelquefois de plus facile composition; cependant le fait doit être encore assez
rare, car les juge-consuls enregistrent précieusement une sentence du
Châtelet, en date du mois de juillet 1641, par laquelle le prévôt renvoie devant eux, attendu qu'il s'agit de marchandise, une demande
faite par un marchand du Havre pour obtenir mainlevée d'une saisie
faite entre les mains d'un marchand de salines par un autre marchand,
en vertu de la permission des juge-consuls.

Il ne reste qu'à donner une idée des conflits qui pouvaient surgir
entre la juridiction des consuls et celle du prévôt des marchands. En
voici deux exemples. En 1657, un marchand, receveur et admodiateur
de la terre et seigneurie de Trelou, somme un marchand de bois, par-
devant les juge et consuls, d'enlever du port de Trelou cinq cents
cordes de bois et cinq cents muids de charbon, à en payer le prix, sui-

2.

vant marché, ainsi qu'un solde de compte. Le prévôt des marchands et les échevins, à qui appartient la juridiction sur la marchandise de l'eau, révoquent l'assignation donnée devant les consuls et font défense aux parties d'y comparaître, à peine de trente livres parisis d'amende. Quelques jours après, les juge-consuls condamnent le marchand de bois à vingt livres d'amende pour s'être pourvu devant le prévôt des marchands; le prévôt, à son tour, rend une nouvelle sentence, par laquelle les assignations devant les juge et consuls sont révoquées et déclarées nulles, le receveur de la seigneurie de Trelou condamné à l'amende, et le marchand de bois renvoyé quitte et absous. Le même jour, les juge-consuls décident que la marchandise de bois et charbon dont il est question sera reçue par arrière-main, mesurée et évaluée par marchands nommés par le juge de Trelou, et restera sur le port aux risques du marchand de bois, jusqu'à ce qu'il ait payé entièrement le prix convenu entre les parties. Portées en appel devant le Parlement, les sentences du prévôt sont infirmées, celles des juge et consuls confirmées par un arrêt du 2 avril 1658.

En 1661 se produit un curieux débat. François Bourrée, marchand de vin, exerçant en dehors de son commerce les fonctions d'enseigne de la compagnie colonelle des bourgeois de Paris, commandée par M. le procureur de la chambre des comptes, a eu besoin, pour l'entrée de la Reine à Paris, de trente et une bandoulières de velours bleu et isabelle, de vingt fourreaux de piques aussi de velours de la même couleur, et de six mousquets. Il prétend avoir loué ces objets, et offre de les rendre et de payer le prix de location; mais Doublet, le marchand d'armes, affirme qu'il y a eu vente, se refuse à recevoir les armes, et assigne Bourrée, comme marchand, devant les juge-consuls. Le prévôt des marchands, qui a la connaissance des différends nés au sujet de l'entrée des souverains dans Paris, fait défense à Doublet de continuer ses poursuites par-devant les juge et consuls contre l'enseigne de la compagnie colonelle, à peine de cent livres parisis d'amende, somme pour laquelle il sera emprisonné en cas de contravention. Les consuls n'ayant égard qu'à la qualité de marchand de vin, et non à celle d'archer de la ville, que prend Bourrée, le condamnent à payer le prix des armes fournies et dix livres tournois d'amende pour s'être pourvu devant le prévôt des marchands. Le Parlement, saisi de l'affaire en appel des sentences des deux juges, ordonne, par un arrêt du 29 avril 1662, que la sentence des juge-consuls sortira effet.

Ces exemples pris entre beaucoup d'autres témoignent des luttes que les juridictions consulaires avaient encore à soutenir vers 1660, c'est-à-dire près d'un siècle après leur création, mais ils montrent aussi combien ces juridictions s'affermissent et quels progrès elles continuent à faire. Leur existence n'est plus mise en question, et il n'est plus besoin d'édits ni de déclarations pour la protéger. Les cours d'appel, et au besoin le conseil privé du Roi, déjouent les entreprises des juges ordinaires; aussi les obstacles que les consuls rencontrent encore doivent leur causer moins d'inquiétudes que dans le principe. Si le lieutenant civil persiste à défendre à ses huissiers et sergents de porter les ajournements, d'exécuter les sentences, jugements et commissions des juge et consuls; s'il donne l'ordre d'élargir les prisonniers arrêtés en vertu desdits jugements, on peut du moins, aux termes d'un arrêt du conseil d'État en date du 8 mars 1625, faire procéder à l'exécution desdites sentences et jugements, non-seulement par les huissiers de la juridiction consulaire, mais aussi par tous huissiers et sergents royaux sur ce requis, c'est-à-dire par les sergents des eaux et forêts, huissiers élus, cour des monnaies, chambre des comptes, de la prévôté de l'hôtel, des requêtes du Palais, de la cour des aides, du grand conseil, du Parlement et autres qui ne dépendent pas des juges ordinaires. Le Parlement d'ailleurs vient, par un arrêt du 15 juillet 1659, de condamner solidairement le commis au greffe civil du Châtelet et le geôlier des prisons de Saint-Magloire, à réintégrer dans lesdites prisons un chapelier déchargé de l'écrou par le lieutenant civil, sinon à payer la somme pour laquelle ce chapelier a été emprisonné en vertu de la sentence des juge et consuls.

Enfin les juge-consuls ont fini par vaincre la répugnance que par suite de ces conflits leurs justiciables éprouvaient à comparaître en personne devant eux, et ils se trouvent délivrés des embarras que leur causaient les procureurs et autres officiers dont les justiciables faisaient leurs mandataires, malgré les arrêts rendus par le Parlement le 8 juillet 1613 et le 5 février 1619. L'édit de création était en effet resté pendant longtemps inobservé sur ce point, et les efforts des juge et consuls pour en faire respecter les prescriptions avaient amené plusieurs fois des scènes regrettables, sur lesquelles il y aura lieu de revenir. Une déclaration de février 1620 ayant ordonné la création de charges de procureurs dans toutes les juridictions du royaume, un arrêt du conseil du 10 janvier 1630 en avait excepté les juridictions consulaires, mais

celles-ci ne furent déchargées définitivement qu'en 1658, après un incident qui trouvera mieux sa place dans un autre chapitre. Cette même
année 1658, le Parlement arrêtait que les sentences des juge-consuls,
exécutoires aux termes de l'édit de création jusqu'à la somme de cinq
cents livres tournois, nonobstant oppositions et appels, seraient exécutées par provision, à quelque somme qu'elles pussent monter, sans
qu'on fût admis à donner contre elles aucunes défenses particulières.

Ainsi, lorsqu'à la mort de Mazarin, Colbert prend la direction des
affaires de l'État, la juridiction consulaire est consacrée par le temps
et par les services qu'elle a rendus; elle s'est affermie dans les luttes
qu'elle a dû soutenir, grâce à l'énergie que les consuls ont mise à la
défendre et à l'appui constant que lui a prêté l'autorité royale. Son
importance s'accroîtra encore par suite de l'activité que les réformes
de Colbert vont imprimer aux affaires.

A partir de 1664, les moyens de pourvoir au rétablissement du commerce et des manufactures sont discutés dans un conseil qui se réunit
tous les quinze jours en présence du Roi; les marchands sont conviés
par lettres circulaires à s'adresser à ce conseil et à y envoyer des députés chargés de porter leurs propositions. En même temps le Roi établit
à sa suite une personne pour, en cas de difficulté, recueillir les plaintes
et les sollicitations des marchands, et *une maison de commerce* pour
les y recevoir. Mais ces mesures ne sont pas suffisantes; après avoir
amené plusieurs provinces à souscrire à l'adoption d'un tarif uniforme
pour les douanes intérieures; après avoir amélioré les routes et réduit
les droits à la sortie et à l'entrée du royaume, Colbert entreprend de
soustraire l'industrie française aux exigences des étrangers qui ont le
monopole du commerce maritime. Il inspire au Roi la création de
deux grandes Compagnies des Indes orientales et des Indes occidentales pour établir des relations directes entre la France et les pays exo-
tiques. Le Roi, en instituant ces deux compagnies, déclare que tous
ses sujets peuvent y entrer sans déroger à leur noblesse et privilège;
lui-même avance quatre millions aux compagnies, et tous les ordres de
l'État y prennent un intérêt. Quelques années après, le Roi annonce,
par son édit d'août 1669, que tous les gentilshommes peuvent désormais par eux ou par personnes interposées entrer en société dans les
vaisseaux marchands, leurs denrées et marchandises, sans que pour
cette raison ils soient censés ni réputés déroger à la noblesse, « attendu,
dit le Roi, qu'il n'y a point de moyen pour acquérir du bien qui soit

plus innocent et plus légitime que le commerce en général, qui a toujours été en grande considération parmi les nations les mieux policées, et universellement bien reçu, comme une des plus honnêtes occupations de la vie civile..... que seul le trafic en détail avec l'exercice des arts mécaniques et l'exploitation des fermes d'autrui a été proprement défendu aux gentilshommes par les lois et ordonnances du royaume, et que la peine des contraventions aux règlements n'a été que la privation des priviléges de noblesse sans une entière extinction de la qualité. »

Tout en prodiguant les encouragements au commerce maritime, en faisant améliorer les ports et creuser le canal du Languedoc conçu par Riquet, Colbert dote l'industrie de procédés nouveaux et de fabrications jusqu'alors inconnues en France. Il applique en même temps aux manufactures, aux corps et aux communautés d'artisans ce fameux système de réglementation qui est encore l'objet de tant de controverses. Enfin, il fait élaborer par Savary le célèbre code marchand promulgué par les ordonnances de 1673, et rédiger par Vayer de Boutigny l'ordonnance de 1681 destinée à réglementer le commerce maritime.

Il appartenait au génie novateur qui faisait exécuter toutes ces réformes de confirmer et d'étendre l'œuvre du chancelier de l'Hôpital. Aussi la justice consulaire a-t-elle été sous l'administration de Colbert l'objet de plusieurs dispositions spéciales.

L'édit du 11 juillet 1664 pour l'établissement de la Compagnie des Indes avait donné aux juge-consuls la connaissance en première instance, jusqu'à la somme de mille livres, des procès et différends qui pourraient naître entre les directeurs et les particuliers non intéressés pour raison des affaires de la compagnie.

Le titre XVI de l'ordonnance du mois d'août 1667, connue sous le nom de code Louis, régla de nouveau la forme de procéder par-devant les juge et consuls. Un des articles disposait que si l'une des parties ne comparaissait pas à la première assignation, il serait donné défaut ou congé emportant profit; que néanmoins les défauts et congés pourraient être rabattus en l'audience suivante, pourvu que le défaillant eût sommé par acte celui qui avait obtenu le défaut ou congé de comparoir en l'audience et qu'il eût offert par le même acte de plaider sur-le-champ. Jusqu'alors les défauts avaient porté réassignation, et c'était bien vu, parce que les assignations étant données de la veille de l'audience, eu égard aux forains, il arrivait souvent que les intéressés n'en avaient pas connaissance. Les juge-consuls réclamèrent contre l'innovation. Après avoir remontré qu'avant de le savoir, les marchands pouvaient être assignés, jugés et condamnés, contraints par conséquent dans leurs corps et biens, avec garnison mise dans leurs maisons, ils ajoutaient « que les premières assignations étaient la plupart données par des huissiers du Châtelet qui, ne reconnaissant que le lieutenant civil et ne voulant point rendre raison aux juge-consuls, ne se souciaient pas de remettre ces assignations avec régularité, ou même ne les remettaient pas du tout » ; qu'il y avait donc intérêt à rétablir l'ancienne manière de procéder, laquelle du reste exigeait moins de frais que le rabat d'une sentence. Sur ces représentations, le Roi, en son conseil, le 28 décembre 1668, ordonna que la réassignation serait remise en usage, mais dans les juridictions consulaires seulement, conformément à ce qui se pratiquait avant son ordonnance de 1667.

Le titre XII de l'ordonnance de Louis XIV du mois de mars 1673, faite en vue d'assurer « la durée des institutions récemment fondées par des règlements capables d'assurer parmi les négociants la bonne foi contre la fraude », est tout entier consacré à la juridiction des consuls. Il confirme, explique et développe l'édit de 1563. Cet édit, et tous autres édits et déclarations touchant la juridiction consulaire, sont déclarés communs pour tous les sièges des juge et consuls.

Désormais « les juge-consuls connaîtront de tous billets de change faits entre négociants et marchands ou dont ils devront la valeur, et entre toutes personnes pour lettres de change ou remises d'argent faites de place en place ». L'ordonnance rappelle, en précisant les anciennes dispositions de la loi, que les consuls connaîtront des différends pour ventes faites par des marchands, artisans et gens de métier, afin de revendre ou de travailler de leur profession ; des gages, salaires et pensions des commissionnaires, facteurs ou serviteurs des marchands pour le fait de leur trafic seulement ; mais qu'ils ne pourront connaître des contestations pour nourritures, entretiens et emmeublements, même entre marchands, si ce n'est qu'ils en fassent profession. Elle leur attribue la connaissance des différends à cause des assurances, grosses aventures, promesses, obligations et contrats concernant le commerce de la mer, le fret et le naulage des vaisseaux [1] ; celles du commerce fait pendant les foires tenues dans

_____
[1] Les juges de l'amirauté réclamèrent contre cette disposition, et obtinrent l'abro-

les lieux de leur établissement, s'il n'appartient pas aux juges
conservateurs du privilége des foires. Un article dispose que les gens
d'Église, gentilshommes et bourgeois, laboureurs, vignerons et
autres, pourront faire assigner pour ventes de bleds, vins, bestiaux
et autres denrées procédant de leur cru, ou par-devant les juges
ordinaires, ou par-devant les consuls, si les ventes ont été faites à des
marchands ou artisans faisant profession de vendre. Enfin, après diverses dispositions relatives à l'exemption des charges de procureur; à
l'autorisation pour les juge-consuls de juger dans les matières de leur
compétence, nonobstant tout déclinatoire, appel d'incompétence,
prise à partie, renvoi requis et signifié, même en vertu de lettres de
committimus, aux requêtes de privilégiés, il est fait défense de donner
des assignations par-devant les juges ordinaires ou autres en révocation de celles données par-devant les juge et consuls, de casser ou surseoir les procédures et poursuites en exécution des sentences de ces
derniers, ni d'interdire de procéder par-devant eux. Les parties qui
auront présenté des requêtes à ces fins, les procureurs qui les auront
signées, les huissiers ou sergents qui les auront signifiées, seront condamnés chacun à cinquante livres d'amende, moitié au profit de la
partie, moitié au profit des pauvres.

L'intention du législateur a été de bien définir les attributions des
juges de commerce pour que la juridiction ne soit plus exposée aux
entreprises des juges ordinaires. Mais ceux-ci ne peuvent voir sans
jalousie l'extension des pouvoirs de la juridiction consulaire, et sans
envie le nombre toujours croissant des causes qui lui sont déférées.
Aussi les querelles vont-elles renaître avec un caractère d'animosité
qu'elles n'avaient peut-être jamais eu jusqu'alors.

Le 29 du mois de décembre de l'année même de 1673, les juge-consuls rendent, en conformité de l'ordonnance du mois de mars, un
jugement par lequel il est fait défense à tous huissiers et sergents de
donner aucune assignation au Châtelet, en révocation de celles qui
seront données par-devant eux, et aux marchands négociants, pour
raison de commerce, de faire donner leurs assignations ailleurs qu'au
consulat. Ce jugement est motivé sur les plaintes de plusieurs notables
marchands, banquiers et artisans, « de ce qu'au préjudice des assignations qu'ils font donner devant nous à leurs débiteurs pour la condam-

gation de l'article VII du titre XII. — Lettres patentes du 29 juillet 1679 et titre II
(art. II) de l'ordonnance de la marine de 1681.

nation des sommes à eux dues pour fait de commerce, circonstances et
dépendances, ils sont traduits au Châtelet, ou par-devant autres juges,
en revendication d'assignation, même en nullité et cassation de nos
sentences, où l'on surprend des ordonnances et sentences portant
défenses d'exécuter les sentences par nous rendues avec condamnation
d'amende contre ceux qui se sont pourvus par-devant nous; comme
aussi que pour l'exécution de nos sentences, oppositions à icelles, saisies faites des deniers qui pouvaient avoir été consignés en conséquence..... les huissiers à cheval, sergents à verge au Châtelet de
Paris et autres huissiers *par une affectation et pour les faire con-
sommer en frais*, donnent les assignations au Châtelet ou par-devant
autres juges. » Et afin que leur jugement soit notoire à tous, les juge-
consuls en ordonnent la lecture en audience; ils le font afficher et
signifier aux maîtres et gardes des six corps de marchands, aux jurés
des corps d'arts et métiers, aux maîtres des communautés des procureurs, tant de la cour de Parlement, du Châtelet, prévôté de l'hôtel et
des autres justices, et aux maîtres des communautés des huissiers à
cheval et des sergents à verge.

Ces précautions furent inutiles, et le lieutenant civil n'en devint
que plus hostile à la juridiction consulaire. Une affaire, entre autres,
émut vivement les juge-consuls : elle mérite d'être rapportée. Un
boulanger de Gentilly, ayant obtenu sentence contre un cabaretier qui
lui devait une somme de soixante-cinq livres, l'avait, faute de payement, fait recommander dans les prisons du grand Châtelet, où il était
déjà détenu pour une autre somme. Il apprend que le prisonnier a été
élargi sans autorité, et fait assigner devant les consuls le geôlier des
prisons et le greffier de la geôle qui lui avait donné la décharge, pour
se voir tous deux condamnés à payer solidairement la somme de
soixante-cinq livres. Le greffier de la geôle, à son tour, fait assigner,
afin qu'il prenne fait et cause pour lui, le greffier de la chambre civile
du Châtelet. Cet officier représente aux consuls qu'il n'a fait qu'exécuter l'ordonnance de son juge naturel, le lieutenant civil, et demande
à être renvoyé devant lui, ou en tout cas à être déchargé de la demande.
Crosnier, le boulanger, s'y oppose; alors Macaire, le greffier de la
geôle, le fait assigner en révocation par-devant le lieutenant civil, qui
déclare nulles les assignations données tant au geôlier qu'à Macaire,
avec défense à Crosnier de se pourvoir à l'égard de ces assignations
ailleurs qu'au Châtelet, à peine de cinq cents livres d'amende, et d'em-

prisonnement en cas de contravention. De leur côté, les juge-consuls, sur la requête du boulanger, condamnent le geôlier et le greffier de la geôle à réintégrer dans leur prison le débiteur ou à payer la somme pour laquelle il avait été recommandé, et aux dépens, avec défenses à l'avenir de laisser sortir aucun prisonnier détenu en vertu de leurs sentences, si ce n'est en vertu de sentences émanées d'eux-mêmes, ou d'arrêts du Parlement ou des Conseils du Roi. Au préjudice de cette sentence, le boulanger est enlevé de sa maison et emmené dans les prisons de Saint-Éloi, près de Saint-Paul, où il est écroué faute de pouvoir payer la somme de cinq cents livres montant de l'amende encourue par lui pour avoir soi-disant contrevenu à la sentence du lieutenant civil. Sa femme vient implorer les juge-consuls, et ceux-ci, « attendu que l'affaire est de la dernière conséquence pour leur juridiction, que journellement le sieur Girardin, lieutenant civil, fait des attentats sur icelle, arrêtent que, par charité, il sera par eux, sous le nom dudit Crosnier, interjeté appel des sentences dudit sieur lieutenant civil, dans le but d'obtenir arrêt pour l'élargissement de leur justiciable, et que, pour l'aider à subsister, on lui remboursera la somme principale et les dépens qui lui sont dus; qu'en ce qui concerne les attentats commis sur leur juridiction, leur sentence sera incessamment mise à exécution contre le greffier de la geôle; que le possible sera fait pour le faire emprisonner, et qu'une consultation sera prise pour savoir si l'on interviendra sur l'appel, ou si l'on prendra à partie ou non le lieutenant civil, soit au nom du consulat, soit au nom de Crosnier. » Il est arrêté, en outre, que l'on avancera les deniers qu'il conviendra de débourser aux dépens de la juridiction, et que l'on fera le nécessaire « afin que l'honneur en demeure au consulat [1] ».

Il est à présumer que les conflits analogues n'étaient pas rares. Le 6 mai 1678, les juge et consuls, « sur la plainte qu'aucuns de leurs justiciables négligent de satisfaire à ce qui leur est prescrit par les édits, ordonnances et arrêts, et que, par des entreprises et des transports de juridiction, on tâche de donner atteinte à l'attribution précise qui leur a été faite en première instance, et à une si solennelle institution », renouvellent par un jugement la prescription à leurs justiciables d'avoir à se pourvoir et à procéder devant eux en première instance; et ils leur rappellent en même temps toutes les obligations

---

[1] Le registre des délibérations n'indique pas quelle fut la suite de cette curieuse affaire.

que l'ordonnance de 1673 leur impose vis-à-vis de la juridiction consulaire. Ainsi ils enjoignent aux faillis « de représenter leurs livres,
journaux et registres, les états certifiés de leurs dettes et effets, et de les
remettre à leur greffe ; aux négociants, banquiers et gens de commerce
qui voudront obtenir des défenses générales contre leurs créanciers
de produire également leurs pièces pour être examinées et en être fait
rapport ». Les traités, accords et conventions faits sur contestations
entre marchands et les sentences arbitrales qui pourront intervenir
seront homologués au greffe de la juridiction ; les extraits de sociétés,
les actes portant continuation de société ou changement d'associés, etc.,
seront registrés et insérés au tableau exposé publiquement dans l'auditoire, etc. Ce jugement, comme celui de 1673, est lu à l'audience,
affiché et signifié à qui de droit.

On peut croire, toutefois, que, dans leur ardeur à se défendre, les
juge-consuls, du moins ceux de province, dépassaient parfois les
limites de leurs pouvoirs. Ainsi, la cour de parlement, par un arrêt
du 23 février 1695, rendu au profit du bailliage et siège présidial de
Chartres contre les juge-consuls de cette ville, dans un débat où étaient
intervenus les juges-consuls de Troyes, Orléans et Bourges, ordonne
« que les juge-consuls de Chartres ne pourront à l'avenir connaître
que des causes de marchand à marchand pour fait de marchandises
seulement, et entre marchands, artisans et gens de métier pour ventes
faites de marchandises, afin d'en revendre ou employer dans le travail
ou aux ouvrages de leur profession.

» Fait défenses auxdits juge-consuls de prendre connaissance des
contestations qui seront formées contre des marchands, laboureurs,
vignerons et toutes autres personnes, pour raison de ce qu'ils auront
acheté pour leur usage, et non pour revendre, etc.

» Enjoint auxdits juge et consuls de renvoyer les causes qui ne sont
pas de leur compétence devant les juges ordinaires des lieux, *encore
que le renvoi n'en fût requis*, et de faire mention dans leurs jugements des renvois qui auront été requis, à peine de tous dépens, dommages et intérêts des parties, etc., etc.

» Fait défenses aux greffiers de la juridiction consulaire de Chartres
de prendre aucun droit de présentation des demandeurs, *à peine de
concussion*, leur permet d'en prendre seulement des défendeurs,
conformément à l'ordonnance. »

A Paris, l'irritation était portée au plus haut point des deux côtés, lorsque les juge-consuls crurent devoir publier et signifier de nouveau, sous la forme d'une ordonnance, datée du 17 mars 1698, leur jugement du 29 décembre 1673, par lequel ils faisaient défense à leurs justiciables de se pourvoir ailleurs que par-devant eux pour fait de leur commerce. Ce document, qui, vingt-cinq ans auparavant, n'avait pas sensiblement touché les juges ordinaires, soulève à l'heure présente leurs plus vives colères, et, le 23 avril, le lieutenant civil rend, à son tour, une ordonnance qui envenime singulièrement la querelle.

« Les contraventions, dit-il, qui sont ordinaires dans la juridiction consulaire, ont obligé le procureur du Roi de faire des réquisitions pour empêcher leurs entreprises, très-préjudiciables au Châtelet et aux sujets de Sa Majesté, puisque ceux qui prêtent à usure ou qui séduisent les personnes qui ne sont pas en âge, et ceux qui ont une conduite déréglée, les marchands qui leur prêtent ou vendent des marchandises qu'ils rachètent à perte de finances, pour avoir contre eux la contrainte par corps, prohibée par l'ordonnance de 1667, les obligent de faire des billets ou lettres de change, les font tirer de place en place, sous des noms imaginaires qu'ils supposent; font de fausses signatures des tireurs, des endosseurs et des accepteurs; et les marchands banqueroutiers, pour être favorisés et éviter la punition de mort prononcée par ladite ordonnance contre le crime de banqueroute, *s'adressent à leurs confrères qui homologuent facilement les contrats faits avec des créanciers supposés, au préjudice des véritables,* dont ils ne peuvent pas être compétents suivant l'ordonnance, puisqu'il s'agit toujours de la validité des renonciations à la communauté et de la sentence de séparation, etc..... Mais ce qui est de plus surprenant, est que les juge et consuls dont la juridiction a été distraite de celle des juges ordinaires se sont oubliés jusqu'au point que, supposant des plaintes de marchands sans les nommer, ils ont d'office donné une prétendue ordonnance le 17 mars 1698, laquelle est nulle, 1° lesdits juges n'ayant aucun territoire, ni pouvoir de donner, faire imprimer et afficher des ordonnances au nom de Sa Majesté; 2° ils supposent qu'ils sont juges de l'exécution de leurs sentences, ce qui est contraire à la vérité et à l'usage, puisque les saisies réelles, les priorités d'hypothèques, les préférences sur les saisies entre les créanciers, les ouvertures de portes, le choix ou refus des gardiens, les permissions d'emprisonner fêtes et dimanches, appartiennent aux juges ordinaires, d'autant plus que leurs sentences ne peuvent s'exécuter qu'en vertu du sceau du Châtelet. » Et le lieutenant civil ordonne que le procureur du Roi se pourvoira au Parlement pour faire annuler l'ordonnance rendue incompétemment et par des gens sans pouvoir, et pour faire défendre aux juge et consuls d'en faire publier et afficher au nom du Roi.

L'ordonnance du lieutenant civil faisait revivre une ancienne prétention du prévôt de Paris, d'après laquelle le scel qui servait à sceller les sentences et jugements émanés des juge et consuls étant celui de la juridiction du Châtelet, la connaissance de ce qui intervenait en exécution appartenait exclusivement au prévôt. Dans l'origine, les propriétaires du droit du sceau de la juridiction consulaire avaient en effet acquis par même contrat le droit du sceau du Châtelet, et ils scellaient ou faisaient sceller les sentences des juge et consuls du même sceau qui leur servait à sceller les obligations du Châtelet [1]. Cet inconvénient existait encore. Les juge-consuls, malgré d'incessantes réclamations et bien que plusieurs arrêts du conseil d'État eussent été rendus en leur faveur, n'avaient pu obtenir que leur scel leur fût rendu par le garde-sceau du Châtelet [2]. Cette vieille question du sceau va recevoir enfin

---

[1] *Nota.* C'est du moins ce qui est expliqué dans les motifs d'un jugement rendu le 30 mars 1612, par lequel les juge et consuls, considérant que bien souvent « le commis qui tient le sceau, voulant prendre connaissance de cause, ne veut sceller que celles qu'il lui plaît, et que les sergents exécuteurs de leurs sentences, en conséquence dudit sceau, qui est pareil et semblable à celui du Châtelet, donnent ordinairement assignation aux parties par-devant le prévôt de Paris ou son lieutenant, en exécution des jugements de la juridiction consulaire, etc., ordonnent que les propriétaires et acquéreurs du sceau de la juridiction, ou leur fermier, ou son commis, seront tenus de faire faire un sceau distinct et séparé de celui du Châtelet, où seront gravées dans l'écusson trois fleurs de lis avec la couronne au-dessus, avec cette inscription : Sceau de la juridiction consulaire pour en sceller les sentences et commissions de ladite juridiction.

[2] En 1619, sur une requête présentée par les juge-consuls, le conseil d'État avait rendu un arrêt par lequel, à l'époque de la revente des petits sceaux prescrite par un édit du mois de mars de la même année, les commissaires députés devaient vendre et adjuger séparément le petit sceau de la juridiction des consuls, et l'acquéreur était tenu de commettre un homme capable en la maison où s'exerçait la juridiction « pour sceller les sentences d'un scel à part, séparé de celui du Châtelet ». En 1625, un arrêt du conseil d'État fit justice d'une prétention des huissiers du Châtelet, qui soutenaient que le scel du Châtelet employé pour les sentences des juge-consuls leur attribuait l'exécution des sentences, à l'exclusion de tous autres huissiers et sergents. — En 1659 et en 1667, réclamation des consuls contre l'inexécution de l'arrêt de 1619, nouvel arrêt du conseil d'État, le 5 février 1669, confirmant celui de 1619. — Néan-

une solution en même temps que seront réglés plusieurs autres points qui faisaient l'objet de fréquentes contestations entre les juges ordinaires et les juge-consuls.

Le 7 août 1698, le Parlement intervient et rend un arrêt servant de règlement non-seulement pour les officiers du Châtelet, mais pour ceux des autres juridictions et les juge et consuls. C'est sans contredit le document le plus important de cette longue lutte dont on vient de rappeler les principaux incidents.

Daguesseau, avocat du Roi, prend la parole au nom des gens du Roi pour exposer « que les obligations de leur ministère ne leur permettent pas de demeurer plus longtemps dans le silence sur les contestations trop publiques que l'intérêt de la juridiction a fait naître depuis quelque temps entre les officiers du Châtelet et les juge et consuls ».

Il constate qu'en dépit du soin que l'ordonnance de 1673 a pris de limiter d'une manière précise les attributions des juges ordinaires et des juge-consuls, l'affectation des plaideurs a excité une infinité de conflits; « que jusqu'à présent ces conflits se passaient entre les parties; les juges ne paraissaient point y prendre part, et quelques inconvénients particuliers ne semblaient pas demander un remède général. Mais aujourd'hui les choses ne sont plus en cet état : on a vu afficher dans Paris, d'un côté, une ordonnance des juge et consuls, de l'autre, une ordonnance du prévôt de Paris pour soutenir les intérêts de leur juridiction; les parties menacées de condamnation d'amendes, incertaines sur le choix du tribunal où elles doivent porter leurs contestations, attendent avec impatience la décision de la cour supérieure. »

Puis faisant la critique des deux règlements, à l'égard desquels « il ne serait peut-être que trop aisé de faire voir que l'un et l'autre renferment des nullités essentielles et des défauts presque également importants », l'avocat du Roi fait observer que la juridiction consulaire ne peut s'attribuer l'autorité de faire des règlements, que le règlement affiché par ordonnance du prévôt de Paris paraît d'abord plus favo-

moins, en 1691, le garde-scel du Châtelet prétend sceller les sentences de réception de caution; mais un arrêt du conseil privé décharge de la demande formée contre eux le greffier de la juridiction consulaire, l'huissier qui avait mis à exécution les sentences des consuls, sans qu'elles fussent scellées, et les maîtres de la communauté des sergents à verge du Châtelet.

rable, « non-seulement par les prérogatives éminentes qui distinguent la juridiction de celle des juge et consuls », mais parce que les juges du Châtelet n'ont point à se reprocher, comme ces derniers, d'avoir fait éclater les premiers une division et un combat de sentiments, souvent contraire à l'honneur des juges et toujours au bien public, et qu'ils n'ont fait que défendre leur compétence et soutenir leur juridiction attaquée par l'ordonnance des juge et consuls; que cependant on est forcé de reconnaître dans la substance même de leur ordonnance « des défauts importants qui ne permettent pas que l'on en tolère l'exécution. » Ces défauts, relevés par l'avocat du Roi, sont d'abord le passage injurieux pour les juge et consuls relatif aux banqueroutiers, « comme s'il était permis à des juges, dans une ordonnance publique, d'accuser d'autres juges de connivence et presque de collusion avec les criminels, pour étouffer la connaissance d'un crime et le dérober à la vengeance publique ».

Ensuite on a supposé « que les juge et consuls n'ont point de sceau et qu'ils doivent emprunter celui du Châtelet, *quoiqu'ils soient dans une possession immémoriale d'avoir un sceau,* et que, même dans ces derniers temps, le Roi ait érigé en titre d'office un garde-scel de la juridiction consulaire [1] ». On a insinué « que le sceau du Châtelet peut lui attribuer juridiction même en matière consulaire; que l'homologation des contrats passés entre un débiteur et ses créanciers appartient indistinctement, et dans tous cas, au prévôt de Paris; qu'il a droit de connaître de toutes les lettres de change entre toutes sortes de personnes, si ce n'est entre négociants, etc. »

Mais ce qui a paru encore plus important aux gens du Roi, « c'est que le règlement du Châtelet impose des peines sévères aux sergents et autres ministres inférieurs du Châtelet, qui portent dans le tribunal des juge et consuls des causes faisant partie de la justice ordinaire;

---

[1] *Nota.* — Un office de garde-scel avait été créé dans la juridiction, en vertu d'un édit du mois de novembre 1696, et en attendant la vente dudit office, la personne chargée du recouvrement de la finance à provenir de cette vente avait reçu l'ordre d'établir un commis près de la juridiction pour sceller les sentences portant condamnation, soit par défaut, soit contradictoires, et les exécutoires des dépens. Ceci résultait d'un arrêt du conseil d'État du 23 avril 1697, qui autorisait une dérogation au tarif de novembre 1697 en ce qui concernait les droits du scel pour lesdites sentences et exécution, et qui déchargeait en même temps de tout droit, *pour la facilité du commerce,* les défauts, actes de remises ou renvois par-devant arbitres, et les autres actes ne portant aucunes condamnations.

qu'il méconnaît ainsi l'esprit et la sage disposition de `ordonnance de 1673, dont les auteurs ont pensé que les officiers du Châtelet seraient plus capables de priver les consuls de ce qui leur appartient que de leur déférer ce qui ne leur appartient pas, et que, vu leur état de dépendance et leur attention à soutenir la juridiction de leurs supérieurs, il était inutile de leur faire défense de porter par-devant les consuls les causes dont la connaissance ne leur appartient pas. » La crainte des peines portées contre ces officiers réduit, en effet, les parties à l'impossibilité de trouver des sergents qui veuillent se charger de leurs assignations.

Enfin, après s'être félicité de ce que les officiers de l'une et l'autre juridiction n'ont point interjeté d'appellations respectives des deux ordonnances contraires, l'avocat du Roi exprime l'avis que le meilleur de tous les règlements serait de défendre également l'exécution des deux ordonnances, et de prescrire purement et simplement l'observation de la loi commune de l'une et l'autre juridiction, c'est-à-dire l'ordonnance de 1673. Toutefois, pour le faire d'une manière plus précise, qui prévienne et termine dans le principe toutes les contestations générales ou particulières qui pourraient naître à l'avenir, « les gens du Roi ont cru devoir observer que les plaintes des juge et consuls contre les entreprises des officiers du Châtelet se réduisent à deux chefs principaux » :

1° On a éludé la disposition de l'ordonnance de 1673, qui défend aux juges ordinaires de révoquer les assignations données par-devant les consuls, en révoquant les assignations non pas sous le nom des parties, mais sous le nom de la partie publique, et à la réquisition des gens du Roi ;

2° On a suspendu et empêché l'exécution des ordonnances des consuls, en surprenant quelquefois des sentences portant permission d'élargir les prisonniers arrêtés pour des condamnations prononcées par les consuls.

Or il convient d'apporter un remède aussi prompt qu'efficace à ces deux inconvénients.

En résumé, sur les réquisitions de l'avocat général, la cour reçoit le procureur général appelant des deux sentences en forme de règlement, ordonne l'exécution pure et simple de l'ordonnance de 1673, fait défense au prévôt de Paris et à tous autres juges de révoquer, même sur la réquisition des substituts du procureur général, les assi-

gnations données par-devant les juge et consuls, de casser et annuler
leurs sentences, d'en surseoir, arrêter ou empêcher en quelque manière que ce soit l'exécution, de faire élargir les prisonniers arrêtés
ou reconnus en vertu de leurs jugements, et de prononcer aucunes
condamnations d'amendes pour distraction de juridiction, tant contre
les parties que contre les huissiers, sergents, et tous autres qui auront
donné ou fait des assignations par-devant lesdits juge et consuls,
comme aussi fait inhibitions et défenses aux juge et consuls de connaître des matières qui ne sont pas de leur compétence; leur enjoint,
dans ce cas, de déférer aux renvois dont ils seront requis par les parties.

Les précautions avec lesquelles l'avocat général dispense également
le blâme à chacune des deux juridictions, dénotent assez qu'il s'agit
non plus de protéger le faible contre le fort, mais de maintenir l'équi-
libre entre des juges rivaux également puissants. Les luttes que la
juridiction consulaire a dû soutenir ont accru ses forces; elle s'appuie
maintenant sur de nombreux arrêts, rendus soit par le conseil d'État,
soit par le Parlement, et son importance s'est augmentée de toute la
considération qui s'est attachée au commerce et aux commerçants. De
nouvelles institutions vont, du reste, ajouter à l'autorité de la juridiction.

Pendant le court moment de calme qui suit le traité de paix de
Ryswick, le Roi, « voulant plus que jamais accorder une protection
particulière au commerce, marquer l'estime qu'il fait des bons marchands et négociants de son royaume, leur faciliter les moyens de faire
fleurir et étendre le commerce », établit, le 29 juin 1700, un conseil
permanent composé de conseillers d'État, de maîtres des requêtes et
de douze députés du commerce des principales villes. Les deux députés
de Paris seront élus dans une assemblée composée des juge-consuls,
des anciens juge-consuls, des maîtres et gardes des six corps de marchands, et convoquée par les juge-consuls.

Le 30 août 1701 a lieu l'établissement général des chambres de commerce dans plusieurs villes de France, à l'instar de celles de Marseille
et de Dunkerque. Ces nouveaux corps électifs, composés des mêmes
éléments que les juridictions consulaires, vont prêter à ces dernières
un appui constant.

Enfin les juridictions spéciales pour les marchands sont si bien
établies, les services qu'elles rendent au commerce sont tellement
appréciées, qu'en 1710 le Roi en augmente le nombre d'un tiers.

« Comme le nombre de ces juridictions n'est que de quarante et une dans toute l'étendue de notre royaume, ce qui n'est pas, à beaucoup près, suffisant pour le soulagement, expédition et commodité de nos sujets qui sont obligés d'y porter leurs causes et différends, et souvent de se transporter à vingt-cinq ou trente lieues de leur demeure, ce qui dérange leur commerce et les constitue dans des frais considérables, nous avons cru en même temps devoir établir vingt nouvelles juridictions dans les principales villes de notre royaume où il n'y en a point. »

Les juridictions consulaires ont triomphé des obstacles que, dès l'origine, on a multipliés sous leurs pas. Le Parlement ou le conseil d'État du Roi devront parfois encore faire respecter les dispositions de l'ordonnance de 1673, mais les agressions directes ou détournées ne se reproduiront plus avec le même caractère de malveillance envieuse qui s'est révélé dans le dernier conflit. L'arrêt solennel du 16 août 1698 a pour toujours anéanti les prétentions des juges ordinaires : ceux-ci, d'ailleurs, doivent se résigner devant les faits qui s'accomplissent. Les malheurs du temps, la chute du système de Law, entraînent de nombreuses faillites, à l'égard desquelles se montre leur insuffisance. « Les conflits, la longueur, l'embarras et les frais des procédures achèvent de ruiner les marchands contre qui elles sont faites, et causent une perte certaine tant aux débiteurs qu'aux créanciers[1]. »

Aussi le Roi pense qu'il n'y a pas de meilleur moyen pour remédier à cet état des choses, que d'attribuer temporairement la connaissance des procès et différends nés et à naître à l'occasion des faillites, à des juges « qui par leur profession sont particulièrement instruits des affaires du négoce, et qui administrent la justice gratuitement, et, avec des tempéraments convenables, facilitent aux débiteurs les moyens de se libérer sans faire aucun préjudice à la sûreté des créanciers ».

Des déclarations successives prorogèrent chaque année de 1716 à 1732 les attributions provisoires des consuls. La connaissance des faillites fit ensuite retour aux tribunaux ordinaires : néanmoins quelques juridictions consulaires en conservèrent la possession par suite de nouvelles déclarations du Roi. Quant à la juridiction consulaire de Paris, elle avait été l'objet d'une mesure exceptionnelle. Une déclaration du 30 juillet 1715 avait ordonné que le prévôt de Paris continuerait à connaître des contestations en matière de faillites, parce que les juge-

[1] Déclaration du 10 juin 1715.

consuls de Paris pouvaient à peine suffire à l'expédition des affaires
ordinaires.

Cependant la procédure des faillites laissait ouverture à de nombreux abus que les juges ordinaires ne pouvaient réprimer. Des fraudes
se commettaient journellement dans les bilans des faillis. On crut alors
indispensable de recourir à l'expérience des juge-consuls, et le Roi
ordonna « que dans toutes les faillites et banqueroutes ouvertes ou qui
s'ouvriraient à l'avenir, il ne serait reçu l'affirmation d'aucun créancier,
ni procédé à l'homologation d'aucun contrat d'atermoiement sans
qu'au préalable les parties se fussent retirées devant les juge et consuls
auxquels les bilans, titres et pièces seraient remis, etc. » De cette
façon, les faux créanciers qui se font comprendre dans les bilans avec
les légitimes « s'exposeront moins volontiers, dit la déclaration, à faire
leur affirmation dès qu'ils seront en présence de juges qui, par leur
état, sont plus particulièrement instruits des affaires du commerce et
de la réputation de ceux qui se disent créanciers ». Deux juridictions
différentes se trouvèrent ainsi chargées de la procédure en matière de
faillites.

Pendant tout le dix-huitième siècle, l'influence des juridictions consulaires ne fera donc que s'étendre, et parfois même le Roi ou le Parlement se verront obligés de modérer l'ardeur des juge-consuls. Ainsi
un arrêt du conseil d'État du Roi, du mois de juillet 1724, leur défend
de juger, même par défaut, les affaires qui ne sont pas de leur compétence. Cette fois les juge-consuls avaient condamné par corps au
payement d'un billet le contrôleur de la maison du comte de Charolais
sur la demande d'un rôtisseur. En 1728, la cour de Parlement, sur les
conclusions du procureur général du Roi, fait défenses aux consuls
d'Orléans de connaître des contestations qui ne sont de leur compétence, et notamment de celles qui naîtront entre créanciers à l'occasion des saisies faites en exécution de leurs sentences, ordres et distributions de deniers et tous autres qui ne leur sont attribuées par
l'ordonnance.

Les officiers du Châtelet se plaignent aussi que les juge-consuls donnent sur simple requête des permissions pour faire saisir et arrêter, et
assigner devant eux ceux en les mains desquels les saisies ont été faites ;
qu'ils connaissent de l'exécution de leurs jugements, des contestations
qui s'élèvent à l'occasion des emprisonnements, des saisies exécutions,
saisies arrêts, saisies immobilières ou autres discussions faites en vertu

de leurs jugements, *entre telles personnes et sous quelque prétexte que ce soit.....* Des arrêts de 1677 et de 1733 leur ont donné raison sur plusieurs points, néanmoins ils croient à propos d'assigner de nouveau les juge-consuls devant la cour. Ceux-ci prétendent qu'ils sont restés dans les limites de leurs attributions telles que les ont fixées les édits, déclarations et arrêts, mais l'arrêt rendu le 19 septembre 1755 implique évidemment qu'il n'en était pas toujours ainsi. Cet arrêt maintient, il est vrai, les juge-consuls dans le droit et la possession d'accorder sur requête des permissions de saisies dans les affaires de leur compétence, et seulement entre les mains de marchands justiciables de leur juridiction; mais à la charge, dans le cas où ces marchands se trouveraient devoir pour toutes autres causes que celles du commerce, de renvoyer en la juridiction ordinaire. L'arrêt affirme aussi le droit qu'ils ont de connaître de l'exécution de leurs sentences et jugements, mais seulement entre marchands, et pour fait de commerce seulement; les juge-consuls pourront donc connaître des saisies mobilières faites en vertu de leur jugement entre le saisissant et le débiteur, « mais si celui dans les mains de qui la saisie aura été faite prétend ne rien devoir, ou s'il se trouve un ou plusieurs tiers opposants qui ne soient pas créanciers pour fait de marchandises et dont la créance ne soit pas de la juridiction consulaire », les parties se pourvoiront devant les juges ordinaires, et les juge-consuls seront tenus d'y renvoyer les contestations qui naîtront, conformément aux arrêts des 3 juin 1677 et 24 janvier 1733.

Quoique leur juridiction ne soit plus sérieusement menacée, les juge-consuls de Paris exercent une vigilance jalouse à l'égard des prétendues entreprises des autres juridictions. Il est vrai que des conflits de compétence s'élèvent parfois entre eux et d'autres juges spéciaux appelés à connaître aussi de faits de commerce tels que le prévôt de l'hôtel, la juridiction de la maçonnerie, le bureau de l'hôtel de ville, mais la malveillance est étrangère à ces conflits qui sont amenés par la constitution même de ces juridictions. Néanmoins les juge-consuls continuent à y voir la main d'ennemis intéressés à leur perte; la moindre atteinte à leurs droits les entraîne à des démarches sans nombre; ils interviennent dans les instances, prennent des avocats, et font rédiger et imprimer des mémoires qu'ils répandent de tous les côtés.

En 1708, il arrive qu'un marchand privilégié s'étant pourvu à la prévôté de l'hôtel obtient une sentence qui casse la procédure faite devant les juge-consuls. Le grand conseil confirme par un arrêt la sentence du prévôt. Alors les juge-consuls assemblent la compagnie des anciens, et lui exposent que l'affaire « leur paraît de conséquence pour le maintien de leur juridiction, qui est *tous les jours* dépouillée de ses droits par des particuliers se disant privilégiés qui traduisent leurs justiciables à la prévôté de l'hôtel ». Les marchands condamnés n'osant s'exposer à mettre les sentences des juge-consuls à exécution et ne voulant point faire les frais d'un procès au Conseil, la compagnie arrête qu'il sera fait des poursuites sous le nom desdits marchands, pour obtenir arrêt confirmatif des sentences des juge-consuls contre celles de la prévôté de l'hôtel, et que, s'il est nécessaire, il sera présenté une requête d'intervention au nom du consulat pour faire faire un règlement de juges.

En 1719, un avocat est assigné comme négociant devant les juge-consuls pour plusieurs billets faits et souscrits par lui. Il se réclame de sa qualité, demande son renvoi aux requêtes du palais, et fait même signifier aux juge-consuls qu'il les prendra à partie en cas de déni de renvoi. La compagnie consultée autorise les juge-consuls en charge à défendre en la cause pour le soutien et l'honneur de la juridiction, dans le cas où le soi-disant avocat se rendrait appelant de leurs sentences.

En 1739, la compagnie, « vu que plusieurs juridictions troublent par leurs évocations la juridiction consulaire », décide qu'il sera fait un mémoire dont il sera donné communication à messieurs des six corps, et que les juge-consuls en place seront autorisés à poursuivre l'affaire au Parlement. Parmi ces juridictions, celle dont les juge-consuls accusaient principalement les prétentions, était la juridiction de la maçonnerie, qui avait la connaissance des contestations entre les entrepreneurs et les ouvriers employés à la construction des bâtiments, et aussi celle des différends entre les marchands carriers et plâtriers[1]. Elle avait été établie par un édit de 1574 et réorganisée en 1645. Les experts jurés du Roi, chargés de faire les visites, prisées et estimations pour raison de partage, licitations, servitudes, alignements, périls imminents, de tous les ouvrages concernant le bâtiment, étaient justi-

[1] Un arrêt rendu au Parlement le 3 février 1689 avait fait défense aux juges de la maçonnerie, en cas de conflit, de prononcer aucune condamnation d'amende, soit contre les parties ou contre les sergents, à peine de demeurer responsables des dommages et intérêts des parties en leurs propres et privés noms.

ciables du tribunal de la maçonnerie. Ils se composaient de jurés-experts entrepreneurs et d'architectes jurés-experts bourgeois. Ces derniers repoussaient la compétence des juge-consuls, et le consulat se vit obligé, en 1739, de soutenir un procès qu'ils lui avaient intenté devant le Parlement.

En 1743, les juge-consuls se trouvent engagés dans une autre affaire dont le point de départ est un jugement de la Conservation de Lyon. Ce tribunal a condamné un marchand pour le contenu d'un billet fait à Paris, au profit et à l'ordre d'un autre marchand de Paris, pour marchandises livrées et payables dans cette ville; l'ordre a été passé au profit d'un marchand de Lyon. Le Parlement confirme le jugement de la Conservation, mais le défendeur porte au conseil une demande en cassation de l'arrêt de la cour. Alors les juge-consuls et les six corps interviennent dans l'instance pour le maintien des priviléges des marchands de Paris, qui, suivant eux, ne doivent être traduits en défendant que devant les juge-consuls de cette ville, dans les cas semblables à celui qui fait le sujet de la contestation.

Mais les plus vives préoccupations de la juridiction consulaire, pendant le dix-huitième siècle, lui furent causées d'abord par ses difficultés avec le bureau de la ville, c'est-à-dire la juridiction du prévôt des marchands, et ensuite par une déclaration royale donnée en 1759.

A l'occasion d'une instance portée au Parlement entre deux marchands pour le payement de bois fournis par l'un d'eux, les juge-consuls avaient décidé d'intervenir, dans le but de soutenir la juridiction et de conserver ses droits vis-à-vis du procureur du Roi de l'hôtel de ville, qui était intervenu lui-même pour la juridiction du prévôt. Ceci se passait en 1736. Qu'en arriva-t-il? Les procès-verbaux des délibérations de la compagnie des juge-consuls ne donnent aucun éclaircissement à cet égard, mais il est à présumer que l'affaire se termina par un arrêt favorable au bureau de la ville, rendu par le Parlement le 7 mars 1738. En effet, plusieurs années après, en 1750, les juge-consuls ayant condamné un nommé Cagny à payer le contenu d'une lettre de change pour marchandise de vin livrée sur les ports de Paris, celui-ci fit appel par-devant le Parlement. Le procureur de l'hôtel de ville intervint dans la cause, et demanda, en se fondant sur l'arrêt du 7 mars 1738, que les juge-consuls fussent déclarés incompétents, avec défense de connaître du payement des lettres de change et des billets pour marchandises livrées sur les divers ports de Paris.

Les juge-consuls, considérant que cette prétention attaquait directement la juridiction consulaire, et « qu'elle était d'une conséquence
infinie pour le commerce », décidèrent, avec la compagnie des anciens,
d'intervenir dans l'instance en cour de Parlement pour y faire valoir
les droits qu'ils tenaient des édits, ordonnances et déclarations, et de
se pourvoir au Conseil du Roi, dans le cas où ils ne réussiraient pas.
Le 10 mars 1751, le Parlement rendit un nouvel arrêt contraire aux
demandes de la juridiction consulaire. L'affaire fut alors portée au
Conseil ; elle y était encore pendante en 1757, et l'avocat de la juridiction présentait, à cette époque, le mémoire qu'il venait de rédiger
pour elle. Sur ces entrefaites fut donnée la déclaration de 1759, qui
jeta les juge-consuls dans de nouvelles inquiétudes, et leur fit oublier
un instant leur querelle avec le bureau de la ville. On commençait,
d'ailleurs, à reconnaître que la solution des difficultés, toujours prêtes
à renaître entre les deux juridictions, à raison de la nature de leur
compétence, ne pouvait être le fait d'un simple arrêt du Conseil, et
qu'il fallait recourir à un moyen plus radical ; aussi le 7 mai 1776 les
juge-consuls annoncèrent à la compagnie qu'un projet venait d'être
proposé au ministère pour réunir la juridiction consulaire au bureau
de la ville. Cette affaire, la plus importante qu'ait eue le consulat
depuis son existence, suivant la propre expression des consuls, ne
devait pas aboutir. La révolution éclata avant que la réunion des deux
juridictions eût été effectuée.

La déclaration du 7 avril 1759 avait renouvelé les dispositions de
l'article 240 de l'ordonnance de Blois, au profit des tribunaux ordinaires qui s'étaient plaints à leur tour des empiétements des juridictions consulaires. Elle constatait que ces dernières s'attribuaient l'administration de la justice dans les villes inférieures où il y avait eu
autrefois des juridictions consulaires, obligeant ainsi les marchands et
les négociants de plaider pour des objets peu considérables dans les
villes éloignées de leur résidence, tandis qu'ils pouvaient trouver au
lieu même qu'ils habitaient une justice également prompte et suffisante.

L'alarme fut vive dans le sein de la juridiction. Dans une assemblée
du 13 novembre 1760, les juge-consuls exposèrent à la compagnie :
« Que leurs prédécesseurs avaient si bien senti dès l'origine de la
déclaration tout le préjudice qu'en souffrirait le commerce, et combien l'ordre de la juridiction en serait troublé si elle était exécutée,

qu'ils n'avaient cessé par un travail continuel de chercher les moyens de parer à ce qu'elle pût faire aucun progrès et à parvenir à en obtenir la révocation.

» Qu'il était aisé de sentir que cette déclaration avait été surprise à la religion de Sa Majesté par la cupidité des juges ordinaires et par leur jalousie sur les juridictions de commerce, que depuis leur établissement, ils n'avaient presque point cessé de leur porter les atteintes les plus vives pour les détruire en tout ou en partie, mais que de toutes ces circonstances il ne s'en trouvait pas de plus capable d'alarmer les juridictions consulaires que celle dont il est question, puisqu'il s'agissait d'une déclaration du Roi enregistrée au Parlement, et par conséquent munie de toutes les autorités.

» Qu'en effet le mal se faisait déjà sentir dans la plupart des provinces, par l'autorité des juges ordinaires sur les officiers subalternes auxquels ils défendaient, sous peine d'interdiction, d'assigner un débiteur, pour fait de commerce, ailleurs que devant eux. »

Que la plupart des juridictions consulaires avaient adressé au Roi de très-humbles remontrances, « et qu'il serait étonnant que la juridiction consulaire de la capitale du royaume gardât le silence, surtout dans une ville qui, comme le centre de la France, renferme un très-grand nombre de négociants, dont toutes les affaires étant des ventes en gros à tous les marchands répandus dans les villes et les villages, les mettraient continuellement dans la dure nécessité de chercher autant de juges pour se faire payer de leurs débiteurs qu'ils auraient de domiciles différents. »

À la suite de cet exposé, il fut décidé qu'on rédigerait des remontrances au Roi; et trois commissaires furent nommés pour, conjointement avec les commissaires désignés par les six corps et l'avocat de la juridiction au conseil, mettre l'affaire en état d'être rapportée et faire les sollicitations nécessaires à ce sujet. Le volume des mémoires de la juridiction sur la déclaration ne fut imprimé qu'en 1766. Deux anciens juges et un consul furent chargés d'en envoyer des exemplaires à tous les confrères des provinces, et de suppléer le siège pour suivre l'instance; mais les temps étaient changés, les rôles intervertis, et les doléances exagérées des juge-consuls ne paraissent pas avoir été accueillies avec un grand empressement.

Toujours est-il que, malgré les attaques dont ils aimaient à se plaindre, les juge-consuls gagnaient continuellement en autorité. L'institution due au génie de l'Hôpital était devenue indispensable à la bonne administration de la justice. Dans une séance du 23 mars 1780, sire Guyot, juge, dit que la multiplicité des causes portées au tribunal de la juridiction, et dont le nombre accroît chaque année, a toujours empêché jusqu'alors les consuls de se livrer à d'autres affaires que celles du service journalier des audiences; que le torrent des affaires qui se renouvellent chaque jour dérobe aux yeux des consuls en exercice certains abus, ou du moins leur permet à peine de les entrevoir et de les attaquer. La juridiction répond à des besoins si réels, les services qu'elle rend deviennent si sensibles avec le développement du commerce et de l'industrie, que la Révolution, qui supprime tant de créations de l'ancien régime, maintient les juridictions consulaires sous le nom de tribunaux de commerce, tandis que d'autres juridictions leurs rivales, fondées sur des priviléges ou n'existant qu'en vertu d'exceptions abusives, sont sacrifiées au grand œuvre de l'unité de la justice en France.

CHAPITRE DEUXIÈME.

L'édit d'érection avait déterminé la manière dont il devait être procédé à l'élection des premiers juge-consuls. Suivant les prescriptions de la loi, le prévôt des marchands et les échevins convoquèrent à l'hôtel de ville, le 27 janvier 1563, cent notables bourgeois pour élire cinq marchands, « soit entre eux, soit dans le nombre des autres bourgeois absents, à la condition pour ceux-ci d'être natifs et originaires du royaume, marchands de Paris et habitants de ladite ville ». Les notables ayant prêté serment d'élire, en leur conscience, cinq d'entre eux, dont le premier serait juge des marchands et les quatre autres consuls, et, en plus, quatre scrutateurs, les billets furent placés dans un chapeau, et l'élection eut lieu à la pluralité des voix.

La charge des cinq juge-consuls ne devait durer qu'un an, sans que, pour quelque cause que ce fût, l'un d'eux pût être continué. L'édit ordonnait donc aux premiers juge-consuls d'assembler et d'appeler, trois jours avant la fin de leur année, soixante marchands bourgeois de la ville, qui devaient en élire trente d'entre eux, pour, à l'instant même, à peine de nullité, procéder avec les juge-consuls à l'élection de cinq nouveaux titulaires.

Le commencement de l'année venait d'être reporté de Pâques au 1er janvier. Ce fut donc le 29 janvier 1565, et non pas 1564, que les cinq juge-consuls sortant de charge rendirent une ordonnance pour convoquer, suivant un rôle dressé par eux, les soixante marchands appelés à élire leurs successeurs. Commandement par huissier fut fait, le 30 janvier, aux électeurs de se réunir le 1er février, veille de la Chandeleur, à deux heures de relevée, dans la salle judiciaire, qui était alors la salle du logis abbatial de l'abbaye Saint-Magloire, rue Saint-Denis. Le jour venu, le juge, sire Aubry, président de l'assemblée, recommanda aux électeurs « de regarder si ceux qu'ils éliraient étaient gens de bien, catholiques, bien vivants et de bonne conscience, non vindicatifs, ni favorables à personne, ayant moyen de vaquer une année audit fait et charge, sans que telle charge fût cause de leur ruine ; aussi, qu'ils ne pussent être ajournés à payer leurs dettes, autant que ce serait un scandale ».

On examina ensuite s'il y avait lieu de procéder à la nomination à haute voix ou par le moyen de *ballottes*, et l'on finit par décider, à la pluralité des voix, que chacun écrirait son nom sur un billet ; que, sur les soixante billets jetés dans un chapeau, l'on en tirerait trente, et que les trente notables favorisés par le sort demeureraient électeurs des juge et consuls ; « que l'élection se ferait à haute voix, et serait commencée par le juge et après par les consuls, suivant leurs degrés, par après par les deux premiers des trente tirés du chapeau », nommés de droit scrutateurs, et ensuite par les vingt-huit autres électeurs, « et seraient par eux déclarés les noms et surnoms des personnes qu'ils éliraient ».

L'élection terminée, les juge-consuls sortants dressèrent une requête adressée au Parlement pour le prier de recevoir les nouveaux juge-consuls, car le Parlement s'était attribué, dès l'année précédente, le droit de réception que l'édit accordait au prévôt des marchands. Au jour fixé par la cour, les nouveaux élus, accompagnés des anciens juge-consuls, se rendirent au Parlement, où ils prêtèrent serment en pleine assemblée. Ils allèrent ensuite à l'église Saint-Magloire, où ils entendirent la messe ; puis les anciens installèrent au siège leurs successeurs, « et, pour les instruire et assister de conseil, ils les accompagnèrent dans leurs jugements, pendant le temps et espace de trois semaines ».

L'édit, après avoir indiqué comment devait être faite l'élection des juge-consuls pour la seconde année, ajoutait : « Et sera la forme dessus dite gardée et observée dorénavant en l'élection desdits juge et consuls. » Il ne paraît pas que cette prescription ait été prise à la lettre, du moins en ce qui concerne les élections partielles, et, comme le fait observer Guibert, il n'y eut point de règles fixes jusqu'en 1728, et le mode et la forme de l'élection furent déterminés presque toujours par les électeurs au fur et à mesure des circonstances.

Les anciens juges et les anciens consuls firent toujours partie, dès le principe, de l'assemblée des notables désignés pour élire les juge-consuls. On voit, en effet, que Jean Aubry, juge en 1563, était scruta-teur en 1567 ; que André Roch et Nicolas Hac, anciens consuls, l'un en 1566, l'autre en 1567, remplirent les mêmes fonctions de scrutateurs en 1569 et 1571. L'usage s'établit ainsi d'appeler les anciens à con-courir à l'élection, et finit par constituer en leur faveur une sorte de droit qu'ils conservèrent jusqu'en 1728. Il en fut de même pour les maîtres et les gardes des six corps [1]. On mandait, pour compléter le nombre des électeurs, seize notables tirés des principales commu-nautés des marchands.

Les électeurs et les éligibles appartenaient aux six corps et aux com-munautés les plus importantes. Comme il sera parlé fréquemment des six corps, il est nécessaire de dire ici quelques mots de leur composi-tion. La juridiction consulaire et les six corps étaient solidaires. Les maîtres et gardes imploraient le Roi en faveur de la juridiction, alors qu'elle n'avait pas d'autre appui et que la compagnie des anciens n'existait pas encore ou n'avait pas suffisamment d'autorité. Plus tard, les juge-consuls, soutenus par la compagnie, s'entendirent avec les maîtres et gardes des six corps toutes les fois qu'il s'agit d'intervenir à la cour ou au conseil pour défendre leurs intérêts communs, et ils ne furent jamais divisés que par les questions de préséance, ainsi qu'on le verra dans le chapitre consacré aux cérémonies.

Les six corps des marchands étaient des corps privilégiés, « regar-dés comme les principaux canaux par où passait tout le commerce de Paris [2]. » Suivant Sauval, il n'y avait eu d'abord que quatre corps de marchands, puis sept sous François Iᵉʳ, y compris les teinturiers. A la fin du seizième siècle, le nombre en fut fixé à cinq dans l'ordre sui-vant : 1° draperie, 2° épicerie, 3° mercerie, 4° orfévrerie, 5° pelleterie ; la communauté des marchands de vin et de poisson de mer pouvait être regardée comme le sixième corps. Plus tard, l'ordre fut ainsi éta-bli : 1° draperie, 2° épicerie, 3° mercerie, 4° pelleterie, 5° bonnete-rie, 6° orfévrerie.

DRAPERIE. — Les drapiers occupaient le premier rang depuis que la

---

[1] Voir le procès-verbal de l'ordre et des cérémonies observées pour les élections.
[2] *Dictionnaire* de SAVARY.

cession leur en avait été faite par les pelletiers. Cette primauté leur donnait le droit exclusif de convoquer les assemblées générales des six corps, qui avaient ordinairement lieu dans leur bureau. A la tête du corps de la draperie étaient un grand garde, un second grand garde et quatre autres petits gardes, tous chargés de faire les visites chez les maîtres. Ces gardes, renouvelés chaque année par moitié au moyen d'une élection, prêtaient serment par-devant le procureur du Roi du Châtelet.

La confrérie particulière du corps était établie en la chapelle de Sainte-Marie l'Égyptienne, vulgairement appelée la Jussienne. Les drapiers avaient pour patron saint Nicolas, protecteur de l'ancienne communauté des drapiers-chaussetiers. Dans leurs armes, au champ d'argent chargé d'un vaisseau construit et mâté d'or, aux voiles et pavillon d'azur, voguant sur une mer de sinople, se trouvait au sommet du principal mât un œil ouvert, symbole de vigilance indiquant que le corps de la draperie, comme le premier des six corps, devait avoir l'œil attentif à bien conduire les autres.

ÉPICERIE. — Les épiciers se divisaient en *apothicaires* et en *épiciers* proprement dits, lesquels se distinguaient eux-mêmes en *droguistes*, *confiseurs* ou *confituriers* et *ciriers* ou *ciergiers*.

Les visites chez tous les maîtres du corps et l'inspection des poids et balances réservée au corps de l'épicerie, étaient faites par six gardes, dont trois apothicaires et trois épiciers, se renouvelant par tiers à l'élection au mois de décembre après la saint Nicolas. L'élection des gardes épiciers était faite par les apothicaires et les épiciers, celle des gardes apothicaires par les apothicaires seuls.

La confrérie des épiciers était établie dans l'église Saint-Augustin. Les épiciers et les apothicaires prenaient chacun à leur tour le côté droit et marchaient les premiers à l'offrande, les uns le jour de saint Nicolas d'hiver, les autres le jour de saint Nicolas d'été. La préséance était alternative entre les gardes épiciers et les gardes apothicaires, soit dans les assemblées qui se tenaient au bureau commun du corps, soit dans toutes les autres occasions.

Les apothicaires avaient en propre une maison et un jardin rue de l'Arbalète, au faubourg Saint-Marcel, qui servaient aux examens, aux cours de chimie, et où l'on faisait en public, tous les cinq ou six ans, la composition de la thériaque.

Les armoiries du corps de l'épicerie étaient d'or, à deux vaisseaux à la voile, de gueules sur une mer d'azur, surmontés chacun d'une étoile de même, au chef d'azur, chargé à gauche d'un bras sortant d'un nuage, tenant à la main une balance d'argent, et à droite une étoile de gueules, avec ces mots pour devise placés autour de l'écusson : *Lances et pondera servant,* allusion à la conservation des poids et des balances.

La devise particulière des apothicaires avait pour corps un palmier autour duquel s'enroulait une vipère; le palmier planté dans une terre environnée de montagnes et de rochers. Elle avait pour âme ces mots : *Versantur his tribus,* se rapportant aux trois règnes de la nature avec lesquels la pharmacie prépare ses remèdes.

L'union des épiciers et des apothicaires dura jusqu'en 1777, où ces derniers parvinrent après plusieurs tentatives inutiles à se séparer enfin des épiciers, et obtinrent d'être érigés en collége de pharmacie.

MERCERIE. — Quoique le troisième des six corps, celui de la mercerie « était regardé comme le plus important, d'autant qu'il renfermait et comprenait pour ainsi dire tout le commerce des autres corps. »

« Il était, ajoute Savary, le plus noble et le plus excellent de tous les corps des marchands, d'autant que ceux qui le composent ne travaillent point et ne font aucun ouvrage de la main, si ce n'est pour enjoliver les choses qui sont déjà faites et fabriquées, comme de garnir des gants et des mitaines, attacher à des habits et autres vêtements des rubans et autres sortes de galanterie; aussi ceux qui sont admis dans ce corps sont-ils reçus noblement, ne leur étant pas permis de faire ni manufacturer aucunes marchandises, mais seulement de les enjoliver, ce qui n'est pas des autres corps qui sont regardés comme mixtes, c'est-à-dire qu'ils tiennent du marchand et de l'artisan.

« On ne doit pas être surpris de ce que le corps de la mercerie est regardé avec tant de distinction, puisque c'est lui qui a toujours soutenu le commerce des pays étrangers, n'y ayant guère de contrées dans le monde, pour reculées qu'elles puissent être, où il n'ait pénétré pour le négoce de la France, étant même certain que ce sont les particuliers de ce corps qui ont entrepris les premiers de faire des voyages aux Indes orientales et occidentales; en sorte que l'on peut dire que sans le corps de la mercerie, le commerce de la France avec les pays étrangers ne ferait que languir [1]..... »

---

[1] *Nota.* — « Y ayant eu jusques à trois marchands merciers dans le consulat, l'un pour juge et les deux autres pour consuls : ce qui est fondé sur ce que ledit corps des

Sept maîtres et gardes, dont un grand garde et six petits gardes, étaient préposés pour la conservation des priviléges et de la police du corps de la mercerie. Ils étaient renouvelés annuellement par l'élection.

Le corps de la mercerie avait été institué en 1407 et 1412, sa confrérie était établie en l'église du Sépulcre, et son patron était saint Louis, roi de France. Pour armoiries il avait un champ d'argent chargé de trois navires, dont deux étaient en chef et un en pointe, ces vaisseaux construits et mâtés d'or sur une mer de sinople, le tout surmonté d'un soleil d'or avec cette devise : *Te toto orbe sequemur,* Nous te suivrons par toute la terre [1].

Vingt-six marchands merciers privilégiés suivant la cour formaient une espèce de communauté particulière qui ne relevait que du prévôt de l'hôtel.

Pelleterie. — Les pelletiers avaient cédé le premier rang aux drapiers, mais ils ne pouvaient se résigner à former le quatrième corps, et dans toutes les cérémonies ils disputaient le troisième rang aux merciers.

Les affaires du corps étaient gérées par six maîtres et gardes qui veillaient en même temps à la conservation des priviléges et à l'exécution des statuts et des règlements. La confrérie était établie dans l'église des Carmes des Billettes ; la sainte Vierge en était la patronne.

Le corps avait pour armoiries au champ d'azur chargé d'un agneau pascal d'argent, à la bannière de gueules, ornée d'une croix d'or. L'écu de ces armoiries était soutenu par deux hermines d'argent et surmonté d'une couronne ducale mêlée de fleurs de lys, et par derrière un aulmuce d'argent, dont la partie qui se voyait placée au bas de l'écu formait une espèce de petit manteau ducal. Les pelletiers prétendaient tenir la couronne ducale d'un duc de Bourbon, comte de Clermont, qu'ils auraient eu pour chef sous le règne de Charles V.

Bonneterie. — Le cinquième corps des marchands, celui des bon-

---

merciers est très-nombreux et composé de plus de deux mille personnes qui établissent et entretiennent presque toutes les manufactures de France, et sont plus expérimentées dans le commerce et sur le fait des lettres de change qu'aucuns autres marchands, etc. » (Arrêt du conseil d'État du Roi du 14 janvier 1689.)

[1] A la revue des bourgeois de Paris sous le règne de Henri II, les seuls merciers formaient un corps de trois mille hommes, qui plut au Roi autant par sa magnificence que par sa bonne mine, à ce point que, pour l'honorer, ce monarque voulut que le prince de la Roche-sur-Yon se mît à la tête pour en former un bataillon et le faire marcher en ordre de bataille. (Savary, *Dictionnaire*.)

netiers, était géré par six gardes renouvelés par tiers tous les ans, l'un des jours d'après la Saint-Michel. La confrérie de ce corps était établie en l'église de Saint-Jacques la Boucherie, et prenait pour patron saint Fiacre. Les armoiries étaient d'azur à la croix d'argent surmontée de cinq navires aussi d'argent, trois en chef et deux en pointe.

Le corps de la bonneterie était le plus récemment institué des six corps; aussi le corps des orfévres lui disputait-il le cinquième rang. De longs procès s'engagèrent au dix-septième siècle entre ces deux corps relativement à la préséance dans les assemblées publiques ou particulières. Une sentence du prévôt des marchands, en date du 7 mai 1625, avait été favorable aux orfévres; les gardes de la bonneterie en ayant appelé comme de juge incompétent, les orfévres, en 1638, adressèrent une requête à la cour, tendante à ce qu'on leur conservât séance et voix délibérative avant les bonnetiers, avec défense à ceux-ci de les troubler, à peine de tous dépens, dommages et intérêts, et de dix mille livres d'amende. En 1656, nouvelle sentence du prévôt ordonnant que, sans préjudice du droit des parties au principal et des oppositions et appellations, la sentence de provision du 7 mai 1625 serait exécutée, de façon qu'à l'entrée de la reine de Suède, la célèbre Christine, les marchands orfévres portèrent le dais les cinquièmes et les bonnetiers les sixièmes; en 1657, même décision au sujet de l'entrée du cardinal légat Barberini. Mais malgré les efforts des gardes de l'orfévrerie, la cour, par un arrêt rendu le 24 janvier 1660, confirma la préséance des gardes de la bonneterie, et ceux-ci, non contents de faire enregistrer l'arrêt au greffe de l'hôtel de ville, demandèrent et obtinrent des juge-consuls de le faire transcrire sur le livre des chartes de la juridiction.

ORFÉVRERIE. — Les orfévres demeurèrent donc au sixième rang. Leur corps avait été érigé en 1330 par Philippe de Valois. Il était géré par un grand garde, un second garde et quatre jeunes gardes, renouvelés par moitié chaque année dans une assemblée électorale qui se tenait en juin, après la translation de saint Éloi, patron du corps. Les armoiries des orfévres étaient une croix d'or dentelée en champ de gueules, accompagnée de deux couronnes et de deux coupes aussi d'or, à la bannière de France en chef.

Le roi Jean avait permis aux orfévres de construire, sous l'invocation de saint Éloi, une chapelle qui était l'une des plus riches de Paris, et le pape Innocent VI leur avait donné des reliques du saint leur patron.

Les six corps des marchands de Paris avaient une devise commune : un homme assis tenant dans ses mains un faisceau de baguettes qu'il s'efforce de rompre sur le genou, avec ces mots : *Vincit concordia fratrum.*

La communauté des marchands de vin, qui semble avoir un moment fait partie des six corps à la fin du seizième siècle[1], avait vu le corps de la bonneterie prendre le pas sur elle. Depuis cette époque, elle avait essayé de se faire ériger en septième et dernier corps, mais les autres corps repoussèrent constamment ses prétentions. Ce fut seulement en 1776 qu'elle parvint à triompher de leur résistance par suite de la réorganisation des corps et communautés. Les six corps furent alors reconstitués de la manière suivante :

1. — Drapiers, merciers.
2. — Épiciers.
3. — Bonnetiers, pelletiers, chapeliers.
4. — Orfévres, batteurs d'or, tireurs d'or.
5. — Fabricants d'étoffes et de gazes, tissutiers-rubaniers.
6. — Marchands de vin.

Les marchands de vin, ainsi que les libraires-imprimeurs, fournissaient des échevins au bureau de la ville, et concouraient depuis longtemps avec les maîtres des six corps à l'élection des juge-consuls.

Ainsi qu'il a été déjà dit, les maîtres et gardes des six corps portaient le dais sur les rois, reines et autres princes, princesses et seigneurs qui faisaient leur entrée publique dans Paris. Les maîtres et gardes de la draperie commençaient à s'en charger devant le trône, ordinairement dressé hors des barrières de la porte Saint-Antoine, et ceux des cinq autres corps le reprenaient dans le cours de la marche, les uns après les autres, suivant leur rang[2]. Dans ces cérémonies, les gardes portaient jadis un costume des plus riches, en velours de diverses couleurs, mais au dix-septième siècle ils avaient adopté la robe consulaire, qui était en drap noir, à collet et manches pendantes parementées et bordées de velours de pareille couleur. Les gardes de

---

[1] Voir la déclaration du 28 avril 1565.
[2] *Dictionnaire* de Savary.

la communauté des marchands de vin, seuls en dehors des gardes des six corps, portaient aussi la robe passementée de velours [1].

C'étaient donc les gardes des six corps qui élisaient, avec les anciens juges et consuls des marchands, les nouveaux juge-consuls. Il leur était adjoint, comme il a été visé plus haut, seize autres marchands. Peu à peu, le nombre de ces marchands mandés spécialement s'était élevé à vingt-quatre. On vit sans doute quelques inconvénients à cet accroissement du nombre des marchands électeurs étrangers aux six corps, car la compagnie des anciens arrêta, par une délibération prise sur la proposition des juge-consuls en charge, le 28 janvier 1660, qu'on reviendrait à l'antique usage, et qu'il ne serait mandé, à l'avenir, que seize marchands des communautés, savoir : deux marchands de vin, deux marchands de poisson de mer, deux marchands de poisson d'eau douce, deux marchands de bois, deux marchands libraires, deux marchands de laine, deux marchands teinturiers, et deux marchands de gravèle.

En 1686, l'édit du Roi portant création d'une compagnie générale pour les assurances et grosses aventures de France, ordonna (article 80) que l'un des trente associés négociants serait choisi et élu tous les deux ans, à la pluralité des voix, pour entrer et être reçu dans le consulat de la ville de Paris. Cette mesure devint l'occasion d'un conflit entre les merciers joailliers et les marchands des cinq autres corps.

L'année suivante, l'associé de la chambre des assurances choisi pour consul se trouvant être un mercier, la question s'éleva de savoir si les merciers pourraient présenter à l'élection un second candidat ; les marchands des cinq autres corps leur en contestèrent le droit. Saisi de l'affaire, le conseil d'État du Roi rendit, le 16 janvier 1689, un arrêt qui donna gain de cause aux merciers, en ordonnant que, sans préjudice de l'élection faite, de deux ans en deux ans, de l'un des trente associés de la compagnie des assurances, de quelque qualité qu'il fût, encore même qu'il se trouvât être marchand mercier, il serait tous les ans élu et choisi au moins un marchand mercier du corps de la mercerie pour remplir la place de l'un des consuls ; ce qui serait exécuté en faveur

---

[1] Auparavant le costume des gardes de la mercerie était en velours violet ; celui de la draperie en velours noir aux toques ornées de cordons d'or ; celui de l'épicerie en velours tanné ; celui de la bonneterie en velours également tanné ; celui de l'orfévrerie en velours rouge et cramoisi ; celui des pelletiers en velours bleu fourré de loup-cervier ; celui des marchands de vin en velours bleu, avec toques pareilles et galons d'argent.

4.

du corps de la mercerie seulement. Le conseil d'État basait son arrêt
sur ce que les merciers étant plus nombreux et plus expérimentés dans
le commerce et sur le fait des lettres de change que tous les autres
marchands, leur nomination au consulat était nécessaire et utile au
public; sa décision n'en portait pas moins une grave atteinte à la liberté
des suffrages.

Huit ans après, en 1697, l'assemblée électorale nomme un juge et
quatre consuls, sans avoir égard au droit de la chambre des assurances;
c'est en vain que les juge-consuls sortant l'ont avertie, et lui ont même
donné l'exemple en désignant un des associés de la compagnie. Celle-ci
fait à l'élection une opposition sur laquelle intervient un arrêt ordonnant que le sieur Thomas Tardif, mercier-joaillier, et l'un des trente
intéressés dans la compagnie d'assurances, sera choisi pour être consul
au lieu et place de celui qui dans l'élection avait eu le moins de voix.
Le consul évincé appartenait précisément au corps de la mercerie; les
merciers, invoquant l'arrêt de 1689, prétendirent que Tardif devait
entrer à la place de l'un des consuls élus, autre que celui qui était du
corps de la mercerie. A cet effet, ils présentèrent une requête au conseil
d'État; de leur côté, les cinq autres corps, avec la communauté des
marchands de vin, demandèrent à être reçus parties intervenantes et
opposants à l'exécution de l'arrêt de 1689. Les merciers répondirent
aux requêtes des cinq corps; ceux-ci présentèrent de nouvelles requêtes
à fin de répliques; enfin le Roi, en son conseil tenu à Versailles le
2 juillet 1697, reçut les cinq corps et la communauté des marchands
de vin opposants à l'arrêt de 1689, et ordonna qu'il serait procédé à
l'élection des juge et consuls comme avant ledit arrêt. Des lettres
patentes furent données, en conséquence de cet arrêt, le 30 juillet, et
enregistrées au Parlement le 19 août 1697. Ainsi, d'après la demande
des cinq corps et de la communauté des marchands de vin, « les expo-
sants et les autres communautés ordinairement appelées à l'élection
des consuls furent maintenus et gardés, conformément à l'édit d'établissement du consulat, dans la pleine et entière liberté de procéder à
l'élection qui se faisait tous les ans à la pluralité des suffrages, ainsi
qu'il s'était pratiqué jusqu'alors, sans distinction des particuliers marchands d'aucun corps ni communauté, mais par rapport au seul mérite
des sujets les plus dignes. »

Chaque corporation présentait, à tour de rôle, un candidat au consulat; c'était un droit qui s'était établi par l'usage, comme la plupart

des règles observées dans la juridiction. Mais ces règles n'étaient pas si bien adoptées qu'elles ne donnassent matière à des difficultés. De fréquentes contestations s'élevaient notamment entre les six corps, d'une part, et les communautés des marchands de vin et des libraires-imprimeurs qui ne se trouvaient pas suffisamment représentés, et que les six corps voulaient d'ailleurs déposséder du droit de participer à l'élection et de proposer des candidats.

En 1727, le 30 janvier, les deux communautés s'opposèrent à l'élection qui venait d'avoir lieu le jour même. La cour de Parlement, par deux arrêts des 3 et 5 février, fit surseoir à la prestation de serment et à la réception des nouveaux juge et consuls élus; elle ordonna que ceux de 1726 continueraient de faire leurs fonctions, et que les six corps des marchands remettraient entre les mains du procureur général chacun leurs mémoires sur la manière dont il convenait de procéder à l'élection.

L'arrêt ayant été signifié aux juge-consuls, ceux-ci assemblèrent les anciens, et il fut décidé que l'avocat de la juridiction au conseil rédige-rait un mémoire qui serait porté au Roi, à Marly, par les juge-consuls en charge, accompagnés d'un ancien juge et de deux anciens consuls. Le mémoire fut fait et remis, à Marly, au cardinal de Fleury, qui le donna sur-le-champ au comte de Maurepas, secrétaire d'État, « et ayant tout concilié avec le Parlement, les juge et consuls se présentèrent à la cour par un simple acte de présentation, sans avoir fourni aucunes défenses. »

Sur ces entrefaites, les maîtres de la communauté du corps des mar-chands teinturiers présentèrent une requête à la cour, aux fins d'être reçus parties intervenantes dans la cause; puis, le 17 mars 1727, la cour, « avant faire droit sur l'opposition, intervention et demandes, ordonna que le Roi serait très-humblement supplié d'expliquer ses intentions par une déclaration, s'il lui plaisait d'en envoyer une à la cour »; elle prescrivit, en outre, que les juge et consuls nouvellement élus prêteraient serment et exerceraient jusqu'à nouvel ordre.

Quand le moment fut venu de procéder à l'élection des juge-consuls pour l'année 1728, ceux qui étaient alors en charge prièrent le cardinal Fleury de leur indiquer ce qu'ils devaient faire. Quelques jours après, ils furent mandés chez le procureur général, qui leur remit l'ordre du Roi de continuer leurs fonctions jusqu'à ce qu'une déclaration vînt mettre un terme aux contestations survenues à l'occasion des élections.

Enfin le 18 mars 1728 fut donnée la déclaration si longtemps attendue. Le Roi exprime, dans le préambule, le regret de ne pouvoir placer dans le consulat « des sujets tirés de tous les corps de négociants, pour y réunir en même temps des personnes également instruites des différentes parties du commerce, qui font toutes le sujet ordinaire des contestations dont la connaissance appartient aux juge-consuls », mais la difficulté de concilier la promptitude de l'expédition avec le nombre des consuls qu'il aurait fallu établir pour que chaque corps de commerçants fût représenté tous les ans, l'a déterminé à se contenter de poursuivre ce but autant qu'il est possible sans augmenter l'ancien nombre des juge et consuls, « en n'y admettant dans chaque élection que des sujets qui se soient formés dans différentes espèces de commerce, et qui, par cette raison, ne soient jamais tirés du même corps. »

Le Roi a pensé aussi que dans une juridiction dont les juges se renouvellent tous les ans, « il était nécessaire d'établir un ordre fixe qui, conservant toujours une partie des juges en place avec ceux qui sont choisis de nouveau pour remplir les mêmes fonctions, mît ces derniers en état de profiter des lumières et de l'expérience des premiers ; en sorte que le même esprit et la même jurisprudence se perpétuant ainsi plus facilement dans la juridiction consulaire, le public fût encore plus assuré d'en recevoir toute l'utilité qu'il doit en attendre. » Enfin le Roi ajoute : « Nous avons cru devoir expliquer nos intentions sur ce qui regarde la forme des élections, et encore plus sur la qualité de ceux qui doivent y être appelés, sur laquelle l'édit de 1563 n'avait rien déterminé dans un temps où, en jetant les premiers fondements de la juridiction consulaire, on n'avait pu encore connaître et le bien qu'on en pouvait attendre et les abus qu'on en pouvait craindre. »

En conséquence, le nombre des juge et consuls demeura fixé à cinq, mais la composition des soixante électeurs subit des modifications. Il fut établi que les juge-consuls ne pourraient appeler que cinq notables au plus de chacun des six corps, et des corps des libraires-imprimeurs et des marchands de vin, sans qu'il pût en être convoqué un plus grand nombre d'un desdits corps que de l'autre; que les vingt électeurs nécessaires pour compléter le nombre de soixante seraient appelés parmi les marchands ou négociants, ou notables bourgeois de Paris versés au fait du commerce.

Ces soixante électeurs, réunis aux cinq juge-consuls en exercice, eurent pour mission d'élire comme par le passé trente d'entre eux afin de procéder avec les juge-consuls, à l'instant même à peine de nullité, à l'élection d'un juge et de quatre consuls. Des quatre consuls élus, deux devaient entrer immédiatement en exercice avec deux consuls de la précédente élection, et les deux autres seulement six mois après, au moment où les deux consuls de la précédente élection sortiraient de charge. Il fut aussi réglé que les juge et consuls en exercice dans le même temps seraient à l'avenir de corps et de commerce différents [1]. Enfin, la loi consacra un usage remontant à l'origine de l'institution, d'après lequel le juge était choisi parmi les anciens consuls.

Comme conséquence de ces nouvelles dispositions, les anciens juge et consuls cessèrent de faire partie de droit de l'assemblée électorale, et il fut simplement spécifié à l'égard des maîtres et gardes des six corps et des syndics et adjoints des communautés, qu'ils seraient admis de préférence aux autres marchands. En outre, les notables ne furent plus choisis par les juge-consuls, mais désignés par les corps et les communautés.

Ces changements semblaient devoir donner satisfaction aux libraires-imprimeurs et aux marchands de vin. Cependant en 1738, on voit encore les libraires, la veille du jour où les électeurs sont convoqués, signifier aux juge-consuls une opposition avec protestation de nullité de l'élection, au cas qu'un libraire présenté ne fût point élu pour consul. Ils alléguaient que le rang des huit corps des marchands, dans lesquels on prenait les sujets consulaires, devait être gardé et observé par alternative, et que c'était leur tour à passer au consulat. L'affaire fut portée en la grande chambre au Parlement, et un arrêt contradictoire débouta les libraires de leur opposition. En 1749, les libraires signifièrent une nouvelle opposition, malgré laquelle la cour reçut le serment des juge-consuls élus. Cet antagonisme se reproduisait à l'occasion de l'élection du député au conseil du commerce.

Le nouveau mode prescrit pour les élections par la déclaration du 18 mars 1728 fut observé pendant tout le dix-huitième siècle, et l'ordre suivi ne fut interrompu que momentanément dans les cas exceptionnels où le Roi jugea bon de proroger les fonctions des juge-consuls en exercice. En 1754, pendant l'absence du Parlement, Louis XV ordonna que les juge-consuls eussent à continuer leurs fonctions sans qu'on procédât à une nouvelle élection; il les fit même

---

[1] *Nota.* — En 1745, sire Joachim Noblet ne se présenta pas devant les juge-consuls, parce qu'étant du corps de la bonneterie, il ne pouvait pas être élu juge, sire Jacques-Étienne Lesour, du même corps, étant en place.

autoriser par le garde des sceaux à se faire assister par ceux des anciens qu'il leur conviendrait de requérir, afin de suppléer à l'absence de l'un des consuls qui était mort et que l'on n'avait pas remplacé. Pour dédommager les juge et consuls de cet excédant de travail et de la perte de temps qui en était résultée pour eux, le Roi accorda une pension de douze cents livres au juge et une de six cents livres à chacun des quatre consuls. En 1771, les juge-consuls furent encore prorogés, et le Roi leur donna l'année suivante une somme annuelle de huit mille francs qui, sur leur demande, fut appliquée à la juridiction.

La suppression momentanée des jurandes et des maîtrises en 1776 n'amena pas de changements sensibles. L'article 16 de l'édit portait seulement que l'on ne pouvait pas convoquer pour l'élection plus de cinq marchands des trois corps non supprimés, c'est-à-dire ceux des apothicaires, des orfèvres et des imprimeurs-libraires, et pas au delà de vingt-cinq marchands de ceux qui exerçaient la profession ou le commerce de drapiers, épiciers, merciers, pelletiers, bonnetiers et marchands de vin. Le nombre de soixante électeurs était complété comme précédemment par des marchands ou négociants versés au fait du commerce. Ces vingt négociants se composaient ordinairement de quatre fabricants d'étoffes de soie, de quatre teinturiers du bon teint, de quatre gantiers-parfumeurs, de quatre miroitiers, de deux rubaniers et de deux tapissiers. Lors du rétablissement des corps et communautés dans le cours de cette même année 1776, la nouvelle composition des six corps fit modifier celle de l'assemblée électorale. Les drapiers et les merciers ne formèrent plus qu'un corps, les bonnetiers et les pelletiers se trouvèrent réunis avec les chapeliers, et les deux nouveaux corps institués, celui des fabricants d'étoffes et de gazes, tissutiers-rubaniers, et celui des marchands de vin, jouirent des mêmes prérogatives que les anciens corps. Aux orfèvres avaient été joints les batteurs et les tireurs d'or. Les épiciers n'étaient plus réunis aux apothicaires.

Les renseignements qui viennent d'être donnés sur le mode d'élection appliqué à la juridiction consulaire, sur la composition de l'assemblée électorale et sur la qualité des éligibles demandent à être complétés par quelques détails.

Un juge n'était pas admis à remplir deux fois cette charge, et un consul n'était jamais réélu si ce n'est comme juge. Les juge-consuls, d'après la remarque de M. Guibert [1], s'étaient attribué le droit de désigner aux suffrages des électeurs le consul ancien qui devait être promu aux fonctions de juge, pour éviter sans doute la nouvelle élection qu'un refus pouvait occasionner.

Ces refus étaient en effet assez fréquents. En 1568, le sieur Hautement, marchand orfévre, ayant fait plusieurs remontrances au moment de sa présentation au Parlement pour être déchargé des fonctions de juge, la cour, par arrêt, reçut ses excuses et ordonna qu'une nouvelle élection aurait lieu. Tous les anciens juges et consuls réunis décidèrent que l'on se retirerait vers la majesté du Roi pour aviser au sujet de cet arrêt, et ils obtinrent des lettres patentes par lesquelles le Roi, « pour aucunes considérations à ce le mouvant, pour cette fois et sans tirer à conséquence, aurait excusé et déchargé ledit Hautement de la charge de juge des marchands; et après avoir ouï l'avis d'aucuns notables marchands, aurait ordonné que le sire Henry l'Advocat, marchand bourgeois de cette ville de Paris, exercerait la charge de juge des marchands, par provision et jusques à ce qu'autrement y eût été pourvu; » faisant en même temps défense à la cour de Parlement de prendre aucune connaissance des élections, conformément à l'édit d'établissement des juge et consuls. En 1577, Claude Lelièvre, élu juge, ayant, ainsi que deux des consuls nouveaux, refusé de prêter serment devant la cour et d'accepter les fonctions qui lui étaient conférées, la cour ordonna qu'il serait procédé à une nouvelle élection, qui eut lieu douze jours après.

En 1598, le sieur Pierre Poncher, élu juge à l'unanimité, ne comparaît pas devant la cour pour la prestation du serment. Mandé expressément, il allègue qu'il n'est plus marchand depuis dix ans, qu'à présent il est secrétaire du Roi, et qu'il a fait le serment ès mains du chancelier de France. Trois jours ensuite, la cour, après avoir consulté le syndic des secrétaires du Roi, et le procureur général entendu, ordonne qu'il sera procédé à une nouvelle élection d'un juge, à la diligence des juge et consuls de l'année précédente, et la compagnie décide que le juge de l'année précédente présidera et tiendra le siége avec les nouveaux consuls à l'effet de cette élection.

En 1603, Philippe du Resnel, élu juge, ne comparaît pas devant la cour. On le fait mander, et l'huissier rapporte qu'il est hors de la ville et ne sera de retour de deux mois. Quelques jours après, le procureur

GUIBERT, *Analyse du manuscrit de Gorneau.*

général du Roi constate l'absence de du Resnel, et dit avoir su que ce notable marchand a une infirmité de l'ouïe, à l'occasion de laquelle il ne pourrait accepter la charge; la cour, par arrêt, ordonne qu'il sera procédé à une nouvelle élection.

Pendant soixante ans le fait ne se représente plus; il est à présumer que la compagnie, d'accord avec les juge-consuls, avait déjà pris les mesures nécessaires pour s'assurer à l'avance de l'acceptation du juge et même de celle des consuls qu'il s'agissait de nommer, car le refus des fonctions de consul avait entraîné plusieurs fois aussi de nouvelles élections. Mais en 1663, le doute n'est plus permis; les procès-verbaux des délibérations des juge-consuls commencent à relater des refus exprimés à l'avance. Sire Michel Semelle, appelé à comparaître, le 15 janvier, devant les juge-consuls, dit et remontre qu'il a eu l'honneur d'exercer la charge de consul en 1644; que, sachant que l'on devait procéder, à la fin du mois, à l'élection d'un juge et quatre consuls, et sur l'avis qu'il avait eu que l'on avait dessein de faire élection de sa personne pour juge, il requiert et prie les juge-consuls de le dispenser de ladite charge, tant à cause de son grand âge, qui était de quatre-vingts années, « qu'à cause de quelques incommodités de son corps »; ceux-ci lui donnent acte de ses excuses, et ordonnent que le présent sera registré ès chartres de la juridiction.

En 1666, mêmes constatations à l'égard de Didier Aubert, ancien consul, qui décline les fonctions de juge pour raison et de son grand âge, qui est de soixante-dix-neuf ans, et aussi de quelque incommodité de son corps.

En 1674, deux consuls se font encore excuser, en prévision des offres qui pourraient leur être faites pour remplir les fonctions de juge. Les juge-consuls, en rendant compte à la compagnie de la démarche des sieurs Laugeois et Tiville, lui représentèrent « que si l'on donnait quelque prérogative à MM. les anciens consuls qui s'excuseraient, cela ferait que ceux avant en charge, qui seraient incommodés de maladies ou infirmités de corps, prieraient plus volontiers de les excuser. » Alors il fut arrêté « qu'à l'avenir, les anciens consuls qui s'excuseraient et déporteraient, et qui seraient dispensés de la charge de juge, seraient mandés tant à toutes les convocations et assemblées qui se feraient des anciens juges et anciens consuls qu'aux assemblées particulières qui se feraient, et auraient les mêmes honneurs que lesdits sieurs anciens juges, fors et excepté qu'au jour de la

Chandeleur il ne leur serait donné qu'un cierge, et au jour de leur enterrement que six torches ou flambeaux ; qu'aux jours des assemblées, soit en la juridiction consulaire, ou en l'église Saint-Médériq et ailleurs, ils n'auraient séance et ne marcheraient qu'après MM. les anciens juges, quand même ils seraient consuls de plus ancienne élection qu'eux. »

A partir de cette époque, les excuses deviennent plus fréquentes : ainsi, en 1676, cinq anciens consuls, les sieurs Claquenelle, Lempereur, de Meromont, Héron et Lefebvre, se font dispenser des fonctions de juge. En 1679, Guillaume Belin prie de ne point songer à lui, attendu qu'il ne pourrait exercer la charge de juge avec l'assiduité que requiert une place de cette importance, ce qui causerait un préjudice notable au public. En 1682, Nicolas Souplet, en 1683, Simon Langlois et Germain Gobert, ne pourraient, à raison de leur santé, exercer une charge aussi pénible. En 1689, Nicolas de la Balle allègue une extinction de voix et Pierre Fraguier sa surdité. En 1690, Jean Lecoulteux prévoit l'honneur qu'on pourrait lui faire en considération de son rang et présente ses excuses. On trouve encore quatre désistements en 1692, deux en 1693, cinq en 1695, trois en 1696, quatre en 1698, trois en 1699, un en 1700, sept en 1705. L'âge, le peu de santé, les incommodités du corps, sont les motifs de refus que font valoir le plus ordinairement les anciens consuls. Après 1705, les demandes de dispenses se répètent encore plus souvent, et il arrive qu'en 1745, le nombre s'en élève à treize. Quelques raisons spéciales de désistement font diversion aux excuses habituelles pour cause d'âge, d'infirmités ou d'incapacités. Ainsi Claude Lebrun, en 1710, prétexte qu'il est chargé de la recette générale de l'Hôtel-Dieu de Paris, qui lui donne beaucoup d'occupation ; Simon Poncet aurait accepté volontiers l'honneur d'être juge, si une direction à laquelle il a grand intérêt, et dont il est directeur, ne l'occupait tout entier pendant l'année 1710. Cette même année, Guillaume Benard, étant grand garde de sa communauté, affirme qu'il ne se trouverait pas en état d'exercer une charge qui demande beaucoup d'assiduité. Guillaume-André Hébert se fait excuser, en 1715, parce qu'il a plu au Roi de le faire général de la nation française aux Indes orientales, où il est obligé de se rendre incessamment. En 1756, Arnauld de Saint-Julien prie la compagnie de recevoir ses remerciments, à cause de ses grandes occupations et des comptes qu'il lui faut rendre dans la ferme du contrôle des matières d'or et d'argent, dans laquelle il est un des fermiers. Enfin Thomas

Hérissant motive son refus, en 1770, sur les occupations multipliées que lui donne journellement sa place d'imprimeur du cabinet du Roi et de la maison de Sa Majesté, et sur les fréquents voyages qu'il est dans la nécessité de faire en la cour pour satisfaire à son service.

Il a été dit que pour faire connaître leur intention de refuser les fonctions de juge, les anciens consuls comparaissaient spontanément devant les juge-consuls en exercice; quelquefois ils envoyaient un représentant, ou même se contentaient de transmettre leurs excuses par écrit. En 1746, les juge-consuls en charge firent visite à trois anciens consuls pour les engager à accepter la place de juge et reçurent leurs remerciments; depuis cette époque, les anciens consuls ne prennent plus l'initiative de la démarche, mais ils attendent pour formuler leur refus que l'invitation leur ait été faite par les juge-consuls en charge d'accepter la place de juge. Le dernier refus enregistré est de l'année 1782.

Dans les commencements, le refus des fonctions de consul avait, comme celui des fonctions de juge, amené divers incidents dont la trace est conservée dans les livres de la juridiction. Ainsi, en 1577, il avait fallu procéder par une nouvelle élection au remplacement de deux consuls qui s'étaient récusés. En 1579, deux des consuls élus se trouvèrent être *quarteniers* de la garde bourgeoise. L'un, Guillaume Parfait, marchand drapier, se récusait, l'autre, Nicolas Bourgeois l'aîné, marchand pelletier, consentait à exercer les fonctions de consul. La cour, après les avoir ouïs en leurs remontrances, ainsi que le prévôt des marchands et les échevins, ordonna que Parfait et Bourgeois seraient exempts de la charge de consul, encore que Bourgeois eût voulu l'accepter. Cette fois il n'y eut point de nouvelles élections; suivant l'arrêt de la cour, les deux notables qui avaient eu le plus de voix après comparurent le lendemain pour prêter serment. L'un de ces deux notables, Guillaume de Voulge, s'excusa, fut déchargé de ses fonctions et remplacé par celui qui le suivait dans l'ordre des votes. Il faut ajouter que plus tard la qualité de quartenier cessa d'être incompatible avec les fonctions de consul, et qu'en 1601 et 1629 notamment, le siége fut occupé par des quarteniers de la ville.

En 1585 et 1586, deux consuls, sur leur refus d'accepter la charge qui leur est attribuée, sont remplacés par ceux qui ont eu le plus de voix après eux; mais en 1599, une nouvelle élection est ordonnée par la cour pour aviser à deux places vacantes par suite de la non-acceptation des sieurs Philippe et de Creil. Toutefois l'élection n'eut pas lieu dans la forme accoutumée, et il semble résulter des termes du procès-verbal que la compagnie des anciens fit l'élection avec les juge-consuls en exercice sans la participation d'aucun autre notable. Il est à présumer que dès cette époque on prit le parti de remédier aux embarras d'une nouvelle élection et aux dépenses qu'elle entraînait, en s'assurant préalablement de l'acceptation des consuls qu'il s'agissait d'élire. On ne rencontre plus en effet qu'une seule réélection à l'occasion d'un refus des fonctions de consul, et dans des circonstances qui justifient la supposition qui vient d'être faite.

En 1662, les juge-consuls sortant de charge se transportent le samedi 28 janvier chez les nouveaux élus, leur donnent avis de leur élection, et leur font savoir que la prestation du serment devant la cour doit avoir lieu lundi 30, à 7 heures du matin. Jusque-là tout va bien, mais le lendemain dimanche, le sieur Hélyot, « *qui avait accepté d'exercer la charge de consul pendant une année* », se récuse, rétracte l'acceptation qu'il avait faite, et prie les juge-consuls de le dispenser de cette charge. Au lieu de se rendre à la cour, les juge-consuls assemblent la compagnie dans la matinée du lundi. Suivant la résolution prise en séance, les juge-consuls vont rendre compte au premier président de ce qui est arrivé, le prient de fixer un autre jour pour la prestation du serment des nouveaux élus, et de pourvoir sur le désistement du sieur Hélyot. Il est convenu que les juge-consuls sortants continueront de tenir l'audience jusqu'à nouvel ordre. Sur l'avis du premier président que le sieur Hélyot a été entendu et que l'on peut passer outre à la prestation du serment et au remplacement du démissionnaire, les juge-consuls sortants s'occupent de faire présenter à la cour les nouveaux élus, et les installent ensuite à l'audience le 3 février. La cour, sur les conclusions du procureur général, décharge le sieur Hélyot, qui s'était bien gardé de comparaître devant elle, et ordonne qu'il sera procédé à l'élection d'un quatrième consul par les juge et consuls nouveaux reçus. Cette élection n'eut lieu que le septième jour de février, et il est à remarquer qu'elle ne fut pas faite par les soixante notables, mais par les juge-consuls en exercice réunis aux anciens et aux maîtres et gardes des six corps des marchands. Ce fut la dernière fois que les juge-consuls éprouvèrent de pareils contre-temps; ils continuèrent à prévenir les refus, et ne rencontrèrent plus de rétractation.

Les réélections étaient déjà bien assez fréquentes par la nécessité de pourvoir au remplacement des juges et des consuls décédés. L'occasion s'en était présentée pour la première fois en 1569.

« Le lundi 13 juin de cette année, Nicolas Bourgeois, juge des marchands, aurait tenu le siége ledit jour, jusques entre onze et douze qu'il serait parti de la salle judiciaire ne se plaignant aucunement, lequel néanmoins étant en une maison ou deux près de la sienne se serait trouvé mal ; de fait qu'il aurait été porté en son logis, où il aurait rendu l'esprit à Dieu environ les deux heures après midi. »

Les anciens juges et consuls ayant été assemblés, il fut arrêté que l'on convoquerait soixante notables, comme à l'élection ordinaire, pour élire un nouveau consul qui achèverait l'année du défunt. Cet usage fut modifié à partir de 1614 ; dès lors, toutes les fois qu'un juge ou un consul vint à décéder pendant l'année de son exercice, son remplacement fut fait à l'élection par les juge-consuls en charge assistés des anciens et des maîtres et gardes des six corps des marchands. Après 1728, l'assemblée s'adjoignit le syndic et les adjoints de la librairie et de l'imprimerie et les gardes du corps des marchands de vin.

Il se produisait d'assez fréquents décès, surtout avant qu'on se fût assuré des dispositions des anciens consuls et des notables pour accepter la charge de juge ou de consul. Ainsi sur cinq juges dont se composait le tribunal, il arrive en 1632, 1673 et 1675, qu'il en meurt deux dans la même année. On peut conclure de ce fait et des excuses présentées pour raison d'âge et de santé, que les fonctions de consul, et surtout celles de juge, n'étaient confiées à Paris qu'à des hommes mûris par une longue expérience. Il n'en était pas de même partout. Le conseil du Roi avait dû ordonner par un arrêt du 9 septembre 1673, à l'occasion de l'élection faite à Poitiers d'un mineur âgé seulement de vingt-quatre ans, que l'âge réglé par l'édit du mois de février 1671, pour les officiers des cours supérieures, serait observé à l'égard des juge-consuls, et que dorénavant le premier juge-consul aurait quarante ans et les autres vingt-sept ans. En 1781, les juge et consuls de Riom en Auvergne consultèrent les juge-consuls de Paris sur la validité ou *juralidité* d'une élection dans laquelle les suffrages s'étaient portés sur un sujet âgé seulement de vingt-six ans et quelques mois. Les juge-consuls de Paris conseillèrent à leurs confrères de présenter une requête au garde des sceaux pour le supplier d'interpréter la loi à cet égard. Ce magistrat répondit que la loi exigeait que ceux qui étaient nommés aux places de consuls eussent vingt-sept ans accomplis, et que le Roi ne donnait pas de dispenses pour les places électives; que c'était aux électeurs à n'élire que des sujets ayant l'âge requis par les ordonnances. Quant à l'âge nécessaire pour être électeur, il n'en est question nulle part. La qualité de maître ou garde des six corps, de syndic d'une communauté ou même la simple notabilité impliquaient sans doute une autorité conquise et par l'âge et par l'expérience.

Il reste maintenant à dire en quoi consistaient les cérémonies de l'élection. Ce qui s'était observé dans le principe avait été modifié, suivant la forme que les juge-consuls ont pris soin de relater dans le livre de leurs chartes.

Trois jours avant l'élection, qui avait lieu la veille de la Chandeleur, ou un jour auparavant, lorsque cette veille était jour d'audience, les juge et consuls en charge faisaient délivrer par leur greffier à leurs huissiers audienciers une commission pour signifier aux électeurs d'avoir à se trouver la veille de l'élection en la salle judiciaire des consuls, afin de les assister et de les accompagner au service solennel qui se disait et se célébrait en l'église de Saint-Médéric pour le repos des âmes des défunts juges et consuls. Ce service était célébré depuis 1626, en vertu d'une délibération prise par les juge et consuls, le 31 janvier de cette année. Le lendemain, jour de l'élection, les juge-consuls, précédés comme la veille de leurs quatre huissiers et de leur greffier, se rendaient avec les électeurs dans la même église, où l'on disait la messe du Saint-Esprit.

« Et au jour de l'élection, au retour de la célébration de la messe, lesdits juge et consuls entrent au siége avec leur greffier et son commis, et ayant ledit greffier fait lecture de ladite commission, appelle à haute voix par noms et surnoms lesdits anciens juges et consuls, maîtres et gardes et autres personnes mandées, et recueille d'eux avec sondit commis, dans leurs toques, les billets baillés auxdits assistants où leurs noms et surnoms sont écrits. Après quoi, le juge en charge ayant pris leur serment de procéder à ladite élection avec sincérité, et de nommer, choisir et élire, pour l'exercice desdites charges, personnes de probité, capables et bien vivantes, tous lesdits billets sont ballottés et brouillés dans la toque dudit greffier, de laquelle ledit sieur juge en tire trente qu'il met en la toque dudit commis, et jette le surplus à terre, et sont les trente tirés les électeurs avec lesdits sieurs juge et consuls en charge, desquels trente billets en sont tirés deux, savoir, un par ledit sieur juge, et l'autre par le premier consul, lesquels deux tirés sont scrutateurs de ladite élection, et se mettent avec ledit greffier et son commis sur le siège où d'ordinaire ils écrivent, et donnent premièrement lesdits sieurs juge et consuls en charge et lesdits deux scrutateurs leurs voix ; puis le premier scrutateur appelle les vingt-huit électeurs restants sur lesdits billets, lesquels les uns après les autres donnent leurs voix qui sont recueillies et écrites par lesdits greffiers et commis, et comptées, le tout en présence desdits scrutateurs, et demeurent les élus pour premier et dernier selon le plus ou moins de voix qu'ils ont.

» S'il arrive que deux desdits nommés et élus aient pareil nombre de voix, leurs deux noms sont mis en deux billets de papier de pareille grandeur, qui sont mêlés et ballottés dans la toque dudit greffier, et le premier qui est tiré par le juge précède de la primauté celui demeuré en ladite toque.

» Nul n'est admis à la charge de juge qui n'ait premièrement exercé celle de consul.

» Ladite élection étant faite, lesdits juge et consuls en charge vont avertir ceux qui ont été élus, accompagnés de leur greffier et de leurs huissiers, puis visiter nosseigneurs le premier président, procureur général et avocats généraux, pour leur donner avis de ladite élection et prendre l'heure pour se rendre à la cour de Parlement, et le jour d'audience consulaire suivant ladite élection, lesdits nouveaux élus sont présentés à la cour pour prêter le serment par mondit seigneur le procureur général ou l'un desdits sieurs avocats généraux, les juge et consuls sortant de charge présents, après laquelle prestation de serment lesdits nouveaux et sortant de charge reviennent de compagnie en la maison consulaire, où après avoir entendu la messe sont lesdits nouveaux élus installés au siège par lesdits sortants, qui y demeurent pour les assister pendant la matinée entière, » et à l'issue de l'audience, les juge et consuls sortants remettaient aux nouveaux les pièces et titres concernant le greffe de la juridiction avec l'inventaire, le tout renfermé dans le coffre-fort dont ils leur donnaient la clef.

Au dix-huitième siècle, quelques changements furent introduits dans ce cérémonial. Ainsi, « lorsque les corps avaient fait choix de leurs candidats, les gardes en prévenaient les magistrats en charge, et se rendaient à un jour fixe à la juridiction pour le notifier. On les introduisait dans la chambre du conseil, où les juge-consuls se tenaient sur leurs siéges, et les gardes se plaçaient sur des chaises sans bras, au-dessous des juge-consuls. Ceux-ci pouvaient refuser les sujets présentés; mais, pour l'ordinaire, ils n'avaient pas occasion d'exercer ce droit, parce que les corps ne choisissaient que des hommes de mérite. Le juge, après avoir félicité les corps de leur choix et fait l'éloge des candidats, reconduisait les gardes jusqu'à la porte de l'audience, où le concierge leur distribuait de la part du siége une livre de bougie à chacun [1]. »

Les juge-consuls, ayant fait construire une chapelle dans l'hôtel de la juridiction, n'allaient plus à Saint-Médéric depuis 1631. Le jour de l'élection, ils entendaient la messe en musique, assis sur leur siége; les anciens juges et consuls se plaçaient sur les siéges qui suivaient, et les députés des corps se tenaient dans l'enceinte du barreau. Un déjeuner précédait la messe. « Au moment de l'élection, le greffier distribuait aux soixante délégués un billet contenant leur nom et des anneaux pour tenir le billet roulé; il leur remettait aussi un bulletin contenant les noms des sujets proposés pour être élus [2]. » Une corbeille avait remplacé le chapeau ou la toque dans lesquels chacun jetait son vote. L'élection se passait comme autrefois, et une allocution du président terminait la séance.

« Le jour même de l'élection, les juge et consuls en charge allaient rendre visite au premier président, lui remettaient un bulletin contenant les noms des élus, et lui demandaient le jour d'audience pour la prestation du serment. Ils faisaient de même chez le procureur général et les avocats généraux. Le concierge de la juridiction les précédait dans ces visites, et avant l'arrivée des magistrats il distribuait des étrennes aux concierges et aux laquais de la juridiction. Cela fait, on revenait dîner à la juridiction consulaire. A ce dîner assistaient les juge et consuls en charge, les cinq commissaires aux faillites, le juge nouvellement élu, le doyen des anciens juges et consuls, les deux scrutateurs, le chapelain et les trois greffiers en chef. Après le dîner, les juge et consuls en charge avec le chapelain, l'un des greffiers et des audienciers, allaient visiter chacun des nouveaux élus, qui devait les attendre avec une collation dressée dans la salle où il les recevait [3]. »

---

[1] GUIBERT, *Recueil des réglements de la Compagnie des agréés au tribunal de commerce du département de la Seine.....; précédé d'une notice historique sur cette Compagnie*. Paris, imp. de Locquin, 1841.

[2] GUIBERT, *Idem*.

[3] GUIBERT, *Idem*.

Après la prestation du serment au Parlement, les anciens et nouveaux juges revenaient à la juridiction entendre une basse messe; « ensuite ils siégeaient en la chambre du conseil, et dans l'ordre suivant :

LE NOUVEAU JUGE.

A SA DROITE.	A SA GAUCHE.
Le deuxième consul restant.	Le premier consul restant.
Le deuxième consul entrant.	Le premier consul entrant.
Le quatrième consul entrant.	Le troisième consul entrant.
Le premier consul sortant.	Le juge sortant.
	Le deuxième consul sortant.

» A midi, on passait dans le même ordre à l'audience publique. Après que deux ou trois causes avaient été plaidées et jugées, les deux derniers consuls élus, le juge et les deux consuls sortants se retiraient. Après l'audience on dînait à la juridiction. »

Tel était l'ordre suivi dans la cérémonie des élections pendant les dernières années de la juridiction. Les registres des juge-consuls n'en parlent pas, mais les détails authentiques qui viennent d'être rapportés ont été conservés par Gorneau, l'un des postulants agréés de la juridiction, et publiés par M. Guibert dans son intéressant ouvrage sur la compagnie des agréés.

CHAPITRE TROISIÈME.

Voilà donc les juge-consuls élus et installés. On a vu, par ce qui précède, qu'ils appartiennent aux six corps des marchands et à trois ou quatre des plus importantes communautés. Le corps qui sera le plus souvent représenté dans la magistrature consulaire sera celui de la mercerie. Les merciers, *vendeurs de tout et faiseurs de rien,* appellation dont ils se glorifiaient, faisaient commerce de toute espèce de marchandises. Ils vendaient les tissus pour habits et les étoffes pour meubles; la passementerie, les dentelles, les bronzes, l'horlogerie, la miroiterie, la papeterie, la quincaillerie, la menue mercerie, la bimbeloterie, les métaux, et les ustensiles de ménage. Aussi se divisaient-ils en une vingtaine de classes, dont trois avaient une prépondérance sur les autres et fournissaient à peu près seules des membres au corps de la ville et au tribunal consulaire. C'étaient d'abord les merciers-grossiers, c'est-à-dire ceux qui vendaient en gros, en balle et sous corde, tout ce que les autres corps pouvaient vendre au détail, à l'exception des draperies de laine : le grand commerce d'exportation était entre leurs mains. Venaient ensuite les merciers-joailliers, qui faisaient le commerce des pierres précieuses, des perles, des joyaux d'or et d'argent; enfin les marchands de drap d'or, d'argent et de soie. Les autres marchands du corps de la mercerie parvenaient rarement aux fonctions honorifiques et aux dignités, et le rôle des juge et consuls n'en mentionne qu'un appartenant à la classe des merciers-lingers et un autre à celle des marchands de laine.

Sur neuf cent trente marchands investis de la charge de consul, de 1563 à 1790, on compte, jusqu'en 1776, deux cent quarante-deux merciers, dont cinquante-six sont devenus juges; après la reconstitution des

5.

six corps, on rencontre encore quatorze consuls tirés des corps réunis
de la draperie et de la mercerie.

Les drapiers-grossiers, pendant tout le temps qu'ils formèrent seuls
le premier des six corps, donnèrent au consulat cent quatre-vingt-onze
magistrats, dont vingt-six exercèrent les fonctions de juge. Un d'eux
devint juge après 1776. Les apothicaires et les épiciers furent représentés, jusqu'en 1790, par deux cent quatre marchands de leur corps,
dont quarante-neuf passèrent juges. Du corps de la pelleterie il y eut,
jusqu'en 1776, quarante-deux consuls, dont dix devinrent juges, et du
corps de la bonneterie quarante-huit consuls, dont douze furent aussi
nommés juges. Ces deux corps réunis donnèrent encore onze consuls
jusqu'en 1790. Les consuls tirés de l'orfévrerie-joaillerie furent au
nombre de soixante-sept, et treize d'entre eux arrivèrent à être juges.

En dehors des six corps, on trouve : soixante-quatre consuls, dont
vingt furent juges, tous choisis dans la puissante communauté des marchands de vin et de poisson de mer; trente consuls, dont dix élus juges,
tirés de la communauté des libraires-imprimeurs; six consuls représentant le nouveau corps des fabricants de tissus, constitué en 1776;
trois consuls, dont un juge, pris dans la communauté des teinturiers;
trois consuls marchands de bois; deux autres de la communauté des
marchands de laine; deux ayant fait le commerce des grains, devenus
l'un et l'autre juges; enfin un consul désigné comme banquier, mais
qui devait appartenir à quelque communauté, car la profession de banquier n'emportait pas avec elle la qualité de marchand.

Le choix fait par les notables de tous ces marchands merciers, drapiers ou autres, donnait aux justiciables toutes les garanties qu'ils pouvaient désirer. Les juge-consuls étaient, en effet, des hommes considérables dans la bourgeoisie; leur longue pratique des affaires répondait
de leur aptitude à remplir la délicate mission qui leur était confiée.
N'était-il pas connu de tous qu'ils étaient versés au fait du commerce?
Leur autorité naissait de l'importance des services qu'ils avaient rendus
à l'intérêt commun et de l'éclat des honneurs qui leur avaient été attribués. Presque tous, en effet, s'étaient trouvés à la tête de leur corps ou
de leur communauté en qualité de maîtres, gardes ou syndics, et ceux
qui n'avaient pas encore exercé ces charges étaient désignés pour les
remplir à leur sortie du consulat. Beaucoup d'entre eux avaient été
quartiniers. On appelait ainsi des officiers de ville à qui était dévolue la
mission de veiller sur un quartier, d'en prévenir les besoins et d'y faire

maintenir l'ordre par la garde bourgeoise. Après avoir été quartiniers, quelques-uns étaient devenus conseillers de ville. Ces conseillers municipaux du temps étaient au nombre de trente environ, et leurs fonctions ne semblent pas avoir eu de limites réglementaires. Le plus souvent, les marchands avaient été quartiniers avant d'entrer au consulat, et ils étaient reçus conseillers de ville après avoir passé par la magistrature consulaire. Si les fonctions de conseiller de ville exigeaient une certaine notoriété, à plus forte raison celles d'échevin, qui étaient accordées aux hommes les plus marquants dans la bourgeoisie et le commerce. Les échevins, au nombre de quatre, assistaient le prévôt des marchands dans la distribution de la justice municipale; ils formaient avec lui ce tribunal qui, sous le nom de *bureau de la ville,* jugeait les causes relatives à la marchandise de l'eau, celles des officiers de la ville pour raison de leur charge, les contestations nées à l'occasion des rentes de l'hôtel de ville, et différentes causes se rattachant à la police municipale. Ils participaient aussi à la direction des affaires de la ville et avisaient à son entretien, ainsi qu'à sa décoration. Élus pour deux ans par des notables bourgeois réunis au corps de la ville, ils étaient renouvelés chaque année par moitié.

Quelques marchands entraient dans la juridiction consulaire recommandés par la position que leur avait faite l'échevinage; ce cas se présenta surtout dans les premiers temps, mais, par la suite, il arriva rarement que les simples consuls eussent déjà fait partie du bureau de la ville. Ils devenaient échevins à leur sortie du consulat, et rentraient plus tard comme juges avec le bénéfice de la haute fonction qu'ils avaient remplie dans l'intervalle. Plusieurs marchands, toutefois, ne sont parvenus à l'échevinage qu'après avoir été juges et alors qu'ils faisaient simplement partie de la compagnie des anciens. Il convient d'ajouter que beaucoup de consuls sont devenus échevins sans avoir été quartiniers ni conseillers, mais par la seule considération qu'ils s'étaient acquise dans la distribution de la justice commerciale. Un seul juge, Claude Marcel, du corps de l'orfévrerie, fut investi de l'office de prévôt des marchands en 1570. Il avait été deux fois échevin, et il occupait les charges de général des monnaies, intendant des finances et de receveur des décimes. Cinq cents juges ou consuls exercèrent les fonctions d'échevin.

La présence d'anciens échevins soit à la tête du tribunal, soit dans les conseils de la compagnie des anciens, rehaussait singulièrement l'éclat du tribunal consulaire. Les fonctions d'échevin emportaient la noblesse, depuis un édit donné par Henri III en 1577. Louis XIV, en 1715, révoqua bien une disposition qu'il avait lui-même confirmée, mais l'année suivante, Louis XV rétablit la noblesse en faveur des principaux officiers de la ville de Paris et de leurs enfants nés et à naître en légitime mariage. C'est pour cette raison que les juges et les consuls qui ont passé par l'échevinage portent le titre de *noble homme* dans le rôle imprimé par ordre de la juridiction, en 1768, tandis que le nom des autres est simplement précédé du mot *sire*, qualification qui appartenait indistinctement à tous les seigneurs français d'une haute naissance, et qui s'appliquait aux personnages chargés de fonctions *honorables* [1]. Les armes que s'étaient faites les juges devenus nobles par l'échevinage contenaient ordinairement une allusion à leur nom et rappelaient par un attribut le genre de commerce qu'ils avaient exercé. Trois d'entre eux joignirent à leur nom celui d'une terre seigneuriale qu'ils avaient probablement acquise : l'un, Jean Le Jay, marchand mercier, juge en 1572, était seigneur de Ducy ; le second, Jean Bazin, marchand drapier, juge en 1632, s'intitulait sieur de Chambuisson ; et le troisième, Marc-François Lay, marchand mercier, consul en 1716, était seigneur de Gibercourt. Vers la fin du dix-septième siècle, les anciens échevins prirent le titre d'*écuyer ;* ce terme était devenu l'équivalent du mot *noble,* depuis que l'ordonnance de Blois, en 1579, avait fait mention de la qualité d'écuyer comme d'un titre de noblesse. Les gens de robe, et autres officiers jouissant du privilége de noblesse, avaient insensiblement adopté une qualité qui n'appartenait d'abord qu'aux gens d'épée, et le titre de *noble homme,* ne dénotant plus qu'une origine roturière, avait fini par être abandonné. Au dix-huitième siècle, un certain nombre de juges et de consuls portèrent aussi le titre de *conseillers du Roi.* Il n'y faut pas prendre garde : c'était une qualité qui s'achetait et qui emportait l'exemption de différentes charges.

Quelques juges, de ceux qui avaient fait partie du corps de ville comme conseillers ou comme échevins, furent admis à l'honneur d'entrer dans le conseil d'État du Roi ; ils étaient appelés à donner leur avis sur les affaires générales du royaume, soit dans le conseil royal des finances, soit dans celui du commerce. Quand le conseil, ou chambre de commerce, fut créé, en 1700, par arrêt du conseil d'État, l'un des deux députés du commerce de Paris fut souvent élu parmi les juge-con-

[1] *Encyclopédie.*

suls en exercice ou sortis de charge. Enfin bien des postes importants, bien des fonctions honorifiques, étaient occupés par les juge-consuls, et la capacité, l'honorabilité, indispensables pour les exercer, étaient de nature à augmenter encore chez les justiciables la confiance que devaient leur inspirer ces magistrats, choisis par les plus notables d'entre eux. Ainsi les uns étaient receveurs généraux des pauvres de la ville et des faubourgs de Paris, les autres administrateurs ou bien directeurs soit de l'Hôpital-Général, soit de l'Hôtel-Dieu de la ville, soit de l'hôpital de la Trinité. Plusieurs furent directeurs de la Compagnie royale des Indes orientales; c'étaient des merciers. Quelques autres, des apothicaires, tenaient un rang distingué dans la science. Simon Boulduc, juge en 1707, apothicaire du corps de S. A. R. madame la duchesse d'Orléans, était à la fois l'un des académiciens pensionnés de l'Académie royale des sciences et professeur de chimie pratique au Jardin des Plantes; un autre Boulduc (Gilles-François), premier apothicaire du Roi, était membre également de l'Académie des sciences; Charles Habert, consul en 1739, avait le titre de démonstrateur royal. Parmi les imprimeurs-libraires, il y en eut qui furent directeurs de l'imprimerie royale du Louvre; d'autres étaient qualifiés d'imprimeur du Roi, de l'Académie française, du clergé, et les Ballard étaient seuls imprimeurs du Roi pour la musique et noteurs de la chapelle de Sa Majesté.

On ne doit pas s'étonner si la grande notoriété dont jouissaient de leur temps la plupart des juge-consuls ne s'est pas transmise jusqu'à nous. La postérité conserve seulement le souvenir des hommes qui ont été mêlés aux événements politiques ou qui ont attaché leur nom à des œuvres individuelles. Or, avant 1789, les commerçants avaient rarement l'occasion de prendre part aux affaires publiques, et les anciens juge-consuls pouvaient tout au plus, en leur qualité d'échevins, se trouver en passe de jouer quelque rôle dans les troubles qui agitaient, à certains moments, la cour et la ville. C'était ainsi que, le 12 mai 1588, François Bonnart, marchand pelletier et ancien consul de l'année 1568, avait dû subir les violences de la faction des Seize. Il avait été dépossédé de vive force avec les trois autres échevins, ses collègues, tandis que le prévôt des marchands, Péreuse, seigneur de Beaubourg, était conduit à la Bastille. D'un autre côté, les juge-consuls étaient des commerçants, c'est-à-dire de ceux qui emploient leur intelligence et leur activité à servir d'utiles intermédiaires, et ne peuvent, par conséquent, laisser aucune œuvre durable susceptible de perpétuer leur mémoire. Aussi dans la

longue liste des consuls appartenant aux corps des merciers, des drapiers, des épiciers, des pelletiers, des bonnetiers, et à la communauté
des marchands de vin, rencontre-t-on seulement quelques noms éveillant
le lointain souvenir d'une illustration peut-être même étrangère à la
famille de ceux qui les ont portés. Un drapier, consul en 1592, s'appelait Nicolas Gobelin. Quatre merciers, consuls au dix-septième siècle,
tenaient sans doute par des liens de parenté à ce tapissier du Roi dont le
fils a immortalisé le nom de Molière : l'un, Robert Poquelin, consul en
1647, devint juge en 1663 ; le deuxième fut consul en 1661, et se nommait Louis ; Guy monta au consulat en 1668 et Pierre en 1685.

Les corps et les communautés où l'art n'était pas exclu par le commerce ont donné au consulat les seuls hommes dont le nom se soit conservé. On peut citer d'abord, parmi les orfèvres, Claude Marcel, que sa
haute position, d'ailleurs, a préservé de l'oubli au moins autant que son
mérite personnel. Prévôt des marchands, il fut l'instrument de Catherine de Médicis et des Guise, et les annales du temps témoignent de sa
familiarité avec le Roi et la Reine mère. Un jour qu'il était allé prier, au
nom de la ville, Catherine de Médicis d'assister au feu de la Saint-Jean,
sur la place de Grève, il s'approcha de Marguerite de France, alors
âgée de vingt ans, et, la prenant sous le menton, il lui dit brusquement :
« Vous en êtes priée aussi, la jeune fille. » Et la Reine mère se mit à
rire de la boutade de celui qu'elle appelait son compère. Une autre fois,
deux de ses collègues des finances l'ayant raillé devant le Roi, en lui
disant qu'il avait la bouche malpropre et l'haleine fétide : « Je ne sais si
j'ai la bouche sale, répondit-il, mais du moins j'ai les mains nettes. » Le
Roi, se retournant vers l'un des assistants, lui dit : « Cela s'adresse à
vous, Chenaille[1]. » Claude Marcel avait marié l'une de ses filles avec le
seigneur de Vicour ; les noces, qui eurent lieu le 8 décembre 1578, à
l'hôtel de Guise, furent somptueuses, et les Mémoires parlent avec
admiration et malignité du souper, du bal et des mascarades, auxquels
assistèrent le Roi et toute sa cour.

René de la Haye, consul en 1634 et juge en 1649, était l'orfèvre
du cardinal Mazarin ; sa clientèle à la cour était considérable. Guy
Patin, dans une de ses lettres, dit que c'est chez le bonhomme de la
Haye, orfèvre, que se fait la vaisselle d'argent destinée à l'ameublement du mariage du duc de Mercœur[2]. Paul Lefebvre, consul en 1655

---

[1] *Histoire de l'orfèvrerie-joaillerie*, par Paul LACROIX et Ferdinand SERÉ.
[2] Même ouvrage.

et juge en 1672, était, ainsi que Philippe Lefebvre, consul en 1664, de la même famille que François Lefebvre, auteur de compositions gravées qui eurent une certaine influence sur l'orfévrerie de son temps. Claude Ballin, consul en 1672, fut un des plus célèbres artistes du dix-septième siècle. Ses ouvrages ornaient Notre-Dame et les autres églises de Paris. Il avait fait pour Versailles et les différents palais du Roi de splendides candélabres, des vases, des guéridons, des tables d'argent qui furent malheureusement fondus pour fournir aux dépenses de la guerre, mais dont l'on peut se faire encore une idée par les dessins de l'orfévre Delaunay. Alexis Loir, consul en 1699, était frère de Nicolas Loir, peintre du Roi et membre de l'Académie royale de peinture et de sculpture. Il a gravé à l'eau forte plusieurs pièces d'orfévrerie d'un grand style, et exécuté au burin des planches importantes d'après Rubens et Mignard. Pierre le Roi, consul en 1745, mort en 1759, contrôleur des rentes de l'hôtel de ville, a écrit en tête de l'Histoire de Paris par Félibien et Lobineau une dissertation très-estimée sur l'hôtel de ville, et publié une histoire intéressante du corps de l'orfévrerie. Enfin, l'on ne saurait omettre Jean-Baptiste-Gaspard Odiot, consul en 1761, chef d'une famille d'habiles orfévres dont les descendants continuent encore la glorieuse tradition.

Les consuls donnés par la communauté des imprimeurs-libraires ont pour la plupart conservé la juste célébrité qu'ils avaient conquise pendant leur vie. Sébastien Cramoisy, consul en 1636, a été le premier directeur de l'imprimerie royale établie au Louvre en 1640; Robert Ballard, consul en 1650 et juge en 1654, était fils et petit-fils d'imprimeurs privilégiés de la musique de la chambre, chapelle et menus plaisirs de Sa Majesté. Comme eux il avait pour marque le cheval Pégase, avec ces mots : *Pietate et justitia.* Intimement lié avec Fouquet, il s'enferma volontairement à la Bastille en compagnie du ministre disgracié, pour y imprimer lui-même les mémoires pouvant servir à la justification de son ami. Son petit-fils, Jean-Baptiste-Christophe Ballard, consul en 1718 et juge en 1726, hérita des prérogatives de ses ancêtres et les transmit à son tour à ses descendants. L'établissement de l'imprimerie de musique de Ballard portait l'inscription suivante :

REGIS CHRISTIANISSIMI
AC TOTIUS GALLIARUM IMPERII
MONOTYPOGRAPHEUM
IN MUSICIS AB HENRICO II ERECTUM
HANC SEDEM MODULIS HENRICUS LEGE SACRAVIT
ILLIUS ÆTERNUM QUIS NEGET ESSE DECUS?

Antoine Vitré, consul en 1664, s'il n'a pas eu l'érudition des Estienne, les a au moins égalés par le mérite typographique. Directeur de l'imprimerie royale, imprimeur du clergé de France et du Roi pour les langues orientales, il consacra sa réputation par l'impression de la Bible polyglotte de le Jay, qui lui demanda dix-sept ans de travail. Il avait pour devise un Hercule, avec ces mots : *Virtus non territa monstris*. Après ce nom célèbre, on peut encore mentionner ceux de Denis Thierry, consul en 1676, juge en 1689, d'une famille d'imprimeurs-libraires tous distingués; de Jean-Baptiste Coignard, consul en 1723, dont les éditions correctes et soignées justifient le titre d'imprimeur de l'Académie française; de Saugrain, auteur du Code du libraire; de Saillant et de le Prieur, que l'on peut compter parmi les derniers représentants de l'art sérieux avant la décadence momentanée de la typographie vers la fin du dix-huitième siècle. Un dernier nom reste à citer, quoiqu'il appartienne plutôt au tribunal de commerce, si riche en gloires contemporaines, qu'à la juridiction consulaire, c'est celui de Pierre Vignon, de la communauté des marchands de vin, nommé consul en 1785. Vignon, président du tribunal de commerce de 1792 à 1811, a pris une part considérable à la rédaction du projet du Code de commerce, et son nom ne saurait être injustement séparé de ce monument de nos lois commerciales.

On sait maintenant quels hommes étaient les juge-consuls. Les fonctions qu'ils ont remplies, les titres qu'ils ont portés, les détails que l'histoire a conservés sur quelques-uns d'entre eux font juger du rang qu'ils occupaient parmi leurs concitoyens, et montrent assez qu'ils réunissaient toute la considération et tous les honneurs auxquels pouvait prétendre la haute bourgeoisie sous l'ancien régime.

Ils sont installés : leurs occupations vont être de deux sortes. Sur le siège, ils rendront la justice; dans la chambre du conseil, ils donneront leurs soins à tout ce qui concernera l'administration intérieure du consulat.

La juridiction consulaire, il faut bien s'en pénétrer, n'était pas, à proprement parler, un corps de l'État comme est aujourd'hui le tribunal de commerce. La centralisation moderne était inconnue, et la plupart des institutions érigées en corps ou corporations vivaient et s'administraient librement, en dehors de tout contrôle, dans la limite des prérogatives que les rois leur avaient accordées par lettres patentes. Dépositaires des droits et des priviléges de la juridiction, les juge-consuls avaient, indépendamment de leur mandat à remplir vis-à-vis des justiciables, la mission de défendre l'intérêt et de sauvegarder l'honneur du consulat. La responsabilité cût été trop lourde pour eux s'il avaient été seuls à en supporter le poids, mais elle était partagée par la compagnie ou collège des anciens consuls, dont il est temps d'expliquer le caractère et de faire connaître le véritable rôle.

Aucun document n'indique à quelle époque et dans quelles conditions s'est formée la compagnie des anciens, mais tout porte à croire que son organisation date des commencements de la juridiction. Les premiers consuls avaient dû requérir l'appui des maîtres et gardes des six corps; sortis de charge, ils se firent les conseillers et les soutiens de leurs successeurs, et ils leur prêtèrent le concours de leur expérience et de leur autorité. Les anciens, utiles dans le principe, devinrent indispensables par la suite; ils étaient en effet les seuls conservateurs de la tradition dans une juridiction où les magistrats se renouvelaient annuellement et ne rentraient comme juges qu'après un intervalle de huit, dix, douze années et plus; aussi les juge-consuls en exercice en vinrent à ne plus rien décider sans leur avis. Ce que l'usage avait établi fut consacré par des règlements, et la compagnie se trouva désormais constituée.

La compagnie était convoquée lorsqu'il y avait des points importants de jurisprudence à discuter, des règlements généraux à solliciter du Roi ou du Parlement. Elle était consultée sur les démarches à faire en cas de conflits avec les autres juridictions et sur les procès qu'il convenait de suivre ou d'intenter. Les baux ou prolongations de baux du greffe ne pouvaient être passés que dans l'assemblée des anciens, et les juge-consuls en charge étaient responsables en leurs propres et privés noms de tous dommages et intérêts pouvant résulter de la nullité d'un bail causée par une infraction à cette règle. Les achats de propriétés et les réparations d'immeubles, les dépenses excédant une certaine somme et les emprunts ne pouvaient se faire sans délibération de la compagnie. Elle devait approuver également les nominations de postulants et d'employés, les augmentations de gages, les pensions à créer au profit d'anciens serviteurs, les mesures à prendre pour les diverses cérémonies. En un mot, toute l'initiative propre à la juridiction en vertu des privilèges qui lui avaient été octroyés se trouvait subordonnée aux décisions de la compagnie; à ce point de vue, les juge-consuls étaient entièrement sous la tutelle des anciens. Considérant la juridiction comme un apanage du commerce, la compagnie veillait en gardienne attentive à l'usage que les consuls pouvaient faire des droits qui leur étaient momentanément remis. Elle craignait qu'une faute, qu'une mauvaise gestion provenant de l'inexpérience des nouveaux élus ne vinssent à diminuer les prérogatives de la juridiction, et dans sa défiance, elle faisait dépendre de son assentiment les actes les plus ordinaires concernant l'administration intérieure. Les juge-consuls en charge avaient toujours la faculté de faire des propositions, mais ils ne pouvaient passer outre sans avoir recueilli l'avis de la compagnie convoquée par leurs soins. Ce rôle de tutrice, que la compagnie s'était donné, explique seul son existence; aussi lorsqu'en 1792 la juridiction perdra ses prérogatives en dépit des efforts de la compagnie, celle-ci n'aura plus de motifs pour se maintenir, et elle disparaîtra sans laisser aucune trace dans la nouvelle organisation du tribunal consulaire.

Les assemblées de la compagnie avaient lieu dans la chambre du conseil; on y observait un ordre déterminé. Aux termes d'un résultat du 17 janvier 1645, les plus anciens juges et consuls donnaient les premiers leurs voix, « et la récollation en était ainsi faite ». Lorsqu'une délibération avait lieu sur une question importante, le procès-verbal était ordinairement signé par tous les anciens juges et consuls présents à l'assemblée. Dès l'origine, on transcrivait les résultats ou délibérations sur des feuilles volantes, et, dit un résultat du 14 juillet 1676, « lorsque l'on en avait à faire, cela faisait peine de les aller chercher dans le coffre-fort; » aussi fut-il décidé que l'on en ferait un recueil sur un registre, et que tous les résultats faits à l'avenir y seraient insérés. Ce recueil est le document le plus précieux qui nous soit resté des archives des consuls, et c'est par l'analyse des faits intéressants qu'il contient que l'on peut surtout se rendre compte de l'histoire intérieure de la juridiction. Tous les anciens juges et consuls faisaient partie de la compagnie; on n'en excluait que ceux qui avaient manqué à leurs affaires. Ainsi en 1674, au moment des élections, les consuls ayant donné lecture de la commission qu'ils avaient décernée, et qui contenait tous les noms des anciens juges et anciens consuls, il fut décidé par la compagnie que l'on écrirait à cinq d'entre eux de n'avoir pas à se trouver à l'assemblée.

Les anciens juges et consuls prenaient une part active aux élections. Jalouse du maintien des droits de la juridiction, la compagnie devait s'intéresser au choix des marchands à qui ces droits allaient être confiés. Ainsi qu'on l'a déjà vu, ses membres étaient arrivés à faire partie de l'assemblée électorale, quoique l'édit n'eût rien spécifié à cet égard, et ils ne furent dépossédés de ce droit qu'en 1728.

Les anciens consuls ne se bornaient pas du reste à donner leur avis dans les réunions générales de la compagnie; l'usage s'était établi au dix-huitième siècle d'appeler quelques-uns d'entre eux pour assister à des assemblées de petit comité avec les juge-consuls en charge et les commissaires aux faillites. En 1780, les juge-consuls se trouvant, par suite du nombre toujours croissant des causes, dans l'impossibilité de suivre certaines affaires, et notamment de faire valoir leurs prétentions à fin d'homologation de contrats d'atermoiement entre créanciers et faillants, droit usurpé, suivant eux, par la juridiction du Châtelet, la compagnie, sur leur proposition, nomma quatre commissaires, anciens juges et consuls, « à l'effet de soulager messieurs du siége dans les affaires extraordinaires, c'est-à-dire autres que celles du service journalier, de s'occuper principalement des objets ci-dessous énoncés, conjointement avec messieurs du siége ou séparément, mais toujours avec leur concours ». Ces commissaires devaient être élus pour deux ans, et leurs fonctions pouvaient être prorogées.

La déclaration du 13 septembre 1739 avait ordonné que les créanciers se retireraient devant les juge-consuls, « auxquels les bilans, titres et pièces seraient remis pour être vus et examinés par eux ou par des anciens consuls et commerçants qu'ils commettraient, du nombre desquels il y en aurait toujours un du même commerce que celui qui aurait fait faillite, et devant lesquels les créanciers de ceux qui étaient en faillite étaient tenus, ainsi que le débiteur, de paraître en personne, ou, en cas de maladie, absence ou autre empêchement, par un fondé de procuration ». A partir de cette époque, les assemblées de créanciers cessèrent de se faire chez les notaires, et les créanciers n'eurent plus besoin d'affirmer, par-devant le prévôt de Paris ou son lieutenant, que leurs créances leur étaient bien légitimement dues, ainsi que la déclaration du 13 juin 1716 l'avait exceptionnellement établi pour la ville, prévôté et vicomté de Paris. Les fonctions de commissaires aux faillites furent alors confiées au juge et aux deux consuls sortant de charge et à deux consuls de la nouvelle élection. Il avait paru aux juge-consuls « que les sortants du siége étant plus mémoratifs des procédures faites à l'occasion des faillites, il conviendrait que ce fussent eux annuellement qui soient chargés de ce travail, que le changement annuel ne pourrait être d'aucun inconvénient par l'usage où est aujourd'hui la juridiction de conserver toujours au siége deux consuls du semestre précédent, ce qui s'observerait de même à l'égard de cette opération. » Les commissaires aux faillites assistaient aux séances des mardi, jeudi, samedi, et à celle du mercredi, avec voix délibérative.

Les anciens consuls remplaçaient encore les magistrats absents. Dans ce cas, le juge-consul empêché se faisait suppléer par un ancien consul de son corps ou d'un des corps qui ne se trouvaient pas représentés pour le moment dans le consulat. Cette participation des anciens consuls aux affaires du siége ne pouvait tourner qu'au bien de la juridiction et des justiciables. Il ne semble pas, d'ailleurs, que la compagnie ait jamais outre-passé le rôle de tutrice qu'elle s'était imposé ; elle agissait, à cet égard, avec une prudence et une réserve que l'on n'imitait pas toujours dans les provinces, si l'on en juge par les termes d'une déclaration royale du 15 décembre 1722, ainsi conçue : « Nous sommes informés que, quoique les juridictions consulaires qui sont dans les autres villes de notre royaume aient été établies à l'instar de celle de Paris, et doivent se conformer à ce qui a été prescrit par l'édit du mois de novembre 1563, les anciens juge et consuls des juridictions consulaires de Toulouse et Montpellier, et de quelques autres villes, prétendent être en droit de s'immiscer, conjointement avec ceux qui sont en charge, dans la connaissance et le jugement des procès, quoiqu'ils n'y aient pas été appelés, ce qui cause plusieurs brigues et cabales très-contraires au bien de la justice, et fournit occasion aux parties d'en faire des plaintes légitimes. Et, voulant arrêter le cours de cet abus et rétablir une règle uniforme dans toutes les juridictions commerciales..... nous plaît que les juge-consuls en charge aient seuls la connaissance, la décision et le jugement des procès et différends de leur compétence, faisons très-expresses inhibitions et défenses aux juge et consuls anciens de s'y immiscer, s'ils n'y sont expressément et nommément appelés par les juge et consuls qui seront en charge, lorsque la matière y sera sujette et que les parties l'auront requis. »

Les anciens n'étaient pas les seuls auxiliaires des juge-consuls en exercice. Il y avait aussi les conseillers, qui donnaient leurs soins à divers travaux préparatoires. L'article 3 de l'édit de 1563 portait que les juge-consuls pourraient appeler, si la matière y était sujette et s'ils en étaient requis par les parties, tel nombre de personnes de conseil qu'ils aviseraient. Il est à présumer que l'institution des conseillers tirait son origine de cette disposition de la loi. A quelle époque fut-elle régulièrement organisée, on ne saurait le dire; mais on peut croire qu'elle remontait aux commencements de la juridiction. L'ordre observé pour les élections, imprimé en 1668, rapporte que « la semaine suivante de l'installation, les juge et consuls font délivrer par leur greffier et signifier par leurs huissiers audienciers aux maîtres et gardes des corps et aux communautés des marchands de Paris, des commissions à eux adressantes, à ce qu'ils aient à élire et choisir certain nombre de marchands de leurs corps et communautés pour venir, à tour et par semaine, assister de conseil ès jours d'audience et extraordinaires qu'ils seront mandés, à peine d'amende contre les défaillants. »

Le manuscrit de Gorneau, cité par M. Guibert, donne sur les conseillers plus de détails que les registres de la juridiction. Il nous apprend qu'ils étaient au nombre de quarante et parfois de cinquante-deux.

Les juge-consuls signifiant en 1771 aux *huit* corps de procéder au choix des conseillers, leur recommandaient « de n'en élire aucun qui y ait passé depuis trois ans, afin que chacun se ressentît du labeur ». A cette époque, le corps de la draperie désignait deux conseillers, celui de l'apothicairerie et de l'épicerie six, celui de la mercerie douze, celui de la pelleterie deux, celui de la bonneterie quatre, le corps de l'orfévrerie quatre, celui de la librairie et de l'imprimerie quatre, et celui des marchands de vin six. Quelquefois le corps de la mercerie en nommait six de plus, celui de l'épicerie quatre, et celui de l'orfévrerie deux. Depuis 1723, on suivait pour les conseillers le même ordre de service que pour les juge-consuls. La moitié d'entre eux n'étaient appelés à fonctionner que six mois après leur élection, de manière à être mis au courant par ceux de leurs collègues qui avaient déjà six mois d'exercice. Les conseillers nouvellement élus étaient introduits

dans la chambre du conseil, où ils se rangeaient sur les chaises pla-
cées au-dessous des fauteuils des juge et consuls, et ils prêtaient serment de bien et fidèlement remplir leurs fonctions. On les divisait en
six sections de cinq ou six membres ayant chacune leur semaine, et
tous les samedis, les huissiers audienciers mandaient ceux qui devaient
faire le service la semaine suivante.

Les conseillers assistaient vêtus de noir et en petit manteau aux
audiences qui avaient lieu dans la chambre du conseil, « mais sans avoir
voix délibérative ni même consultative, à moins qu'ils n'eussent été
questionnés par les magistrats ». Dans la salle judiciaire, « ils prenaient leurs places sur les bancs adossés aux murs et perpendiculaires
aux sièges des juges, laissant vides ceux qui tenaient immédiatement
à ces sièges ». Si les juges leur donnaient une affaire à examiner, des
comptes à vérifier, ils quittaient la salle, rédigeaient leur rapport, « le
remettaient au juge qui le passait au greffier, et celui-ci à l'appeleur de
causes, qui rappelait les parties ou leurs représentants, et l'affaire se
jugeait ». Longtemps les conseillers entendirent les parties dans la
salle même où s'assemblaient les agréés, leurs clercs et les employés
désignés sous le nom de parapheurs d'exploits, et ce fut seulement
en 1758 que les juge-consuls décidèrent de faire disposer une salle
particulière, afin qu'ils pussent travailler avec les parties sans être
interrompus. (Délibération du 23 septembre 1758.)

Il paraîtrait, d'après Rodier, cité par M. Guibert, que les juge-consuls confiaient aux conseillers les affaires les moins importantes. Celles
qui étaient plus difficiles étaient renvoyées à l'examen d'un juge ou
d'un marchand présentant par son âge et par son expérience plus de
garanties que les jeunes conseillers élus par les huit corps. Si, dans ce
dernier cas, il s'élevait des questions de droit, on adjoignait au marchand désigné un avocat pour concourir au rapport. Habituellement,
« lorsque le débat soulevait des questions de cette nature, les magistrats nommaient un avocat qui faisait son rapport après avoir entendu
les parties ».

En 1722 et 1723, deux déclarations royales décidèrent contre la prétention des conseillers, qu'ils ne pouvaient prendre part aux jugements et aux délibérations, à moins d'y être appelés expressément par
les juge-consuls. Le Parlement fut obligé, en 1724, de leur défendre
de s'asseoir sur les premiers bancs qui touchaient les sièges des consuls. En 1757, les juge-consuls convoquèrent extraordinairement douze

conseillers de l'ancien service, afin de leur représenter que pour le bien public ils devaient continuer à servir avec le zèle et l'assiduité qu'ils avaient montrés, pendant encore une semaine au moins. Les conseillers acceptèrent la proposition pour l'année, et distribuèrent leur service entre eux ; ils demandèrent seulement qu'on réimprimât un tableau à la tête des semaines duquel leurs noms seraient inscrits avec la qualité d'anciens, et qu'il fût fait mention de leurr ésolution sur les registres de la juridiction. Mais les conseillers n'étaient pas toujours animés d'une aussi bonne volonté ; en 1767 notamment, sur la plainte des juge-consuls, le procureur général fit rendre un arrêt par le Parlement pour les contraindre à faire leur service, *sous peine d'amende qui serait arbitrée par les juge-consuls.* On ne s'étonnera donc point que les conseillers n'aient pas été conservés dans la nouvelle organisation du tribunal de commerce. Le nombre des juges, ainsi que le fait observer M. Guibert, eût rendu d'ailleurs leur institution complétement inutile.

Il reste à parler des députés du commerce, qui formaient comme un lien entre la juridiction consulaire et la haute administration. Ces députés étaient élus par les soins des juge-consuls, et on les choisissait souvent au sein même de la compagnie.

On a vu précédemment que le conseil ou chambre du commerce avait été créé par arrêt du conseil d'État du Roi le 29 juin 1700. On devait y discuter les propositions et les mémoires qui y seraient envoyés, les affaires et difficultés concernant le commerce tant de terre que de mer, au dedans et au dehors du royaume, et les fabriques et manufactures. Il devait être composé de plusieurs conseillers d'État et de douze négociants du royaume, dont deux de la ville de Paris. L'arrêt disait que l'élection des députés se ferait librement et sans brigue par le corps de ville et par les marchands négociants, et que les fonctions de députés ne dureraient qu'un an, sauf à prolonger le temps du service dans le conseil, s'il était jugé à propos.

A Paris, le corps de ville ne s'occupa jamais des élections, qui furent confiées à la juridiction consulaire dans les circonstances suivantes. Le Roi, pour la première année, avait désigné Samuel Bernard et Antoine Pelletier. A l'issue de la session, le temps de service de Samuel Bernard fut prolongé ; mais Antoine Pelletier ayant manifesté le désir de se retirer, le ministre Chamillart écrivit, le 31 décembre 1701,

6

aux juge-consuls que le Roi trouvait bon qu'ils fissent assembler incessamment les six corps des marchands, afin de procéder à la nomination d'un sujet d'expérience et de capacité pour remplacer le sieur Pelletier. Conformément à cette lettre, les juge-consuls convoquèrent, le 14 janvier 1702, les anciens et les maîtres et gardes des six corps dans la salle du conseil, où l'on procéda à l'élection d'un député en la chambre du commerce, qui fut Denis Rousseau, juge-consul alors en charge. Samuel Bernard ayant encore été continué, l'on n'eut à pourvoir l'année suivante qu'au remplacement de Denis Rousseau par Claude Villain, ancien juge-consul. Ce dernier ainsi que ses successeurs furent maintenus dans leurs fonctions pendant plusieurs années, et les élections ne se renouvelèrent plus qu'à longs intervalles.

En 1737, la forme des élections fut changée; le contrôleur général Orry fit savoir aux juge-consuls qu'ils eussent à réunir l'assemblée à l'effet de choisir six sujets que l'on proposerait pour en faire agréer un comme député. Un vif débat surgit à cette occasion entre les juge-consuls et la compagnie d'un côté, et les communautés des libraires et des marchands de vin d'autre part. Les juge-consuls ayant assemblé les anciens pour délibérer s'ils appelleraient les libraires et les marchands de vin à l'élection, la compagnie fut d'un avis contraire. Les deux communautés, informées de cette décision, firent signifier par exploits leur opposition à la délibération prise par la compagnie; elles se fondaient sur la déclaration du Roi du 18 mars 1728, concernant l'élection des juge-consuls et la composition de l'assemblée électorale. Le Roi fit savoir aux juge-consuls, par l'entremise du contrôleur général, qu'il trouvait l'opposition bien fondée, et que la déclaration de 1728 devait régler l'usage qu'il convenait d'observer dans l'assemblée chargée de désigner les six candidats à la députation. Il reprocha aux juge-consuls d'avoir passé outre à la convocation sans attendre qu'il eût fait connaître sa volonté sur l'opposition, et il leur enjoignit de réunir une nouvelle assemblée dans laquelle les deux communautés seraient admises. Enfin, il exprima le désir que les six sujets fussent choisis non-seulement dans les corps qui composeraient l'assemblée, mais aussi parmi les négociants et les banquiers de Paris encore dans les affaires ou qui s'en étaient retirés avec honneur.

Par la déclaration de 1728, les anciens juges et consuls avaient cessé de faire partie de droit de l'assemblée électorale; aussi la décision du Roi fit-elle naître un doute dans l'esprit des juge-consuls en charge. Ils se demandèrent si les anciens devaient désormais concourir à l'élection des députés. Pour s'éclairer à ce sujet, ils s'adressèrent au contrôleur général, qui leur répondit de ne pas avoir égard aux difficultés que faisaient naître les libraires et les marchands de vin, par rapport aux anciens juges et consuls, et de suivre l'usage adopté jusqu'alors en appelant ces derniers à l'assemblée. Dès ce moment, l'élection des députés au conseil de commerce se fit d'une manière régulière et sans entraves.

Un incident mérite cependant d'être rapporté. En 1784, un député, nommé Marion, conçut l'idée singulière de demander son fils pour adjoint et *survivancier dans sa place*. Il fit, à cet effet, des sollicitations auprès des maîtres et gardes des six corps, qui, loin de seconder ses vues, engagèrent les juge-consuls à protester avec eux contre le projet du sieur Marion. De l'avis du collège, les juge-consuls préparèrent un mémoire et demandèrent une audience au contrôleur général pour le lui présenter. L'entrevue est rapportée tout au long dans les procès-verbaux de la juridiction : « D'après l'indication donnée, disent les juge-consuls, nous sommes venus à la juridiction à onze heures et demie pour prendre nos robes, et nous sommes montés en carrosse de place avec le greffier en chef et deux audienciers; nous nous sommes rendus en l'hôtel du contrôleur général, où nous sommes arrivés en la salle d'audience, les domestiques et les valets de chambre nous ouvrant les deux battants; nous avons remis notre mémoire à M. le contrôleur général. M. le président, portant la parole, a dit : « Monseigneur, voici » un mémoire sur une affaire que vous connaissez déjà : il s'agit de la » demande de M. Marion pour M. son fils. Nous n'avons pas cru devoir » rester dans le silence sur cet objet, parce que l'élection des députés » au conseil nous est commise. Nous mettons d'abord sous vos yeux » l'extrait de l'arrêt du conseil qui les établit. Quand vous en aurez fait » la lecture, vous en ferez mieux que nous l'application à la demande » de M. Marion, qui ne peut être plus diamétralement opposée à la loi. » Il nous dit : « M. Marion veut s'adjoindre son fils. » Nous avons ajouté : « Et l'avoir pour survivancier. — Cette place, nous a-t-il dit, ne paraît » pas susceptible de survivance. » Il nous a demandé ensuite si M. Marion fils avait été dans le commerce. Nous lui avons répondu que non, qu'il était conseiller au Châtelet, et qu'il s'était proposé jusqu'ici ce que la carrière de la magistrature offrait de plus flatteur. M. le con-trôleur général a parcouru le mémoire, et nous a dit que cette affaire

6.

méritait considération. Ensuite il nous a conduits jusqu'à la porte de sa salle d'audience. En le quittant, M. le président a dit à Monseigneur : « J'ai déjà eu l'honneur de paraître devant vous pour une chose juste » sur laquelle vous avez fait droit ; nous espérons que nous serons aussi » heureux pour celle-ci. » Il nous a répété qu'il l'examinerait, et nous sommes sortis, les deux battants ouverts, pour revenir à nos carrosses, qui nous ont ramenés à la juridiction pour nous déshabiller. »

L'affaire n'eut pas de suite. Cette même année 1784 eut lieu la dernière élection d'un député au conseil du commerce, et elle fut faite, comme par le passé, au profit d'un négociant.

Voici la manière dont on procédait habituellement à l'élection :

Au reçu de la lettre écrite soit par le lieutenant de police, de la part du garde des sceaux, soit par le contrôleur général, les juge-consuls en exercice assemblaient la compagnie des anciens, et la matière mise en délibération, il était arrêté que l'on notifierait la lettre d'avis aux six corps et aux deux communautés des libraires et des marchands de vin. On devait les inviter, en même temps, à envoyer au consulat les noms de ceux qu'ils auraient choisis, et à se disposer à venir faire incessamment l'élection à la juridiction. La compagnie des anciens dressait, de son côté, une liste de six noms. Après communication faite par les huit corps des propositions qu'ils avaient décidées, messieurs du siége faisaient avertir par billets les anciens juges et les anciens consuls, et six membres de chacun des huit corps, d'avoir à se trouver, à un jour déterminé, dans la chambre d'audience pour procéder à l'élection.

« Le jour de l'élection, d'après le manuscrit de Gorneau, l'assemblée assistait d'abord à une messe basse, puis elle déjeunait aux frais du consulat. Les listes des candidats étaient distribuées à chaque électeur. » Les juge-consuls en charge et les anciens s'asseyaient sur les fauteuils et bancs du siége, et les autres électeurs dans l'enceinte du bureau.

Le juge prenait place au siége, exposait, dans une courte allocution, quel était le but de la réunion, et faisait prêter serment aux électeurs de procéder en leur conscience à l'élection. Cela fait, deux scrutateurs étaient présentés, l'un par le président et l'autre par le premier consul. Après que ces deux scrutateurs, qui étaient ordinairement deux anciens juges ou anciens consuls, avaient été agréés par l'assemblée, les juge-consuls en exercice donnaient leurs voix, puis les scrutateurs, les anciens juges, les anciens consuls, et chaque corps à son rang.

Il y avait deux greffiers : l'un écrivait les noms des électeurs et de ceux qui étaient nommés ; l'autre greffier, qui avait une liste des personnes proposées, faisait une marque à la suite du nom de celui qui était nommé. Les scrutateurs avaient pareillement chacun une liste des proposés, et faisaient la même opération que le greffier, dont ils étaient les contrôleurs, afin qu'il n'y eût pas d'erreur. Chaque électeur nommait six sujets. Les nominations faites, les scrutateurs, avec le greffier, vérifiaient leurs feuilles et comptaient exactement les voix ; on dressait procès-verbal du tout, et les juge-consuls en charge portaient les noms des six sujets qui avaient eu le plus de voix aux autorités compétentes.

L'ordre observé à l'élection du 24 décembre 1751, auquel sont empruntés les détails qui précèdent, nous apprend que, cette année-là, les juge-consuls allèrent d'abord chez le garde des sceaux, puis chez l'intendant des finances et chez le lieutenant général de police. Par la suite, ce fut au contrôleur général que l'on remit la copie du procès-verbal de l'élection. « Au retour de leur visite, dit Gorneau, les juge-consuls dînaient à la juridiction avec les commissaires aux faillites, le doyen des anciens juges, le chapelain et les greffiers.

» Quelque temps après, le contrôleur général faisait connaître aux juge-consuls le nom du candidat sur lequel le Roi avait porté son choix, et les priait, en même temps, de convoquer une nouvelle assemblée pour arrêter une déclaration par laquelle le député serait nommé, déclaration dont une expédition devait lui être adressée. Les électeurs étaient donc convoqués de nouveau, et après lecture de la lettre du contrôleur général, et la proposition faite par le juge de choisir pour député la personne qui s'y trouvait désignée, l'assemblée donnait son suffrage unanimement, par forme d'acclamation, sans qu'il fût fait d'appel. On dressait procès-verbal de l'élection. Les électeurs de chaque corps allaient visiter le nouvel élu ; les juge et consuls se rendaient également auprès de lui pour lui remettre une expédition de sa nomination, et le prendre avec eux pour aller le présenter au contrôleur général ; après quoi le député et les scrutateurs de la première élection dînaient au consulat, avec les juge-consuls, les commissaires aux faillites, le doyen des anciens juges et consuls, le chapelain et les greffiers. »

Il est presque superflu d'ajouter, en terminant ce chapitre, qu'une discipline sévère régnait dans le sein de la juridiction. Pour sauve-

garder une institution des atteintes extérieures, le premier devoir de
ceux qui sont chargés de ses droits est de maintenir entre eux le bon
ordre et l'harmonie; aussi tout ce qui touchait à la hiérarchie, à la
préséance, au rang et aux prérogatives des juges, des consuls ou des
anciens, était scrupuleusement observé. En 1771, le juge Lebreton
ayant cru devoir prononcer seul l'enregistrement d'un édit du Roi, les
quatre consuls protestèrent vivement contre l'irrégularité de sa conduite. Il avait commis une infraction à la discipline et aux usages de la
juridiction; il avait lésé les droits du collège en général et ceux de ses
collègues en particulier en faisant, sans l'assistance et la participation
d'un seul d'entre eux, un acte public au nom de la juridiction; il s'était
arrogé, disait-on, un droit nouveau et exorbitant dont ses prédécesseurs
n'avaient jamais joui ou prétendu jouir, et son entreprise devait être
réprimée, pour en conjurer les suites dangereuses. Le juge déclara qu'il
n'avait jamais eu la volonté d'accroître les prérogatives de la place qu'il
occupait ni prétendu préjudicier aux droits de ses collègues, encore
moins à ceux de la juridiction; que ce n'était point de son autorité
privée, mais seulement en vertu d'une lettre du procureur général,
exhibée à ses collègues, qu'il s'était cru obligé de procéder seul à l'enregistrement de l'édit. Cette déclaration fut transcrite sur le registre,
la lettre du procureur général déposée au greffe, et tout fut dit pour
cette fois.

Quant à l'honneur de chacun des juges et des consuls, il importait
trop à la juridiction même pour que la compagnie n'y veillât pas
scrupuleusement. L'indignité de quelques membres aurait pu nuire
à l'autorité de la juridiction; aussi le collège des consuls avait éliminé
de son sein, comme il a été dit plus haut, « ceux des anciens qui étaient
tombés dans le désordre de leurs affaires », et, par une décision du
4 juillet 1683, il avait été arrêté que ceux à qui pareil accident serait
arrivé ne figureraient plus sur les tableaux exposés dans la chambre du
conseil, « et qu'un bandeau serait mis sur leurs noms. »

Le tableau suivant comprend les noms des juges et des consuls qui
ont exercé les fonctions d'échevin, de conseiller de la ville et de quartenier.

	NOMS.	PROFESSION.	FONCTIONS. Consul.	Juge.	Échevin.	Conseiller.	Quartenier.
1	Aubry, Jean.	Mercier.		1564	1559	1564	
2	Nicolas Bourgeois.	Pelletier.	1564	1569	1566 1580		1558
3	Lavocat, Henry.	Mercier.	1564	1568	1561		1560
4	Pierre de la Court.	Vin et poisson. . .	1564	1569	1565		
5	Claude Hervy.	Mercier.	1564	1570	1567		
6	Claude le Prestre.	Vin et poisson. . . .		1565	1562	1569	
7	Claude Marcel, prévôt des marchands en 1570. . .	Orfévre.		1566	1557 1561	1562	
8	François Garault.	Mercier.	1566				1560
9	Nicolas Hac (fils).	Drapier.	1567				1576
10	Jean de la Bistrate.	Vin et poisson. . .	1567	1573			1580
11	Jean le Jay, seigneur de Ducy.	Mercier.	1567	1572	1550 1573		
12	François Bonnart.	Pelletier.	1568		1587		1582
13	Claude Aubry.	Mercier.	1570	1576		1569 1597	
14	Pierre le Goix.	Vin.	1574		1584		1572
15	Rémond Bourgeois. . . .	Mercier.	1575	1584	1584		
16	Jean Rouillé.	Drapier.	1583	1597	1597		
17	Denis Néret.	Drapier.	1584	1590	1592		
18	Pierre Poncher.	Mercier, puis secrétaire du Roi. . .	1587		1590		
19	Gabriel de Flecelles. . . .	Mercier.	1592	1603	1605		
20	Pierre Nicolas.	Orfévre.	1600				1591
21	François Frezon.	Mercier.	1601	1614	1615		
22	Pierre Sainctot.	Teinturier de soie.	1601	1615	1604	1606	1597
23	Simon Marcez.	Orfévre.	1608	1627	1624		1601
24	Jacques de Creil.	Mercier.	1611	1628	1617		1604
25	Claude Gonyer.	Apothicaire. . . .	1612	1629	1618		
26	Antoine Andrevas.	Mercier.	1614				1601
27	Guillaume Perrier.	Vin.	1616	1631	1623		
28	Pierre Goujon.	Vin.	1617	1633	1620		
29	Jean Tronchot.	Drapier.	1623		1630 1631		
30	Denis de Saint-Genis. . . .	Grains.	1624	1637			1612
31	Marc Nicolas.	Apothicaire. . . .	1625				1620
32	Guillaume Baillon.	Bonnetier.	1626	1639	1642		
33	Jean Bazin, sieur de Chambuisson.	Drapier.	1626	1638	1632	1626 1629	
34	Adrien de Vin.	Drapier.	1627	1640	1643		
35	Nicolas de Laistre. . . .	Mercier.	1627	1641	1627		
36	Jean Garnier.	Mercier.	1628	1642	1633		
37	Pierre Eustache.	Épicier.	1629	1643	1640		1628
38	Étienne Heurlot.	Poisson.	1631		1628	1623	1615
39	Nicolas de Creil.	Mercier.	1633		1634		1617
40	René de la Haye.	Orfévre.	1634	1649	1645		

	NOMS.	PROFESSION.	FONCTIONS. Consul.	Juge.	Échevin.	Conseiller.	Quartenier.
41	Claude le Boué	Drapier	1634	1648	1638		
42	Pamphile de la Cour	Mercier	1635		1629	1623	
43	Sébastien Cramoisy	Libraire-imprimeur	1636	1652	1641		
44	Jean de Bourges	Épicier	1639		1635		
45	Nicolas de Pois	Mercier	1640		1630		
46	Geoffroy Yon	Épicier	1641		1646		
47	Raymond Lescot	Orfèvre	1641	1656	1648	1639	
48	Étienne Geoffroy	Apothicaire	1642		1636		
49	Jacques de Monthers	Mercier	1644	1661	1641		
50	Martin Dufresnoy	Apothicaire	1646		1644		
51	Jean Rousseau	Bonnetier	1649	1664	1654		1638
52	Pierre Denison	Épicier	1651	1667	1651		
53	Simon-Robert de Seque-ville	Apothicaire	1652		1649		
54	Vincent Héron	Épicier	1653	1668	1654	1640	
55	André le Vieux	Drapier	1655	1670	1651	1639	
56	Jean Cottart	Épicier	1655	1671			1646
57	Claude Prevost	Drapier	1656		1659		1646
58	Jean Tronchot	Drapier	1657			1647	
59	Marc Héron	Apothicaire	1658			1636	1656
60	Jean le Vieux	Drapier	1659		1658		1640
61	Jacques Planson	Épicier	1659				1643
62	Philippe Gervais	Mercier	1659		1656	1640	
63	Nicolas Baudequin	Drapier	1660	1674	1658	1645	
64	Mathurin de Moncheny	Apothicaire	1660		1653		
65	Antoine de la Porte	Épicier	1661	1676	1655		1634
66	Nicolas Souplet	Apothicaire	1670		1663	C. du Roi.	1646 1634
67	Julien Gervais	Mercier	1672		1653		Doyen en 1672
68	Jean Bachelier	Mercier	1673	1684		1680	
69	Charles Clerambault	Drapier	1678	1691	1673	1661	
70	Gamare Michel	Apothicaire	1680		1682		1667
71	Charles Lebrun	Mercier	1687	1698	1682		
72	Denis Rousseau	Drapier	1691	1701	1684		1667
73	Henry Herlau	Mercier	1691		1687	1671	
74	Pierre Presty	Mercier	1693	1704	1689	1672	
75	Matthieu-François Geoffroy	Apothicaire	1694		1685		
76	Guillaume Hesme	Mercier	1695		1696		
77	Pierre Chauvin	Mercier	1695		1690		1672
78	Jean Hallé	Orfèvre	1696		1699	1699	
79	Pierre le Noir	Apothicaire	1696		1687		
80	Thomas Tardif	Mercier	1697	1706	1691	1672 C. du Roi.	
81	Matthieu Baroy	Mercier	1699		1696		1682
82	Jean-Jacques Gayot	Mercier	1700		1685	1671	
83	Léonard Chauvin	Mercier	1702	1712	1699	1687	

	NOMS.	PROFESSION.	FONCTIONS.		Échevin.	Conseiller.	Quartenier.
			Consul.	Juge.			
84	Guillaume-André Hebert. .	Mercier..	1703		1700		1687
85	Louis-Paul Boucher. . . .	Drapier..	1703	1713			1696
86	Claude Guillebon.	Épicier..	1704		1701		
87	François Régnault.	Mercier..	1704		1698		1687
88	Denis-François Regnard. .	Épicier..	1706		1703	1694	
89	Jean-François Sautreau. .	Mercier..	1707		1697	1684	
90	Guillaume Scourjon, écuyer.	Mercier..	1709	1718	1716	C. du Roi.	1692
91	Marc-François Lay, seigneur de Gibercourt . .	Mercier..	1716		1703	C. du Roi.	1703
92	Gilles-Fr. Boulduc, écuyer.	Apothicaire.. . . .	1717		1726		
93	Philippe Régnault, écuyer.	Mercier..	1718		1708		
94	J.-B. de Santeul, écuyer. .	Mercier..	1719		1739		
95	Antoine de Serre, écuyer.	Drapier..	1720		1716	C. du Roi.	1700
96	Henry de Rosnel, écuyer.	Drapier..	1721	1735	1718		1701
97	Pierre Chauvin, écuyer. .	Mercier..	1723		1709	1705	
98	Charles-Pierre Huet, éc. .	Mercier..	1724	1730	1716		
99	Jacques Pijart, écuyer. . .	Orfévre..	1726		1707		
100	Étienne Laurent, écuyer. .	Mercier..	1727		1723	1713	
101	Charles Levesque, écuyer.	Orfévre..	1734		1736		
102	Nicolas Maheu, écuyer. . .	Drapier..	1736		1725		
103	Léonor Lagneau, écuyer. .	Orfévre..	1736	1742	1730		
104	Étienne le Roi l'aîné, éc. .	Mercier..	1738		1728		
105	Philippe Legras, écuyer. .	Mercier..	1739		1727	1714	
106	Antoine Sautreau, écuyer.	Mercier..	1741		1727		
107	Henry Milon, écuyer. . .	Mercier..	1742		1732		1704
108	Louis-Henry Véron, éc. .	Drapier..	1743		1737	1727	
109	Famin, Louis-César, éc. .	Épicier..	1744		1781	1767 C. du Roi.	
110	Jean Stocard, écuyer. . .	Mercier..	1748		1754		1733
111	Pierre-Julie d'Arlu, écuyer.	Mercier..	1750	1764	1757	C. du Roi.	1739
112	Claude-Denis Cochin. . . .	Mercier..	1752	1760	1748		
113	Pierre Bellet.	Mercier..	1753			1738	
114	Jean-François Brallet, éc.	Mercier..	1755	1768	1757	1740 C. du Roi.	
115	Jean-Daniel Gillet, écuyer.	Épicier..	1757	1773	1751	1737 C. du Roi.	
116	Jean-Baptiste Guyot, éc. .	Pelletier..	1770	1780	1786	C. du Roi.	1763
117	Balthazar Incelin, écuyer.	Mercier..	1774		1778		
118	J.-B.-André Pochet, écuyer.	Épicier..	1776		1779	1767 C. du Roi.	
119	Delavoiepierre, Denis, éc.	Épicier..	1778		1785		
120	Cheret, J.-B.-François. . .	Orfévre..	1781			1777	
121	Pluvinet, Jean-Charles. . .	Épicier..	1782			1780	
122	Sageret, Charles-Barnabé, écuyer.	Orfévre..	1786		1787		
123	Magimel, Ant.-Éd. écuyer.	Orfévre..	1789		1781		

CHAPITRE QUATRIÈME.

La salle d'audience. — Costume des juge-consuls, des conseillers, du greffier et de ses clercs, des huissiers audienciers. — Heures des audiences. — Physionomie de la salle. — Insolences des plaideurs mécontents, des procureurs étrangers à la juridiction. — Scandales causés par les voleurs et les faux demandeurs. — Tableau de l'audience au dix-huitième siècle. — La magistrature consulaire s'est attiré le respect universel. — Établissement dans la salle d'audience d'un cours gratuit de leçons sur le commerce.

Entrons dans la salle d'audience; on y juge le lundi, le mercredi et le vendredi. Dans le principe, il n'y avait audience que deux fois par semaine.

Au bas de la salle se trouve un bureau avec cette inscription en grosses lettres : *Bureau des présentations*. C'est là que le clerc commis pour recevoir les présentations enregistre sur un rôle « *en bonne lettre et bien lisible* » tous les exploits que l'on apporte. Il doit être rendu à son poste une heure avant l'audience, et il vient d'arriver en même temps que les deux huissiers audienciers de service pour la semaine. Le registre est ouvert pour recevoir les inscriptions; un double du rôle est mis sur le bureau à la disposition des parties qui voudraient le connaître. Les plaideurs commencent à entrer dans la salle; les uns ont eu soin d'apporter les titres de leurs demandes, billets ou lettres de change, les autres la copie du jugement qui a remis la cause pour instruction de l'affaire. Les agréés accompagnent leurs clients et les avertissent de se trouver à leurs causes. Déjà les juge-consuls ont entendu la messe; ils donnent audience dans la chambre du conseil. Le commis chargé d'appeler les causes se tient en dehors de la chambre pour empêcher de frapper à la porte; avertir les agréés quand ils seront demandés, « et maintenir par ce moyen l'attention des juges ».

L'audience en la chambre du conseil est terminée; le service au siége va se faire; les juge-consuls sortent de la chambre du conseil; ils sont en robe de drap noir, à collet et manches pendantes paramentées et bordées de velours de pareille couleur, avec ceinture bleue; leur toque est de velours noir; ils s'assoient. Les conseillers vêtus de noir et en petit manteau prennent place, comme il a été déjà dit, sur les bancs adossés aux murs et perpendiculaires aux siéges des juges.

Le greffier assiste le tribunal; il porte un costume particulier, dont Michel de Gesvres, greffier en 1635, a seul été dispensé de se revêtir :

« Et combien que nous puissions enjoindre au greffier en chef de prendre aussi telle marque que lui pourrions prescrire, sera toutefois loisible et laissons la liberté entière à M. Michel de Gesvres, pour le respect de son âge, d'assister à l'audience le reste de ses jours et tant qu'il sera en possession dudit greffe, avec sa soutane, son long manteau ou autre habit ordinaire, à l'ordinaire, et de plus lui permettons de porter si bon lui semble, auxdites audiences, les jours des assemblées et des élections desdits juge et consuls, le manteau à manches de drap d'Espagne, serge de Florence ou autre doublure de taffetas, velours ou panne ou le dessus de gros taffetas plein, gros de Naples doublé de taffetas, satin ou telle autre étoffe qu'il trouvera bon à ce dessein, avec la toque de velours raz ou plein à son choix. »

Le greffier comme ses clercs était tenu de porter tout l'honneur et révérence dus aux juge et consuls, et pour éviter le bruit et le scandale, « il leur était enjoint d'être gracieux et paisibles aux parties et autres assistants au siége, ou ayant affaire en ladite juridiction ».

Les clercs du greffier, d'après un résultat de 1635, devaient porter, les audiences tenant, tant au parquet qu'en la chambre du conseil et le jour des élections des juge et consuls, « le manteau à manches de telle étoffe noire ou modeste qu'ils voudront choisir, suivant la saison, doublé de telle étoffe de soie noire ou autre comme ils le trouveront bon, comme aussi la toque de gros de Naples, gros taffetas de velours raz, à leur choix et option et à leurs dépens ».

Le devoir des huissiers audienciers était de veiller à ce qu'il ne se commît aucune insolence pouvant empêcher les audiences; « ils avertissaient de se découvrir et de faire silence; ils faisaient tenir le passage libre, et le soin leur incombait de faire sortir les parties aussitôt que les jugements avaient été prononcés ». Deux seulement sur quatre sont de service, l'un est dans le parquet, l'autre dans la salle. Les deux autres, s'ils se présentent au parquet ou même dans la chambre du conseil, ne pourront le faire, « sinon avec les manteau, toque et baguette, afin que l'ordre soit observé ». La compagnie avait en effet permis aux huissiers audienciers, d'abord de porter la baguette à la main, et pour accroître leur autorité, elle les avait autorisés, le 19 novembre 1635, à revêtir le manteau à manches de drap, serge ou camelot noir, fil retors ou Turquie. Ce fut dans ce costume que dorénavant les quatre huissiers accompagnèrent les consuls, en les précédant, dans les diverses cérémonies relatives à l'élection des nouveaux juges [1].

L'audience est commencée; le commis aux présentations a fait passer au greffier le premier rôle des causes, et il se remet à enregistrer celles qui pourraient survenir pendant l'audience. Les causes inscrites sur ce second rôle seront appelées immédiatement après celles du premier rôle, et si le temps manque, on débutera par elles à l'audience suivante. Aucune cause de relevée, disait un règlement du 30 juillet 1756, ne pourra être appelée que toutes celles du matin n'aient été jugées, et les congés sur icelles ne seront donnés qu'au commencement de la relevée, et le greffier fera mention sur le plumitif en gros caractères où commencent les causes de relevée. Les causes devaient être appelées dans leur ordre d'inscription, sans que le greffier ou son clerc pût avancer ou retarder l'appel en quelque façon et pour quelque motif que ce fût.

Le commis préposé à l'appel des causes examine si les exploits ont été contrôlés et présentés, puis il appelle. Sa parole est distincte, car c'est une condition expresse de son emploi de savoir lire facilement la procédure pour appeler exactement le nom des demandeurs et des défendeurs, et pour reconnaître le nombre de ceux qui sont énoncés dans les exploits. Un autre clerc enregistre au fur et à mesure sur le plumitif les causes appelées, en ayant soin de les coter par première et dernière.

Les agréés, assis des deux côtés du barreau sur des bancs réservés, prennent la parole pour les parties, donnent les explications nécessaires, font valoir leurs moyens. Les juge-consuls écoutent, adjugent les défauts, prononcent les renvois à la chambre du Conseil, ou rendent des décisions définitives. Le greffier recueille religieusement tout ce qui émane du tribunal; il lui est interdit de *discourir ou de*

---

[1] *Nota.* — Dans le principe, les juge-consuls étaient servis par les sergents du Châtelet. En 1595, deux huissiers furent créés dans la juridiction avec attribution de douze deniers pour l'appel de chaque cause. En 1619, un particulier ayant fait renaître un édit de 1587, portant création de deux huissiers dans toutes les juridictions royales de France, deux autres huissiers furent reçus et installés malgré l'opposition des juge-consuls. — Voir au chapitre VI la création d'une charge de premier audiencier en 1693 et le rachat de cette charge par les juge-consuls.

confabuler avec quelque personne que ce soit, afin de plus facilement écrire ce qui sera prononcé par les juges. Il doit bien et succinctement écrire le plus lisiblement que faire se pourra, afin de n'omettre aucune chose, ni écrire un mot pour l'autre de ce qui sera jugé et ordonné ; « et si par accident il n'a bien ouï la prononciation, il devra la demander tout haut au juge qui l'aura prononcée, pour éviter les accidents et préjudices qui en pourraient arriver aux parties ».

Au dix-septième siècle, il fut un moment où *la confusion et le désordre* devinrent si grands dans l'expédition des causes, que les juge-consuls étaient obligés de rester jusqu'à dix et onze heures du soir pour rendre la justice. Ayant appris que ce qui « donnait lieu à ces désordres était que les sergents à verge et les huissiers à cheval au Châtelet et autres refusaient de donner les assignations à huit heures du matin et à deux heures de relevée, dans la croyance qu'ils ne travaillaient le matin qu'à l'expédition des causes de la campagne, les juge-consuls ordonnèrent que les huissiers de leur juridiction donneraient les assignations par-devant eux, » savoir celles pour le matin à huit heures précises, et celles pour la relevée à deux heures précises, « sans toutefois que le règlement pût empêcher que, pour les affaires qui requéraient célérité, les assignations fussent données à heure présente, ainsi qu'il s'était de tout temps observé ».

L'heure des audiences, au dix-huitième siècle, était réglée de la manière suivante. Le matin, à neuf heures, la messe était célébrée, que les juge-consuls fussent présents ou absents. L'audience en la chambre du Conseil commençait à dix heures et finissait à onze heures et demie. Le service au siège se faisait sur-le-champ jusqu'à une heure, et l'audience de relevée commençait à trois heures et demie par les causes de la campagne qui n'avaient pu être expédiées le matin.

Les mardi, jeudi, samedi avait lieu l'examen des causes mises en délibéré. Le mercredi était le jour le plus occupé. On y traitait dans la chambre du Conseil les affaires intérieures, et l'on procédait à la vérification des dettes des faillis. Comme la séance se prolongeait ce jour-là fort avant dans la soirée, les juge-consuls en charge invitaient à dîner dans l'hôtel de la juridiction les juge et consuls de l'année précédente qui les avaient assistés dans leur travail, ainsi que les conseillers.

Tant que les juge-consuls eurent à lutter contre le mauvais vouloir des juges ordinaires, la tranquillité de l'audience fut souvent troublée. Un jour, c'étaient des procureurs qui se présentaient comme mandataires des justiciables, malgré les prescriptions qui ordonnaient à ceux-ci de comparaître en personne ; une autre fois, c'étaient des huissiers qui exploitaient dans la juridiction en affectant un manque de respect pour les magistrats consulaires. Les parties elles-mêmes, venues à contre-cœur, n'avaient pas toujours la tenue décente qu'aurait dû leur commander la dignité du tribunal. Les juge-consuls, attentifs à consigner tous les précédents favorables aux droits de la juridiction, ont conservé, soit dans le livre de leurs chartes, soit dans les recueils qu'ils ont fait imprimer, le procès-verbal des excuses qui leur ont été adressées à la suite de scènes regrettables dont la salle d'audience avait été le théâtre, et les arrêts rendus par le Parlement lorsque les coupables ne voulaient pas s'exécuter de bonne grâce.

En 1626, un nommé René Montyer, condamné à payer soixante sous d'amende, s'emporte, commet de grandes insolences et profère plusieurs paroles injurieuses, au scandale de la justice, du public et des juge-consuls. La cour ayant permis à ceux-ci de faire informer, des témoins sont entendus, mais le coupable se présente et déclare qu'afin de rendre les consuls satisfaits et contents, il vient par-devant eux pour leur dire avec respect qu'il n'a aucune souvenance d'avoir tenu les propos ni proféré les paroles injurieuses qu'on lui impute ; qu'il s'en rapporte toutefois au dire des témoins, et qu'il supplie les juge-consuls de lui remettre sa faute et de l'oublier : puis il écrit et signe qu'il les a toujours reconnus tant en général qu'en particulier pour gens de bien et d'honneur, et qu'il ne voudrait plus les offenser en aucune façon ni eux ni la juridiction. Cette déclaration satisfait les juge-consuls, qui consentent à ne pas poursuivre l'information, à charge par René Montyer de payer les frais et d'aumôner la somme de soixante sous, qui sera mise dans la boîte aux amendes de la juridiction pour être appliquée, suivant l'édit de création, moitié aux pauvres, moitié à l'entretènement de la maison consulaire.

Au mois de novembre 1622, dans une affaire où des vitriers étaient en cause, un procureur nommé Delaplace se présente pour une des parties. Invité à se retirer, il s'emporte en insultes contre les juge-consuls. Ceux-ci le condamnent à une amende, et sur son refus de la payer, le font enfermer dans une pièce attenant à la salle d'audience. « Entrant en laquelle chambre il aurait dit : qu'il était capitaine de son quartier et aurait deux cents hommes à son commandement pour le tirer de là. Et de fait, ayant par la fenêtre jeté quelque mémoire ou écrit, incontinent se seraient amassés devant la juridiction consulaire plusieurs sergents et autres personnes inconnues ayant épées et armes, lesquels se seraient saisis des portes de la maison et salle judiciaire avec insolence et scandale. Et quelque temps après, y serait survenu M. le Bailleul, lieutenant civil, prévôt des marchands, lequel aurait fait sortir ledit sieur Delaplace de ladite chambre, en la présence desdits juge et consuls, et l'aurait emmené avec lui, et se seraient au même instant lesdites personnes retirées ». Les juge-consuls portèrent plainte près du Parlement et du procureur général, qui les décidèrent à se contenter des excuses du délinquant et du payement de l'amende.

En 1659, Michel Soulage, maître d'hôtel du sieur comte de Chalais, et Pierre Lacault, officier dudit sieur, s'emportent au point de jurer pendant l'audience. Écroués à la conciergerie du Palais, sur le vu du procès-verbal des juge-consuls et après information faite par ces derniers, les accusés sont entendus et interrogés, et la cour, sur les conclusions du procureur général du Roi, les condamne pour les cas mentionnés au procès « à comparoir en l'auditoire des juge-consuls, l'audience tenant, et là, étant nu-tête et à genoux, dire et déclarer que témérairement, indiscrètement et comme mal avisés ils se sont emportés à jurer le nom de Dieu et à proférer avec insolence et au mépris de la justice les paroles injurieuses et de menaces contenues au procès contre l'honneur de la justice et des juges, dont ils se repentent ; prient les juge-consuls de leur pardonner. Enjoint auxdits Soulage et Lacault rendre l'honneur qui est dû aux juges, respecter les lieux où se rend la justice ; les condamne solidairement à aumôner au pain des prisonniers de la conciergerie du Palais la somme de quarante-huit livres parisis ; leur fait défenses de récidiver à pareilles actions, à peine de punition exemplaire ». Et le procès-verbal de l'exécution de l'arrêt ci-dessus dressé par les huissiers du Roi au Parlement constate, « qu'étant arrivés audit auditoire, l'audience tenant par les juge et consuls de présent en charge, en la présence de la plupart des anciens juges et consuls de cette ville de Paris et de grand nombre de peuple, après avoir pris nos places au banc du greffier de ladite juridiction, avons mandé et fait venir lesdits Michel Soulage et Pierre Lacault, etc., etc. »

Une autre fois, encore en 1659, un nommé Jean Genty, huissier, commet plusieurs insolences pendant l'audience et donne le mauvais exemple à tous les assistants ; il frappe et excède les huissiers audien-

ciers qui veulent le faire retirer. Les juge-consuls le condamnent à
l'amende et le font arrêter..... Mais laissons parler le procès-verbal,
pour ne rien enlever au récit de la couleur que donne la constatation
naïve des faits.

« Incontinent après ledit arrêt fait de la personne dudit Genty,
seraient montés en la salle de notre juridiction, et, tandis que nous
achevions l'expédition des causes du matin, un homme, vêtu de noir,
que nous avons depuis appris se nommer Abraham, ayant l'épée au
côté, et quatre autres particuliers inconnus, vêtus de gris, ayant chacun
un bouquet de plumes sur le chapeau, pareillement l'épée au côté, lesquels se seraient longtemps promenés dans ladite salle, parlant hautement et avec irrévérence, en présence de tous les assistants, en sorte
que notre audience en aurait été troublée, jusques à ce que nous nous
serions levés du siège pour entrer dans notre chambre du conseil; ce
que lesdits Abraham et ses assistants ayant aperçu, se seraient avancés
du bout de ladite salle vers nous, à grands pas, et ledit Abraham, portant la parole, sans ôter le chapeau et avec un geste de mépris, nous
aurait dit que nous eussions à lui mettre entre les mains ledit Genty,
arrêté prisonnier de notre ordonnance; sur quoi lui aurions fait entendre que nous ne le connaissions point; que ledit Genty n'était pas prisonnier, n'y ayant aucunes prisons en notre juridiction; qu'il était simplement arrêté de notre ordonnance, pour plusieurs insolences par lui
commises; et quand il serait prisonnier, et que ledit Abraham aurait
autorité et caractère pour nous parler de la sorte, il ne le devrait pas,
attendu que, par l'édit de notre érection, il est fait défenses à toutes
personnes, et même aux sergents, de faire aucun acte de justice dans
l'étendue de notre hôtel consulaire, pendant notre audience; et qu'ainsi
il eût à se retirer avec sa compagnie, sans plus faire de bruit; sinon,
que nous serions obligés d'en dresser procès-verbal et d'en faire plainte
à nosseigneurs du Parlement. Ledit Abraham et ses assistants, au lieu
de se retirer, se seraient élevés, et avec beaucoup de chaleur, et de
paroles d'aigreur et de mépris, branlant la tête et faisant grand bruit,
auraient fait effort de nous empêcher d'entrer dans notre dite chambre
du conseil, nous menaçant de nous maltraiter si nous ne satisfaisions à
leur demande; mais y étant entrés nonobstant leur résistance, et à la
faveur de nos huissiers de service et des parties qui étaient restées à
l'audience, ledit Abraham se serait encore élevé davantage, juré le saint
nom de Dieu, et qu'il nous obligerait, malgré nous, à faire ce qu'il

souhaitait ; ce qui aurait fait amasser plusieurs personnes à la porte de notredite chambre du conseil, où ayant déposé, selon l'ordinaire, nos robes et nos toques pour nous retirer chacun chez nous, y prendre notre réfection, ensuite retourner de relevée en ladite juridiction expédier le reste des causes, comme nous en sortions, ledit Abraham et ses assistants se seraient derechef écriés avec jurement, et, nous environnant pour nous empêcher de sortir, nous aurait dit que, par la mort et par la tête, il nous montrerait bien qui il était, et nous forcerait bien à lui remettre ledit Genty entre les mains ; mais lui ayant réitéré la même réponse et l'ayant exhorté de se retirer, il n'y aurait point voulu satisfaire, ains au contraire nous aurait reparti qu'il ne se souciait guère de nous ni dudit édit que nous lui avions objecté, et que nous étions de belles gens et de beaux juges ; qu'il nous ferait bien soutenir. Ce qu'ayant bien répété par diverses fois, nous aurions, pour empêcher plus grand scandale, descendu l'escalier, passé par dedans la grande cour de notre juridiction et gagné la grande porte qui aboutit sur le cloître de Saint-Médéric, espérant qu'y étant parvenus, nous ferions cesser les clameurs desdits Abraham et ses assistants ; mais au lieu de cesser, auraient continué et réitéré diverses fois les mêmes insultes et insolences en pleine rue, de sorte qu'il se serait amassé grand nombre de personnes ; et, pour éviter un plus grand scandale et émotion populaire, nous nous sommes retirés, et protesté audit Abraham et ses assistants que de tout ce que dessus nous dresserions procès-verbal et rendrions plainte à nosseigneurs du Parlement. »

La cour fut indulgente. Martin Abraham était huissier à cheval au Châtelet. On eut égard à ce qu'il s'était toujours comporté avec honneur et respect, et l'on pensa sans doute que l'affaire ne méritait pas d'être approfondie. Il lui suffit de déclarer qu'il était « marri » d'avoir proféré les injures mentionnées au procès-verbal, et de prier les juge et consuls de l'en excuser, moyennant quoi les parties furent mises hors de cour et de procès. Abraham en fut quitte pour payer les dépens, s'élevant à la somme de quarante-huit livres parisis.

En 1661, Jean Raimbaut, huissier, sergent à verge au Châtelet, coupable de menaces, d'injures et de voies de fait pendant l'audience, ne fut pas plus sévèrement puni qu'Abraham. La cour lui défendit de récidiver, et ordonna seulement que l'édit de création des juge et consuls, arrêts et règlements intervenus en conséquence seraient exécutés. Elle avait été beaucoup plus rigoureuse, en 1623, à l'égard d'un huissier

7

de Troyes. Il s'agissait, à la vérité, d'un huissier de la juridiction consulaire. Condamné à dix livres d'amende et à la prison jusqu'à payement, et à l'interdiction du droit d'exercer sa charge, il appela de la
sentence ; de son côté, le procureur général en ayant appelé *à minimâ*,
la cour condamna Blanchard « à comparoir devant la juridiction des
juge et consuls de Troyes, et là, nu-tête et à genoux, dire et déclarer
que méchamment, témérairement et indiscrètement, et comme mal
avisé, il a proféré les paroles mentionnées aux procès-verbaux, dont il
se repent et en demande pardon à Dieu, au Roi, à justice et auxdits
juge-consuls. Ce fait, la cour le bannit pour un an du bailliage de
Troyes, prévôté et vicomté de Paris, lui enjoignit de garder son ban,
à peine de hart ; le condamna à vingt-quatre livres parisis d'amende
envers le Roi, applicable au pain des pauvres prisonniers de la conciergerie du Palais, à tenir la prison pour ladite somme, et pour faire mettre
l'arrêt à exécution, renvoya le condamné devant les juge-consuls. »

Les scandales de ce genre devinrent plus rares lorsque l'autorité de
la juridiction consulaire se fut affirmée. Dès lors, la paix de l'audience
ne fut gravement troublée qu'à l'occasion de certains faits d'un autre
ordre qui se reproduisent malheureusement partout, et que la juste
sévérité des lois est impuissante à réprimer d'une manière complète.
Les voleurs, en un mot, trouvaient bon de s'introduire quelquefois
dans la salle d'audience, où le mouvement, la confusion qui se produisaient à certains moments, la préoccupation des parties et la confiance
des gens de la campagne étaient favorables à leurs desseins. La décou-
verte de leurs méfaits, la cérémonie de l'expiation devaient causer une
singulière émotion dans le logis de la juridiction, si l'on en juge par
les récits suivants.

En 1641, Jacques Lalonde est surpris à voler pendant l'audience.
Les juge-consuls procèdent à l'interrogatoire de l'accusé, et rendent
une ordonnance portant qu'il serait amené dans les prisons de la conciergerie. La cour se saisit à son tour de l'affaire ; elle recommence
l'information et condamne Lalonde à faire amende honorable, nu en
chemise, la corde au cou en la salle des juge-consuls, l'audience tenant, et là, à genoux, ayant en ses mains une torche ardente du poids
de deux livres, à dire et déclarer que témérairement, et comme mal
avisé, il a mal et furtivement pris dans ladite salle, pendant l'audience,
la bourse du sieur Louis Larcher, dont il se repent et en demande pardon à Dieu, au Roi et à justice ; ce fait, à être battu et fustigé nu de

verges par les carrefours et lieux accoutumés de la ville ; la cour ensuite le bannit du royaume de France à perpétuité, lui enjoint de garder son ban à peine de la hart et confisque ses biens, sur lesquels seront
préalablement prises deux cents livres d'amende envers le Roi, applicables au pain des prisonniers de la conciergerie.

En 1659, sur les cinq heures de relevée, l'audience tenant, un
grand bruit s'élève dans la salle judiciaire, en sorte, dit le procès-verbal, que l'audience en aurait été troublée. L'un des huissiers rapporte
que l'on a surpris un certain quidam fouillant dans la poche d'un
nommé Genty, auquel ledit quidam aurait pris la bourse. Les juge-
consuls font faire une perquisition sur le quidam, prennent son serment, l'interrogent, entendent les témoins, font rédiger les dépositions en forme d'information, et ordonnent que le coupable sera conduit
dans les prisons de la conciergerie du Palais. Le quidam, nommé Bal-
thazard Noury, fut probablement condamné à la même peine que
Jacques Lalonde.

Parfois, c'était dans la chambre du Conseil que l'incident se produisait. En 1659, les juge-consuls travaillaient à la liquidation de certains
dépens prétendus par François de Vintuille, sieur de Vintuille, baron
de Tournes et autres lieux, à l'encontre de Balthazar Dagon, cadet
d'Ollières, lorsqu'ils croient s'apercevoir que la déclaration mise sous
leurs yeux par Vintuille et la plupart des pièces sur lesquelles elle avait
été dressée sont entachées de fausseté. Ils font venir Vintuille : celui-ci
soutient que les pièces sont véritables. Les juge-consuls envoient chez
l'avocat au Conseil, le procureur en la Cour, le petit procureur au
Grand Conseil et le procureur au Châtelet, dont les signatures leur paraissent avoir été imitées. Il résulte de cette enquête que les pièces sont
fabriquées ; les juge-consuls arrêtent alors que le sieur Vintuille demeurera dans la chambre du Conseil, et qu'ils feront leur rapport au premier président. Ils vont en effet chez ce magistrat, qui, sur leur déposition, rend une ordonnance suivant laquelle l'un des substituts du
procureur général envoie un huissier avec douze archers à l'hôtel consulaire pour se saisir de la personne du sieur de Vintuille et le conduire
dans les prisons de la conciergerie. Messire de Vintuille, baron de
Tournes, fut condamné à aumôner la somme de deux mille livres parisis au pain des pauvres prisonniers du Palais, et les portes de la prison
ne lui furent ouvertes qu'après qu'il eut payé cette somme et quatre-
vingts livres parisis pour les frais.

7.

Quelquefois encore les juge-consuls avaient affaire à des faux demandeurs et à des faux débiteurs. Ils les interrogeaient l'audience tenante,
et les envoyaient ensuite à la conciergerie, où ils étaient écroués par un
des huissiers audienciers de la juridiction, de l'ordonnance du siége, à
la requête du procureur général. Ces coupables, jugés ensuite par la
grand'chambre du Parlement, étaient ordinairement condamnés *au*
carcan dans la cour des consuls, où ils étaient exposés pendant deux
heures, durant plusieurs jours, avec des écriteaux par devant et par
derrière portant ces mots : *Auteur de faux et de supposition de per-*
sonne. Ils étaient ensuite marqués et envoyés aux galères pour un
temps plus ou moins long.

Ces attentats commis dans leur hôtel, ainsi que les entraves apportées par le lieutenant civil à l'exécution de leurs sentences, avaient
inspiré aux juge-consuls la pensée d'avoir des prisons. Il fut décidé,
dans une réunion de la compagnie en date du 4 mars 1659, que l'on
ferait instance et prière au Roi et sollicitation expresse auprès de M. le
Cardinal, M. le Chancelier et MM. du Conseil, pour obtenir à cet effet
des lettres patentes ; mais ce vœu ne fut jamais réalisé, et les personnes
emprisonnées en vertu des sentences consulaires continuèrent à être
recommandées à Saint-Magloire, à la conciergerie ou dans toute autre
prison placée sous l'autorité du prévôt de Paris.

A la fin du dix-septième siècle, les désordres à l'audience se renouvelaient beaucoup moins fréquemment que par le passé. L'énergie des
juge-consuls avait obligé leurs ennemis à se départir du système d'entraves et de vexations auquel ils avaient eu recours pendant si longtemps
vis-à-vis de la nouvelle juridiction. D'un autre côté, les justiciables ne
marchandaient plus le respect à des magistrats qui, suivant l'expression
de Toubeau, n'allaient pas à leur ministère, ainsi que quelques
autres, comme à une moisson d'or, et qui s'attachaient à mettre en pratique ces maximes de Stracha : « Leur abord doit être facile ; ils doivent
examiner les affaires sans prévention ; ils ne doivent point ouvrir leurs
opinions ; ils doivent être doux et patients sans se souffrir mépriser ; ils
ne doivent point souffrir qu'une partie opprime l'autre ; ils ne doivent
point être fauteurs des mauvaises causes ; ils doivent par leur esprit et
leur conduite augmenter l'honneur et le respect dû à leur dignité ; enfin
ils doivent se souvenir de cet adage, que le magistrat fait connaître
l'homme et l'homme le magistrat. »

Au dix-huitième siècle, la juridiction consulaire était universellement considérée, et l'on rencontre souvent dans les écrits du temps des témoignages irrécusables de l'estime dans laquelle l'opinion publique tenait alors cette magistrature. Il est à propos de citer ici quelques passages du *Tableau de Paris*. Mercier, interprète des sentiments de ses contemporains, y fait, tout à l'avantage de la juridiction, la comparaison des services qu'elle rendait avec ceux qu'on devait attendre de la justice ordinaire. Il retrace en même temps le mouvement journalier qui se faisait autour du tribunal consulaire, et la peinture vivante qu'il en donne permet de compléter la physionomie de l'audience, dont nous avons esquissé les principaux traits.

« Cette justice, dit-il, expédie plus d'affaires litigieuses en un seul jour que le Parlement en un mois. Les parties plaident elles-mêmes. Les vaines subtilités sont bannies de ce tribunal, ainsi que la longue formalité des tribunaux ordinaires. Les juges, qui sont commerçants, ne cherchent qu'à découvrir la bonne foi de l'un et la mauvaise foi de l'autre. Ils ne s'assujettissent pas à des mots vides de sens; ils examinent le fait particulier et le jugent d'après l'expérience journalière des fraudes dans le négoce... Sans cette juridiction, dont l'utilité égale l'étendue, il n'y aurait ni ordre ni sûreté dans le commerce, les autres tribunaux étant des mois entiers à rendre une sentence ou un arrêt, et la chicane pouvant reculer pendant plusieurs années un jugement définitif... »

Et dans un autre chapitre :

« Elle est extrêmement tumultueuse, parce qu'il y a toujours grande affluence de plaideurs, expliquant leur cause à leurs procureurs ou plaidant eux-mêmes. Des contestations qui au Parlement et au Châtelet séjourneraient plusieurs années sont jugées en peu d'heures devant les juge et consuls. Leur justice est prompte et loyale. La nuit n'interrompt point leurs fonctions, ils sont encore sur leur siége lorsque le lendemain commence. Leur zèle est infatigable, et leur patience ressemble à leur zèle.

» Sans cette juridiction toujours debout, toujours l'oreille ouverte, le commerce serait livré à l'anarchie. Elle tient lieu des autres tribunaux quand ils sont fermés, ou bien quand ils sont suspendus au milieu des rixes désastreuses de la magistrature et de la cour. Ce tribunal populaire, en soutenant le négoce, sauve les grands désordres.....

» Le peuple et même le petit peuple environne le tribunal des juge et consuls et plaide lui-même sa cause sans le secours d'avocats. On dirait des beaux jours de la justice, lorsqu'elle était assise sous un chêne, et non encore surchargée de formes ténébreuses et de babillards inutiles. Si la gravité du tribunal en souffre quelquefois, le fond de l'affaire n'est jamais immolé aux accessoires. A travers les bizarres expressions et le burlesque de la défense, les juges suivent le fait et démêlent les ruses de la friponnerie. Le ton de candeur et de vérité dans la bouche de l'hypocrisie ne leur en impose pas plus que ne les révolte le ton grossier et jurement des hommes emportés; car il faut souvent avertir celui qui défend la cause qu'on ne jure point en présence des juge et consuls, du portrait du Roi et du crucifix.

» J'ai souvent admiré la patience héroïque des juge et consuls, lorsqu'ils interrogent les parties. Entourés des passions turbulentes du petit peuple et de ses criailleries, ils savent écouter, faire sortir l'aveu, réprimander, éclaircir, et mêler quelquefois un trait de gaieté analogue à l'esprit du Parisien. Quand l'auditoire a ri, il est plus disposé à la confiance et au respect.

» Des procureurs auxquels on donne les titres d'avocats, plaident jusqu'à soixante-douze causes dans une soirée, à vingt-quatre sous la pièce; elles n'en sont pas plus mal exposées pour cela. Quand l'avocat se trouve avoir en main l'exploit de la partie adverse, il ne fait qu'étendre le bras, et le passer à son confrère. La multiplicité des affaires et la confusion des noms font que quelquefois ils se trouvent chargés du pour et du contre; le moment les éclaire, et le débat se partage alors comme il convient.

» ..... Les gens de la campagne ont leurs heures d'audience particulière; autre débat, autre ton, autre style. Les détails n'en seraient pas entendus dans les autres tribunaux; quoique l'objet le plus souvent soit mince, l'attention des juges est la même. On pacifie ces cultivateurs, on leur abrége un temps précieux; la propriété d'un râteau est éclaircie et jugée comme celle d'une lettre de change.

» Sans cette juridiction, le petit peuple serait sans justice. La plus petite réclamation est admise; car c'est le pauvre qui a le plus besoin de conserver le peu qu'il a et qui le défend avec le plus de chaleur. On l'écoute; on fait plus, on le calme. Les délais et les frais des autres tribunaux n'iraient point à ces petites causes, d'autant plus passionnées que la plaie de la partie qui souffre est récente. »

Le tableau est vrai, quoique les couleurs en soient parfois exagérées.

Il ne faut pas oublier qu'on est à la veille de la révolution, et qu'il se mêle sans doute une arrière-pensée politique dans les éloges légitimes d'ailleurs que l'auteur adresse à la juridiction consulaire.

Mercier ajoute : Les juge et consuls suspendent la contrainte par corps, quand le Parlement a cessé ses fonctions. Comme il y a toujours appel à ce tribunal supérieur, ces juges patriotes et indulgents ne veulent point être les incarcérateurs de leurs citoyens. Cette louable décision fait honneur à la saine et juste raison des juge-consuls; c'était en 1772 qu'ils l'avaient prise. Dans toute occasion, du reste, ils montraient le souci qu'ils avaient de ménager les intérêts de leurs justiciables, et l'on en trouve un nouvel exemple dans les délibérations de cette même année 1772. Il s'agit encore de la contrainte par corps. Les officiers gardes du commerce venaient d'être substitués par un édit du mois de novembre aux anciens captureurs. Il paraît qu'ils accompagnaient les huissiers dans leurs courses, et qu'ils les attendaient à la porte du condamné. A peine ceux-ci étaient-ils sortis, qu'ils entraient pour exécuter leur commission. Les juge-consuls considérant qu'un condamné par défaut peut avoir des moyens valables d'opposition, ordonnèrent que les sentences rendues par défaut pour une somme au-dessous de mille francs ne pourraient être exécutées que vingt-quatre heures après la signification.

Indépendamment des soins consciencieux et dévoués qu'ils apportaient à l'accomplissement de leur mandat, les juge-consuls acquéraient des droits à la reconnaissance publique par des services d'un autre ordre. C'est ainsi qu'en 1780 ils avaient eu la pensée d'instituer des conférences sur le commerce. Le cours se faisait dans la salle d'audience, le samedi, à cinq heures et demie de relevée; il était public et gratuit. Le but essentiel de ces leçons était, d'après l'exposé fait à la compagnie par le juge Guyot, dans la séance du 7 septembre 1780, de former les jeunes gens qui se destinent au commerce, et notamment les enfants des marchands des six corps, dans la connaissance, 1° de l'ordonnance et des lois concernant le commerce; 2° du commerce en général, de ses avantages et de ses risques, et de la manière de le faire honorablement et utilement.

Dans la première partie du cours on devait expliquer à fond l'ordonnance de 1673, développer l'origine, la nature et l'espèce des divers billets simples et des lettres de change, expliquer les formes, les avantages et les inconvénients des sociétés, traiter de l'état du banquier, de ses devoirs, de l'importance de ses opérations, commenter les auteurs célèbres qui ont écrit sur le commerce, poser et discuter des parères. On devait en outre parler de la création de la juridiction consulaire, faire connaître sa compétence, sa manière de procéder comparée avec celle des autres tribunaux, sa jurisprudence, ses principes. « Le détail des fonctions des juge et consuls, disait sire Guyot, mène naturellement à parler de l'esprit dont ces juges sont animés dans l'administration de la justice, de leur attention vigilante à chercher la vérité au milieu des dédales de la mauvaise foi, de la liberté qu'ils ont d'écarter les formes et de marcher même à côté de la loi pour réduire un titre à sa juste valeur, des avantages que retire le commerce en général et les marchands en particulier d'être ainsi jugés par ses pairs. »

La seconde partie du cours devait avoir pour objet de montrer quels sont les devoirs du négociant, notamment en ce qui concerne l'ordre à mettre dans les livres de commerce; de donner des notions sur le commerce en général, sur les relations à créer avec les nations étrangères, sur les marchandises qu'il convenait d'importer ou d'exporter par les différentes places du royaume, sur les foires de l'intérieur et sur celles des pays voisins.

Les professeurs étaient tout trouvés pour la première partie du cours : c'étaient les agréés de la juridiction. La compagnie se proposait de leur donner des honoraires convenables et proportionnés à leurs peines. Pour la seconde partie, on la confierait à un homme intelligent dont on espérait que les honoraires seraient payés par les six corps.

Quatre agréés, les sieurs Benoît, Gorneau, Luce et Gosse, avaient été chargés de traiter successivement, d'année en année, la partie concernant la jurisprudence consulaire. L'agréé Benoît commença le 4 novembre 1870. Les six corps et celui de la librairie, représentés chacun par deux députés, avaient été préalablement informés, dans une réunion en la chambre du conseil, des vues de la compagnie à l'égard de l'établissement qu'elle voulait fonder; ils en avaient témoigné leur satisfaction, et avaient promis de faire ce qui serait en leur pouvoir pour donner au cours toute la considération et la « célébrité » dont il était susceptible.

Comme l'enceinte du barreau ne pouvait contenir que quatre-vingts personnes, le nombre des élèves avait été limité à ce chiffre, et les députés avaient été invités à faire chacun dans leur corps le choix de ceux qui devaient être admis à l'inscription, en prenant de préférence les jeunes marchands, et notamment ceux qui étaient attachés aux fonctions de la juridiction en qualité de conseillers. Les juge-consuls avaient accédé au désir que les gardes des six corps, et les syndics et adjoints de la librairie, leur avaient exprimé d'assister à l'ouverture du cours en habit de cérémonie, c'est-à-dire en robes, et non en manteaux et rabats, à la condition, toutefois, qu'ils feraient mention sur leurs registres que c'était sans tirer à conséquence pour toute autre circonstance. Le député du commerce, les anciens juges et les anciens consuls avaient tous reçu des billets pour se trouver à la cérémonie, et le juge, accompagné d'un consul, s'était rendu chez le président du Parlement et chez le procureur général pour les informer de l'établissement projeté.

L'inauguration du cours se fit donc avec une certaine solennité, et les leçons des agréés furent suivies assidûment jusqu'au printemps. Le 7 avril 1781 eut lieu la clôture des conférences; elles se terminèrent, comme elles avaient commencé, par un discours du juge en exercice. Des félicitations furent adressées aux gardes des six corps pour le zèle qu'ils avaient mis à correspondre aux vues patriotiques du siége, et le juge Billard prodigua les fleurs de rhétorique dans le but de les engager à continuer le zèle dont ils avaient fait preuve.

« Semblables à l'aigle, dit-il, qui, pour exercer ses petits à voler, voltige doucement au-dessus de ses aiglons et les provoque à faire usage de leurs ailes, vous avez de même excité, par votre exemple, les jeunes marchands à venir profiter des leçons qu'un maître habile et savant leur a données sur toutes les parties du commerce, sur ses lois et usages, et sur la jurisprudence consulaire. »

Les conférences recommencèrent avec le même succès le 8 novembre 1781 ; les gardes des six corps offrirent à la juridiction une somme de six cents livres, pour contribuer avec elle aux dépens et frais occasionnés par l'établissement du cours pendant l'année. C'était le tour de l'agréé Gorneau à faire les leçons. Il s'acquitta de ce soin avec un tel talent, que les deux autres agréés Luce et Gosse prièrent les juges de les dispenser de remplir leur engagement et de permettre que Gorneau les remplaçât. Gorneau fit, en effet, le cours en 1782 et en 1783 ; mais en 1784, il s'excusa, et, par suite d'un malentendu, les juge-consuls se trouvèrent sans professeur à l'époque où le cours devait avoir lieu. La compagnie des agréés fut sollicitée au dernier moment, et les juge-consuls, pour la déterminer, lui firent comprendre qu'à son défaut, ils s'adresseraient à un étranger, dont ils se verraient obligés de récompenser le travail par une place d'agréé. Les agréés présentèrent alors un mémoire, dans lequel, après avoir exposé que le temps leur manquait pour se préparer, ils concluaient à la demande d'un délai d'un an pour reprendre le cours. Les juge-consuls décidèrent, en conséquence, que le cours n'aurait pas lieu en 1784. Ce fut la fin. L'année suivante, les mêmes difficultés se représentèrent, sans doute; les événements politiques entravèrent peut-être aussi la volonté des juge-consuls. La réouverture des conférences fut ajournée d'année en année, et les changements de 1790-1792 arrivèrent sans qu'il eût été possible à la juridiction de redonner la vie à l'utile projet qu'elle avait voulu réaliser dans le double intérêt du commerce et du pays.

CHAPITRE CINQUIÈME.

Des postulants, avoués ou agréés par les juge-consuls. — Leur origine. — Décisions réitérées des juge-consuls pour en réduire le nombre. — Établissement du droit de transmission par succession, du droit de surnumérariat, du droit de transmission à titre onéreux. — Organisation de la compagnie des agréés.

On appelait postulants ou procureurs postulants les personnes agréées par la juridiction pour conseiller les justiciables, les représenter et plaider leurs causes. M. Guibert, dans sa *Notice historique sur la compagnie des agréés*, a fait connaître tout ce que l'on sait de l'origine des postulants. Comme il a puisé ses renseignements dans les registres de la juridiction, le présent chapitre ne fera que reproduire les faits exposés dans son excellent travail.

L'édit de 1563 disait : « Et seront tenües les parties comparoir en personne à la première assignation, pour être ouïes par leur bouche, s'ils n'ont légitime excuse de maladie ou absence : esquels cas envoyeront par écrit leur réponse signée de leur main propre ; ou audit cas de maladie, de l'un de leurs parents, voisins ou amis, ayans de ce charge et procuration spéciale, dont il fera apparoir à ladite assignation : le tout sans aucun ministère d'avocat ou procureur. » Le but de cette mesure est facile à comprendre. Si les avocats et les procureurs avaient pu s'introduire dans la nouvelle juridiction, la plupart des abus qu'on se proposait de détruire y seraient entrés avec eux. Il était important de bannir de l'institution nouvelle des formes et des habitudes qui auraient nui à la distribution de la justice prompte et économique dont on voulait gratifier les marchands. La loi fut cependant enfreinte ; les avocats et les procureurs n'eurent pas d'accès, il est vrai, dans la juridiction consulaire, mais les parties arrivèrent à se faire représenter par des personnes étrangères ; et les juge-consuls, qui d'abord toléraient simplement cette situation, finirent par la favoriser.

La répugnance des justiciables à comparaître en personne se manifesta dès les premiers temps. Le sentiment de leur inexpérience, ou le désir de s'épargner l'embarras et l'ennui d'un dérangement, engagèrent beaucoup d'entre eux à charger des étrangers du soin de comparaître à leur place devant les consuls. D'autres trouvèrent plus simple de se soustraire à la compétence des juges des marchands, et de porter leurs demandes devant les tribunaux ordinaires, où ils ne manquaient pas d'avocats et de procureurs pour se faire assister. Ces derniers justiciables venaient puissamment en aide aux entreprises des juges ordinaires, et les consuls ne négligèrent aucune requête au Roi, aucune démarche près du Parlement pour les contraindre à s'adresser à leur justice. Ils rendirent en même temps des ordonnances, ainsi qu'on l'a vu précédemment, pour faire défense aux marchands d'assigner leurs débiteurs devant une autre juridiction, sous peine de dommages et intérêts; aux huissiers, d'assigner devant d'autres juges, sous peine de cinquante livres d'amende; aux geôliers et gardes des prisons, d'élargir les débiteurs incarcérés, à moins d'encourir les mêmes peines et des dommages-intérêts.

Quant aux autres justiciables, leur résistance ne menaçait pas directement la juridiction, mais elle avait pour effet de contrarier les intentions du législateur. Les affaires portées devant les consuls avaient alors trop peu d'importance pour que la présence d'un mandataire plus au courant des formes que la partie, plus habile qu'elle à s'expliquer, compensât aux yeux des juges les inconvénients qui pouvaient résulter de l'intervention d'étrangers à la place des justiciables. Aussi les juge-consuls ne songèrent, dans le principe, qu'à faire respecter les prescriptions de l'édit de création. Le 8 juillet 1613, la cour de Parlement rendit un arrêt conçu dans les termes suivants : « Sur la remontrance faite à la cour, par le procureur général du Roi, de la plainte des juge-consuls et anciens marchands, des contraventions à l'édit d'établissement de leur juridiction, tant par les parties qui, au lieu de comparoir pour être ouïes par leur bouche et sommairement expédiées, y comparaissent par autres personnes qui se qualifient procureurs, solliciteurs et autres, se chargent d'occuper et exigent des parties, les divertissent d'y comparoir, déguisent la vérité, traversent et empêchent la justice; suppliant la cour de remédier les parties par l'observation de l'édit : icelui vu, la matière mise en délibération, ladite cour a ordonné et ordonne que l'édit d'établissement de la juridiction des consuls sera gardé et observé; suivant icelui, les parties ayant différend par-devant eux, tant en demandant qu'en défendant, comparaîtront en personne aux assignations, et, en cas d'absence ou de maladie, par leurs femmes, enfants, ou l'un de leurs

serviteurs ou facteurs, parents, voisins ou amis, avec mémoires et pro-
curations spéciales, pour, sans assistance d'avocats ni procureurs ou
autres, être ouïs par leurs bouches, et, sommairement sur-le-champ,
sans autre forme de procès, leur être fait droit; autrement sera donné
congé ou défaut, et le profit, ainsi que les juges verront être à faire
adjuger; faisant défenses à toutes personnes se qualifier, ni en ladite
juridiction des consuls faire charge de procureurs ou solliciteurs, et aux
juges les y admettre. Ains, en cas de contravention, procéder et les
mulcter ainsi qu'ils aviseront; et, afin que ledit arrêt soit notoire, sera
lu en ladite juridiction icelle tenant, et signifié aux maîtres et gardes
des six corps des marchands et anciens des communautés, pour le faire
entendre à tous marchands. »

Cinq ans après, le 5 février 1618, la cour rendit, à la requête du procureur général, un nouvel arrêt confirmatif de celui de 1613. Elle avait
choisi pour le prononcer le jour même où les juge-consuls nouvellement élus devaient être reçus par elle. En présence des anciens, « elle
leur fit défense d'admettre et de recevoir à occuper et postuler pour les
parties, aucuns procureurs postulants, et à ceux-ci d'y occuper et faire
ladite charge, à peine de punition exemplaire. » L'initiative prise par
la cour, dans cette circonstance, donnerait à penser que, pour ne pas
éloigner les justiciables de leur tribunal, les juge-consuls commençaient à leur permettre de se faire représenter par des mandataires
étrangers à toute autre juridiction. Le règlement établi en 1617 pour
l'exercice du greffe semble indiquer également l'existence de ces mandataires, par la défense faite au greffier et à ses clercs de se rendre conseils, de solliciter, ni de faire quelques écritures que ce fût dans la juridiction. C'était en vain que, pour réduire le nombre des défauts, les
juge-consuls avaient pris sur eux d'instituer l'usage des réassignés ou
itératifs commandements, les marchands n'en avaient pas mis plus
d'empressement à comparaître, ou bien ils ne le faisaient que par l'in-
termédiaire d'autres personnes. Il est probable qu'à la fin les juge-consuls avaient cru sage de donner satisfaction à un sentiment dont la per-
sistance accusait la légitimité; mais alors les procureurs et les avocats
s'étaient autorisés de cette tolérance à l'égard de quelques personnes,
pour essayer d'occuper aussi dans la juridiction. La cour s'en était émue,
et avait jugé à propos de ruiner leurs prétentions en renouvelant simplement les défenses de l'édit de création. Quoi qu'il en soit, les postulants de toute espèce furent exclus de la juridiction, et les juge-consuls

rendirent une sentence, le 23 février 1618, pour publier l'arrêt de la cour du Parlement.

Malgré l'interdiction formelle qui venait d'être prononcée, les procureurs des diverses juridictions ne se tinrent pas pour battus, et leur ténacité devint la cause de troubles fréquents à l'audience. Les scènes scandaleuses occasionnées en 1622 par le procureur au Châtelet Delaplace, et en 1626 par le procureur à la cour René Montyer, ont été racontées dans un chapitre précédent. Elles montrent à quel point les procureurs poussaient l'audace et l'insolence, mais elles prouvent aussi que les juge-consuls étaient décidés à ne pas laisser envahir la juridiction par des personnes sur lesquelles ils n'auraient jamais eu qu'une autorité insuffisante. Les juge-consuls ne voulaient pas même de procureurs attachés à leur juridiction. Dans le même temps, ils faisaient tous leurs efforts pour se faire excepter d'un édit du mois de février 1620, par lequel de nouvelles charges de procureurs postulants avaient été créées dans toutes les juridictions royales. Ils arrivèrent au but qu'ils poursuivaient, le 10 janvier 1630. Cependant en 1658, un traitant, nommé Nicolas Jeandel, sans tenir compte de l'exception accordée aux juge-consuls, s'avisa d'acheter du Roi sept charges de procureurs en la juridiction consulaire de Paris, et de les revendre à sept personnes différentes. Les juge-consuls s'opposèrent à ce que les nouveaux offices fussent exercés, et ils obtinrent, le 31 décembre 1668, un arrêt du conseil d'État qui mit fin aux débats survenus entre le traitant et les acquéreurs des sept offices, à l'occasion de la taxe que ceux-ci avaient dû payer, et qui déchargea pour toujours la juridiction consulaire de l'édit de création des procureurs postulants.

La seule concession que les juge-consuls consentaient à faire aux justiciables était, comme on l'a dit plus haut, celle de mandataires agréés par eux, dont il leur était loisible de déterminer le nombre et qu'ils entendaient maintenir dans leur dépendance. Un résultat du 4 mars 1659 est le premier document qui fasse mention de ces conseils agréés par les juge-consuls :

« Sur ce qui a été proposé, qu'autrefois il aurait été souffert en cette juridiction quelques particuliers, pauvres marchands, au nombre de six, pour soulager les justiciables destitués de conseil et les instruire en ce qu'ils pourraient avoir à faire en cette dite juridiction ; que du depuis, il en aurait été encore souffert quelques-uns qui composent à présent le nombre de neuf, et que journellement il s'en présentait pour faire les mêmes fonctions ; que si on en souffrait un plus grand nombre, il serait à craindre que cela ne fût préjudiciable,

» La Compagnie a été d'avis que lesdits particuliers qui composent le nombre de neuf seront soufferts et demeureront tant qu'il plaira à Messieurs.

» Et pour les raisons qui nous ont été représentées, a été arrêté que dès à présent, ni à l'avenir, ne sera souffert aucun particulier autre que les neuf qui sont à présent, et en cas de mort ou de retraite de l'un d'eux, seront réduits au nombre de six, sans qu'il en puisse être souffert un plus grand nombre pour quelque cause et occasion que ce puisse être, sans l'avis de messieurs les juge et consuls en charge et de messieurs les anciens, qui seront pour cet effet convoqués et assemblés. »

Il ressort de cette délibération que l'existence de solliciteurs dans la juridiction remontait à une époque assez ancienne. Suspendue à la suite de l'arrêt de 1618, la faculté pour les justiciables de recourir à des conseils, n'aurait donc pas tardé à leur être rendue. On voit aussi que, dans le principe, ces conseils étaient de pauvres marchands ayant la connaissance pratique des affaires. Ils avaient été six ; leur nombre s'était élevé à neuf, et les juge-consuls prenaient leurs mesures pour le ramener à ce qu'il était dans l'origine.

Les juge-consuls maintiendront toujours le principe de la réduction des postulants à six ou huit ; mais l'augmentation des affaires et différentes considérations les empêcheront la plupart du temps d'en faire la stricte application. D'abord ils devront avoir égard aux recommandations de personnages influents. Ainsi, en 1661, le président de Nesmond les prie d'admettre un particulier pour postuler en leur juridiction, et tout en décidant que le règlement de 1659 sera exécuté selon sa forme et teneur, ils autorisent un dixième postulant. En 1663, les juge-consuls résistent mieux aux sollicitations ; il est vrai qu'aucun président ne s'y intéresse. Informée par le juge que quelques particuliers, pauvres négociants, demandent pour être admis à postuler, la Compagnie arrête simplement que les deux résultats du 4 mars 1659 et du 11 octobre 1661 continueront d'être strictement observés. En 1683, les juge-consuls ne cèdent pas davantage aux prières de l'avocat général M. de Lamoignon. « Ce jourd'hui, nous juge et consuls des marchands à Paris, avons été requis, l'un de nous, de la part de M. l'avocat général de Lamoignon, d'aller parler à lui ; nous aurions député sire Jean Troisdames pour savoir de lui ses intentions. Ledit

sire Troisdames ayant été en son hôtel et parlé audit sieur avocat
général, ledit sire Troisdames nous aurait fait rapport que mondit
sieur l'avocat général lui aurait dit qu'ayant eu avis du décès de Sallé,
l'un des postulants de cette juridiction, qui y aurait été admis par nos
prédécesseurs, à la recommandation de défunt M. le premier président son père, il nous priait d'y admettre une personne qu'il nous présentait à la place dudit défunt Sallé; que ledit sire Troisdames lui ayant
représenté que la place dudit Sallé avait été remplie aussitôt son décès
arrivé, et que l'on n'en pouvait pas mettre un plus grand nombre que
ceux qui y étaient, ledit nombre étant fixé par plusieurs résultats faits
par nos prédécesseurs; à quoi aurait été fait réponse par ledit sieur
avocat général, puisque la place était remplie, qu'il ne désirait pas
que l'on en augmentât le nombre, mais qu'il nous priait, quand il y
aurait une place de postulant vacante, de nous souvenir de la demande
qu'il nous faisait, et d'en faire un résultat, ainsi que l'on avait fait en
pareille occasion, à la prière de défunt son père, ce qui lui a été par
nous accordé, et dressé dans le présent, pour servir de mémoire à
l'avenir à Messieurs qui nous succéderont. »

Cependant, loin de pouvoir être réduit à six, le nombre des postulants continuait d'augmenter. Il s'était peu à peu créé des droits que
la Compagnie était obligée de respecter, et qui la mettaient dans l'alternative ou de repousser de légitimes demandes basées sur de longs
services et une réelle expérience, ou de ne pas tenir compte de ses
propres résolutions. Parmi ces droits, se trouvaient ceux de transmission et de surnumérariat. Une délibération du 15 octobre 1703 fournit
le premier exemple de la faculté accordée par avance à un fils de succéder à son père dans son emploi de postulant.

« Sur ce que Jean Devienne, bourgeois de Paris, nous a présenté
que, depuis plus de quarante ans, son père et lui ont assisté à nos
audiences, en qualité de postulants, et que se trouvant infirme et
quelquefois indisposé par son travail continuel, il nous a suppliés
que, pour son soulagement particulier et pour celui de sa famille
qui est nombreuse, il nous plût agréer Jean-Baptiste Devienne, son
fils, en survivance dans cet emploi.

» Nous avons agréé et reçu ledit Jean-Baptiste Devienne fils, en
survivance, et en place dudit Jean Devienne, son père, en qualité de
postulant en cette juridiction. Et cependant lui permettons d'assister
à nos audiences, servir les parties en cette qualité, et de plaider

devant nous, sans que, au moyen de cette concession, le nombre de postulants en cette juridiction puisse être augmenté. »

La même année 1703, les juge-consuls admettaient un postulant surnuméraire. Pierre Taurlot, clerc des huissiers audienciers, les requiert de lui accorder, en considération de dix-huit années de services, la première place de postulant qui viendra à vaquer dans la juridiction, et la délibération suivante est prise par la Compagnie :

« Nous, ayant égard à la réquisition dudit Taurlot et ayant connaissance des services qu'il a rendus à nos prédécesseurs en plusieurs rencontres, lui avons accordé et accordons la première place de postulant qui viendra à vaquer dans notre juridiction, priant nos successeurs d'avoir pour agréable la présente délibération ; ne pourra néanmoins ledit Taurlot prétendre à succéder à ceux des postulants aux enfants desquels la survivance a été accordée par nous. »

Cependant Taurlot ayant attendu pendant dix années, les juge-consuls, par une délibération de 1713, le reçurent et l'admirent dès cette époque « en la place de postulant, pour l'exercer sans aucune autre formalité, incontinent après le décès du premier mourant de ceux qui étaient alors en place, nonobstant et sans avoir égard aux restrictions portées par la précédente délibération susdatée, à laquelle, pour ce regard et en considération des longs et considérables services dudit Taurlot, ils dérogeaient par les présentes. »

C'était une atteinte au droit de transmission. Mais ce droit allait singulièrement s'étendre, et l'on verra bientôt non-seulement les fils, mais les gendres et d'autres membres de la famille appelés à bénéficier de la survivance d'une place. Taurlot en fera lui-même l'épreuve. Pourvu de l'office de syndic de la communauté des huissiers-audienciers de la juridiction, il prie, en 1715, la compagnie de reporter sur son gendre, Pierre Barthélemy, la faveur qui lui a été accordée par les deux délibérations de 1703 et de 1713. La Compagnie accueille sa demande, mais un édit du mois d'août 1716 vient à supprimer l'office de Taurlot, et celui-ci, craignant de rester sans emploi, invoque ses trente-deux années de service, supplie la Compagnie d'avoir égard à sa situation et de lui accorder une place de postulant. La Compagnie se laisse toucher, et lui donne cette place pour le cas où il serait privé de son office : Taurlot devint postulant. C'est ainsi que les juge-consuls se trouvaient entraînés à enfreindre leur règlement et à dépasser le nombre de postulants qu'ils avaient pris soin de fixer.

8

La transmission d'un emploi de postulant à un gendre se représente assez fréquemment. En 1716, Pierre Dubois, postulant depuis quarante ans, obtient pour son fils Claude la survivance de sa place, mais deux ans après, il représente que Claude est incapable d'exercer cette place, qu'il est lui-même hors d'état de continuer ses fonctions, et il supplie, en conséquence, les juge-consuls de lui accorder leur autorisation pour François Bordevic, son gendre.

La même année, Jean-Baptiste Devienne, « l'un des avoués à postuler », rappelle aux juge-consuls qu'ils ont bien voulu admettre Nicolas Daviler, son beau-frère, « à faire la fonction d'avoué par eux, pour postuler en ladite juridiction en l'absence des parties, ou pour les assister lors de la plaidoirie de leur cause ». Nicolas Daviler est mort, et sa veuve est sur le point d'épouser Jean-Baptiste Taupenot. Il prie, en conséquence, les consuls d'accorder à Taupenot la même faveur qu'à Daviler, et la Compagnie ne fait aucune difficulté d'admettre Taupenot « à postuler pour l'absence ou pour le soulagement des parties », lorsque son mariage avec Jeanne-Élisabeth Devienne aura été célébré.

En 1721, Pierre Taurlot « se trouvant incommodé d'une faiblesse dans une jambe dont il craint que la suite ne soit une paralysie qui le mettrait hors d'état d'exercer son emploi et de subsister », obtient des juge-consuls que la survivance de son emploi sera accordée à son gendre, Louis Matheriot. Mais la Compagnie, qui n'est pas entièrement convaincue de la gravité du mal dont on lui parle, met pour condition à la faveur qu'elle octroie, que Taurlot s'abstiendra « de faire aucune fonction de postulant sous quelque prétexte que ce soit ; de même en cas qu'il mourût l'un des postulants, il ne pourra se prévaloir de la faveur de la présente délibération pour demander d'en remplir la place, et néanmoins s'il arrivait que ledit Matheriot décédât avant ledit Taurlot, icelui Taurlot pourra rentrer et remplir la place dudit Matheriot ».

Malgré les précautions que révèle cette condition imposée à Taurlot, le nombre des postulants s'était élevé à dix en 1723, ainsi que cela résulte de la délibération suivante :

« Sur ce qui a été représenté par nous juge et consuls que depuis quelques années le nombre des postulants soufferts en notre juridiction pour postuler pour les parties, a été augmenté, et qu'il s'en trouve aujourd'hui dix qui exercent cette fonction, une partie desquels est si

peu employée, qu'ils peuvent à peine subsister, et que par deux délibérations faites par Messieurs nos prédécesseurs, le 4 mars 1659 et le
12 mai 1661, le nombre de ces particuliers avait été réduit à six ; que
nous croyons qu'il serait nécessaire de faire une réduction de ce
nombre de dix au nombre de huit, et d'éteindre les deux premières
places qui pourront vaquer soit par mort ou retraite d'aucun d'eux....
sur quoi, la matière mise en délibération, la Compagnie a arrêté
d'un avis unanime que le nombre desdits postulants serait réduit au
nombre de huit, sans qu'il puisse en être établi un plus grand nombre,
et que les deux premières places qui vaqueront soit par mort, absence
ou autrement, demeureront éteintes, sans qu'elles puissent être remplies pour quelques causes et occasions que ce soit. »

Cette décision ne devait pas être mieux exécutée que les précédentes. Les juge-consuls se trouvaient en face des mêmes difficultés :
d'une part, des droits à respecter, de l'autre, des services à récompenser, de façon que les exceptions à la règle devenaient fréquentes.
En 1730, Louis Bonnet fait savoir aux juge-consuls « qu'étant dans un
âge fort avancé et trouvant à marier sa fille au nommé Joseph Gosse,
il les supplie, en considération dudit mariage, de recevoir ledit Gosse
pour postuler, et de lui permettre cependant de continuer ses fonctions en ladite qualité, lesquelles demeureront éteintes lors de son
décès en la personne dudit Gosse ». La Compagnie accueille favorablement cette demande ; elle prend soin de stipuler qu'en cas de décès de
l'un des deux postulants, la place qui vaquera demeurera éteinte et
supprimée, mais, en attendant, le règlement n'est pas exécuté.

En 1723, la Compagnie avait admis comme postulant surnuméraire
un clerc copiste du greffe, nommé Doloret. Une vacance survint,
et Doloret reçut l'autorisation de postuler, mais en 1733, cet emploi ayant été déclaré incompatible avec les fonctions qu'il occupait
dans le greffe, les juge-consuls le remplacèrent par un autre postulant. — Sur la plainte de Doloret, que sa vue ne lui permettait plus de
travailler à l'expédition des sentences, les juge-consuls, bien que toutes
les places fussent alors remplies, lui permirent de continuer à postuler. « Ayant égard aux services que ledit Doloret a rendus depuis
longtemps dans le greffe, nous lui avons d'autant plus volontiers
accordé sa demande, que nous avons reconnu que le nombre des postulants n'est pas suffisant et qu'on pouvait même en augmenter le
nombre jusqu'à dix. » — Ce n'était là qu'un prétexte pour admettre

8.

Doloret, car moins de deux ans après, un des postulants ayant été
cassé, les juge-consuls ne le remplacèrent point, et ils eurent même
le soin de constater que par cette mesure il ne restait plus que huit
postulants, conformément à la délibération du 30 décembre 1723.

Le droit de transmission par succession continuait à s'affirmer et à
se régulariser, tandis qu'un nouveau droit, celui de transmission
directe à titre onéreux, était reconnu par les juge-consuls. Ainsi le
19 août 1737, Henri Boulé est admis comme postulant en remplacement d'Étienne Baudoin, démissionnaire, sur la présentation qui en
est faite par sire Bertels, ancien juge-consul. C'était un obstacle de plus
à la réduction du nombre des postulants, comme on le verra par la suite.

En 1744, Dufour se démet de sa place en faveur de Pierre Thierret,
son gendre. En 1747, Joseph Gosse décède, laissant une veuve
chargée de cinq enfants avec peu de biens. Ses héritiers représentent
« qu'il y a une fille en état d'être pourvue, que s'il plaisait aux consuls
de vouloir lui accorder la place que le défunt son père occupait, en
faveur d'un gendre, la veuve serait en état de tirer quelque avantage
de la pratique de son mari, et la fille un établissement honnête, ce
qui serait un service dont toute la famille se ressentirait, dont elle
leur aurait une obligation infinie ». Le consentement des consuls leur
permettrait aussi de prendre dès à présent des engagements certains
avec un sujet qui leur serait, avant toutes choses, présenté pour être
agréé par eux. Les juge-consuls accueillent cette demande, et agréent
provisoirement Remy Gosse, frère du défunt, pour suivre les affaires
et porter la parole. Mais Remy Gosse était huissier priseur, et les
devoirs de sa charge l'appelaient ailleurs; à son tour, il prie les consuls d'agréer à sa place, pour exercer l'emploi de postulant pendant
l'intérim, le sieur Pierre-Augustin Cheneval, ancien clerc de Gosse.
Cheneval, admis à faire l'intérim, épousa la demoiselle Gosse, et fut
définitivement agréé en 1749.

En 1747, trois candidats se présentent pour succéder à Boulé. Les
consuls agréent Jean-Paul Léger de Romainville, mais Joseph Privé
était aussi très-méritant, et les promesses faites à des fils ou à des
gendres laissaient peu d'espoir qu'on pût le pourvoir régulièrement
d'un emploi de postulant. Les juge-consuls, par une faveur exceptionnelle, créent une neuvième place de postulant; ils décident, en outre,
que Charles-Victor Benoist, clerc depuis huit ans dans la juridiction,
aura leur agrément pour la première place vacante. Benoist attend

cinq années; il expose alors aux juge-consuls que de tout temps il s'est appliqué à la connaissance et à l'étude des principes du commerce, et particulièrement des lois et ordonnances concernant la juridiction consulaire, ainsi que de la jurisprudence qui y est suivie; que depuis cinq ans il a redoublé d'assiduité en travaillant pour le doyen des agréés, mais que la qualité de clerc et la fonction qu'il exerce sont maintenant incompatibles avec son âge, qu'il a besoin d'un établissement plus fixe et plus stable, et que, faute d'emploi vacant, il va se trouver réduit à embrasser un autre état que celui auquel il s'était destiné, et qu'il perdra, par conséquent, le fruit des travaux auxquels il s'est attaché depuis sa plus tendre jeunesse. Les juge-consuls se laissent toucher par ces considérations, et lui donnent une dixième place d'agréé.

En 1755, une place vient à vaquer par la retraite de Jean-Baptiste Taupenot. Les juge-consuls se trouvent engagés vis-à-vis de Corneille Doutreleau, clerc de postulant, à qui, le 1er février 1754, ils ont promis le premier emploi qui demeurerait libre. Mais, d'un autre côté, le sieur Aubert, huissier audiencier depuis trente-deux ans, « se flatte de mériter la préférence pour son fils, dont la capacité est connue ». Dans leur embarras, les juge-consuls agréent les deux candidats, attendu, disent-ils, que les affaires se multiplient journellement, et ils créent ainsi une onzième place de postulant. Cette délibération est du 2 janvier; quelques jours après, le 27 du même mois, le juge Vignon expose à la Compagnie qu'il a reçu la demande d'un sieur Mathieu, qui aspire à être admis comme postulant surnuméraire, mais que l'augmentation du nombre des agréés paraissant mériter une sérieuse attention, le siége a cru devoir prier la Compagnie de décider à ce sujet. Les titres du sieur Mathieu n'ont pas été enregistrés; il eût été curieux cependant de les connaître, car la Compagnie, après en avoir pris connaissance, autorisa le candidat à remplir une douzième place d'agréé, au lieu de se borner à l'admettre comme surnuméraire suivant sa propre demande. Les juge-consuls néanmoins se sentaient entraînés plus loin qu'ils ne l'auraient voulu, et ils éprouvaient le besoin de réagir contre le courant qui les emportait. En 1756, deux places étant devenues vacantes par la mort des sieurs Pryvé et Barthélemy, ils n'accordent au fils Pryvé la place de son père qu'à la considération de la veuve Pryvé, « laquelle se trouve chargée de six enfants et sans bien », et ils suppriment la place du sieur Barthélemy,

« attendu que le nombre des postulants, suivant les anciens règlements, est fixé à huit et qu'il s'en trouve encore aujourd'hui onze » ; ils arrêtent pareillement « qu'au décès ou changement desdits postulants, il n'en sera point nommé que le nombre ne soit réduit à huit, conformément aux anciennes délibérations de la juridiction ».

Des plaintes s'élevaient alors contre les postulants, et les juge-consuls ne se dissimulaient pas que les abus provenaient de ce que les agréés, trop nombreux pour vivre de leur place, étaient obligés de recourir à des moyens répréhensibles afin d'accroître leurs bénéfices. Déjà en 1733, sur les remontrances de plusieurs parties qui ne pouvaient retirer leurs sentences ou jugements que fort longtemps après qu'ils avaient été rendus, les juge-consuls « pour leur ôter tout sujet de plainte et même de soupçon qu'il y eût quelque intelligence dans ce retard, de la part de quelques postulants », avaient cru convenable de ne plus laisser postuler dans la juridiction aucun de ceux qui étaient employés dans le greffe, et se mêlaient des expéditions de sentences et jugements, comme choses incompatibles.

En 1735, le 22 juillet, les juge-consuls prennent la décision suivante : « Nous, informés que quelques-uns de ceux qui sont admis pour porter la parole à l'audience pour les parties se chargent de l'argent du débiteur pour payer le créancier; que sur la foi de ce dépôt le débiteur se croit à couvert des poursuites que le créancier est en état de faire contre lui; que néanmoins l'infidélité de ce dépositaire fait qu'il s'approprie les deniers pour payer ses propres dettes, à quoi étant nécessaire de remédier pour la sûreté des parties, nous leur défendons de recevoir de leurs parties aucuns deniers, sous prétexte de les acquitter envers leurs créanciers, si sur-le-champ ou dans les vingt-quatre heures ils ne remettent aux créanciers ce qu'ils auront reçu, à peine par les contrevenants d'être interdits de leurs fonctions, sans espérance d'y pouvoir jamais rentrer », et le même jour les juge-consuls sévissaient contre un postulant nommé de la Barre, qui était renvoyé « pour raisons à eux connues ». Deux ans après, en 1737, ils prenaient une mesure semblable à l'égard de François Bordevie : « Sur les plaintes à nous réitérées par plusieurs parties contre Bordevie, l'un des postulants en notre juridiction, et pour plusieurs prévarications par lui commises, nous avons jugé à propos, pour le bien de nos justiciables et l'honneur de la juridiction, de l'interdire de pouvoir jamais porter la parole devant nous. » C'est à partir de cette époque que les juge-consuls commencent à faire prêter serment aux agréés, ainsi qu'on le voit par une délibération en date du 19 août 1737. Les agréés s'engageaient sans doute à remplir leurs fonctions avec probité et à ne pas s'écarter des voies de l'honneur. C'était entre les mains des juge-consuls qu'ils prêtaient serment, et ils apposaient leur signature sur le registre des délibérations.

En 1759, les plaintes étaient d'une autre nature, mais non moins vives. Les demandes des agréés excédaient la taxe : les juge-consuls prirent alors la décision suivante : « Nous, en vertu du pouvoir que nous avons d'exercer la police sur tous les employés en notre juridiction, défendons aux agréés en icelle de s'approprier à l'avenir, à compter dès à présent, sur leurs parties, rien au delà de la taxe portée en nos sentences, sur laquelle taxe leur enjoignons de tenir compte au demandeur du coût de la première assignation, quand ledit demandeur l'aura payée à son huissier, comme aussi de lui rendre ou tenir compte de ce qui lui aura été payé avant la plaidoirie, sauf auxdits agréés de retenir le coût du contrôle, des dépens et émoluments des sentences, lesquels frais n'entrent pas dans la taxe desdites sentences. »

Il était urgent de tarir la source des abus signalés, et le 23 janvier 1759, le jour même où les juge-consuls avaient pris la décision précédente, la Compagnie se réunit en assemblée générale. Sire Judde lui dit « que par le bail du greffe on avait cherché à modérer autant qu'il était possible les frais du greffe, à la décharge des parties ; que cette modération serait un petit objet, si en même temps on ne travaillait à réduire les prétendus droits que les postulants pourraient s'être appropriés sans permission ; que le siége avait décidé de faire à ce sujet un règlement ;

» Mais qu'en même temps, pour mettre lesdits postulants en état de vivre honnêtement de leur place, il paraissait à propos d'en fixer le nombre irrévocablement.

» Que par diverses délibérations particulières, même à chaque réception de postulant, il a toujours été dit qu'on n'en recevrait pas davantage que huit, mais qu'il paraît qu'on n'a pas eu grand égard à cette résolution, puisque actuellement leur nombre est porté à onze, ce qui donne à penser dans le public que le nombre n'en est pas fixé, ce qui expose Messieurs occupant le siége à bien des sollicitations inutiles ; que pour y obvier, il estimerait à propos de faire un arrêté sur cet objet, sur lequel il requiert l'avis de la Compagnie.

» La matière mise en délibération, la Compagnie arrêta que pour mettre les agréés à portée de vivre honnêtement de leurs places et sans aucun reproche, il n'en serait plus reçu à l'avenir sous tel prétexte que ce pût être, soit de mort ou de retraite d'un des anciens, pas même de succession d'un fils à son père, jusqu'à ce que sur leur nombre réduit à huit, il vînt à vaquer une place, soit par décès ou par retraite de l'un desdits huit postulants, et que dans les cas imprévus où l'on serait obligé de recevoir un agréé au delà dudit nombre, il ne pourrait l'être que par la Compagnie assemblée, à laquelle on exposerait les raisons qui obligeraient de déroger à la présente délibération. »

Les juge-consuls ne tardèrent pas à transgresser la décision qu'ils venaient de confirmer d'une manière si précise. Ils n'étaient plus les maîtres de réduire à leur gré le nombre des postulants. Pouvaient-ils, sans nuire aux intérêts des sieurs Doloret et Thomas, refuser d'agréer les sieurs Gorneau et Anquetil, en faveur de qui l'un et l'autre se retiraient ? Évidemment non, et la Compagnie consultée arrêta à l'unanimité que, sans porter atteinte à la délibération de 1759, on pouvait acquiescer à la proposition des deux postulants, pourvu que le siége agréât les sujets qu'ils lui présenteraient.

Les juge-consuls repoussèrent la demande d'un sieur de Perthes, à qui s'intéressaient le procureur général et plusieurs magistrats, tant que ce candidat n'eut pas trouvé un moyen qui justifiât à leurs propres yeux l'inexécution du règlement. Lorsqu'il eut manifesté l'intention d'épouser la fille de l'agréé Mathieu, et le désir d'obtenir la survivance de l'emploi de son beau-père, ils lui permirent d'abord de paraître aux audiences au nom de ce dernier, en ayant soin de stipuler que le nombre des agréés n'en serait pas augmenté ; et, peu de temps après, de Perthes les ayant priés de lui accorder la permission de porter la parole en son propre nom, la Compagnie fit en sa faveur une dérogation à sa délibération de 1759. Les juge-consuls admirent ensuite coup sur coup deux postulants surnuméraires, les sieur Luce et Trépaigne, « à charges et conditions expresses qu'ils ne pourraient faire aucunes fonctions que lorsque par retraite ou décès d'un ou de plusieurs agréés leur nombre serait réduit à huit y compris les pétitionnaires. »

Cette facilité avec laquelle les juge-consuls cédaient aux prières qui leur étaient faites ne pouvait que leur amener des embarras. En 1753, l'avocat général Séguier leur recommande vivement un de ses protégés nommé Lesecq. Les juge-consuls, dit-il, ne peuvent refuser sa demande, ils viennent d'agréer de Perthes et Trépaigne ; en outre Mathieu est mort et sa place reste vacante. La Compagnie se voit alors obligée d'adresser à l'avocat général de très-humbles observations pour rétablir les faits et développer les motifs qui l'empêchent d'admettre le sieur Lesecq au nombre des agréés « que la cour tolère dans la juridiction consulaire ». De Perthes n'a obtenu que la survivance de l'emploi de Mathieu, et l'on a seulement accordé à Trépaigne l'expectative de la première place qui viendrait à vaquer. « Des agréés ci-devant admis il en existe encore dix, et la place de Mathieu n'est pas vacante, puisqu'elle a été accordée à de Perthes son gendre, et que celui-ci en jouit par avance depuis 1761. » Les juge-consuls auraient dérogé peut-être à leur règlement, s'ils n'avaient eu d'autres motifs d'exclusion à invoquer contre Lesecq : « Celui-ci, depuis huit ans, n'exerçait pas d'autres fonctions que celle de clerc du sieur Gurlin, huissier, dont l'occupation principale était les captures, exercice qui ne peut prouver les lumières pour remplir une place d'agréé. Nous dirons plus, ajoutent les juge-consuls, cette profession est diamétralement opposée à la délicatesse des sentiments et à la sûreté des justiciables : nous ne pouvons douter que votre justice, Monsieur, assurée de la vérité des présentes observa-tions, ne soit convaincue que l'inadmission de Lesecq soit fondée autant sur l'équité que sur le bon ordre. »

C'était pour le bon ordre, en effet, que les juge-consuls avaient établi une incompatibilité entre plusieurs fonctions et celle des postu-lants. En 1755 par exemple, ils avaient exigé de Mathieu qu'il donnât sa démission *ad resignandum* de l'office d'huissier audiencier en la Chambre des comptes, et l'on a déjà vu qu'ils avaient cru devoir empê-cher les employés du greffe d'exercer leur emploi, et de paraître en même temps à l'audience pour les parties. Cependant lorsque la Com-pagnie le voulait bien, elle savait faire aussi des exceptions à cette règle, témoin la décision prise en 1765 en faveur de Pierre-Reine Petit-Jean. Clerc d'audience et commis aux minutes et à la rédaction des sentences, Petit-Jean était employé depuis vingt ans dans le greffe. « Nous pensions, dit le juge, que son travail, auquel il s'est livré dans notre juridiction pour ainsi dire au sortir de l'enfance, lui était aussi utile et à sa famille qu'il nous a toujours été agréable, mais notre erreur s'est dissipée, quand ledit Petit-Jean nous a déclaré que les émoluments de son emploi ne suffisent pas aux besoins de sa famille ;

que pour y subvenir et donner à ses enfants l'éducation qui fait les
honnêtes gens et utiles, il désire devenir postulant en notre audience. » Petit-Jean demandait la première place de postulant vacante
dans la juridiction; mais il observait qu'il avait grand intérêt à être
conservé dans ses emplois au greffe, jusqu'à ce qu'il pût exercer la
place d'agréé. Bien disposée pour lui, la Compagnie se fit représenter
tous les précédents qui constituaient des exceptions à la règle. « Vous
n'avez dérogé à vos délibérations, disait le juge, que pour faciliter à
d'anciens procureurs la retraite et le repos qu'ils avaient acquis par
un long et pénible travail, et récompenser l'émulation et l'ardeur de
quelques jeunes gens qui travaillaient sous nos yeux. Or, la proposition que nous soumettons à votre délibération réunit ces deux motifs;
nous espérons donc qu'elle sera bien accueillie. » En effet, Petit-Jean
fut reçu pour occuper la première place vacante, notamment celle du
sieur Barthélemy, et en attendant, la Compagnie le conserva dans son
exercice ordinaire du greffe. L'année suivante, Barthélemy se désista,
et Petit-Jean fut admis à exercer en son lieu et place à partir du
1er janvier 1767, et « attendu la considération qu'a le siége pour lesdits Barthélemy et Petit-Jean, dit la délibération, permettons audit
Barthélemy d'assister à nos audiences dans l'habillement de nos agréés
pour y aider, tant qu'il le jugera à propos, ledit Petit-Jean. »

Un autre postulant surnuméraire nommé Trépaigne travaillait chez
un agréé où il n'avait aucun appointement. Obligé de vivre à ses dépens jusqu'à sa réception, il obtient des juges d'aller s'occuper quelque
temps chez un de ses parents, procureur au Parlement, qui veut bien
avoir des bontés pour lui, espérant que ce temps où il serait éloigné
de la juridiction ne lui sera point défavorable. Quatre années se passent encore; en 1769 Trépaigne, fatigué d'attendre, fait observer aux
juge-consuls qu'il lui a été promis une place de postulant, lorsque le
nombre des agréés serait réduit à huit, lui compris; que cinq places
d'agréés devenues vacantes ont été remplies immédiatement au mépris
de la décision du 29 janvier 1759, et que deux de ces places ont été
données depuis son admission au surnumérariat, quoiqu'il eût lieu d'espérer que la première place vacante lui serait accordée; il ajoute que si
les prédécesseurs des juge-consuls actuels ne se sont écartés de la règle
que par des motifs d'humanité et de bienveillance qui les ont portés à
favoriser, soit la retraite de quelques-uns des agréés, soit des arran-
gements de famille, « en cas de décès de quelque autre, l'inexécution

constante de cette même délibération le prive pour toujours de la grâce qui lui a été accordée, par l'impossibilité qu'il y a que le nombre des agréés soit jamais réduit à huit, si, lorsqu'ils sont neuf, chaque place qui vient à vaquer est aussitôt remplie par un héritier ou autrement... qu'ainsi, quoique son admission ait été assujettie à l'exécution de la délibération dudit 1759, elle a été tant de fois enfreinte à son préjudice, qu'il prie les consuls de ne la lui point opposer. »

La plainte était juste, Trépaigne reçut une dixième place d'agréé. Les affaires d'ailleurs se multipliaient dans la juridiction, et la création de nouvelles places ne pouvait être onéreuse aux postulants qui exerçaient depuis longtemps. Les juge-consuls le constatèrent en 1771 en agréant Bon-Maximilien Thomas ; néanmoins ils persistèrent à maintenir un principe qu'il leur avait été impossible d'appliquer rigoureusement. En 1773, par exemple, ils autorisèrent Forty-Delamarre à porter la parole aux audiences, conjointement avec son beau-père Léger de Romainville, et concurremment avec les autres agréés, mais ils eurent bien soin de spécifier que les deux places d'agréé n'en formeraient qu'une seule parmi les onze existantes alors dans la juridiction, et que Forty-Delamarre serait seul admis à succéder à Léger de Romainville. Enfin, en 1784, le sieur de la Ruelle ayant été déclaré incapable de reprendre ses fonctions, après « avoir été emprisonné pour dettes en vertu d'une sentence des consuls, la Compagnie profita de cette circonstance pour supprimer sa place, en se référant à la délibération générale du 29 janvier 1759. »

Ainsi, les agréés, réduits d'abord à six, s'étaient élevés un moment jusqu'au nombre de douze, malgré les mesures prises par les consuls. Ce n'étaient plus de pauvres marchands tolérés comme conseils, mais des mandataires autorisés qui, tout en demeurant dans la dépendance des consuls, avaient acquis des droits auxquels il était difficile de porter atteinte. Depuis longtemps ils sortaient des rangs des commis du greffe, ou se recrutaient parmi les clercs d'agréés. Presque tous avaient fait des études spéciales en vue d'exercer l'emploi auquel ils prétendaient. En 1771, les juge-consuls prirent une décision destinée, dans leur pensée, « non-seulement à récompenser les agréés dans la personne de leurs fils, mais à assurer au public des sujets qui, formés à leurs exemples, pussent servir les justiciables avec le même zèle et la même exactitude. »

Les agréés leur exposèrent « que plusieurs d'entre eux avaient des

fils qui travaillaient chez eux ou se destinaient à le faire en qualité de
clercs, pour se rendre capables de succéder un jour à l'état de leurs
pères, ou à ceux des autres agréés dont les places viendraient à vaquer
par mort ou par retraite ; que ce point de vue était seul capable d'exci-
ter l'émulation de ces jeunes gens, mais que leurs espérances seraient
frustrées si des personnes étrangères à la juridiction pouvaient être
admises trop facilement aux places d'agréés. » Ils demandaient par
conséquent aux juge-consuls de vouloir bien assurer à leurs enfants
l'état auquel ils se destinaient.

Conformément à cette requête, les juge-consuls arrêtèrent « qu'à
l'avenir, dans le cas où quelque place d'agréé viendrait à vaquer par
la mort de ceux actuellement existants ou autrement, le choix en
serait fait de préférence parmi les fils desdits agréés qui se trouveraient instruits de la jurisprudence et de la pratique consulaire, et qui
auraient fait connaître leur conduite et leur amour pour le travail, de
manière qu'à mérite égal ils seraient toujours préférés aux personnes
étrangères. » Depuis cette époque jusqu'en 1791, la plupart des nouveaux titulaires furent des fils d'agréés, et toutes les fois que sur la
demande d'un postulant démissionnaire un étranger fut admis à le
remplacer, les consuls prirent soin de consigner que cette dérogation
à la délibération de 1771 ne pouvait tirer à conséquence. La mesure
était excellente. « Il est de la plus grande importance pour le public,
disaient les consuls en 1789, à l'occasion de l'admission de Michel-
Joseph Luce fils, que les places d'agréés soient remplies par des personnes instruites des usages du commerce et des lois relatives à notre
tribunal ; et nos agréés sont plus que personne en état de former des
sujets capables de remplir nos vues à cet égard ; enfin, les leçons dic-
tées par l'amour paternel sont toujours et mieux données et plus efficacement reçues que toute autre. » En ne tenant pas compte de cette
phraséologie sentimentale qui caractérise la littérature des dernières
années du dix-huitième siècle, on reconnaît que les juge-consuls
disaient la vérité, car alors personne ne pouvait former de meilleurs
élèves que Benoît, Gorneau, Luce, Gosse, qui venaient de donner la
mesure de leur savoir dans le cours de commerce professé par eux
sous les auspices des juge-consuls ; que Gorneau surtout, à qui était
réservée la gloire de préparer, avec le président Vignon, l'avant-pro-
pos du Code de commerce.

Il reste à transcrire la partie du règlement de 1772 qui déterminait le rôle des agréés à l'audience :

Art. 3. « Nos agréés ne paraîtront à nos audiences qu'avec leurs clients et porteurs de titres autant que faire se pourra ; ils avertiront leurs clients de se trouver à leurs causes.

» Ils ne différeront sous aucun prétexte de lire les rapports des conseillers pour renvoyer les parties.

» Les agréés, après avoir établi sur le plumitif les causes qu'ils connaissent être de nature à examen sérieux ou de longue discussion, en demanderont la remise à la chambre du conseil et avertiront les clients de s'y trouver, pour ne pas rendre vain et inutile le zèle de Messieurs pour l'expédition.

» Pour quoi il sera fait, à huit heures précises, publication du rôle des affaires remises à la chambre et les agréés appelés nommément.

» Il est très-expressément défendu et interdit à nos agréés d'insérer dans leurs plaidoyers aucune personnalité ni histoire qui n'ont rapport aux causes et peuvent offenser et insulter les parties, sous peine de six livres d'amende sans déport et d'interdiction en cas de récidive.

» Leur enjoignons de ne pas parler trop haut et d'être modérés en plaidant. »

Cette recommandation n'était pas inutile. Il était arrivé, notamment en 1757, que l'agréé Thomas avait injurié son confrère Barthélemy, en lui disant qu'il était un fripon et qu'il en avait la preuve. Barthélemy, de son côté, avait reproché précédemment à Thomas de s'être mal conduit dans une affaire suivie devant les juge-consuls. Quoi qu'il en fût, Barthélemy avait porté plainte ; mais le doyen des agréés, qui semble avoir eu dès cette époque une certaine autorité disciplinaire, s'était employé pour concilier l'affaire. Il avait demandé aux juge-consuls de le recevoir dans la chambre du conseil avec les deux agréés. Là, Thomas dit qu'il reconnaissait Barthélemy pour homme d'honneur et de probité, fit ses excuses aux juge-consuls et les pria d'engager Barthélemy à se désister de sa plainte. Claude Doloret, le doyen, tant en son nom qu'en celui de tous ses confrères, avec lesquels il s'était concerté, joignit ses prières à celle de Thomas, « étant certain que ce qui s'était passé entre lesdits sieurs Thomas et Barthélemy était uniquement l'effet d'une vivacité de laquelle ils les suppliaient de les excuser. » Barthélemy se désista par respect pour les consuls et par déférence aux exhortations de ses confrères. Les juge-consuls donnèrent acte aux uns et aux autres de tout ce qui s'était fait et dit, puis ils enjoignirent à Thomas et à Barthélemy d'être plus sages et plus circonspects à l'avenir, sous telle peine qui conviendrait, et dont par grâce ils les dispensaient pour le présent; enfin, ils firent entrer tous les agréés, et leur adressèrent pareille injonction de ne jamais se répandre en injures soit contre leurs confrères, soit contre leurs parties, et de se contenter de dire leurs moyens simplement et avec modération, sous telle peine qu'il appartiendrait.

Le règlement continuait :

« Défendons aux agréés d'appeler aucun de Messieurs nommément lors des opinions, et feront retirer leurs clients sans insister dès que le juge aura prononcé; mais leur permettons de nous présenter les réflexions nécessaires après l'audience.

» Ils feront attention à répondre lorsqu'on appelle les causes, afin de ne pas multiplier les reprises, et se tenant chacun de leur côté respectif avec leurs clients, à qui ils recommanderont un maintien respectueux, ils observeront de laisser vide le milieu du barreau.

» Leur probité scrupuleuse et reconnue leur interdit assez suffisamment d'occuper pour les parties contraires.

» Les agréés ne présenteront absolument aucune requête pour lever une seconde grosse de sentence, qu'elle ne soit signée pour pouvoir de la partie requérante ou de quelqu'un pour elle.

» Ils feront une observation spéciale aux juges des exploits ou demandes à fin d'élargissement ou de nullité de procédures. »

En résumé, la révolution trouva la Compagnie des agréés tout organisée; elle ne lui porta aucun préjudice. La juridiction perdit ses priviléges; sa constitution intérieure fut modifiée par la suppression de la Compagnie, mais en changeant de nom, elle continua de rendre la justice comme par le passé, dans le même local, avec les mêmes formes, avec les mêmes règlements pour ses audiences, et par conséquent avec l'assistance de ses agréés. M. Guibert, à qui nous empruntons cette observation, ajoute : « Les procureurs disparurent, l'ordre des avocats lui-même fut renversé, les agréés restèrent, parce que leur ministère n'était point légalement obligé et que la confiance de leurs clients était le résultat d'un acte libre de la volonté.... »

CHAPITRE SIXIÈME.

LE GREFFE, LE GREFFIER ET LES CLERCS D'AUDIENCE.

Le greffe. — Création du greffe. — Réunion au domaine. — Rachat des greffes et
des places de clercs. — Démarches et sacrifices du consulat pour conserver la propriété du greffe. — Le greffier. — Baux du greffe. — Les greffiers Michel Gèvres,
Antoine Dupuis, Germain Verrier, Jean Verrier, Hubert Chauvin, etc., etc. — Les
clercs d'audience. — Leur nombre à diverses époques. — Difficultés avec François
Lambert.

I.

L'établissement du greffe de la juridiction consulaire avait été réglé
par un article de l'édit de 1563 :

« Permettons auxdits juge et consuls de choisir et nommer pour
leur scribe et greffier telle personne d'expérience, marchand ou autre
qu'ils aviseront ; lequel fera toutes expéditions en bon papier, sans
user de parchemin ; et leur défendons très-étroitement de prendre
pour ses salaires et vacations autre chose qu'un sol tournois pour
feuillet, à peine de punition corporelle, et d'en répondre par lesdits
juge et consuls en leurs propres noms, en cas de dissimulation et de
connivence. »

En vertu de cette disposition, les juge-consuls choisirent pour
greffier maître Nicolas Clercellier, qui jouit de la charge « comme
nommé par eux aux droits y attribués ».

Le législateur, dans l'intérêt des justiciables, avait réduit les droits
du greffe autant qu'il pouvait le faire, mais il avait compté sans les
mesures fiscales. Quelques années après, en 1571, les juge-consuls
furent dépossédés de leur greffe, que l'on réunit au domaine, et la
charge de greffier, érigée en titre d'office, fut vendue à maître Clercellier au prix de trois mille trois cent soixante écus. Le droit d'un sol
ne suffisait plus pour dédommager le traitant des frais auxquels l'obli-
geait l'exercice du greffe, et le Roi, sur sa requête, lui accorda un
sol pour la présentation de chaque exploit qu'il enregistrerait pour
l'appel de la cause à l'audience, deux sols pour chaque feuillet de
papier, et dix sous pour chaque jugement.

Les frais à la charge des justiciables se trouvant augmentés d'une manière sensible, les juge-consuls prirent occasion de la mort de Nicolas Clercellier, arrivée en 1594, pour demander à rentrer dans la propriété de leur greffe moyennant finances. Un arrêt du Conseil du 6 octobre 1594 ordonna qu'en fournissant mille écus, outre les trois mille trois cent soixante écus payés par Clercellier, les greffes et places de clercs leur demeureraient en propriété et seraient déchargés de l'édit de réunion; néanmoins, par une cause restée inexpliquée, les juge-consuls ne profitèrent pas du bénéfice de l'arrêt rendu en leur faveur. Non-seulement les greffes furent revendus par moitié aux héritiers Clercellier et à maître Jean Almereau, sieur de Saint-Remy, mais le doublement du droit des présentations fut mis en vente et adjugé à Michel du Vivier par les députés du Roi, chargés de la vente et de la revente des greffes. L'année suivante, 1595, nouvelle taxe. L'augmentation du droit d'écriture est mise en vente et adjugée par moitié aux héritiers Clercellier et à Jean Almereau; enfin, le 13 décembre 1606, les députés revendent et adjugent la moitié du greffe et des places de clercs, présentations, et doublement d'icelles à René Almereau. Deux ans après, un autre traitant, nommé Paulet, rachète tous les greffes de la juridiction par contrat passé le 29 mars 1608, et il en jouit jusqu'en 1617.

A cette époque, une revente générale des greffes est ordonnée. Il devient urgent pour les juge-consuls de rentrer dans la propriété de leur greffe; d'une part, « le bien et le soulagement des pauvres justiciables et l'augmentation du commerce de la ville de Paris réclament une diminution de droits »; d'autre part, la finance à rembourser aux acquéreurs s'est considérablement élevée depuis 1594, et elle va s'augmenter encore si les greffes passent dans d'autres mains. Les juge-consuls supplient le Roi de prendre en considération qu'ils exercent la justice gratuitement; leur enquête est écoutée, et un arrêt du Conseil d'État, en date du 23 février 1617, excepte de la revente générale les greffes et places de clercs de la juridiction, et en rend la propriété aux juge-consuls aux conditions exprimées par l'arrêt de 1594.

Les juge-consuls versèrent donc à l'épargne du Roi trois mille livres en quarts d'écus et testons, dont le sieur de Beaumarchais, trésorier de l'épargne, leur donna quittance. Les finances à rembourser aux acquéreurs des greffes et places de clercs s'élevaient, suivant liquidation, à trente-neuf mille neuf cent quarante et une livres. Cette somme manquant aux juge-consuls, il fallait l'emprunter partie à la fabrique de l'église Saint-Jacques la Boucherie, partie à des bourgeois de Paris. En réalité, les juge-consuls versèrent à Pierre de la Sablière, subrogé au contrat de Paulet, trente-huit mille neuf cent quatre-vingt-onze livres, par suite d'une légère réduction à laquelle consentit le député du Roi.

Une fois mis en possession de leurs greffes, les juge-consuls songèrent à remplir les conditions moyennant lesquelles ces greffes étaient exceptés et réservés de la revente générale ordonnée le 23 février 1617. Ils s'étaient engagés à soulager sur-le-champ les pauvres justiciables d'une partie des droits qui se levaient aux greffes de la juridiction, et à réduire ces droits tels qu'ils étaient avant 1594. Ils rédigèrent donc un règlement tant pour l'exercice des greffes et places de clercs, que pour la modération des droits qui y étaient attribués. Ils s'occupèrent ensuite du choix d'un greffier, et Michel Gèvres, gendre de Clercellier, procureur à la cour du Parlement, prit les greffes à titre de ferme pour cinq ans, moyennant une somme annuelle de cinq mille livres, suivant bail passé le 15 juillet 1617.

Les juge-consuls s'étaient bien abusés s'ils avaient cru pouvoir jouir tranquillement de leur propriété. Elle fut constamment troublée ; et ils ne parvinrent à la conserver qu'au prix de continuelles démarches et parfois des plus lourds sacrifices. Dès 1620 commencent les exigences du fisc. Le commis à la recette du droit de marc d'or réclame huit cents livres qu'il prétend être dues pour l'exercice des greffes. Les juge-consuls se croyaient exemptés de cette taxe par le payement qu'ils avaient fait à l'Épargne de la somme de trois mille livres. Ils présentent une requête qui est favorablement accueillie, et le Roi déclare les greffes et places de clercs des juge et consuls des marchands de Paris exempts du payement du droit du marc d'or.

Un édit du mois de février 1620 avait ordonné une augmentation du droit de présentation dans tous les greffes du royaume. Les juge-consuls durent réclamer auprès du Roi pour s'en faire excepter. Ils invoquèrent encore la gratuité de leurs services, firent valoir qu'ils avaient diminué les droits de leur greffe, au grand soulagement des marchands, et objectèrent que les deux tiers des causes dans leur juridiction n'excédaient pas soixante sous. Le Roi, considérant que par des droits trop forts « les marchands seraient privés du fruit qu'ils soulaient recevoir de l'établissement de ladite justice », et désirant gratifier et

9

soulager autant que possible lesdits marchands « pour la facilité du commerce et du trafic entre son peuple », déclara par lettres patentes que le greffe de la juridiction consulaire ne serait pas compris dans l'exécution de l'édit.

En 1625, nouvelle alerte. Au mois de mars, le Roi rend un édit portant attribution de gages à tous les officiers des greffes tant civils que criminels, de quelque corps et juridiction qu'ils soient, aux clercs desdits greffes, comme aussi à tous les offices des receveurs des consignations et autres offices domaniaux et héréditaires. Les greffes des juge-consuls sont compris dans l'état des taxes pour une somme de dix-huit mille livres, devant produire quinze cents livres de gages. Le greffier reçoit un commandement pour avoir, soit à verser cette somme entre les mains du porteur des quittances des parties casuelles, soit à faire vérifier la finance payée pour les différents greffes de la juridiction, afin qu'ils puissent être revendus.—Les moyens de défense présentés par les juge-consuls dans leur requête au Roi sont toujours les mêmes; ils exposent qu'ils ont réduit les présentations à moins de la moitié de ce que l'on prenait autrefois, et qu'il ne se paye plus en tout que douze sols au lieu de trente : ils espèrent continuer de temps en temps cette diminution, lorsqu'ils auront acquitté les rentes qu'ils ont dû constituer afin de pouvoir rembourser les anciens propriétaires des greffes, et payer la finance exigée par le Roi. Ce n'est pas la première fois, du reste, que l'on ferait une exception en leur faveur, et ils rappellent à cette occasion les déclarations ou arrêts qu'ils ont précédemment obtenus. Le Roi les décharge encore de la taxe, sans que cela doive tirer à conséquence pour les greffes des juges et consuls des autres villes du royaume.

En 1627, un autre édit crée des offices héréditaires de contrôleur des actes et expéditions des greffes, clercs de greffes, notaires, tabellions et receveurs des consignations sur toutes les cours et juridictions du royaume tant souveraines que subalternes. Les juge-consuls parviennent à s'en faire excepter, mais quelques mois après ils sont poursuivis pour l'établissement, dans la juridiction, d'un clerc d'audience aux attributions de trois sols pour chaque cause, savoir deux sols pour l'enregistrement et un sol pour l'appel : c'était la conséquence d'un édit général rendu au mois de juin 1627. Un sursis de trois mois leur est accordé, et ils en profitent pour se pourvoir devant le Roi. On fait droit à leur requête par les considérations déjà signalées, mais il paraît résulter des termes mêmes de leur supplique aux commissaires généraux députés pour l'exécution de l'édit, qu'ils avaient payé, au mois de juin 1627, une somme de trois mille quatre-vingts livres, en remboursement du droit d'un sol par chaque cause appelée, et qu'on leur tint compte du sacrifice qu'ils avaient fait pour éteindre ce droit, dans l'intérêt de leurs justiciables.

Les juge-consuls réussirent encore, en 1634, à se faire exempter d'une nouvelle taxe de cent cinquante livres. Un arrêt du Conseil avait ordonné que les acquéreurs et propriétaires de droits et offices héréditaires qui en jouissaient en vertu d'adjudications et contrats passés par les commissaires généraux, seraient imposés s'ils n'avaient pas pris de lettres de ratification. C'est à ce titre que les greffes et places de clercs de la juridiction avaient été compris dans le rôle des taxes pour cent cinquante livres; ils en furent rayés, à la charge par les consuls de modérer les droits. Mais à peine les juge-consuls échappaient à une taxe qu'une autre les menaçait : en 1635 sont créés de nouveaux contrôleurs des greffes, présentations et parisis, et les greffes des juge-consuls sont compris et taxés à douze mille livres par le rôle arrêté au Conseil. En vain les juge-consuls représentent que leurs greffes ne sont pas de la condition des autres greffes contenus audit rôle et que le parisis ne s'y est jamais pris ni perçu; ils ne parviennent qu'à faire modérer la taxe à la somme de trois mille livres, moyennant laquelle les droits du contrôle demeureront amortis, sans qu'ils puissent être levés pour quelque cause que ce soit.

Vers le même temps, une affaire plus grave fit concevoir aux juge-consuls de sérieuses inquiétudes pour la propriété de leurs greffes. Par arrêt du Conseil, en date du 25 juin 1635, le Roi, sans s'arrêter aux lettres patentes, arrêts, ordonnances, et décharges obtenus par les propriétaires, avait ordonné qu'il serait de nouveau procédé à la réception des enchères sur tous les greffes, places de clercs, parisis et présentations de toutes les cours souveraines, bureaux des trésoriers de France, requêtes de l'hôtel, juge-consuls et autres. Un sieur Chavarlange ayant mis une enchère sur les greffes de la juridiction, les juge-consuls firent opposition et adressèrent une requête aux commissaires généraux députés pour la vente et la revente du domaine. Alors, Claude et Louis Leclerc avec Christophe Hébert, pourvus tous trois de charges de surintendants généraux des vivres, adressèrent de leur côté une requête pour que les greffes et places de clercs fussent re-

9.

vendus et adjugés au plus offrant et dernier enchérisseur. Les commissaires généraux, députés pour la revente du domaine, ordonnèrent que les juge-consuls se retireraient par devers le Roi, et qu'il serait sursis à la revente des greffes et places de clercs jusqu'à ce que le Roi en eût décidé. Le 6 mars 1638, le Roi, en son Conseil, déchargea de nouveau les greffes de la juridiction consulaire de toutes enchères, ventes et reventes. Toutefois, un droit de confirmation d'hérédité des greffes et places de clercs ayant été ordonné par une déclaration du 6 novembre, les greffes et places de clercs de la juridiction furent compris dans le rôle et taxés à dix mille livres, par arrêt du 9 avril 1639 : sommation fut faite au commis greffier d'avoir à payer le premier quartier de cette somme sous peine de saisie des émoluments du greffe. Le Roi, sur la requête des juge-consuls, confirma les dispenses qu'il leur avait précédemment accordées, néanmoins il ordonna qu'ils payeraient entre les mains du trésorier des parties casuelles, par forme de prêt, au lieu du droit de confirmation, la somme de deux mille sept cents livres, moyennant laquelle il leur serait fait pleine et entière mainlevée des saisies qu'ils avaient dû subir.

En 1640, des offices de greffiers alternatifs et triennaux sont créés dans toutes les juridictions. Celle des juge-consuls est nommément désignée par l'édit. Le commis à la recette des droits attribués à ces nouveaux offices fait signification au greffier d'apporter à son bureau le bail du greffe, sinon un état de la recette des émoluments depuis le 1er janvier 1640, ou bien la somme de dix mille livres pour les droits échus durant l'année 1641. Le greffier répond qu'il n'est pas propriétaire des greffes, mais qu'il est simplement commis pour les exercer; d'autre part, les juge-consuls exposent à quel prix ils sont devenus propriétaires incommutables de leurs greffes, et finalement le Roi les maintient dans la faculté de nommer un scribe, ou commis à l'exercice du greffe, et décharge leur juridiction de l'établissement des greffiers alternatifs ou triennaux. Il défend, en même temps, au receveur des droits de troubler le greffier des consuls dans la jouissance de sa commission, sans qu'il puisse prétendre à aucun recours ni dédommagement contre lui-même, attendu qu'il n'y a aucun greffier ancien pourvu dans la juridiction.

Enfin, sous prétexte que les engagistes du domaine devaient, aux termes d'une déclaration de 1652, payer une année de leur revenu, le traitant desdites taxes avait fait comprendre dans le rôle le greffe du consulat et fait taxer le commis à la somme de six mille livres. La supplique des juge-consuls fut écoutée, et leur greffe demeura excepté de l'édit.

La condition, exprimée ou tacite, de toutes ces exemptions était que les juge-consuls mettraient leurs soins à modérer les droits des greffes. Il faut reconnaître qu'à cet égard ils ne laissaient aucun sujet de critique à leurs adversaires; des règlements, publiés en 1627 et 1641, avaient sensiblement réduit les droits, et d'autres règlements faits en 1643 complétèrent ces sages et utiles modifications. Malheureusement, les droits devaient être changés bientôt par plusieurs créations de charges, qui allaient augmenter les embarras des juge-consuls et neutraliser leur bonne volonté pour leurs justiciables.

Les juge-consuls ont réuni dans le livre de leurs chartes tous les arrêts créant des précédents en faveur de leur droit de propriété. Les détails qui précèdent résultent de l'analyse de ces documents. Les juge-consuls ont-ils négligé quelques arrêts qui ne leur auraient pas donné gain de cause, cela n'a rien d'impossible. Néanmoins, on peut estimer qu'en 1667, date à laquelle fut écrit le livre des chartes, ils étaient parvenus, au prix de nombreux soucis et de pénibles démarches, mais sans trop de sacrifices d'argent, à conserver intacte la propriété de leurs greffes.

Les dernières années du règne de Louis XIV ne leur seront pas aussi favorables. Affranchie des réunions et des reventes, la juridiction reste sous le coup des finances, suppléments de finances, gages, augmentations de gages, dont elle devra verser les fonds dans les coffres du Roi. Sa Majesté demeurera sourde aux prières des juge-consuls, et presque toujours ces derniers en seront réduits à implorer des modérations de taxes. N'ayant plus à enregistrer de déclarations ou d'arrêts pouvant confirmer et fortifier leurs priviléges, les juge-consuls n'ont pas jugé utile de conserver les pièces officielles, mais on peut se rendre compte des tribulations qu'ils eurent à subir, par les délibérations que la compagnie prenait, en vue de décider une démarche ou d'aviser aux embarras financiers du consulat.

C'est ainsi qu'en 1691 on voit les juge-consuls faire un emprunt pour payer une somme de huit mille trois cent cinquante-sept livres onze sous un denier, montant d'une taxe imposée sur eux par suite d'une déclaration du mois de juillet 1689, ordonnant qu'il serait levé des droits d'amortissement et de nouveaux acquêts.

Au mois de novembre 1693, le Roi crée dans la juridiction une charge de premier huissier audiencier, avec attribution de deux sols six deniers pour l'appel de chaque cause. Le consulat fut obligé d'acheter cette charge pour la réunir au greffe.

En vertu d'un édit du mois de novembre 1696, il est établi dans la juridiction un office de conseiller garde-scel, et les juge-consuls obtiennent à grand'peine que les défauts et actes de remises, ou renvois pardevant arbitres, qui ne porteront aucune condamnation, seront déchargés du droit du scel. Les sentences ou exécutoires de dépens rendues par défaut ou contradictoires, provisoires ou définitives, de cent livres et au-dessus, sont taxées à un droit de scel de vingt sous; celles au-dessous de cinquante livres jusqu'à cinquante livres, à un droit de dix sols; et au-dessous de cinquante livres, six sols. Par un autre édit du mois de mars 1694, il avait été créé une charge de contrôleur des taxes des dépens, avec attribution de six deniers pour livre des taxes de dépens; puis les présentations des demandeurs, qui avaient été supprimées par l'ordonnance de 1667, furent rétablies, et les droits fixés à cinq sous pour la présentation du demandeur, et autant pour celle du défendeur. Ces droits furent d'abord affermés au consulat, moyennant la somme de cinq mille livres de redevance annuelle. Un édit du mois d'octobre 1704 en ordonna le rachat, et le consulat fut taxé à cent mille livres et deux sols pour livre pour jouir du produit des présentations de sa juridiction. Des démarches furent alors tentées auprès du contrôleur général, et les juge-consuls obtinrent que le montant de la taxe serait réduit à la somme de soixante mille livres et deux sols pour livre, à charge par eux de payer comptant la moitié de cette somme, et l'autre moitié deux mois après.

Le consulat était à cette même époque sous le coup d'une nouvelle taxe. Une déclaration du Roi, donnée à Marly, le 5 mai 1705, portait que trois cent mille livres d'augmentation de gages[1], créés par édit du mois de novembre 1704, seraient répartis tant aux officiers nommés en ladite déclaration qu'aux pourvus ou propriétaires des offices de secrétaires et à tous les officiers près les parlements et autres cours du royaume. Dans le rôle qui lui est signifié, le 2 juin 1705, le

---

[1] *Nota.* — Les gages étaient les appointements que le Roi attribuait aux propriétaires d'offices. Les augmentations de gages étaient des suppléments de gages accordés ordinairement moyennant finances. Les augmentations de gages pouvaient être acquises et possédées par d'autres que par le propriétaire titulaire de l'office.

consulat est employé comme propriétaire du greffe de sa juridiction, pour la somme de quarante-huit mille livres et les deux sols pour livre, ladite somme destinée à produire trois mille livres d'augmentation de gages, au denier seize. Un placet est présenté au Roi pour obtenir modération de cette somme, et par arrêt rendu au conseil, le 9 mars 1706, Sa Majesté réduit la taxe à la somme de seize mille livres et les deux sols pour livre, pour jouir de mille livres d'augmentation de gages, avec permission d'emprunter les deniers que nécessite le payement de cette somme.

La pénurie des finances était extrême, et cependant il fallait de l'argent pour continuer les guerres dans lesquelles le Roi se trouvait alors engagé; aussi multipliait-on les expédients. En janvier 1707, le Roi, par édit donné à Versailles, crée des offices de conseillers, contrôleurs des droits des greffes dans toutes les juridictions du royaume, avec attribution de deux sols pour livre desdits droits. En attendant la vente de ces offices, Nicolas Cartier, commis pour le recouvrement de la finance, est autorisé à établir dans chaque greffe des commis pour faire les fonctions de contrôleurs, et jouir des droits qui y sont attribués. Les juge-consuls présentent aussitôt plusieurs mémoires au conseil pour être déchargés de la création du nouvel office dans leur juridiction; mais ils n'éprouvent que des refus. De guerre lasse, ils se décident, pour le bien et soulagement des justiciables, à réunir au greffe l'office de contrôleur, et font au Roi, qui l'accepte, l'offre d'une somme de douze mille livres avec les deux sols pour livre.

Une année ne s'est pas écoulée, qu'ils sont obligés de réunir encore à leur greffe un nouveau droit. Au mois de janvier 1708, Louis XIV crée des offices de conseillers, gardes et dépositaires des archives des parlements, cours des aides, présidiaux, bailliages et autres sièges ressortissant nûment [1] et comme supérieurs, avec attribution de plusieurs droits. Le Roi, malgré les requêtes présentées par les juge-consuls pour être déchargés entièrement de cette création, exige que le droit d'un sol pour livre du montant de tous les dépens, frais et mises, dommages-intérêts, soit établi dans la juridiction. Les juge-consuls durent payer vingt-quatre mille livres, plus les deux sols pour livre, la faculté de réunir à leur greffe ce droit d'un sol.

Sur ces entrefaites, le commis du greffe, François Verrier, pourvu depuis longtemps déjà de l'office de contrôleur des dépens de la

_____
[1] Immédiatement.

juridiction, avec l'attribution d'un sol, remontra aux juge-consuls que
le nouvel établissement lui faisait un préjudice notable dans le produit de son office, par le doublement du droit du sol pour livre, et il
leur demanda soit de lui rembourser sa finance, qui était de trente-six
mille sept cent quarante livres, et d'acquérir au nom du consulat son
office de contrôleur des dépens, soit de lui permettre de réunir à cet
office le nouveau droit du sol pour livre. La Compagnie préféra autoriser la réunion des deux droits, et elle stipula que dans le cas où
Verrier voudrait disposer de son office ou viendrait à décéder, les
juge-consuls auraient la faculté de reprendre l'office, en remboursant
à Verrier ou à sa succession les finances payées par lui pour la réunion
du droit du sol pour livre; que si les juge-consuls ne voulaient pas
profiter de cette faculté, Verrier ou ses héritiers ne pourraient disposer
de l'office qu'en faveur d'une personne agréée par la Compagnie.

Pendant que les juge-consuls prenaient ainsi leurs précautions pour
réunir à leur greffe, dans un temps à venir, les droits qui s'y percevaient par d'autres et qu'il eût été trop onéreux pour le consulat de
racheter dans le présent, les financiers méditaient une mesure qui
allait causer à la Compagnie de vives appréhensions. Un édit, rendu au
mois de mars 1710, ordonne que tous les greffes, ensemble les offices
de garde-scels des juridictions consulaires du royaume, seront supprimés, et qu'il en sera créé d'autres. La Compagnie arrête aussitôt que
les juge-consuls en charge présenteront un mémoire au contrôleur
général pour obtenir d'être exceptés de l'édit et pour lui offrir de
prendre des augmentations de gages au denier seize, ou des rentes
sur l'hôtel de ville au denier vingt. Les juge-consuls s'empressent d'aller
voir l'intendant des finances ainsi que le contrôleur général, et ils se
retirent de chez ce dernier avec la promesse que l'affaire sera réglée
comme ils le proposent; mais, peu de temps après, l'intendant des
finances, M. de Caumartin, leur transmet un mémoire dans lequel un
particulier offre au Roi de payer pour les offices de la juridiction supprimés par l'édit, la somme de trois cent mille livres, et les deux sols
pour livre, et en outre de rembourser les propriétaires. Sans perdre
de temps, la Compagnie fait dresser par son avocat un mémoire pour
être présenté au contrôleur général, et elle charge six de ses membres
de suivre les négociations conjointement avec les juge-consuls en
charge. Quatre mois après, le 15 novembre 1710, les délégués man-
dèrent les anciens pour leur annoncer qu'en payant par le consulat et

par le garde-scel, chacun pour sa part, soixante-quinze mille livres et les deux sols pour livre, les juge-consuls seraient conservés dans la propriété du greffe de leur juridiction, et le garde-scel dans la possession de son office.

Les juge-consuls, pensant que l'occasion était favorable pour demander la réunion au greffe de tous les droits nouveaux dont le consulat, depuis quelques années, avait dû laisser acquérir la perception par des étrangers, firent à la Compagnie la proposition de solliciter du Roi l'autorisation de racheter ces droits et notamment l'office de garde-scel. Considérant, disaient les juge-consuls, que tous ces droits sont fort à charge aux justiciables, d'autant plus que ceux qui les ont acquis les étendent au delà de la disposition des édits qui les ont établis, nous avons cru devoir remontrer à la Compagnie que ce serait un bien pour le public si nous pouvions obtenir de Sa Majesté la permission de rembourser ceux qui ont acquis ces droits; que par là nous serions en état d'empêcher les exactions qui se commettent dans la perception des droits, et, dans la suite, de les diminuer au soulagement du public. — Cette proposition accueillie, une commission nouvelle fut nommée par la Compagnie tant pour s'adresser au Roi, que pour convenir avec les propriétaires du scel de la cession de tous leurs droits. L'affaire fut menée à bonne fin, et un édit du mois de janvier 1711 réunit au corps du consulat l'office de conseiller du Roi, greffier en chef, garde-scel, commis clerc et contrôleur du greffe et greffier des présentations et affirmations, sous le titre d'ancien alternatif et triennal créé par l'édit du mois de mars 1710, avec privilèges et droits y attribués, avec le pouvoir de continuer de jouir des mêmes droits et émoluments dont le consulat avait joui jusqu'alors pour l'expédition des sentences, jugements, procès-verbaux, présentation et autres actes, même de ceux dont avaient joui les propriétaires des offices, de garde-scel et de greffiers des affirmations de voyage que l'édit de mars 1710 avait supprimés. Au consulat étaient attribués quatre mille six cent quatre-vingt-sept livres dix sols de gages, à prendre dans les cinquante mille livres de gages créés par l'édit de mars, dont les deux tiers devaient tenir lieu de gages et l'autre tiers d'augmentation de gages, à la charge de payer outre et par-dessus les anciennes finances, la somme de soixante-quinze mille livres de finance principale, et celle de sept mille cinq cents livres pour les deux sols pour livre, et de rembourser la finance des offices de garde-

scel et de greffier des affirmations. Le consulat emprunta donc la
somme de quatre-vingt-deux mille cinq cents livres, pour acquérir
l'office de greffier en chef. Le prix de l'office de garde-scel appartenant à trois propriétaires, fut réglé à quatre-vingt-un mille six cent
trente-cinq livres avec une indemnité de huit cents livres.

Il restait encore à réunir au greffe un droit beaucoup plus important que celui du scel. François Verrier, le commis du greffe, était
pourvu de l'office de contrôleur des dépens de la juridiction, et se
trouvait propriétaire du droit de vingt sols attribué par chaque signification de sentences et d'ordonnances. Répondant aux ouvertures qui
lui étaient faites, il promit de vendre et d'abandonner au consulat son
office de contrôleur avec les droits qui y étaient attribués ou réunis,
et les augmentations de gages qui en dépendaient, pour la somme de
soixante-sept mille neuf cent quarante livres. Il cédait, en outre, le
droit de vingt sols pour la somme de cent soixante et onze mille sept
cents livres, moyennant laquelle il devait fournir soixante-douze mille ·
livres de contrats de constitution sur les aides et gabelles expédiés au
profit du consulat.

Ces conditions arrêtées, le consulat s'occupa de réunir la somme de
deux cent trente-neuf mille six cent quarante livres, prix convenu de
l'office et des droits qu'elle venait d'acheter La Compagnie fit choix
du sieur Théresse, dont elle n'avait qu'à se louer, tant pour faire
compter les commis préposés à la recette du droit de vingt sols, que
pour recevoir les gages et augmentations de gages attribués aux offices
de garde-scel et de contrôleur des dépens, et les rentes appartenant
au consulat sur les aides et gabelles; elle lui donna pour ces différents
soins la somme de huit cents livres par an.

Le consulat n'avait entrepris toutes ces réunions d'offices, ces acqui-
sitions de droits, que pour décharger les justiciables des frais énormes
qui leur incombaient, et il se mit immédiatement à l'œuvre. Avant
l'établissement du droit de vingt sols pour chaque signification de sentences et pareil droit de vingt sols pour chaque commandement, les
sentences de provision et celles de réception de caution ne se signi-
fiaient que par un seul acte, la première ne pouvant s'exécuter sans
l'autre. Les commis préposés à la perception ayant prétendu qu'il leur
était dû deux droits pour deux sentences différentes, bien qu'elles
fussent signifiées par le même acte, les huissiers avaient pris l'habitude de faire deux actes de signification. C'était un abus; la Compagnie

décida qu'il ne serait reçu qu'un droit de vingt sols pour la signification des sentences de provision et de réception de caution, et que les
huissiers ne feraient plus qu'une signification comme avant l'établissement du droit de vingt sols.

Les juge-consuls prirent sans doute beaucoup d'autres mesures
analogues; mais arrivèrent-ils au but qu'ils se proposaient d'obtenir
par tant de peines et de si lourds sacrifices? Il est malheureusement
certain que, malgré tous leurs efforts, ils ne purent jamais dégrever,
suivant leurs désirs, les justiciables des frais considérables qui pesaient
sur eux. De nouvelles décisions venaient incessamment détruire
l'œuvre qu'ils poursuivaient avec tant de persévérance Ainsi deux
édits des mois de février 1715 et janvier 1716 ordonnèrent que les
offices de garde-scel, greffier des présentations et des contrôleurs des
greffes, que le consulat venait de racheter, seraient réunis au domaine.
Les délibérations de la Compagnie font à peine allusion à ce fait important pour le consulat, et elles n'en parlent qu'au sujet des difficultés
que les consuls éprouvèrent à se faire payer par le Roi. Du reste, sauf
l'établissement en 1727 d'un droit de confirmation emportant une taxe
de quatre mille livres, dont le consulat ne put se faire décharger, les
procès-verbaux ne mentionnent plus de création de taxes nouvelles.
La Compagnie ne paraît occupée, dès cette époque, que du soin de
faire face à ses nombreux engagements et de sortir de sa déplorable
situation financière.

En résumé, le consulat a fini par demeurer propriétaire de son
greffe ancien; il s'est débarrassé de tous les particuliers pourvus d'offices, mais il lui faudra subir pendant tout le dix-huitième siècle les
droits levés au profit du Roi, sans espérance d'obtenir de ce côté-là
des réductions en faveur de ses justiciables. Le tableau suivant, apposé
dans la salle d'audience en 1767, montre comment se répartissaient à
cette époque les droits du greffe entre le Roi et le consulat :

Premier exploit, 1ʳ 6 s., dont appartient.	au Roi.	contrôle. . .	10 s. 6 d.
		papier.. . .	2 s.
	à l'huissier.		13 s. 6 d.
Présentation, 7 s. appartient.	au Roi.		
Appel de la cause, 2 s. 6 d.	à la juridiction.		
Ordonnance de défaut ou réassigné, 1ʳ 1 s., dont	au Roi.	ordonnance.	13 s. 6 d.
		papier.. . .	1 s.
	à la juridiction.		6 s. 4 d.

Exploit de réassigné, 1ᵗ 4 s., dont	au Roi	contrôle	10 s. 6 d.
		papier	1 s.
	à l'huissier		12 s. 6 d.
Appel de la cause, 2 s. 6 d.	à la juridiction.		
Expédition des sentences et des jugements par rôle, 3 s. 3 d., dont	à la juridiction	minute	1 s.
		grosse	1 s.
		signature	1 s.
	au Roi	papier de plumitif et grosse	3 d.
Émoluments des droits du greffe à raison de 2 sols par livre	au Roi.		
Commission pour assigner les marchands forains, 1ᵗ 0 s. 6 d., dont	à la juridiction pour expédition, signature		10 s.
	au Roi pour le scel		10 s. 6 d.
Scel des sentences au-dessus de 50ᵗ	au Roi		10 s. 6 d.
Au-dessus et jusqu'à 100ᵗ.			16 s. 6 d.
A 100ᵗ et au-dessus.			1ᵗ 12 s. 6 d.

Indépendamment de ces droits, le fermier du Roi percevait le contrôle des dépens taxés par les sentences à raison d'un sol pour livre.

Ce tableau, quelque peu modifié en 1768, fut totalement renouvelé en 1781 par suite d'augmentations très-sensibles dans les droits qui se percevaient pour le Roi. Les juge-consuls se sont bornés à constater ces augmentations de droits sans en dire la cause ni faire allusion aux réclamations qu'elles ont pu soulever de leur part. A peine est-il question, dans une ou deux délibérations, de difficultés avec le fermier du Roi, au sujet de prétentions plus ou moins légitimes exprimées par ce dernier. Là s'arrêtera donc un récit qui paraîtra sans doute trop long, mais qu'il était difficile d'écourter en raison de la place importante que les documents concernant la propriété du greffe tiennent dans les archives de la juridiction.

II.

On a vu que les juge-consuls avaient pour la première fois, en 1617, affermé le greffe à Michel Gèvres pour cinq ans, moyennant la somme de cinq mille livres. A ces conditions, Michel Gèvres devait jouir des fruits, revenus, et émoluments du greffe sous les diminutions et restrictions portées par le nouveau règlement, que les juge-consuls s'étaient engagés à publier. Il se chargeait de payer aux créanciers du consulat les rentes qui leur étaient dues pour sommes empruntées, tant à l'occasion du rachat des greffes, que pour tout autre emploi ; et il devait consacrer le surplus du prix de la ferme à amortir chaque année une partie déterminée du capital de ces rentes. Il lui était interdit de céder ou de transporter son bail à personne sans le gré et le consentement des bailleurs.

Michel Gèvres avait remplacé son beau-père Clercellier dans l'exercice du greffe. C'était ainsi qu'il avait loué, en 1613, pour neuf années, et au prix de quatre cents livres tournois, le local de la maison consulaire où ses bureaux étaient établis. Le bail des lieux occupés par lui fut prolongé de manière à finir en même temps que celui du greffe, le 30 juin 1622. Il fut enfin stipulé « qu'il fournirait comme cadeau, aux juge-consuls et à leurs successeurs, un flambeau de cire pure du poids de deux livres par chaque mois, et à chacun d'eux, pendant les mois d'octobre, novembre, décembre, janvier, pour les reconduire le soir, en leur maison, au retour du consulat. »

Jusqu'en 1634, le commis-greffier rendit son compte à la fin de chaque année, en présence des juge-consuls en charge, et de ceux qui venaient d'en sortir. A cette époque, on résolut d'appeler les anciens juges pour recevoir le compte, et aussi pour faire le bail du greffe ou de la maison consulaire. Cette mesure fut encore modifiée, en 1660, par une autre délibération. « Toutes les fois, dit le procès-verbal, qu'il s'agira de donner nouvelle commission, ou continuer celle qui pourrait avoir été faite pour l'exercice du greffe, cela ne pourra se faire sans y appeler les anciens juges, et en cas que lesdits anciens juges, avec les juge-consuls en charge, ne composent le nombre douze, il sera appelé des plus anciens consuls pour parfaire ce nombre. »

La commission de Michel Gèvres fut renouvelée plusieurs fois sans doute. Il exerçait encore en 1635, mais quelques années après il avait un successeur, Antoine Dupuis, qui mourut en 1643. Germain Verrier, commis au greffe, fut alors nommé principal commis. C'était l'année même où les juge-consuls opéraient de sensibles réductions dans les droits du greffe. Germain Verrier conserva l'emploi de com-

mis principal du greffe jusqu'à sa mort, arrivée en 1657. Trois des
clercs d'audience demandèrent alors à le remplacer. Germain Verrier
le fils avait pour lui les services de son père, et aussi les supplications
des deux autres clercs d'audiences, Jacques Verrier son frère, et Pierre
Bottée, son beau-frère. Les juge-consuls se décidèrent en sa faveur
« vu sa grande douceur et bénignité », et le nommèrent principal
commis pour achever le reste du bail de son père.

L'affaire, paraîtrait-il, n'était pas fort avantageuse, par suite du prix
élevé de la commission et des charges auxquelles le greffier était
obligé. En 1669 les frais dépassèrent la recette, et la Compagnie décida
qu'il serait fait remise à Germain Verrier de six cents livres, sur le
prix de sa commission. Vingt ans après, la situation n'était pas meilleure, et Germain Verrier, encore greffier, suppliait les juge-consuls
de réduire le prix de sa ferme, à cause des pertes que lui faisait souffrir la diminution du commerce. Il demandait, en même temps, qu'on
lui renouvelât son bail sous son nom et sous celui de son fils, ou du
moins qu'on permît à ce dernier d'avoir, conjointement avec lui, la
signature de toutes les expéditions qui se feraient dans le greffe. Les
juge-consuls désignèrent deux d'entre eux pour examiner les mémoires de Germain Verrier, et ils décidèrent que jusqu'à la fin du bail
de son père, Jean Verrier pourrait donner des signatures dont Germain
Verrier demeurerait garant. En 1691 le bail fut renouvelé à Germain
et à Jean Verrier.

En 1693, les deux commis greffiers représentèrent aux juge-consuls
que depuis quelques années les affaires avaient si fort diminué dans
la juridiction par la rupture du commerce avec les étrangers, et par
les deux établissements considérables des juridictions des marchés de
Sceaux, et de la maçonnerie, qu'il s'en trouvait une fois moins qu'auparavant, « et qu'au lieu de quatre à cinq cents causes qu'il y avait
très-souvent, il s'était trouvé, en 1692, peu de jours qui eussent été
jusqu'à deux cent cinquante, et beaucoup qui n'étaient pas allés jusqu'à deux cents, ce qui leur faisait un préjudice considérable. » Les
juge-consuls trouvèrent la réclamation fondée, et ils arrêtèrent qu'à
commencer du 1er janvier 1692, il serait accordé à Verrier père et
fils quatre cents livres chaque année par gratification.

Quel était donc le prix du bail à cette époque? Une délibération du
21 août 1714 nous l'apprend. Les juge-consuls avaient consenti à Jean
Verrier un bail de six mille cinq cents livres par an, à partir du

1er janvier 1712. Mais les affaires de la juridiction ayant continué à décroître, Verrier se trouva dans l'impossibilité de remplir ses engagements, et il eut recours à la bienveillance des juge-consuls, qui lui donnèrent, à titre de gratification, la somme de huit cents livres pour chaque année à courir jusqu'à la fin du bail. C'était en 1718 que la concession expirait. On la renouvela au prix de six mille livres, auxquelles s'ajoutaient sept cents livres et le montant de quelques autres charges imposées au procureur. Mais 1718 et surtout 1719 furent deux années très-mauvaises, et l'infortuné greffier dut encore implorer les juge-consuls, qui, cette fois, se bornèrent à lui accorder une gratification de cinq cents livres pour 1719 seulement.

Jean Verrier mourut le 17 juillet 1736. Plusieurs personnes se présentèrent aussitôt pour le remplacer, et, entre autres, un particulier qui proposait de passer bail du greffe pour six années, à raison de douze mille livres par an, aux charges et conditions des précédents baux, et avec l'engagement de conserver et maintenir les chefs du bureau du greffe aux mêmes appointements. Les juge-consuls auraient souhaité que leur greffe fût administré par quelqu'un de la famille Verrier, mais les frères du défunt firent savoir qu'ils ne pouvaient remplir la place au prix qu'on en offrait, malgré leur vif désir de la transmettre à leur neveu. Peut-être les juge-consuls auraient-ils fait un sacrifice en considération des services rendus par la famille Verrier, mais le premier président s'intéressait à la personne qui avait proposé de prendre le greffe pour douze mille livres. Il leur donna l'ordre de se transporter dans son hôtel, où il leur dit de ne rien faire jusqu'à ce qu'il les eût honorés d'une réponse, puis il leur fit écrire par son secrétaire « que le sujet qui avait fait sa soumission était une personne de mérite et dont il s'était fait informer; qu'il les engageait, du reste, à voir le procureur général ». Quelques jours après, la Compagnie s'assembla pour délibérer si on mettrait le greffe en régie, ou si l'on accepterait les offres du sieur Hubert Chauvin, avocat au Parlement et greffier de la Chambre du domaine et trésor au Palais. L'avis de la Compagnie fut qu'on passerait bail au sieur Chauvin en la manière ordinaire, moyennant la somme contenue dans sa soumission. De cette décision devait naître une longue série d'ennuis pour le consulat.

Dans le commencement, les choses ne laissèrent rien à désirer, et Chauvin, dès 1739, pria la Compagnie de lui renouveler son bail au même prix pour six ou neuf ans, à partir du 23 juillet 1742. La

Compagnie y consentit, mais, en 1742, Chauvin fit observer qu'un arrêt du Parlement, du 17 décembre 1736, lui avait ôté la jouissance des émoluments de trois places de clerc d'audience au profit des héritiers Verrier, et qu'un arrêt du Conseil, du mois de mars 1740, lui avait également retiré les présentations des demandeurs; il réclamait, en conséquence, une indemnité proportionnée à la perte qu'il avait faite à cette occasion. Mais Chauvin ne disait pas que pour l'indemniser du droit de présentation, la Compagnie l'avait autorisé à jouir du droit de réassigner, nouvellement établi au profit de la juridiction. Une partie de ses prétentions fut donc repoussée; pour l'autre, on décida de l'examiner dans une assemblée générale qui serait convoquée à cet effet.

Chauvin rédigea un mémoire sur la non-jouissance des droits qui lui avaient été cédés par son bail, et la Compagnie, d'après l'avis des juge-consuls en charge, décida qu'on lui accorderait une indemnité de seize mille livres, que le bail serait résilié, et qu'il en serait fait un autre pour neuf ans sur le pied de onze mille cinq cents livres, à partir du 1er février 1748; que si le sieur Théresse se retirait de la place qu'il occupait dans le greffe, le prix du bail serait porté à douze mille livres. Chauvin accepta et remercia même la Compagnie : il apposa sa signature au bas de la délibération, et le juge, sire Ballard, mit la sienne immédiatement au-dessous. La confiance que la Compagnie avait dans son greffier était si grande, qu'elle le laissait dépositaire du livre des délibérations. « Lorsqu'il fut question de renouveler le bail du greffe et qu'il fut nécessaire de recourir à la délibération sur laquelle avait été passé le dernier bail, on fut étonné de voir que le sieur Chauvin avait écrit au-dessous de la signature, et dans l'étroit intervalle qu'il y avait de la sienne à celle de sire Ballard, les mots *comme contraint et forcé*, et sur les reproches qui lui furent faits de cet abus de confiance, il mit en marge, le 27 janvier 1748, un désistement pur et simple de la protestation que ces mots pouvaient contenir et toutes autres, si aucune jamais il avait faite. »

Six ans après, en 1753, Chauvin demanda le renouvellement de son bail au prix de quatorze mille quatre cents livres; il proposait de se charger de la fourniture du bois, de la chandelle, de la cire, du papier, des plumes, de l'encre et des registres servant à la juridiction; d'abandonner au profit de celle-ci le loyer qu'il percevait du logement occupé par Théresse, d'avancer le payement des six derniers mois du bail qu'il terminait, enfin de payer exactement tous les mois le douzième dudit bail, comme aussi de se conformer aux règlements sur la perception des droits. La Compagnie accepta, en ayant soin de stipuler que Chauvin laisserait jouir Théresse de la partie du greffe qui était à son profit, et dont, en cas de mort, la juridiction deviendrait propriétaire.

Il semble résulter des offres mêmes de Chauvin, que la Compagnie avait à se plaindre de différentes irrégularités dans l'exercice du greffe. Il est, du moins, certain qu'en 1758 elle accueillit avec satisfaction le bruit de la retraite prochaine d'un greffier dont elle n'avait pas eu toujours à se louer. « Le premier but du siége, disait le juge sire Judde en faisant savoir à la Compagnie que Chauvin n'était pas dans le dessein de prendre un nouveau bail en 1760, avait été de mettre le bail en régie, à l'effet tant de voir pendant un certain nombre d'années le produit annuel dudit greffe, que de pouvoir mettre une réforme qui pût faire taire les plaintes du public, même de messieurs des six corps des marchands. Mais cette proposition, agitée déjà plusieurs fois, nommément à l'assemblée du 25 juin 1753, n'a jamais pu avoir lieu, tant pour la difficulté de trouver un régisseur fidèle et intelligent, que pour autres inconvénients qu'on y a probablement rencontrés dans ces temps-là et qu'on y rencontre aujourd'hui. » Dans ces circonstances, le siége proposait à la Compagnie d'accepter les offres de Théresse de la Fossée, et de l'un des postulants appelé Thomas, « reconnus par une longue suite d'années et de services en la juridiction pour gens remplis d'honneur et de probité, et qui lui rappelaient les temps de la régie de MM. Verrier, dont ils étaient parents. »

Théresse et Thomas, par leur soumission, s'obligeaient à se conformer aux conditions contenues dans le bail de Chauvin; ils faisaient un présent de douze cents livres pour servir au rétablissement et à la décoration de la salle d'audience, et se prêtaient à toutes les réformes que l'on voudrait établir. Ils demandaient un bail de six ou neuf années, à partir du 1er février 1760. L'adjudication du futur bail de la ferme du greffe leur fut accordée aux conditions énoncées par eux. De son côté, la Compagnie, après avoir examiné et discuté les titres constitutifs qui concernaient la charge de greffier en chef, les places de clercs et les greffiers des présentations depuis l'an 1563 jusqu'au 22 mars 1760, accordait aux deux adjudicataires la faculté de percevoir trois sols pour le droit de signature, et un sol pour le droit attribué à la place de clerc, lesquels trois sols avaient toujours appartenu au greffe de la juridiction.

A peine les nouveaux greffiers étaient-ils installés dans leurs fonctions, que les juge-consuls, presque tous les anciens et quelques particuliers, reçurent sous enveloppe un mémoire imprimé, signé Chauvin et daté du 29 janvier 1760. Sire Claude-Denis Cochin, s'adressant à la Compagnie assemblée par ses soins, lui dit « que la lecture de ce mémoire ne pouvait en donner d'autre idée que celle d'un libelle diffamatoire ; que l'auteur y parlait des premiers magistrats du Parlement avec une indécence répréhensible ; que le corps du consulat y était traité avec indignité ; qu'il était représenté comme ayant agi avec le sieur Chauvin de la manière la plus dure et la plus tyrannique, et taxé de l'avoir contraint de signer des actes ruineux, et d'avoir manqué à la bonne foi due aux promesses verbales les plus solennellement données, et aux stipulations des actes les plus authentiques, d'où l'auteur prétendait qu'il avait quitté la place de greffier sans avoir recueilli les fruits qui lui appartenaient en vertu du travail qu'il y avait fait ; que quelques membres ayant passé par les places, y recevaient des injures personnelles aussi graves que celles faites au corps, et qu'un d'entre eux, dont la mémoire était respectable, y était insulté désignément, et sur des choses étrangères au débat. »

Chauvin alléguait que, dès les années 1744 et 1748, il avait protesté contre tout ce qui pouvait être à son préjudice dans les baux passés avec le consulat. — L'on en doit conclure, ajoutait sire Cochin, que dès lors il avait dessein de se ménager un recours contre des actes qu'il a lui-même sollicités, et en cela il ne montre ni capacité, puisqu'il n'a pas senti l'insuffisance du prétendu recours, ni droiture, puisqu'il a lui-même recherché la place de greffier et a sollicité de nouveaux baux, longtemps même avant l'expiration de ceux dont il jouissait. Et, à cette occasion, sire Cochin crut devoir raconter à la Compagnie l'anecdote concernant l'intercalation des mots : *comme contraint et forcé* dont il a été parlé plus haut, anecdote qui, suivant lui, ne prouvait pas la candeur et la bonne foi du sieur Chauvin. — Analysant les délibérations qui avaient réglé les conventions faites avec Chauvin pendant les vingt-quatre années qu'il avait exercé le greffe, sire Cochin démontra qu'on n'avait jamais promis à Chauvin de ne pas augmenter son bail, et qu'il avait toujours concouru librement aux conditions stipulées, puisqu'il avait lui-même écrit presque toutes les délibérations qui les lui avaient accordées.

« L'étonnement, rapporte le procès-verbal, et l'on peut dire l'indignation que ce mémoire a fait naître, subsistait dans toute sa force, et le siége songeait à assembler la Compagnie pour prendre ses avis sur le parti qu'elle jugeait convenable, afin d'obtenir les réparations d'une pareille insulte, lorsque sire Cochin informa Messieurs du siége qu'il venait de recevoir par la poste une lettre, en date du 4 du présent mois, adressée au siége, écrite et signée dudit sieur Chauvin, qui contient son désaveu formel du contenu audit libelle ; elle est conçue dans ces termes :

« MESSIEURS,

» J'apprends par plusieurs de Messieurs, que le mémoire que j'ai
» eu l'honneur de vous présenter vendredi dernier n'avait pas été
» approuvé ; je l'ai relu au village où je suis, et je le désavoue, et vous
» en fais mes très-humbles excuses.

» Comme je n'en ai débité qu'à la Compagnie, il m'en reste encore
» quarante. J'offre de brûler le tout devant vous, si vous voulez bien
» me faire la grâce de me remettre les exemplaires qui sont entre vos
» mains ; n'ayant aucune envie d'en faire jamais usage, et qu'il n'en
» soit plus question, reconnaissant dès à présent que je n'ai pas dû
» faire une pareille sottise, et que je suis prêt de la réparer comme
» vous l'ordonnerez.

» Je suis avec un très-profond respect, Messieurs, votre très-humble
» et très-obéissant serviteur.

                                        » *Signé :* CHAUVIN.

» De Bourg-la-Reine, le 4 mars 1760. »

Ensuite est un post-scriptum qui dit : *humanum est errare,* criminosum *perseverare.*

Une autre lettre, adressée à l'un des consuls, confirmait la précédente.

La Compagnie eut à délibérer si elle aurait recours aux voies les plus sévères contre le sieur Chauvin, ou si, usant d'indulgence en faveur de vingt-quatre années de services, elle se contenterait des désaveux contenus dans les deux lettres. Elle opta pour ce dernier

                                                           10.

parti : « mais pour que les voies de douceur auxquelles la Compagnie
s'était résolue ne pussent lui préjudicier en quoi que ce fût, on arrêta
que le libelle serait paraphé par les juge-consuls en charge, sur tous
les feuillets et signé par eux avec ces mots : *ne varietur ;* que les
deux lettres seraient également paraphées, et que le tout serait mis
en un même paquet cacheté du sceau de la juridiction et déposé chez
le notaire, pour n'être rendu que sur une délibération des consuls en
place et des anciens juges et consuls. » Ainsi fut terminée la seule
contestation sérieuse que le consulat ait eue avec un de ses greffiers.
L'entente fut parfaite avec les successeurs de Chauvin.

Le bail de Théresse de la Fossée et de Thomas expirait en 1766. Ils
demandèrent à le renouveler pour neuf années, avec faculté pour Thomas de s'associer son fils, l'un des clercs au plumitif, le tout aux mêmes
prix, clauses et conditions que celles énoncées au bail dont ils jouissaient, à l'exception des douze cents livres de pot-de-vin données pour
la décoration de la salle d'audience. La Compagnie fit droit à leur
requête et leur accorda un bail de six ans. En 1769, elle consentit à un
nouveau bail devant commencer en 1772, sur le pied du bail précédent,
à la condition que les greffiers se conformeraient au règlement de 1715
pour le nombre de lignes et de mots qui devaient être dans chaque
page, ainsi qu'aux intentions des juge-consuls en place pour le style des
sentences. L'année suivante, la Compagnie autorisa Marquis (François-
Thomas) à s'associer son beau-frère, Jean-Baptiste-Quentin Boutard,
ci-devant greffier de la chambre du conseil du Châtelet. Il fut entendu
que le sieur Boutard serait obligé solidairement, tant au bail qui restait
à expirer qu'à celui qui devait commencer en 1772, sans que les intérêts de Théresse de la Fossée pussent en souffrir quelque préjudice.

Cependant, en 1772, les affaires étaient augmentées de presque
du double, et les juge-consuls comprirent quel inconvénient il y avait
à traiter de la ferme du greffe trop longtemps avant la fin du bail
courant. Ils convinrent alors de prier les anciens de ne jamais permettre qu'aucun bail fût renouvelé ou promis plus de six mois ou d'un
an avant le terme du précédent, et de se faire représenter, avec le dernier acte, les états des causes portées devant le tribunal. Conformément à la décision prise par la Compagnie, les trois greffiers en chef,
Théresse de la Fossée, Thomas et Boutard, demandèrent au siège, en
1777, de leur faire un nouveau bail, à partir de 1778. Le prix de la
ferme fut fixé à seize mille livres, mais il fut stipulé que si le sieur

Théresse de la Fossée venait à mourir avant la fin du bail, le prix aug-
menterait de deux mille livres, et que, moyennant cette somme, les
sieurs Thomas et Boutard pourraient disposer de la place de clerc d'audience appartenant au sieur Théresse, en faveur des deux frères de
Thomas, et, en outre, de la portion possédée par le sieur Théresse
dans le greffe, sans que pour cela les sieurs Thomas frères fussent
autorisés à prendre le titre et la qualité de greffiers en chef.

Théresse de la Fossée mourut, en effet, le 21 mars 1783. Le moment
était venu de penser au renouvellement du bail pour 1784. Marquis-
François-Thomas d'Aulney et Jean-Baptiste-Quentin Boutard formu-
lèrent leur demande. Les juge-consuls, suivant les conventions précédentes, fixèrent le prix de la ferme à dix-huit mille livres, en spécifiant
que les deux greffiers en chef demeureraient chargés de fournir et
d'entretenir toutes les lumières et les chauffages pour quelque occasion
que ce fût; de fournir le papier, les plumes, l'encre, pour tel usage
que ce pût être; de faire relier les minutes, de payer tous les ports de
lettres, de supporter une augmentation de cinquante livres par an sur
le loyer des lieux qu'occupait Théresse de la Fossée, et qu'ils se sou-
mettraient aux clauses ordinaires portées jusqu'alors dans les baux. En
même temps, Maximilien-Bon-Thomas de Saint-Bon fut reçu comme
adjoint de son frère, sans qu'il pût prendre le titre de greffier. Le bail,
fait pour six ans, expirait en 1790.

Boutard s'était-il retiré, était-il décédé? Toujours est-il qu'au mois de
novembre 1789 ses deux beaux-frères, Marquis-François-Thomas d'Aulney et Bon-Maximilien-Thomas de Saint-Bon, tous deux greffiers en
chef, demandèrent au siége de leur renouveler le bail du greffe pour
six années, aux clauses énoncées dans le bail dont ils jouissaient. Le
juge et les consuls en charge présentèrent leur requête à la Compagnie,
mais celle-ci arrêta que, attendu les circonstances, il n'y avait pas à
délibérer, et que, dans tous les cas, les deux greffiers jouiraient de leur
bail par tacite reconduction, jusqu'à ce qu'il en fût autrement décidé.
Les prévisions des juge-consuls ne les trompaient point; l'année suivante, la juridiction était supprimée, et le greffe échappait au tribunal
avec tous ses priviléges.

III.

La matière ne serait pas complétement traitée, si l'on omettait de
parler des clercs d'audience. Pendant longtemps, il n'y eut que trois

clercs au greffe; mais, vers 1645, Germain Verrier, principal commis, y fit entrer ses deux fils, François et Jacques Verrier, ce qui porta le nombre des clercs d'audience à quatre. Les deux autres clercs, Lambert et Laurent Ricourt en témoignèrent leur mécontentement dans plusieurs circonstances. Ainsi Lambert se plaignit de ce que Germain Verrier recevait seul tous les actes de cautionnement, et autres actes volontaires qui se passaient au greffe, et n'abandonnait ce soin à son fils aîné, et, à défaut de celui-ci, à lui, Lambert, que lorsqu'il était obligé de s'absenter; qu'en outre, le commis principal ne lui donnait qu'une partie des émoluments payés à Verrier fils, alors que celui-ci avait l'avantage de se nourrir chez son père. Les juge-consuls intervinrent pour décider qu'en l'absence du commis principal, Verrier fils et Lambert recevraient indifféremment les sentences et actes de caution, et que Lambert serait conservé dans sa charge aux droits dont il avait joui précédemment. Mais Lambert avait mauvais caractère, ainsi qu'on le verra plus tard; aussi lui fut-il enjoint de porter tout honneur et respect au sieur Verrier, comme au principal commis dépendant des juge-consuls.

En 1649, Lambert revint à la charge avec son collègue Laurent Ricourt. Germain Verrier venait d'adjoindre aux quatre clercs d'audience son gendre, Pierre Bottée. Les deux plaignants prétendirent que, suivant arrêt des juge-consuls, il ne devait plus y avoir que quatre clercs, et que la nomination d'un cinquième leur préjudiciait au point qu'ils ne pouvaient plus gagner assez pour se nourrir. Verrier, appelé par les juge-consuls, représenta qu'aucune résolution ne limitait à quatre le nombre des clercs d'audience, et qu'au contraire, il lui était loisible, d'après son contrat, de faire exercer les places de clercs par telles personnes qu'il voudrait; que Lambert et Ricourt lui devaient leur place, et qu'il y avait mauvaise grâce et ingratitude de leur part à vouloir l'empêcher d'introduire ses enfants dans le greffe, alors surtout qu'il pouvait les déposséder de leur emploi, si bon lui semblait; que, d'ailleurs, ils ne se rendaient pas assidûment au greffe, et qu'ils recevaient les actes volontaires sur des feuilles volantes, au préjudice du public et au détriment de ses propres intérêts; qu'enfin, ils ne lui avaient tenu aucun compte des droits et émoluments des actes qu'ils avaient passés depuis qu'il était en charge. Non-seulement les juge-consuls repoussèrent les prétentions de Lambert et de Ricourt, mais ils prirent des mesures pour satisfaire aux plaintes de Verrier.

Quelques années après, l'un des fils Verrier étant mort, François Lambert et Laurent Ricourt crurent l'occasion favorable pour demander de nouveau que le nombre des clercs fût réduit à quatre; mais ils échouèrent encore devant la résistance de Germain Verrier, qui fit admettre un autre de ses fils, Germain Verrier, comme clerc d'audience. Germain Verrier père mourut, à son tour, en 1657. Son fils, Germain Verrier, ayant été choisi pour le remplacer, à l'exclusion de Lambert et de Ricourt, les juge-consuls décidèrent que le nombre des clercs ne dépasserait jamais cinq, y compris le commis principal, et que les deux premières places vacantes seraient supprimées et réunies aux trois autres.

Loin de se montrer satisfait, Lambert recommença la lutte avec Verrier fils, en réclamant de nouveau le registre des actes volontaires. Les juge-consuls repoussèrent ses prétentions; néanmoins, il continua de recevoir et d'expédier des actes de caution quand Verrier était au greffe. La querelle s'envenima si bien, que Verrier se vit dans la nécessité de s'adresser aux consuls pour faire défendre à Lambert d'user envers lui, et contre la mémoire de son père, d'injures atroces et scandaleuses, comme il avait déjà fait. On s'expliqua devant la Compagnie; celle-ci donna tort à Lambert, et se contenta de lui enjoindre de vivre, à l'avenir, en bonne intelligence avec Verrier et de lui porter honneur et respect. Lambert promit, sans doute, ce qu'on lui demandait; mais il avait l'âme rancunière, et il était peu disposé à renoncer à ses chicanes. En 1658, on le voit se plaindre de ce que Verrier refusait de signer plusieurs sentences portant provision de sommes excédant mille livres, contre des particuliers de la campagne, lesquelles contenaient la présentation et la réception de caution. Verrier fut obligé de venir expliquer aux juge-consuls que, de tout temps, l'acte de soumission de caution avait été séparé de la sentence dans le cas dont il s'agissait. En 1661, Lambert prétendit que Verrier le troublait dans ses fonctions, en l'empêchant de recevoir les actes qui se passaient volontairement au greffe, et de délivrer des commissions lorsqu'il en était requis. Verrier se borna à demander qu'on défendît à Lambert de l'injurier, et de contrevenir tous les jours, comme il le faisait, aux résultats et aux ordonnances des consuls, et la plainte n'aboutit qu'à la confirmation des précédents résultats.

En 1666, François Lambert, s'intitulant seigneur de Saint-Fargeau, adresse aux juge-consuls une requête contre Germain Verrier, accompagnée d'un mémoire. Il s'agit encore d'un conflit d'attributions.

Lambert, le plus ancien clerc de l'audience, ne peut se soumettre aux ordres de Verrier; il veut un registre distinct de celui du commis principal pour recevoir, aussi bien que lui, toutes les sentences, du consentement des parties, actes de caution, affirmations, enquêtes, commissions et autres actes. De son côté, Verrier demande la suppression du mémoire de Lambert comme injurieux, atroce, scandaleux et diffamatoire contre l'honneur et la réputation de sa famille. Les juge-consuls ordonnent, en effet, la suppression du mémoire, défendant à Lambert de prendre la qualité de commis, réitèrent leurs prescriptions à l'égard de la réception des actes passés hors jugement, et, dans leur bienveillance vraiment surprenante, admonestent encore Lambert de vivre, à l'avenir, en paix, amitié et bonne intelligence avec Verrier.

Peines perdues! le temps n'amortit pas le ressentiment de Lambert. D'après les baux passés à Verrier, de 1657 à 1665, celui-ci devait payer annuellement à Lambert et à Laurent Ricourt trois cents livres pendant le cours de chaque bail, et à Pierre Bottée cent livres, jusqu'à ce que l'une des places de clercs fût supprimée par la retraite ou la mort d'un des titulaires. La somme de sept cents livres devait alors être éteinte et amortie au profit du consulat, à qui le commis principal s'engageait à en faire compte. En 1667, Laurent Ricourt mourut; les autres clercs profitèrent de la suppression de sa place, et, pendant le restant du bail, la somme de sept cents livres, qu'ils avaient touchée jusque-là, fut attribuée au consulat. Cette affaire était terminée depuis longtemps, lorsqu'en 1683, Lambert présente une requête, dans laquelle il dit avoir droit à une somme de trois cents livres par an, sa vie durant. Les juge-consuls, après s'être fait montrer les baux, la dernière quittance de Lambert en 1667 et les comptes rendus par Verrier de 1667 à 1672, déboutent Lambert de sa demande et ordonnent la suppression de sa requête; mais Lambert fait rédiger par un notaire un acte de protestation, tant contre les juge-consuls que contre Germain Verrier. Suivant lui, Verrier ne lui a rien donné depuis les années 1659, 1660 ou 1661, et il déclare qu'il va s'inscrire en faux contre les quittances qui lui ont été montrées et contre les autres prétendues quittances que Verrier aurait fait voir aux juge-consuls.

Cependant Lambert se rendait toujours au tribunal pour tenir l'audience, et, le 12 novembre 1683, il eut avec les juge-consuls, dans la chambre du conseil, une explication qui fut pour lui l'occasion d'une nouvelle protestation notariée. Lambert y déclarait que les juge-consuls ne lui avaient jamais fait voir, avant le 12 novembre, que deux quittances, et encore précipitamment, comme il allait à sa fonction; que, le jour même, on lui en avait bien représenté dix, mais qu'on avait voulu lui en arracher la reconnaissance par des violences et des menaces. Il n'avait pas beaucoup examiné les quittances, et s'était borné à répondre qu'il n'avait rien à dire contre elles; il protestait, par conséquent, contre toute interprétation donnée par les juge-consuls à ses paroles, et entendait qu'elles ne pussent nuire à l'inscription en faux qu'il prétendait poursuivre.

Quelques jours après, Germain Verrier reçut la signification de deux actes faisant mention de l'inscription en faux que Lambert se proposait de former contre onze quittances, de diverses écritures, lettres bâtardes et autres, et la sommation d'avoir à les déposer au greffe du Châtelet.

Sur l'avis de M. Robert, avocat de la juridiction, Verrier répondit par une protestation de nullité contre les actes qui lui étaient signifiés, « attendu qu'il n'y avait pas de procès entre lui et Lambert; que la représentation des quittances s'était faite de la main à la main, sans procédure, et que quand Lambert aurait formé quelque demande dans laquelle Verrier dût produire les quittances, il y satisferait; mais que, pour le moment, les sommations à lui faites étaient prématurées. »

En même temps, les consuls suspendaient Lambert de ses fonctions de clerc d'audience et se hâtaient de réunir les anciens. Ceux-ci arrêtèrent d'une voix unanime que Lambert passerait un acte par-devant notaire, par lequel il déclarerait avoir agi inconsidérément, et énoncé dans les actes signifiés par lui des faits contre la vérité; qu'il prierait la Compagnie de l'excuser et de le remettre dans la fonction de son exercice; que mention serait faite de ces résolutions en marge des minutes des actes signifiés; que les grosses de ces actes, l'original de la signification et de la sommation seraient lacérés et biffés, et que jusqu'à ce qu'il eût satisfait à ces conditions, Lambert serait interdit de ses fonctions de clerc d'audience.

Lambert fit l'acte de soumission qu'on exigeait de lui. Il avouait le tort qu'il avait eu de faire des actes de protestation, et de les signifier avec sommation; mais il n'entendait pas pour cela renoncer à ses prétentions. En effet, Verrier fut assigné à comparaître par devant les juge-consuls. Lambert réclamait par sa requête le payement de la somme de trois cents livres par an, de 1660 ou 1661 jusqu'au jour où Verrier avait dû passer cette somme au compte du consulat; il réservait la faculté de s'inscrire en faux contre plusieurs des quittances, et priait les juge-consuls de lever l'interdiction prononcée contre lui, de lui permettre d'exercer sa commission, de lui faire justice de ses audiences depuis le 12 novembre, et d'ordonner la restitution à son profit des émoluments d'expéditions desdites audiences, par ceux qui les avaient reçus.

Verrier mit sous les yeux des juge-consuls neuf quittances datées de 1658 à 1667, que Lambert, après les avoir mûrement considérées et à loisir, reconnut avoir été écrites et signées de sa main. La production de ces pièces, l'examen des baux et des comptes du greffier suffirent pour éclairer les juges, qui, par une sentence du 12 janvier 1683, déboutèrent Lambert de toutes les demandes faites à Verrier, même au sujet des émoluments reçus pendant son interdiction.

Ainsi se termina pour le moment cette longue affaire : Lambert fut réintégré dans sa place; mais il était écrit qu'il devait finir un jour par lasser la longanimité des juge-consuls.

En 1688, la femme d'un marchand de Pontoise vient, tout éplorée, se plaindre aux juge-consuls des faits suivants : Ayant obtenu du consulat quelques sentences au profit de son mari, elle en avait commandé l'expédition à Lambert, et lui avait laissé pour arrhes trente sols, plus dix sols pour son clerc; mais le postulant de son mari ayant de son côté payé à Lambert ce qui lui était dû pour son droit, ainsi que la gratification destinée au clerc, la plaignante avait dû redemander à Lambert les quarante sols qu'elle lui avait donnés. Celui-ci prétendant n'avoir reçu que trente sols, une discussion s'était engagée, dans laquelle Lambert « s'élevant de parole et se mettant en colère contre elle, l'avait traitée d'ivrognesse, de vilaine et autres injures que la bienséance ne lui permettait pas de réciter. » Lambert, mis en présence de la plaignante, convint de lui avoir dit quelques paroles, mais seulement après avoir été appelé par elle banqueroutier, et il soutint n'avoir reçu que trente sols. — La femme répondit qu'elle n'avait pu s'empêcher de lui dire qu'il était un banqueroutier, en entendant toutes les injures scandaleuses qu'il lui prodiguait, et elle affirma par serment qu'elle avait bien donné quarante sols.

Les juges, en conséquence de cette affirmation, condamnèrent Lambert à rendre les quarante sols, et ils ajoutèrent qu'il serait contraint au payement de cette somme par toutes voies dues et raisonnables. — Alors Lambert, que les leçons de l'expérience n'avaient pas rendu plus sage, « avec un geste de mépris, nous mocquant, hochant et branlant la tête avec audace, plein de feu, aurait dit : Qui est celui qui le ferait payer, et sur ce que nous lui avons dit de se contenir dans la bien-séance, de porter honneur et respect à la justice et au siége, aurait réitéré les hochements de tête, et dit qu'il ne rendrait point les qua-rante sols. »

Les juge-consuls convoquèrent immédiatement les anciens pour le lendemain, afin de leur faire savoir les irrévérences commises par Lambert. Les avis furent partagés. Les uns voulaient exclure entière-ment Lambert de ses fonctions, les autres pensaient qu'il lui fallait pardonner encore une fois, et pour le tenir à l'avenir dans le respect, l'interdire pendant six mois. La Compagnie décida qu'il serait interdit pour trois mois, et qu'il ne pourrait être rétabli dans sa place qu'après en avoir prié les juge-consuls. — Lambert fit aussitôt un acte de sou-mission et de pardon. L'interdiction de ses fonctions lui causait un grand préjudice, et il priait très-humblement le consulat de lui par-donner les emportements qu'il avait eus et le peu de respect qu'il avait montré, promettant de ne plus retomber en pareille faute. L'in-dulgent tribunal, satisfait de cette démarche, autorisa Lambert à reprendre ses fonctions; mais il ne devait pas tarder à s'en repentir. Dans l'année même, François Lambert fit revivre la vieille querelle des quittances, que l'on devait croire à tout jamais terminée. Il alla jusqu'à présenter au Parlement une requête dans laquelle, à plusieurs reprises, il traitait de faussaire Germain Verrier. — La Compagnie se fit alors donner de nouvelles explications par Verrier qui produisit les quittances dont Lambert avait déjà signé la reconnaissance en présence des anciens juges et consuls. Lambert, obligé de revenir sur ses déné-gations, déclara qu'il était prêt de passer arrêt sur sa requête. — C'était le 3 août; le 6, les juge-consuls firent venir Lambert dans la chambre du conseil et lui demandèrent s'il avait fait dresser l'arrêt qu'il avait offert de passer sur la requête présentée à la cour contre Germain Verrier. « Alors, dit le procès-verbal, Lambert nous aurait demandé quel arrêt? Nous lui avons répondu : en conséquence de la reconnaissance par lui faite des quittances par lui données à Verrier, desquelles il se plaignait par ladite requête. Icelui nous a dit qu'il n'avait point d'arrêt à passer, que ledit Verrier étant assigné à la cour, il pouvait y répondre, si bon lui semblait. » Sur cette repartie, les juge-consuls ordonnèrent à Lambert de se retirer, en lui annonçant

qu'ils le destituaient. La justice était tardive, mais enfin elle était
venue. On ouvrit en présence de Lambert ses bancs, armoires et
tiroirs, et tous les papiers concernant les expéditions du greffe furent
remis à Verrier avec les clefs; en outre, Verrier, commis principal,
fut investi de la place de clerc d'audience, pour en jouir et l'exercer
tant qu'il plairait au consulat.

Tous les clercs d'audience, heureusement pour le consulat, n'étaient
pas d'humeur aussi difficile que François Lambert, seigneur de Saint-
Fargeau. La plupart étaient fort soumis et attendaient tout de la bienveillance du consulat.

On vient de voir que les juge-consuls accordaient parfois une ou
deux places de clercs à leur commis-greffier, qui faisait exercer ces
places sous sa responsabilité par ses fils ou par d'autres parents. Parfois les titulaires demandaient aux juge-consuls d'accorder la survivance de leur place à leurs fils, frères ou neveux, ou bien ils se
démettaient de leur commission en faveur d'un parent, en se réser-
vant la faculté de la reprendre si celui-ci venait à mourir. C'est ainsi
que pendant de longues années les places de clercs furent occupées
par des membres de la famille Verrier, qui se transmettaient leur
emploi avec l'assentiment de la Compagnie.

Les juge-consuls veillaient toujours à ce que le nombre de quatre
clercs d'audience en dehors du commis principal ne fût pas dépassé.
En autorisant, le 17 décembre 1686, Germain Verrier, le commis
greffier, à faire exercer par son fils Jean la place de clerc qu'ils lui
avaient accordée, les juge-consuls eurent bien soin de stipuler que
Germain Verrier ne pourrait exercer une cinquième place de clerc.
En 1692, un clerc nommé Forrest étant décédé, les juge-consuls
venaient de donner sa place à Germain Verrier, fils du principal commis, quand le président à mortier Talon et l'avocat général de Lamoignon, qui s'intéressaient au fils de Forrest, les prièrent de recevoir ce
dernier en qualité de clerc d'audience. Jugeant également impossible
de revenir sur leur délibération et de créer une cinquième place de
clerc, les consuls arrêtèrent, pour être agréables aux susdits magistrats,
que Forrest fils monterait lorsqu'il serait à l'audience, à côté du greffier, sans robe ni toque, et qu'il écrirait sur des feuilles volantes les
jugements et sentences prononcés, afin qu'au bout d'un certain temps
on pût juger de sa capacité ou de son incapacité. L'épreuve fut favorable, et l'on promit à Forrest fils la première des quatre places de
clerc qui viendrait à vaquer.

Quand Hubert Chauvin prit à bail la ferme du greffe, en 1736, son premier soin fut de se débarrasser des membres de la famille Verrier qui lui portaient ombrage. Il prétendit que Marquis Verrier et Pierre Théresse, frère et neveu du défunt greffier, étaient inutiles, et qu'il pourrait exercer par lui-même leurs places. Un seul chef de bureau lui suffisant pour remplir avec exactitude le service du greffe, il consentit à conserver à ce titre le sieur Jean-Étienne Poisalolle, autre neveu de Verrier. Les juge-consuls accédèrent à la demande de leur greffier et remercièrent de leurs services les deux clercs d'audience ci-dessus désignés. Mais l'affaire n'en devait pas rester là. Le Parlement ayant été saisi de la réclamation des clercs évincés, les juge-consuls décidèrent de faire des remontrances au procureur général sur la liberté et le droit où ils avaient toujours été de commettre à leur greffe telles personnes qu'ils voulaient; cependant, soit qu'on exigeât d'eux la réintégration des clercs dans leur place, soit qu'on leur réclamât des indemnités, il est certain que les juge-consuls se virent obligés de faire des concessions. L'affaire fut conciliée par les soins de l'avocat de la Compagnie, que le premier président avait engagé à travailler, à cet effet, avec un avocat au Parlement.

Pierre Théresse demeura clerc d'audience, et par la suite devint greffier en chef; quant à Étienne Poisalolle, il fut moins heureux; conservé d'abord comme chef de bureau par Chauvin, il encourut bientôt sa disgrâce. Poisalolle n'avait jamais été clerc d'audience; il était simplement minuteur de sentences; il avait tenu la plume à l'audience pendant la maladie et après la mort de Jean Verrier, et il avait continué de le faire, gardant les émoluments qui lui revenaient de ce chef. Au dire de Chauvin, il ne s'acquittait en aucune manière de son devoir, se donnant totalement au négoce et faisant des entreprises, « contractant des dettes en lettres de change et billets à ordre, pour raison de quoi il y avait nombre de condamnations contre lui. Il ne venait que rarement au greffe, et bien loin d'y être utile, il en empêchait les expéditions, qu'il faisait la plupart du temps au cabaret, où il portait les minutes, plumitifs et liasses d'exploits »; il était même sorti de Paris furtivement depuis quelques jours, ayant vendu sa prétendue place à un jeune homme de seize ans, incapable de la remplir, laissant les papiers du greffe en mauvais état et la plupart dispersés et égarés. Poisalolle fut donc congédié, et les juge-consuls confirmèrent à Chauvin le droit que lui accordait son bail, d'exercer seul les fonctions du greffe, sauf à se faire aider dans ce qu'il ne pourrait pas faire, par telles personnes qu'il choisirait et que néanmoins il présenterait au consulat.

Les clercs d'audience, ou plutôt les commis chefs de bureaux, furent désormais nommés dans ces conditions. Le nombre en avait été relevé à cinq pendant la gestion de Chauvin. Un d'eux, le sieur Sautreau, s'étant trouvé dans l'impossibilité de faire le service de l'audience et du greffe, à cause de son grand âge, Thomas, l'un des greffiers en chef, demanda, en 1762, qu'il fût révoqué mais non remplacé. En agissant ainsi, dit-il, on ranimera le zèle des quatre commis chefs de bureau restant, et l'on pourra, en prélevant sur chacun d'eux une somme de cent livres par an, former au sieur Sautreau une pension viagère de quatre cents livres.

A cette époque, l'usage s'était introduit de désigner des clercs d'audience surnuméraires, avec promesse d'obtenir la première place vacante. Ainsi avait-on fait, en 1756, pour Pierre-Reine Petit-Jean, employé au greffe depuis onze ans, Jean-Baptiste Rainfroy, en 1757, Jean Lobjois, en 1775, Pierre-Joseph Bourdin, en 1781, Jean Jacquet, en 1786, et plusieurs autres obtinrent la même faveur. Les clercs introduits, à différents titres dans les bureaux de la juridiction étaient devenus plus nombreux qu'il n'était nécessaire, et l'attention du Collége fut plusieurs fois éveillée sur ce sujet. A la fin, des abus ayant été signalés, deux juges furent désignés pour en faire rapport au siége, mais les graves événements qui survinrent rendirent leur enquête inutile.

CHAPITRE SEPTIÈME.

Il est impossible, à défaut des comptes des juge-consuls, d'établir
exactement quelles étaient, à différentes époques, les ressources de la
juridiction. On peut voir seulement par les délibérations de la Compagnie que le consulat tirait principalement ses revenus de la ferme
du greffe et de la location des maisons qu'il avait acquises. Quand des
offices furent créés dans la juridiction, le consulat qui les avait
achetés jouit des gages qui y étaient attribués. Ajoutons qu'il employait les fonds dont il pouvait disposer en achats d'augmentations de
gages, ou de rentes sur les tailles, les aides et gabelles, et l'hôtel
de ville.

C'étaient le juge et en cas d'absence seulement les consuls qui gé-
raient les biens, tenaient les comptes, avaient la clef de la caisse et
celle des archives. Pendant longtemps, le greffier avait fait les recettes
et les dépenses annuelles des revenus de la juridiction, mais, en 1745,
Chauvin avait prié les consuls de le décharger de ce soin, et dès lors
il avait été décidé que la recette et la dépense seraient faites par un
de Messieurs du siége.

Les comptes se rendaient annuellement en septembre. On avait
décidé, en 1703, qu'on les examinerait en même temps que ceux
du greffier, afin d'éviter des frais, mais on fut obligé de revenir aux
anciens usages, parce qu'alors les comptes se rendaient trop tard.
En 1749, il fut arrêté que la reddition du compte annuel aurait lieu
dans la quinzaine au plus tard après l'installation du siége des nouveaux consuls.

L'assemblée chargée de vérifier les comptes se composait des
anciens juges; mais, en 1694, on convint que les juge-consuls en
charge et ceux de l'année précédente seraient seuls présents. Par la
suite, le nombre des personnes admises fut sans doute augmenté, car

on voit convoquer, en 1743, les anciens consuls qui s'étaient excusés de ne pas accepter la place de juge. Le compte approuvé, on en remettait un double au juge qui l'avait rendu : par la suite, les juge-consuls en exercice furent autorisés à donner quittance et décharge valable au juge, et, en 1756, tous les juges qui avaient conservé les doubles de leur compte furent invités à les rapporter pour recevoir en échange pareille décharge.

Bien que le soin des affaires du consulat leur fût confié, les juge-consuls n'étaient pas autorisés à pourvoir seuls au bail du greffe, à la location des maisons appartenant au consulat, aux emprunts, aux demandes à fin de diminution de taxe, etc. Il a été dit déjà qu'une délibération de la Compagnie était nécessaire pour leur permettre de faire ces différents actes d'administration :

« Que quand il sera question de faire nouveau bail du greffe et de la maison commune des marchands, à l'avenir lesdits sieurs anciens juges y seront appelés, afin d'autoriser davantage les baux. » Tels sont les termes d'une délibération du 7 février 1634. Une autre, du 17 janvier, dit :

« Advenant que par mépris du présent règlement, les juge-consuls qui seront lors en charge continuassent et fissent nouveau bail ou baux des choses susdites, sans appeler lesdits juges et consuls, jusques au nombre de douze, en ce cas, dès à présent, comme pour lors, tel bail ou baux sont déclarés nuls, et les juge et consuls qui les auront faits, tenus en leurs propres et privés noms de tous dépens, dommages et intérêts qui en pourraient arriver, et d'en acquitter le consulat, et permis aux anciens juges et consuls de s'assembler en la maison consulaire, à tel jour et heure que bon leur semblera, pour en faire passer autre bail et baux à telles personnes et pour le temps et prix qu'il sera advisé entre eux. »

Enfin, un résultat du 29 janvier 1660 ajoute : que quand il s'agira de donner nouvelle commission ou continuer celle qui pourrait avoir été faite pour l'exercice du greffe de la juridiction consulaire, cela ne se pourra faire sans y appeler les sieurs anciens juges, et en cas que lesdits sieurs anciens juges avec les juge et consuls en charge ne composent le nombre de douze personnes, il sera appelé des plus anciens consuls pour parfaire icelui nombre. Il est à remarquer aussi que, au moins dans les premiers temps, toutes les démarches décidées au sujet du greffe ou de la maison consulaire furent faites tant au nom des juge-consuls qu'au nom des maîtres et gardes des six corps. C'était une marque de déférence que les juge-consuls donnaient aux marchands de Paris qui avaient payé la maison consulaire au moyen d'une contribution levée sur eux, suivant les prescriptions de l'édit de 1563.

Lorsqu'en 1617 les juge-consuls rachetèrent le greffe et se trouvèrent obligés d'emprunter la somme de quarante-trois mille livres, le consulat servait déjà deux rentes : l'une, de soixante livres, avait été constituée, le 8 août 1583, à Pierre Passart, conseiller du Roi, l'un de ses quatre secrétaires au Parlement ; l'autre, de quatre-vingt-trois livres cinq sols tournois, était payée à Pierre Bohard, avocat au Parlement depuis le 3 août 1606. On ne saurait dire les motifs qui avaient mis les consuls dans la nécessité d'emprunter à ces deux particuliers ; on voit seulement par le bail passé à Michel Gèvres qu'ils s'empressèrent de profiter de la location du greffe pour amortir le principal de ces rentes. Une fois les arrérages des rentes payés, Michel Gèvres dut consacrer le surplus du prix de la ferme à rembourser d'abord treize cent trente-deux livres à Pierre Bohard, et neuf cent soixante livres à Pierre Passart. Les quarante-trois mille livres nécessaires pour désintéresser les propriétaires du greffe, et pour payer la finance dans les coffres du Roi, avaient été empruntées à l'œuvre de Saint-Jacques de la Boucherie, à Jean Lindo et Pierre Barbier, marchands, bourgeois de Paris, et à Marie Delaistre, veuve de feu Denis le Gros, marchand drapier. Les rentes constituées à ces différents créanciers devraient être également amorties au moyen du prix de la ferme du greffe. Depuis cette époque, les juge-consuls furent obligés de contracter des emprunts beaucoup plus considérables, surtout de 1690 à 1714. Dans ces circonstances, ils se faisaient autoriser, par la Compagnie réunie en assemblée générale, à emprunter, pour et au nom du consulat, des deniers suffisants tant par billets qu'à constitution de rentes, à tel denier qu'ils jugeaient à propos ; et, pour sûreté des sommes empruntées, ils se faisaient donner pouvoir d'hypothéquer d'abord les biens appartenant au consulat, notamment l'hôtel de la juridiction, situé cloître Saint-Merry, et deux maisons attenant l'une audit cloître, l'autre faisant l'encoignure de la rue de la Verrerie ; puis, les greffes et places de clercs tant en fonds qu'en revenus, et la charge ou le droit dont l'acquisition occasionnait l'emprunt.

Les juge-consuls trouvaient facilement des prêteurs, surtout parmi

11

les anciens juges et consuls. Ainsi, en 1705, au moment où la juridiction fut frappée d'une taxe de soixante-six mille livres pour jouir du
produit des présentations, Charles Guillier, ancien consul, et quelques
autres particuliers déjà créanciers du consulat, et qui avaient des
rentes constituées au denier vingt-deux, offrirent de prêter de l'argent,
à la charge, il est vrai, de réduire lesdites rentes du denier vingt-deux
au denier vingt.

En 1707, Pierre Ledoux, ancien consul, créancier de la juridiction
pour la somme de vingt-trois mille deux cents livres, dont il lui avait
été passé obligation par-devant notaire, se trouve avoir besoin de son
argent. Pierre Presly, également ancien consul, offre pour le rembourser dix mille livres à constitution de rente au denier vingt, et les
juge-consuls, toujours autorisés par la Compagnie, empruntent à un
nommé Jean Delaborde, à constitution de rente au denier vingt-deux,
la somme de vingt-six mille livres, pour acquitter les treize mille deux
cents livres restant dues à Ledoux, et pour payer aussi sept mille quatre
cents livres dues encore sur la somme de seize mille livres, à laquelle
le consulat a été taxé en 1706 pour jouir de mille livres d'augmentation de gages.

En 1710, lors de la réunion de l'office de garde-scel au greffe, c'est
un des anciens propriétaires, le sieur Théresse, qui propose de laisser
ses fonds à la disposition du consulat, pendant trois ans, sous la condition qu'on lui en payera l'intérêt au denier vingt, et qu'on lui accor-
dera quelque part dans le produit du scel. La Compagnie, pour le
remercier du service qu'il rendait au consulat, décida qu'il lui serait
payé trois mille livres dans le courant de trois années, et qu'il lui
serait fait trois billets de mille livres chacun.

En 1711, le consulat avait dû emprunter, d'une part, cent soixante-
trois mille trois cent cinquante livres pour la réunion de l'office du
greffier en chef, garde-scel, commis-clerc et contrôleur du greffe et
greffier des présentations et affirmations, créé au mois de mars 1710;
d'autre part, deux cent trente-neuf mille six cent quarante livres pour
la réunion de l'office de contrôleur des dépens, et l'achat du droit de
vingt sols, attribué par chaque signification et ordonnance des juge-
consuls. Les intérêts que le consulat avait à payer s'élevaient à une
somme très-forte, d'autant que les rentes avaient été constituées au
denier vingt-deux et même au denier vingt. Aussi, en 1714, la Compagnie pensant qu'il serait aisé de trouver de l'argent à un denier plus

avantageux, arrêta que toutes les rentes dues au denier vingt et vingt-deux seraient remboursées avec de l'argent emprunté au denier vingt-quatre, à moins que les créanciers ne préférassent la réduction de leur rente au denier vingt-quatre.

Quelques années après, lorsque le Roi eut supprimé les rentes assignées sur les aides et gabelles, les augmentations de gages, gages héréditaires, fixes et héréditaires, et généralement toutes les autres parties employées dans ses États, qui n'étaient point attachées au corps des offices, le consulat eut à se faire rembourser les parties de cette nature qui lui appartenaient, et à régler en même temps l'emploi des deniers qui en proviendraient. Ce fut alors que les consuls consacrèrent cinquante mille quatre cents livres, montant de quatre parties de rente sur les aides et gabelles, et vingt-huit mille quatre cents livres provenant de trois parties d'augmentations de gages au rachat de quelques-unes des rentes du consulat.

Néanmoins, la situation des affaires de la juridiction était très-difficile vers 1715, par suite des engagements que le consulat avait dû prendre depuis quelques années, et, comme le disent les juge-consuls dans une délibération, elle avait bien besoin d'être soulagée. Les droits des offices de garde-scel, de greffier des présentations et de contrôleurs des greffes ayant été réunis au domaine, la finance de ces offices fut liquidée avec les intérêts jusqu'au 10 mars 1717, à la somme de cent quarante-sept mille deux cent soixante-deux livres qui dut être payée au consulat sur les fonds destinés à ce par les édits du Roi. Une première somme de cinquante et un mille huit cent trois livres fut d'abord remboursée, et les juge-consuls obtinrent, en 1720, d'être payés de quatre-vingt-quinze mille quatre cent cinquante-neuf livres quatre sols six deniers, au moyen d'une ordonnance sur le Trésor royal. Ils présentèrent alors un mémoire au contrôleur général pour demander d'être payés en espèces ou en contrats de rente sur l'hôtel de ville. — Leur mémoire fut reçu favorablement, mais le contrôleur général leur répondit « que la conjoncture des temps ne permettait pas qu'ils pussent être payés en espèces ». Il leur fit l'honneur de leur marquer qu'il était plus possible de les payer en contrats sur l'hôtel de ville, et qu'il accorderait pour cela sa protection à la juridiction. « Peu de temps après, dit le procès-verbal, ayant appris que notre mémoire avait été renvoyé à M. de Gaumont, nous avons eu l'honneur de le voir plusieurs fois à ce sujet. Dans les premières visites que

11.

nous lui avons faites, il nous fit espérer que nous pourrions obtenir des contrats sur l'hôtel de ville pour le montant de ladite ordonnance, après nous avoir fait néanmoins entendre que la difficulté qu'il pourrait y avoir ne viendrait que d'avoir demandé cela trop tard, ayant pu obtenir facilement ce payement dans le temps que l'ordonnance avait été délivrée; mais la dernière fois que nous avons eu l'honneur de le voir, il nous a paru qu'il n'y avait point d'espérance d'obtenir des contrats sur l'hôtel de ville. » La juridiction était obligée de payer les arrérages de la somme de quatre-vingt-quinze mille quatre cent cinquante-neuf livres qu'elle devait à des particuliers; craignant de se trouver dans l'impossibilité tant de servir les rentes à ceux qui lui avaient prêté de l'argent, que de fournir aux dépenses nécessitées par les réparations à faire aux maisons du consulat, la Compagnie décida que l'on continuerait à solliciter le payement de l'ordonnance en contrats sur l'hôtel de ville, et que si l'on ne réussissait pas, on demanderait la perception de quelques droits, jusqu'au remboursement de la somme en question.

En 1723, les quatre-vingt-quinze mille quatre cent cinquante-neuf livres n'étaient pas encore payées au consulat; le Roi devait en outre à la juridiction dix-neuf mille cent soixante-deux livres quinze sous pour gages et augmentations de gages. La liquidation de l'office d'huissier audiencier auquel étaient attribués vingt sols pour signification de sentences, et vingt sols par premier commandement, n'était pas encore faite, quoique l'arrêt portant suppression de cet office remontât au 15 mars 1720. La Compagnie décida en séance, le 9 janvier, que les juge-consuls activeraient la liquidation de l'office d'huissier audiencier et du droit de vingt sols, et qu'à l'égard des effets liquidés, c'est-à-dire les quatre-vingt-quinze mille quatre cent cinquante-neuf livres, d'une part, et les dix-neuf mille cent soixante-deux livres, d'autre part, dont il ne pouvait être délivré que des quittances de finance produisant des intérêts au denier cinquante seulement, on se présenterait le plus tôt possible au trésor royal, afin d'en recevoir le remboursement; les juge-consuls en charge se retireraient aussi vers le Roi pour le supplier très-humblement de vouloir bien ordonner « que les susdites sommes fussent converties en effets plus favorables, pour pouvoir parvenir à satisfaire plus vite les créanciers du consulat. »

Au mois d'avril suivant, les consuls suivants informèrent la Compa-

gnie qu'il avait été retiré des gardes du trésor royal une quittance de
finance de quatre-vingt-quinze mille quatre cent cinquante-neuf livres
quatre sols cinq deniers, pour laquelle il devait être payé annuellement mille neuf cent neuf livres trois sols de rente sur l'état des
finances de la généralité de Paris, sur le pied du denier cinquante ;
que l'office d'huissier audiencier et le droit de vingt sols étaient liquidés à la somme de soixante-dix-huit mille livres, et que, pour la
somme de dix-neuf mille cent soixante-deux livres, il devait être délivré une quittance de finance portant rente au denier cinquante sur les
recettes générales.

Toutes ces sommes réunies montant à celle de deux cent mille
livres environ produisaient, au denier cinquante, une rente insuffisante
pour payer les rentes dues aux créanciers qui avaient prêté à la juridiction ; aussi la Compagnie, sur la proposition des juge-consuls, décida-
t-elle que l'on essayerait d'acheter pour la valeur des effets, au nom
du consulat, quelqu'une des maisons saisies sur ceux qui avaient été
taxés, maisons dont la vente se faisait pour lors à la requête du Roi.
Le prix s'en payait précisément en effets de la nature de ceux ci-dessus
désignés, et il y avait lieu d'espérer que le revenu en serait plus avantageux et plus solide.

On peut juger par ces extraits des délibérations de la Compagnie,
des préoccupations qu'entraînait pour les juge-consuls l'administration
des finances du consulat. Les procès-verbaux des séances postérieures
à l'année 1724 relatent de nouveaux emprunts motivés surtout pour
les dépenses qu'entraîne l'entretien de la maison consulaire et des
propriétés appartenant à la juridiction.

C'est ici le moment de parler de la demeure des juge-consuls.

L'édit de création de la juridiction consulaire n'avait pas assigné de
localité spéciale pour la tenue des audiences, ni réservé les fonds
nécessaires pour l'installation des juge-consuls. L'article 17 autorisait
seulement les marchands de Paris à imposer sur eux telle somme
qu'ils jugeraient à propos pour l'achat ou la location d'une maison qui
devait être appelée la place commune des marchands, à l'instar de
celles de Lyon, de Toulouse et de Rouen. L'article 18 portait que cinquante marchands arbitreraient le montant de la somme, et que dix
d'entre eux en feraient la répartition ; enfin, par l'article 19, ceux
qui refuseraient de payer seraient soumis à la contrainte.

Le 1er février 1564, le juge et les consuls nommés pour la première fois, après avoir prêté serment en la cour du Parlement, se transportèrent à l'hôtel de ville, accompagnés de deux échevins qui les avaient conduits à la cour. Alors, ils requirent le prévôt des marchands, « afin d'aviser par eux quelle somme on lèverait sur la communauté de tous les marchands pour faire l'achat du bâtiment de la place, comme aussi pour nommer dix d'entre eux pour faire le département et taxe de la somme qui serait accordée, suivant ce qui leur était mandé et ordonné par l'édit du Roi. »

« Et, ledit jour de relevée, se seraient les juge et consuls transportés audit hôtel de ville, par-devant le prévôt des marchands et échevins, lesquels ils auraient priés et requis procéder à l'exécution de leur réquisitoire, en tant que les cinquante marchands par eux mandés étaient à ce présents. »

Le prévôt des marchands et les échevins firent d'abord prêter serment aux cinquante marchands « de déclarer et de dire, à leur avis, quelle somme de deniers il se lèverait sur tous les marchands pour subvenir à l'achat et bâtiment de la place commune, sans grandement les fouler ; et, après qu'ils auraient sur ce, chacun en particulier, donné leur avis, aurait été trouvé, à la pluralité des voix, qu'il serait levé jusques à la somme de vingt mille livres tournois.

« Ce fait et à l'instant, ledit prévôt des marchands leur aurait fait derechef prêter le serment qu'en leur conscience ils nommeraient dix notables marchands bourgeois de la ville bien renommés pour procéder au département et taxes sur chacun marchand en particulier, selon leur capacité, pour lever et recouvrer sur eux ladite somme de vingt mille livres étant ainsi par eux accordée. Et, pour ce faire, qu'ils écriraient chacun en un petit papier le nom et surnom desdits marchands qu'ils entendaient élire pour faire ledit département et charges ; lequel billet ils porteraient en un chapeau ; aussi qu'ils nommeraient à haute voix quatre d'entre eux pour scrutateurs de leurs billets. »

Il fut ainsi fait ; les scrutateurs prêtèrent serment « de faire rapport à la vérité des personnes qui auraient voix pour faire ladite taxe de ladite somme de vingt mille livres ». Ils prirent ensuite le chapeau dans lequel étaient les billets et le portèrent au petit bureau de l'hôtel de ville, pour, après avoir tiré et fait le scrutin, le rapporter au prévôt des marchands et aux échevins. Ceux-ci donnèrent lecture des dix noms qui avaient le plus de voix, et firent jurer aux élus qu'en leur conscience ils procéderaient au fait, taxe et département de la somme de vingt mille livres tournois. Sept jours après, les juge-consuls des marchands se mirent au siége en la salle du logis abbatial de l'abbaye Saint-Magloire, rue Saint-Denis, devenue libre par la translation au For-l'Évêque de la juridiction de Pierre de Gondi, abbé de Saint-Magloire.

La collecte ne fut terminée qu'en 1584; néanmoins, en 1570, les deniers recueillis étaient suffisants pour acheter une maison, et les juge-consuls quittèrent alors l'abbaye de Saint-Magloire pour aller s'établir dans le cloître Saint-Médéric, où ils avaient acquis, le 15 du mois de novembre, au moyen d'un échange d'immeubles avec le président Baillet, un hôtel formé de plusieurs corps de logis, avec cour et jardin. Il est digne de remarque que cette maison se trouve désignée dans le bail de la ferme du greffe, passé à Michel Gèvres en 1617, comme appartenant aux six corps et communautés. On l'appelait encore à cette époque la place commune des marchands; les consuls ne lui donnèrent que plus tard le nom de maison consulaire ou d'hôtel de la juridiction.

Les consuls achetèrent, vers le milieu du dix-septième siècle, les maisons voisines. Celle de gauche, en regardant l'hôtel, fut acquise de la veuve d'un ancien conseiller à la cour, nommé Pierre Hallé. Celle de droite, formant l'angle de la rue de la Verrerie, était la propriété d'un ancien consul du corps de l'apothicairerie, appelé Jean Chesneau. A sa mort, arrivée en 1662, elle fut saisie sur sa veuve et ses héritiers. La Compagnie autorisa les juge-consuls à en poursuivre l'adjudication, et ce fut ainsi qu'elle devint la propriété de la juridiction.

Les maisons appartenant au consulat étaient grevées d'une redevance annuelle de vingt livres et deux sous parisis au profit des chanoines de Saint-Merry, redevance dont l'échéance était fixée à la Saint-Remy. On voit qu'en 1662, Messieurs du chapitre de Saint-Médéric réclamèrent vingt-neuf années de cens qu'ils prétendaient leur être dues tant pour la maison consulaire que pour celle de madame Hallé; les juge-consuls décidèrent qu'on leur payerait les vingt-neuf années de cens au cas qu'elles se trouveraient dues, et qu'on en tirerait quittance. Ils consentirent, en même temps, à passer aux chanoines un titre nouveau de la rente qui leur était due pour le droit d'amortissement. Il en fut de même pour la maison récemment acquise des créanciers de la famille Chesneau ; la Compagnie autorisa les juge-consuls à passer contrat à Messieurs de Saint-Médéric pour le droit d'amortissement, dans les conditions les plus avantageuses qu'ils pourraient le faire pour le bien du consulat.

On a vu que les juge-consuls louaient différentes parties de la maison consulaire, et notamment plusieurs pièces au greffier. Ils louèrent également les deux maisons dont ils n'avaient pas à se servir. Les délibérations de la Compagnie ne nous offrent d'indication à ce sujet qu'à partir de 1645 : « Quand il faudra faire bail de la maison commune des marchands où s'exerce la juridiction, ou du logement baillé au sieur....., dont on a partie acquise de la dame Hallé, il ne pourra être procédé audit bail, ou baux du greffe et maisons, que les anciens juges ne soient appelés pour y assister. »

Le revenu des maisons servait sans doute à payer les dépenses nécessitées par les réparations. Notons aussi que les amendes prononcées par les juge-consuls contre les personnes qui contrevenaient aux défenses d'appeler de leurs jugements au-dessous de cinq cents livres, devaient être appliquées, suivant un arrêt du 28 avril 1565, moitié aux pauvres de l'aumône générale de Paris, « moitié à l'entretènement de la place commune des marchands ». Il est vrai que ces amendes, n'excédant pas dix livres, ne pouvaient pas procurer de bien grandes ressources aux juge-consuls. Toutefois, le prix des loyers et l'appoint des amendes purent couvrir les dépenses pendant tout le dix-septième siècle, les bâtiments se trouvant encore en bon état, et les réparations n'étant que partielles.

Derrière l'hôtel consulaire était un jardin qu'un mur séparait de la maison de M. Marescot, conseiller du Roi et maître des requêtes ordinaires de son hôtel. En 1634, les juge-consuls achetèrent pour une somme de cent trois livres et quatorze sols la mitoyenneté de ce mur, sur lequel le sieur Marescot voulait faire appuyer un corps de logis. La même année, on décida « que lorsqu'on désirerait faire des bâtiments extraordinaires dans la maison consulaire, les juge et consuls alors en charge appelleraient les anciens juges pour visiter les lieux et voir ce qu'il serait besoin de faire ».

C'est à l'année 1650 que se rapportent les premières modifications importantes que les consuls eurent à faire dans leur hôtel, ainsi qu'on le voit par le passage suivant : « Et sur ce qui nous a été proposé touchant le rétablissement d'un bâtiment fait dans le lieu de notre juridiction, qui a été depuis peu démoli, a été arrêté, de l'avis desdits anciens juges pour ce mandés, que les réparations aux bâtiments nécessaires à faire seront faites comme il sera advisé. » Deux ans après, les juge-consuls songèrent à faire arriver l'eau dans leur hôtel. Ils s'adressèrent au prévôt des marchands et aux échevins pour obtenir la concession de quatre lignes d'eau en superficie, à prendre au réservoir de la fontaine Maubué. « Obligés par la fonction de leurs charges à rendre de grandes assiduités en la maison où ils exercent lesdites charges pour le nombre extraordinaire d'affaires qui y sont dirigées, ils reçoivent de fâcheuses incommodités des mauvaises odeurs et immondices que font et y sont apportées par la grande quantité de personnes qui fréquentent et hantent en ladite maison, laquelle il est impossible aux suppliants de faire rendre nette et la garantir desdites incommodités et mauvaises odeurs, s'il ne leur était pas accordé quelques lignes d'eau. » Prenant en considération leur demande, les magistrats de la ville octroyèrent la concession, à la charge pour le consulat de faire les frais des tuyaux qui devaient être établis de la fontaine Maubué à l'hôtel. Les juge-consuls avaient eu recours à Pierre Denison, l'un des anciens consuls, alors échevin, pour savoir si leur proposition serait agréable au prévôt. Afin de le récompenser de ses bons offices, ils lui accordèrent le droit à perpétuité de faire passer quatre lignes d'eau qu'il avait obtenues pour son usage particulier, dans le tuyau établi aux frais de la juridiction, et de prendre l'eau qui lui revenait, au lieu qu'il jugerait convenable entre la fontaine et la maison consulaire.

En 1666, le 22 décembre, la Compagnie arrêta de faire agrandir le greffe pour la conservation des papiers qui s'y trouvaient; de reconstruire l'escalier de la maison où demeurait le sieur Robert, lequel était en péril imminent, ainsi que le mur mitoyen entre la propriété de juridiction et celle de la dame Lallement; enfin de faire les cheminées du bâtiment neuf élevé en vertu de la délibération de 1650. En 1692, on agrandit la salle d'audience, tant pour l'embellir que pour la rendre plus commode : le mur de refend du parquet fut abattu, et le siége de l'audience se trouva reporté jusqu'au mur mitoyen de la maison appartenant aux héritiers Trudaine.

Mais voici le moment où les dépenses vont devenir plus considérables. En 1708, le temps a porté de rudes atteintes à la maison des consuls : les voûtes des caves sous la cour sont endommagées au point qu'il serait nécessaire de les rétablir, et les juge-consuls pensent « qu'en faisant une descente du côté de la porte de la juridiction, l'on pourrait en tirer quelque avantage en réparant lesdites caves ».

Les dégradations non-seulement de la maison consulaire, mais aussi des maisons contiguës que les juge-consuls ont acquises, ne font qu'empirer avec les années, et, en 1721, les embarras financiers du consulat l'empêchent de remédier à ce fâcheux état de choses. La somme de quatre-vingt-quinze mille quatre cent cinquante-neuf livres que lui doit le Roi lui fait défaut pour fournir aux dépenses des réparations des maisons. (Délibération du 18 juillet 1721.) Celle qui a été louée en 1719 au sieur Payen avec un bail de neuf années, est notamment dans un état de délabrement déplorable; Payen n'en renouvelle pas moins son bail pour neuf années, à partir de 1730; mais cette année même le lieutenant général de police fait dire aux juge-consuls, par le commissaire, que la face de ladite maison attenant à la porte de la juridiction est en péril, et que, pour la sûreté publique, il est nécessaire de l'abattre et de la réédifier. En outre, les pièces de bois qui soutiennent la lanterne où est posée la cloche de l'horloge de la juridiction, sont entièrement pourries et même en danger de tomber. Les anciens autorisent en conséquence les juge-consuls à faire reconstruire la façade de la maison habitée par Payen, et à rétablir la lanterne « à moins de frais que faire se pourra ».

Hélas! chaque jour amène de nouvelles dégradations, et les juge-consuls sont continuellement obligés de s'adresser à des ouvriers qui les volent. De guerre lasse, ils se déterminent, en 1739, à nommer un architecte tant pour fixer le travail que les ouvriers doivent faire dans les réparations à survenir, que pour en régler les mémoires. Le premier acte de cet architecte fut de visiter le comble de l'hôtel et les cheminées, qui présentaient de sérieux dangers. Ces travaux indispensables entraînaient d'assez lourdes dépenses, et l'argent manquait. La Compagnie se vit obligée de supprimer quelques dépenses personnelles et de réduire les gratifications qu'elle distribuait sous diverses formes. Elle payait des ouvriers à l'année, notamment le couvreur; elle décida de leur compter seulement les ouvrages qu'elle leur commanderait.

En 1745, nouvel embarras; un arrêt du Parlement fixe l'alignement de la maison sise au coin de la rue de la Verrerie et du cloître Saint-Merry. Il devient nécessaire de reconstruire cette maison,

et la Compagnie adopte un plan qui lui est proposé par son architecte. Mais, cette fois, toutes les économies possibles ne parviendraient
pas à couvrir la dépense, et la Compagnie se résout à autoriser les
juge et consuls à faire faire les devis et marchés, conformément aux
plans de l'architecte, « pour donner, s'il est besoin, privilége à ceux
qui prêteront jusqu'à concurrence de la somme de vingt mille livres » ;
et en effet, le 14 février 1746, il est arrêté que pour satisfaire aux
besoins, tant des bâtiments en construction que pour remplir ses
autres engagements, le consulat empruntera la somme de dix mille
livres au prix le plus avantageux ; on décide en même temps que le
nouveau bâtiment sera continué jusqu'au mur de séparation de la
juridiction d'avec le sieur Romanet.

La maison s'achève cette année même de 1746. L'insuffisance des
revenus ordinaires de la juridiction pour acquitter les dépenses considérables qui viennent d'être faites rend l'emprunt indispensable, et
les juge-consuls sont autorisés, pour sûreté de cet emprunt, « à hypothéquer tous les biens appartenant à la juridiction, et même à
donner emplois et priviléges sur la maison ». En outre, pour payer
régulièrement les arrérages dont la juridiction est chargée, et pour
rembourser peu à peu les capitaux, on décide de supprimer totalement
les honoraires qui se distribuaient à Messieurs les anciens, soit en
bougies, soit en jetons, sous le titre d'années de grâce ; de réduire
convenablement les autres honoraires, et, en outre, de supprimer ou
réduire certaines dépenses non nécessaires et que l'usage avait seul
introduites. On arrête en même temps qu'à partir de cette époque, il
ne pourra être fait aucunes dépenses pour réparation, embellissement
ou autrement, au-dessus de deux cents livres, qu'en vertu d'une délibération de la Compagnie.

Cependant, en 1748, les ouvriers ayant réclamé le prix des constructions qu'ils avaient faites, de l'autorité de la Compagnie, à l'une des
encoignures du cloître Saint-Médéric, les juge-consuls reçurent la permission d'emprunter huit mille livres pour acquitter la juridiction.
L'année suivante, Messieurs du siége, en rendant leur compte, exposent qu'à la fin de l'exercice 1748, il n'est resté en caisse que cinq
cent vingt-sept livres sept sols ; qu'il est dû cinq mille sept cent dix-
huit livres de rentes pour l'année 1748 ; et qu'il faut payer neuf mille
deux cent quatre-vingt-dix livres aux ouvriers pour la reconstruction
de la maison appartenant à la juridiction. L'embarras est d'autant plus

grand, que les rentes à échoir pour l'année 1749 et la dépense
annuelle exigent encore plus de dix-huit mille livres. Vu l'urgence, et
pour sauvegarder l'honneur de la juridiction, Messieurs du siége
offrent généreusement d'avancer par eux-mêmes chacun la somme de
mille livres, et ils sollicitent la Compagnie de joindre ses efforts aux
leurs. Huit membres de la Compagnie adhèrent à cette proposition et
se chargent de fournir chacun mille livres, et l'on arrive ainsi à réunir, avec la cotisation des quatre juge-consuls en exercice, la somme
de douze mille livres, pour laquelle le consulat n'aura pas à faire de
constitution de rentes. Il est arrêté que le remboursement de cette
somme aura lieu sur les épargnes des revenus de la juridiction, et que
l'on y consacrera deux mille livres par an et plus s'il est possible, à
commencer de la fin du mois de mars 1750 jusqu'à l'extinction de la
dette; qu'il sera fait au nom de la juridiction, par Messieurs du siége,
douze promesses de mille livres qui seront tirées au sort pour être
remboursées, chacune à leur tour, tous les ans à la fin du mois de
mars, au nombre de deux, et que pour dédommager les prêteurs de
leur avance, il sera délivré à la même époque, à chacun d'eux, vingt-
cinq jetons ordinaires, sans préjudice de leurs honoraires au temps de
l'élection.

De 1749 à 1754, les biens de la juridiction sont gérés avec tant de
sagesse et d'économie, que le consulat se libère de plusieurs dettes et
opère un fort remboursement. Un sieur Vauvillier, qui venait de traiter de sa charge d'huissier audiencier dans la juridiction, après l'avoir
occupée pendant vingt-six ou vingt-sept ans, fait l'offre à la Compagnie d'une somme de quatorze mille livres, à la condition qu'il recevra durant sa vie et celle de sa femme une rente de quatorze cents
livres, réductible à sept cents livres, en cas de mort de l'un des deux
époux. La Compagnie accepte, et, sur la proposition du juge en place,
elle décide d'employer la somme offerte au remboursement du principal des parties de rentes dont la juridiction est chargée, et notamment du principal de vingt mille livres au denier vingt, constituées au
profit d'un sieur Aubin de la Forêt. Un ancien consul, Jean-Baptiste
Véron, offre les six mille livres nécessaires pour parfaire la somme, et
les juge-consuls font passer à son profit un contrat de constitution, au
même denier que le contrat à rembourser.

L'augmentation du bail du greffe, et la somme que le greffier est
tenu de payer d'avance, vont bientôt permettre de rembourser à plu-

sieurs des anciens les sommes qu'ils ont prêtées, et le juge priera la Compagnie de délibérer s'il ne conviendrait pas de rétablir les honoraires que l'on avait été obligé de réduire. Non-seulement la Compagnie donnera son consentement, mais elle fera de nouvelles libéralités.

Les affaires de la juridiction sont évidemment en meilleure situation, mais les réparations à faire aux anciens bâtiments se renouvellent encore assez fréquemment. Un jour, il est urgent de rétablir la fosse de la maison occupée par le sieur Paillard, laquelle s'est écroulée, et laisse couler les matières dans les maisons voisines; une autre fois, il faut refaire à neuf la porte cochère ainsi que le logement du portier, ou bien encore, disposer une salle pour les conseillers, élargir le bureau des audienciers et des commis du greffe, et construire un cabinet pour Messieurs du siége, au bout de la chambre servant à la buvette, ce cabinet devant être élevé sur deux piliers en encorbellement, et d'un seul étage. Il faut encore réparer les lambris, cloisons, tablettes, fenêtres, dans l'endroit où l'on dépose les minutes et autres papiers du greffe pour les mettre en sûreté : rien n'était plus nécessaire. En 1765, le greffier, sommé par un particulier de lui délivrer une sentence, datée de 1715, ne put jamais retrouver la pièce demandée. Il renvoya au siége l'intéressé, prétendant que son prédécesseur ne lui avait remis aucune minute ancienne : alors s'éleva dans la chambre du conseil la question de savoir si c'était le greffier ou les consuls en exercice qui devaient être chargés des papiers du greffe et en être garants et responsables. Il fut décidé qu'il appartenait au greffier de représenter les minutes, et deux anciens consuls voulurent bien faire l'inventaire général des papiers du greffe qu'ils trouvèrent entassés « dans un grenier peu fermé, servant à plusieurs usages, notamment de passage pour la réparation du toit, où les maçons et autres gens de service en avaient abusé souvent, sans doute pour les employer à leurs besoins. » Ces papiers, placés dans un endroit plus convenable, inventoriés et classés, furent alors confiés aux greffiers, qui consentirent à s'en charger, à la condition de n'être garants ni des premiers ni des deuxièmes exploits qui ne se retrouveraient pas dans les liasses, à cause des erreurs qui avaient pu se glisser dans l'inventaire.

La Compagnie agissait du reste avec une grande prudence. Considérant que « encore que les bâtiments de l'hôtel de la juridiction soient vieux, ils peuvent néanmoins durer un très-long temps par les précautions et ménagements; qu'il est d'ailleurs question, par des états fidèles et signés avec les locataires, d'entretenir le bon ordre et veiller à empêcher les dégradations », elle pourvoit à ces différents soins avec le concours de son architecte, dont elle fixe les honoraires à la somme annuelle de cent livres.

En dehors des réparations à faire à leurs maisons, les consuls avaient à entretenir, embellir, décorer les salles de la juridiction, et c'était là pour eux un sujet de dépenses quelquefois assez fortes.

La décoration de l'hôtel consulaire avait toujours été remarquable. Toubeau, qui écrivait au dix-septième siècle, dit que la maison était belle, grande, enrichie de peintures et de devises. Au-dessus de la porte se trouvait une statue de marbre de Louis XIII par Simon Guillain, qui, suivant Piganiol de la Force, était un véritable chef-d'œuvre.

Les salles furent tendues, pendant le dix-huitième siècle, de belles tapisseries des Gobelins, parsemées de lys, dont le gouvernement du Roi avait fait présent à la juridiction. Deux tableaux, l'un représentant le *Jugement de Salomon*, et l'autre, peint par Porbus, ayant pour sujet : *Charles IX remettant aux juge-consuls l'édit de leur création*, ornaient la salle d'audience.

En 1758, le Roi fit don à la juridiction de son portrait, qu'elle sollicitait depuis dix ans. Il fallut songer alors à réparer la salle d'audience, à placer dignement le cadeau royal, et les juge-consuls affectèrent à cette dépense les douze cents livres que les sieurs Thérésse et Thomas, nouveaux locataires du greffe, venaient d'offrir à la juridiction « par forme de pot-de-vin ». Le portrait du Roi, dont les délibérations ne nous font point connaître l'auteur, était en pied, peint sur toile et renfermé dans une très-riche bordure de bois sculpté et doré, couronnée, sur un de ses côtés, des armes de Sa Majesté : la base portait écrits ces mots en lettres d'azur sur champ d'or : *Donné par le Roi aux juge et consuls en* 1758. Il fut placé dans la première travée du parquet à gauche en montant au siége, et pour lui procurer l'élévation convenable, il devint nécessaire de former un cintre dans la chambre vitrée au-dessus de la salle et dépendante du logement du greffier. Sous Louis XVI, la salle du conseil fut ornée d'un tableau de Lagrenée le jeune, représentant le buste du Roi soutenu par la Justice.

La chapelle, dont il sera parlé dans un chapitre spécial, n'était pas moins richement décorée que les salles de la juridiction.

La salle consacrée aux repas était située au rez-de-chaussée au-dessous de la salle du conseil. En 1774, il fut nécessaire de la détendre et de la déboiser pour en connaître le véritable état, et l'on y fit divers travaux, tandis que des réparations analogues s'exécutaient dans la salle du conseil, dont la tapisserie dut être renouvelée encore une fois en 1784.

Enfin, dans les dernières années du dix-huitième siècle, l'hôtel consulaire fut doté d'une bibliothèque. Le 5 août 1777, la Compagnie autorisa les juge-consuls à accepter la donation par-devant notaire que le sieur Thomas, l'un des greffiers en chef, lui faisait de tous ses livres. Les dépenses nécessaires pour installer et conserver cette bibliothèque furent immédiatement votées; l'on arrêta aussi que l'appartement du sieur Thomas serait après sa mort affecté au logement du garde de la bibliothèque, et que les juge-consuls en place feraient tous les ans l'acquisition des livres relatifs au commerce qui viendraient à être publiés.

Le manuscrit de Gorneau, cité par M. Guibert, nous apprend qu'en 1771, les revenus de la juridiction se composaient des produits suivants :

1° Bail du greffe. 14,400 liv.
2° Droit de deux sols six deniers sur les présentations. . 7,500
3° Loyers des maisons. 3,450
4° Rentes sur les tailles. 1,906
5° Gages d'offices. 650

En totalité. . . . . 27,906 liv.

Les dépenses fixes étaient :

1° L'impôt du vingtième sur les maisons et le greffe. . . 1,242 liv.
2° La chapelle. 276
3° Honoraires des huissiers pour les actes d'élection. . . 178
4° Appointements du secrétaire et garde des archives. . 600
5° Appointements du commis à la perception du droit d'appel, du concierge, du suisse. 1,162

6° Repas pour l'élection. . . . .   360 liv.
7° Étrennes.   100
8° Travaux d'entretien à l'entreprise.   245
9° Rentes à payer pour emprunts divers.   8,000

La dépense variable des jetons et des bougies était évaluée à huit mille cinq cent quatre-vingts livres.

Les dépenses de réparations, de procès, d'impressions, étaient payées avec l'excédant des revenus, qui étaient de cinq ou six mille livres.

En 1772, le Roi ayant accordé une pension de huit mille livres aux juge-consuls dont les fonctions avaient été prolongées en 1771, pendant l'exil du Parlement, ceux-ci remercièrent Sa Majesté, et la prièrent d'appliquer sa munificence à la juridiction, dont les membres étaient obligés de se cotiser pour subvenir à certaines menues dépenses. Le Roi accueillit leur demande, et donna des lettres patentes, par lesquelles il énumérait les dépenses auxquelles devait être affectée la rente de huit mille livres. Les revenus de la juridiction se trouvèrent ainsi portés à trente-six mille livres environ. Cependant, en 1777, la compagnie était encore obligée de veiller étroitement à l'économie des deniers de la juridiction, et elle refusait au curé et aux marguilliers de Saint-Merry de tenir une cloche, comme l'avaient fait les consuls en 1715, « à cause des grandes dépenses auxquelles la juridiction avait été forcée pour réparer son auditoire, des dettes qu'elle avait contractées, et de la nécessité pour elle de ne s'occuper que de leur remboursement, en écartant toute dépense non nécessaire. »

En 1788, on voit la Compagnie, pour obvier aux embarras dans lesquels la juridiction se trouvait encore, recourir au palliatif habituel, la réduction des honoraires. Ce fut dans cette situation difficile que le décret du 13 novembre 1789 sur les propriétés nationales surprit la juridiction consulaire. Par la lettre qu'ils écrivirent, en 1792, aux commissaires chargés de l'administration des biens nationaux, à fin de prouver que les biens dont ils disposaient appartenaient aux marchands et non à l'État, les juge-consuls accusèrent une dette de douze mille livres de rente environ. Cette dette provenait des emprunts qu'ils avaient dû faire pour payer différentes charges, et elle était représentée par les finances versées dans les caisses de l'État. Supprimant les charges, et, par suite, le revenu qui servait à payer les rentes, la nation devait rembourser les finances et mettre ainsi le tribunal en mesure de désintéresser les créanciers de la juridiction. L'argumentation des juges de commerce fut-elle prise en considération? Rien n'est moins probable. En tout cas, les immeubles du cloître Saint-Merry avaient une valeur importante qui permettait de payer les dettes des juge-consuls, et l'État, en se les appropriant, put, sans sacrifices sensibles, remplir les engagements de la juridiction.

CHAPITRE HUITIÈME.

La chapelle de la maison consulaire et l'aumônier. — Messe du Saint-Esprit, messes
les jours d'audience, messes de *Requiem* et *Te Deum*.

C'était en 1630 que les juge-consuls avaient fait construire une chapelle dans la maison consulaire. Le 10 décembre de cette année, Jean-
François de Gondi, archevêque de Paris, conseiller du Roi en ses
conseils d'État et privé, et grand maître de sa chapelle, avait donné
aux juge-consuls son autorisation dans les termes suivants :

« Afin que vous puissiez faire célébrer à l'avenir le saint sacrifice
de la messe à basse voix, et les jours ordinaires des consuls à haute
voix, même avec musique, dans la chapelle ou oratoire dudit consulat, bâtie en ladite maison et hôtel dudit consulat dépendant de la
paroisse Saint-Médéric, et au dedans d'icelle, sise à Paris, après que
ladite chapelle ou oratoire a de notre autorité été dûment visitée, et
trouvée honnête, décente, convenable et propre au culte et célébration
du service divin, nous vous permettons, par ces présentes, de faire
célébrer la sainte messe dans ladite chapelle tous les jours, même sur
un autel portatif, à la réserve toutefois du jour et fête de Pâques et
autres fêtes solennelles, et ce, par un prêtre séculier, approuvé de
nous ou de nos vicaires généraux, et habitué en ladite église Saint-
Médéric, si faire se peut ; à la célébration de laquelle messe pourront
assister vos officiers avec vous, autant de fois et lorsque vos affaires le
requéreront, ou que par dévotion vous y serez portés, et que la célébration de ladite messe ne se pourra faire qu'à heure due, et une fois
le jour seulement, sans y pouvoir faire aucune eau bénite et pain
bénit, administrer aucuns sacrements, ni faire et célébrer aucun autre
exercice divin outre la célébration de ladite messe ; avec condition
toutefois, que ceux qui assisteront à ladite messe, fêtes et dimanches,
outre vous, vos officiers et vos domestiques, ne seront pour cela
exempts de l'obligation qu'ils ont d'aller à l'église de leurs paroisses

pour entendre la messe ainsi que s'ils ne l'avaient pas entendue, de quoi ils seront avertis. »

En conséquence de cette permission, Denis Le Blanc, prêtre licencié ès droits, chanoine et archidiacre de Brie en l'église métropolitaine de Paris, vicaire général, tant au spirituel qu'au temporel, de monseigneur l'illustrissime et révérendissime archevêque de Paris, et official de la cour archiépiscopale et métropolitaine de Paris, se transporta, le 28 décembre, en la chapelle ou oratoire de l'hôtel et maison du consulat, « où étant, sur les dix heures du matin, en présence de discrète et vénérable personne, M. Guy Houssier, curé de l'église paroissiale de Saint-Médéric, de Paris, et des ci-devant messieurs les juge et consuls, après avoir fait la bénédiction de ladite chapelle et aspersion d'eau bénite, il célébra le saint sacrifice de la messe et dit plusieurs prières et oraisons en l'honneur de saint Charlemagne, Roi de France, et permit derechef, en tant que besoin serait, aux juge-consuls, à leurs officiers et domestiques demeurant dans la maison du consulat, d'ouïr à l'avenir la messe en ladite chapelle ou oratoire, à la charge et selon la teneur de la permission et des lettres accordées par l'archevêque. »

Les juge-consuls, par un résultat du 3 février 1631, accordèrent au chapelain la somme de cent livres tournois par an pour dire et célébrer trois messes basses par semaine, les lundi, mercredi et vendredi, tant fêtes que jours ouvrables « à l'heure de huit attendant neuf heures. » Le chapelain était tenu de parer ou faire parer l'autel, de remettre les parements et ornements du consulat, dans le coffre « le plus proprement possible. » Celui qui devait le servir à l'autel l'aidait dans ces soins, et recevait pour sa peine six livres tournois par an. Le consulat fournissait au chapelain le luminaire, le vin pour la célébration de la messe, et il lui donnait au jour de la Purification de la Vierge un cierge de cire blanche d'une livre.

En 1633, Henry Aubin, le chapelain, requit une augmentation d'honoraires pour lui et pour son neveu qui le servait à l'autel. Il représenta aux juge-consuls qu'il était obligé de nourrir et d'entretenir son neveu, et qu'il avait « la subjection et peine de venir prendre dans le coffre-fort les nappes, linges, parements, orfévrerie ; d'en parer l'autel et la chapelle, et après la messe de les replier et de les remettre dans les étuis et coffres. » Sa demande fut accueillie, et les juge-consuls en charge, après avoir pris l'avis de leurs prédécesseurs, lui donnè-

12.

rent vingt livres de plus par an, et allouèrent une augmentation de six livres à celui qui le servait à l'autel.

En 1662, le 19 octobre, la Compagnie, sur la demande du sieur Dupont, son chapelain, ajouta trente livres au montant de ses gages, ce qui fit cent cinquante livres au lieu de six-vingts livres par an. Par la suite, le chapelain fut gratifié de bougies et même de jetons dans certaines circonstances, et ses honoraires furent portés à deux cents livres. Ses rétributions s'élevaient à une somme en réalité plus forte, car on voit, en 1777, la Compagnie nommer aumônier le sieur François Quesneau, prêtre habitué de la paroisse de Saint-Merry, à la place du sieur Jean-Pierre Braulard, aux mêmes appointements de deux cents livres par an, à la charge par le sieur Quesneau, tant que le sieur Braulard vivra, de lui remettre annuellement, sur ses honoraires, la somme de cent cinquante livres et de garder seulement pour lui celle de cinquante livres, ainsi que les autres rétributions attachées à ladite place, casuelles et autres.

Voici les objets qui servaient à la célébration de la messe, d'après un inventaire fait en 1758 :

Un calice, une patène, un plat et burettes de vermeil.

Une croix et deux chandeliers de vermeil, six chandeliers argentés.

Quatre nappes d'autel.

Deux petites nappes pour la crédence.

Deux autres unies dont une raccommodée.

Cinq amicts [1].

Une ceinture.

Quatre tours d'étoles.

Plusieurs purificatoires et essuie-mains.

Trois devants d'autel dont un blanc, un violet et un noir.

Trois chasubles, dont une rouge, une violette et une noire, plus une blanche.

Un missel de Paris suivant le nouveau bréviaire.

Une sonnette de cuivre et un rochet neuf de toile batiste.

En 1777, l'inventaire constate des ornements et du linge en plus grande quantité.

[1] Amict, linge que le prêtre se met sur la tête ou sur les épaules quand il commence à dire la messe.

Il y avait un ornement complet violet en velours qui fut détruit et remplacé en mars 1778 par un autre ornement violet en damas, avec galons et franges d'or.

Un ornement complet en damas blanc fleurs d'or, orfroy rouge.

Un ornement complet noir en velours.

Un ornement complet en damas orfroy rouge et or.

Un calice de vermeil et une patène.

Deux burettes et un plat de vermeil.

Deux chandeliers et une croix de vermeil.

Trois aubes.

Un grand rochet.

Trois ceintures.

Onze amicts.

Quatorze tours d'étoles.

Vingt-quatre purificatoires et lavabo.

Quatre corporaux.

Quatre nappes d'autel.

Une susdite grosse.

Trois serviettes.

Deux pales [1].

Deux petits rochets.

Six chandeliers argentés.

On dressait l'inventaire des ornements de la chapelle chaque fois que le chapelain était remplacé. Le chapelain étant mort en 1788, on fit un nouvel état des objets de la chapelle, et l'on en remit un double à son successeur.

Cet état indique quelques linges en moins et deux petits rochets en plus, avec

Le missel de Paris, un canon et ses deux pendants encadrés, un tapis vert pour couvrir l'autel.

Deux couvertures de calice.

Une robe de drap violet pour l'enfant qui sert la messe.

Une ceinture rouge.

Indépendamment des messes ordinaires qui se disaient les jours

---

[1] Carton garni de toile blanche servant à couvrir le calice quand on dit la messe.

d'audience, on célébrait dans la chapelle la messe du Saint-Esprit et des messes de *Requiem*.

Le service annuel pour « le remède » des âmes des anciens juges et consuls avait continué de se faire à Saint-Médéric, après la fondation de la chapelle. La messe du Saint-Esprit, au contraire, avait été célébrée dans la chapelle de la juridiction, à partir de 1631, ainsi que les messes de *Requiem* dites spécialement pour le repos de l'âme de chaque juge ou de chaque consul qui mourait dans l'année. Le 16 octobre 1739, la Compagnie arrêta que la messe du Saint-Esprit, le jour de l'élection, serait dite à voix haute, les messes de *Requiem* à voix basse, et que Messieurs du siège y assisteraient en manteau et en rabat.

Parfois on célébrait dans la chapelle des messes solennelles, comme celle qui eut lieu le 16 septembre 1744, après laquelle on chanta le *Te Deum* en actions de grâce du rétablissement de la santé du Roi ; ou bien l'on y faisait des services exceptionnels, par exemple, ceux pour le Dauphin, mort à Fontainebleau, le 20 décembre 1765, et pour le repos de l'âme de Louis XV, le lundi 20 juin 1774. Pour faire chanter une messe solennelle du Saint-Esprit, le jour des élections, il fallait une permission spéciale de l'archevêque de Paris, ainsi qu'en témoigne le procès-verbal du dépôt d'une permission semblable fait en 1741 dans une boîte de fer-blanc conservée aux archives.

La chapelle était séparée par une grille de la salle d'audience, de façon que les juge-consuls pouvaient entendre la messe de leur siège, et les anciens juges et consuls, des siéges qui suivaient. Il y avait cent vingt ans qu'elle existait, lorsqu'en 1751 les juge-consuls avisèrent la Compagnie « qu'elle était sur le point de tomber de caducité, » et qu'il était urgent de la réparer. Il fut décidé que les travaux nécessaires seraient exécutés à moins de frais possible ; mais les finances de la juridiction n'en furent pas moins sensiblement affectées, vu les circonstances dans lesquelles se produisait cette occasion de dépenses. La chapelle restaurée, on y célébra de nouveau la messe jusqu'en 1793. A cette époque on congédia l'aumônier Philippe-Louis Darsin, nommé en 1789, et la chapelle fut à jamais fermée.

CHAPITRE NEUVIÈME.

Honoraires. — Distribution de jetons et de bougies. — Repas divers.

On a vu que les juge-consuls avaient dû réduire et même supprimer momentanément certaines dépenses qui n'étaient pas d'une absolue nécessité : nous voulons parler de la bougie et des jetons que l'on distribuait comme présents ou honoraires, et des repas qui se donnaient en maintes occasions.

La bougie de cire, à une époque où la chandelle était encore le mode d'éclairage le plus usité, où les rues étaient dépourvues de réverbères, constituait un objet de luxe qui n'était pas à dédaigner comme cadeau, et la juridiction, au temps de sa prospérité, la prodiguait non-seulement aux juges, mais à différentes personnes attachées au consulat.

Indépendamment des torches qu'elle fournissait à l'église le jour de l'enterrement des juges et des consuls, et des cierges qu'elle allouait à l'occasion du service annuel célébré pour l'âme des juges et des consuls défunts, la juridiction, dès l'origine, avait pris l'habitude de faire présent de cierges de cire blanche aux juge et consuls en charge, et aux anciens juges tous les ans, à la Chandeleur. En 1608, il fut décidé que cet usage, un instant abandonné, serait rétabli, et que, pour distinguer les juges des consuls, « il serait baillé pendant leur vie à chacun d'eux, tous les ans, au jour et fête de la Chandeleur, un cierge de cire blanche, d'une livre pour les juges, d'une demi-livre pour les consuls. » Suivant une délibération postérieure, en date du 31 janvier 1632, il était « baillé au jour de la Chandeleur, qui était le jour de la Purification de la Vierge, deux cierges de cire blanche, l'un d'une livre et l'autre de demi-livre, à chacun des juge-consuls en charge ; deux cierges de pareil poids aux anciens juges ; un cierge d'une livre pièce aux anciens consuls, ainsi qu'au chapelain et au greffier ; un de demi-livre pièce aux clercs et commis du greffier et aux huissiers audienciers. »

Par la suite, les distributions de cierges et de bougies devinrent plus
nombreuses. En 1703, notamment, la Compagnie décida qu'à l'issue
des services dits à Saint-Merry pour les anciens juges et consuls décédés, il serait donné à chacun des assistants *deux bougies de cire blanche, des six à la livre;* mais, à partir de 1739, les juge-consuls commencèrent à faire les économies que leur imposait la détresse de leurs
finances. Par une délibération du 16 juillet, la Compagnie autorisa les
juge-consuls à supprimer la distribution des cierges, qui se faisait, tant
à la Chandeleur que le jour de la Fête-Dieu, à Saint-Merry, aux procureurs, huissiers et commis du greffe et autres. En 1744, il fut réglé
que les juge et consuls en place auraient, pendant leur année d'exercice, douze livres de bougie : trois livres à la Chandeleur, tant pour le
service général que pour la messe du Saint-Esprit; une livre à chaque
séance du Parlement; une livre à chaque assemblée, soit générale, soit
particulière; une livre à chaque service; une livre à chaque enterrement de messieurs les anciens; une livre à chaque fois qu'ils seraient
obligés de sortir pour les affaires du consulat et de faire des visites aux
magistrats; une livre lors du comptereau que le greffier rendait, et une
livre lors du compte.

On décida également que la deuxième année, c'est-à-dire celle qui
suivait leur exercice, les juge-consuls auraient douze livres de bougie :
trois livres à la Chandeleur, une livre à chaque séance, une pour chaque service, une livre à chaque enterrement, une livre lors du comptereau et une livre lors du compte.

Les commissaires aux faillites, en vertu de la même délibération,
reçurent douze livres de bougie pour l'année, plus deux livres à la
Chandeleur, une livre à chaque service et à chaque assemblée; les
anciens juges, deux livres à la Chandeleur, une livre à chaque service,
et une livre le jour de la reddition du compte et à chaque assemblée;
et les anciens consuls, une livre à la Chandeleur, une demi-livre à chaque service et autant à chaque assemblée, et une livre lors du compte.
En outre, lors des élections, on portait à messieurs les nouveaux élus
un cierge du poids d'une livre.

En 1746, les juge-consuls firent de nouvelles économies, tant sur la
bougie que sur les jetons.

Ils supprimèrent totalement les honoraires, qui se distribuaient, soit
en jetons, soit en bougie, sous le titre d'*année de grâce,* c'est-à-dire
pour l'année qui suivait la sortie de charge des juge et consuls.

Ainsi la distribution de la bougie ne devait plus excéder les quantités indiquées dans l'état suivant :

A chacun des nouveaux élus, un cierge de.	1 livre.
A chacun de Messieurs du siège, à la Chandeleur.	3 »
A chacun d'eux, pour tenir lieu de flambeau.	12 »

A chacun d'eux, pour les cinq séances de leur année, 1 livre par séance.

Au greffier, pareille distribution de bougie qu'à un consul en charge, à la réserve des 12 livres de flambeau et des 5 livres des séances.

Aux commissaires aux faillites, lesquels seraient réduits à deux, lorsqu'il conviendrait à quelqu'un de Messieurs qui exercent de se retirer, 12 livres de bougie par an pour leur tenir lieu de flambeau.

A la reddition des comptes, à chacun de Messieurs du siège présents ou sortants, et à messieurs les anciens juges et anciens consuls mandés.	1 »
A chacun de messieurs les anciens juges, à la Chandeleur.	2 »
A chacun d'eux présents aux assemblées.	1 »
A chacun d'eux assistant au service.	1 »
A chacun de messieurs les anciens consuls, pour la Chandeleur.	1 »
A chacun d'eux présents aux assemblées.	1/2 »
A chacun d'eux assistant aux services.	1/2 »

La Compagnie décida aussi que la bougie, dont l'usage s'était introduit au lieu de chandelle pour éclairer l'audience, sur le bureau, demeurerait supprimée, et que l'on reviendrait à l'ancien mode d'éclairage.

Les jetons étaient distribués, au moment de la délibération du 30 septembre 1746, conformément au règlement adopté en 1744. Les juges en charge avaient 24 jetons pour leur année d'exercice, 6 lors de l'audition du compte, 12 au moment de l'élection, 24 pour leur seconde année, 6 le jour de la reddition du compte. Les anciens juges recevaient 12 jetons le jour de l'élection ; les anciens consuls, 8 ; les scrutateurs, 4 chacun; le chapelain, 8; le député au conseil du commerce, 4, s'il était présent.

Les juges en place, s'ils étaient obligés, dans leur année, d'aller à Versailles ou à Fontainebleau, étaient remboursés chacun de leurs frais et avaient 6 jetons.

En 1746, on résolut de ne plus donner de jetons qu'au moment des élections, savoir :

A chacun des nouveaux élus. 20
A chacun des anciens juges. 8
A chacun des anciens consuls. 4
A chacun des secrétaires. 4
Au député du commerce. 4
Au greffier, comme à un consul en charge. 20

La face de ces jetons représentait la Justice, portant un bandeau sur les yeux et tenant d'une main le glaive, de l'autre la balance. On lui avait donné des ailes, pour rendre sensible son alliance avec le commerce et figurer sa diligence; en exergue, il y avait ces mots : *Insuper alas addidimus.*

Le 14 janvier 1754, le juge, sire Vignon, exposa à la Compagnie assemblée « que, dans un temps où la nécessité avait obligé la reconstruction des maisons appartenant à la juridiction, les juge-consuls lors en place avaient, conjointement avec des commissaires nommés par la Compagnie, et du consentement de celle-ci, fait avec prudence une réduction des honoraires, quoique très-modique »; que les finances s'étaient améliorées par différentes causes, et qu'il convenait d'examiner s'il n'y aurait pas lieu de rétablir, non pas les années de grâces ou autres présents supprimés, mais seulement les honoraires en jetons et en bougies, sur le pied où ils étaient avant la réduction. Cette proposition fut adoptée, mais les consuls n'ayant trouvé aucune délibération qui fixât l'ancien usage, la Compagnie dut se baser sur une pièce non signée, datée de 1743, après s'être assurée, toutefois, que, sous les derniers siéges, la distribution, tant en jetons qu'en bougies, se faisait conformément à l'état qu'elle avait sous les yeux.

Le 28 janvier 1757, la Compagnie décida que la distribution des honoraires aurait lieu comme par le passé, à l'exception de quelques légers changements, et le règlement fut arrêté de la manière suivante :

HONORAIRES EN JETONS.

Jetons.

A Messieurs en place, pour leur entrée, chacun, vingt-quatre jetons, lesquels se donnent par le juge. 24

A mesdits sieurs pour leur année d'exercice, chacun, quarante-huit jetons, ci. 48

A chacun de messieurs les anciens juges, la veille de l'élection, douze jetons, ci. 12

A messieurs les anciens consuls, non compris le doyen, chacun huit jetons, ci 8

A monsieur le doyen des anciens consuls, douze jetons, ci. . 12

A monsieur le chapelain, quatre jetons, ci. 4

A monsieur le greffier, ainsi qu'à un de Messieurs en place, comme il est porté aux deux premiers articles ci-dessus, soixante-douze jetons, ci 72

A messieurs les juge-consuls sortants, comme commissaires aux faillites, pour leur année, vingt-cinq jetons, ci. 25

HONORAIRES EN BOUGIES.

Bougies.

A chacun de Messieurs entrant, treize livres de bougie, savoir une livre pour leur tenir lieu de cierge de la Chandeleur, et douze livres pour leur tenir lieu de flambeaux pendant le cours de l'année, ci. 13

A messieurs les scrutateurs, lors de l'élection, chacun deux livres, ci. 2

A messieurs les anciens juges, pour la Chandeleur, chacun deux livres, ci 2

Elles se portent chez eux.

A messieurs les anciens consuls, chacun une livre, ci. . . . 1

Elles se portent chez eux.

A Messieurs du siége, pour chacune des quatre séances du Parlement, chacun deux livres, ci. 2

A Messieurs du siége, pour chaque sortie pour affaire de la juridiction, chacun deux livres, ci. 2

A Messieurs du siége, pour chaque service, chacun deux livres, ci. 2

A messieurs les commissaires aux faillites, au nombre de

Bougies.

cinq, même distribution qu'à messieurs du siége, à l'exception
des douze livres pour flambeaux.

A messieurs les anciens juges, à chaque assemblée ou service
lorsqu'ils s'y trouvent, chacun une livre, ci   1

A messieurs les anciens consuls pour chaque assemblée ou
service lorsqu'ils s'y trouvent, chacun une demi-livre, ci. . .   1/2

A messieurs les doyens des juges et des consuls présents ou
absents, à chaque assemblée ou service, chacun une livre, ci.   1

A monsieur le chapelain, à chaque enterrement où il assiste,
une livre, ci.   1

A monsieur le chapelain, à chaque service, une demi-
livre, ci 1/2

A monsieur le greffier, même quantité qu'à un des messieurs
en place, à l'exception des douze livres pour flambeaux.

A chaque clerc d'audience, à la Chandeleur.   1

Aux mêmes, à chaque service, une demi-livre, ci 1/2

A chaque huissier audiencier, à la Chandeleur, ci   1

Aux mêmes, à chaque enterrement et service où ils assis-
tent, ci. 1/2

A monsieur le député du commerce pour l'élection, six
livres, ci.   6

Au même, à la Chandeleur, deux livres, ci   2

Et au marchand chez lequel on va s'habiller le jour de la
séance (du Parlement), quatre livres par an, lesquelles se
donnent à la Chandeleur   4

Le règlement ajoutait que le sieur Delépine, doyen des juges, serait
présent à toutes les assemblées, et recevrait par an vingt jetons au lieu
de douze.

La seule différence de ce règlement avec celui de 1743, provenait
de ce que les honoraires des scrutateurs aux élections, et ceux des députés du commerce leur étaient remis sous forme de bougie, au lieu
de leur être livrés en jetons.

La distribution des honoraires eut lieu conformément à la délibération de 1757, jusqu'en 1788, où la Compagnie, à la suite d'un rapport
du juge en exercice sur l'état du revenu, et des charges du collége,
arrêta de faire une nouvelle réduction sur les dépenses.

Il fut alors réglé « que la distribution de chaque livre de bougie serait convertie en un jeton fixé à quarante-cinq sols, à cause du renchérissement des bougies ; que les honoraires de messieurs du siége entrants, à compter de la prochaine élection, seraient fixés à cinquante jetons pendant leur année d'exercice, et pendant celle de leur commissariat ; que ceux du greffier en chef seraient fixés au même nombre et qu'il ne serait fait de distribution aux greffiers et aux huissiers que quand ils assisteraient aux cérémonies où il s'en ferait. »

Outre les jetons et les bougies, il était d'usage de donner aux nouveaux juge et consuls divers ouvrages, et de leur faire présent, au jour de l'an, de plusieurs exemplaires de l'Almanach royal. Dès 1673, la Compagnie avait décidé que l'on prodiguerait moins les livres du recueil de la juridiction, et qu'à l'avenir on n'en donnerait plus que deux à chaque consul entrant en charge ; savoir : un relié en maroquin rouge semé de fleurs de lys et l'autre relié en veau. En 1746, on convint de réduire à cinq exemplaires, soit un pour chacun de messieurs du siége, la distribution de l'Almanach royal ; enfin, en 1748, on cessa complétement de donner des livres aux entrants. Ces livres, dit Guibert, étaient « l'ouvrage de Bornier, intitulé *Conférences des ordonnances*, 2 volumes in-4° ; 2° le *Parfait négociant*, de SAVARY, 2 volumes in-4° ; 3° le *Livre de la juridiction consulaire*. Les juges étaient libres de recevoir en argent la valeur de ces ouvrages, dont le prix était de deux cent soixante-dix livres, ou bien un ouvrage de pareille valeur à leur choix. »

Mais de toutes les réformes que les juge-consuls durent accomplir dans l'intérêt de leurs finances, les plus méritoires furent évidemment celles qui portèrent sur les repas, l'un des plus anciens et des plus agréables usages de la Compagnie. On dînait bien et souvent à la juridiction : repas aux élections, repas aux installations, repas le mercredi et dans diverses circonstances, donnaient l'occasion d'utiliser la belle salle à manger qui se trouvait au rez-de-chaussée de l'hôtel.

Aux élections et aux installations, le repas était de cérémonie ; le mercredi, on dînait en petit comité. Ce jour-là, les séances se prolongeaient fort avant dans la soirée, et les juges en charge invitaient à dîner les juge et consuls de l'année précédente qui les avaient assistés dans leur travail, ainsi que les conseillers. La cuisine était préparée par la domestique du greffier. Celle qui était chargée de ce soin dans la seconde moitié du dix-huitième siècle, se nommait Marguerite

George; elle avait, à n'en pas douter, un certain talent, car les juge-consuls lui témoignèrent leur reconnaissance des services qu'elle leur avait rendus tant aux repas des mercredis qu'aux repas des élections, « en économisant la Compagnie, qui dans ce cas n'employait pas la voie dispendieuse du traiteur »; ils votèrent en sa faveur dans leur réunion du 25 septembre 1770, une somme annuelle de soixante livres « sa vie durant et tant qu'elle sera en état de servir, même dans le cas où elle serait hors d'état de servir. »

Les diners du mercredi ne paraissent pas avoir été jamais suspendus. Les repas de cérémonie furent seuls sacrifiés. En 1739, le 16 juillet, Messieurs du siége proposèrent à la Compagnie de supprimer le repas d'installation du mois d'août, et de modérer ceux de l'élection et de l'installation du mois de janvier. La Compagnie fut d'avis qu'il n'y aurait plus de repas d'installation, et quelques années après, en 1746, elle supprima même les repas qui se faisaient à l'élection et à l'installation du nouveau siége. Elle spécifia en même temps qu'il ne pourrait désormais être alloué par année qu'une somme de six cents livres pour toute buvette ou dépense de bouche.

Les juge-consuls ne persistèrent pas dans leur résolution, et les repas pour les élections furent bientôt rétablis, comme on le voit par la délibération de 1770 qui rappelle les services rendus dans ces occasions par Marguerite George. L'état, conservé par Gorneau, dont il a été question dans un chapitre précédent, montre d'ailleurs qu'en 1771 une somme de trois cent soixante livres était exclusivement consacrée au repas des élections.

CHAPITRE DIXIÈME.

Employés et serviteurs de la juridiction.

Pendant très-longtemps la juridiction n'eut pas d'autres employés que ceux du greffe. Elle confiait à l'un d'eux les travaux d'ordre et les copies de lettres. Quand elle voulait faire rédiger un mémoire, elle s'adressait à l'un des avocats qui suivaient ses affaires au Parlement ou au conseil du Roi. Ces avocats, ordinairement choisis parmi ceux qui avaient donné des preuves de leur capacité comme chargés des affaires de l'un des six corps, étaient nommés par la Compagnie en assemblée générale : ainsi de M. Guignace de Chaucourt, élu comme avocat au conseil en 1758, et de M. Gouleau, son successeur en 1775.

Ce fut seulement en 1757 que la Compagnie décida de prendre à l'année un agent spécial pour s'occuper de ses archives. L'année précédente, sire Brochand, juge, avait fait commencer un inventaire des titres de la juridiction dont le dérangement, disait son successeur, était tel qu'on ne pouvait en faire usage.

Ce travail terminé, il avait entrepris de mettre également en ordre les titres concernant les créanciers de la juridiction; mais quand il avait été question d'y procéder, on n'avait trouvé ni les ampliations des contrats, ni les pièces qui avaient pu être fournies par les créanciers, lorsque les rentes avaient changé de propriétaire. La Compagnie avait alors compris la nécessité d'opérer un classement plus régulier, et elle avait résolu de s'attacher un employé dont les fonctions devaient être de tenir en état les archives et l'inventaire mis en ordre en 1756; d'y inscrire de temps en temps les titres utiles qui pourraient survenir; de travailler à recueillir et mettre en ordre les titres des créanciers actuels de la juridiction, d'en faire une matricule où l'on inscrirait toutes les pièces de nature à prouver les droits de chacun, ainsi que les payements des arrérages; de donner tous les six mois à M. le juge un état des créanciers, où chacun serait employé pour ce qui lui serait dû et échu de sa rente; enfin de dresser à la fin de chaque année le compte du juge sortant de charge, et d'assister aux assemblées pour y dresser les délibérations, sans aucun droit d'honoraires.

La Compagnie choisit pour remplir cet emploi le sieur Lagrenée, avocat au Parlement, dont elle fixa les appointements à la somme de cent cinquante livres. En 1752, Lagrenée ne pouvant plus vaquer à cette fonction, on lui donna pour successeur le sieur Pillard, l'un des commis du greffe, qui faisait déjà la copie des missives et des mémoires relatifs aux affaires de la juridiction, et à qui l'on paya pour ces différents travaux trois cents livres par an, et plus tard six cents livres.

Pillard devint ainsi le secrétaire-garde des archives de la juridiction, fonction qu'il conserva jusqu'en 1779, époque à laquelle étant tombé gravement malade, il fut remplacé par un autre commis du greffe nommé Louis-François Godinot.

En 1772, on avait adjoint à Pillard un sous-secrétaire. Cette qualité fut accordée au sieur Broutier, appeleur de causes, « pour l'encourager, dit la délibération, et pour lui donner un témoignage de la satisfaction de la juridiction. » Broutier fut nommé aux fonctions et appointements indiqués au folio 49 de l'extrait du Rituel. Nous regrettons de ne pas avoir ce document; il eût été curieux de voir quelles étaient les fonctions du sous-secrétaire de la juridiction. Le titre en déguisait sans doute la modestie, car le successeur de Broutier, comme appeleur de causes, s'estimait très-heureux, cinq ou six ans après, d'être élevé au poste de concierge de la juridiction.

Les commis à l'appel des causes dépendaient immédiatement des juge et consuls, comme on le voit par différentes délibérations. En 1712, Nicolas Châlon représentait à la Compagnie qu'il était depuis trente-cinq ans commis à l'appel des causes, et que le produit de cet emploi était trop modique pour lui permettre d'élever sa famille. En considération de ses longs services, la Compagnie arrêta de lui payer, pendant sa vie, la somme de cent cinquante livres par an. En 1719, Châlon, vu son âge avancé, supplia les juge-consuls d'accorder la survivance de son emploi à Jacques Châlon, son fils, et la Compagnie accueillit sa demande. Cependant, aux termes du bail passé au greffier Chauvin, celui-ci fut chargé, en 1736, de commettre à ses frais et dépens un homme pour appeler les causes à l'audience. Chauvin, qui avait obtenu des juge-consuls l'autorisation de faire d'importants changements dans le personnel du greffe, n'eut pas de peine à faire ren-

voyer le commis à l'appel des causes qu'il avait trouvé en place à sa
réception. Il prétendit avoir différents sujets de plaintes contre Jacob
Chaulard, et fit valoir à l'appui de sa demande que cet employé ne
pouvait continuer sa commission, attendu sa surdité qui augmentait
tous les jours. Jacob Chaulard fut sacrifié, et le sieur Gaspard Chapelain, présenté par Chauvin, fut admis à sa place.

Cette rigueur n'était pas dans les habitudes de la Compagnie. On a
vu quelle patience elle avait montrée à l'égard du clerc d'audience
Lambert : beaucoup de ses délibérations témoignent encore de sa bienveillance pour toutes les personnes que les juge-consuls employaient
à différents titres. En 1717, elle avait donné à Marie Métivier, fille
domestique au service du consulat depuis dix-huit ans, la somme
annuelle de cent cinquante livres, « pour lui aider à vivre doucement
sur la fin de sa carrière. » On sait déjà comment elle avait récompensé
Marguerite George, domestique du greffier et cuisinière de la juridiction. En général, les gens de service n'avaient qu'à se louer d'elle, et
les décisions prises à l'égard du portier en sont une nouvelle preuve.

La Compagnie, comme on le voit par une délibération du 25 mai
1758, avait quatre domestiques dont le portier. Celui-ci ne gardait
pas seulement l'entrée de l'hôtel, il accompagnait les juge-consuls
dans la plupart de leurs visites, et il portait la livrée du Roi avec la
hallebarde, l'épée et la canne. Pendant longtemps, les consuls avaient
loué les habits à la livrée du Roi que le portier et leurs domestiques
revêtaient dans les cérémonies; ils donnaient douze livres chaque fois
au marchand chez qui l'on allait s'habiller; mais la Compagnie avait
fini par faire faire un habit au moins pour le portier, car en parlant de
la hallebarde, de l'épée et de la canne, une délibération de 1772 constatait que ces objets, ainsi que l'habillement, appartenaient à la juridiction.

En 1717, la juridiction avait pour portier un nommé Jean Pivot, qui
était à son service depuis très-longtemps et ne gagnait que cent cinquante livres de gages par année. La Compagnie reconnaissant que
cette somme n'était pas suffisante pour le faire subsister, décida qu'il
lui serait payé trois cents livres, « tant et si longuement qu'il plairait
aux juge-consuls en charge, à leurs successeurs et à messieurs les anciens juges et consuls ».

En 1723, Pivot reçut une gratification annuelle de cent livres, puis
il mourut le 13 septembre 1728. La Compagnie le remplaça par le

13

sieur Clément Boudin, à qui elle consacra des appointements de trois cents livres, à la condition que, sur cette somme, il payerait à la veuve de Pivot la somme de cent livres sa vie durant. En outre, la veuve de Pivot fut maintenue dans le logement qu'elle occupait dans la cour de la juridiction, à la charge par elle de rendre tous les services qui conviendraient aux juge-consuls.

L'un des derniers portiers de la juridiction, Antoine Dupuis, avait été d'abord à son service comme domestique. A la suite d'une maladie grave qu'il avait faite, la Compagnie lui accorda deux cents livres, par forme de gratification, pour l'indemniser de ses frais. En 1754, les juge-consuls exposèrent à la Compagnie qu'il était juste d'assurer le sort d'Antoine Dupuis, domestique depuis plus de vingt ans, dont le service, l'attachement et la fidélité méritaient quelque considération. Ils proposèrent par conséquent de lui accorder le titre et la qualité de *concierge de l'hôtel de la juridiction*. On ne se rend pas trop compte des avantages que ce titre pouvait conférer à Antoine Dupuis, car il ne pouvait le dispenser, pour quelques raisons et sous quelque prétexte que ce fût, de continuer toutes les mêmes fonctions auxquelles il avait été ou dû être assujetti jusqu'alors comme portier, même de porter l'habit de la livrée du Roi : seulement il fut convenu qu'Antoine Dupuis tiendrait cette place de toute la Compagnie, afin qu'il ne pût jamais être remercié, ni renvoyé que du consentement et de l'ordre du collége assemblé.

En 1777, il y avait quarante-cinq ans qu'Antoine Dupuis servait la juridiction. Son grand âge le mettant dans la nécessité de se faire assister pour remplir son service avec exactitude, il pria la Compagnie d'agréer le sieur Jean-Baptiste d'Avril, commis à l'appel des causes à l'audience, pour l'aider, et de lui accorder, à son décès, la place de concierge avec toutes ses fonctions et les émoluments qui en dépendaient. La Compagnie, vu l'âge et les infirmités d'Antoine Dupuis, et considérant « qu'il est essentiel à la juridiction qu'Antoine Dupuis forme un sujet capable de lui succéder », accorda à d'Avril la survivance d'Antoine Dupuis pour la place de concierge avec les émoluments qui y étaient attachés; elle lui donna, en même temps, deux cents livres par an d'appointements « jusqu'à ce que le Seigneur eût disposé d'Antoine Dupuis », à la charge de l'aider et de le soulager, autant que ses infirmités l'exigeraient.

Antoine Dupuis mourut en 1789; sa femme se trouvant dans la

détresse, la Compagnie, en reconnaissance des services que le défunt lui avait rendus pendant cinquante-deux ans, et du zèle qu'il avait toujours apporté dans toutes ses fonctions, donna soixante-douze livres à la veuve, et autorisa d'Avril à lui remettre annuellement la même gratification.

Quelque représentation que le concierge eût à la porte de l'hôtel, avec sa livrée et sa hallebarde, elle ne suffisait pas pour imposer le respect jusque dans l'auditoire. Les huissiers audienciers eux-mêmes, malgré les insignes qu'on leur avait donnés et l'autorité attachée à leur emploi, ne parvenaient que difficilement à maintenir l'ordre en présence des juge-consuls. Des vols ayant été commis dans la salle d'audience, le juge en charge en 1770 profita de cette occasion pour représenter à la Compagnie que la juridiction ne pouvait se dispenser, tant pour la sûreté due à l'auditoire que pour le silence et la tranquillité nécessaires, d'y faire apposer un garde. En conséquence, on décida d'une voix unanime que l'on demanderait à M. Marchais, gouverneur du Louvre, un des cent-suisses des appartements du Roi. Le gouverneur du Louvre accueillit cette demande, et les juge-consuls se mirent en rapport avec un cent-suisse appelé Boucard. Il fut convenu que celui-ci ferait le service ou se ferait représenter par un de ses camarades, tous les jours du siége, l'après-midi seulement, depuis trois heures jusqu'à la fin de l'audience, pour une somme de deux cent quarante livres par chaque année; et le sieur Boucard entra en fonctions le 3 décembre 1770.

On voit, par ce qui précède, que malgré la détresse de ses finances, la Compagnie trouvait le moyen d'être libérale vis-à-vis de ses anciens serviteurs. Il en fut ainsi jusqu'au dernier moment. La veille même de sa suppression, en 1790, elle votait une pension de six cents livres en faveur du sieur Gourier, vieillard de quatre-vingts ans, attaché depuis quarante-cinq ans au greffe pour l'expédition des sentences.

L'esprit paternel de la juridiction se révèle dans tous ces détails, et c'est à ce point de vue que l'on a trouvé intéressant de les consigner dans le présent chapitre.

13.

CHAPITRE ONZIÈME.

Cérémonies à la paroisse. — Le pain bénit; la procession de la Fête-Dieu. — Enterrement des anciens juges et des anciens consuls. — Service annuel pour les âmes
des trépassés. — Ordres pour aller saluer le Roi. — Visite à Louis XIII à son avénement; funérailles de Henri IV; visites à Louis XIV à son avénement, à sa majorité,
à l'occasion de son mariage. — Visite au cardinal Mazarin. — Visites à Louis XVI
à son avénement et à l'occasion de la naissance du Dauphin. — Préséance des juge-
consuls sur les six corps.

La physionomie de l'ancienne juridiction consulaire serait incomplé-
tement reproduite, si l'on omettait de rapporter quelques-unes des
cérémonies auxquelles assistaient les juge et consuls. On s'est étendu
suffisamment sur les cérémonies des élections; il n'en sera plus question; mais il importe de consacrer quelques pages aux cérémonies qui
avaient lieu, soit à la paroisse de la juridiction, soit au Louvre lors de
l'enterrement d'un roi de France ou de l'avénement de son successeur.

Il ne sera dit qu'un mot du pain bénit que la juridiction rendait à
Saint-Merry. En 1668, les juge-consuls furent priés, de la part de
messieurs les marguilliers de Saint-Médéric, de vouloir bien se charger
de ce soin. Il fut alors arrêté, dans une réunion du 23 mai, que les
pains bénits seraient rendus; « que dessus seraient mises des bande-
roles avec les armes du consulat, et qu'on donnerait pour offrande à
monsieur le curé quatre sous d'or, et quatre autres à l'œuvre ». Les
armes du consulat se composaient d'un vaisseau voguant à pleines
voiles, surmonté d'un écusson aux armes de France, et de deux mains
croisées sortant des flots au-dessous du vaisseau. Les pains bénits
furent, conformément à la délibération précédente, présentés le
29 mai, jour de la Pentecôte, par la femme du commis au greffe du
consulat.

L'usage de rendre le pain bénit se conserva, sans doute, dans
la juridiction; mais les registres n'en font plus mention jusqu'en

l'année 1784, où la Compagnie décida qu'à l'instar des autres juridictions, le consulat ne rendrait plus le pain à bénir en son nom.

Un résultat du 25 mai 1758 nous apprend que les juge-consuls assistaient parfois à la procession qui se faisait à l'église paroissiale le jour
de la Fête-Dieu. Ce jour-là, les juge et consuls étaient priés par le
curé, accompagné du marguillier comptable de la paroisse, de porter
les cordons du dais à la procession du Saint-Sacrement.

« D'abord, dit le procès-verbal constatant l'ordre et les frais de la
cérémonie, Messieurs les cinq juge et consuls, avec un de Messieurs
du siége prochain, se sont rendus aujourd'hui en l'hôtel de la juridiction, sur les sept heures du matin, où ils se sont revêtus de leurs
robes. A sept heures et demie, les suisses et bedeaux de Saint-Merry
sont venus les chercher, les ont conduits au chœur, où ils ont été placés
sur les stalles hautes, à droite ; les quatre huissiers audienciers de la
juridiction, qui les suivaient, étaient sur les stalles au-dessous d'eux.
Là, Messieurs ont entendu la grand'messe, ont été à l'offrande, où ils
ont donné un demi-louis de douze livres et pareille somme à l'œuvre.

» Dans la marche, des quatre huissiers en robe, deux précédaient le
dais ; les deux autres suivaient, ainsi que les quatre domestiques de la
juridiction, revêtus d'habits de la livrée du Roi, et portant chacun un
flambeau de cire pesant deux livres. La procession finie, Messieurs ont
été reconduits par les suisses et bedeaux à leur hôtel, où ils ont dîné
ensemble avec monsieur leur aumônier et monsieur leur greffier, qu'ils
ont invités.

» Messieurs ont donné à chacun des huissiers audienciers une livre et
demie de bougie pour leur honoraire ;

» Quinze livres aux quatre domestiques de la juridiction, qui avaient
porté les flambeaux ; six livres au concierge, et trois livres à chacun des
trois autres ;

» Trente livres aux suisses, bedeaux et domestiques de l'église. Ils
ont encore payé douze livres pour le louage de quatre habits des quatre
domestiques dont il vient d'être parlé. Enfin, Messieurs ont fourni
douze cierges de deux livres chacun pour être mis sur l'autel du chœur
ledit jour. »

La juridiction, dans ses jours de détresse, continua-t-elle de suivre
la procession du Saint-Sacrement, nous l'ignorons ; mais il est une cérémonie qui se reproduisait assez souvent à la paroisse et que les juge-

consuls maintinrent jusqu'au dernier instant : c'était celle qui avait lieu pour l'enterrement des anciens juges et des anciens consuls.

Une délibération de l'année 1608 (31 janvier) nous apprend que, de tout temps, on avait observé la louable coutume d'honorer la mémoire des anciens juges et consuls, au jour de leur convoi et enterrement, « de la présence des juge et consuls lors en charge, de ce priés et invités par les héritiers du défunt, pour accompagner le corps aux quatre coins du poisle, et était donné des torches chargées des armoiries des consuls, le tout aux dépens et frais du revenu de la maison commune. »

Il paraît que cette coutume avait été en partie discontinuée, « tant à cause des troubles derniers que des dettes de la maison »; mais les juge-consuls la firent revivre, après avoir pris l'avis de la Compagnie. On arrêta que, pour les juges, il serait donné douze torches, du poids de deux livres pièce, et pour les consuls, six torches du même poids, également chargées des armoiries du consulat.

Voici, d'après le manuscrit de Gorneau, cité par M. Guibert, le cérémonial observé, au dix-huitième siècle, lorsqu'un juge ou un consul, ancien ou en exercice, venait à décéder.

Les jurés crieurs se rendaient à la juridiction, au moment de l'audience. Avant leur entrée, les juge-consuls se couvraient de leurs toques; les crieurs, introduits dans la salle, saluaient; les juge-consuls se découvraient, puis remettaient aussitôt leurs toques. L'officier, portant la parole, faisait l'invitation, et, dès qu'il avait cessé de parler, il saluait de nouveau, avant de se retirer, les juge-consuls, qui lui rendaient son salut en se découvrant. Chaque salut et l'invitation étaient accompagnés d'un nombre de coups de sonnette déterminé.

Les juge-consuls en charge faisaient alors prévenir les anciens juges et consuls. Aux termes d'une décision de 1631, celui des serviteurs du greffe, ou autre, qui faisait la semonce des anciens juge et consuls d'assister aux enterrements, avait soixante-quatre sols « des deniers du consulat, par enterrement, sans qu'il fût payé aucune chose par les héritiers, lesquels lui faisaient bailler des billets imprimés pour laisser auxdits anciens juges et consuls. »

Le jour de l'enterrement, la famille avait dû préparer, dans la maison mortuaire, une chambre tendue de noir pour y recevoir le collège des juge et consuls, accompagné du chapelain, des quatre huissiers et du concierge. « Un instant après que les juge-consuls étaient arrivés, le plus proche parent du défunt, avec tous les parents formant le deuil, venait les saluer, et se retirait ensuite avec la famille; puis les juge-consuls passaient, à leur tour, dans la salle où la famille était assemblée, faisaient un petit discours sur la perte qu'elle venait de faire, et rentraient dans la salle qui leur était réservée. »

C'était ordinairement le premier consul qui portait la parole. Quand le convoi se mettait en marche pour aller à l'église, des enfants bleus, vêtus de surplis, au nombre de douze pour un juge, de six pour un consul, portaient autour du corps du défunt chacun un flambeau de deux livres, auquel était l'écusson aux armoiries de la juridiction. En tête marchait le chapelain précédé du concierge et suivi de deux huissiers. Derrière le corps et avant le deuil se trouvaient les juge-consuls précédés par quatre huissiers, s'il s'agissait d'un juge, et de deux huissiers, lorsque le défunt n'avait été que consul. A l'église, les juge-consuls se plaçaient dans les stalles du chœur, à gauche, et laissaient celles de droite à la famille.

« On distribuait à cette occasion, à chacun de messieurs du siège, deux livres de bougie; aux quatre huissiers audienciers (même lorsqu'ils n'étaient que deux), chacun trois livres (argent) et demi-livre de bougie; au concierge, trois livres (argent); au chapelain, demi-livre de bougie. La famille donnait à ce dernier un cierge d'une livre et une paire de gants blancs; elle donnait aussi une paire de gants à à chacun des juge et consuls, aux huissiers et au concierge. « Si les juge-consuls n'étaient pas invités par les crieurs, mais seulement par simples billets, ils se rendaient à l'enterrement non comme corps de juridiction, mais comme particuliers, sans cérémonie et en habits courts ordinaires. »

Le juge allait à l'enterrement d'un consul décédé en exercice, mais il n'assistait pas à celui d'un ancien consul, si ce n'est comme simple particulier et sans robe.

Le cérémonial était le même pour l'enterrement d'un greffier en chef, excepté que les juge-consuls n'étaient pas reçus dans une salle tendue de noir, et qu'il n'y avait pas de compliment préparé aux héritiers ni de la part de ceux-ci.

A une certaine époque, les gardes des communautés assistaient en robes aux obsèques des défunts juges et consuls; mais, en 1632, les juge-consuls en charge remontrèrent au collége que lorsqu'ils étaient invités en corps de consuls à prendre les quatre coins du poêle, et qu'ils représentaient les corps et communautés des marchands, il était indécent aux maîtres et gardes de venir en robes; il fut alors arrêté qu'à l'avenir, aux convois et enterrements des défunts juges et consuls, où les juge-consuls se trouveraient en corps, les maîtres et gardes des communautés des marchands n'assisteraient pas en robes et que cette décision leur serait communiquée.

Indépendamment de la cérémonie qui se faisait le jour de l'enterrement, il y avait le service annuel pour les âmes des juges trépassés. Les juge-consuls en avaient établi la coutume par un résultat du 31 janvier 1626. Toutes les compagnies et communautés observaient l'usage de faire dire au moins une fois l'année un service pour les âmes des fidèles, « ce qui n'avait été observé en la Compagnie des juge et consuls, qui l'ont néanmoins d'autant plus mérité qu'ils donnent leurs peines et labeurs au public en exerçant la justice gratuitement, et sans aucuns profits rémunératoires ni récompense que celles qu'ils attendent du ciel. » Il avait donc été décidé que « pour le remède des anciens juges et consuls trépassés, » il serait célébré, chaque année, la veille ou sous-veille de l'élection des juge et consuls, dans le chœur de l'église de Saint-Médéric, un service complet de vigiles et recommandaces de trois messes hautes dont la dernière serait dite par monsieur le curé de l'église. La juridiction allouait pour ce service huit cierges de cire jaune du poids d'une demi-livre pièce, chargés des armoiries du consulat, un cierge de demi-livre de cire blanche; le pain, le vin, l'argent pour l'offerte avec une herse du poids d'une livre, vingt-quatre livres aux curé, chevecier, chanoines et chapitre qui devaient faire assister au service le nombre de gens d'église qu'il appartenait, et cent sous tournois à la fabrique pour fournir et faire tendre le poêle et les plus beaux parements et ornements des trépassés. Les enfants et les héritiers des défunts prenaient leurs places dans l'église, à main gauche de l'entrée du chœur, immédiatement après les anciens juges.

Toutes les fois qu'une cérémonie nouvelle avait lieu, les juge-consuls prenaient soin d'en faire rédiger et transcrire le détail, pour servir à leurs successeurs dans des circonstances semblables. C'est ainsi que nous sont parvenus *les ordres* observés par les juge et consuls dans les diverses cérémonies publiques ou solennités auxquelles ils assistaient.

Après l'assassinat de Henri IV, en 1610, les juge-consuls furent admis à saluer le jeune Roi Louis XIII, alors âgé de huit ans et huit mois. Le jeudi 27 mai, entre midi et une heure, les juge-consuls en charge, assistés de plusieurs anciens juges et consuls, revêtus de leurs robes et bonnets, et suivis de leurs greffiers et des audienciers, se transportèrent au Louvre, comme il avait été concerté le matin entre eux et M. de Souvré, gouverneur du Roi. Introduits dans la chambre de la Reine-Régente Marie de Médicis, nu-tête et à genoux, « ils baisèrent le bas des chausses du Roi, au défaut de robe et manteau, » saluèrent Sa Majesté et prononcèrent la harangue qu'ils avaient préparée. La juridiction consulaire était alors menacée par de puissants ennemis, et les juge-consuls saisirent l'occasion qui se présentait de demander que leur juridiction fût maintenue et conservée en entier. Le Roi leur répondit : « Aimez-nous comme vous avez aimé le feu Roi notre père, et je vous aimerai comme il vous a aimés et vous conserverai vos priviléges. »

Les juge-consuls s'adressèrent ensuite à la Reine, « à laquelle tous à genoux et après que lesdits sieurs eurent baisé le bas de sa robe, et après lui avoir fait pareille révération et harangue en substance que au Roi, la réponse de la Reine fut aussi pareille en substance que celle du Roi ; » puis ils allèrent donner de l'eau bénite au défunt Roi en sa chambre, et ils revinrent en la maison consulaire pour y déposer leurs robes et leurs bonnets.

Les juge-consuls allaient saluer non-seulement les rois et les reines à leur avénement à la couronne, mais aussi les chanceliers et premiers présidents, procureurs et avocats généraux du Roi lorsqu'ils entraient en charge. Jusqu'en 1610, il n'avait pas été fait mémoire de la forme dans laquelle avaient lieu ces présentations. Le procès-verbal qui constate l'ordre suivi pour saluer Louis XIII, règle qu'à l'avenir l'on suivra le même cérémonial pour saluer les dignitaires ci-dessus désignés, « fors et excepté que leur faisant les harangues, on ne leur baisera pas les robes et ne se mettra-t-on pas à genoux. »

Les funérailles de Henri IV donnèrent lieu à la cérémonie de l'eau bénite, à laquelle prit part la juridiction comme il vient d'être dit.

La proclamation pour l'enterrement du Roi fut faite par les jurés crieurs, le samedi 26 juin, à la cour du Parlement, à la Chambre des comptes, à la Cour des aides, au Châtelet et à l'Hôtel de ville, et ces différents corps se rendirent séparément au Louvre pour donner de l'eau bénite au Roi, les uns immédiatement, les autres dans la journée.

Les jurés crieurs ne se rendirent à la juridiction consulaire que le lundi 28, à neuf heures du matin, et au moment de l'entrée du siège ; ils furent introduits dans la salle d'audience revêtus de leurs robes et des armoiries du Roi, suivant la coutume, et après avoir salué le siège et sonné leurs sonnettes, ils firent la proclamation suivante :

« Honorable et dévote assistance, priez Dieu pour l'âme de Henri le Grand, par la grâce de Dieu, très-haut, très-puissant et très-victorieux roi de France et de Navarre, priez Dieu pour son âme. »

Les jurés crieurs firent une pause, sonnèrent de nouveau et continuèrent :

« Priez pour l'âme de Henri le Grand, très-auguste, très-invincible, incomparable en armes, magnanimité et clémence, qui est trépassé en son château royal du Louvre, priez Dieu pour son âme. »

Enfin, après une nouvelle pause et avoir sonné derechef, ils dirent :

« Demain, après midi, le corps de Sa Majesté sera conduit de son château du Louvre en l'église Notre-Dame, en laquelle seront dites Vigiles sur son corps, et le lendemain, après le service solennel, sera conduit en l'église Saint-Denis, cimetière des rois de France, pour y être inhumé avec ses prédécesseurs. »

Lorsque les jurés crieurs se furent retirés, le juge envoya l'audiencier inviter les anciens juges à se trouver à cinq heures de relevée à la maison des consuls avec leurs robes et bonnets. A cinq heures, les juge-consuls, assistés de plusieurs anciens, précédés par les audienciers et le greffier, se rendirent au Louvre. On commençait à détendre la salle ; néanmoins le maître des cérémonies fit ouvrir les portes, « pour le respect de la juridiction ». Les juge-consuls pénétrèrent près du corps du Roi, firent leurs prières, donnèrent de l'eau bénite, saluèrent le maître des cérémonies et retournèrent à la maison consulaire pour se dévêtir de leurs robes et bonnets.

En 1643, le 14 mai, Louis XIII meurt à Saint-Germain ; les consuls sont admis à saluer le jeune Roi et la Reine mère comme régente. Cette fois ils pensent à se faire présenter par une personne de considération, et ils s'adressent, dans ce dessein, au duc de Montbazon, gouverneur de Paris et de l'Ile-de-France. Au jour indiqué par Sa Majesté, les juge-consuls, assistés de neuf anciens désignés par la Compagnie, se rendirent chez le duc. Celui-ci monta dans sa propre voiture, suivie

de celles des juge-consuls et de celles des gardes des six corps des marchands; puis le cortége alla s'arrêter à la grande porte du Louvre, d'où
le duc le conduisit par le grand escalier dans la salle des gardes, et de
là dans la chambre de Louis XIV. Le Roi avait près de lui madame de
Lansac, sa gouvernante, et le duc de Saint-Simon. Les juge-consuls,
tous à genoux et tête nue, le saluèrent, et le juge fit une harangue
« à laquelle Sa Majesté, à cause de son bas âge, dit le procès-verbal, ne
fit que remercier la Compagnie, et lui donna sa main à baiser ».

Au sortir de chez le Roi, le duc de Montbazon mena les juge-consuls le long du passage qui conduisait du logement du Roi à celui de
la Reine-Régente, et il les introduisit dans le grand cabinet de la
Reine. Celle-ci était encore dans son petit cabinet; quelques instants
après, elle entra, s'assit « en sa chaise sur un grand parterre », et les
assistants, tête nue, lui firent la révérence et s'agenouillèrent, tandis
que le juge faisait une seconde harangue et souhaitait heureuse et
longue vie à la Reine, qui remercia les juge-consuls de leur bonne
volonté, leur dit qu'ils devaient être assurés de la sienne, et qu'Elle
les conserverait dans leurs priviléges.

A l'issue de cette cérémonie, les juge-consuls allèrent remercier le
duc de Montbazon, à son hôtel, et revinrent ensuite à la juridiction.

Le Roi Louis XIII étant mort à Saint-Germain, les juge-consuls ne
purent aller jeter de l'eau bénite. La proclamation du service solennel
qui devait avoir lieu dans l'église de Saint-Denis, le 22 juin, fut faite
deux jours auparavant par les vingt-quatre crieurs de la ville, dans la
salle de la juridiction, et les juge-consuls prirent soin de faire célébrer en l'église de Saint-Médéric, le 13 du mois de juin, un service
auquel ils invitèrent tous les anciens juges et consuls, ainsi que les
maîtres et gardes des six corps et communautés.

Il est à remarquer, dit l'ordre tenu pour aller saluer le jeune
Louis XIV, qu'en toute cette cérémonie les maîtres et gardes des six
corps ne furent admis et introduits qu'après que lesdits juge et consuls anciens et assistants furent sortis des chambres de Leurs
Majestés.

Les juge-consuls se montrèrent toujours très-jaloux de conserver
cette préséance. Quoique choisis parmi les six corps, ils n'entendaient
pas en dépendre. Ils se regardaient comme la plus haute expression du
commerce, et ils étaient soutenus dans leurs justes prétentions par la
Compagnie. Composée d'anciens juges et d'anciens consuls dont la plu-

part avaient passé par les charges municipales, celle-ci n'aurait jamais laissé les maîtres et gardes prendre le pas sur elle dans les cérémonies. On ne doit donc pas s'étonner du soin avec lequel les juge-consuls consignent leur droit à la préséance et les précédents qui l'établissent. Ainsi, lorsque les juge-consuls furent admis, en 1651, à saluer le roi Louis XIV qui venait d'atteindre sa majorité, on prit garde d'inscrire dans le procès-verbal de l'ordre observé que les six corps des marchands étaient dans la galerie, attendant, pour se présenter au Roi, que les juge-consuls eussent fini de parler.

A cette cérémonie, qui eut lieu le 12 septembre, les juge-consuls se firent présenter par le maréchal de l'Hôpital, gouverneur de Paris. Ils attendirent le Roi dans la galerie des antiques, pour lui parler au moment où il irait à la messe. Quand le Roi parut, ils se prosternèrent, et le juge, après avoir félicité le Roi, le supplia, suivant l'usage, « de conserver la juridiction dans les ordonnances et privilèges que les rois ses prédécesseurs ont accordés à l'innocence de cette bonne justice. Sur quoi le Roi leur répondit qu'il les remerciait de leurs bonnes volontés et qu'il les aimerait toujours avec affection ».

Le 4 février 1660 eut lieu la publication de la paix entre la couronne de France et celle d'Espagne. Un *Te Deum* fut chanté à Notre-Dame le 16, et l'audience cessa de tenir ce jour-là dans la juridiction.

Le 25 et le 28 du mois de juin de la même année, des réjouissances furent faites dans la ville de Paris pour le mariage du Roi avec la princesse Marie-Thérèse d'Autriche, infante d'Espagne, et l'audience ne tint pas également pendant ces deux jours. Enfin, le Roi et la Reine firent leur entrée dans Paris le 26 août, et ce fut l'occasion d'un *Te Deum* chanté à Notre-Dame le 27, et de nouvelles réjouissances faites le même jour dans la ville.

Jusque-là, les juge-consuls n'avaient fait qu'aller saluer le Roi ; du moins le livre de leurs chartes ne mentionnait pas qu'ils eussent jamais assisté à l'entrée des souverains. La Compagnie fut donc assemblée pour savoir ce que l'on ferait. Elle émit l'avis qu'un des consuls en charge verrait le duc de Bournonville, gouverneur de Paris, pour le prier de faire en sorte que l'on pût saluer Leurs Majestés, soit au château de Vincennes, soit à Paris, après leur entrée, pour savoir de lui le jour, l'heure et le lieu, et pour lui demander de servir d'introducteur à la députation.

Nicolas Baudequin, consul en charge et lors échevin de la ville de

Paris, alla donc trouver le gouverneur de Paris, et le 23 août, il fit le récit à la Compagnie des entrevues qu'il avait eues avec cet officier. Le duc de Bournonville lui avait assuré que les juge-consuls verraient Leurs Majestés non pas à Vincennes, à ce qu'il croyait, mais à Paris ; il leur avait dit aussi que, suivant ce qui avait été arrêté par le chancelier avec le cardinal Mazarin, Son Éminence les recevrait aussi. Enfin, le duc avait conseillé d'aller trouver d'abord le chancelier, et il s'était mis à la disposition des juge-consuls pour les introduire, ravi d'avoir l'occasion de les servir. La Compagnie décida qu'on suivrait de tout point les avis du seigneur gouverneur, et que lorsqu'on aurait reçu ses ordres, tous les anciens juge-consuls seraient invités à se joindre à Messieurs du siége, « afin de rendre la cérémonie plus célèbre ».

On alla donc faire visite le 24 août au gouverneur, qui demeurait au Pré aux Clercs ; celui-ci confirma ce qu'il avait dit au consul Baudequin, et promit de faire savoir le jour et l'heure où les juge-consuls seraient appelés à saluer Sa Majesté et à voir Son Éminence le Cardinal.

L'ordre reçu, les juge-consuls firent convoquer tous les anciens pour le 30 août, à huit heures du matin, dans la salle de la juridiction. Ceux-ci se rendirent à l'appel qui leur était fait, et l'on était sur le point de partir, mais « sur l'avis que les maîtres et gardes des six corps des marchands étaient assemblés au bureau de la draperie et prétendaient aller saluer Leurs Majestés avec leurs robes d'entrée et toques de velours, il fut advisé par la Compagnie que Germain Verrier, principal commis au greffe de la juridiction, irait de leur part audit bureau de la draperie pour faire savoir auxdits maîtres et gardes des six corps que, où étaient les juge et consuls, ils ne devaient marcher qu'en leurs habillements ordinaires de gardes avec leurs chapeaux, ainsi qu'il s'était de tout temps pratiqué. A l'instant ledit Verrier, suivant ladite délibération, fut audit bureau où étaient assemblés lesdits maîtres et gardes des six corps, leur dit le sujet de sa députation, lesquels délibérèrent sur-le-champ, et fut fait réponse audit Verrier, par la bouche de M. le Vieux, grand garde de la draperie, qu'il pouvait assurer messieurs les juge et consuls de la part desdits six corps qu'ils se conformeraient toujours dedans leurs intentions, comme étant leurs chefs, et qu'ils n'iraient qu'avec leurs habillements ordinaires ».

Les juge-consuls et les anciens, tous revêtus de leurs robes et de leurs toques, purent alors se diriger vers le Louvre. Ils étaient accompagnés de leur principal commis au greffe et de leurs quatre huissiers audienciers également en costume. Tout le monde était en carrosse. Arrivés au Louvre, les juge-consuls montèrent dans la salle des gardes du corps, d'où le gouverneur de Paris les introduisit dans l'antichambre du Roi. Sa Majesté en passant fut saluée par les juge-consuls et les anciens, qui étaient tous à genoux et nu-tête. Le Roi était debout, entouré des princes de Condé, de Conti et autres seigneurs du royaume; alors le juge prononça quelques paroles pour supplier le Roi de conserver la juridiction consulaire, comme l'avaient fait ses prédécesseurs. Le Roi répondit qu'il avait agréable leur visite, qu'il savait l'intégrité de leur justice, et il les engagea à continuer à la rendre ainsi qu'ils avaient fait, ajoutant qu'il les protégerait et qu'il les en assurait.

Les juge-consuls furent ensuite menés dans l'appartement de la Reine, et introduits dans sa chambre par le gouverneur. La Reine était assise dans un fauteuil; les juge-consuls et la Compagnie mirent un genou en terre, pendant que sire Baudequin prenait la parole pour le juge, que l'émotion venait de rendre subitement malade. La Reine mère ayant répondu, les juge-consuls se retirèrent dans l'antichambre, et peu de temps après ils furent introduits de nouveau dans la chambre de la Reine mère pour saluer la Reine, qui venait de s'y rendre. Ils remirent un genou en terre, et sire Nicolas Baudequin demanda la protection de la Reine comme il avait fait de celle de la Reine mère, en ajoutant à son discours les compliments et les vœux qui pouvaient le plus toucher la jeune Reine. « C'est de Sa Majesté, dit-il, que procèdent les rayons de la justice consulaire que les juge-consuls distribuent gratuitement à ses peuples; ils vous prient de les favoriser et de les protéger contre la violence de ceux qui voudraient l'opprimer. » La Reine fit par la bouche du seigneur de Bournonville, son chevalier d'honneur, une réponse dans laquelle elle promit de témoigner aux juge-consuls l'estime qu'elle faisait d'eux, et de les servir quand l'occasion s'en présenterait. Après avoir pris congé de la Reine, les juge-consuls passèrent par la salle des gardes suisses et allèrent dans la cour du Louvre saluer le gouverneur qui montait en carrosse et lui adresser des remercîments, puis ils montèrent à leur tour en voiture et rentrèrent à la juridiction.

Les juge-consuls, dans le procès-verbal de l'ordre observé en cette circonstance, ont bien soin d'ajouter : « Est à remarquer qu'en toute cette cérémonie les maîtres et gardes des six corps des marchands ne furent admis et introduits par M. le prévost des marchands qu'après que les juge-consuls et anciens furent sortis des chambres de Leurs Majestés, lesquels étaient vestus de leurs habillements ordinaires de gardes avec leurs chapeaux ».

Le 9 septembre, c'est-à-dire quatre jours après la visite au Roi et à la Reine, les juge-consuls allèrent voir le gouverneur en son hôtel pour le prier de leur continuer sa bonne volonté et de faire en sorte qu'ils pussent voir le cardinal Mazarin. Le duc de Bournonville, fidèle à sa promesse, prévint les juge-consuls, le 16 septembre au matin, qu'ils auraient audience le jour même. Le juge Barbier était aux champs, sans doute pour se rétablir ; en son absence, le premier consul, Nicolas Baudequin, réunit à la hâte les consuls en charge et ceux des anciens que l'on put rencontrer. On se rendit avec le cérémonial accoutumé à la porte du Louvre ; le cortége pénétra dans la cour et monta par le grand escalier à l'appartement du Cardinal, qui était au-dessus de celui du Roi. De l'antichambre les juge-consuls passèrent dans la chambre du Cardinal, qui était sur son lit « à cause de son indisposition » ; ils lui firent une profonde révérence, et Nicolas Baudequin fit sa harangue. Tout en prétendant qu'il n'appartenait pas aux juge-consuls de faire l'éloge du Cardinal, l'orateur lui parla des hautes et sublimes louanges qu'il avait méritées pour le bien de la France et l'étonnement de toute la terre ; il le remercia du glorieux ouvrage de la paix et de l'auguste mariage de l'invincible monarque qu'il avait procuré ; finalement, il lui demanda sa protection pour la juridiction consulaire, « laquelle lui est d'autant plus nécessaire que journellement elle se voit opprimée par de plus puissantes justices, qui cassent les sentences des consuls et mulctent d'amendes les parties qui viennent plaider par-devant elle, et ainsi détruisent une juridiction qui n'est instituée que pour le bien et le soulagement du public ». Et plus loin, sire Baudequin insinuait qu'il ne serait pas indigne du Cardinal d'augmenter les priviléges de la juridiction, s'il jugeait qu'elle en eût besoin. A quoi le Cardinal répondit que le Roi avait sacrifié sa gloire pour donner le repos et la paix à ses sujets, mais qu'il leur conserverait ce qu'il avait acquis pour eux, au préjudice de sa renommée ; que quant à lui, il s'emploierait de bon cœur pour protéger la juridiction et lui accorder des priviléges, si elle en avait besoin.

L'ordre réimprimé à la fin de cet ouvrage, parmi les pièces justifi-
catives, contient dans leur entier les discours dont nous ne pouvons
faire ici que l'analyse.

Les juge-consuls s'étant retirés, remercièrent le gouverneur, qui les
avait reconduits dans l'antichambre. Ils retournèrent ensuite dans leur
hôtel, et le même jour de relevée, les juge-consuls en charge se transportèrent à l'hôtel du gouverneur, « qui les reçut favorablement avec
témoignage fort grand de son amitié ».

Le procès-verbal se termine par une remarque analogue à celle qui
avait été déjà consignée lors de la visite à Leurs Majestés, relativement
aux maîtres et gardes des six corps. Après avoir employé les mêmes
expressions pour constater que les maîtres et gardes des six corps ne
furent introduits par le prévôt des marchands qu'après la sortie des
juge-consuls, l'ordre ajoute : « Et quelques-uns des six corps s'étant
présentés pour entrer parmi lesdits juge et consuls, ayant été reconnus
par l'huissier de la porte de la chambre pour n'avoir pas la toque de
velours, furent repoussés rudement, et il leur fut dit par ledit huissier
et un gentilhomme de Son Éminence qu'ils n'entreraient qu'après lesdits juge-consuls ». On voit par cette note que messieurs de la juridiction étaient impitoyables sur les questions de préséance.

Ni le livre des chartes, ni les registres de la juridiction ne font allusion aux cérémonies qui eurent lieu à la mort de Louis XIV, à l'avénement de son successeur ou pendant le règne de Louis XV. Il est à présumer que les juge-consuls n'assistèrent pas à ces cérémonies. On voit
seulement qu'à la mort de Louis XV les juge-consuls firent célébrer
dans leur chapelle une messe basse pour le repos de l'âme du Roi,
messe à laquelle assistèrent, suivant la coutume, tous les anciens juges
et les anciens consuls.

L'ordre tenu pour aller saluer Louis XVI et la reine Marie-
Antoinette nous a été conservé. Les juge-consuls, après s'être fait
représenter les ordres suivis dans les cérémonies qui avaient eu lieu
à l'époque de l'avénement de Louis XIV, lors de sa majorité et de son
mariage, s'adressèrent à M. le maréchal duc de Brissac, gouverneur
de Paris, pour le prier de leur faire la grâce de les introduire près
de Leurs Majestés, ainsi que le duc de Montbazon, le maréchal de
l'Hôpital et le duc de Bournonville avaient fait autrefois pour leurs
prédécesseurs. Il faut croire que la tradition s'était bien oubliée, car le
maréchal de Brissac fit inviter les juge-consuls à se rendre chez lui

pour lui donner des preuves certaines que les prédécesseurs des juge-consuls avaient été présentés par les siens en pareilles circonstances. Les juge-consuls portèrent donc leurs registres chez le maréchal, qui, après s'être convaincu par la vue des ordres inscrits, dit aux juge-consuls qu'ils pourraient se rendre au château de la Muette le vendredi 10 juin 1774, à huit heures du matin.

Au jour dit, les juge-consuls se transportèrent au château de la Muette, revêtus de leurs robes et de leurs toques, et suivis de leur greffier et de deux huissiers audienciers. Introduits dans le grand salon, au rez-de-chaussée, tenant à la chapelle, ils trouvèrent le prévôt des marchands, les échevins, conseillers et quartiniers, qui venaient d'y être admis. Le gouverneur de Paris entra peu de temps après, et les officiers du Roi dressèrent dans la pièce une table sur laquelle ils offrirent à déjeuner au corps de ville et à la compagnie des juge-consuls. Ensuite arrivèrent les maîtres et gardes des six corps, introduits par M. de Sartine, lieutenant général de police, et revêtus de leurs habillements ordinaires de gardes, avec leurs chapeaux. Une déception cruelle pour leur amour-propre attendait les juge-consuls. Sur les neuf heures, le corps de ville fut introduit chez le Roi par le marquis de Dreux, grand maître des cérémonies; alors M. de Sartine, qui était monté quelque temps auparavant chez le Roi, redescendit pour appeler les maîtres et gardes des six corps, de façon que les juge-consuls n'entrèrent chez le Roi qu'au moment où les maîtres et gardes sortaient de l'appartement. Le Roi était debout au seuil de sa chambre, accompagné de ses ministres et de différents seigneurs de la cour. Les juge-consuls s'agenouillèrent, et le juge fit sa harangue dans le sens habituel. Sa Majesté se borna à répondre : « C'est fort bien; relevez-vous. » Et toute la compagnie redescendit au salon du rez-de-chaussée. Là, les juge-consuls n'eurent rien de plus pressé que de faire la représentation au gouverneur sur le droit qu'ils avaient de précéder les maîtres et gardes des six corps. Celui-ci s'en expliqua sur-le-champ avec M. de Sartine, et le lieutenant général de police vint dire aux juge-consuls qu'il n'avait point eu intention de donner atteinte à leur droit, et qu'il en reconnaissait tellement la légitimité, que lorsqu'il s'agirait de se présenter chez la Reine, les juge-consuls pourraient le faire immédiatement après la ville, et que les maîtres et gardes des six corps ne marcheraient qu'après. Les maîtres et gardes des six corps adhérèrent aux paroles du lieutenant général de police, et, lorsque le moment de

14

saluer la Reine fut venu, les juge-consuls, conformément à ce qui venait d'être reconnu, passèrent immédiatement après le corps de ville. La Reine était, comme le Roi, à l'entrée de sa chambre; les juge-consuls s'agenouillèrent de nouveau, et sire Vauquelin demanda la protection de la Reine pour la juridiction, comme il avait imploré celle du Roi. La Reine répondit : « Je vous accorde ma protection. » Et l'on se retira pour retourner à l'hôtel, et le lendemain on alla remercier le gouverneur de l'empressement bienveillant qu'il avait mis à recevoir la juridiction.

Sept ans après, la Reine mettait au monde un Dauphin, et la police donnait des ordres pour des réjouissances publiques. A cette nouvelle, les juge-consuls, après l'audience du matin, le 12 novembre 1781, décidèrent de vaquer à la relevée et de faire chanter, le 26 du même mois, une messe solennelle, suivie d'un *Te Deum* en actions de grâces.Cette messe fut célébrée par le curé de Saint-Merry, assisté du chapelain, en présence des anciens juges et anciens consuls, du député du commerce, des greffiers en chef, des conseillers de semaine, des agréés, des huissiers audienciers, des greffiers au plumitif et des clercs d'audience, tous invités par billets.

« Nous aurions ensuite tenu l'audience et jugé toutes les causes qui se seraient présentées jusqu'à deux heures; mais ayant appris que Sa Majesté devait venir le soir à Notre-Dame pour y assister au *Te Deum* en actions de grâces, nous aurions jugé à propos de donner au peuple la facilité de participer à la joie publique. »

Le mercredi suivant, 31 du mois, les juge-consuls firent demander au gouverneur de Paris s'ils pourraient être admis par lui à présenter leurs félicitations au Roi. Invités à venir savoir la réponse le 3 novembre, les juge-consuls se transportèrent chez le gouverneur, en robes, accompagnés d'un greffier en chef et de deux huissiers audienciers. Le gouverneur leur donna rendez-vous pour le lendemain, 4, dans son appartement, à Versailles. Là devaient se renouveler les difficultés au sujet de la préséance entre les juge-consuls et les six corps. M. Lenoir, lieutenant général de police, le procureur du Roi et deux des gardes des six corps ayant été admis dans le cabinet du gouverneur, les juge-consuls y pénétrèrent aussitôt. « Alors monsieur le lieutenant de police aurait demandé à monsieur le gouverneur qui seraient présentés en premier, de messieurs les consuls ou de messieurs des six corps. M. Lenoir aurait paru incliner pour ces derniers; mais il se rendit, sur les représentations que nous lui aurions faites que messieurs les consuls étant juridiction et juges des marchands, et, par conséquent, des six corps, nous devions avoir la préférence sur ces messieurs, ce qui aurait été approuvé par monsieur le procureur du Roi, qui fit sentir la justice de notre demande. »

Le Roi reçut les consuls d'un air satisfait, et témoigna son contentement par une inclination, après avoir entendu le discours prononcé par le juge.

Au sortir de chez le Roi, les juge-consuls, précédés du gouverneur de Paris, furent présentés au Dauphin, à qui sire Billard, dans une courte harangue, offrit les vœux du consulat ; puis, ne sachant s'il leur serait possible d'entrer chez la Reine, et n'ayant reçu aucun avertissement à ce sujet, ils se retirèrent pour aller dîner. A peine étaient-ils partis, que le gouverneur les fit demander pour les introduire chez la Reine. Apprenant qu'ils n'étaient plus dans le palais, il les fit chercher partout, mais en vain, et ce fut ainsi que, pour s'être trop pressés d'aller dîner, les juge-consuls se trouvèrent privés de l'honneur d'être admis devant la Reine. Le jeudi suivant, ils allèrent remercier le gouverneur de ses bons offices auprès du Roi.

Le Dauphin, dont la naissance avait causé tant de joie et donné de si grandes espérances, mourut au mois de juin 1789. Informé que le corps de ville avait été convoqué pour aller jeter de l'eau bénite à feu Monseigneur, le 10 juin, à Meudon, le siége crut que la juridiction devait donner, dans cette occasion, une marque de son attachement et de son respect pour la famille royale. Ne pouvant aller ce jour même à Meudon, à cause du service public, ni s'y rendre le jeudi, par rapport à la solennité de la Fête-Dieu, la juridiction se transporta à Meudon le vendredi, accompagnée du suisse, de deux audienciers, du greffier et de l'aumônier. Le procès-verbal se ressent des préoccupations du moment ; il se borne à constater que les consuls furent reçus d'une manière convenable.

Le consulat ne devait plus être admis qu'une fois en présence du Roi. La démarche des juge-consuls empruntant aux circonstances un caractère politique, le récit s'en trouvera mieux placé dans le chapitre suivant, consacré aux événements qui précédèrent la suppression des priviléges de la juridiction. Nous n'ajouterons ici que quelques mots pour compléter ce qui a été dit de la susceptibilité des juge et consuls concernant leur droit de préséance sur les maîtres et gardes des six corps.

14.

Les maîtres et gardes des six corps, il faut le reconnaître, ne paraissent pas avoir jamais contesté le droit auquel prétendaient les juge-consuls. S'ils y ont porté atteinte en une ou deux occasions, c'est moins par intention que par suite d'un oubli des traditions, qu'ils avaient moins d'intérêt à conserver que les juge-consuls. Au contraire, les six corps s'empressèrent de reconnaître la légitimité des réclamations des consuls toutes les fois qu'ils en firent paraître; en toute occasion ils prirent soin de leur faire honneur, et ils s'associèrent avec ardeur à leurs vues, notamment en ce qui concerne l'établissement du cours de commerce dont il a été parlé plus haut. Un dernier document témoigne de la respectueuse considération avec laquelle les six corps essayèrent d'endormir la jalouse préoccupation des consuls... Il s'agit encore d'une cérémonie. Le 13 janvier 1784, les premiers gardes du corps de la draperie-mercerie et de l'épicerie vinrent inviter les juge-consuls à une messe solennelle avec *Te Deum*, qu'ils avaient arrêté de faire chanter en l'église royale et paroissiale de Saint-Germain-l'Auxerrois. Les juge-consuls décidèrent qu'ils assisteraient à la cérémonie, en corps de juridiction, et ils en informèrent par lettre le premier garde de la draperie-mercerie, en priant les six corps de leur réserver la place qu'ils devaient occuper et de les en instruire. Le premier garde de la draperie-mercerie leur répondit que messieurs des six corps le chargeaient d'exprimer la satisfaction qu'ils ressentaient toujours de marquer leur considération pour le siége; qu'ils avaient examiné le local pour offrir à la juridiction la place la plus convenable, et qu'ils s'étaient résolus à les recevoir dans la travée, au pied du sanctuaire, en face de la grille collatérale servant d'entrée du côté de la sacristie, où ils auraient soin de faire déposer des siéges.

Les juge-consuls allèrent donc à l'église Saint-Germain-l'Auxerrois accompagnés de l'un de leurs greffiers en chef, et suivis du suisse, sans épée.

« Étant entrés dans l'église, dit le procès-verbal, nous y avons été reçus à l'entrée de la nef, en bas, près du grand portail, par les six corps, et conduits par les députés d'entre eux au haut du chœur, à main gauche, au bas du sanctuaire, dans la travée, vis-à-vis la grille collatérale servant d'entrée au célébrant, où le suisse de la paroisse gardait pour nous cinq fauteuils à bras de damas cramoisi, cinq carreaux de pied, et cinq pliants couverts de velours sur lesquels nous nous sommes placés; un siége pour notre greffier à côté et deux banquettes derrière pour nos audienciers; le milieu du chœur était occupé par M. Lenoir, lieutenant de police, et MM. Dupont, lieutenant particulier, et de Flandre de Brunville, procureur du Roi au Châtelet, ses deux assesseurs, sur trois fauteuils en velours, garnis avec carreaux et pliants; derrière, trois autres fauteuils avec carreaux et pliants, destinés à messieurs les avocats du Roi, et derrière, des banquettes où se sont placés d'anciens consuls et d'anciens gardes du corps. Les six travées à droite et à gauche ensuite de celle où nous étions placés, étaient remplies par les gardes des six corps en charge sur les stalles hautes, et les stalles basses et banquettes au-dessous par d'anciens consuls, anciens gardes et autres invités.

» Après avoir ainsi entendu la messe et le *Te Deum*, M. le lieutenant de police et ses assesseurs s'étant levés les premiers pour sortir, nous ont salués, et se sont entretenus avec nous quelques instants et ont passé chez monsieur le curé où nous sommes aussi allés avec les six corps. Là, nous nous sommes arrêtés tous environ un quart d'heure à complimenter le curé; après, nous sommes descendus pour reprendre nos voitures, nous avons trouvé les gardes des six corps qui étaient rangés sur notre passage, et nous avons fait les remercîments d'usage. »

Cette réception était bien faite pour satisfaire les juge-consuls; elle consacrait leur supériorité sur messieurs des six corps. Aussi, rentrés en leur hôtel, s'empressèrent-ils d'en faire le récit « pour servir de gouverne à leurs successeurs en pareille occasion. » Malheureusement pour leur amour-propre, ils ne devaient pas voir le renouvellement de ce triomphe. Quelques années après, les six corps, supprimés un moment par Turgot, puis rétablis, disparurent avec les jurandes et les maîtrises.

CHAPITRE DOUZIÈME.

Dernières années et fin de la juridiction. — Félicitations au Parlement et à l'Assemblée nationale. — Visite au ministre Necker; compliments au Roi sur sa rentrée
dans la capitale. — Serment civique des juge-consuls. — Discussion à l'Assemblée
nationale au sujet du maintien des juridictions consulaires. — Décret du 27 janvier
1791 établissant un tribunal de commerce à Paris. — Les propriétés de la juridiction sont qualifiées biens nationaux. — Mémoire des juge-consuls à ce sujet. —
Dernières décisions de la Compagnie.

Pendant les deux années qui précédèrent la Révolution, les juge-consuls se virent entraînés à différentes démarches dont le souvenir est
conservé dans leurs délibérations. Les événements se précipitaient, et
il était difficile aux plus indifférents de ne point témoigner l'intérêt
qu'ils portaient aux affaires publiques. L'assemblée des notables, réunie dans les commencements de l'année 1787, avait clos sa session le
25 mai. Le Roi voulut alors faire transcrire sur les registres du Parlement les édits consentis en principe par les notables, mais la Compagnie
s'y étant opposée en ce qui concernait l'impôt du timbre, le Roi fit
enregistrer, par un lit de justice tenu à Versailles, l'édit en question,
en même temps qu'un autre édit sur l'impôt territorial. Le Parlement
protesta, et prit en séance générale un arrêté par lequel les édits du
6 août étaient déclarés incapables de priver la nation de ses droits et
d'autoriser une perception contraire à tous les principes. Deux jours
après, le 15 du mois d'août, le Parlement était exilé à Troyes.

Les juge-consuls ont écrit un précis de ce qui s'est passé dans leur
juridiction depuis le 15 août 1787 jusqu'au 1er octobre, jour où la
chambre des vacations reprit ses séances dans la capitale. Leur premier
soin fut de surseoir pendant un mois à la contrainte par corps. Magistrats populaires, leurs sympathies étaient acquises au Parlement, et ils
seraient allés à Troyes présenter leurs hommages à la cour, s'ils n'a-
vaient craint de porter un grand préjudice au commerce en s'absentant
au moment même où les audiences se trouvaient surchargées par la

cessation des autres tribunaux. Toutefois, l'occasion se présenta pour eux de manifester au Parlement les sentiments dont ils étaient animés. Le procureur général leur ayant transmis un exemplaire des lettres-patentes du Roi ordonnant que les juge et consuls, autres que ceux de la ville de Paris, seraient tenus après leur élection de prêter serment entre les mains des anciens consuls sortant de charge, les juge-consuls s'empressèrent de lui envoyer l'acte d'enregistrement, et lui écrivirent en même temps une lettre où se remarquent les passages suivants :

« Pardonnez-nous, Monseigneur, la liberté que nous prenons de témoigner à la cour nos vifs regrets sur les fautes désastreuses qui nous privent de la présence de nos augustes supérieurs, et d'agréer les vœux ardents que nous ne cessons de faire pour le retour des pères de la patrie, seul capable de calmer les craintes et de ranimer l'espoir du bonheur dans le cœur de la nation. »

Au retour du Parlement, qui eut lieu le 30 septembre, les juge-consuls pensèrent à aller complimenter la cour, ainsi que leurs prédécesseurs avaient fait en 1775 ; mais ils crurent convenable de présenter d'abord leurs respects à M. Lepelletier de Saint-Fargeau, président de la chambre des vacations. Le juge écrivit donc à M. Lepelletier de Saint-Fargeau pour lui demander de recevoir la juridiction. La réponse n'était pas encore arrivée, quand les juge-consuls apprirent, le 1er octobre, que le Châtelet et le bailliage du Palais étaient au Parlement pour féliciter la cour sur son retour. On décida de se rendre sur-le-champ au Palais pour complimenter la cour, et dans le cas où la séance serait finie, pour prendre acte au greffe que la juridiction s'était présentée le 1er octobre.

« On est parti, dit le procès-verbal, sur les onze heures, accompagné du greffier et de deux huissiers audienciers. En arrivant au pied du grand escalier, nous avons été instruits que la séance était levée, et que Messieurs étaient à délibérer dans la chambre de la Tournelle ; nous avons cru qu'il convenait de nous présenter. Nous sommes montés par le grand escalier, précédés de deux officiers de robe courte, nos huissiers et le greffier. Étant arrivés à la porte de la Tournelle, nous nous sommes fait annoncer. M. Dufranc, substitut de M. le procureur général, s'est présenté et nous a demandé si la cour nous attendait ; nous lui avons répondu que nous avions eu l'honneur d'écrire à M. le président de Saint-Fargeau ; que nous n'avions pas eu de réponse, mais qu'ayant été instruits que le Châtelet et le bailliage avaient eu l'honneur de complimenter la cour ce matin, nous le priions de demander à la cour si elle voulait nous recevoir. On nous a fait entrer dans la salle de Saint-Louis, où au bout d'un quart d'heure M. Dufranc est venu nous annoncer que le Parlement allait prendre séance et nous recevoir; on a ouvert les deux battants. Deux à trois mille personnes sont entrées, et le Parlement a suivi au bout d'un quart d'heure. Après que Messieurs eurent pris leurs places, un huissier a demandé à haute voix messieurs les consuls; l'affluence du monde nous empêchait d'approcher. Deux officiers de robe courte ont fait faire place, et nous avons pris celles qu'occupent ordinairement les avocats.

Sire Gibert, juge, prit alors la parole.

« Messieurs, dit-il, les malheurs désastreux dont était menacée la nation, et singulièrement le commerce, étaient sans doute de nature à faire naître le désespoir dans le cœur de tous les Français. Il ne fallait pas moins que les lumières supérieures de la cour et son dévouement magnanime pour détruire l'illusion répandue autour du trône de notre auguste souverain et lui faire connaître la vérité et le bien.

» Cette connaissance ne pouvait manquer de produire dans le cœur d'un Roi bienfaisant le désir de calmer les alarmes, de rétablir l'ordre et de rappeler à lui les fidèles magistrats qui s'étaient si généreusement sacrifiés pour le soutien de ses véritables intérêts.

» C'est à cet événement à jamais mémorable, dans ce moment si désiré, que les juge et consuls supplient la cour de leur permettre de déposer à ses pieds le tribut le plus pur de leurs humbles hommages, le sentiment de la plus vive reconnaissance et l'expression de la joie nationale sur son glorieux retour. »

M. de Saint-Fargeau répondit :

« La cour est fort sensible à l'expression du zèle des juge et consuls; elle leur donnera en toute occasion des preuves de sa confiance. »

Le procès-verbal ajoute : « Les applaudissements, les claquements de mains et les vivat ont duré jusqu'à ce que Messieurs soient sortis de la chambre. M. Dufranc nous a priés de nous rendre au greffe pour y déposer notre discours, ce qui a été fait sur-le-champ.

» Nous avons cru que nous ne pourrions nous dispenser d'aller complimenter M. d'Aligre, premier président. Nous avons marché avec le même cortége et nous sommes entrés par la galerie qui conduit à son hôtel. Étant entrés dans la salle d'audience, on nous a annoncés. M. le président s'est présenté, et messieurs les consuls, sire Gibert portant la parole, ont dit :

« MONSEIGNEUR,

» Les juge-consuls de Paris ont mêlé leurs vœux à ceux de la nation » entière pour le rappel de la cour au lieu de ses séances.

» S'ils avaient pu suivre le mouvement de leur cœur et l'impulsion » du zèle qui les anime, ils auraient été manifester aux pieds de la » cour les hommages respectueux qui lui sont dus, mais retenus par un » service aussi rapide que rigoureux, ils n'ont pu remplir ce devoir.

» Aujourd'hui que la capitale fait éclater ses cris d'allégresse et de » joie, la leur ne peut être muette, et ils viennent la déposer dans le » sein d'un magistrat que ses vertus, comme le caractère dont il est » revêtu, font également chérir et respecter. »

La réponse de M. le premier président était remplie des marques de sa bienveillance pour la juridiction. Les juge-consuls eurent bien soin de consigner que ce magistrat les avait reconduits jusqu'à la porte de la salle d'audience, et ne s'était retiré que lorsqu'ils avaient tous été dans l'antichambre.

Le même jour, les juge-consuls reçurent la réponse de M. de Saint-Fargeau, qui les invitait à venir le voir le lendemain à une heure. Ils partirent le 2 octobre accompagnés de leur greffier seulement. Reçus par M. le président de la chambre des vacations dans son cabinet, ils lui adressèrent un compliment par la bouche du juge, et, après s'être entretenus avec lui pendant un quart d'heure, ils le quittèrent pour aller se faire inscrire sur l'agenda du procureur général, qui était alors à la campagne.

La lettre du procureur général et la réponse des consuls, la lettre écrite à M. de Saint-Fargeau, et tous les discours prononcés dans cette circonstance, furent imprimés par les juge-consuls en charge, pour informer leurs collègues des démarches qu'ils avaient dû faire.

La juridiction n'avait fait que suivre l'élan de l'opinion publique ; elle avait agi comme tous les tribunaux inférieurs. Cependant le retour du Parlement à Paris était le résultat d'une transaction avec le pouvoir royal : l'accord ne pouvait durer longtemps, et bientôt la lutte recommença plus vive que jamais. Le 8 mai 1788, dans un lit de justice tenu à Versailles, le Roi, après avoir donné lecture de plusieurs édits inaugurant une réforme de l'ordre judiciaire, fit une déclaration par laquelle tous les parlements étaient suspendus jusqu'après l'entière exécution de l'ordonnance sur l'organisation des tribunaux inférieurs. La résistance aux mesures annoncées par le Roi fut générale, et les parlements furent soutenus par les populations, notamment à Rouen, à Rennes et à Grenoble. Quand au mois de septembre 1788 le Parlement de Paris reprit ses fonctions, après la démission du ministre Brienne et celle du garde des sceaux Lamoignon, les consuls jugèrent à propos d'aller complimenter la cour. Ils se transportèrent donc au Palais le 24 du mois de septembre, sur les dix heures et demie du matin, accompagnés de l'un des greffiers en chef et de deux huissiers audienciers. La cour ne devait recevoir les tribunaux que le lendemain matin. Informés de ce fait par le procureur général, les juge-consuls se retirèrent pour se rendre chez M. Barentin, qui venait d'être nommé garde des sceaux. Ils firent leur compliment au ministre, « qui leur répondit dans les termes les plus flatteurs pour la juridiction, leur fit différentes questions sur la nature et le grand nombre de causes qui s'y jugeaient, et termina en disant qu'il savait combien était utile la juridiction consulaire et qu'elle était toujours bien exercée ».

Le lendemain, les juge-consuls allèrent au parquet des gens du Roi. « Sur les neuf heures et demie, disent-ils, nous fûmes introduits en la grand'chambre, les pairs y séant, et nous étant placés, suivant l'usage, au banc des avocats, nous dîmes :

« MESSIEURS,

» Les malheurs sans nombre dont était menacée la nation, et presque » l'anéantissement total du commerce, étaient sans doute de nature à » faire naître le désespoir dans le cœur des Français.

» Il ne fallait pas moins que le dévouement de la cour pour le bien » public et sa ferme persévérance, pour faire parvenir jusqu'aux » oreilles du vertueux monarque qui nous gouverne la situation désas- » treuse de l'État, en lui montrant les plaies dans toute leur profon- » deur.

» Oui, Messieurs, c'est votre noble dévouement pour le bien de la » nation qui a fait parvenir cette vérité jusqu'au trône du monarque » chéri des Français. Elle ne pouvait manquer de produire dans son » cœur bienfaisant le désir de calmer les alarmes et de rétablir l'ordre, » en écartant de sa personne des ministres dangereux, et en rappelant à

» leurs fonctions les fidèles magistrats qui s'étaient si généreusement
» sacrifiés pour le soutien de ses véritables intérêts et ceux de la nation.

» Quelle reconnaissance les juge-consuls ne vous doivent-ils pas,
» Messieurs, de les avoir préservés du désagrément de voir une partie
» de l'appel de leurs sentences portée à un autre tribunal qu'à celui de
» leurs pairs.

» C'est dans ces circonstances, où la joie publique se fait entendre de
» toutes parts, que les juge et consuls de Paris supplient la cour de leur
» permettre de déposer à ses pieds le tribut de leur plus vive reconnais-
» sance et l'expression de la joie publique sur le bien que ses vertus ont
» opéré. »

» Monsieur le premier président nous répondit : « La cour est sen-
» sible aux marques du zèle des juge et consuls, et leur donnera en
» toute occasion des preuves de sa bienveillance et de sa protection. »

Les juge-consuls se rendirent ensuite à l'hôtel du premier président
d'Aligre, chez le procureur général et chez les avocats généraux. A chaque visite, il y eut compliment et réponse. Enfin M. d'Aligre ayant été
remplacé, les juge-consuls allèrent féliciter son successeur, M. d'Ormesson, et recommander la juridiction à sa protection.

M. d'Ormesson leur répondit « qu'il était sensible aux choses obli-
geantes qu'ils lui disaient; qu'ayant été avocat général, il avait été à
portée de connaître avantageusement la juridiction, qui avait toujours
été distinguée par la cour comme le tribunal où la justice se rendait à
moins de frais et le plus promptement. Il ajouta que l'usage des juge-
consuls de renvoyer devant des arbitres les affaires qui en étaient sus-
ceptibles, celui de faire comparaître en personne les parties devant eux
et de les interroger séparément, leur attention à chercher dans leurs
aveux la vérité que le plaideur ne parvient que trop souvent à cacher
dans les autres tribunaux, et enfin leur désintéressement, étaient de
sûrs garants de la sagesse et de l'impartialité de leurs décisions, et
qu'en toute occasion il leur donnerait des marques de la confiance qu'il
avait en eux. »

La juridiction consulaire ne devait pas éprouver les bons effets de la
protection de M. d'Ormesson. Ce magistrat mourut au mois de janvier 1789.

« Ayant appris que toutes les juridictions étaient allées jeter de l'eau
bénite à feu monsieur le président, qui était exposé, tous les consuls

en exercice se sont rendus, sur les quatre heures, à la juridiction, et de là à la première présidence, avec le suisse, l'aumônier en rochet, le petit clerc et deux audienciers. Après le *De profundis*, l'aumônier nous a présenté le goupillon; nous avons jeté l'eau bénite, après quoi nous avons demandé à un aumônier du deuil à qui il fallait s'adresser pour pouvoir se présenter à M. d'Ormesson le fils et le complimenter; il a été s'en informer, et nous a rapporté qu'il venait de sortir pour voir madame sa mère, qui était incommodée. Nous avons chargé le même aumônier de l'instruire de l'intention de la juridiction. »

Les juge-consuls avaient préparé un petit discours, qu'ils se contentèrent de transcrire sur leurs registres sans l'avoir prononcé. Le lendemain, M. le président d'Ormesson leur écrivit pour leur adresser ses excuses et ses remercîments.

M. Bochard de Saron remplaça M. d'Ormesson à la première présidence, et les juge-consuls allèrent le complimenter, le 14 février 1789, avec le cérémonial accoutumé.

Le Parlement, à cette époque, avait perdu toute sa popularité. En enregistrant la déclaration du Roi relative à la réunion des états généraux, la cour avait émis le vœu que les états fussent convoqués et composés suivant les formes observées en 1614. C'était demander que le vote se fît par ordres et non par tête. Dès lors le Parlement fut abandonné à lui-même, et la lutte devint directe entre le pouvoir royal et le tiers état. L'ouverture des états généraux eut lieu le 5 mai 1789, et le 17 juin, les députés des communes se déclarèrent Assemblée nationale. Trois jours après, les mêmes députés, réunis dans la salle du Jeu de paume, juraient de ne pas se séparer avant d'avoir fait une constitution. Le 27 juin, la majorité de la noblesse et la minorité du clergé, qui s'étaient abstenues jusque-là, se joignirent à l'Assemblée nationale; mais cette adhésion n'était pas sincère, et les mécontents poussaient la cour aux mesures rétrogrades. A la nouvelle du départ de Necker et du changement du ministère dont il faisait partie, des troubles éclatèrent à Paris, et, le 14 juillet, le peuple s'empara de la Bastille. A la suite de ces événements, le Roi, réconcilié avec l'Assemblée nationale, vint à Paris le 17 juillet, et déféra aux vœux du peuple en ordonnant le retour de Necker et le renvoi des nouveaux ministres.

Ce fut dans ces circonstances que les juge-consuls adressèrent des félicitations à l'Assemblée nationale le 25 juillet 1789.

« Le siége ayant appris que le Parlement et la cour des aides avaient été à Versailles complimenter l'Assemblée nationale, a cru devoir également saisir cette occasion de témoigner l'intérêt que la juridiction consulaire prend à la chose publique. En conséquence, ayant fait prévenir le président de l'Assemblée par M. Vignon, ancien consul, un des députés, de l'intention que le siége avait d'aller présenter ses respects à l'Assemblée, le siége, accompagné de monsieur le greffier et d'un audiencier, s'est transporté à Versailles ; et le président de l'Assemblée, vers l'heure de midi, ayant averti le siége qu'il pouvait entrer, le siége, accompagné de M. Leclerc, ancien juge, et de M. Vignon, ancien consul, et députés, qui, tous deux, dans cette occasion, ont donné une marque de leur zèle et de leur attachement pour la juridiction, le siége a été introduit par un huissier, et, après avoir fait une profonde salutation au président, au clergé, à la noblesse et au tiers état, M. Estienne, juge, portant la parole, a dit :

« Nosseigneurs,

» La juridiction consulaire de Paris, en se présentant devant cette
» auguste Assemblée, a pour but de vous offrir les sentiments dont elle
» est pénétrée, ce sont ceux de l'admiration, du respect et de la recon-
» naissance. Puissent, Nosseigneurs, nos félicitations, nos hommages
» et nos actions de grâce vous être agréables. Le commerce, cette branche
» si importante d'où dépend la prospérité d'un État, et dont nous
» sommes les représentants par nos fonctions, le commerce attend tout
» de la haute sagesse, de la prudence consommée, du courage magna-
» nime, du dévouement patriotique qui jusqu'à présent ont dirigé
» vos travaux et vos délibérations. Les seuls vœux que nous ayons à
» former pour le bonheur de la nation, c'est, Nosseigneurs, qu'elle
» puisse toujours avoir des représentants aussi respectables et qui
» méritent autant sa confiance. »

« M. le duc de Liancourt, président de l'Assemblée, a répondu le
discours suivant :
« L'Assemblée nationale, dont le désir est de veiller sur tous les
» intérêts de ce vaste empire, prendra dans une considération particu-
» lière la prospérité et l'extension du commerce français.
» Elle s'appliquera particulièrement à prévenir, par tous les moyens
» que sa sagesse saura lui indiquer, les faillites qui depuis quelque temps
» ont inquiété le commerce, et pourraient compromettre la réputation de

» loyauté qui a toujours si essentiellement et si avantageusement dis-
» tingué la nation française.

» L'Assemblée nationale agrée l'hommage de votre respect, Mes-
» sieurs, et me charge de vous assurer qu'elle en est satisfaite. »

Necker, revenu de Bâle, s'était rendu à l'hôtel de ville de Paris le
30 juillet. Un mois après, le 30 août, les juge-consuls allèrent le
saluer ainsi que Mgr de Cicé, archevêque de Bordeaux, qui venait
d'être nommé à la place de garde des sceaux.

On avait écrit au garde des sceaux pour savoir le moment favorable
de se présenter. « Ayant su par la réponse que le siége reçut de sa
part que Mgr le garde des sceaux recevrait la juridiction avec bien du
plaisir, le siége, en conséquence, accompagné du greffier et d'un
audiencier, se transporta, hier 30, à Versailles, à l'hôtel de la chancellerie, et ayant été admis tout de suite à l'audience de Mgr le garde
des sceaux, M. Estienne, juge, portant la parole, lui a adressé le discours suivant :

« MONSEIGNEUR,

» Le Roi a confié à Votre Grandeur une des premières places de
» l'État ; cet honneur sans doute est grand, mais ce qui peut lui donner
» à nos yeux le prix le plus flatteur, c'est que Sa Majesté s'est plu à
» penser qu'elle faisait le choix le plus agréable à la nation. Il n'y a
» effectivement personne qui n'ait applaudi à ce choix ; la voix publique
» y a mis sa sanction, et trouve que c'est une justice rendue à vos
» mérites, à vos talents, à vos vertus. La juridiction consulaire, qui a,
» Monseigneur, l'avantage de vous avoir pour chef, satisfait à son vœu
» autant qu'à son devoir, en joignant ses félicitations à celles de tous
» les citoyens ; elle s'efforcera, dans ce qui la concerne, de seconder
» les vues que Votre Grandeur a pour le bien, pour la prospérité du
» commerce, pour le bonheur général de la France. Elle espère ainsi
» mériter l'honneur de votre protection par son zèle pour le service
» public, et l'honneur de votre bienveillance par son dévouement et
» son profond respect pour Votre Grandeur. »

» Mgr le garde des sceaux répondit au siége les choses les plus
agréables, entre autres qu'il serait à souhaiter que toutes les autres
juridictions se modelassent sur la juridiction consulaire. »

Le siége avait reçu de Necker la réponse suivante :

« Mon séjour à Versailles ne me permet pas dans ce moment de profiter de votre politesse, mais je compterai toujours sur votre intérêt comme vous pouvez être assurés de mes dispositions à vous rendre service. »

Le siége profita de son voyage à Versailles pour tenter de voir Necker. Le ministre l'accueillit fort bien, et le juge Estienne lui dit :

« MONSEIGNEUR,

» Votre éloignement et votre retour ont fixé l'opinion publique à votre égard, et votre modestie ne peut vous dissimuler les sentiments qu'ont pour vous les véritables Français. C'est comme tels que nous vous prions d'agréer nos félicitations, notre respect et notre reconnaissance. Les expressions nous manquent, mais soyez persuadé, Monseigneur, que les sentiments les plus vifs sont dans nos cœurs. Eh! pourrait-il en être autrement? Tous les yeux sont tournés vers vous et la nation semble mettre en vous tout son espoir. Le commerce en particulier, suspendu depuis longtemps, se flatte de votre protection et qu'il reprendra une nouvelle activité. Nous espérons tout de l'étendue de vos talents, de la profondeur de vos lumières, mais principalement de vos vertus. Puissent tous les nuages être dissipés et la France jouir longtemps de votre administration! Ce sont les vœux, Monseigneur, que nous formons pour votre bonheur et pour le nôtre. »

Necker demanda copie du discours qui lui fut remis; il désira également savoir le nom des consuls présents, s'entretint avec le siége pendant près d'un quart d'heure de choses relatives à la juridiction et aux circonstances, et le siége le quitta ayant tout lieu de se louer de l'accueil qu'il avait reçu.

Cependant l'Assemblée continuait ses travaux à Versailles, et l'agitation recommençait à Paris. Le bruit courait que la cour voulait emmener le Roi à Metz, et le peuple demandait à le voir rentrer dans la capitale. Le retour du Roi eut lieu à la suite des événements déplorables qui se passèrent à Versailles les 5 et 6 octobre.

On trouve encore le souvenir de cette résolution du Roi dans les délibérations des juge et consuls :

« Le siége ayant été informé que le Parlement et quelques autres corps avaient été au château des Tuileries complimenter le Roi sur le parti que Sa Majesté a pris de résider dans sa capitale, a cru devoir

témoigner le même zèle, et, après avoir délibéré, le siége écrivit à
M. le comte de Saint-Priest, ministre de Paris... M. le comte de
Saint-Priest ayant été quelques jours sans répondre, le siége pria
M. le greffier de l'aller voir, et M. de Saint-Priest donna jour au
lundi 19, à onze heures et un quart. En conséquence, le siége, accompagné du greffier et des deux audienciers, se rendit aux Tuileries, où
se trouvaient déjà les six corps et plusieurs députés de différents dis-
tricts. A midi, l'annonce ayant été faite que l'on pouvait entrer, la
juridiction s'avança la première, et sire Estienne portant la parole,
dit : « Sire, votre présence ranime tous les cœurs et semble donner à
» cette capitale une nouvelle existence : le commerce surtout, cette
» branche si importante de l'État, en attend les plus heureux effets, et
» votre juridiction consulaire, composée de négociants, implore, au
» nom du commerce, votre puissante protection. Ce qui nous fait espé-
» rer, Sire, que vous daignerez l'accorder, c'est l'assurance pleine de
» bonté que vous avez bien voulu donner à votre peuple que vous l'ai-
» mez, que vous désirez son bonheur. Oui, Sire, nous sommes con-
» vaincus d'avoir en votre personne sacrée le meilleur des rois, et
» nous osons également assurer Votre Majesté, avec la franchise et la
» sincérité de citoyens honnêtes, avec le cœur de véritables Français,
» que vous avez en nous, Sire, de bons sujets, de fidèles serviteurs;
» qu'il n'y a point d'efforts, point de sacrifices que nous ne soyons
» prêts à faire pour répondre aux vues de Votre Majesté et pour lui
» prouver notre respect, notre dévouement et notre amour. »

» Le Roi répondit avec bonté qu'il accordait sa protection.

» En se retirant, le siége demanda à M. de Saint-Priest s'il pouvait
avoir l'honneur de présenter ses respects à la Reine ainsi qu'à Monseigneur le Dauphin. Ce ministre répondit que la chose n'était pas possible, la Reine ne tenant pas encore appartement.

A la fin du procès-verbal de cette réception, les juge-consuls ont
mis une note qui révèle tout un grand changement dans les rapports
du Roi avec ses sujets.

« Le Roi donna son audience debout, et aucun de ceux qui furent
admis ne se mirent à genoux. »

Quelques mois après, le 11 février 1790, l'Assemblée, électrisée
par la parole du Roi, qui venait de s'engager à maintenir la Constitution, proposa de prêter le serment civique, et chaque député jura
d'être fidèle à la nation, à la loi et au Roi, et de maintenir de tout son

pouvoir la Constitution décrétée par l'Assemblée nationale et le Roi. Les juge-consuls furent des premiers à demander à suivre cet exemple et à prêter le serment civique. On écrivit une lettre au président Bureaux de Pusy, et le 9 février, sur les six heures après midi, les juge-consuls, assistés d'un de leurs greffiers en chef et de deux audienciers, furent introduits à la barre de l'Assemblée, où le juge sire Lecomte dit :

« MESSIEURS,

» Les juge-consuls de cette capitale, pénétrés du plus profond respect pour cette auguste Assemblée et partageant les sentiments qu'a produits sur vos esprits et sur tous les bons Français la démarche vraiment sublime du meilleur des Rois, vous supplient, Messieurs, de les admettre à prêter entre vos mains le serment civique qui doit lier toutes les classes des citoyens au maintien de la nouvelle Constitution. »

Le président répondit :

« MESSIEURS,

» L'Assemblée nationale voit avec une vraie satisfaction des citoyens recommandables par leur probité et par leurs lumières, utiles par des travaux précieux qui vivifient l'État, donner encore l'exemple du respect et de la fidélité aux lois constitutionnelles de l'empire, et vous admet à la prestation du serment civique, dont je vais vous faire connaître la formule. »

« Il la lut, dit le procès-verbal, et chacun de nous leva la main en disant : Je le jure. Nous fûmes honorés d'un applaudissement général.
» Après quoi M. le président nous fit part que l'Assemblée nous admettait à la séance. En conséquence, un huissier nous ouvrit la barre, et nous fit placer sur des banquettes disposées à cet effet des deux côtés de la barre en face du président..... Nous ne nous sommes retirés que vers les dix heures. »

Toutes ces démarches n'étaient pas de vaines démonstrations. Les juge-consuls avaient le plus grand intérêt à se concilier la faveur de l'Assemblée, car de sérieux périls menaçaient alors l'institution des tribunaux consulaires. En effet, la réforme de l'organisation judiciaire était à l'ordre du jour; le comité de constitution avait présenté à l'As-

15

semblée deux rapports, le premier lu par Bergasse dans la séance du 17 août 1789, et l'autre par Thouret dans celle du 22 décembre suivant. Le 24 mars 1790, il avait été décidé que l'ordre judiciaire serait reconstruit en entier, et le 31 mars 1790, l'Assemblée décréta que, pour procéder avec ordre, on discuterait d'abord et déciderait dix questions, dont une, la neuvième, était ainsi conçue :

Les mêmes juges connaîtront-ils de toutes les matières, ou divisera-t-on les différents pouvoirs de juridiction pour les causes de commerce, de l'administration, de l'impôt et de la police?

La question : Y aura-t-il des tribunaux de commerce, fut discutée dans la séance du 27 mai. Les juridictions consulaires trouvèrent d'énergiques défenseurs. Le député Nérac dit qu'elles avaient résisté à la contagion de l'exemple, et que si les juges des cours supérieures avaient eu le même désintéressement, l'on n'aurait pas besoin de reconstruire en entier l'ordre judiciaire.

Un consul en exercice, nommé Leclerc, expliqua quelle était la manière de procéder des juges de commerce, et mit en parallèle les avantages résultant de la célérité de la justice consulaire et les pertes de temps et d'argent que les formes juridiques entraîneraient pour les négociants.

Garat l'aîné dit : « Les consuls ont été établis par le chancelier de l'Hôpital. Il faut y regarder à deux fois, non-seulement pour proscrire, mais pour faire le moindre changement à une institution dont le chancelier de l'Hôpital est l'auteur. Cette institution, que l'opinion publique a approuvée, a été maintenue dans toute sa pureté pendant deux cents ans. Elle présente trois avantages sensibles : une justice prompte, pas dispendieuse, éclairée et susceptible de toutes les mesures qui peuvent conduire à un jugement équitable, et on oserait attaquer une semblable institution!

» On dit que les exceptions sont à craindre, mais les exceptions consulaires sont les plus aisées à définir. On prend à cet égard une marche très-simple. Sans s'arrêter au déclinatoire, les consuls jugent, et la sentence s'exécute en donnant caution. Ne vous épouvantez pas de ces conflits, ils sont presque devenus nuls; dans le nouvel ordre de choses, ils seront encore moins à craindre. Si des marchands étaient réunis à un tribunal, ce serait tel ou tel jour qu'il y aurait des audiences pour les affaires de commerce, tandis qu'à présent il y en a à tous les jours; il y en a pour ainsi dire à tous les moments; et dans ces tribunaux où seraient les avocats et les procureurs, ces messieurs voudraient absolument défendre les parties. Les parties trompées croiraient qu'il est absolument nécessaire de se laisser défendre par eux, et il faut du temps pour cette défense. Ainsi l'expédition des affaires serait moins prompte; ainsi elle serait plus dispendieuse. Des marchands sont, sans contredit, mieux instruits des affaires de commerce que des gens qui sont étrangers au commerce..... ainsi la justice serait moins éclairée. J'adjure tous les membres de cette Assemblée qui voulaient des jurés. Ici ce seraient des jurés, puisque des marchands nommés par des marchands jugeraient des affaires de commerce. Si les jurés qu'on vous proposait avaient été comme ceux-ci, je me serais bien gardé de m'opposer à leur institution. »

Desmeuniers fit observer qu'il était impossible de régler l'administration d'un grand royaume sans l'établissement de quelques tribunaux particuliers, et qu'il était impossible à des juges d'avoir des connaissances assez détaillées des formes d'administration pour prononcer indistinctement sur tous les faits. « Il faut examiner, dit-il, si ce ne serait pas surcharger les tribunaux ordinaires que de leur confier les affaires de commerce. L'année dernière les consuls de Paris ont jugé 80,000 affaires, ceux de Bordeaux 16,000. Il est évident que les tribunaux ordinaires ne pourraient jamais y suffire. Ce n'est là cependant qu'une considération préliminaire. Je vous prie d'observer qu'en réformant les ordonnances et en simplifiant les formes de procédure, vous n'aurez pas pour cela établi la rapidité qu'exigent les affaires de commerce. »

Les adversaires des tribunaux de commerce objectaient la nécessité de conserver l'unité de la justice. Encore reconnaissaient-ils que les opérations mercantiles devaient être jugées par des commerçants. Goupil de Prefeln, notamment, proposait de les faire juger par des arbitres qui remettraient leur sentence au greffe. L'expédition donnée par le greffier serait nécessaire. Ainsi, disait-il, vous conserverez l'unité; vous ne multiplieriez pas les tribunaux, et les inconvénients des règlements de juges n'écraseraient pas les plaideurs. Buzot demandait que pour les affaires de commerce on admît dans les tribunaux ordinaires des négociants comme jurés; c'est un moyen, ajoutait-il, de nous accoutumer peu à peu à cette belle institution.

Enfin, après s'être fait lire les adresses des députés extraordinaires du commerce et des négociants de Paris, l'Assemblée décida presque à

15.

l'unanimité qu'il y aurait des tribunaux particuliers pour le jugement des affaires de commerce.

Le décret sur l'organisation judiciaire fut rendu le 16 août 1790. Le titre douze de ce décret, adopté presque sans discussion dans la séance du 11, avait pour rubrique : Des juges en matière de commerce. L'institution de l'Hôpital restait tout entière, mais qu'allait devenir l'organisation intérieure du tribunal? Tous les commerçants étant appelés à faire partie de l'assemblée électorale, les notables des six corps cessaient d'avoir le privilége de nommer les juge-consuls et de fournir des magistrats au tribunal de commerce. Cette modification était considérable; la composition des juges allait être changée, le lien étroit qui unissait la juridiction à l'aristocratie marchande se trouvait rompu, mais aucune des dispositions nouvelles n'était de nature à influer sur l'administration du tribunal, et les juge-consuls pouvaient espérer avec la Compagnie que les traditions et les usages du passé pourraient encore être conservés.

Le ministère ayant été changé au mois de novembre, les juge-consuls allèrent, le 2 décembre, faire visite au nouveau garde des sceaux. Duport-Dutertre était un simple avocat, le juge lui dit :

« MONSIEUR,

» Les juge et consuls de Paris mettent au nombre des plus grands bienfaits de la Constitution votre élévation au ministère.

» Elle honore à la fois le monarque et le peuple et les unit par des liens immédiats, en détruisant l'intervalle qui les rendit si longtemps étrangers l'un à l'autre.

» Le tribunal consulaire est le seul de l'ancien régime qui, formé de juges négociants librement élus, ait été créé dans l'esprit de la nouvelle Constitution ; son patriotisme connu vous est un sûr garant de la sincérité de ses sentiments. »

Le 27 janvier 1791 fut rendu le décret qui établissait un tribunal de commerce à Paris.

Ce décret instituait quatre suppléants, mesure qui rendait inutile l'existence des conseillers, ainsi que nous l'avons déjà dit. L'élection devait être faite par des électeurs nommés dans les assemblées des négociants, banquiers, marchands, fabricants et manufacturiers de chacune des quarante-huit sections de la ville. Il devait être fait choix d'un électeur par vingt-cinq citoyens présents, ayant le droit de voter. Le dernier article du décret réglait que les juge-consuls en exercice continueraient à rendre la justice jusqu'à l'installation des nouveaux. En conséquence, le juge Lecomte et les consuls Robert, Leclerc, Janin et Renouard aîné, nommés en 1790, demeurèrent au siége en 1791. Quelques semaines après, les maîtrises et les jurandes étaient supprimées par un décret du 2 mars 1791, et les corporations des professions, arts et métiers, ne tardaient pas à être abolies (loi du 14 juin 1791 et Constitution du 3 septembre 1791, préambule).

Le 14 juillet, les juge-consuls furent invités par le maire de Paris à assister à la messe et au *Te Deum* chanté en mémoire de la fédération du 14 juillet 1790. Ils se rendirent avec leur greffier et deux audienciers sur le boulevard, près du terrain où se dressait naguère la Bastille, assiégée, prise et démolie à pareille époque, deux ans auparavant, et ils se réunirent au cortége. Arrivés au champ de la Fédération, les juge-consuls prirent place sur les gradins, en face de l'autel de la patrie, avec les juges des autres tribunaux de la ville.

Dans le même mois, les juge-consuls se mirent en mesure d'exécuter les dispositions du décret relatif à l'élection des juges de commerce. Ce décret portait, entre autres choses, que les assemblées primaires seraient ouvertes par un commissaire nommé par la municipalité, sur l'avis des juges en exercice. Après en avoir conféré avec le corps municipal, les juge-consuls arrêtèrent à l'unanimité une liste de noms qui fut remise au procureur de la commune. Les quarante-huit commissaires proposés étaient tous d'anciens juges ou d'anciens consuls adjoints aux cinq juge-consuls en exercice. Sept suppléants étaient choisis parmi les notables des anciens six corps de marchands.

Ce devoir accompli, les juge-consuls continuèrent de rendre la justice, en attendant le résultat des opérations des assemblées primaires et la réunion des électeurs par la municipalité. Le 18 septembre, le juge seul fut invité, comme président du tribunal, à se rendre au champ de la Fédération pour assister à la proclamation de la Constitution. Ainsi s'opérait peu à peu la révolution dans les habitudes et les mœurs de la juridiction. Néanmoins, les juges et les anciens juge-consuls pouvaient encore garder quelques illusions à l'égard, sinon de la conservation des priviléges de la juridiction, au moins du maintien du droit qu'elle avait d'administrer ses intérêts d'une manière indépendante, lorsqu'une lettre de la commission de l'administration des biens nationaux vint leur montrer la situation sous son véritable jour.

La vente des biens nationaux avait été ordonnée par les décrets des 19 décembre 1789 et 17 mars 1790. Les formes et les conditions de la vente furent réglées puis régularisées par de nouveaux décrets (14 mai et 9 juillet 1790). Enfin un décret de l'Assemblée nationale, du 28 octobre 1790, détermina la nature des biens nationaux à vendre, en exceptant différents biens qui furent déclarés propriétés nationales par des lois ultérieures.

Le 20 décembre 1791, le juge Lecomte ayant réuni les consuls en exercice, les anciens juges et les anciens consuls pour entendre le compte de sa gestion, informa la Compagnie que la juridiction était invitée à envoyer à la commission d'administration des biens nationaux, l'état des biens que possédait le tribunal des juge et consuls.

La Compagnie décida qu'il était nécessaire de prendre une connaissance exacte de la nature des biens de la juridiction, par l'examen des titres primordiaux de possession, et, dans le cas où lesdits biens ne pourraient être réputés nationaux, de présenter à qui il appartiendrait un mémoire avant de faire la déclaration requise. Elle désigna pour commissaires trois anciens juges, MM. Noël, Guyot, Leclerc, et un ancien consul, M. Vignon, et leur donna tout pouvoir à l'effet d'examiner toute autre affaire qui pourrait survenir et d'en faire rapport à la Compagnie.

Les quatre commissaires, après avoir fait l'examen des titres primordiaux d'acquisition et de tous autres concernant les biens de la juridiction, estimèrent que celle-ci n'était pas comprise dans les dispositions du décret du 13 novembre 1789, et ils rédigèrent un mémoire pour être adressé aux commissaires de l'administration des biens nationaux.

Ce mémoire est trop intéressant pour n'être pas reproduit *in extenso*.

« MESSIEURS,

» Vous nous demandez l'état des propriétés attachées au tribunal de commerce de Paris, parce que vous présumez sans doute qu'elles sont originairement un bien national; ou qu'elles le sont devenues. Vous ne faites pas, en effet, de pareilles demandes pour des propriétés particulières.

» Nous pourrions nous borner à dire que, de quelque nature que soient les propriétés, elles doivent rester dans leur état actuel, puisque la juridiction continue d'exister, que leur état actuel est d'être administrées par les juge-consuls, sans que l'administration publique s'en soit jamais mêlée, et nous vous citerions, à l'appui de ce raisonnement, le décret du 16 octobre 1789, sanctionné le 30 janvier suivant, qui laisse les biens dans leur état actuel, article 3 : « Les édifices occupés » par les tribunaux d'exception, autres que le palais de justice et les » juridictions consulaires, seront mis en vente. »

» Mais nous nous faisons un devoir de vous démontrer que ces propriétés sont des propriétés particulières du commerce, qui n'ont jamais été nationales, et que les propriétaires ayant une existence légale, avouée par la Constitution, ils les conservent et en sont les administrateurs naturels.

» Charles IX, dans son édit de l'érection de la juridiction consulaire de Paris, du mois de novembre 1563, n'assigna pas de lieu pour tenir les audiences et ne fournit pas de fonds pour la dépense indispensable d'une tenue de juridiction.

» Mais, dans l'article 17, il autorise les marchands de Paris à imposer sur eux telle somme qu'ils jugeront nécessaire pour l'achat ou le louage d'une maison, qui sera appelée *la place commune des marchands,* que le Roi établit à Paris, à l'instar de celles de Lyon, Toulouse et Rouen.

» Dans l'article 18, il veut que cinquante marchands arbitrent la somme nécessaire et que dix d'entre eux en fassent le repartement.

» Dans l'article 19, il soumet à la contrainte les refusants de payer. La première élection des juge-consuls se fit le 27 janvier 1563 ; l'année ne commençait alors qu'à Pâques.

» Le 1er février suivant s'assemblèrent les cinquante marchands, qui arbitrèrent la somme, que dix d'entre eux répartirent.

» La collecte fut longue à faire ; elle ne fut terminée qu'en 1584 ; mais des premiers deniers recueillis on en acheta, en 1570, la maison auditoriale actuelle, où le siége qui se tenait à Saint-Magloire fut transféré.

» Le même édit de création porte, article 21, que les juge-consuls sont autorisés à se choisir un greffier. Ils choisirent le sieur Nicolas Clercellier, qui, quelques années après, fut obligé de payer une finance, parce que sa place fut érigée en titre d'office.

» Depuis, cette charge fut réunie au domaine, et revendue plusieurs fois jusqu'en 1617, qu'un arrêt du conseil, du 23 février, permit aux juge-consuls de rentrer en possession de leur greffe en remboursant les propriétaires et en payant au trésor public une somme de deniers, ce qu'ils firent.

» La juridiction consulaire fut affranchie des réunions et reventes suivantes, mais non pas des finances, suppléments de finances, gages ou augmentations de gages dont elle fournit les fonds à diverses fois ès coffres du Roi.

» Par édit de décembre 1693, le Roi a créé une charge de premier huissier audiencier, avec une attribution pour appel de chaque cause, dont la finance a été payée de même au trésor public.

» Les marchands de Paris ne se croient pas propriétaires incommutables des charges de greffier, d'huissier, ni de leurs attributions, mais ils le sont certainement des biens fonds et des finances des charges qu'ils ont payés de leurs deniers ou des fruits d'une administration économique, ou avec des emprunts dont ils devaient encore environ douze mille livres de rente, représentées par lesdites finances. Ils en ont les contrats d'acquisition et les quittances de finances. Ils se sont cotisés par ordre du gouvernement; ils ont acheté et payé par ordre du gouvernement; s'il y a une propriété légale, c'est celle-là assurément.

» La nation peut supprimer les charges et leurs attributions en remboursant les finances, comme elle a remboursé les autres pourvus d'offices; si la cessation du revenu met hors d'état de servir les rentes, le remboursement des finances mettra à portée d'en rembourser le fonds.

» Le tribunal de commerce de Paris jouit encore d'une somme annuelle de huit mille livres donnée par Louis XV en 1772, mais il ne faut pas la regarder comme un don purement gratuit.

» Le Roi ayant jugé à propos d'ordonner aux juge-consuls qui siégeaient en 1770 de continuer les fonctions en 1771, crut avoir contracté l'obligation de faire dans cette occasion ce qu'il avait fait dans d'autres pareilles, c'est-à-dire d'assurer une pension aux consuls qui avaient fait deux années de service au lieu d'une. Ces messieurs eurent la générosité de remercier le Roi, en le priant d'appliquer sa munificence à la juridiction elle-même, dont les individus étaient obligés de fournir de l'argent pour subvenir à certaines dépenses.

» Le Roi ne céda point en générosité et porta la pension de huit mille francs au profit de la juridiction, et applicable aux objets énumérés dans les lettres patentes, au nombre desquels se trouvent ceux qui étaient précédemment à la charge personnelle des juge-consuls.

» Toutes les propriétés attachées au tribunal de commerce de Paris sont donc une propriété des marchands de Paris; la nation n'y a contribué en rien; elle en a reçu au contraire la plus grande partie des fonds. C'est donc une propriété particulière et nullement nationale. La seule somme de huit mille francs qu'elle reçoit annuellement est une dette que le Roi croit avoir contractée qui reçut dans le temps l'applaudissement de tout le ministère; la chambre des comptes ne voulut pas même recevoir les droits d'enregistrement de ces lettres patentes, plus pour honorer la juridiction que pour l'affranchir d'une dépense assez considérable cependant.

» Mais si les propriétés attachées à la juridiction consulaire de Paris ne sont pas nationales, ont-elles pu le devenir? C'est la seconde question qu'il nous reste à examiner.

» Nous avons vu supprimer les bénéfices et les ordres religieux. Leurs biens sont devenus nationaux, parce que les biens qui restent sans propriétaires sont dévolus à la nation. Nous avons cité plus haut l'article 3 du décret du 16 octobre qui ordonne la vente des édifices des tribunaux d'exception, parce que, étant supprimés, ces biens, nationaux d'origine, n'ont plus d'application et sont devenus libres.

» Mais ce même article, en ordonnant la vente de ces édifices, en excepte le palais de justice, les juridictions consulaires et les palais fournis par les seigneurs laïques, parce que les tribunaux de justice étant établis, et les tribunaux de commerce conservés par la Constitution, et ayant par conséquent une existence légale, leurs biens doivent rester appliqués à leur destination, parce que les seigneurs laïques, en perdant leur justice, n'ont pas perdu l'existence et n'ont pas pu par conséquent être privés de la propriété des hôtels qu'ils avaient fournis à leurs juges.

» En prouvant que les biens attachés à la juridiction consulaire de Paris sont une propriété particulière à une classe de citoyens reconnus par la Constitution, nous avons prouvé que les administrateurs des biens nationaux ne sont pas chargés de leur administration, parce que, suivant leur institution, ils n'ont pas l'administration des propriétés particulières. Nous allons prouver de plus que telle est l'intention de l'Assemblée constituante.

» Dans ce même décret du 16 octobre dont nous avons cité l'article 3, on trouve :

« Article 1er. Les édifices que les villes justifieront avoir construits » sur leurs revenus et à leurs frais continueront à appartenir aux villes, » qui pourront en disposer.

» Article 2. Les hôtels de ville continueront d'appartenir aux villes » où ils sont situés. »

» Les décrets sur les biens communaux en laissent de même la propriété aux communautés de la campagne.

» Pourquoi la maintenue de ces propriétés avec la faculté d'en disposer et à plus forte raison de les administrer ? C'est que la Constitution a adopté l'établissement des communes dans les villes et dans les campagnes et des municipalités qui siégent dans les hôtels de ville et que leur existence civile les maintient dans leur propriété.

» Si nous faisons l'application de ces principes à l'espèce actuelle, nous trouvons les mêmes conséquences. La Constitution reconnaît dans Paris une classe de marchands comme des citoyens dans les villes ; leur existence légale les maintient dans leurs propriétés comme les citoyens des villes et les communautés des campagnes. Si leur juridiction était supprimée, ils se trouveraient dans la classe des seigneurs laïques qui rentrent dans la propriété de leurs palais de justice, parce que leur justice n'existe plus ; ils auraient le droit d'en disposer comme les citoyens actuels ont droit de disposer des biens de ville acquis par leurs prédécesseurs.

» Mais leur juridiction continue d'exister ; ils ne peuvent disposer de ces biens qu'à l'entretien de la juridiction pour laquelle ils ont été acquis, comme les citoyens ne pourraient pas disposer de leurs hôtels de ville autrement qu'à leur destination, parce que les municipalités qui y siégent continuent d'exister.

» Ainsi, le tribunal de commerce de Paris, qui n'a jamais rien coûté à l'État, ne lui coûtera rien encore, suivant l'esprit de l'Assemblée constituante en l'établissant. Nous avons suffisamment prouvé que les biens attachés à la juridiction consulaire de Paris ne sont pas nationaux, mais une propriété des marchands de Paris qui l'ont acquise de leurs deniers en se cotisant par ordre du Roi ; nous avons prouvé que la classe des marchands de Paris ayant une existence légale, ils conservent leurs propriétés, mais que leur juridiction continuant aussi d'exister, ils ne peuvent en changer la destination.

» Comme tous propriétaires, les marchands de Paris ont le droit d'administrer leurs biens par eux-mêmes, ou par leurs délégués. Ils en ont toujours confié l'administration aux juge-consuls qu'ils nommaient par électeurs qu'ils choisissaient. Le tribunal futur sera élu de même par les électeurs qu'ils ont choisis. La seule différence est qu'ils se réunissaient par corporation pour choisir leurs électeurs quand les corporations existaient, et que depuis qu'elles n'existent plus, ils se réunissent par section pour faire ce choix.

» L'ancien siége transmettait cette administration au nouveau au moment de son installation ; les juges actuels investiront de même leurs successeurs ; marche nécessaire dans un tribunal de commerce qui ne peut souffrir aucun interstice, soit à prononcer des jugements, soit à les faire expédier, marche d'ailleurs conforme au décret rendu pour la juridiction consulaire de Paris, le 27 janvier, sanctionné le 4 février 1791, article onze : «Les juge-consuls resteront en exercice jus- » qu'à l'installation des nouveaux. »

» Ainsi, les fonctions des administrateurs des biens nationaux sont étrangères à l'administration des biens attachés au tribunal de commerce de Paris, parce que ces biens ne sont pas nationaux, parce qu'ils ont des administrateurs nommés par les propriétaires qui transmettent par intérim l'administration à leurs successeurs. »

La réponse des administrateurs des biens nationaux se fit attendre. Quelques mois se passèrent ensuite en démarches et en discussions ; enfin, le 12 avril 1792, la Compagnie se réunit et prit la décision suivante :

« Attendu le terme de rigueur porté au décret de l'Assemblée nationale, lequel enjoint aux créanciers de l'État de remettre leurs titres de créance à la liquidation avant le 1er mai 1792 au plus tard et sous peine de déchéance, la Compagnie a cru qu'il était de l'intérêt de la juridiction et de ses créanciers que les juge et consuls actuellement en exercice se conformassent à la loi avant la cessation de leurs fonctions ; les a autorisés et invités à faire sans délai l'état de toutes les sommes qui ont été versées au trésor royal par la juridiction pour l'acquisition des charges de greffier en chef et premier huissier audiencier dont elle est propriétaire, ainsi que des finances par elle pareillement versées pour autres objets au trésor royal et en faire passer de suite les titres et quittances de finances à messieurs les commissaires chargés de la liquidation. »

Ce fut le dernier acte de la Compagnie. Sans tradition à conserver, sans priviléges à défendre, sans liens à maintenir avec les corporations, sans biens à administrer, son existence ne s'expliquait plus et ne pouvait se perpétuer sous le nouveau régime. Elle s'éteignit donc avec l'ancienne juridiction consulaire, la veille du jour où se terminaient les opérations pour l'élection des juges appelés à composer le tribunal de commerce.

CHAPITRE TREIZIÈME.

Complément. — Installation du tribunal de commerce le 31 mars 1792. — Suppression de la messe, fermeture de la chapelle; dons patriotiques. — Les juges pendant la Terreur; dénonciations. — Suppression des repas. — Décret du 4 nivôse an 11 déclarant propriétés nationales les biens ayant appartenu aux juridictions consulaires. — Détresse de la maison consulaire. — Le tribunal de commerce est transféré au palais de la Bourse en 1825.

L'élection des juges au tribunal de commerce commença le 31 mars 1792, et l'on en connut le résultat complet le 13 avril. Le président, Vignon, et le premier juge, Leclerc, étaient d'anciens consuls qui tous deux avaient été députés à l'Assemblée nationale. L'installation des nouveaux juges fut faite le 11 mai, dans la salle de la *ci-devant* juridiction consulaire, par le maire, accompagné du conseil de la commune. Les juges, dit le procès-verbal, étaient vêtus du costume décrété, « ils occupaient les siéges que venaient de quitter les consuls en exercice, qui, jusqu'à cet instant, avaient rempli avec l'ancien costume leurs fonctions ordinaires. » Aussitôt après leur installation, les juges, conformément à la loi du 16 août 1790, nommèrent leur greffier par la voie du scrutin. Leurs suffrages se portèrent sur Bon-Maximilien Thomas, l'ancien greffier de la juridiction consulaire. A l'ouverture de l'audience de relevée, le greffier en chef, les greffiers plumitifs et les autres officiers attachés au tribunal, prêtèrent serment entre les mains des juges, en présence du public. Les suppléants furent chargés de la vérification des bilans, faite autrefois par les juges sortants.

Les nouveaux juges étaient appelés à rendre la justice dans des temps difficiles, et ce ne fut pas sans courir de réels dangers qu'ils remplirent les fonctions dont ils avaient été investis par la confiance du commerce. Comme leurs prédécesseurs, ils assistèrent à toutes les fêtes nationales et firent toutes les démonstrations auxquelles il était d'une bonne politique de s'associer. Ce fut ainsi que, le 14 septembre 1792, le tribunal, pénétré, disait-il, de la nécessité de subvenir aux frais de la guerre, offrit à la Patrie tout ce dont il pouvait disposer en argenterie, c'est-à-dire celle de sa chapelle, consistant en une croix, deux chandeliers, des burettes et leur plat, le tout d'argent doré. Par là commençait le dépouillement de l'hôtel que l'ancienne juridiction avait pris tant de peine à orner et à préserver des dégradations du temps. Un an après, ce fut le tour des grilles de fer de l'audience. Le 11 octobre 1793, le tribunal, considérant que les fers et grilles des églises étaient, par un décret de la Convention nationale, mis en réquisition pour être convertis en armes destinées à combattre les ennemis de la République, arrêta que les deux grilles de la salle d'audience, dont l'une séparait la chapelle, seraient démolies et tenues à la disposition du comité révolutionnaire de la section. Dans le même moment, les juges s'étant déterminés à faire cesser la célébration de la messe quotidienne qui se disait avant l'ouverture de l'audience, décidèrent de déposer au greffe de la maison commune le calice et sa patène en argent, les six chandeliers et le goupillon de cuivre argenté, enfin les deux christs de cuivre doré qui étaient placés dans les salles d'audience. Les chasubles et le linge à l'usage du chapelain furent rassemblés et mis dans une armoire pour être tenus à la connaissance de la municipalité et à la disposition de qui il appartiendrait ; mais presque aussitôt le conseil général de la commune ayant témoigné l'intention de réunir ces objets à ceux qu'il venait de recevoir, les juges s'empressèrent de les remettre au secrétariat de la municipalité, sur bonne et valable décharge. Enfin, le local qui servait de chapelle fut converti en un cabinet d'audience pour le greffier. Le chapelain, le sieur Darsin, nommé par les juge-consuls en 1789, fut congédié ; il cessait en même temps d'être attaché à l'église Saint-Merry et se trouvait sans ressources. Les juges, attendu son patriotisme reconnu et sa piété filiale, car il soutenait son père, son frère et une sœur infirme, lui donnèrent deux cents livres par forme de gratification, pour lui permettre d'attendre le moment où il pourrait trouver quelque emploi dans des bureaux d'administration ou autres. Le petit sacristain reçut en même temps une gratification de cinquante livres.

En 1789, au mois de novembre, les juge-consuls avaient pu, sans inconvénient, refuser au président du comité du district de Saint-Merry l'autorisation de tenir les assemblées du district dans la salle d'audience. Mais, en février 1792, ils ne s'opposèrent point à l'établissement dans les locaux de l'hôtel, d'un corps de garde pour le bataillon de Saint-Merry et d'une salle de dépôt pour les gens arrêtés.

On se contenta de reporter les bureaux des audienciers et celui du percepteur du droit d'enregistrement, du rez-de-chaussée dans les chambres du premier, restées vides par la cessation du service des conseillers, et la salle de dépôt fut disposée au-dessus du grand escalier conduisant à l'auditoire. En échange de ce service, le chef du bataillon s'était engagé à fournir aux juge-consuls deux gardes en armes, tous les jours, depuis le commencement de l'audience à la relevée jusqu'à la fin.

Maintenant, il ne suffisait plus de faire acte de complaisance, il était indispensable de donner des preuves de civisme. Le tribunal avait agi prudemment en offrant à la Patrie les ornements et les grilles de la chapelle, car une dénonciation venait d'être faite contre lui auprès du conseil général de la commune. C'était une des anciennes traditions de la juridiction consulaire, l'innocent dîner du mercredi, qui était incriminé par le comité de salut public. Ce dîner somptueux, fait soi-disant aux frais de la République, constituait un abus qui révoltait les patriotes; il était scandaleux parce qu'il était opposé aux maximes du vrai républicanisme. Le conseil général de la commune s'empressa de prohiber le dîner, et nomma deux commissaires pour faire leur rapport sur la quotité et l'emploi plus utile des fonds destinés à maintenir une déprédation de l'ancien régime. Le tribunal obéit, mais il tint à expliquer au conseil général de la commune dans quelles circonstances avait lieu le dîner qui lui était reproché. Le mercredi, jour où les causes de la campagne étaient les plus nombreuses, les juges arrivaient de bon matin, et ils ne se reposaient que fort tard, après avoir entendu les anciens juges appelés à donner leur avis sur les causes délicates et compliquées mises en délibéré. Le soir venu, ils faisaient dresser une table de quatorze à quinze couverts, pour eux, pour les suppléants qui avaient fait dans la journée la vérification des créances des bilans déposés au greffe, et pour les arbitres qui s'étaient réunis dans le but de concilier les parties qui leur étaient renvoyées par le tribunal. La dépense n'était pas aux frais de la République, puisque les juges, les suppléants et les arbitres s'acquittaient gratuitement de leurs fonctions, qu'aucune des personnes attachées au tribunal n'était salariée par la République, et qu'enfin l'entretien du tribunal n'était pas à la charge de l'État. En effet, l'administration des biens de la juridiction consulaire était à cette époque entre les mains du tribunal, la qualification de biens nationaux n'ayant pas encore été définitivement attribuée à ces propriétés; mais la question allait être bientôt résolue. Un décret du 4 nivôse an II (24 décembre 1793) déclara propriétés nationales les biens ayant appartenu aux anciens tribunaux consulaires, et déchargea par conséquent les tribunaux de commerce de toute autre administration que celle de la justice. Les départements devaient pourvoir désormais aux dépenses des tribunaux de commerce.

Les juges s'empressèrent de solder tous les mémoires arriérés et de payer aux rentiers de la juridiction consulaire, dont les titres devaient être portés sur le grand-livre, ce qui pouvait leur être échu au 1er vendémiaire; puis ils dressèrent le compte de leur gestion pour être remis aux administrateurs des biens nationaux. Ce devoir accompli, ils préparèrent leur projet de budget. Après bien des informations et des discussions, on leur accorda une modeste somme de douze mille francs. Hélas! le rigorisme le plus sévère ne pouvait leur reprocher désormais les dépenses de bouche. « L'on a considéré, disait la note explicative du budget, que des citoyens demeurant très-loin du tribunal, obligés d'y être à neuf heures du matin jusqu'à ce que toutes les causes soient épuisées (et souvent elles ne le sont pas avant six à sept heures du soir), il fallait nécessairement au moins du pain, du vin, de l'eau, du fromage ou du beurre; qu'en conséquence, il était juste d'y pourvoir par un aperçu d'une somme de dix-neuf cents livres. »

D'autres accusations furent portées contre les juge-consuls. Ainsi le tribunal fut obligé de se défendre de favoriser les agréés et de porter atteinte à l'égalité en leur permettant d'appeler leurs causes avant les autres défenseurs officieux.

Au plus fort de la tourmente révolutionnaire, un des juges, le citoyen Michel Ladainte, fut mis en état d'arrestation par la section des Amis de la patrie, probablement sur la dénonciation d'un plaideur irrité contre lui, et il fallut toutes les sollicitations de ses collègues pour le soustraire au sort qui le menaçait.

En l'an IV, le ministre de la justice reprochait aux juges leur connivence avec les huissiers, au sujet de prétendus abus que le tribunal mit le dénonciateur au défi de prouver. Ils laissaient, disait-on, énoncer dans les exploits des conventions écrites comme verbales, et prononçaient le renvoi devant des arbitres qui, sur le vu de ces actes, les mentionnaient dans des rapports qu'on entérinait à l'audience, sans que les actes fussent enregistrés. A cette occasion, le ministre avait dit aux juges que la prise à partie serait la suite de leur prévarication, et qu'ils devraient rendre compte à la République de tous les droits dont ils auraient favorisé la fraude.

Sous le Directoire, en l'an VII, le ministre se plaignait encore de ce que les juges vaquaient d'autres jours que les 10, 20 et 30 de chaque mois de l'ère républicaine, et de ce qu'avec une affectation visible, ils avaient évité d'indiquer une seule audience pour un seul jour de l'année où coïncidait quelque dimanche de l'ancienne computation. Il les invitait en même temps à ne pas attendre qu'une dénonciation officielle l'obligeât à rendre publics le scandale et la répression. Le tribunal se disculpa facilement en prouvant qu'il n'y avait jamais eu d'audience que trois jours par semaine, et en donnant les motifs de cet ancien usage. Il ajoutait que de tout temps il avait suspendu ses audiences le samedi à cause du sabbat des juifs, et le dimanche en considération du culte des catholiques, des protestants et des autres sectes qui avaient adopté ce jour-là; qu'en continuant d'agir ainsi, il avait cru remplir le vœu de la Constitution qui venait d'établir la liberté des cultes. Le ministre n'en persista pas moins à demander le changement des audiences, et les juges durent se rendre à ses injonctions.

Quoique la gratuité de leurs services fût bien mal reconnue, les juges ne cessèrent de rendre la justice avec la plus entière abnégation d'eux-mêmes. Ce fut précisément en l'an VII qu'ils essayèrent de restituer à la maison consulaire sinon sa splendeur passée, au moins un aspect digne de la justice. La pauvre maison était dans un état pitoyable. Depuis la loi qui ordonnait la suppression des signes de la féodalité, la chambre du conseil et la salle d'audience avaient perdu leurs belles tapisseries des Gobelins; les murs étaient complétement nus, et pour se garantir du froid les juges avaient passé un marché avec un vitrier de la section, qui s'était engagé moyennant un prix convenu à mastiquer deux fois par an les fenêtres et à les calfeutrer avec des bandes de papier et de la colle.

Cependant les tapisseries étaient encore dans la maison, pliées et serrées quelque part. Les juges eurent l'idée de s'adresser au ministre, pour le prier de faire disparaître par les ouvriers employés à cet effet les emblèmes que la loi proscrivait. Le ministre, que les juges étaient allés voir, leur indiqua lui-même un procédé, et leur conseilla de le faire appliquer par un peintre décorateur. L'opération réussit à merveille pour la tapisserie de la chambre du conseil, sur laquelle les

16

signes de la féodalité furent remplacés par les attributs de la justice, mais la substitution fut jugée impossible à faire sur les tapisseries de la salle d'audience, à cause du grand nombre de fleurs de lys dont elles étaient surchargées. Les juge-consuls demandèrent alors aux ministres des finances et de l'intérieur de vouloir bien remplacer ces tapisseries par d'autres appartenant à l'État, et ils en obtinrent six pièces dites portières qui leur furent délivrées par le directeur des Gobelins.

Quelques réparations nécessaires furent faites à la toiture. La vieille horloge des juge-consuls était très-bonne, mais elle avait besoin d'être remontée tous les jours; on en fit descendre les poids dans les deux étages inférieurs.

Enfin, l'hôtel faillit être pourvu d'un ornement auquel les juge-consuls n'auraient jamais pu songer : un arbre de la liberté! Le 2 pluviôse an VII, les juges, après être allés au temple de la Victoire prêter le serment de haine à la royauté et à l'anarchie, d'attachement et de fidélité à la République et à la Constitution de l'an III, se mirent en mesure de se conformer au programme de la fête qui les invitait à planter un arbre de la liberté devant le lieu de leurs séances. Ne sachant comment se procurer un arbre, ils demandèrent au ministre de l'intérieur de leur en envoyer un des pépinières nationales. Le ministre répondit que la saison avancée ne permettait pas de planter un arbre avec quelque espoir de succès, et il invita les juges à faire prendre quelque part un chêne, un peuplier, ou autre, et à le mettre, sans autre précaution, dans un trou, devant le lieu de leurs séances, sauf à lui réclamer l'espèce d'arbres qu'ils désireraient avoir, lorsque le temps radouci serait devenu favorable. Quand germinal revint, les juges, dans leur simplicité, rappelèrent au ministre sa promesse, en exprimant le désir que l'arbre envoyé fût un peuplier, c'est-à-dire un arbre qui, soit à la porte, soit dans la cour de la maison, poussât ses branches en hauteur et non en circonférence. Le ministre prenant en considération tant de bonhomie, fit savoir aux juges qu'il venait d'autoriser l'inspecteur des jardins et pépinières de Versailles à leur livrer un peuplier d'Italie; mais il les prévint qu'ils auraient à envoyer chercher le peuplier; il leur fit observer en outre que les frais de transport de Versailles à Paris seraient plus considérables que la valeur de l'arbre acheté chez un pépiniériste de la capitale ou des environs, et il ajouta de sa propre main : « Au surplus, la saison de planter le peuplier d'Italie est passée; vous jugerez sans doute devoir attendre une autre année. » L'année suivante, il n'était plus question d'arbre de la liberté, le coup d'État du 18 brumaire avait eu lieu et le Consulat avait remplacé le Directoire.

Cependant la prospérité du commerce renaissait avec la paix publique et l'importance des causes portées devant le tribunal augmentait. Pendant les premières années qui avaient suivi la révolution, l'attribution aux juges de paix des litiges pour sommes au-dessous de cinquante francs, la distraction des contestations entre ouvriers et patrons, la diminution du ressort du tribunal réduit au seul département de la Seine, la guerre, l'émigration, avaient fait tomber le nombre des causes de trente mille à treize mille. Depuis, ce nombre était remonté au chiffre de vingt mille en moyenne par an. Bientôt l'agiotage et les jeux de bourse entraînèrent des faillites considérables. Les anciennes lois commerciales étant insuffisantes, les consuls firent rédiger en l'an X un projet de Code sur lequel les tribunaux de commerce furent appelés à donner leur avis. Les préoccupations de la politique, la guerre, retardèrent pendant quelques années la conversion de ce projet en loi définitive, mais enfin, le Code de commerce fut décrété au mois de septembre 1807 et rendu exécutoire dès le 1ᵉʳ janvier 1808.

Les juges furent alors nommés par une assemblée de notables commerçants : on augmenta leur nombre et l'on proportionna celui des suppléants aux besoins du service. Le tribunal de commerce se trouva désormais en mesure de satisfaire à toutes les exigences du commerce : il siégeait toutefois dans un local qui laissait beaucoup à désirer, et son service demandait plus d'espace, sa dignité plus de représentation que n'en offrait la maison consulaire. Depuis plusieurs années cependant on avait décidé d'abandonner l'hôtel de la rue Saint-Merry, et la question du déplacement du tribunal était à l'étude dans les bureaux de l'administration. En 1805, il avait été proposé de réunir le tribunal à la Chambre du commerce et à la Bourse dans le bâtiment de la Madeleine, dont on ne voulait faire ni un temple à la Victoire, ni une église. Ce projet ayant été repoussé, l'administration s'arrêta au choix des terrains dépendant du couvent des Filles-Saint-Thomas, rue Vivienne, et la première pierre du palais de la Bourse fut posée sur cet emplacement, le 21 mars 1808. Les constructions, abandonnées plusieurs fois par différentes causes et notamment par le manque de fonds, ne furent achevées qu'en 1826; mais le tribunal, impatient de prendre posses-

16.

sion de son nouveau local, avait été installé dès l'année précédente
dans une partie du monument. Ce fut donc en 1825 que la vieille maison consulaire vit partir la juridiction qu'elle avait vue presque naître
et qui s'était abritée sous son toit pendant deux siècles et demi. Elle
fut vendue, dénaturée, et il n'en reste aujourd'hui d'autre souvenir
pour le passant que le nom de Rue des Juge-Consuls donné par la municipalité à la voie sur laquelle se dressait autrefois cet asile de la justice
des marchands.

DOCUMENTS

A L'HISTOIRE DE LA JURIDICTION CONSULAIRE

DE PARIS

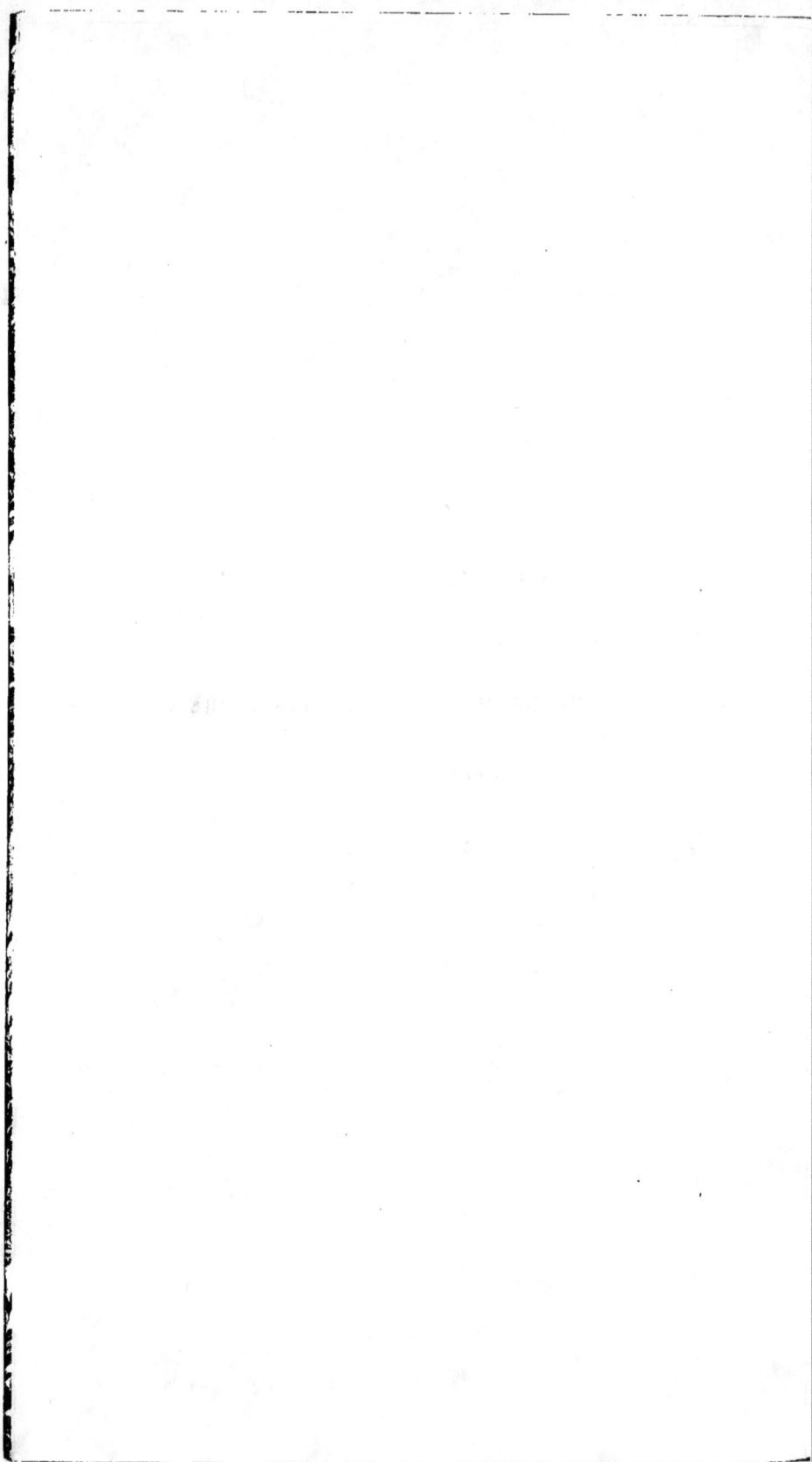

DOCUMENTS

ANNEXÉS

A L'HISTOIRE DE LA JURIDICTION CONSULAIRE

DE PARIS

ÉDIT D'ÉRECTION,
DÉCLARATIONS, LETTRES PATENTES,
ARRÊT DE LA COUR, ETC.

I.

Novembre 1563.

L'edit dv Roy sur l'erection, election et établissement d'un juge et quatre consuls des marchandz en sa ville de Paris, pour connoistre de tous procès et differendz à mouuoir entre marchandz pour faict de marchandise, donné audit Paris au mois de novembre 1563. Portant en outre faculté ausditz juge et consuls de choisir et nommer pour leur greffier telle personne d'experience que bon leur semblera.

CHARLES, par la grâce de Dieu, Roy de France, à tous présens et à venir, salut. Scauoir faisons, que sur la requeste et remontrance à nous faites en notre Conseil de la part des marchandz de notre bonne ville de Paris, et pour le bien public et abreuiation de tous procès et differendz entre marchandz qui doibuent negocier ensemble de bonne foy, sans être adstraints aux subtilitez des lois et ordonnances ; Auons, par l'aduis de notre tres-honorée dame et mere, des princes de notre sang, seigneurs et gens de nostredit Conseil, statué et ordonné et permis ce qui s'ensuit :

PREMIÈREMENT.

Avons permis et enioint aux preuost des marchandz et echeuins de notredite ville de Paris, nommer et elire en l'assemblée de cent notables bourgeois de ladite ville, qui seront pour cet effet appelez et conuoquez trois jours apres la publication des presentes, cinq marchandz du nombre desditz cent ou autres absens, pourueu qu'ilz soient natifz et originaires en nostredite ville de Paris : le premier desquelz nous

auons nommé juge des marchandz, et les quatre autres, consulz desditz
marchandz, qui feront le serment deuant ledit preuost des marchandz;
la charge desquelz cinq ne durera qu'un an, sans que pour quelque
cause ou occasion que ce soit l'un d'eux puisse être continué.

Ordonnons et permettons ausditz cinq juge et consulz, assembler et
appeller trois jours auant la fin de leur année, jusques au nombre de
soixante marchandz, bourgeois de ladite ville, qui en eliront trente
d'entre eux, lesquelz, sans partir du lieu et sans discontinuer, procederont avec lesditz juge et consulz, en l'instant et le jour mesme, à
peine de nullité, à l'eslection de cinq nouueaux juge et consulz des
marchandz, qui feront le serment deuant les anciens. Et sera la forme
cy-dessus dite gardée et obseruée d'oresnauant en l'eslection desditz
juge et consulz, nonobstant oppositions ou appellations quelconques,
dont nous reseruons à nostre personne et nostre Conseil la cognoissance, icelle interdisant à nos cours de Parlement et preuost de
Paris.

Cognoistront lesditz juge et consulz des marchands de tous procès et
differends qui seront ci-après meus entre marchandz, pour faict de marchandise seulement, leurs veufues marchandes publiques, leurs facteurs, seruiteurs et commettans, tous marchandz; soit que lesditz differendz procedent d'obligations, cedulles, recepissez, lettres de chãge
ou crédit, responses, assurances, transport de debtes, et nouations
d'icelles, comptes, calcul ou erreur en iceux, compagnies, societez ou
associations ja faites ou qui se feront ci-après. Desquelles matieres et
differends nous auons, de nos pleine puissance et auctorité Royalle,
attribué et commis la connoissãce, jugement et décision ausditz juge et
consulz, et aux trois d'eux, priuativement à tous nos juges; appellé
avec eux, si la matiere y est subiette, et en sont requis par les parties,
tel nombre de personnes de conseil qu'ils aduiseront, exceptez toutes
fois et reseruez les proces de la qualité susdite, ja intentez et pendants
par-deuant nos juges, auxquels neantmoins enjoignons les renuoyer
par-deuant lesditz juge et consulz des marchandz, si les parties le
requierent et consentent.

Et avons dès à present declaré nuls tout transport de cedules, obligations et debtes qui seront faits par lesditz marchãds à personne privilé-
giée, ou autre quelconque, non subiette à la juridiction desditz juge et
consulz.

Et pour couper chemin à toute longueur et oster l'occasion de fuir et plaider, voulons et ordonnons que tous adjournements soient libellez et qu'ils contiennent demande certaine. Et seront tenuës les parties comparoir en personnes à la premiere assignation, pour être oüyes par leur bouche s'ils n'ont légitime excuse de maladie ou absence. Esquelz cas ennoieront par ecrit leur response signée de leur main propre, ou, audit cas de maladie, de l'vn de leurs parens, voisins ou amis ayant de ce charge et procuration specialle, dont il fera apparoir à ladite assignation, le tout sans aucun ministere d'aduocat ou procureur.

Si les parties sont contraires et non d'accord de leurs faicts, delay competant leur sera prefix à la premiere comparition, dans lequel ilz produiront leurs témoins, qui seront ouys sommairement; et sur leur déposition le differend sera jugé sur-le-chãp, si faire se peut; dont nous chargeons l'honneur et conscience desditz juge et consulz.

Ne pourront lesditz juge et consuls, en quelque cause que ce soit, octroyer qu'un seul delay, qui sera par eux arbitré selon la distance des lieux et qualité de la matiere, soit pour produire pieces ou tesmoins, et iceluy escheu et passé, procederont au jugement du differend entre les parties sommairement et sans figure de procès.

Enjoingnons ausdits juge et consulz vacquer diligemment en leur charge durant le temps d'icelle, sans prendre directement ou indirectement, en quelque maniere que ce soit, aucune chose, ny present ou don, sous couleur ou nom d'espices ou autrement, à peine du crime de concussion.

Voulons et nous plaist que des mandemens, sentences ou jugemens qui seront donnez par lesdits juge et consulz des marchands, ou les trois d'eux comme dessus, sur differendz meus entre marchands et pour faict de marchandise, l'appel ne soit receu, pourueu que la demande et condamnation n'excede la somme de cinq cens livres pour une fois payer; et avons des apresent declaré non receuables les appellations interiettées desdits jugemens, lesquelz seront executez en nos Royaume, pays et terres de notre obeissance par le premier de nos juges des lieux, huissiers ou sergens sur ce requis; ausquelz et chacun d'eux enjoingnons de ce faire, à peine de privation de leurs offices, sans qu'il soit besoin demander aucun placet, visa, *ne pareatis*.

Avons aussy des apresent declaré nulz tous reliefs d'appel ou commissions qui seroient obtenuës au contraire pour faire appeler les parties, intimer ou ajourner lesditz juge et consul. Et deffendons tres-expressement à toutes nos cours souueraines et chancelleries de les bailler.

Es cas qui excederont ladilte somme de cinq cens liures tournois, sera passé outre à l'entiere execution des sentences desditz juge et consulz, nonobstant oppositions ou appellations quelconques et sans préjudice d'icelles, que nous entendons estre releuées et ressortir en notre cour de Parlement à Paris et non ailleurs.

Les condamnez à garnir par prouision ou diffinitivement seront contraintz par corps à payer les sommes liquideez par les sentences et jugements qui n'excederont cinq cens livres tournois, sans qu'ils soient receus en nos chancelleries à demander lettres de respit, et neanmoins pourra le créditeur faire executer son debiteur condamné en ses biens meubles et saisir les immeubles.

Contre lesditz condamnez marchandz ne seront adjugez dommages et interetz requis pour le retardement du payement qu'à raison du denier douze, à compter du jour du premier adjournement, suivant nos ordonnances faites à Orleans.

Les saisies, establissements de commissaires et ventes de biens ou fruitz seront faicts en vertu desdites sentences et jugements; et s'il faut passer outre, les criées et interpositions de decret se feront par auctorité de nos juges ordinaires des lieux; auxquels tres-expressement enjoignons, et a chacun d'eux en son détroit, tenir la main à la perfection desdites criees, adjudication des heritages saisis, et à l'entiere execution des sentences et jugemens qui seront donnez par lesdictz juge et consulz des marchandz, sans y vser d'aucune remise ou longueur, à peine de tous despens, dommages et intérêts des parties.

Les executions commencées contre les condamnez par lesditz juge et consulz seront parachevées contre leurs heritiers, et sur les biens seulement.

Mandons et commandons aux geoliers et gardes de nos prisons ordinaires et de tous hautz justiciers, recevoir les prisonniers qui leur seront baillez en garde par nos huissiers ou sergens, en executant les commissiõs ou jugemens de nosditz juge et consulz des marchandz, dont ils seront responsables par corps, et tout ainsi que si le prisonnier avoit été emmené par l'autorité de l'un de nos juges.

Pour faciliter la comodité de conuenir et negocier ensemble, auons permis et permettons aux marchands bourgeois de notre ville de Paris, natifs et originaires de nos Royaume, pays et terre de notre obeissance, d'imposer et lever sur eux telle somme de deniers qu'ils aduiseront necessaire pour l'achapt ou louage d'une maison ou lieu qui sera appellé la place commune des marchandz; laquelle nous avons des à present establie à l'instar et tout ainsi que les places appellées le change en nostre ville de Lyon et bourses de nos villes de Toloze et Rouen.

Et pour arbitrer et accorder ladite somme, laquelle sera employée à l'effect que dessus et non ailleurs, les preuost des marchandz et escheuins de notredite ville de Paris assembleront en l'hôtel de ladite ville, jusqu'au nombre de cinquante marchandz et notables bourgeois, qui en deputeront dix d'entre eux avec pouvoir de faire les cottisation et departement de la somme qui aura été, cōm dit est, accordée en l'assemblée desdits cinquante marchandz.

Voulons et ordonnons que ceux qui seront refusant de payer leur taxe ou cette part, dans trois jours après la signification ou demande d'icelle, y soient contraints par vente de leurs marchandises et autres biens meubles, et ce par le premier nostre huissier ou sergent sur ce requis.

Defendons à tous nos huissiers ou sergens faire aucun exploit de justice ou ajournement en matiere civile aux heures du jour que les marchandz seront assemblez en ladite place commune, qui seront de neuf à onze heures du matin et de quatre jusqu'à six heures de relevée.

Permettons ausdits juge et consulz de choisir et nommer pour leur scribe et greffier telle personne d'expérience, marchand ou autre, qu'ils aduiseront, lequel fera toutes expeditions en bon papier, sans vser de parchemin, et lui deffendons tres-estroitement de prendre pour ses salaires et vacations autre chose qu'un sol tournois pour feuillet, à peine de punition corporelle, et d'en repondre par lesditz juge et consulz en leurs propres noms, en cas de dissimulation et connivence.

Si donnons en mandement a nos amez et feaux les gens tenant nos cours de Parlement, prevost de Paris, senechal de Lion, baillif de Rouën, et à tous nos autres officiers qu'il appartiendra, que nos presentes ordonnances ils fassent lire, publier et enregistrer, garder et observer chacun en son ressort et juridiction sans y contreuenir ny permettre qu'il y soit aucunement contrevenu en quelque maniere que ce soit. Et afin de perpetuelle et stable mémoire, nous auons fait apposer notre scel à ces presentes.

Donne à Paris au mois de nouembre mille cinq cens soixante-trois, et de notre regne le troisiesme. Ainsi signé : DE L'AUBESPINE, et scellé du grand scel de cire verte.

Lecta, publicata et registrata, audito et hoc requirente procuratore generali Regis, de mandato expresso eiusdem domini nostri Regis; Cui tamen placuit, vt hi qui in judices mercatorum assumentur, iusiurandum prestent, quod prestari solet ab his, à quorum sententiis ad Curiam appellatur. Idque permodum prouisionis duntaxat, et secundum ea quæ in registro curiæ prescripta sunt. Parisiis in Parlamento, decima octaua die januarij, anno Domini millesimo quingentesimo sexagesimo tertio.

Sic signatum : Du Tillet.

Leu et publië en jugement au Chastelet de Paris, seant au siege noble homme et sage M° Nicolas l'Huillier, conseiller du Roy et lieutenant civil de la preuosté de Paris, ce requerants les gens du Roy nostre Sire audit Chastelet, et ce par le commandement du Roy. Et ordonné estre enregistré ès registres ordinaires au greffe dudit Chastelet. Fait le mercredy vingt-sixieme jour de janvier mil cinq cens soixante-trois. *Signé :* Goyer et Le Charron.

Enregistré au sixieme volume des bannieres, registre ordinaire dudit Chatelet, es CLXXXI, CLXXXII et CLXXXIIJ feuilletz dudit registre.

Levës, publiez et enregistrées, ouy, et non empeschant le procureur general du Roy de Bourdeaux. En Parlement, le septiesme jour de may mil cinq cens soixante-cinq. *Signé :* De Pontac.

11.

28 avril 1565.

Declaration et interpretation dv Roy sur l'eedit de l'eslection d'un juge et quatre consulz en sa ville de Paris.

Charles, par la grace de Dieu, Roy de France. A nos amez et feaux les gens tenant nos cours de Parlement, baillifs, seneschaux, et a tous autres nos juges qu'il appartiendra, et a chacun d'eux, salut. Nos chers et bien amez les marchands et gardes de la draperie, espicerie, mer-

cerie, orfevrerie, pelleterie, et la communauté des marchands de vin
et poisson de mer, demeurans en nostre bonne ville de Paris, nous
ont par leur delégué tres humblement faict remonstrer que depuis,
que, pour bonnes causes et justes considérations, nous auons en nostre-
ditte ville establi la juridiction d'un juge et quatre consulz des marchandz, les juges ordinaires et conservateurs des priviléges d'icelles,
et autres nos juges, ont par divers moyens empesché, et chacun jour
empeschent le cours de ladite jurisdiction, soubs couleur que le
pouuoir que nous auons attribué ausdicts juge et consulz n'est si amplement et particulierement declaré par ledit eedict, qu'il est requis :
et le contenu en iceluy est par eux respectivement interprété et restreint à leur avantage, ce qui a causé plusieurs difficultez et con-
trouerses, dont sont procedez diverses sentences, defenses, jugemens
et arrestz contraires à nostredit eedit, qui rend ladite jurisdiction illu-
soire, s'il n'y estoit par nous pourveu : nous suppliant declarer nos
vouloir et intention, afin que lesditz juge et consulz des marchands
sachent la forme de soy comporter en l'exercice de ladite jurisdiction,
et execution entiere de nostredit eedit, comme ilz desirent. Sçavoir faisons, que desirans singulierement justice être administrée à nos sub-
jects par les juges que leur auons commis, sans qu'aucun excede
le pouvoir à luy attribué, et que par entreprise ou autrement, lun
n'empesche l'autre au cours de la jurisdiction qui luy est commise : et
après avoir fait voir en nostre conseil la requeste et remonstrances desdits marchands, auec plusieurs sentences, jugements et arrestz donnez, tant en nostre cour de Parlement à Paris, qu'autres nos juges :
les reliefs d'appel et requestes responduës pour relever plusieurs
appellations de sentences données par lesditz juge et consulz, pour
sommes non excedant la somme de cinq cens livres : et defenses faites
à nos sergens de faire aucuns exploicts ou adjournemens, et d'executer les sentences et mandemens d'iceux juge et consulz.

Avons, par l'aduis et meure déliberation d'iceluy nostredit conseil,
en interprétant notredit eedit, et pour faire cesser à l'advenir les difficultez et empechemens susdits, dit, déclaré, voulu et ordonné, disons,
declarons et voulons, et ordonnons, par ces presentes, de nos certaines science, pleine puissance et autorité royalle : que les juge et
consulz des marchands établis en nostredite ville de Paris, cognois-
sent et jugent en premiere instance de tous differendz entre marchandz habitans de Paris, pour marchandize venduë ou achetée en

gros et en detail, sans que pour raison de ce nostre Cour de Parlement de Paris, ou autres nos juges en puissent prendre aucune Cour, cognoissance et jurisdiction, soit par appel ou autrement, sinon es cas qui excederont la somme de cinq cens livres tournois, suivant ledit cedict, et laquelle entant que besoin est, ou seroit, nous leur auons derechef interdite et tres expressement défenduë, interdisons et defendons par ces présentes.

Et quand à la marchandise vendue ou achetée, ou promise liurer, et payement pour icelle destiné à faire en ladite ville par les marchandz en gros et detail, tant habitans de ladite ville, qu'autres juridictions et ressortz de nostre royaume, par cedules, promesses ou obligations, encore quelles soient passées soubs le seel de nostre Chastelet de Paris, avons, iceux juge et consulz desditz marchands de nostredite ville de Paris declarez et declarons juges competans, et a eux, en tant que besoin est, de nouvel attribué et attribuons la cognoissance et juridiction des differendz qui naistront entre lesditz marchandz pour les cas que dessus.

Pour raison de quoi nous voulons tous lesditz marchandz y etre convenus, appellez et jugez, nonobstant les fins d'incompetence et de renvoy qu'ilz pourroient requerir en vertu de nos lettres de *committimus* par devant les gens tenans les requestes de notre hostel, ou requestes de nostre palais à Paris; comme payeurs de compagnie, et autres de nos officiers, qui font trafic de marchandise, conseruateurs des priuileges des Universitez, comme messagers, et autres officiers d'icelles qui sont marchandz, par le moyen des privileges qu'aucuns d'eux voudroient prétendre leur avoir esté donnez au contraire par nos predecesseurs, confirmez par nous et verifiez en nos cours, dont pour ce regard, et en tant qu'ils sont marchands, nous les auons des à present comme pour lors, deboutez et deboutons : et ausdicts privileges, pour ce regard, derogé et derogeons de nos pleines puissance et auctorité royalle, par cesdites présentes.

Ne voulans, iceux juge et consulz y avoir aucun esgard, ains leur permettons passer outre, nonobstant oppositions ou appellations d'incompetence, qui pourroient être interiettéez en fraude, et sans prejudice d'icelles : demeurans lesditz priuileges en autres choses en leur entier : declarons non recevables toutes appellations interiettéez des sentences et jugemens donnez par lesditz juge et consulz entre marchandz, pour faict de marchandize, et pour sommes non excedant la somme de cinq cens liures tournois, jusques à laquelle nous leur avons permis juger.

Et deffendons à nos amez et feaux les maistres des requestes de nostre hostel ou garde des sceaux de nos chancelleries, et à nos secretaires, expedier aucunes lettres de relief : ensemble à nos cours de Parlement respondre aucune requeste pour cet effet, ny bailler commissions pour faire appeller les parties : comme aussi deffendons à tous procureurs occuper, et soy charger desdites causes d'appel, ny de celles des marchandz qui voudront, pour faict de marchandise, decliner la jurisdiction desdits juge et consulz.

Et au cas de contravention, auons permis et permettons ausdits juge et consulz des marchandz, proceder contre les parties condamnez, par mulctes et amendes pecuniaires, applicables, moitié aux pauures de l'ausmone generale de ladite ville, et l'autre moitié pour l'entretenement de la place commune des marchandz, pourueu que lesdites amendes n'excedent la somme de dix livres.

Et pourtant qu'au moyen desdites defenses faites par aucuns de nos juges, plusieurs nos sergens ont refusé et refusent faire les exploictz et adjournemens qui leur sont presentez à faire par lesdiz marchands, les uns contre les autres, pour faict de marchandise, assister aux sieges desdit juge et consulz pour le service de justice, et executer leurs commissions, sentences et mandemens, encor qu'il leur soit exprès enjoint par notredit ecdit : nous, en leuant les defenses, comme faites contre nos vouloir et intention, auons derechef enjoint, et par expres commandons a nosdits sergens, d'assister aux sieges desdits juge et consulz quand requis en seront : en outre, faire tous exploicts et adjournemens qui leur seront, comme dit est, baillez à faire par lesditz marchands, pour les causes que dessus. Et aussy mettre à execution tous mandemens, commissions et jugemens donnez par lesditz juge et consulz, sans aucune remise ou dilation, ne demander placet, visa, *ne pareatis*, à peine de privation de leurs offices.

Et, à cette fin, deffendons à tous nos juges de aucunement empescher lesditz sergens en faisant et executant ce que dessus, à peine de repondre en leurs noms des depens, dommages et interestz des parties, procedant desdits empeschemens.

Si vous mandons, et à chacun de vous en droit soy expressément enjoignons, que nostredit ecdit, si vérifié n'a esté, ensemble les presentes nos lettres de déclaration, vous fassiez lire, publier et enregis-

17

trer, sans aucune restriction, modification, ne difficulté y faire, afin que lesditz marchands ne soient contraints de recourir à nous pour cet effect.

Mandons à nos procureurs generaux esdites cours, et leurs substituts esdits sieges, en requerir la verification, et icelluy eedit, et tout le contenu és presentes faire entretenir, garder et observer de poinct en poinct, selon leur ferme et teneur, sans troubler ne empescher lesditz juge et consuls de nostredite ville de Paris, ny lesdits sergens en l'execution du contenu en icelles, sur les peines que dessus, nonobstant quelconques ordonnances, cedictz, mandemens, defenses et lettres à ce contraire.

Et pour ce que de ces presentes l'on pourra avoir affaire en plusieurs et divers lieux, et est besoin que chacun marchand entende le pouvoir par nous attribué ausdicts juge et consulz : nous voulons qu'aux *vidimus* d'icelles deuëment collationnez aux originaux par l'un de nos amez et feaux notaires et secretaires, ou notaires royaux, foy soit adjoustée comme au present original, et icelluy puissent faire imprimer, sans pour ce demander autres lettres de congé et permission pour ce faire; car tel est notre plaisir. Donné à Bourdeaux, le vingt huictieme jour d'auril, l'an de grace mil cinq cens soixante et cinq, et de nostre regne le cinquiesme. Ainsy signé, par le Roy en son conseil, HURAULT, et seellcez du grand seel en cire jaune.

Leues, publiées et enregistrées, ouy sur ce le procureur général du Roy, conformement à ses conclusions, ainsy qu'il est contenu en l'arrest interuenu sur icelles. A Paris, en Parlement, le dix neuviesme jour de juillet mil cinq cens soixante cinq. Ainsi signé : DU TILLET.

III.

20 juillet 1566.

Autres lettres patentes obtenues en l'année 1566, que Messieurs Marcel, Daubray, Garrault, Rochet de la Bruière ont été en charge, portant déclaration et ampliation de l'édit et érection desdits juge et consuls.

CHARLES, par la grâce de Dieu, Roi de France, à tous ceux qui ces présentes lettres verront, salut, savoir faisons que sur les remontrances ci-devant à nous faites en notre Conseil privé par les maîtres et gardes des marchandises et jurés des états et métiers de notre ville de Paris, lesquelles de l'ordonnance de notredit Conseil ont été communiquées à nos amez et féaulx avocats et procureur général en notre cour de Parlement à Paris, à ce que l'avenir, la juridiction et connoissance arbitreez aux juge et consuls des marchands en ladite ville, ne soient mises en controverse et tirées en aucun doute et difficulté, de l'avis des gens de notredit Conseil, et après avoir fait voir en icelui l'avis que nosdits avocats et procureur généraux nous ont envoyé par écrit sur lesdites remontrances à eux envoyées : Avons dit, déclaré et ordonné, disons, déclarons et ordonnons, voulons et nous plaît que lesdits juge et consuls des marchands connoissent, suivant l'édit de leur établissement et lettres de déclaration sur icelui en date des 7 mars 1563 et 28 avril 1565, desquelles les *vidimus* sont ci-attachés sous le contre-scel de notre chancellerie, de tous differends de marchand à marchand pour fait de marchandise seulement, vendue, troquée ou débitée entre eux en gros et en détail, sans toutefois qu'ils puissent prétendre connoissance de ce qui est ou sera acheté pour l'usage des personnes, encore qu'ils soient marchands, comme pain, vin, viandes, habillements, chaussures et autres telles choses pour servir à l'usage de la personne ; ne connoîtront aussi de ce qui consiste en ouvrages ou artifices manuels, comme maçonnerie, charpenterie, labour de terres, jardins, vignes et autres semblables qui ne sont pour fait de négociations et trafics, et seulement pour l'usage et commodité particulière.

17.

Bien connoîtront de tous différends de marchand à marchand pour argent baillé par prêt l'un à l'autre par cédule, missive ou lettre de change, ou à recouvrer et recevoir l'un pour l'autre dedans et dehors notre Royaume.

Tous marchands de notre royaume, non résidans en ladite ville, qui y feront commerce et auront acheté marchandise, ou leur sera dudit lieu envoyé suivant leurs mandements, ou auront pris délai de livrer ou pour ce payer quelque somme de deniers, seront tenus par vertu des commissions desdits juge et consuls de comparoir par-devant eux y répondre et souffrir condamnation s'ils se trouvent redevables.

Les veuves héritières ou biens tenans d'aucuns marchands, qui se trouveront devoir à quelque marchand de Paris pour les causes que dessus, seront tenues nonobstant qu'elles ne soient marchandes de comparoir en personne par-devant lesdits juge et consuls, ou par un marchand auquel elles passeront procuration pour souffrir condamnation commune réputant qui devait duquel elles posséderont les biens, pourvu que la dette procède de fait de négociation et marchandise, et que ledit défunt fût actuellement marchand.

Déclarons tous payeurs de compagnies et autres nos officiers de quelque état et condition qu'ils soient, faisant actuellement fait de marchandise par eux ou par personne interposée, justiciables desdits juge et consuls, tenus de comparoir en personne s'ils sont appelés pour fait de marchandise qu'ils auroient vendue ou achetée pour revendre et non autrement.

Connoîtront lesdits juge et consuls des marchands des gages, salaires et pensions des commissionnaires, facteurs et serviteurs des marchands pour le fait de trafic seulement.

Et sur la plainte faite des entreprises de juridiction qui se font journellement au préjudice de celles desdits juge et consuls, défendons derechef très-expressément à nos amez et féaux maîtres des requêtes ordinaires de notre hôtel, garde des sceaux en nos chancelleries, et à nos secrétaires d'expédier aucunes lettres de relief d'appel sur les sentences desdits juge et consuls, s'ils n'excèdent la somme de cinq cents livres suivant ledit édit, sur peine de nullité.

Les condamnés par lesdits juge et consuls à payer définitivement ou garnir par provision jusques à la somme de cinq cents livres, seront contraints par toutes voies dues et raisonnables, et par emprisonnement de leurs personnes, nonobstant sans aucunement déférer aux appellations qui pourroient être interjetées. Défendons à notredite cour de Parlement faire aucune défense particulière pour empêcher l'exécution desdites sentences et jugements.

En cas de prétendue incompétence desdits juge et consuls, celui qui l'alléguera sera tenu déclarer la cause d'icelle, et à faute de ce, avons permis et permettons auxdits juge et consuls de passer outre, et si la cause n'est suffisante ou valable, pourront passer outre aux périls et fortunes de la partie, si elle le requiert.

Seront lesdits juge et consuls reçus à communiquer au parquet de nosdits avocats et procureur généraux de nosdites cours, lesquels, toutefois et quantes qu'ils se présenteront, les auront avec les parties pour les régler, et au cas que les parties ne se puissent accorder en ladite communication, enjoignons auxdits avocats et procureur requérir pour eux audience à notredite cour pour défendre sommairement les différends susdits qui s'offriront.

Enjoignons aussi à notredite cour de juger promptement les appellations ci-devant interjetées et relevées, et celles qui seront ci-après interjetées pour prétendue incompétence desdits juge et consuls des marchands, lesquels ne pourront être pris à partie, sinon comme nos juges es cas de l'ordonnance, fraude, dol ou concussion.

Si donnons en mandement à nos amez et feaux les gens tenans nos cours de parlement de Paris, Toulouse, Rouen, Bordeaux, Dijon, Grenoble, Aix et Bretagne, que ces présentes ils fassent lire, publier et enregistrer, entretenir, garder et observer de point en point, jouir et user lesdits juge et consuls du contenu en icelles pleinement et paisiblement, sans leur mettre ni souffrir être fait ou donné aucun empêchement, au contraire contraignant et faisant contraindre à l'observation d'icelles tous ceux qu'il appartiendra par les voies de justice requises et accoutumées, nonobstant oppositions ou appellations quelconques pour lesquelles ne sera différé. Car tel est notre plaisir, nonobstant aussi quelconques édits, ordonnances, restrictions, mandements, us, coutumes, priviléges de Chartres, Normandie et autres défenses et lettres à ce contraire, à quoi en tant que de besoin seroit, avons dérogé et dérogeons par ces présentes, lesquelles voulons être imprimées, à ce que aucun n'en prétende cause d'ignorance, en témoin de quoi nous avons fait mettre notre scel à cesdites présentes.

Donné à Paris, le 20 juillet, l'an de grâce 1566, et de notre règne le sixième. Ainsi signé par le Roi en son Conseil, BOURDIX, et scellé sur double queue de cire jaune du grand seel.

IV.

1610, 2 octobre.

Déclaration du roi Louis XIII sur la juridiction et connoissance des juge et consuls de ce royaume. Vérifiée en Parlement, le 18 juillet 1611.

LOUIS, par la grâce de Dieu, roi de France et de Navarre, à tous ceux qui ces présentes lettres verront, salut. Combien que par l'édit d'établissement des juge et consuls, la juridiction d'iceux a été limitée pour connoître des différends d'entre marchands, et pour fait de marchandises seulement; toutefois lesdits juges connoissent ordinairement de toutes sortes de conventions, ores qu'elles ne soient pour fait de marchandises, de cédules et obligations particulières de prest en deniers, lesquelles ne sont pour fait de marchandise; des gages de serviteurs, salaires de mercenaires, de ventes de bleds et vins par laboureurs et vignerons de ce qui est de leur cru, leur donnant la qualité de marchands, de loyers de maisons, ou héritages, moissons et fermages, et de toutes autres affaires qui leur sont présentées, encore que cela ne soit de leur juridiction et connoissance, et que plusieurs ne soient capables du jugement des affaires qui ne sont de leur vacation, n'ayant la connoissance des ordonnances et coutumes; ce qui cause un grand désordre, auquel nos cours ont voulu apporter remède par plusieurs arrêts, auxquels lesdits consuls n'ont obéi; à quoy désirant pourvoir, Nous, de l'avis de notre Conseil, avons dit et déclaré, voulons, ordonnons et déclarons notre vouloir et intention être, que, suivant notre édit de création et établissement, les juge et consuls connoîtront seulement des différends entre marchands, et pour fait de marchandises seulement; leur faisant expresses inhibitions prendre aucune juridiction et connoissance des procès et différends pour promesses, cédules et obligations en deniers de pur prest, qui ne seront causées pour vente et délivrance de marchandise; de loyers de maisons, fermes, locations,

moissons de grains, vente de bleds, vins et autres denrées faites par
bourgeois, laboureurs et vignerons, étant de leur creu et revenu; salaires ou marchés par maçons, charpentiers, autres ouvriers et mercenaires; ains ordonner aux parties se pourvoir devant leurs juges, ores
qu'ils ne demandent leur renvoi, à peine de nullité des jugements qui
interviendront, dépens, dommages et intérêts; pour lesquels, en cas
de contravention, ils pourront être pris à partie; et à ce que lesdits
juge-consuls n'en puissent prétendre cause d'ignorance, nous voulons
cette présente notre déclaration et ordonnance être lue et publiée par
chacun an au premier jour plaidoyable après l'élection desdits consuls.
Si donnons en mandement à nos amés et féaux conseillers les gens
tenant notredite cour de Parlement à Paris, que ces présentes nos lettres de déclaration ils fassent lire, publier et enregistrer, et le contenu
en icelles faire garder et observer de point en point, selon leur forme
et teneur, sans permettre qu'il y soit contrevenu en aucune sorte que
ce soit, car tel est notre plaisir. Et afin que ce soit chose ferme et stable
à toujours, nous avons fait mettre notre scel à ces patentes. Donné à
Paris, le deuxième jour d'octobre, l'an de grâce mil six cent dix, et de
notre règne le premier. *Signé :* LOUIS, et sur le reply, par le Roi, BRU-
LART, et scellé de cire jaune à double queüe.

V.

4 octobre 1611.

Declaration du Roy, obtenue par les juge et consuls des marchands,
portant la cognoissance et pouuoir de leur juridiction : avec la
commission du Roy pour l'execution d'icelle.

LOUIS, par la grace de Dieu, Roy de France et de Nauarre, à tous
ceux qui ces presentes lettres verront, salut. Par nos lettres de declaration du deuxieme jour d'octobre mil six cens dix, données sur la
juridiction et cognoissance des juge et consulz de cestuy nostre
royaume : nous les auons restreint de cognoistre seulement des differends entre marchands, et pour faict de marchandise : Et fait defenses

de prendre jurisdiction des procès et différends pour promesses, cedulles et obligations en deniers de pur prest, qui ne seroient causées pour vente et délivrance de marchandise, de loyers de maisons, fermes, locations, moissons de grains, ventes de bledz, et autres denrées faites par bourgeois, laboureurs et vignerons, estant de leur creu et revenu; salaires ou marchez, par massons, charpentiers et autres ouvriers mercenaires; ains ordonner aux parties se pourvoir par devant leurs juges, ores qu'ils ne demandent leur renvoy, à peine de nullité des jugements qui interviendroient, depens, dommages et interets, pour lesquelz en cas de contravention ils pourroient etre pris à partie. Sur quoy lesdits juge et consulz, et les corps et communautez des marchands, tant de notre bonne ville de Paris, que des villes de Poitiers, Niort et Orléans, nous ont faict remontrer que nosdites lettres de déclaration etoient contraires à l'eedit de creation et establissement desdits juge et consulz, declarations et arrets, tant de nostre conseil que cour de Parlement, et que d'ailleurs si ladite declaration auoit lieu, elle aneantiroit les jurisdictions desdits juge et consulz, lesquels maintiennent le trafic et commerce entre nostre peuple, qui reçoit les profics et utilitez de ceste briefue et gratuite justice; joint que pour la crainte d'estre pris à partie aucun ne voudroit à l'aduenir accepter lesdites charges : nous suppliant qu'en interpretant nosdites lettres de declaration, il nous pleust ordonner que lesdites jurisdictions consulaires seront exercéez en la forme portée par nos eedits, declarations et arretz précedens. Nous, a ces causes, après avoir faict voir en nostre conseil les eedicts, declarations et arrestz representez par lesditz juge et consulz, de l'avis d'icelluy, avons, en interpretant nosdites lettres de declaration du deuxiesme octobre mil six cens dix, dit, declaré et ordonné, disons, déclarons et ordonnons, que lesditz juge et consulz connoistront des causes et differends entre marchands, suiuant nos eedictz et declarations, même pour argent presté et baillé à recouurer l'un à l'autre par obligations, cedulles, missiues et lettres de change, pour cause de marchandize seulement : Et ne pourront etre pris à partie sinon es cas de nos ordonnances, faisant inhibitions et defenses au prevost de Paris, baillifs, senechaux, et a tous autres nos juges, d'entreprendre sur la jurisdiction desdits juge et consulz, ny cognoistre des causes qui leur sont attribuées par nos ordonnances; faire surseoir ou empescher l'execution de leurs jugemens, ny d'elargir aucuns prisonniers, à peine de nullité des jugemens et procédures : et à tous huissiers et sergens faire aucuns exploicts, et assigner les parties par deuant lesditz juges ordinaires en execution des sentences desditz juge et consulz, sur peine de tous depens dommages et interets, et d'amende arbitraire. Ains, leur enjoignons de faire tous exploitz et assignations, et mettre à execution les commissions, mandemens, sentences desditz juge et consulz, nonobstant les defenses desditz juges ordinaires, sur les memes peines que dessus.

Si donnons en mandement à nos amez et feaux conseillers, les gens tenant notre cour de Parlement à Paris, que ces presentes nos lettres de declaration, ils fassent lire, publier et enregistrer et le contenu garder et obseruer, sans permettre qu'il y soit contreuenu : et pour ce que de cesdites presentes on pourra avoir affaire en plusieurs et diuers lieux, nous voulons qu'aux *vidimus* ou copies d'icelles, collationnées par l'un de nos amez et feaux notaires et secretaires, foy soit adioutée comme a l'original : car tel est nostre plaisir. En tesmoing de quoi nous auons fait mettre nostre seel à ces presentes. Donné à Paris, le quatrieme jour d'octobre, l'an de grace mil six cens onze, et de nostre regne le deuxieme. Ainsi signé sur le reply, par le Roy en son conseil, De Flecelles, et scellées sur double queüe du grand sceau de cire jaune.

Et au dos est écrit :

Registré, ouy le procureur general du Roy, pour jouir par les impetrans du contenu en icelles, selon leur forme et teneur. A Paris, en Parlement, le 16ᵉ janvier 1612. *Signé* : Du Tillet.

VI.

Articles tirés de l'ordonnance du roi Louis XIV du mois d'avril 1667.

TITRE XVI.

CONCERNANT LA FORME DE PROCÉDER PAR-DEVANT LES JUGE ET CONSULS DES MARCHANDS.

ARTICLE Ier.

Ceux qui seront assignés par-devant les juge et consuls des marchands seront tenus de comparoir en personne à la première audience pour être ouïs par leur bouche.

ARTICLE II.

En cas de maladie, absence ou autre légitime empêchement, pourront envoyer un mémoire contenant les moyens de leur demande ou défense, signé de leur main, ou par un de leurs parents, voisins ou amis, ayant de ce charge ou procuration spéciale dont il fera apparoir, et sera la cause vidée sur-le-champ, sans ministère d'avocat ni procureur.

ARTICLE III.

Pourront néanmoins les juge et consuls, s'il est nécessaire de voir les pièces, nommer en préférence des parties, ou de ceux qui seront chargés de leur mémoire, un des anciens consuls ou autre marchand non suspect pour les examiner, et sur son rapport donner sentence, qui sera prononcée en la prochaine audience.

ARTICLE IV.

Pourront, s'ils jugent nécessaire d'entendre la partie non compétente, ordonner qu'elle sera ouïe par sa bouche en l'audience, en lui donnant délai compétent; ou si elle étoit malade, commettre l'un d'entre eux pour prendre l'interrogatoire que le greffier sera tenu rédiger par écrit.

ARTICLE V.

Si l'une des parties ne compare à la première assignation, sera donné défaut ou congé emportant profit.

ARTICLE VI.

Pourront néanmoins les défauts et congés être rabatus en l'audience suivante, pourvu que le défaillant ait sommé par acte celui qui a obtenu le défaut ou congé de comparoir en l'audience, et qu'il ait offert par le même acte de plaider sur-le-champ.

ARTICLE VII.

Si les parties sont contraires en faits, et que la preuve en soit recevable par témoins, délai compétent leur sera donné pour faire comparoir respectivement leurs témoins, qui seront ouïs sommairement en l'audience, après que les parties auront proposé verbalement leurs reproches, ou qu'elles auront été sommées de le faire, pour ensuite être la cause jugée en la même audience, ou au conseil sur la lecture des pièces.

ARTICLE VIII.

Au cas que les témoins de l'une des parties ne comparent, elle demeurera forclose et déchue de les faire ouïr ; si ce n'est que les juge et consuls, eu égard à la qualité de l'affaire, trouvent à propos de donner un nouveau délai d'amener témoins, auquel cas les témoins seront ouïs secrètement en la chambre du conseil.

ARTICLE IX.

Les dépositions des témoins ouïs en l'audience seront rédigées par écrit, et s'ils sont ouïs en la chambre du conseil, seront signées du témoin, sinon sera fait mention de la cause pour laquelle il n'a point signé.

ARTICLE X.

Les juge et consuls seront tenus faire mention dans leur sentence des déclinatoires qui seront proposés.

ARTICLE XI.

Ne sera pris par les juge et consuls aucune épice, salaire, droit de rapport et de conseil, même pour les interrogatoires et audition des témoins ou autrement, en quelque cas ou pour quelque cause que ce soit, à peine de concussion et de restitution quadruple.

VII.

Extrait de l'ordonnance du roi Louis XIV du mois de mars 1673 servant de règlement pour le commerce.

TITRE XII

CONCERNANT LA JURIDICTION DES CONSULS.

Que l'édit d'établissement du siége des juge et consuls de la ville de Paris, et les autres édits et déclarations touchant la juridiction consulaire, sont communs dans les autres villes où ils sont établis.

ARTICLE Ier.

Déclarons communs pour tous les siéges des juge et consuls l'édit de leur établissement dans notre bonne ville de Paris du mois de novembre 1563, et tous autres édits et déclarations, touchant la juridiction consulaire, enregistrés en nos Cours de Parlement.

DE QUELLES MATIÈRES CONNOISSENT LES JUGE ET CONSULS.

ARTICLE II.

Les juge et consuls connoîtront de tous billets de change faits entre négocians et marchands, ou dont ils devront la valeur, et entre toutes personnes pour lettres de change ou remises d'argent faites de place en place.

ARTICLE III.

Leur défendons de connoître des billets de change entre particuliers autres que négocians et marchands, ou dont ils ne devront point la valeur. Voulons que les parties se pourvoient devant les juges ordinaires, ainsi que pour de simples promesses.

Article iv.

Les juge et consuls connoîtront des différends pour ventes faites par des marchands, artisans et gens de métier, afin de revendre ou de travailler de leur profession, comme tailleurs d'habits pour étoffes, passements et autres fournitures; boulangers et pâtissiers pour blé et farine; maçons pour pierres, moellon et plâtre; charpentiers, menuisiers, charrons, tonneliers et tourneurs pour bois; serruriers, maréchaux, taillandiers, armuriers pour fer; plombiers et fontainiers pour plomb et autres semblables.

Article v.

Connoîtront aussi des gages, salaires et pensions des commissionnaires, facteurs ou serviteurs des marchands pour le fait de leur trafic seulement.

Article vi.

Ne pourront les juge et consuls connoître des contestations pour nourritures, entretiens et emmeublements, même entre marchands, si ce n'est qu'ils en fassent profession.

Article vii.

Les juge et consuls connoîtront des différends à cause des assurances, grosses aventures, promesses, obligations et contrats concernant le commerce de la mer, le fret et naulage des vaisseaux.

Article viii.

Connoîtront aussi du commerce fait pendant les foires tenues es lieux de leur établissement, si l'attribution n'en est faite aux juges conservateurs du privilége des foires.

Article ix.

Connoîtront pareillement de l'exemption de nos lettres, lorsqu'elles seront incidentes aux affaires de leur compétence, pourvu qu'il ne s'agisse pas de l'état ou qualité des personnes.

Article x.

Les gens d'Église, gentilshommes et bourgeois, laboureurs, vignerons et autres, pourront faire assigner pour ventes de blé, vins, bestiaux et autres denrées procédant de leur cru, ou par-devant les juges ordinaires ou par-devant les consuls, si les ventes ont été faites à des marchands ou artisans faisant profession de vendre.

ARTICLE XI.

Ne sera établi dans la juridiction consulaire aucun procureur syndic, ni autre officier, s'il n'est ordonné par l'édit de création du siége ou autre édit dûment registré.

ARTICLE XII.

Les procédures de la juridiction consulaire seront faites suivant les formes prescrites par le titre 16 de notre ordonnance du mois d'avril 1667.

ARTICLE XIII.

Les juge et consuls, dans les matières de leur compétence, pourront juger nonobstant tout déclinatoire, appel d'incompétence, prise à partie, renvoi requis et signifié, même en vertu de nos lettres de committimus aux requêtes de notre hôtel ou du Palais, le privilége des universités, des lettres de garde gardienne et toutes autres.

ARTICLE XIV.

Seront tenus néanmoins, si la connoissance ne leur appartient pas, de déférer au déclinatoire, à l'appel d'incompétence, à la prise à partie et au renvoi.

ARTICLE XV.

Déclarons nulles toutes ordonnances, commissions, mandements pour faire assigner, et les assignations données en conséquence par-devant nos juges et ceux des seigneurs en révocation de celles qui auront été données par-devant les juge et consuls; défendons, à peine de nullité, de casser ou surseoir les procédures et poursuites en exécution de leurs sentences, ni faire défense de procéder par-devant eux. Voulons qu'en vertu de notre présente ordonnance, elles soient exécutées, et que les parties qui auront présenté leurs requêtes pour faire casser, révoquer, surseoir ou défendre l'exécution de leur jugement, les procureurs qui les auront signées, et les huissiers et sergents qui les auront signifiées, soient condamnés chacun en cinquante livres d'amende, moitié au profit de la partie et moitié au profit des pauvres, qui ne pourront être remises ni modérées, au payement desquelles la partie, les procureurs et les sergents seront contraints solidairement.

Article XVI.

Les veuves et héritiers des marchands, négociants et autres contre lesquels on pourroit se pourvoir par-devant les juge et consuls, y seront assignés, ou en reprise, ou par nouvelle action; et en cas que la qualité, ou de commun, ou d'héritier pur et simple ou par bénéfice d'inventaire, soit contestée, ou qu'il s'agisse de douaire ou de legs universels ou particuliers, les parties seront renvoyées par-devant les juge et consuls.

Article XVII.

Dans les matières attribuées aux juge et consuls, le créancier pourra faire donner l'assignation à son choix, ou au lieu du domicile du débiteur, ou au lieu auquel la promesse a été faite et la marchandise fournie, ou au lieu auquel le payement doit être fait.

Article XVIII.

Les assignations pour le commerce maritime seront données par-devant les juge et consuls du lieu où le contrat aura été passé. Déclarons nulles celles qui seront données par-devant les juge et consuls du lieu d'où le vaisseau sera parti ou de celui où il aura fait naufrage.

Voulons que notre présent édit soit ponctuellement gardé et observé dans tout notre royaume, terres et pays de notre obéissance, à compter du premier jour du mois de juillet de la présente année, nonobstant toutes ordonnances, lois, coutumes ou statuts, règlements, stiles et usages, différents ou contraires aux dispositions y contenues, qui demeureront abrogées.

VIII.

23 avril 1698.

*Ordonnance de monsieur le lieutenant civil, portant défense d'assi-
gner devant les juge et consuls dans les cas qui y sont exprimés,
à peine de nullité et de cent livres d'amende, au payement de laquelle les huissiers et parties seront contraints solidairement et
par corps.*

Sur ce qui nous a été remontré par le procureur du Roi, que Sa
Majesté ayant réglé quelle pouvoit être l'étendue de la juridiction des
juge et consuls par les articles 2, 4, 5, 7, 8, 10 du titre 12 de l'ordonnance de 1673, suivant lesquels ils doivent connoître des billets de
change entre négociants et marchands, et des lettres de change de
place en place, dont les négociants et marchands devront la valeur,
des différends entre marchands et artisans pour le fait de vente de
marchandise du métier dont ils se mêlent; du commerce de mer, des
assurances et du négoce qui se fait dans le temps des foires; et enfin
qu'ils n'abusent pas de leur pouvoir, Sa Majesté, par les articles 3, 4,
6 et 16 de la même ordonnance, a ordonné que les billets de change
faits entre particuliers et autres que négociants et marchands, dont les
négociants et marchands ne devront point la valeur, seront réputés
simples promesses, pour raison desquels on ne pourra se pourvoir que
par-devant les juges ordinaires, comme pour raison de nourritures,
entretiens et ameublement entre marchands, et les actions intentées
en qualité de commune, d'héritiers, pour legs universels, particuliers et douaire; desquelles matières la connoissance leur est interdite.
Et par l'article 10, Sa Majesté a ordonné que les gens d'église, gentilshommes, bourgeois, vignerons et autres, seront tenus de donner
les assignations par-devant les juges ordinaires, pour raison de la vente
des blés, vins et autres marchandises de leur cru, avec liberté néanmoins d'assigner par-devant les juge et consuls, lors seulement que la

vente est faite à des marchands et artisans qui font profession de revendre.

Les contraventions qui sont ordinaires dans la juridiction consulaire l'ont obligé de faire des réquisitions pour empêcher leurs entreprises, très-préjudiciables à celle du Châtelet, et aux sujets de Sa Majesté, puisque ceux qui prêtent à usure ou qui séduisent les personnes qui ne sont pas en âge, et ceux qui ont une conduite déréglée, les marchands qui leur prêtent ou vendent des marchandises qu'ils rachètent à perte de finance, pour avoir contre eux la contrainte par corps, prohibée par l'ordonnance de 1667, les obligent de faire des billets ou lettres de change; les font tirer de place en place sous des noms imaginaires qu'ils supposent; font de fausses signatures des tireurs, des endosseurs et des accepteurs; et les marchands banqueroutiers pour être favorisés et éviter la punition de mort prononcée par ladite ordonnance pour le crime de banqueroute, s'adressent à leurs confrères qui homologuent facilement les contrats faits avec des créanciers supposés, au préjudice des véritables, dont ils ne peuvent pas être compétents, suivant l'ordonnance, puisqu'il s'agit toujours de la validité des renonciations à la communauté et de la sentence de séparation; de juger l'hypothèque et le privilége des femmes et des enfants, tant pour la dot que pour le douaire; de l'hypothèque, privilége et préférence entre les créanciers sur les immeubles; de prouver la fraude et supposition des créanciers, dont le contrat est frauduleusement composé, afin qu'il paraisse que les créances des contractants excèdent les trois quarts. Mais, ce qui est de plus surprenant, est que les juge et consuls, dont la juridiction a été distraite de celle des juges ordinaires, se sont oubliés jusqu'au point que, supposant des plaintes de marchands sans les nommer, ils ont d'office donné une prétendue ordonnance, le 17 mars 1698, laquelle est nulle, 1° lesdits juges n'ayant aucun territoire ni pouvoir de donner, faire imprimer et afficher des ordonnances au nom de Sa Majesté; 2° ils supposent qu'ils sont juges de l'exécution de leurs sentences, ce qui est contraire à la vérité et à l'usage, puisque les saisies réelles, les propriétés d'hypothèques, les préférences sur les saisies entre les créanciers, les ouvertures de portes, le choix ou refus des gardiens, les permissions d'emprisonner fêtes et dimanches, appartiennent au juge ordinaire; d'autant plus que leurs sentences ne peuvent s'exécuter qu'en vertu du sceau du Châtelet. Requérant lui être sur ce pourvu :

18

Nous, ayant égard au réquisitoire du procureur du Roi, ordonnons que pour faire annuler ladite ordonnance, rendue incompétemment, et par gens sans pouvoir, et pour faire défendre aux juge et consuls d'en faire publier et afficher au nom du Roi, qu'il se pourvoira au Parlement; et cependant que l'ordonnance de Sa Majesté du mois de mars 1673 et les arrêts du Parlement seront exécutés; ce faisant, que les assignations seront données par-devant les juge et consuls, lorsque les billets ou lettres de change seront faits par des particuliers autres que des marchands et négociants, ou qu'ils n'en devront pas la valeur, ni pour les différends à cause des ventes faites par des marchands ou artisans, lorsque ce ne sera pas pour le fait de marchandises dont ils se mêlent, ni pour les nourritures, entretiens et ameublements des marchands lorsqu'ils n'en feront pas profession; leur faisons défense d'assigner les veuves et héritiers des marchands pour raison desdites qualités, et celle de commune, pour les douaires, legs universels ou particuliers, homologation de contrats, les préférences, priviléges et hypothèques entre les créanciers sur les meubles et immeubles et autres actions qui naissent de contrats et actes passés sous le sceau du Châtelet, qui est attributif de juridiction par tout le royaume, suivant le privilége accordé par Sa Majesté et ses prédécesseurs, à l'exception de ceux concernant le commerce de mer, le fret et naulage des vaisseaux, suivant l'article 7 dudit édit, à peine de nullité de la procédure, et de cent livres d'amende que nous avons déclarée encourue pour chaque contravention, au payement de laquelle les sergents et parties seront contraints solidairement et par corps en vertu des présentes, qui seront exécutées nonobstant oppositions ou appellations quelconques, lues, publiées et affichées aux lieux et endroits accoutumés, où besoin sera, et signifiées à qui il appartiendra.

Ce fut fait et donné par messire Jean le Camus, chevalier, conseiller du Roi en tous ses conseils, maître des requêtes ordinaires de son hôtel, lieutenant civil de la ville, prévôté et vicomté de Paris, le mercredi 23 avril 1698.

LE CAMUS,   ROBERT,

GAUDION, *greffier.*

IX.

7 août 1698.

Arrêt de la cour de Parlement servant de règlement pour les officiers du Châtelet et des autres juridictions et les juge et consuls.

Ce jour les gens du Roi sont entrés, et maître Henry-François Daguesseau, avocat dudit seigneur Roi, portant la parole, ont dit : Que les obligations de leur ministère ne leur permettoient pas de demeurer plus longtemps dans le silence sur les contestations trop publiques, que l'intérêt de la juridiction a fait naître depuis quelque temps entre les officiers du Châtelet et les juge et consuls.

Que quelque soin que l'ordonnance de 1673 ait pris de marquer des bornes justes et certaines entre la juridiction des juges ordinaires et celle des juge et consuls, il faut avouer néanmoins que l'affectation des plaideurs a excité depuis longtemps une infinité de conflits dans lesquels on s'est efforcé de confondre ce que l'ordonnance et les arrêts de règlement de la cour avaient si sagement et si exactement distingué.

Que jusqu'à présent ces conflits se passoient entre les parties, les juges ne paroissoient point y prendre aucune part, et quelques inconvénients particuliers ne sembloient pas demander un remède général. Mais qu'aujourd'hui les choses ne sont plus en cet état. On a vu afficher dans Paris, d'un côté, une ordonnance des juge et consuls, de l'autre, une ordonnance du prévôt de Paris, pour soutenir les intérêts opposés de leur juridiction. Les parties menacées de condamnations d'amende, incertaines sur le choix du tribunal où elles doivent porter leurs contestations, attendent avec impatience que la Cour, supérieure en lumière comme en autorité, leur donne des juges certains et rende l'accès des tribunaux inférieurs aussi facile et aussi sûr qu'il paroit à présent et difficile et douteux.

Que s'il s'agissoit de prononcer définitivement sur l'appel de ces prétendus règlements, il ne seroit peut-être que trop aisé de faire voir que l'un et l'autre renferment des nullités essentielles et des défauts presque également importants.

18.

Que d'un côté, quelque favorable que soit la juridiction consulaire, elle ne peut pourtant s'attribuer l'autorité de faire des règlements. On n'y trouve ni un office et un ministère public qui puisse les requérir, ni des juges revêtus d'un caractère assez élevé pour pouvoir les ordonner, ni un territoire dans lequel ils puissent les faire exécuter.

Que d'ailleurs l'ordonnance que les juge et consuls ont fait publier n'est qu'une simple et inutile répétition de l'ordonnance de 1673, qui n'en contient que les termes sans en avoir l'autorité.

Que d'un autre côté, le règlement contraire, qui a été affiché en vertu d'une ordonnance du prévôt de Paris, paraît d'abord plus favorable, non-seulement par les prérogatives éminentes qui distinguent sa juridiction de celle des juge et consuls, mais encore parce que les officiers du Châtelet trouvent leur excuse dans la conduite des juges qu'ils regardent comme leurs parties ; ils n'ont point à se reprocher comme eux d'avoir fait éclater les premiers une division et un combat de sentiments, souvent contraire à l'honneur des juges et toujours au bien public. Ils n'ont fait que défendre leur compétence et soutenir leur juridiction attaquée par l'ordonnance des juge et consuls.

Mais si la forme extérieure de cette dernière ordonnance paraît plus régulière que celle de la première, on est forcé néanmoins de reconnoître dans la substance même et dans la disposition de ce règlement des défauts importants qui ne permettent pas que l'on en tolère l'exécution.

Qu'on y trouve d'abord cet exposé injurieux aux juge et consuls, (que les marchands banqueroutiers, pour être favorisés et éviter la peine de mort prononcée par les ordonnances pour le crime de banqueroute, s'adressent à leurs confrères, qui homologuent très-facilement les contrats faits avec des créanciers supposés), comme s'il étoit permis à des juges dans une ordonnance publique d'accuser d'autres juges de connivence, et presque de collusion avec les criminels pour étouffer la connoissance d'un crime et le dérober à la vengeance publique.

Qu'on suppose ensuite dans cette ordonnance que les juge et consuls n'ont point de sceau, et qu'ils doivent emprunter celui du Châtelet, quoiqu'ils soient dans une possession immémoriale d'avoir un sceau particulier, et que même dans ces derniers temps, le Roi ait érigé en titre d'office un garde-scel de la juridiction consulaire.

Qu'on y insinue que le sceau du Châtelet peut lui attribuer juridiction, même en matière consulaire; que l'homologation des contrats passés entre un débiteur et ses créanciers appartient indistinctement, et dans tous les cas, au prévôt de Paris; qu'il a droit de connaître de toutes les lettres de change entre toutes sortes de personnes, si ce n'est entre négociants. Et l'on y avance plusieurs autres propositions, dont les unes paroissent directement contraires à la disposition des ordonnances, et les autres ne peuvent être admises qu'avec distinction.

Mais ce qui leur paroît encore plus important, c'est que l'on s'éloigne dans ce règlement de l'esprit et de la sage disposition de l'ordonnance de 1673. Cette loi a supposé que les sergents et les autres ministres inférieurs de la justice étant tous dans la dépendance des juges ordinaires, il étoit inutile de leur faire des défenses rigoureuses de porter par-devant les consuls les causes dont la connoissance appartient à la justice ordinaire. On a cru, au contraire, que, toujours attentifs à soutenir la juridiction de leurs supérieurs, ils seraient plus capables de priver les consuls de ce qui leur appartient que de leur déférer ce qui ne leur appartient pas. C'est pour cela que si l'ordonnance prononce des condamnations d'amende, et contre les parties et contre les officiers qui leur auront prêté leur ministère, c'est uniquement contre ceux qui auront voulu dépouiller les consuls d'une partie de leur juridiction. Cependant, contre l'intention et les termes de l'ordonnance, le nouveau règlement du Châtelet impose des peines sévères à ceux qui portent dans le tribunal des juge et consuls des causes qui sont de la juridiction ordinaire. La crainte de ces peines réduit souvent les parties dans l'impossibilité de trouver des sergents qui veuillent se charger de leurs assignations, et le moindre inconvénient auquel cette nouveauté puisse donner lieu est le retardement de l'expédition qui, dans ces sortes de matières, encore plus que dans les autres, fait une partie si considérable de la justice.

Qu'au milieu de tant de moyens par lesquels on pourroit combattre ces deux ordonnances contraires, ils voient avec plaisir que les officiers de l'une et l'autre juridiction n'en ont point interjeté d'appellations respectives; ils ont conservé le caractère de juges et n'ont point voulu prendre celui de parties; et sans quitter les fonctions importantes qu'ils remplissent avec l'approbation du public pour venir dans ce tribunal défendre les droits de leurs sièges, ils se sont contentés de remettre leurs mémoires entre leurs mains, pour attendre ensuite, avec tout le public, le règlement qu'il plaira à la Cour de prononcer.

Qu'ils oseront prendre la liberté de lui dire, que le meilleur de tous les règlements sera le plus simple, c'est-à-dire celui qui, en défendant également l'exécution des deux nouvelles ordonnances que leur contrariété rend également inutiles et illusoires, remettra les choses dans le même état où elles étoient avant ces prétendus règlements, et ordonnera purement et simplement l'observation de la loi commune de l'une et l'autre juridiction, c'est-à-dire l'ordonnance de 1673.

Mais que pour le faire d'une manière plus précise, qui prévienne et qui termine dans le principe toutes les contestations générales ou particulières qui pourroient naître à l'avenir; ils croient devoir observer ici que les plaintes des juge et consuls contre les entreprises des officiers du Châtelet se réduisent à deux chefs principaux :

Le premier regarde les révocations des assignations données par-devant les juge et consuls;

Le second concerne l'élargissement des prisonniers arrêtés en vertu de jugements rendus en la juridiction consulaire.

L'ordonnance de 1673 sembloit avoir suffisamment pourvu à l'un et à l'autre de ces chefs, en défendant à tous juges ordinaires de révoquer les assignations données par-davent les consuls et de suspendre ou d'empêcher l'exécution de leurs ordonnances.

Qu'on a éludé la première partie de cette disposition par la facilité que l'on a trouvée au Châtelet de révoquer les assignations données par-devant les juge et consuls, non pas à la vérité sous le nom des parties (ce seroit une contravention grossière à l'ordonnance), mais sous le nom de la partie publique et à la réquisition des gens du Roi : Et comme ces sortes de réquisitions ne se refusent jamais, la sage disposition de l'ordonnance est devenue inutile, et les conflits se sont multipliés par l'assurance de l'impunité.

Qu'à l'égard de l'autre partie de l'ordonnance, il paroît qu'elle n'a pas toujours été régulièrement observée au Châtelet, et que l'on y a quelquefois surpris des sentences portant permission d'élargir les prisonniers arrêtés pour des condamnations prononcées par les consuls.

Que pour opposer un remède aussi prompt qu'efficace à ces deux inconvénients, ils ne proposeront à la cour que ce qu'ils trouvent écrit dans quelques-uns de ses arrêts de règlement, et entre autres dans des arrêts rendus en 1611, 1615, 1648, 1650 pour les consuls de Paris, et dans un arrêt de 1665 donné en faveur des consuls d'Orléans.

Qu'il a été défendu par ces arrêts, tant aux parties qu'aux substituts de M. le procureur général, de faire révoquer, casser et annuler les assignations données par-devant les juge et consuls, et de requérir aucune condamnation d'amende contre ceux qui se seroient pourvus en ce tribunal. Que les mêmes règlements défendent à tous juges de surseoir, arrêter ou empêcher l'exécution des sentences rendues par les juge et consuls, sauf aux parties à avoir recours à l'autorité de la cour pour leur être pourvu.

Qu'ainsi la raison et l'autorité, le bien public et particulier, l'intérêt des juges et celui des parties, tout concourt à les déterminer à demander à la cour qu'il lui plaise de suivre ses propres exemples (ils ne peuvent lui en proposer de plus grands); de prévenir par des défenses respectives les inconvénients dans lesquels deux règlements contraires peuvent jeter les parties; d'ordonner ensuite l'exécution pure et simple de l'ordonnance; de condamner les voies indirectes par lesquelles l'artifice des parties a trouvé depuis quelque temps les moyens de l'éluder, et de faire en sorte que l'attention des juges qui sont soumis à l'autorité de la cour, n'étant plus partagée par des conflits de juridiction si peu dignes de les occuper, se réunisse désormais et se consacre tout entière au service du public dans la portion de juridiction que la bonté du Roi veut bien leur confier.

C'est par toutes ces raisons qu'ils requièrent qu'il plaise à la Cour recevoir M. le procureur général appelant desdites sentences en forme de règlement, rendues, l'une par les juge et consuls le 17 mars 1698, l'autre par le prévôt de Paris ou son lieutenant le 28 avril suivant; faire défense de les exécuter jusqu'à ce que par la Cour en ait été autrement ordonné. Cependant, que les édits, déclarations et arrêts de règlement concernant la juridiction consulaire, notamment l'article 15 du titre 2 de l'ordonnance de 1673, seront exécutés selon leur forme et teneur; ce faisant, faire défense au prévôt de Paris et à tous autres juges de révoquer (même sur la réquisition du substitut de M. le procureur général) les assignations données par-devant les juge et consuls; de casser et annuler les sentences par eux rendues; de prononcer aucunes condamnations d'amende, pour distraction de juridiction, contre les parties qui auront fait donner ou contre les sergents qui auront donné des assignations par-devant les juge et consuls, sauf aux parties à se pourvoir en la cour pour leur être fait droit, et au substitut de M. le procureur général à intervenir si bon lui semble, même à interjeter appel en cas de collusion ou de négligence des par-

ties pour l'intérêt de la juridiction du prévôt de Paris; faire pareilles
inhibitions et défenses au prévôt de Paris et à tous autres juges de surseoir, arrêter ou empêcher en quelque manière que ce puisse être
l'exécution des sentences émanées de la juridiction consulaire, et de
faire élargir les prisonniers arrêtés ou recommandés en vertu des sentences des consuls. Comme aussi faire défense aux juge et consuls d'entreprendre de connoître des matières qui sont de la compétence des
juges ordinaires. Enjoint à eux de déférer au renvoi requis par les
parties dans les cas qui ne sont point de leur compétence suivant l'ordonnance, et que l'arrêt qui interviendra sur leurs conclusions sera lu
et publié, tant à l'audience du Châtelet qu'à celle des juge et consuls,
et affiché partout où besoin sera.

Les gens du Roi retirés, vu lesdites sentences en forme de règlement desdits jours 17 mars et 23 avril derniers, la matière en délibération.

La Cour a reçu le procureur général du Roi appelant desdites sentences en forme de règlement; lui permet de faire intimer qui bon lui
semblera pour procéder sur ledit appel sur lequel il sera fait droit,
ainsi que de raison. Cependant fait défenses respectives de les exécuter.
Ordonne que les édits et déclarations du Roi, et les arrêts et règlements de la cour concernant la juridiction consulaire, nommément
l'article 15 du titre 12 de l'ordonnance de 1673, seront exécutés selon
leur forme et teneur; et en conséquence, fait défense au prévôt de
Paris et à tous autres juges de révoquer (même sur la réquisition des
substituts du procureur général), les assignations données par-devant
les juge et consuls, de casser et annuler leurs sentences, d'en surseoir,
arrêter ou empêcher en quelque manière que ce soit l'exécution,
de faire élargir les prisonniers, arrêter ou recommander en vertu de
leurs jugements, et de prononcer aucune condamnation d'amende
pour distraction de juridiction, tant contre les parties que contre les
huissiers, sergents et tous autres qui auront donné ou fait donner des
assignations par-devant lesdits juge et consuls, sans préjudice aux parties de se pourvoir en la Cour par appel, pour leur être fait droit sur
le renvoi par elles requis, et au substitut du procureur général du Roi
d'y intervenir, ou même d'interjeter appel de son chef pour la conservation de la juridiction, ainsi qu'il verra bon être.

Comme aussi fait inhibitions et défenses aux juge et consuls de connoître des matières qui ne sont pas de leur compétence; leur enjoint

dans ce cas de déférer aux renvois dont ils seront requis par les parties. Ordonne que le présent arrêt sera lu et publié à l'audience du Parc civil du Châtelet et à celle des juge et consuls de cette ville de Paris, et affiché partout où besoin sera.

Fait en Parlement, le 7 août 1698.

Le présent arrêt a été lu et publié, l'audience tenant du matin, en la juridiction consulaire de Paris, par moi, principal commis à l'exercice du greffe de ladite juridiction. Cejourd'hui 20 août 1698. *Signé :* VERRIER.

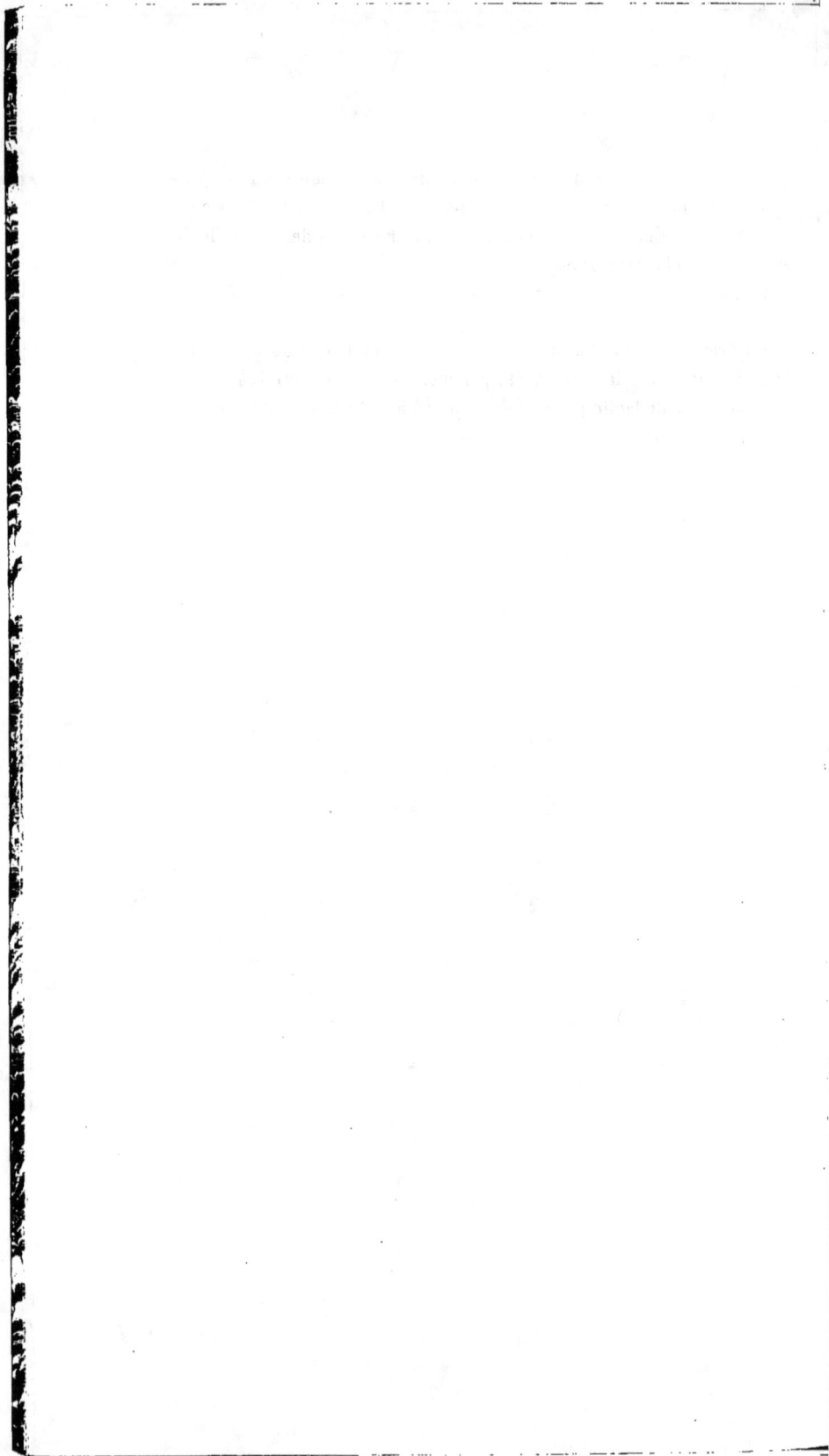

RECUEIL

DE

LA JURIDICTION CONSULAIRE

· CONTENANT

L'ORDRE ET LES CÉRÉMONIES
PRATIQUÉES EN L'ÉLECTION DES JUGES ET CONSULS DE PARIS
DEPUIS L'ÉDIT DE LEUR ÉRECTION JUSQU'A PRÉSENT (1759)

AVEC LE CATALOGUE DES NOMS DE CEUX
QUI ONT POSSÉDÉ LES CHARGES DE JUGES ET CONSULS

Extrait du Recueil imprimé par l'ordre de la Compagnie chez DENIS THIERRY,
à Paris, rue de la Harpe.

1705.

AVEC PRIVILÉGE DU ROI.

Nota. Le précédent Recueil, imprimé à Paris chez Robert Ballard, seul imprimeur
du Roy pour la musique, rue Saint-Jean de Beauvais, au Mont Parnasse, ne contient
le Catalogue des noms que jusqu'à l'année 1691. Il porte également une date antérieure
à celle de certains documents qui s'y trouvent réunis — 1668.

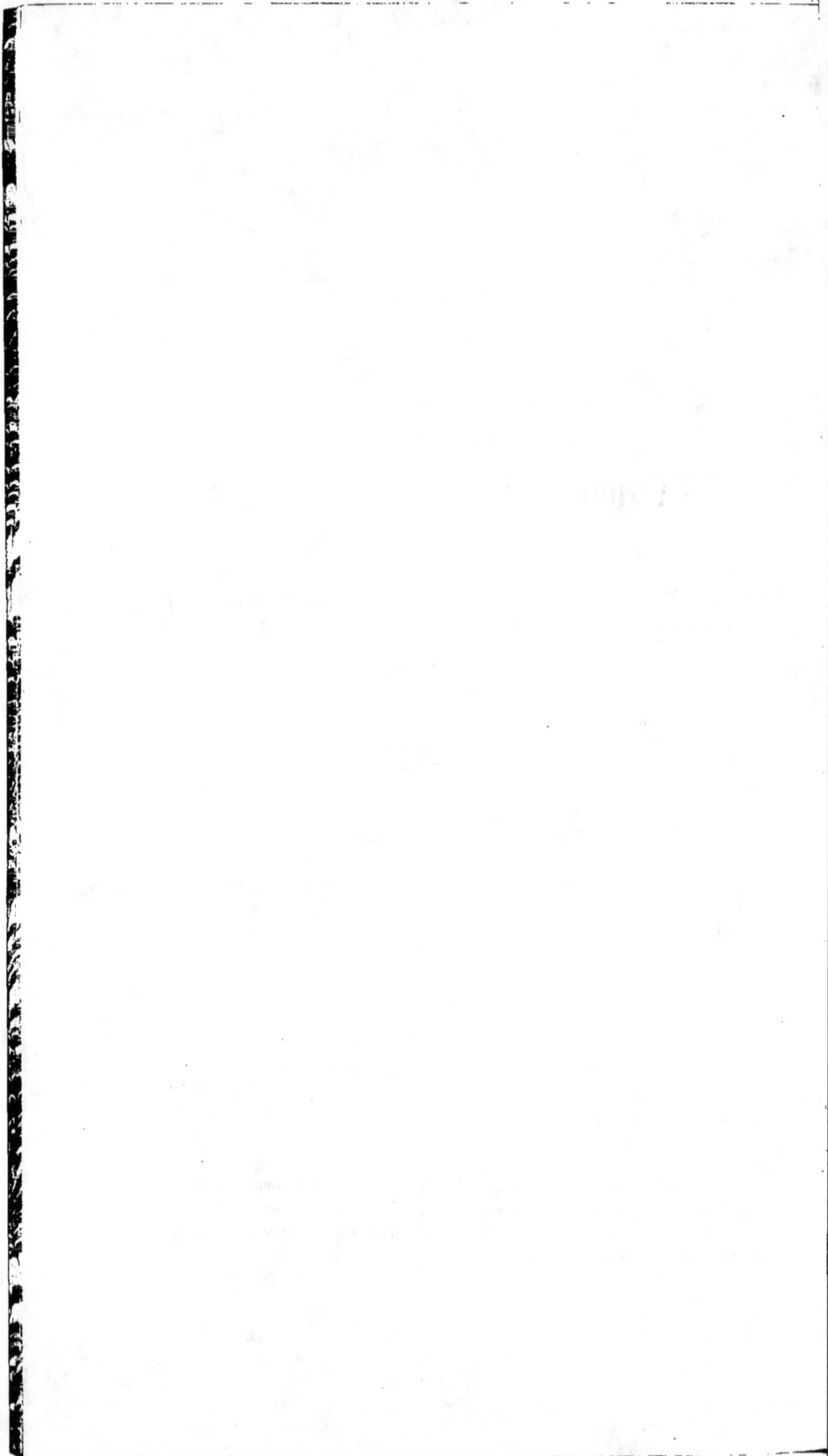

RECUEIL

DE

LA JURIDICTION CONSULAIRE

X.

1564.

Ordre et ceremonie observée pour l'eslection d'un juge et quatre consuls des marchands à Paris, ensuite de l'eedit de leur erection, et ainsi qu'il se pratique.

Le prevost des marchands et escheuins de la ville de Paris, ensuite de l'eedit du Roy Charles neufiesme, du mois de nouembre 1563, portant erection et establissement d'un juge et quatre consulz des marchandz en la ville de Paris, conuoquerent et assemblerent en l'hostel d'icelle, conformement et suiuant le pouvoir à eux donné par ledit eedit, au vingt-septieme janvier mil cinq cens soixante-quatre, le nombre de cent notables marchandz et bourgeois de Paris, auxquelz ils firent faire et prester le serment d'élire en leur conscience, cinq notables bourgeois et marchandz, dont l'un pour juge et quatre pour consulz, pour une année seulement, et autres quatre desditz cent marchandz pour être scrutateurs de ladite election, qui lors auroit été faite à la pluralité des voix, après laquelle eslection, les personnes esluës pour lesdites charges, furent par lesdits echeuins présentées à la cour de Parlement, ou elles préterent le serment, s'estant ladite cour, par la verification dudit eedit, reseruëe et à elle seulle ce pouvoir.

Mais a present la forme de ladite eslection est autre, et on y procede en l'ordre qui suit.

Trois jours auparavant ladite eslection, qui se faict la veille de la feste de la Chandeleur, ou un jour auparauant, en cas que ladite veille soit jour d'audience, les juge et consulz en charge font delivrer par leur greffier ou huissiers audienciers une commission, pour signifier à tous les anciens juges et consulz, aux maistres et gardes des corps des marchandz de cette ville, et à nombre des marchandz de vin, poisson de mer, grauelle, bois, laines, libraires et teincturiers, qu'ils ayent à se trouuer la veille de ladite eslection en leur salle judiciaire, pour assister et accompagner au seruice solennel qui se dit et celebre en l'eglise de Saint-Mederic, pour le repos des ames des defunctz juges et consulz, et pareillement le lendemain, jour de ladicte eslection, au mesme ordre, à la messe du Sainct-Esprit qui se celebre en ladite église, allans et reuenans, de laquelle eglise, lesdicts juge et consulz et leur Compagnie sont assistez de leurs quatre huissiers, et de leur greffier, marchant deuant eux en ces ceremonies.

Et au jour de l'eslection, au retour de ladite messe du Sainct-Esprit, lesdits juge et consulz entrent au siege auec leur greffier et son commis, et ayant ledit greffier faict lecture de ladite commission, appelle à haute voix, par noms et surnoms, lesditz anciens juges et consulz, maistres et gardes et autres personnes mandez, et recueille d'eux auec sondit commis, dans leurs tocques, les billetz baillez auxditz assistans où leurs noms et surnoms sont escriptz, apres quoy le juge en charge ayant pris leur serment, de proceder à ladite eslection avec sincerité, de nommer, choisir et eslire pour l'exercice desdites charges, personnes de probité, capables et bien viuantes, tous lesditz billetz sont ballotez et brouillez dans les toques dudit greffier et son commis, et remis en celle dudit greffier, de laquelle ledit sieur juge en tire trente qu'il met en la tocque dudit commis et jette le surplus à terre; et sont les trente tirez les électeurs auec lesditz sieurs juge et consulz en charge : desquels trente billetz en sont tirez deux, scauoir un, par ledit sieur juge, et l'autre par le premier consul, lesquelz deux tirez sont scrutateurs de ladite eslection, et se mettent auec ledit greffier et son commis sur le siege ou d'ordinaire ils escrivent, et donnent premierement lesdits sieurs juge et consulz en charge et lesdits deux scrutateurs leurs voix; puis le premier scrutateur appelle les vingt-huict eslecteurs restans sur lesdits billetz, lesquels les vns apres les autres donnent leur voix, qui sont recueillies et escriptes par lesdits greffier et commis, et comptez le tout en presence desditz scrutateurs : et demeurent les eleuz pour premiers et derniers, selon le plus ou moins de voix qu'ils ont.

S'il arriue que deux desditz nommez et esleus ayent pareil nombre de voix, leurs deux noms sont mis en deux billetz de papier de pareille grandeur, qui sont meslez et ballotez dans la tocque dudit greffier, et le premier qui est tiré par le juge, precede de la primauté celui demeuré en ladite tocque.

Nul n'est admis à la charge de juge qui n'ayt premierement exercé celle de consul.

Ladite eslection etant faicte, lesdits juge et consulz en charge vont aduertir ceux qui ont été eslus, accompagnez de leur greffier et de leurs huissiers; puis visiter Nosseigneurs le premier president, procureur général et aduocatz generaux, pour leur donner advis de ladite eslection, et prendre l'heure pour se rendre à la Cour de Parlement; et le jour d'audience consulaire suiuant ladite eslection, lesditz noueaux élus sont presentez à la cour pour prester le serment par Monseigneur le procureur général, ou l'un desdits sieurs aduocats généraux, les juge et consulz sortans de charge presens; après laquelle prestation de serment, lesditz nouueaux et sortans de charge reuiennent de compagnie en la maison consulaire, ou, aprés avoir entendu la messe, sont lesditz nouueaux eslus instalez au siege par lesditz sortans qui y demeurent pour les assister pendant la matinée entiere.

La sepmaine suiuante de l'installation desditz esluz, ils font deliurer par leur greffier et signifier par leurs huissiers audienciers, aux maistres et gardes des corps et communautez des marchandz de cette ville, commissions à eux adressantes, à ce qu'ilz ayent à eslire et choisir certain nombre de marchandz de leurs corps et communautez pour assister lesditz juges et consulz (à tour et par sepmaine) de conseil, es jours d'audiences et extraordinaires qu'ilz seront mandez, à peine de l'amende contre les defaillans.

XI.

*Rôle des noms et surnoms de tous les marchands et bourgeois de
Paris, qui ont été élus juges et consuls des marchands en ladite
ville depuis l'édit de création de cette juridiction jusques en l'année 1704 [1], que ce recueil, concernant la juridiction consulaire, a
été réimprimé par les ordres et les soins de Sires Pierre Presty,
juge et ancien échevin de la ville de Paris; Claude Guillebon,
ancien échevin de ladite ville; Pierre Langlois, François Régnault,
aussi ancien échevin de ladite ville; et Jean le Roux, consuls.*

EXTRAIT DES REGISTRES DE LA JURIDICTION
DES JUGE ET CONSULS.

Premièrement, suivant ledit édit, messieurs les Prévôt des marchands et échevins de ladite ville firent assemblée le vingt-septième
jour de janvier, l'an 1563 [2], de cent notables marchands et bourgeois,
en l'hôtel de ville, auxquels ils firent faire le serment d'élire en leur
conscience cinq notables marchands d'icelle, pour exercer ledit fait et
charges, pour une année seulement, dont l'un pour juge, et les quatre
autres pour consuls des marchands, et quatre d'entre eux pour scrutateurs en ladite élection.

Ce qu'ils auroient fait, et auroit été trouvé à la pluralité des voix,
que les Sires Henry Ladvocat, François Garrault, Jean Daubray et
Claude Hervy, seraient demeurés scrutateurs pour ladite élection.

A l'instant, par lesdits cent marchands pour ce appelés, il fut fait
par chacun un billet, où écrivirent les noms de cinq marchands, dont
l'un pour juge, et quatre pour consuls, qu'ils mirent dans un chapeau;
et après que chacun d'eux eut porté son billet dans le chapeau, lesdits
scrutateurs le prirent et le portèrent au bureau de la ville, pour en
tirer et faire le scrutin; ce qu'ayant fait, ils le rapportèrent en pleine
assemblée pour y être lu publiquement.

Il fut trouvé, à la pluralité des voix, être demeuré pour un juge des
marchands :

Sire JEAN AUBRY, le jeune, ci-devant échevin, marchand, demeurant
rue Neuve-Saint-Médéric.

---

[1] Par suite de réimpressions sans doute, le rôle se continue néanmoins jusqu'à
l'année 1759.

[2] 1564. L'année ne commençait alors qu'à Pâques.

POUR PREMIER CONSUL.

Sire Nicolas Bourgeois, l'aîné, marchand pelletier, bourgeois de Paris, demeurant près les Carneaux.

DEUXIÈME CONSUL.

Sire Henry Ladvocat, ci-devant échevin, marchand mercier, demeurant rue Saint-Denis.

TROISIÈME CONSUL.

Sire Pierre de la Court, l'aîné, marchand de vins et poisson de mer, demeurant ès Halles.

QUATRIÈME CONSUL.

Sire Claude Hervy, marchand mercier, demeurant rue Saint-Denis.

Et le premier jour de février 1564, lesdits sieurs Aubry, Bourgeois, Ladvocat, de la Court et Hervy, furent conduits en la cour de Parlement par les sieurs Claude Marcel et Claude le Prêtre, échevins, où ils furent présentés pour prêter le serment de bien et dûëment exercer lesdits faits et charges, aux clauses et conditions de l'édit; séant lors au siége messire Christophe de Thou, chevalier et premier président; et en présence de monsieur le duc de Montmorency, maréchal de France, gouverneur et lieutenant général pour le Roi en ladite ville de Paris.

Après quoi les juge et consuls, accompagnés desdits sieurs Marcel et le Prêtre, furent en l'hôtel de ville, et prièrent le prévôt des marchands et échevins de vouloir faire assemblée audit hôtel de ville de cinquante marchands, pour aviser par eux quelle somme on lèverait sur la communauté de tous les marchands, pour faire l'achat et bâtiment de la place, comme aussi pour nommer dix d'entre eux pour faire le département et taxe de la somme qui serait accordée, suivant ce qui leur était mandé et ordonné par l'édit du Roi de leur érection : ce qui leur aurait été accordé.

Et, le même jour de relevée, se seraient les juge et consuls transportés à l'hôtel de ville, par-devant les Prévôt des marchands et échevins, lesquels ils auraient priés et requis de procéder à l'exécution de leur réquisitoire, les cinquante marchands par eux mandés étant pour lors présents : et par les Prévôt des marchands et échevins aurait été procédé en la forme et manière qui suit :

19

Premièrement, ils auraient fait prêter le serment aux cinquante marchands de déclarer et dire par leur avis quelle somme de deniers il se lèverait sur tous les marchands, pour subvenir à l'achat et bâtiment de la place commune, sans grandement les fouler ; et après qu'ils eurent sur ce, chacun en particulier, donné leur avis, il fut trouvé à la pluralité des voix qu'il serait levé jusques à la somme de vingt mille livres tournois.

Ce fait, et à l'instant le Prévôt des marchands leur aurait fait derechef prêter serment qu'en leur conscience ils nommeraient dix notables bourgeois marchands de ladite ville, bien renommés, pour procéder au département et taxes sur chacun marchand en particulier, selon leur capacité, pour lever et recouvrer sur eux ladite somme de vingt mille livres dont on convenait. Pour ce faire, qu'ils écriraient chacun sur un petit papier le nom et surnom de dix marchands qu'ils entendaient élire pour faire ledit département et charges ; lequel billet ils porteraient en un chapeau ; qu'ils nommeraient aussi à haute voix quatre d'entre eux pour scrutateurs de leurs billets. Ce qui aurait été fait, et seraient demeurés pour scrutateurs les sires Jean Daubray, François Garrault, Louis de Creil et Claude Regnault, qui auraient semblablement prêté le serment de faire rapport de la vérité des personnes qui auraient voix pour faire la taxe de ladite somme de vingt mille livres. Ce fait, auraient pris un chapeau dans lequel étaient lesdits billets, qu'ils auraient portés au petit bureau dudit hôtel de ville, pour après avoir par eux tiré et fait le scrutin, le rapporter au Prévôt des marchands et échevins, qui en auraient fait faire lecture à haute voix à toute la Compagnie ; et se seraient trouvés être demeurés pour faire et procéder à la taxe et département de ladite somme de vingt mille livres tournois, les Sires Claude Choart, Louis de Creil, François Garrault, Nicolas Prevost, Claude de Paris l'aîné, Étienne de la Dehors, Claude Thuault l'aîné, Jean Daubray, Michel Paffart et Richard Toustin, auxquels le Prévôt des marchands aurait fait prêter serment, qu'en leur conscience ils procéderaient au fait, taxe et département de ladite somme de vingt mille livres tournois ; ce qu'ils auraient promis et juré d'exécuter.

Et le lundi, septième jour dudit mois de février 1564, lesdits sieurs Aubry, Bourgeois, Ladvocat, de la Court et Hervy, juge et consuls des marchands, se seraient mis au siège, en la salle ou logis abbatial de l'abbaye de Saint-Magloire, rue Saint-Denis, où ils auraient commencé à rendre justice au peuple, comme il leur était enjoint par l'édit de leur érection.

1565.

Pour l'élection d'un juge et quatre consuls des marchands, y aurait été procédé par lesdits sieurs Aubry, Bourgeois, Ladvocat, de la Court et Hervy, juge et consuls des marchands, en la forme et manière qui suit :

Premièrement, le trentième jour de janvier 1565 aurait été fait commandement, suivant et comme il est ordonné par l'édit du Roi, de leur érection, par Denys Voyer, sergent, par vertu du rôle et ordonnance desdits juge et consuls, en date du vingt-neuvième du même mois, de se trouver en leur salle judiciaire le jeudi ensuivant à deux heures de relevée, qui était le premier jour de février, veille de la Chandeleur, pour procéder à ladite élection : auxquels jour et heure les Sires juge et consuls, et les électeurs mandés se seraient trouvés.

Par lequel sieur Aubry leur aurait été remontré que pour procéder à ladite élection et nomination de cinq personnes, dont l'une pour juge et quatre pour consuls, il était nécessaire de regarder s'ils étaient gens de bien, catholiques, bien vivants et de bonne conscience, non vindicatifs ni favorables à personne, ayant moyen de vaquer une année audit fait et charge, sans que telle charge fût cause de leur ruine; qu'ils ne pussent être ajournés pour payer leurs dettes, en tant que ce serait un scandale.

Ce fait, aurait par eux été demandé à la Compagnie, comment ils entendaient que l'on procédât à la nomination, sçavoir s'ils voulaient que ce fût par balotes ou à haute voix; où aurait été trouvé à la pluralité des voix, que chacun écrirait son nom en un petit billet de papier qu'ils jetteraient dans un chapeau, desquels en seraient tirés trente, qui seraient mis dans un autre chapeau, en la présence de toute la Compagnie, lesquels trente demeureraient électeurs des juge et consuls pour une année. Après quoi ledit sieur Aubry, juge, aurait fait prêter le serment à tous les bourgeois, qu'en leur conscience ils nommeraient gens capables pour exercer lesdits fait et charges, en cas qu'ils se trouvassent du nombre de trente qui seraient pour électeurs. Que les deux premiers des trente qui seraient tirés du chapeau par le greffier seraient les scrutateurs de l'élection; et que ladite élection se

19.

ferait à haute voix, et serait commencée par ledit sieur Aubry, juge,
et par les quatre consuls, selon leurs degrés, puis par les deux scrutateurs, et ensuite par les vingt-huit qui resteraient dans le chapeau;
qu'ils diraient tous à haute voix les noms et surnoms des personnes
qu'ils élisaient; et que le scrutin s'en ferait publiquement, en présence de toute la compagnie, avant que de partir du lieu, pour sçavoir
qui seraient ceux qui demeureraient, afin d'éviter qu'il ne se fit aucune
fausseté.

Ce qui fut exécuté, et les sieurs Jean de Dampmartin et Jean de
Compans, étant scrutateurs, trouvèrent par leur scrutin, qui fut lu
publiquement dans l'assemblée, qu'il demeura par la pluralité des
voix pour :

JUGE.

Sire Claude LE PRÊTRE, marchand de vins et de poisson de mer,
demeurant rue Cossonnerie.

PREMIER CONSUL.

Sire Claude REGNAULT, aussi marchand de vins et de poisson de
mer, demeurant rue aux Pêcheurs.

DEUXIÈME CONSUL.

Sire Vaast BOURDIN, marchand apothicaire-épicier, demeurant rue
Cossonnerie.

TROISIÈME CONSUL.

Sire Louis DE CREIL, marchand mercier, demeurant rue Saint-
Denis.

Et d'autant que ledit sieur de Creil aurait eu pareil nombre de voix
que le sieur de Dampmartin, il fut avisé par la Compagnie que leurs
noms seraient mis chacun en un billet dans une toque pour être tirés
l'un après l'autre; et celui dudit sieur de Creil ayant été tiré le premier, il eut son rang de troisième consul, et celui du sieur Jean de
Dampmartin, tiré le second, n'eut que le quatrième et dernier rang.

QUATRIÈME CONSUL.

Sire Jean DE DAMPMARTIN, marchand drapier, demeurant rue Saint-
Honoré.

Lequel scrutin ayant été mis au net, et tous les noms et surnoms
des personnes qui y eurent voix étant insérés, les sieurs Aubry, Bour-

geois, Ladvocat, de la Court et Herry, juge et consuls sortants, dressèrent une requeste adressée à nosseigneurs de Parlement, par laquelle ils suppliaient la Cour de vouloir recevoir et faire faire le serment ausdits le Prêtre, Regnault, Bourdin, de Creil et Dampmartin d'exercer ledit fait et charge en leur lieu pour ladite année 1565, laquelle requête et scrutin ils signèrent.

Et le   jour du même mois de février, lesdits sieurs Aubry, Bourgeois, Ladvocat, de la Court et Herry, juge et consuls sortants, auraient conduit lesdits sieurs nouveaux élus en la chambre du Parlement, où ils auraient prêté serment à la cour (en pleine assemblée) d'exercer le fait et charge pour ladite année. Au sortir du Parlement, ils les auraient conduits en l'église de Saint-Magloire, où ayant ouï la messe, au sortir, les juge et consuls sortis de charge les auraient établis et placés au siège selon leurs degrés de nomination et d'élection; et pour les instruire et assister de conseil, ils les auraient accompagnés dans leurs jugements pendant le temps et espace de quinze jours ou trois semaines.

1566.

Pour l'élection d'un juge et quatre consuls des marchands, il y fut procédé par lesdits sieurs le Prêtre, Regnault, Bourdin, de Creil et Dampmartin en la manière qui suit :

Premièrement, ils firent faire commandement à soixante notables marchands bourgeois de ladite ville de se trouver le dernier jour de janvier 1566 en leur salle judiciaire, à huit heures du matin, pour procéder à une nouvelle élection.

A laquelle assignation lesdits marchands se trouvèrent, et avec lesdits juge et consuls allèrent en l'église de Saint-Magloire, où l'on célébra une haute messe du Saint-Esprit, à laquelle ils assistèrent et allèrent à l'offerte. La messe dite, la Compagnie se retira en ordre deux à deux en la salle judiciaire : auquel lieu ils procédèrent à l'élection en la forme et ainsi qu'il avait été fait en l'année précédente par le sieur Aubry, premier juge, et ses consuls.

Où à la pluralité des voix seraient demeurés pour scrutateurs de ladite élection les sieurs Thomas la Macque et Guillaume Boucher, lesquels trouvèrent par leur scrutin être demeuré pour :

JUGE.

Sire Claude MARCEL, marchand orfévre, bourgeois de Paris, demeurant sur le pont aux Changeurs.

PREMIER CONSUL.

Sire Jean DAUBRAY, marchand mercier, demeurant rue Saint-Denis.

DEUXIÈME CONSUL.

Sire François GARRAULT, marchand mercier, demeurant rue Saint-Denis.

TROISIÈME CONSUL.

Sire André ROCH, marchand drapier, demeurant sous la Tonnellerie.

QUATRIÈME CONSUL.

Sire Jean DE LA BRUIÈRE, marchand apothicaire-épicier, demeurant rue Saint-Denis.

Par lesquels juge et consuls sortants il fut fait mettre au net le scrutin, et dressé une requête pour présenter à la Cour, qu'ils signèrent.

Et le quatrième jour de février 1566, lesdits sieurs le Prêtre, Regnault, Bourdin, de Creil et de Dampmartin conduisirent en la Cour de Parlement lesdits sieurs nouveaux élus, où ils prêtèrent et firent serment, lesquels, après avoir tous ensemble ouï la messe, ils les conduisirent en la salle judiciaire, où ils furent établis en leurs siéges.

1567.

Pour l'élection d'un juge et quatre consuls des marchands, il y fut procédé comme les années précédentes, le jeudi 30 janvier 1567. Et demeurèrent pour scrutateurs les sieurs Jean Aubry et Jean Meusnier, qui trouvèrent par leur scrutin être demeuré pour :

JUGE.

Sire Jean MENANT, marchand de vins, demeurant rue Truanderie.

PREMIER CONSUL.

Sire Nicolas HAC, marchand drapier, demeurant rue Fromagerie.

DEUXIÈME CONSUL.

Sire Jean DE LA BISTRATE, marchand de vins et de poisson de mer, demeurant aux halles devant le pillory.

TROISIÈME CONSUL.

Sire Jean LE JAY, marchand mercier, demeurant rue Saint-Denis.

QUATRIÈME CONSUL.

Sire Claude DE PARIS, marchand épicier, demeurant rue au Feuure.

Et le samedi premier jour de février 1567, lesdits sieurs Marcel, Daubray, Garrault, Roch et de la Bruière, juge et consuls sortants, les auraient conduits en la Cour de Parlement, où ils les auraient présentés, ensemble le scrutin de leur élection et requête par eux signée, suivant laquelle les nouveaux élus auraient prêté serment à la Cour d'exercer ladite charge un an durant, et ensuite, après avoir tous ensemble ouï la messe, ils les auraient conduits en la salle judiciaire et les auraient installés en leurs siéges.

1568.

Pour l'élection d'un juge et quatre consuls des marchands, il y fut procédé le jeudi vingt-neuvième jour de janvier 1568. Et furent scrutateurs les sieurs Claude Regnault l'aîné et Jean Brice, qui trouvèrent par leur scrutin être demeuré pour :

JUGE.

Sire Pierre HAUTEMENT, marchand orfévre, demeurant sur le pont aux Changeurs.

PREMIER CONSUL.

Sire François THIAULT, marchand apothicaire-épicier, demeurant rue Comtesse d'Artois.

DEUXIÈME CONSUL.

Sire Nicolas DE BOURGES, marchand apothicaire-épicier, bourgeois de Paris, demeurant rue Saint-Denis.

TROISIÈME CONSUL.

Sire François BONNART, marchand pelletier, bourgeois de Paris, demeurant rue Saint-Denis.

QUATRIÈME CONSUL.

Sire Pierre BOURSIER, marchand mercier, bourgeois de Paris, demeurant rue Saint-Denis.

Et le samedi trente et unième jour de janvier 1568, lesdits sieurs Menant, Hac, de la Bistrate, le Jay et de Paris, juge et consuls sortants, auraient conduit en la Cour de Parlement les nouveaux élus, et les auraient présentés pour les y faire recevoir et faire les serments accoutumés. Mais d'autant que le sieur Hautement aurait fait plusieurs remontrances pour être déchargé de ladite charge; par arrest de la Cour donné ledit jour, et en leur présence, sur ce ouï le procureur général, la Cour aurait reçu ledit Hautement en ses excuses et ordonné qu'en son lieu il serait procédé à la nouvelle élection d'un autre, et n'aurait reçu serment que desdits sieurs de Bourges, Bonnart et Boursier, ledit sieur Thiault n'ayant pu s'y trouver.

Et ledit jour, tous les anciens juges et consuls ayant été assemblés pour aviser ce qui serait à faire au sujet de cet arrêt de la Cour, aurait été arrêté que l'on se retirerait près de Sa Majesté, ce qui aurait été fait, et obtenu lettres patentes du quatrième jour de février 1568, signées de l'Aubespine, par lesquelles le Roi pour certaines considérations à ce le mouvant, pour cette fois et sans tirer à conséquence, aurait exécuté et déchargé ledit Hautement de la charge de juge des marchands; et après avoir ouï l'avis de quelques notables marchands, aurait ordonné que le sire Henry Ladvocat, marchand, bourgeois de cette ville de Paris, exercerait la charge de juge des marchands par provision et jusqu'à ce qu'autrement y eût été pourvu, enjoignant à la Cour de Parlement de recevoir seulement le serment dudit Ladvocat et de ceux qui seraient après lui élus juges et consuls des marchands, sans prendre connaissance desdites élections; laquelle il leur aurait défendu et interdit, suivant l'édit de l'établissement desdits juges et consuls; et pour ce faire, aurait fait expédier ses lettres de commission, adressantes à nosseigneurs tenant la Cour de Parlement à Paris.

Suivant lesquelles lettres aurait été présenté requête à nosseigneurs de Parlement par lesdits Menant et consorts, à laquelle on aurait annexé lesdites lettres et commissions, pour faire prêter à recevoir le serment dudit sieur Ladvocat, suivant et ainsi qu'il est porté par lesdites lettres, ce qui aurait été à l'instant exécuté.

Et peu de jours après aurait été présenté le sire François Thiault, pour lui faire prêter le serment de consul; ce qui aurait été fait à l'instant.

1569.

Pour l'élection d'un juge et quatre consuls des marchands, il y fut procédé le samedi vingt-neuvième jour de janvier. Et sont demeurés à la pluralité des voix pour scrutateurs les Sires André Roch et Vaast Bourdin, qui ont trouvé par leur scrutin être demeuré pour :

JUGE.

Sire Nicolas Bourgeois, l'aîné, marchand pelletier, ancien consul et ancien échevin de la ville de Paris, demeurant près les Carneaux.

PREMIER CONSUL.

Sire Jean Brice, marchand bourgeois de Paris, demeurant rue Cossonnerie.

DEUXIÈME CONSUL.

Sire Jacques du Bois, marchand drapier, bourgeois de Paris, demeurant sous la Tonnellerie.

TROISIÈME CONSUL.

Sire Jean Meusnier, marchand grossier-mercier, bourgeois de Paris, demeurant rue au Feuure.

QUATRIÈME CONSUL.

Sire Jacques le Peultre, aussi marchand grossier-mercier, bourgeois de Paris, demeurant rue Saint-Denis.

Et le vendredi, quatrième jour de février 1569, lesdits sieurs Ladvocat, Thiault, de Bourges, Bonnart et Boursier, juge et consuls sortants, les auraient conduits en la Cour de Parlement, où ils auraient prêté le serment. Ce fait, après avoir tous ensemble ouï la messe, ils les auraient conduits en la salle judiciaire, et installés en leurs siéges.

Et le lundi, treize juin 1569, ledit Sire Nicolas Bourgeois, juge des marchands, aurait tenu le siège avec les consuls jusques entre onze et douze heures du matin, qu'il serait parti de la salle judiciaire, ne se plaignant aucunement; lequel néanmoins étant en une maison ou deux près de la sienne, se serait trouvé mal; de fait, il aurait été porté en son logis, où il aurait rendu l'esprit à Dieu environ les deux heures après midi.

Et le lendemain, quatorzième jour du même mois, aurait été fait assemblée des anciens juges et consuls des marchands, pour aviser de

l'ordre qu'on tiendrait pour la nomination d'un juge au lieu dudit
défunt sire Nicolas Bourgeois; qui auraient arrêté qu'il serait mandé
soixante notables marchands, comme à l'élection ordinaire, pour le
samedi suivant.

Et ledit jour samedi, dix-huitième jour de juin, aurait été procédé
à ladite nomination, suivant les remontrances faites par ledit sieur
Jean Brice, premier consul, assisté desdits sieurs du Bois, Meusnier
et le Peultre, en la sorte et manière des élections ordinaires.

Et sont demeurés pour scrutateurs les sieurs André Roch, ci-devant
consul des marchands, et Miles Lombert, marchand épicier, qui ont
trouvé par leur scrutin être demeuré pour :

JUGE.

Sire Pierre DE LA COURT, l'aîné, ci-devant consul des marchands et
ancien échevin, pour achever l'année de juge dudit défunt sieur Bourgeois.

Et le lundi suivant, vingtième jour dudit mois et an, lesdits sieurs
Brice, du Bois, Meusnier et Peultre auraient été en compagnie dudit
sieur de la Court et l'auraient présenté à nosseigneurs de Parlement,
en la chambre dorée, où présidait messire Augustin de Thou, premier
président, pour lui faire prêter serment d'exercer ladite charge pour
ce qui restait de l'année dudit sieur Bourgeois, ce qui aurait été fait à
l'instant.

Ce fait, seraient venus de compagnie en l'église Saint-Magloire, où
ils auraient ouï la messe et ensuite seroient venus en la salle judiciaire,
où ledit sieur de la Court aurait tenu le siège de juge.

1570.

*Pour l'élection d'un juge et quatre consuls des marchands, y a été
procédé le mardi, trente-unième jour de janvier. Et sont demeurés pour scrutateurs les sieurs Jean Regnault et Antoine Berenger,
lesquels ont trouvé par le scrutin être demeuré pour :*

JUGE.

Claude HERVY, marchand mercier, ancien consul et ancien échevin,
demeurant rue Saint-Denis.

Sire Claude ALBERY, aussi marchand mercier, demeurant rue Neuve-Saint-Merry.

DEUXIÈME CONSUL.

Sire Guillaume ROUSSELET, aussi marchand mercier, demeurant rue Saint-Denis.

TROISIÈME CONSUL.

Sire Pierre DE LA FOSSE, marchand épicier, demeurant aux Halles.

QUATRIÈME CONSUL.

Sire Jean LESCUYER, marchand drapier, demeurant sous la Tonnellerie.

Et le vendredi, troisième jour de février 1570, lesdits sieurs de la Court, Brice, du Bois, Meusnier et le Peultre les auraient conduits et présentés à nosseigneurs de Parlement, qui les auraient reçus et fait faire serment de bien et dûment exercer leurs charges, durant le cours d'une année; ensuite, après avoir tous ensemble ouï la messe, ils les auraient conduits en la salle judiciaire et établis en leurs siéges.

1571.

Pour l'élection d'un juge et quatre consuls des marchands, il y a été procédé le jeudi, premier jour de février. Et ont été scrutateurs les sieurs Nicolas Hac, ancien consul, et Louis la Nulle, lesquels ont trouvé par le scrutin être demeuré pour :

JUGE.

Sire Vaast BOURDIN, marchand apothicaire et épicier, ancien consul, demeurant rue Cossonnerie.

PREMIER CONSUL.

Sire Jacques LE BREST, marchand de vins et de poisson de mer, demeurant ès Halles.

DEUXIÈME CONSUL.

Sire Nicolas SIMON, marchand mercier, demeurant rue Ferronnerie.

TROISIÈME CONSUL.

Sire Jean DESPINAY, marchand drapier, demeurant rue Vieille-Pelleterie.

QUATRIÈME CONSUL.

Sire Germain BOUCHER, marchand mercier, demeurant rue Cossonnerie.

Et le samedi matin, troisième jour de février 1571, lesdits sieurs
Hervy, Aubery, Rousselet, de la Fosse et Lescuyer les auraient conduits en la Cour de Parlement, où ils auraient prêté serment; après
quoi ils furent conduits en la salle judiciaire, à la réserve dudit sieur
Boucher qui ne s'y serait pas trouvé.

Et le lundi matin, cinquième jour de février, ils auraient tous tenu
le siége, ensemble ledit sieur Boucher, encore qu'il n'eût fait le
serment.

1572.

*Pour l'élection d'un juge et quatre consuls des marchands, y a été
procédé le jeudi trente-un janvier. Et ont été scrutateurs les sieurs
Claude Aubery et André Roch, anciens consuls, lesquels ont
trouvé par leur scrutin être demeuré pour :*

JUGE.

Sire Jean LE JAY, marchand mercier, ancien consul, demeurant rue
des Prouvaires.

PREMIER CONSUL.

Sire Maurice DE LAULNOY, marchand drapier, demeurant rue de la
Harpe.

DEUXIÈME CONSUL.

Sire Claude LE LIÈVRE, marchand mercier, rue Saint-Denis.

TROISIÈME CONSUL.

Sire Martin DE LAULNE, marchand de vins et de poisson de mer,
demeurant rue de la Grande-Truanderie.

QUATRIÈME CONSUL.

Sire Sébastien DU BOIS, marchand épicier, demeurant rue Saint-
Denis.

Et le mardi, cinquième jour de février 1572, lesdits sieurs Bourdin, le Brest, Simon, Despinay et Boucher les auraient conduits en

la Cour de Parlement, où ils auraient prêté serment à la Cour; ce fait, auraient été conduits en la salle judiciaire, à la réserve du sieur de Laulnoy qui n'y serait venu.

Et le mercredi, sixième jour desdits mois et an, ledit sieur de Laulnoy serait comparu en la chambre du conseil, qui aurait prié lesdits sieurs le Lièvre et de Laulne de tenir le siége auparavant lui, pour l'indisposition de sa personne, autrement qu'il ne pouvait accepter la charge, ce qui lui aurait été accordé.

1573.

Pour l'élection d'un juge et quatre consuls des marchands, y aurait été procédé le jeudi, vingt-neuvième jour de janvier. Et ont été scrutateurs les sieurs Jacques Pigeart, orfèvre, et Claude Mongas, apothicaire, lesquels ont trouvé par le scrutin être demeuré pour :

JUGE.

Jean DE LA BISTRATE, marchand de vins et de poisson de mer, ancien consul, demeurant aux Halles.

PREMIER CONSUL.

Sire Robert DESPREZ, marchand teinturier de draps de laine, demeurant rue Vieille-Pelleterie.

DEUXIÈME CONSUL.

Sire Jean MOREAU, marchand épicier, demeurant ès Halles.

TROISIÈME CONSUL.

Sire Philippes DE CASTILLE, marchand grossier-mercier, demeurant rue Saint-Denis.

QUATRIÈME CONSUL.

Sire Antoine HUOT, marchand drapier, demeurant rue Saint-Jacques.

Et le vendredi, trentième jour de janvier, lesdits sieurs le Jay, de Saulnoy, le Lièvre, de Laulne et du Bois les auraient conduits en la Cour de Parlement, où ils auraient fait et prêté serment, et ensuite en la salle judiciaire où ils ont tenu l'audience.

1574.

*Pour l'élection d'un juge et quatre consuls des marchands, y a été
procédé le jeudi, vingt-huitième jour de janvier. Et ont été scrutateurs les sieurs Charles Trude, marchand de vins et de poisson de
mer, et Marc Héron, marchand épicier-apothicaire, lesquels ont
trouvé par leur scrutin être demeuré pour :*

JUGE.

Sire Pierre BOURSIER, marchand grossier-mercier, ancien consul,
demeurant rue Saint-Denis.

PREMIER CONSUL.

Sire Jean SALVANCY, marchand grossier-mercier, demeurant rue
Saint-Denis.

DEUXIÈME CONSUL.

Sire Nicolas PARENT, marchand drapier, demeurant sous la Tonnellerie.

TROISIÈME CONSUL.

Sire Antoine ROBINEAU, marchand épicier, demeurant rue Saint-
Denis.

QUATRIÈME CONSUL.

Sire Pierre LE GOIS, marchand de vins, demeurant rue Tisseranderie.

Et le samedi, trentième jour de janvier, lesdits sieurs de la Bistrate,
Desprez, Moreau, Castille et Huot les ont conduits en la Cour de Parlement où ils ont prêté serment.

Et le lundi, premier jour de février audit an 1574, ils ont tenu le
siége à l'audience.

DU RÈGNE DE HENRI III, ROI DE FRANCE ET DE POLOGNE.

1575.

Pour l'élection d'un juge et quatre consuls des marchands, y a été procédé le samedi, vingt-neuvième jour de janvier. Et ont été scrutateurs les sieurs Étienne Desgroux et René Boësmey, marchands grossiers-merciers, lesquels auraient trouvé par le scrutin être demeuré pour :

JUGE.

Sire Jean DE DAMPMARTIN, marchand drapier, ancien consul, demeurant rue Saint-Honoré.

PREMIER CONSUL.

Sire Pierre THOURET, marchand épicier, demeurant rue Cossonnerie.

DEUXIÈME CONSUL.

Sire Denys CHOÜART, marchand de vins, demeurant rue Comtesse d'Artois.

TROISIÈME CONSUL.

Sire Remond BOURGEOIS, marchand grossier-mercier, demeurant rue Saint-Denis.

QUATRIÈME CONSUL.

Sire Jean DE BORDEAUX, marchand drapier, demeurant rue Saint-Honoré.

Et le lundi trente et unième jour du même mois de janvier, lesdits sieurs Boursier, Salvancy, Parent, Robineau et le Gois ont conduit à la Cour de Parlement lesdits de Dampmartin, Choüart et de Bordeaux, où ils ont fait et prêté serment; et le même jour ont tenu le siége à l'audience.

Et le jeudi, troisième jour de février audit an, les sieurs Thouret et Bourgeois ont été conduits en la Cour de Parlement, où ils ont presté serment, et ensuite assisté à l'audience avec lesdits de Dampmartin, Choüart et de Bordeaux, le vendredi quatrième jour desdits mois et an.

1576.

Pour l'élection d'un juge et quatre consuls des marchands, y a été procédé le mardi 31 janvier. Et ont été scrutateurs les sieurs Jean Meusnier et Jean Boursier, marchands grossiers-merciers, lesquels ont trouvé par le scrutin être demeuré pour :

JUGE.

Sire Claude AUBERY, marchand grossier-mercier, ancien consul, demeurant rue Neuve Saint-Médéric.

PREMIER CONSUL.

Sire François LUILLIER, marchand grossier-mercier, demeurant devant l'horloge du Palais.

DEUXIÈME CONSUL.

Sire Claude DE LA BISTRATE, marchand grossier-mercier, demeurant rue des Pénitents.

TROISIÈME CONSUL.

Sire Antoine FAVREAU, marchand apothicaire et épicier, demeurant rue Saint-Antoine.

QUATRIÈME CONSUL.

Sire Philbert BOURLON, marchand drapier, demeurant au bout du pont Saint-Michel.

Et le mercredi premier jour de février 1576, lesdits sieurs de Dampmartin, Thouret, Choüart, Bourgeois et de Bordeaux les ont conduits en la Cour de Parlement, où ils ont fait et prêté serment.

1577.

Pour l'élection d'un juge et quatre consuls des marchands, y a été procédé le jeudi trente et un janvier. Et ont été scrutateurs les sieurs Simon Langlois, marchand orfèvre, et Louis Bourdin, marchand épicier, lesquels ont trouvé par le scrutin être demeurés pour :

JUGE.

Sire Claude LE LIÈVRE, marchand grossier-mercier, demeurant rue Saint-Denis.

Lequel Sire le Lièvre n'ayant voulu accepter ladite charge et ayant refusé de faire le serment à la Cour, fut pour ce rayé.

PREMIER CONSUL.

Sire Jean BEAUCOUSIN, marchand orfévre, demeurant sur le pont au Change.

DEUXIÈME CONSUL.

Le sieur Jean GROÜIN, marchand de vins et de poisson de mer, demeurant rue des Prêcheurs.

Ledit Groüin n'ayant voulu accepter ladite charge, et ayant refusé de faire serment à la Cour, fut pour ce rayé.

TROISIÈME CONSUL.

Sire Robert BUHOT, marchand drapier, demeurant près Saint-Denis de la Chartre.

QUATRIÈME CONSUL.

Le sieur Antoine BÉRENGER, marchand drapier, demeurant sous la Tonnellerie.

Ledit Bérenger n'ayant voulu accepter la charge, ni faire le serment à la Cour, fut pour ce rayé.

Et le lundi, quatrième jour de février audit an 1577, lesdits sieurs Aubery, Luillier, de la Bistrate, Faureau et Bourlon, juge et consuls sortants, ont conduit et présenté à la Cour lesdits sieurs le Lièvre, Beaucousin, Groüin, Buhot et Bérenger, pour faire et prêter serment. Ce que lesdits le Lièvre, Groüin et Bérenger n'ont voulu faire ni accepter, sous prétexte de quelques excuses qu'ils ont alléguées; au moyen desquelles excuses messieurs de Parlement, par leur arrêt du samedi, neuvième jour de février dudit an, ont ordonné qu'il serait procédé à nouvelle élection d'un juge et de deux consuls des marchands au lieu desdits le Lièvre, Groüin et Bérenger.

Suivant lequel arrêt lesdits sieurs Aubery, Luillier, de la Bistrate, Faureau et Bourlon auraient fait convoquer et appeler soixante notables marchands pour procéder à ladite nomination, ce qui aurait été fait le douzième jour dudit mois de février.

Et ont été scrutateurs Sire Jean Musnier, marchand mercier, et sieur Arnoul du Moulin, marchand pelletier, lesquels ont trouvé par le scrutin être demeuré pour :

JUGE.

Sire Jean MUSNIER, marchand mercier, demeurant rue au Feuure.

DEUXIÈME CONSUL.

Sire Pierre Qutes, marchand apothicaire et épicier, demeurant rue Sainte-Avoye.

QUATRIÈME CONSUL.

Sire Louis Bobye, marchand mercier et joaillier, demeurant rue Vieille-Draperie.

Et le mercredi, treizième jour dudit mois de février, lesdits sieurs Aubery, Luillier, de la Bistrate, Faureau et Bourlon les ont conduits et présentés à la Cour, où ils ont prêté serment. Et à l'instant sont tous venus de compagnie en l'église de Saint-Médéric ouïr la messe; ensuite en la salle judiciaire, où ils ont tenu l'audience.

1578.

Pour l'élection d'un juge et quatre consuls des marchands, il y a été procédé le jeudi, trentième jour de janvier. Et ont été scrutateurs les sieurs François de Lestre, et Sébastien de la Bretesche, marchands bourgeois de Paris, lesquels ont trouvé par le scrutin estre demeuré pour :

JUGE.

Sire Jean DE LA BRUIÈRE, bourgeois de Paris, marchand apothicaire-épicier, demeurant rue Saint-Denis.

PREMIER CONSUL.

Sire Charles Troude, marchand de vins et de poisson de mer, bourgeois de Paris, demeurant près Saint-Jacques de l'Hôpital.

DEUXIÈME CONSUL.

Sire Jean DE Compans, marchand drapier, bourgeois de Paris, demeurant rue Vieille-Draperie.

TROISIÈME CONSUL.

Sire Richard Toutin, marchand orfévre, bourgeois de Paris, demeurant sur le pont aux Changeurs.

QUATRIÈME CONSUL.

Sire Jacques Vivien, marchand grossier-mercier, bourgeois de Paris, demeurant rue Saint-Denis.

Et le samedi, premier jour de février 1578, lesdits sieurs Musnier,

Beaucousin, Qutes, Buhot et Bobye les ont conduits en la Cour de Parlement, où ils ont fait et prêté serment.

Et le lundi, troisième jour dudit mois et an, ont tenu l'audience.

1579.

Pour l'élection d'un juge et quatre consuls des marchands, il y a été procédé le samedi 31 de janvier. Et ont été scrutateurs Sire Jean le Jay, ancien juge, et Sire Robert Buhot, ancien consul, lesquels ont trouvé par le scrutin être demeuré pour :

JUGE.

Sire Jean BRICE, marchand, demeurant rue de Montmartre.

PREMIER CONSUL.

Sire Guillaume SEMELLE, marchand grossier-mercier, demeurant rue Saint-Denis.

DEUXIÈME CONSUL.

Le sieur Guillaume PARFAIT, marchand drapier, demeurant rue Saint-Antoine.

Lequel Parfait a été exempté par la Cour, pour ne l'avoir voulu accepter au moyen qu'il était quartenier.

TROISIÈME CONSUL.

Sire Nicolas BIZART, marchand de poisson de mer, demeurant ès Halles.

QUATRIÈME CONSUL.

Le sieur Nicolas BOURGEOIS l'aîné, marchand pelletier, demeurant près la salle des Carneaux.

Lequel Bourgeois a été exempté par la Cour parce qu'il était quartenier, quoiqu'il voulût accepter ladite charge.

Et le mardi, troisième jour de février 1579, lesdits sieurs de la Bruière, Troude, de Compans, Toutin et Vivien ont présenté à la Cour leur scrutin et leur requête pour faire faire le serment auxdits sieurs Brice et consorts élus : qui a ordonné que ladite requête et scrutin seraient communiqués aux Prévôt des marchands et échevins, ce qui a été fait.

Et le quatrième jour dudit mois et an ont été à la Cour lesdits nouveaux élus, lesquels ouïs en leurs remontrances, et lesdits Prévôt des

20.

marchands et échevins, la Cour a ordonné par son arrêt dudit jour que lesdits Parfait et Bourgeois seraient exempts de ladite charge, et que Guillaume de Voulge et Pierre Bréard, qui avaient eu plus de voix après, comparaîtraient à la Cour le lendemain pour prêter le serment.

Et le samedi, septième jour dudit mois et an, auraient été présentés à la Cour lesdits sieurs Brice, Semelle, Bizart et Bréard pour faire et prêter le serment; ce qu'ils auraient fait. Et quant audit de Voulge, n'y serait comparu, et lui aurait été fait commandement d'y comparoir le lundi suivant, ce qu'il aurait fait, et la Cour l'auroit reçu en ses remontrances, et icelui déchargé.

Et le mardi, dixième jour de février ensuivant, sur la requête présentée par les marchands, la Cour, par son arrêt, a ordonné que le sieur Valleran Perrochel, qui avait eu le plus de voix, viendrait le lendemain pour prêter serment; et cependant que lesdits Brice, Semelle, Bizart et Bréard exerceraient la justice, sur peine d'amende arbitraire : et le lendemain, onzième jour dudit mois et an, ledit Perrochel serait comparu à la Cour, où il aurait fait et prêté serment, et auraient dudit jour tenu le siège lesdits Brice, Semelle, Bizart et Perrochel.

1580.

Pour l'élection d'un juge et quatre consuls des marchands, il y a été procédé le samedi 30 janvier. Et ont été scrutateurs les Sires Pierre Boursier, ancien juge, et Pierre Qutes, ancien consul, lesquels ont trouvé par le scrutin être demeuré pour :

JUGE.

Sire Robert DESPREZ, marchand teinturier de drap et de laine, demeurant rue Pelleterie.

PREMIER CONSUL.

Sire Antoine BOYVIN l'aîné, marchand drapier, demeurant rue Saint-Jacques.

DEUXIÈME CONSUL.

Sire Claude PICOT, marchand épicier, demeurant au marché aux Poirées.

TROISIÈME CONSUL.

Sire Jean LE PRÊTRE, marchand de vins et poisson de mer, demeurant rue Fromagère.

QUATRIÈME CONSUL.

Sire Jacques DU CLOS, marchand grossier-drapier, demeurant rue Saint-Denis.

Et le lundi, premier jour de février 1580, lesdits sieurs Brice, Semelle, Bizart, Bréard et Perrochel les ont conduits en la Cour de Parlement, où ils ont prêté serment, et ledit jour ont tenu l'audience.

1581.

Pour l'élection d'un juge et quatre consuls des marchands, y a été procédé le mardi 31 janvier. Et ont été scrutateurs Sire Jean de Compans, ancien consul, et le sieur Nicolas de Santeuil, marchand grossier, lesquels ont trouvé par le scrutin être demeuré pour :

JUGE.

Sire Nicolas PARENT, marchand drapier, demeurant sous la Tonnellerie.

PREMIER CONSUL.

Sire François DE LESTRE, marchand grossier-mercier, demeurant rue des Lombards.

DEUXIÈME CONSUL.

Sire François COTTEBLANCHE, marchand drapier, demeurant sous la Tonnellerie.

TROISIÈME CONSUL.

Sire Nicolas THIAULT, marchand de vins et de poisson de mer, demeurant rue Comtesse d'Artois.

QUATRIÈME CONSUL.

Le sieur Augustin LE MOUSSE, marchand apothicaire-épicier, demeurant rue Saint-Martin.

Lequel Augustin le Mousse a été déchargé par la Cour.

Et le mercredi, premier jour de février 1581, lesdits sieurs Desprez, Boyvin, Picot, le Prêtre et du Clos se sont trouvés au palais pour présenter lesdits sieurs nouveaux élus, où se sont rendus seulement lesdits sieurs de Lestre, Cotteblanche et Thiault, au moyen de quoi la Cour les a renvoyés au vendredi suivant, auquel jour comparaîtraient lesdits Parent et le Mousse pour prêter le serment; auxquels pour ce faire commandement en serait fait : ce qui aurait été exécuté par l'huissier Malingre. Et ledit jour vendredi, troisième jour de février, se seraient tous les nouveaux élus trouvés; lesquels sieurs Parent, de Lestre, Cotteblanche et Thiault auraient été reçus et prêté serment. Et quant audit le Mousse, aurait été déchargé, et ordonné que celui qui avait le plus de voix après, exercerait ladite charge, au moyen de quoi le Sire Marc Héron, marchand apothicaire et épicier, comme ayant le plus de voix, aurait accepté ladite charge; et, dudit jour, lesdits sieurs Parent et consorts ont tenu l'audience. Et le samedi, quatrième du mois, ledit sieur Héron a fait et prêté serment à la Cour.

1582.

Pour l'élection d'un juge et quatre consuls des marchands, y a été procédé le jeudi, premier jour de février. Et ont été scrutateurs Sire Pierre Thouret, ancien consul, et le sieur Claude Armillon, marchand de laine, lesquels ont trouvé par le scrutin être demeuré pour :

JUGE.

Sire Jean MOREAU, marchand épicier, demeurant au marché aux Poirées.

PREMIER CONSUL.

Sire Guillaume PLASTRIER, marchand drapier, demeurant rue Saint-Honoré.

DEUXIÈME CONSUL.

Sire Pierre DE LA COURT, marchand de vins et de poisson de mer, demeurant rue Comtesse d'Artois.

TROISIÈME CONSUL.

Sire Jean GALLANT, marchand grossier-mercier, demeurant rue Saint-Denis.

QUATRIÈME CONSUL.

Sire Guillaume LE TELLIER, marchand épicier, demeurant rue des Lombards.

Et le troisième jour de février 1582, lesdits sieurs Parent, de Lestre, Cotteblanche, Thiault et Héron, les ont présentés à la Cour de Parlement, où ils ont prêté serment; et le lundi suivant, cinquième jour dudit mois et an, ils ont tenu l'audience.

1583.

Pour l'élection d'un juge et quatre consuls des marchands, y a été procédé le mardi, premier jour de février. Et ont été scrutateurs les sieurs Jean Mammeau, marchand drapier, et Claude Durant, marchand orfèvre, lesquels ont trouvé par le scrutin être demeuré pour :

JUGE.

Sire Antoine ROBINEAU, marchand épicier, demeurant rue Saint-Denis.

PREMIER CONSUL.

Sire Nicolas DE CREIL, marchand grossier-mercier, demeurant rue Saint-Denis.

DEUXIÈME CONSUL.

Sire Vincent MARTIN, marchand de vins, demeurant rue des Prouvaires.

TROISIÈME CONSUL.

Sire Jean ROUILLÉ, marchand drapier, demeurant rue Saint-Honoré.

QUATRIÈME CONSUL.

Sire Nicolas DU RESNEL, marchand grossier-mercier, demeurant rue Saint-Denis.

Et le jeudi, troisième jour de février 1583, lesdits Moreau, Plastrier, de la Court, Gallant et le Tellier, les ont présentés à la Cour de Parlement, où ils ont prêté serment; et le vendredi, quatrième jour dudit mois et an, ils ont tenu l'audience.

1584.

Pour l'élection d'un juge et quatre consuls des marchands, y a été procédé le mardi, trente et unième jour de janvier. Et ont été scrutateurs Sires Nicolas Bizart et François Cotteblanche, anciens consuls, lesquels ont trouvé par le scrutin être demeuré pour :

JUGE.

Sire Rémond BOURGEOIS, marchand grossier-mercier, demeurant rue Saint-Denis.

PREMIER CONSUL.

Sire François LE BREST, marchand de vins et de poisson de mer, demeurant ès Halles.

DEUXIÈME CONSUL.

Sire Guillaume DE LA CROIX, marchand apothicaire-épicier, demeurant rue de la Huchette.

TROISIÈME CONSUL.

Sire Jean GORION, marchand apothicaire-épicier, demeurant rue de la Harpe.

QUATRIÈME CONSUL.

Sire Denys NERET, marchand drapier, demeurant rue Saint-Honoré.

Et le mercredi, premier jour de février 1584, lesdits sieurs Robineau, de Creil, Martin et Rouillé les ont présentés à la Cour de Parlement, où ils ont prêté serment; et le même jour ils ont tenu l'audience.

1585.

Pour l'élection d'un juge et quatre consuls des marchands, y a été procédé le jeudi 31 janvier. Et ont été scrutateurs Sires Jean le Prêtre et Valleran Perrochel, anciens consuls, lesquels ont trouve par le scrutin être demeuré pour :

JUGE.

Sire Antoine FAUREAU, marchand apothicaire-épicier, demeurant rue Geoffroy l'Asnier.

PREMIER CONSUL.

Sire Simon BOIVIN, marchand drapier, demeurant rue Saint-Antoine.

DEUXIÈME CONSUL.

Sire Pierre PASSART, marchand mercier-grossier, demeurant rue Sainte-Avoye.

TROISIÈME CONSUL.

Sire Jean DE MIRAULMONT, l'aîné, marchand teinturier, demeurant rue Pelleterie.

QUATRIÈME CONSUL.

Sire Pierre MARTIN, marchand de vins, demeurant rue des Prêcheurs.

Et le vendredi, premier jour de février 1585, les sieurs Bourgeois, le Brest, de la Croix, Gorion et Neret les ont présentés à la Cour de Parlement, où ils ont prêté serment; et le même jour ont tenu l'audience, où a présidé le sieur Bourgeois en l'absence dudit sieur Faureau qui n'avait prêté serment. Et le lundi, quatrième jour dudit mois de février ensuivant, ledit sieur Faureau a fait et prêté serment à la Cour de Parlement, et le même jour a présidé à l'audience.

1586.

Pour l'élection d'un juge et quatre consuls des marchands, y a été procédé le jeudi trente janvier. Et ont été scrutateurs les Sires Antoine Robineau, ancien juge, et Vincent Martin, ancien consul des marchands, lesquels ont trouvé par le scrutin être demeuré pour :

JUGE.

Sire Jean DE COMPANS, marchand, bourgeois de Paris, demeurant rue Vieille-Draperie.

PREMIER CONSUL.

Le sieur Germain PICOT, marchand épicier, demeurant rue Saint-Denis.

DEUXIÈME CONSUL.

Sire François CHARPENTIER, marchand de vins et de poisson de mer, demeurant rue des Prêcheurs.

TROISIÈME CONSUL.

Sire Jacques TURQUET, marchand joaillier, demeurant sur le Pont.

QUATRIÈME CONSUL.

Sire Charles VULIN, marchand mercier, demeurant rue Saint-Denis.

Et le vendredi, trente-un et dernier jour de janvier 1586, lesdits Faureau, Boivin, Passart, Miraulmont et Martin, juge et consuls sortants, ont présenté à la Cour lesdits sieurs de Compans, Picot, Charpentier, Turquet et Vulin; lequel Picot a refusé d'accepter la charge, et a fait ses excuses et remontrances, à quoi il a été reçu et déchargé par ladite Cour, qui a ordonné que Sire Jacques du Chesne, marchand, qui avait eu plus de voix après, comparaîtrait le lendemain pour faire serment; et à l'égard desdits de Compans, Charpentier, Turquet et Vulin, ils ont à l'instant prêté serment à la Cour, et sont venus de compagnie en l'église Saint-Médéric, où la messe a été dite, et le même jour ont tenu l'audience.

Et le samedi suivant, premier jour de février 1586, ledit Sire du Chesne a été présenté à Nosseigneurs de la Cour par MM. Faureau et de Miraulmont, et a prêté serment.

1587.

Pour l'élection d'un juge et quatre consuls des marchands, y a été procédé le jeudi, vingt-neuf janvier. Et ont été scrutateurs les Sires Rémond Bourgeois, ancien juge, et François Luillier, ancien consul, lesquels ont trouvé par le scrutin être demeuré pour :

JUGE.

Sire Charles Troude, marchand de vins et de poisson de mer, demeurant près Saint-Jacques de l'Hospital.

PREMIER CONSUL.

Sire Louis Bourdin, marchand épicier, demeurant rue de la Cossonnerie.

DEUXIÈME CONSUL.

Sire Nicolas Fressart, marchand drapier, demeurant rue Saint-André des Arcs.

TROISIÈME CONSUL.

Sire Antoine André, marchand joaillier, demeurant sur le pont aux Changeurs.

QUATRIÈME CONSUL.

Pierre Poncher, l'aîné, marchand mercier, demeurant rue Saint-Denis.

Et le vendredi matin, trentième jour de janvier 1587, lesdits sieurs de Compans, Charpentier et consorts, les ont conduits au palais pour leur faire prêter serment à Nosseigneurs de Parlement, qui leur ont fait dire par maître Gassien Brillet, clerc au greffe de la Cour, qu'ils venaient devant le temps, et qu'ils revinssent le mardi suivant : pour raison de quoi lesdits sieurs de Compans, Charpentier et consorts continuèrent, et tinrent l'audience ledit jour.

Et le mardi matin, troisième jour de février 1587, ils seraient retournés à la Cour et auraient présenté lesdits sieurs nouveaux élus, qui auraient fait serment.

Et le mercredi matin, quatrième jour de février, lesdits sieurs de Compans, Charpentier et consorts auraient installé au siége lesdits sieurs Troude, Bourdin et consorts, qui ont commencé à tenir l'audience ledit jour.

1588.

Pour l'élection d'un juge et quatre consuls des marchands, y a été procédé le samedi, trente de janvier. Et ont été scrutateurs les sieurs Nicolas Bourgeois le moyen, et François Blanchart, marchands, lesquels ont trouvé par le scrutin être demeuré pour :

JUGE.

Sire Pierre QUTES, marchand apothicaire, demeurant rue Sainte-Avoye.

PREMIER CONSUL.

Sire Pierre LE ROY, marchand mercier, demeurant rue Saint-Denis.

DEUXIÈME CONSUL.

Sire Miles GIRARD, marchand drapier, demeurant rue Saint-Honoré.

TROISIÈME CONSUL.

Sire François BLANCHART, marchand de vins, demeurant rue Saint-Sauveur.

QUATRIÈME CONSUL.

Sire Pierre BOURDIN, marchand de bois, demeurant rue Tisseranderie.

Et le lundi, premier jour de février 1588, lesdits sieurs Troude, Bourdin et consorts, juge et consuls sortants, les ont présentés à Nosseigneurs de la Cour, qui leur ont fait prêter serment.

Et à l'instant sont tous venus de compagnie en l'église Saint-Médéric, où ils ont ouï la messe, et dans la maison et place commune des marchands en leur chambre de conseil, où ils ont communiqué d'affaires : et tôt après dès le matin ont tenu l'audience, où ils les ont assistés le matin et l'après-dinée.

1589.

Pour l'élection d'un juge et quatre consuls des marchands, y a été procédé en la manière accoutumée, et s'est trouvé être demeuré pour :

JUGE.

Sire Nicolas THIAULT, marchand, demeurant à Paris, rue Comtesse d'Artois.

PREMIER CONSUL.

Sire Barnabé DESPREZ, marchand, demeurant à Paris, rue de la Harpe.

DEUXIÈME CONSUL.

Sire Claude BOBYE, marchand, demeurant à Paris, rue Vieille du Temple.

TROISIÈME CONSUL.

Sire François BELIN, marchand, demeurant à Paris, rue de la Cossonnerie.

QUATRIÈME CONSUL.

Sire Robert YON, marchand, demeurant à Paris, rue Montorgueil.

Et ont fait le serment à la Cour.

DU RÈGNE DE HENRI IV, ROI DE FRANCE ET DE NAVARRE.

1590.

Pour l'élection d'un juge et quatre consuls des marchands, y a été procédé et s'est trouvé être demeuré pour :

JUGE.

Sire Denys NERET, marchand drapier, demeurant à Paris, rue Saint-Honoré.

PREMIER CONSUL.

Sire Jean VILLEBICHET, marchand mercier-grossier, demeurant rue Aubry-le-Boucher.

DEUXIÈME CONSUL.

Sire Jean LE CAMUS, marchand apothicaire-épicier, demeurant rue Saint-Denis.

TROISIÈME CONSUL.

Sire Jean MULOT, marchand, demeurant à Paris, rue des Prêcheurs.

QUATRIÈME CONSUL.

Sire Philippes DU RESNEL, marchand, demeurant à Paris, rue Grande-Truanderie.

1591.

Pour l'élection d'un juge et quatre consuls des marchands, y a été procédé et s'est trouvé être demeuré pour :

JUGE.

Sire Jean GOURJON, marchand apothicaire et épicier, bourgeois de Paris, demeurant rue de la Harpe.

PREMIER CONSUL.

Sire Noël HÉBERT, marchand drapier, bourgeois de Paris, demeurant rue Vieille-Draperie.

DEUXIÈME CONSUL.

Sire Philippes LE COMTE, marchand, bourgeois de Paris, demeurant rue Montmartre.

TROISIÈME CONSUL.

Sire Thibault DE SAINT-AUBIN, marchand, bourgeois de Paris, demeurant rue Saint-Denis.

QUATRIÈME CONSUL.

Sire Laurent CRESSÉ, marchand, bourgeois de Paris, demeurant à Petit-Pont.

Et d'autant que lesdits le Comte, Saint-Aubin et Cressé se seraient trouvés avoir eu chacun vingt-sept voix, a été trouvé bon par la Compagnie qu'il serait tiré au sort pour savoir qui serait le premier et le deuxième, tellement qu'il s'est trouvé ledit le Comte pour le premier et ledit Saint-Aubin pour le troisième.

Et le premier jour de février 1591, lesdits Neret, Villebichet et consorts les ont présentés à Nosseigneurs de la Cour, qui leur ont fait faire serment, et ont le même jour tenu l'audience.

1592.

Pour l'élection d'un juge et quatre consuls des marchands, y a été procédé le jeudi 30 janvier. Et ont été scrutateurs le Sire Jean Villebichet et le sieur Claude Tiffaine, lesquels ont trouvé par le scrutin être demeuré pour :

JUGE.

Sire Jean GALLAND, marchand grossier-mercier, demeurant rue Saint-Denis.

PREMIER CONSUL.

Sire Nicolas GOBELIN, marchand drapier, demeurant sous la Tonnellerie.

DEUXIÈME CONSUL.

Sire Jacques TROUVÉ, marchand de poisson de mer, demeurant rue Comtesse d'Artois.

TROISIÈME CONSUL.

Sire Gabriel DE FLECELLES, marchand grossier-mercier, demeurant rue de l'Hôtel-Dieu de Paris.

QUATRIÈME CONSUL.

Sire Simon LE JUGE, marchand épicier, demeurant rue Saint-Denis.

Et d'autant que lesdits sieurs de Flecelles et le Juge avaient chacun vingt-cinq voix, aurait été arrêté qu'en toutes pareilles rencontres il serait tiré au sort, ce qui aurait été fait à l'instant, conformément à laquelle délibération ledit sieur de Flecelles aurait précédé ledit sieur le Juge.

Et le vendredi, trente et unième jour de janvier, lesdits sieurs Gourjon, Hébert et consorts les ont présentés à la Cour, où ils ont fait serment, puis sont venus tous ensemble ouïr la messe en l'église Saint-Médéric, après laquelle ils sont venus ledit jour aussi tous ensemble tenir l'audience.

1593.

Pour l'élection d'un juge et quatre consuls des marchands, y a été procédé le samedi trentième janvier. Et ont été scrutateurs les sieurs Michel Febvrier et Philippe l'aîné, lesquels ont trouvé par le scrutin être demeuré pour :

JUGE.

Sire Nicolas DE CREIL, marchand grossier-mercier, demeurant rue Saint-Denis.

PREMIER CONSUL.

Sire Jean LE NORMAND, marchand de vins et de poisson de mer, demeurant ès Halles.

DEUXIÈME CONSUL.

Sire Louis MONSIGOT, marchand drapier, demeurant sur le pont Saint-Michel.

TROISIÈME CONSUL.

Sire Pierre LE FEBVRE, marchand grossier-mercier, demeurant rue Saint-Denis.

QUATRIÈME CONSUL.

Sire Jean LAMBERT, marchand apothicaire-épicier, demeurant rue de l'Arbre-Sec.

Et le lundi, premier jour de février audit an 1593, lesdits sieurs Galland, Gobelin et consorts les ont présentés à la Cour, où ils ont fait le serment à la manière accoutumée ; puis sont venus tous ensemble ouïr la messe en l'église Saint-Médéric ; et après sont venus ledit jour tenir audience lesdits sieurs de Creil et consorts assistés desdits sieurs anciens juge et consuls sortants.

1594.

Pour l'élection d'un juge et quatre consuls des marchands, y a été procédé le mardi premier jour de février. Et ont été scrutateurs le Sire Simon Boivin et le sieur Estienne le Blonds, lesquels ont trouvé par le scrutin être demeuré pour :

JUGE.

Sire Simon BOIVIN, marchand drapier, demeurant rue Saint-Antoine.

PREMIER CONSUL.

Sire Eustache BOULLANGER, marchand grossier-mercier, demeurant rue au Feuure.

DEUXIÈME CONSUL.

Sire Jean GUIOT, marchand épicier, demeurant rue Saint-Denis.

TROISIÈME CONSUL.

Sire Jean DU PUIS, marchand de vins, demeurant rue Garnetal.

QUATRIÈME CONSUL.

Sire Cosme CARREL, marchand grossier-mercier, demeurant rue Saint-Jacques près Petit-Pont.

Et le vendredi, quatrième jour dudit mois de février, lesdits sieurs de Creil, le Normand, Monsigot, le Febvre et Lambert les ont présentés à la Cour, où ils ont fait serment, puis sont venus tous ensemble entendre la messe en l'église Saint-Médéric, et après lesdits sieurs ont tenu l'audience assistés desdits sieurs anciens juge et consuls sortants.

1595.

Pour l'élection d'un juge et quatre consuls des marchands, y a été procédé le mardi, dernier jour de janvier. Et ont été scrutateurs le Sire Charles Vulin et le sieur Balthazar Blaru, lesquels ont trouvé par le scrutin être demeuré pour :

JUGE.

Sire Pierre MARTIN, marchand de vins et de poisson de mer, demeurant rue des Prêcheurs.

PREMIER CONSUL.

Sire Claude LE ROY, marchand épicier, demeurant rue au Feuure.

DEUXIÈME CONSUL.

Sire François BELOT, marchand grossier-mercier, demeurant rue Saint-Denis.

TROISIÈME CONSUL.

Sire Henry GAMIN, marchand grossier, demeurant rue Saint-Denis.

QUATRIÈME CONSUL.

Sire Jean CHESNARD, marchand drapier, demeurant rue Saint-Honoré.

Et d'autant que les sieurs le Roy et Belot auraient eu chacun égalité de voix, on aurait jeté au sort, et serait arrivé que ledit sieur le Roy précéda ledit sieur Belot.

Et le mercredi, premier jour de février audit an, lesdits sieurs Boivin, Boullenger, Guiot, du Puis et Carrel les ont présentés à la Cour, où ils ont fait serment, puis sont venus tous ensemble ouïr la messe en l'église Saint-Médéric, et après sont venus tenir l'audience assistés desdits juge et consuls sortants.

1596.

Pour l'élection d'un juge et quatre consuls des marchands, y a été procédé le jeudi premier jour de février. Et ont été scrutateurs les sieurs Claude Bobye et Lucien Bethe, lesquels ont trouvé par le scrutin être demeuré pour :

JUGE.

Sire Charles VULIN, marchand grossier-mercier, demeurant rue Saint-Denis.

PREMIER CONSUL.

Sire Denys LE GROS, marchand drapier, demeurant rue Saint-Antoine.

DEUXIÈME CONSUL.

Sire François PIJARD, marchand apothicaire-épicier, demeurant au Cimetière-Saint-Jean.

TROISIÈME CONSUL.

Sire Antoine FILLEAU, marchand grossier-mercier, demeurant rue Saint-Denis.

QUATRIÈME CONSUL.

Sire Nicolas BOSSU, marchand de vins et de poisson de mer, demeurant près l'église Saint-Eustache.

Et d'autant que lesdits Pijard et Filleau auraient eu chacun égalité de voix, aurait été jeté au sort, et serait arrivé que ledit sieur Pijard aurait précédé ledit sieur Filleau.

Et le lundi, cinquième jour de février audit an, lesdits sieurs Martin et consorts les ont présentés à la Cour où ils ont fait serment, puis, après avoir tous ensemble ouï la messe en l'église Saint-Médéric, sont venus tenir l'audience ledit jour, assistés desdits sieurs juge et consuls sortants.

1597.

Pour l'élection d'un juge et quatre consuls des marchands, y a été
procédé le samedi premier février. Et ont été scrutateurs les Sires
Jean le Jay et Pierre Qutes, lesquels ont trouvé par le scrutin être
demeuré pour :

JUGE.

Sire Jean ROUILLIÉ, marchand drapier, demeurant rue Saint-Honoré.

PREMIER CONSUL.

Sire Philippes SENSIER, marchand grossier-mercier, demeurant rue
Saint-Denis.

DEUXIÈME CONSUL.

Sire Jean LOUVET, marchand grossier-mercier, demeurant rue
Saint-Denis.

TROISIÈME CONSUL.

Sire Jacques LAUDET, marchand épicier, demeurant aux Halles.

QUATRIÈME CONSUL.

Sire Guillaume PASSART, marchand de vin et de poisson de mer,
demeurant rue de la Cossonnerie.

Et d'autant que lesdits sieurs Laudet et Passart auraient eu chacun
dix-huit voix, aurait été à l'instant jeté au sort, et serait arrivé que
ledit sieur Laudet précède ledit sieur Passart.

Et le lundi, troisième jour de février audit an, lesdits sieurs Vulin,
le Gros, Pijard, Filleau et le Bossu les ont présentés à la Cour où ils
ont fait serment, puis sont venus tous ensemble ouïr la messe en
l'église Saint-Médéric, et après tenir l'audience ledit jour, assistés desdits sieurs juge et consuls sortants.

1598.

Pour l'élection d'un juge et quatre consuls des marchands, y a été
procédé le jeudi cinquième jour de février. Et ont été scrutateurs
les Sires Jean de Villebichet et Jacques Boucquin, lesquels ont
trouvé par les scrutins être demeuré pour :

JUGE.

Sire Pierre PONCHER l'aîné, marchand mercier, demeurant rue
Vieille-Truanderie.

Excusé par la Cour, comme il est dit ci-après; en son lieu a été élu le sieur de Villebichet.

PREMIER CONSUL.

Sire Thomas COIGNET, marchand joaillier, demeurant rue Quinquempoix.

DEUXIÈME CONSUL.

Sire Robert DESCARTS, marchand drapier, demeurant rue Saint-Martin.

TROISIÈME CONSUL.

Sire Claude ROUSSEL, marchand de vins et de poisson de mer, demeurant au cloître Saint-Jacques de l'Hôpital.

QUATRIÈME CONSUL.

Sire Pierre DU FRESNOY, marchand apothicaire, demeurant rue Saint-Honoré.

Il est à remarquer pour mémoire, que le sieur Jacques Bordier, marchand de vins, aurait eu treize voix à consul, de même que ledit sieur du Fresnoy, pourquoi à l'instant aurait été jeté au sort entre ledit sieur du Fresnoy et ledit sieur Bordier, et serait advenu que ledit sieur du Fresnoy serait demeuré quatrième consul.

Et le lendemain, vendredi sixième jour dudit mois, lesdits sieurs Rouillié, Louvet, Laudet et Passart ont présenté à la Cour lesdits Coignet, Roussel et du Fresnoy, qui ont fait le serment, puis sont venus ensemble ouïr la messe en l'église Saint-Médéric, et après tenir le siége et audience ledit jour, assistés desdits sieurs juge et consuls sortants.

Mais quant auxdits sieurs Poncher et Descarts, ils ne seraient comparus, et aurait la Cour ordonné qu'ils seraient mandés au premier jour à la diligence de M. le procureur général du Roi.

Et le lundi, neuvième dudit mois, lesdits sieurs Poncher et Descarts ont été mandés à la cour, lequel sieur Poncher a proposé ses excuses, qu'il n'était plus marchand il y avait dix ans, et qu'à présent il était secrétaire du Roy et avait fait le serment ès mains de M. le chancelier de France, sur quoi la Cour aurait ordonné, auparavant que passer outre, que le syndic des secrétaires du Roi serait ouï.

Et le jeudi, douzième jour dudit mois, est intervenu arrest par lequel la Cour, ouï sur ce le procureur général du Roy, a ordonné qu'il sera procédé à nouvelle élection d'un **juge des marchands**, à la diligence

21.

des juge et consuls de l'année précédente, en la manière accoutumée.

Cependant lesdits sieurs Coignet, Roussel et du Fresnoy ont tenu le siége depuis qu'ils ont fait le serment, jusques au serment et installation du nouvel élu.

Et le samedi, quatorzième jour dudit mois de février, la Compagnie, mandée en la manière accoutumée, étant assemblée en la chambre, a été mis en délibération qui tiendrait le siége pour l'effet de l'élection d'un juge au lieu dudit sieur Poncher ; sur quoi la Compagnie aurait résolu et avisé que sire Jean Rouillé, ancien juge, présiderait et tiendrait le siége avec lesdits Coignet, Roussel et du Fresnoy ; et à l'instant toute la Compagnie serait restée en la salle judiciaire, et a été procédé à l'élection d'un juge au lieu dudit sieur Poncher.

Et ont été scrutateurs Sire Jean de Villebichet, ancien consul, et Sire Pierre Feillet, aussi ancien consul, lesquels par le scrutin ont trouvé être demeuré pour :

JUGE.

Sire Jean DE VILLEBICHET, marchand grossier-mercier, demeurant rue Aubry-le-Boucher.

Et le lundi, seizième jour de février, lesdits sieurs Coignet, Roussel et du Fresnoy ont présenté à la Cour lesdits sieurs de Villebichet, juge, et Descarts, second consul, lesquels ont fait serment, puis sont venus ouïr la messe en l'église Saint-Médéric, et ont été installés au siége à la manière accoutumée.

1599.

Pour l'élection d'un juge et quatre consuls des marchands, y a été procédé le samedi trentième jour de janvier. Et ont été scrutateurs les Sires Jean le Jay et Jacques Pijard, anciens consuls, lesquels ont trouvé par le scrutin être demeuré pour :

JUGE.

Sire Barnabé DESPREZ, marchand drapier, demeurant rue de la Harpe.

PREMIER CONSUL.

Le sieur Fiacre PHILIPPES, marchand de vins, demeurant rue de la Mortellerie.

Excusé par la Cour comme il est dit ci-après.

Sire Miles LOMBERT, marchand épicier, demeurant au marché aux Poirées.

Sire Gilles DE BRÈZE, marchand grossier-mercier, demeurant rue des Cinq-Diamants.

Le sieur Jean DE CREIL, marchand grossier-mercier, demeurant rue Saint-Denis.

Excusé par la cour comme il a été dit ci-après.

Et le lundi, premier jour de février audit an, lesdits sieurs de Ville-bichet et consorts ont présenté à la Cour lesdits sieurs Desprez, Philippes, Lombert et de Brèze, lesquels auraient fait le serment, puis sont venus ensemble ouïr la messe en l'église Saint-Médéric, et après tenir le siége et audience ledit jour, assistés desdits sieurs juges et consuls sortants.

Mais quant audit Philippes, il a dit ses excuses à la Cour, et ledit sieur de Creil n'est comparu, et ladite Cour a ordonné qu'ils comparaîtraient au premier jour pour en être ordonné ainsi que de raison.

Et le mercredi, troisième février audit an 1599, serait intervenu arrest par lequel la Cour, ouï sur ce le procureur général du Roy, ensemble ledit de Creil, a ordonné que lesdits de Creil et Philippes demeureront déchargés, et qu'il sera procédé à nouvelle élection de deux autres consuls à la diligence des juge et consuls de l'année dernière. Cependant lesdits Desprez, Lombert et de Brèze ont tenu le siége en la manière accoutumée.

Et le jeudi, quatrième jour de février, fut la Compagnie mandée, et étant assemblée en la chambre, a été mis en délibération quel rang et séance tiendraient les deux consuls que l'on entendait être au lieu des deux déchargés. Sur quoi la Compagnie, à la pluralité des voix, aurait résolu et avisé que les deux qui seraient nouveaux élus tiendraient le troisième et quatrième rang de consuls.

Et à l'instant, en la salle judiciaire, a été procédé à l'élection de deux consuls au lieu desdits sieurs de Creil et Philippes.

Et ont été scrutateurs les Sires Antoine Robineau l'aîné et Nicolas le Bossu, et par le scrutin s'est trouvé demeuré pour :

Sire Jean DE LA HAYE, marchand orfèvre, demeurant sur le pont aux Changeurs.

QUATRIÈME CONSUL.

Sire Laurent BERGERON, marchand grossier-mercier, demeurant rue Sainte-Avoye.

Et le vendredi, cinquième jour dudit mois de février, lesdits sieurs de Villebichet, Coignet, Descarts, Roussel et du Fresnoy les ont présentés à la Cour, où ils ont fait serment, puis sont venus ouïr la messe en l'église Saint-Médéric, et à l'instant ont été installés au siége.

1600.

Pour l'élection d'un juge et quatre consuls des marchands, a été procédé le mardi premier jour de février. Et ont été scrutateurs les Sires Jean Jobert et Jean de Miraulmont, lesquels ont trouvé par le scrutin être demeuré pour :

JUGE.

Sire François BELIN, marchand épicier, demeurant rue de la Cossonnerie.

PREMIER CONSUL.

Sire Pierre FEULLET, marchand grossier-mercier, demeurant rue Jean-de-l'Espine.

DEUXIÈME CONSUL.

Sire Joseph DES CHAMPS, marchand drapier, demeurant rue de la Tonnellerie.

TROISIÈME CONSUL.

Sire Pierre NICOLAS, marchand orfèvre et quartinier de la ville, demeurant rue Saint-Jacques-la-Boucherie.

QUATRIÈME CONSUL.

Sire Michel LAMY, marchand grossier, demeurant rue Aubry-le-Boucher.

Et le vendredi, quatrième jour de février 1600, lesdits sieurs Desprez et consorts les ont présentés à la Cour, où ils ont fait le serment;

puis sont venus ouïr la messe en l'église Saint-Médéric, et ont été installés au siége.

1601.

Pour l'élection d'un juge et quatre consuls des marchands, a été procédé le jeudi premier jour de février. Et ont été scrutateurs les sieurs Martin Caillou et Pierre Pincebourde, lesquels ont trouvé par le scrutin être demeuré pour :

JUGE.

Sire Jean MULLOT, marchand de vins et de poisson de mer, demeurant rue des Prêcheurs.

PREMIER CONSUL.

Sire Remy ROYER, marchand drapier, demeurant rue Saint-Honoré.

DEUXIÈME CONSUL.

Sire Claude DE CAMBRAY, marchand apothicaire, demeurant rue Saint-André-des-Arcs.

TROISIÈME CONSUL.

Sire François FREZON, marchand de drap de soie, demeurant près le Petit-Pont.

QUATRIÈME CONSUL.

Sire Pierre SAINCTOT, teinturier de soie, l'un des quartiniers de la ville, demeurant rue Aubry-le-Boucher.

Et le lundi, cinquième jour du mois de février 1601, lesdits sieurs Belin et consorts les ont présentés à la Cour, où ils ont fait serment; puis sont venus ouïr la messe en l'église de Saint-Médéric et ont été installés au siége.

1602.

Pour l'élection d'un juge et quatre consuls des marchands, y a été procédé le mercredi trentième jour de janvier. Et ont été scrutateurs les Sires Barnabé Desprez et Joseph Deschamps, lesquels ont trouvé par le scrutin être demeuré pour :

JUGE.

Sire Laurent CRESSÉ, marchand grossier-mercier, demeurant près le Petit-Pont devant l'Hôtel-Dieu.

Sire André Ruffé, marchand grossier-mercier, demeurant rue Saint-Denis.

Sire Jean Messier, marchand drapier, demeurant rue Jean-de-l'Épine.

Sire Durand Yon, marchand de vins et de poisson de mer, demeurant aux Halles.

Nicolas DE BOURGES, marchand épicier, demeurant rue Saint-Denis.

Et le vendredi, premier jour de février 1602, lesdits sieurs Mullot et consorts les ont présentés à la Cour, où ils ont fait serment, puis sont venus ouïr la messe en l'église de Saint-Médéric et ont été installés au siège.

1603.

Pour l'élection d'un juge et quatre consuls des marchands, y a été procédé le samedi premier jour de février. Et ont été scrutateurs Sire Denys Neret et le sieur Pierre Houdan le jeune, lesquels ont trouvé par le scrutin être demeuré pour :

Sire Phillippes DU RESNEL, marchand grossier-mercier, demeurant rue Saint-Denis.

Excusé par la Cour, comme il sera dit ci-après.

Sire Jean Bazin, marchand drapier, demeurant rue Saint-Denis.

Sire Jean Henryot, marchand linger, demeurant rue Aubry-le-Boucher.

Sire Paschal Bazoin, marchand apothicaire, demeurant rue Saint-Antoine.

Sire Nicolas Targer, marchand mercier, demeurant rue Champ-verrerie.

Et le lundi, troisième jour dudit mois de février 1603, lesdits sieurs Cressé et consorts ont présenté à la Cour lesdits sieurs Bazin, Henryot, Bazoin et Targer, qui ont fait le serment accoutumé, puis sont venus ouïr la messe en l'église Saint-Médéric, et ont été installés.

Et quant audit sieur du Resnel, il ne serait comparu en ladite Cour, laquelle aurait ordonné qu'il serait mandé en icelle, et de fait y aurait envoyé l'huissier Cordelle, qui aurait rapporté qu'il était hors de cette ville, et ne serait de retour de deux mois.

Et le huitième jour dudit mois serait intervenu arrêt de la Cour, sur ce que M. le procureur général du Roy aurait remontré l'absence dudit sieur du Resnel, et avait su qu'icelui du Resnel avait une infirmité de l'ouïe, à l'occasion de laquelle il ne pouvait accepter la charge, par lequel arrêt la Cour aurait ordonné qu'à la diligence des juge et consuls de l'année dernière, serait procédé à nouvelle élection d'un juge au lieu dudit sieur du Resnel.

Cependant lesdits sieurs Bazin, Henryot, Bazoin et Targer ont tenu le siége depuis qu'ils ont eu fait serment, jusques au jour du serment et installation du nouvel élu.

Et le treizième jour dudit mois de février, la Compagnie, mandée en la manière accoutumée, aurait avisé que, suivant l'ordre résolu en pareille occurrence l'année 1598, le sieur Cressé, ancien juge, présiderait et tiendrait le siége avec lesdits sieurs Bazin, Henryot, Bazoin et Targer.

Et à l'instant, par toute la Compagnie, a été procédé en la manière accoutumée à l'élection d'un juge au lieu du sieur du Resnel.

Et ont été scrutateurs sires Gilles de Brèze et Pierre Sainctot, anciens consuls, par le scrutin desquels s'est trouvé demeuré pour :

JUGE.

Gabriel DE FLECELLES, marchand de drap de soie, demeurant rue Neuve-Saint-Médéric.

Et le vendredi, quatorzième jour dudit mois de février, lesdits sieurs Cressé et consorts ont présenté à la Cour ledit sieur de Flecelles pour juge, lequel y a fait serment; puis sont venus ouïr la messe en l'église Saint-Médéric, et a été ledit de Flecelles installé en son siége.

1604.

Pour l'élection d'un juge et quatre consuls des marchands, a été procédé le samedi trente-unième de janvier. Et ont été scrutateurs les Sires Jean le Jay et André Ruffé, lesquels ont trouvé par le scrutin être demeuré pour :

JUGE.

Sire Claude LE ROY, marchand épicier, demeurant rue au Feuure.

PREMIER CONSUL.

Sire Jean L'EMPEREUR, marchand drapier, demeurant rue Pont-Notre-Dame.

DEUXIÈME CONSUL.

Sire Claude DU PRÉ, marchand grossier-mercier, demeurant grande rue Saint-Jacques.

TROISIÈME CONSUL.

Sire Nicolas VYE, marchand grossier-mercier, demeurant rue Saint-Denis.

QUATRIÈME CONSUL.

Sire Jean GUILLEMOT, marchand de vins et de poisson de mer, demeurant aux Halles.

Et le mercredi, quatrième jour de février audit an 1604, lesdits sieurs de Flecelles et consorts les ont présentés à la Cour, où ils ont fait le serment accoutumé, puis sont venus ouïr la messe en l'église Saint-Médéric, et ont été installés au siége.

1605.

Pour l'élection d'un juge et quatre consuls des marchands, y a été procédé le mardi premier jour de février. Et ont été scrutateurs les Sires Jacques Laudet et Marc Nicolas, lesquels ont trouvé par le scrutin être demeuré pour :

JUGE.

Sire François BELOT, marchand grossier-mercier, demeurant rue Quinquempoix.

PREMIER CONSUL.

Sire Louis DANYS, marchand grossier-mercier, demeurant rue Saint-Denis.

DEUXIÈME CONSUL.

Sire Pierre LE BREST, marchand drapier, demeurant rue Saint-Honoré.

TROISIÈME CONSUL.

Sire Jean JOBERT, marchand apothicaire, demeurant rue Saint-Honoré.

QUATRIÈME CONSUL.

Sire Jean EUSTACHE, marchand de vins et de poisson de mer, demeurant rue Champverrerie.

Et le vendredi, quatrième jour dudit mois de février, lesdits sieurs le Roy et consorts les ont présentés à la Cour où ils ont fait serment; puis sont venus ouïr la messe en l'église Saint-Médéric, et à l'instant ont été installés au siége.

1606.

Pour l'élection d'un juge et quatre consuls des marchands, y a été procédé le mardi dernier jour de janvier. Et ont été scrutateurs les Sires Claude du Pré et Jean de Compans, lesquels ont trouvé par le scrutin être demeuré pour :

JUGE.

Sire Jean CHESNARD, marchand drapier, demeurant rue Saint-Honoré.

PREMIER CONSUL.

Sire Jacques DROUET, marchand épicier, demeurant rue Saint-Denis.

DEUXIÈME CONSUL.

Sire Pierre CREMILIER, marchand de vins, demeurant rue Saint-Sauveur.

TROISIÈME CONSUL.

Sire Antoine GUIBERT, marchand mercier, demeurant rue Savaterie.

QUATRIÈME CONSUL.

Sire Guillaume LESPICIER, marchand de blé, demeurant rue de la Mortellerie.

Et le mercredi, premier jour de février, lesdits sieurs Belot, Danys, le Brest et Jobert, les ont présentés à la Cour, où ils ont fait serment; puis sont venus ouïr la messe en l'église Saint-Médéric, et après ils ont été installés au siége.

1607.

Pour l'élection d'un juge et quatre consuls des marchands, y a été procédé le jeudi premier jour de février. Et ont été scrutateurs les Sires Pierre Martin et Jean Jobert, lesquels ont trouvé par le scrutin être demeuré pour :

JUGE.

Sire Pierre LE FEBVRE, marchand grossier-mercier, demeurant rue Saint-Denis.

PREMIER CONSUL.

Sire Guillaume MARIER, marchand de vins, demeurant rue Saint-Sauveur.

DEUXIÈME CONSUL.

Sire Nicolas GILLOT, marchand drapier, demeurant rue Saint-Honoré.

TROISIÈME CONSUL.

Sire Pierre BACHELIER, marchand apothicaire, demeurant rue Saint-Honoré.

QUATRIÈME CONSUL.

Sire Jean BEAUCOUSIN, marchand orfévre, demeurant sur le pont aux Changeurs.

Et le lundi, cinquième jour dudit mois de février, lesdits sieurs Chesnard et consorts les ont présentés à la Cour, où ils ont fait serment; puis sont venus ouïr la messe en l'église de Saint-Médéric, et ont été installés au siége.

1608.

Pour l'élection d'un juge et quatre consuls des marchands, y a été procédé le jeudi dernier jour de janvier. Et ont été scrutateurs Sire Michel Lamy et le sieur Jean Lemaire, lesquels ont trouvé par le scrutin être demeuré pour :

JUGE.

Sire Jean GUYOT, marchand épicier, demeurant rue Saint-Denis.

PREMIER CONSUL.

Sire Eustache LE BOSSU, marchand de vins et de poisson de mer, demeurant rue Montorgueil.

DEUXIÈME CONSUL.

Sire Olivier PICQUE, marchand grossier-mercier, demeurant rue Saint-Denis.

TROISIÈME CONSUL.

Sire Jean BACHELIER, marchand drapier, demeurant rue Saint-Jacques.

QUATRIÈME CONSUL.

Sire Simon MARCEZ, marchand orfévre, demeurant au bout du pont aux Changeurs.

Et le vendredi, premier jour de février audit an mil six cent huit, lesdits sieurs le Febvre, Marier, Gillot, Bachelier et Beaucousin ont encore tenu le siége, pour n'avoir pu présenter les nouveaux élus à la Cour, à cause de l'incommodité des rues.

Et le lundi, quatrième jour de février, ont été conduits au Palais pour les présenter à la Cour, et faire le serment; mais pour ce que messieurs les gens du Roy y sont venus trop tard, lesdits sieurs juge et consuls ont été remis au mercredi suivant, et cependant messieurs les anciens tinrent l'audience ledit jour.

Et le mercredi, sixième jour dudit mois de février, lesdits sieurs le Febvre, Marier, Gillot, Bachelier et Beaucousin les ont derechef présentés à la Cour, où ils ont fait serment; puis sont venus ouïr la messe en l'église Saint-Médéric, et après la messe ont été installés au siége en la manière accoutumée.

1609.

Pour l'élection d'un juge et quatre consuls des marchands, y a été procédé le samedi trente-unième jour de janvier. Et ont été scrutateurs Sire Denys Néret et le sieur Hierosme Achères, lesquels ont trouvé par le scrutin être demeuré pour :

JUGE.

Sire Jean LOUVET, marchand grossier-mercier, demeurant rue Saint-Denis.

PREMIER CONSUL.

Sire Simon LANGLOIS, marchand épicier, demeurant rue des Lombards.

DEUXIÈME CONSUL.

Sire François HERSANT, marchand drapier, demeurant à Petit-Pont.

Et d'autant que sires Jacques Benoise, Claude Chanlatte et Charles Hélain ont eu égalité de voix, leurs noms ont été tirés au sort; le nom du sieur Benoise a été tiré le premier, celui du sieur Chanlatte le second, et partant sont demeurés pour :

TROISIÈME CONSUL.

Sire Jacques BENOISE, marchand orfèvre, demeurant sur le pont aux Changeurs.

QUATRIÈME CONSUL.

Sire Claude CHANLATTE, marchand de vins, demeurant rue Bétisy.

Et le mercredi, quatrième jour de février, lesdits sieurs Guyot et consorts les ont présentés à la Cour, où ils ont fait serment; puis sont venus ouïr la messe en l'église Saint-Médéric, et après ont été installés au siège.

1610.

Pour l'élection d'un juge et quatre consuls des marchands, y a été procédé le samedi trentième jour de janvier. Et ont été scrutateurs les sieurs Toussaint d'Yvry et Nicolas Doublet, lesquels ont trouvé par le scrutin être demeuré pour :

JUGE.

Sire Guillaume PASSART, marchand de vins et de poisson de mer, demeurant rue de la Cossonnerie.

PREMIER CONSUL.

Sire Charles HELAIN, marchand mercier, demeurant rue Aubry-Boucher.

DEUXIÈME CONSUL.

Sire Michel GAMARE, marchand apothicaire-épicier, demeurant devant la Croix des Carmes.

TROISIÈME CONSUL.

Sire Jean BOUÉ, marchand drapier, demeurant rue Saint-Honoré.

QUATRIÈME CONSUL.

Sire Martin CAILLOU, marchand pelletier, demeurant rue Saint-Denis.

Et le lundi, premier jour de février, lesdits sieurs Louvet et consorts les ont présentés à la Cour, où ils ont fait serment; puis sont venus ouïr la messe en l'église Saint-Médéric, et après la messe ont été installés au siège.

DU RÈGNE DE LOUIS XIII, ROI DE FRANCE ET DE NAVARRE.

1611.

Pour l'élection d'un juge et quatre consuls des marchands, y a été procédé le mardi premier jour de février. Et ont été scrutateurs les sieurs Nicolas Collin et Antoine le Secq, lesquels ont trouvé par le scrutin être demeuré pour :

JUGE.

Sire Robert DESCARTES, marchand drapier, pour avoir eu toutes voix à juge, demeurant rue Saint-Martin.

PREMIER CONSUL.

Sire Guillaume POIGNANT, marchand épicier, demeurant rue de la Cossonnerie.

DEUXIÈME CONSUL.

Sire Pierre HACHETTE, marchand bonnetier, demeurant près Petit-Pont.

TROISIÈME CONSUL.

Sire Jacques DE CREIL, marchand grossier-mercier, demeurant rue Saint-Denis.

QUATRIÈME CONSUL.

Sire Fiacre MALACQUIN, marchand mercier, demeurant rue Vieille-Monnoye.

Et le vendredi, quatrième février audit an 1611, lesdits sieurs Passart, Helain, Gamare, Boué et Caillou, les ont présentés à la Cour, où ils ont fait serment; puis sont venus ouïr la messe en l'église Saint-Médéric, et après la messe ont été installés au siège.

Et quant audit sieur Hachette, il n'a comparu, d'autant qu'il était malade, et le onzième dudit mois a comparu à la Cour, où il a été présenté par lesdits sieurs Descartes, Poignant, de Creil et Malacquin, et a fait serment.

1612.

*Pour l'élection d'un juge et quatre consuls des marchands, y a été
procédé le mardi trente-un de février. Et ont été scrutateurs sire
Jean le Normand, ancien consul, et le sieur Jean Thiville, lesquels ont trouvé par le scrutin être demeuré pour :*

JUGE.

Sire Pierre FEULLET, marchand mercier, demeurant rue Jean-de-
l'Espine.

PREMIER CONSUL.

Sire Claude GONIER, marchand apothicaire, demeurant rue Sainte-
Avoye.

DEUXIÈME CONSUL.

Sire Claude BOUCHER, marchand mercier, demeurant rue Saint-
Denis.

TROISIÈME CONSUL.

Sire Jean CAVELLIER, marchand bonnetier, demeurant rue Saint-
Jacques-de-la-Boucherie.

QUATRIÈME CONSUL.

Sire Louis DROUIN, marchand drapier, demeurant rue Saint-Denis-
de-la-Chartre.

Et le mercredi, premier jour de février, lesdits sieurs Descartes et
consorts les ont présentés à la Cour, où ils ont fait le serment accoutumé ; puis sont venus ouïr la messe en l'église Saint-Médéric, et ont
été installés au siége.

1613.

*Pour l'élection d'un juge et quatre consuls des marchands, y a été
procédé le jeudi trente-un janvier. Et ont été scrutateurs sire
Jacques de Creil, ancien consul, et sieur Hilaire de l'Isle, lesquels ont trouvé par le scrutin être demeuré pour :*

JUGE.

Sire Joseph DES CHAMPS, marchand drapier, demeurant sous la Tonnellerie

PREMIER CONSUL.

Sire Michel RACQUENET, marchand épicier, demeurant rue Saint-Denis.

DEUXIÈME CONSUL.

Sire Jean LE MAIRE, marchand mercier, demeurant rue de la Callandre.

TROISIÈME CONSUL.

Sire Estienne FERRUS, marchand pelletier, demeurant rue Saint-Honoré.

QUATRIÈME CONSUL.

Sire Pierre PELLETIER, marchand orfévre, demeurant rue Saint-Jacques-de-la-Boucherie.

Et le vendredi, premier jour de février, lesdits sieurs Feullet, Gonier, Boucher, Cavellier et Droüin les ont présentés à la Cour, où ils ont fait serment; puis sont venus ouïr la messe en l'église Saint-Médéric, et ont été installés au siége.

1614.

Pour l'élection d'un juge et quatre consuls des marchands, a été procédé le samedi, premier jour de février. Et ont été scrutateurs Sire Olivier Picque, ancien consul, et sieur Marc Nicolas, lesquels ont trouvé par le scrutin être demeuré pour :

JUGE.

Sire François FREZON, marchand de draps de soie, demeurant près Petit-Pont.

PREMIER CONSUL.

Sire François PREDESEIGLE, marchand drapier, demeurant à la place Maubert.

DEUXIÈME CONSUL.

Sire Antoine ANDRENAS, marchand du corps de la mercerie, demeurant rue Ferronnerie, l'un des quartiniers de la ville.

TROISIÈME CONSUL.

Sire Antoine OLLIN [1], marchand apothicaire, demeurant rue du Temple.

---

[1] Suivant le manuscrit du livre des chartes, et non pas Aulin, comme le portent les rôles imprimés.

22

QUATRIÈME CONSUL.

Sire Antoine CHARRATS, marchand bonnetier, demeurant rue Saint-Denis.

Et le lundi, troisième jour de février audit an 1614, lesdits sieurs des Champs et consorts les ont présentés à la Cour, où ils ont fait serment; puis sont allés ouïr la messe en l'église Saint-Médéric, et ont été installés au siége.

Le décès étant advenu dudit François Predeseigle, lesdits sieurs Frezon, Andrenas, Ollin et Charrats auraient fait assemblée des anciens juges et consuls et des maîtres et gardes des six corps des marchands, et mis en délibération si l'on élirait un autre consul au lieu dudit défunt sieur Predeseigle, par laquelle assemblée fut avisé que l'on procéderait à l'élection d'un autre qui tiendrait la quatrième place de consul.

Suivant laquelle résolution, le samedi, vingt-sixième jour d'avril 1614, fut procédé à l'élection, et furent scrutateurs Sire Pierre Pelletier, ancien consul, et sieur Jean Savary, lesquels trouvèrent par le scrutin être demeuré pour :

QUATRIÈME CONSUL.

Sire Jean DU BOIS, marchand drapier, demeurant rue Saint-Honoré, pour avoir eu trente-trois voix à consul.

Et le vingt-huitième jour dudit mois d'avril audit an, lesdits sieurs Frezon et consorts ont présenté à la Cour ledit sieur du Bois, qui a fait serment; puis ledit jour a été installé au siége à la manière accoutumée.

1615.

Pour l'élection d'un juge et quatre consuls des marchands, il y fut procédé le samedi, dernier jour de janvier. Et ont été scrutateurs Sire Simon Marcez, ancien consul, et sieur Charles Hamelin, lesquels ont trouvé par le scrutin être demeuré pour :

JUGE.

Noble homme Pierre SAINCTOT, marchand et ancien échevin de la ville, demeurant rue Neuve-Saint-Magloire.

PREMIER CONSUL.

Sire Jean DE COMPANS, marchand drapier, demeurant au bout du pont Notre-Dame.

DEUXIÈME CONSUL.

Sire Nicolas DOUBLET, marchand mercier, demeurant rue Saint-Denis.

TROISIÈME CONSUL.

Sire Jacques BARBIER, marchand épicier, demeurant rue Saint-Denis.

QUATRIÈME CONSUL.

Sire Charles AVELYNE, marchand orfèvre, demeurant sur le pont aux Changeurs.

Et d'autant que les sieurs Nicolas Doublet et Jacques Barbier auraient eu chacun vingt-six voix à consul, aurait été avisé par la Compagnie que leurs deux noms seraient écrits en deux billets de papier et mis dans un chapeau, et que le premier qui serait tiré par ledit sieur Frezon demeurerait pour deuxième consul, et l'autre pour troisième, ce qui aurait été fait, et serait advenu que ledit sieur Doublet aurait été tiré le premier et partant serait demeuré le deuxième consul.

Et le mercredi, quatrième jour de février 1615, lesdits sieurs Frezon et consorts les ont présentés à la Cour, où ils ont fait serment; puis sont venus ouïr la messe en l'église Saint-Médéric, et ont été installés au siége.

1616.

Pour l'élection d'un juge et quatre consuls des marchands, a été procédé le samedi trentième janvier. Et ont été scrutateurs Sire Antoine Andrenas, ancien consul, et sieur Pierre Baudeau, lesquels ont trouvé par le scrutin être demeuré pour :

JUGE.

Sire Jean HENRYOT, marchand grossier-mercier, demeurant rue Aubry-Boucher.

PREMIER CONSUL.

Sire Jean CHÉRON, marchand apothicaire-épicier, demeurant au bout du pont Notre-Dame, près Saint-Denis de la Chartre.

DEUXIÈME CONSUL.

Sire Nicolas BRILLET, marchand drapier, demeurant rue Barillerie, près le Palais.

TROISIÈME CONSUL.

Sire Antoine ROBINEAU, marchand de laine du corps de la mercerie, demeurant rue Trousse-Vache.

QUATRIÈME CONSUL.

Sire Guillaume PERIER, marchand de vins, demeurant rue du Petit-Lion.

Et le lundi, premier jour de février audit an 1616, lesdits sieurs Sainctot, de Compans, Doublet, Barbier et Avelyne les ont présentés à la Cour, où ils ont fait serment; puis sont venus ouïr la messe en l'église Saint-Médéric, et après ont été installés au siége.

1617.

Pour l'élection d'un juge et quatre consuls des marchands, a été procédé le mardi, dernier jour de janvier. Et ont été scrutateurs les sieurs Martin de la Planche et Claude Formentin, lesquels ont trouvé par le scrutin être demeuré pour :

JUGE.

Sire Nicolas TARGER, marchand grossier-mercier, demeurant rue de la Champverrerie.

PREMIER CONSUL.

Sire François PORTEBEDIEN, marchand de draps de soie, demeurant près le Petit-Pont.

DEUXIÈME CONSUL.

Sire Jacques HÉRON, marchand épicier, demeurant rue des Lombards.

TROISIÈME CONSUL.

Sire Pierre CAIGNET, marchand drapier, demeurant rue de Long-Pont.

QUATRIÈME CONSUL.

Sire Pierre GOUJON, marchand de vins, demeurant rue Montmartre.

Et le mercredi, premier jour de février audit an, lesdits sieurs Henryot et conserts les ont présentés à la Cour, où ils ont fait serment; puis sont venus ouïr la messe en l'église Saint-Médéric, et après la messe ont été installés au siége.

1618.

Pour l'élection d'un juge et quatre consuls des marchands, a été procédé le jeudi, premier jour de février. Et ont été scrutateurs les sieurs Jean de Bierne et Jacques Mulot, lesquels ont trouvé par le scrutin être demeuré pour :

JUGE.

Sire Jean LEMPEREUR, marchand drapier, demeurant au bout du pont Notre-Dame, près Saint-Denis de la Chartre.

PREMIER CONSUL.

Sire Martin BACHELIER, marchand grossier-mercier, demeurant rue Saint-Denis.

DEUXIÈME CONSUL.

Sire Guillaume D'ESCOUY, marchand apothicaire-épicier, demeurant au bout du Petit-Pont, près l'église de la Madeleine.

TROISIÈME CONSUL.

Sire Guillaume CAMUS, marchand orfévre, demeurant rue Saint-Germain-l'Auxerrois.

QUATRIÈME CONSUL.

Sire Jean BARON, marchand mercier, demeurant rue de la Vieille-Monnoye.

Et le cinquième jour de février audit an 1618, lesdits sieurs Targer et consorts les ont présentés à la Cour, où ils ont fait serment; puis sont venus ouïr la messe en l'église Saint-Médéric, et après, ont été installés au siége.

1619.

Pour l'élection d'un juge et quatre consuls des marchands, a été procédé le trente-un janvier. Et ont été scrutateurs les Sires Louis Drouin et Jean du Bois, lesquels ont trouvé par le scrutin être demeuré pour :

JUGE.

Sire Jean GUILLEMOT, marchand de poisson de mer, demeurant aux Halles.

PREMIER CONSUL.

Sire André Langlois, marchand drapier, demeurant aux Halles.

DEUXIÈME CONSUL.

Sire Jean Savary, marchand de draps de soie, du corps de la mercerie, demeurant rue au Feuure.

TROISIÈME CONSUL.

Sire Pierre du Chesnes, marchand épicier, demeurant rue de la Cossonnerie.

QUATRIÈME CONSUL.

Sire Pasquier le Roy, marchand joaillier, du corps de la mercerie, demeurant sur le pont aux Changeurs.

Et le vendredi, premier jour de février audit an 1619, lesdits sieurs Lempereur et consorts les ont présentés à la Cour, où ils ont fait serment; puis sont venés en compagnie ouïr la messe en l'église Saint-Médéric, et ont été installés au siège.

Et, à l'issue de l'audience, a été par les sieurs Lempereur, Bachelier, d'Escouy, Camus et Baron, mis ès mains des sieurs Guillemot, Langlois, Savary, du Chesnes et le Roy, les pièces et titres concernant le greffe de la juridiction, avec l'inventaire, le tout étant dans le coffre-fort, duquel leur a été baillé les clefs.

Il a été arrêté que la même chose se pratiquera à l'avenir.

1620.

Pour l'élection d'un juge et quatre consuls des marchands, a été procédé le samedi, premier jour de février. Et ont été scrutateurs les sieurs Pierre Héron et Claude Goblet, lesquels ont trouvé par le scrutin être demeuré pour :

JUGE.

Sire Guillaume Lespicier, marchand de grains, demeurant près les Cordeliers.

PREMIER CONSUL.

Sire Simon Guilloré, marchand apothicaire-épicier, demeurant rue Saint-Jacques-de-la-Boucherie.

DEUXIÈME CONSUL.

Sire Jean Helyot, marchand mercier, demeurant sur le pont Notre-Dame.

TROISIÈME CONSUL.

Sire Charles GERMAIN, marchand drapier, demeurant rue Saint-Martin.

QUATRIÈME CONSUL.

Sire Pierre CADEAU, marchand mercier, demeurant rue Saint-Denis.

Les sieurs Pierre Cadeau et Simon de Launay ayant eu chacun treize voix à consul, il a été tiré au sort avec deux billets dans un chapeau, et le sieur Cadeau est demeuré pour quatrième consul.

Et le lundi, troisième jour dudit mois de février audit an, lesdits sieurs Guillemot et consorts les ont présentés à la Cour, où ils ont fait serment; puis sont venus ouïr la messe en l'église Saint-Médéric, et après ont été installés au siége.

1621.

Pour l'élection d'un juge et quatre consuls des marchands, a été procédé le jeudi, trentième jour de janvier. Et ont été scrutateurs les sieurs Jean Levesque et Claude du May, lesquels ont trouvé par le scrutin être demeuré pour :

JUGE.

Sire Guillaume MARIER, marchand de vins, demeurant rue Saint-Sauveur.

PREMIER CONSUL.

Sire François DENISON, marchand épicier, demeurant rue Saint-Denis.

DEUXIÈME CONSUL.

Sire François GLUÉ, marchand mercier, demeurant rue Saint-Denis.

TROISIÈME CONSUL.

Sire Charles HAMELIN, marchand drapier, demeurant rue Saint-Denis.

QUATRIÈME CONSUL.

Sire Claude JEUNESSE, marchand mercier, demeurant rue Saint-Denis.

Et le lundi, premier jour de février audit an, lesdits sieur Lespicier et consorts les ont présentés à la Cour, où ils ont fait serment; puis sont venus ouïr la messe en l'église Saint-Médéric, et ont été installés au siége.

1622.

*Pour l'élection d'un juge et quatre consuls des marchands, il y a été
procédé le mardi, premier jour de février. Et ont été scrutateurs
les Sires Nicolas Doublet et Guillaume Camus, lesquels ont trouvé
par le scrutin être demeuré pour :*

JUGE.

Sire Jean BEAUCOUSIN, marchand orfèvre, demeurant à la Monnoye.

PREMIER CONSUL.

Sire Jean DESLAVIERS, marchand de draps de soie, du corps de la
mercerie.

DEUXIÈME CONSUL.

Sire Louis DE CREIL, marchand drapier, demeurant rue Truanderie.

TROISIÈME CONSUL.

Sire Thomas COLICHON, marchand épicier, demeurant rue au Feuure.

QUATRIÈME CONSUL.

Sire Marin GUIET, marchand de vins, demeurant rue dite Place
aux Veaux.

Et le vendredi, quatrième jour dudit mois de février, lesdits sieurs
Marier et consorts les ont présentés à la Cour, où ils ont fait le serment
accoutumé ; puis sont venus ouïr la messe en l'église Saint-Médéric,
et après ont été installés au siége.

1623.

*Pour l'élection d'un juge et quatre consuls des marchands, a été
procédé le mardi, trente-un janvier. Et ont été scrutateurs Sire
Charles Hamelin et sieur Nicolas de Hault, lesquels ont trouvé
par le scrutin être demeuré pour :*

JUGE.

Sire Olivier PICQUE, marchand grossier-mercier, demeurant rue
Saint-Denis.

PREMIER CONSUL.

Sire Pierre DE PLANCY, marchand apothicaire-épicier, demeurant
rue Saint-Honoré.

DEUXIÈME CONSUL.

Sire Jean Tronchot, marchand drapier, demeurant rue Saint-Denis.

TROISIÈME CONSUL.

Sire Antoine Doublet, marchand grossier-mercier, demeurant rue Saint-Denis.

QUATRIÈME CONSUL.

Sire Pierre Touzet, marchand orfévre, demeurant rue de la Monnoye.

Et le mercredi, premier jour de février audit an, lesdits sieurs Beaucousin et consorts les ont présentés à la Cour, où ils ont fait serment; puis sont venus ouïr la messe en l'église Saint-Médéric, et après ont été installés au siége, et à la levée du siége leur ont été mis ès mains les clefs du coffre et armoires où sont les papiers.

1624.

Pour l'élection d'un juge et quatre consuls des marchands, a été procédé le jeudi premier jour de février. Et ont été scrutateurs les sieurs Pierre le Febvre et Pierre Turquet, lesquels ont trouvé par le scrutin être demeuré pour :

JUGE.

Sire Jean Bachelier, marchand drapier, demeurant grande rue Saint-Jacques.

PREMIER CONSUL.

Sire Guillaume Guérin, marchand épicier, demeurant rue de la Harpe.

DEUXIÈME CONSUL.

Sire Augustin Santeuil, marchand mercier, demeurant rue Saint-Denis.

TROISIÈME CONSUL.

Sire Denys de Saint-Genis, marchand de grains et l'un des quartiniers de la ville, demeurant rue de la Mortellerie.

QUATRIÈME CONSUL.

Sire Alexandre Liger, marchand mercier, demeurant rue Trousse-Vache.

Et le lundi, cinquième jour de février, lesdits sieurs Picque, Tronchot, Doublet et Touzet les ont présentés à la Cour, où ils ont fait serment; puis sont venus ouïr la messe en l'église Saint-Médéric et ensuite ont été installés au siège.

1625.

Pour l'élection d'un juge et quatre consuls des marchands, a été procédé le samedi premier février. Et ont été scrutateurs les sieurs Pierre Perier et Jean de Verdun, lesquels ont trouvé par le scrutin être demeuré pour :

JUGE.

Sire Jacques BENOISE, marchand orfévre, demeurant au bout du pont au Change.

PREMIER CONSUL.

Sire Jean LA GOGUE, marchand mercier, demeurant sur le pont Notre-Dame.

DEUXIÈME CONSUL.

Sire Marc NICOLAS, marchand apothicaire-épicier et l'un des quartiniers de cette ville, demeurant rue Saint-Antoine.

TROISIÈME CONSUL.

Sire Michel SONNIUS, marchand libraire, demeurant rue Saint-Jacques.

QUATRIÈME CONSUL.

Sire Nicolas DE HAULT, marchand drapier, demeurant rue de la Harpe.

Et le lundi, troisième jour de février, lesdits sieurs Bachelier et consorts les ont présentés à la Cour, où ils ont fait serment; puis sont venus ouïr la messe en l'église Saint-Médéric, et ont ensuite été installés au siège.

1626.

Pour l'élection d'un juge et quatre consuls des marchands, y a été procédé le samedi trente-un janvier. Et ont été scrutateurs le Sire Jean Bachelier, ancien consul, et le sieur Jean le Marchand, lesquels ont trouvé par le scrutin être demeuré pour :

JUGE.

Sire Pierre HACHETTE, marchand bonnetier, demeurant au bout du pont, devant le portail de l'Hôtel-Dieu.

PREMIER CONSUL.

Sire Jean BAZIN, marchand drapier et conseiller de la ville, demeurant rue Saint-Honoré.

DEUXIÈME CONSUL.

Sire Léonard TORENTIER, marchand épicier, demeurant au marché aux Poirées.

TROISIÈME CONSUL.

Sire Pierre PINCEBOURDE, marchand orfévre, demeurant rue de la Savonnerie.

QUATRIÈME CONSUL.

Sire Guillaume BAILLON, marchand bonnetier, demeurant rue Saint-Jacques-de-la-Boucherie.

Et le mercredi, quatrième jour dudit mois de février audit an, lesdits sieurs Benoise et consorts les ont présentés à la Cour, où ils ont fait serment, puis sont venus ouïr la messe en l'église Saint-Médéric, et ont été ensuite installés au siége.

1627.

Pour l'élection d'un juge et quatre consuls des marchands, y a été procédé par les sieurs Hachette, Bazin, Torentier, Pincebourde et Baillon, le samedi trentième janvier. Et ont été scrutateurs les sieurs François du Quesnoy et Claude Caignet, lesquels ont trouvé par le scrutin être demeuré pour :

JUGE.

Noble homme Simon MARCEZ, marchand orfévre, quartinier et ancien échevin, demeurant près le grand Châtelet.

PREMIER CONSUL.

Sire Adrien DE VIN, marchand drapier, demeurant rue Saint-Denis.

DEUXIÈME CONSUL.

Sire Nicolas DE LAISTRE, marchand grossier-mercier, demeurant rue des Lombards.

TROISIÈME CONSUL.

Sire Claude GIROUART, marchand pelletier, demeurant rue Vieille-Cordonnerie.

QUATRIÈME CONSUL.

Sire Gilles LE RAT, marchand apothicaire-épicier, demeurant rue Saint-Antoine.

Et le lundi, premier jour de février audit an, lesdits sieurs Hachette et consorts les ont présentés à la Cour, où ils ont fait serment; puis sont venus ouïr la messe en l'église Saint-Médéric, et ont ensuite été installés au siége.

1628.

Pour l'élection d'un juge et quatre consuls des marchands, y a été procédé le mardi, premier jour de février. Et ont été scrutateurs les Sires Pierre Cadeau et Claude Jeunesse, lesquels ont trouvé par le scrutin être demeuré pour :

JUGE.

Noble homme Jacques DE CREIL, ci-devant marchand du corps de la mercerie et ancien échevin de cette ville, demeurant rue Porte-Foin, près les Enfants rouges.

PREMIER CONSUL.

Sire Claude BOUCHER, marchand drapier, demeurant rue Saint-Antoine.

DEUXIÈME CONSUL.

Sire Martin RAFRON, marchand épicier, demeurant rue Saint-Denis.

TROISIÈME CONSUL.

Sire Jean GARNIER, marchand grossier-mercier, demeurant rue Saint-Denis.

QUATRIÈME CONSUL.

Sire Pierre FILLASSIER, marchand orfévre, demeurant sur le quai de la Mégisserie.

Et le vendredi, quatrième jour de février, lesdits sieurs Marcez, de Vin, de Laistre, Girouart et le Rat les ont présentés à la Cour, où ils ont fait serment; puis sont venus ouïr la messe en l'église Saint-Médéric, et ont ensuite été installés au siége.

Quant au sieur de Creil, il ne serait comparu à la Cour, à cause de son indisposition, et par l'avis desdits sieurs, ledit sieur Marcez aurait ledit jour tenu la place de juge en l'audience.

Et le lundi, vingt-unième jour de février, ledit sieur Marcez, ancien juge, avec lesdits sieurs Rafron, Garnier et Fillassier, en l'absence du sieur Boucher, lors malade, auraient présenté à la Cour ledit sieur de Creil, pour y prêter serment; puis sont venus ouïr la messe en l'église Saint-Médéric, après laquelle il a été installé au siége.

1629.

Pour l'élection d'un juge et quatre consuls des marchands, y a été procédé le jeudi, premier jour de février. Et ont été scrutateurs Sire Jean Baron et le sieur André Ferru, lesquels ont trouvé par le scrutin être demeuré pour :

JUGE.

Noble homme Claude GONYER, marchand apothicaire-épicier et ancien échevin, demeurant rue Sainte-Avoye.

PREMIER CONSUL.

Sire Claude YON, marchand mercier, demeurant rue Saint-Denis.

DEUXIÈME CONSUL.

Sire Jean LE MESSIER, marchand drapier, demeurant rue de l'Espine.

TROISIÈME CONSUL.

Sire Pierre EUSTACHE, marchand épicier et quartinier de la ville, demeurant rue de la Cossonnerie.

QUATRIÈME CONSUL.

Sire Claude DE LA NOUE, marchand orfévre, demeurant rue Saint-Denis.

Et le lundi, cinquième jour dudit mois de février, lesdits sieurs de Creil et consorts les ont présentés à la Cour, où ils ont fait serment; puis sont allés ouïr la messe en l'église Saint-Médéric, après laquelle ils ont été installés au siége.

1630.

Pour l'élection d'un juge et quatre consuls des marchands, y a été procédé le jeudi trente-un janvier. Et ont été scrutateurs les Sires Michel Sonnius et Pierre Doublet, lesquels ont trouvé par le scrutin être demeuré pour :

JUGE.

Sire Jean DE COMPANS, marchand drapier, demeurant rue de la Lanterne.

PREMIER CONSUL.

Sire Claude DE BAILLOU, marchand apothicaire-épicier, demeurant rue des Arcis.

DEUXIÈME CONSUL.

Sire François ROBIN, marchand mercier, demeurant rue Saint-Denis.

TROISIÈME CONSUL.

Sire Pierre MACÉ, marchand de bois, demeurant rue Tisseranderie.

QUATRIÈME CONSUL.

Sire Louis HACTE, marchand mercier, demeurant rue au Feuure.

Et le mercredi, premier jour de février audit an, lesdits sieurs Gonyer, Yon, le Messier, Eustache et de la Noüe les ont présentés à la Cour, où ils ont fait serment; puis sont venus ouïr la messe en l'église Saint-Médéric, après laquelle ils ont été installés au siége.

1631.

Pour l'élection d'un juge et quatre consuls des marchands, y a été procédé le samedi, premier jour de février. Et ont été scrutateurs Sire Guillaume Baillon et sieur Antoine Sanson, lesquels ont trouvé par le scrutin être demeuré pour :

JUGE.

Noble homme Guillaume PERIER, marchand de vins et ancien échevin, demeurant rue du Petit-Lion.

PREMIER CONSUL.

Sire Louis DE COMPANS, marchand drapier, demeurant rue de la Vieille-Monnoye.

DEUXIÈME CONSUL.

Sire Jacques PASSART, marchand mercier, demeurant rue de la Cossonnerie.

TROISIÈME CONSUL.

Sire Claude FOUCAULT, marchand épicier, demeurant rue de la Calandre.

QUATRIÈME CONSUL.

Noble homme Estienne HEURLOT, marchand de poisson, ancien échevin et quartinier, demeurant sur le quai de la Mégisserie.

Et le lundi, troisième jour de février audit an 1631, lesdits sieurs de Compans et consorts les ont présentés à la Cour, où ils ont fait serment; puis sont venus ouïr la messe en la chapelle de la juridiction consulaire, après laquelle ils ont été installés au siége [1].

Le décès étant arrivé du sieur Estienne Heurlot, lesdits sieurs Perier, de Compans, Passart et Foucault auraient fait assemblée des anciens juges et consuls, et des maîtres et gardes des six corps des marchands, et mis en délibération si l'on élirait un autre consul au lieu dudit Heurlot, par laquelle assemblée fut avisé que l'on procéderait à l'élection d'un autre qui tiendrait la quatrième place de consul.

Suivant laquelle résolution, le samedi, troisième mai 1631 de relevée, fut procédé à l'élection; et furent scrutateurs les Sires Pasquier le Roy et Claude Boucher, lesquels trouvèrent par le scrutin être demeuré pour :

QUATRIÈME CONSUL.

François GOGER, marchand bonnetier, demeurant rue Saint-Denis.

Et le lundi, cinquième jour du mois de mai, lesdits sieurs Perier, de Compans, Passart et Foucault ont présenté à la Cour ledit sieur Goger, qui a fait serment de quatrième consul, et ledit jour a été installé.

1632.

Pour l'élection d'un juge et quatre consuls des marchands, y a été procédé le samedi, trente-un janvier. Et ont été scrutateurs Sire Claude Jeunesse et sieur Louis du Bois, lesquels ont trouvé par le scrutin être demeuré pour :

JUGE.

Sire Jacques HÉRON, marchand épicier, demeurant rue de la Vieille-Monnoye.

PREMIER CONSUL.

Sire Pierre CHESNART, marchand drapier, demeurant rue Saint-Honoré.

DEUXIÈME CONSUL.

Sire Mathurin BODEAU, marchand mercier, demeurant rue Aubry-Boucher.

---

[1] Commencement de l'usage de la chapelle établie en ladite juridiction, où se célèbre la messe tous les jours d'audience.

TROISIÈME CONSUL.

Sire Jean LE JUGE, marchand de vins, demeurant rue Montagne-Sainte-Geneviève.

QUATRIÈME CONSUL.

Sire Pierre PERIER, marchand apothicaire-épicier, demeurant rue Neuve-Saint-Médéric.

Et le mercredi, quatrième jour de février, lesdits sieurs Perier, de Compans, Foucault et Goger les ont présentés à la Cour, où ils ont fait serment; puis sont venus ouïr la messe en la chapelle de la juridiction consulaire, après laquelle ils ont été installés au siège.

Le décès étant arrivé du sieur Pierre Perier, lesdits sieurs Héron, Chesnart, Bodeau et le Juge auraient, le mercredi de relevée, 23 mars 1632, fait assemblée des anciens juges et anciens consuls, et des maîtres et gardes des six corps des marchands, pour procéder à l'élection d'un quatrième consul au lieu dudit sieur Perier.

Et ont été scrutateurs les Sires Michel Sonnius et Foucault qui auraient trouvé par le scrutin les sieurs Mathurin Moncheny et Jacques Darques avoir eu chacun douze voix, à cause de quoi a été avisé par la Compagnie que leurs noms seraient mis en un billet dans un chapeau, et que le premier qui serait tiré par le sieur Héron, juge, demeurerait pour quatrième consul, ce qui aurait été fait, et ledit sieur Moncheny ayant été tiré le premier, serait ainsi demeuré pour :

QUATRIÈME CONSUL.

Sire Mathurin MONCHENY, marchand apothicaire-épicier, demeurant près Saint-Eustache.

Et le mercredi, vingt-quatrième jour dudit mois, lesdits sieurs Héron et consorts ont présenté à la Cour ledit sieur Moncheny, qui a fait serment, puis a été installé au siège.

Le décès étant arrivé du sieur Pierre Chesnart, lesdits sieurs Héron, Bodeau, le Juge et Moncheny auraient, le samedi de relevée, le trentième juillet 1632, fait assemblée des anciens juges et anciens consuls, et des maîtres et gardes des six corps des marchands, pour procéder à l'élection d'un consul, attendu le décès dudit sieur Chesnart.

Et ont été scrutateurs les Sires Michel Sonnius et Jean Lindo, qui auraient trouvé par le scrutin pour :

QUATRIÈME CONSUL.

Thierry BLONDEL, marchand drapier, demeurant près le Petit-Châtelet, devant la barrière des Sergens.

Et le lundi, deuxième jour d'août, lesdits sieurs Héron, Bodeau, le Juge et Moncheny, ont présenté à la Cour ledit sieur Blondel, qui a fait serment, et ledit jour a été installé au siége.

1633.

Pour l'élection d'un juge et quatre consuls des marchands, y a été procédé le mardi, premier jour de février. Et ont été scrutateurs Sires François Denyson et Jean Lindo, lesquels ont trouvé par le scrutin être demeuré pour :

JUGE.

Noble homme Pierre GOUJON, marchand bourgeois et ancien échevin, demeurant rue Montmartre.

PREMIER CONSUL.

Sire Nicolas DE CREIL, marchand grossier-mercier et quartinier, demeurant rue Saint-Denis.

DEUXIÈME CONSUL.

Sire Pierre LE BREST, marchand épicier, demeurant rue Saint-Honoré.

TROISIÈME CONSUL.

Sire Jacques DARQUES, marchand pelletier, demeurant rue Vieille-Cordonnerie.

QUATRIÈME CONSUL.

Sire Pierre BARBIER, marchand épicier, demeurant rue Saint-Denis,

Et le vendredi, quatrième de février 1633, lesdits sieurs Bodeau, le Juge, Moncheny et Blondel les ont présentés à la Cour, où ils ont fait serment; puis sont venus ouïr la messe en la chapelle de la juridiction consulaire, après laquelle ils ont été installés au siége.

1634.

Pour l'élection d'un juge et quatre consuls des marchands, y a été procédé le mardi, trente-un janvier. Et ont été scrutateurs Sires Adrien de Vin et Jean Lindo, lesquels ont trouvé par le scrutin être demeuré pour :

JUGE.

Sire Pierre CADEAU, marchand grossier-mercier, demeurant rue Saint-Denis.

PREMIER CONSUL.

Sire Claude BOUÉ, marchand drapier, demeurant rue Saint-Antoine.

DEUXIÈME CONSUL.

Sire Jean BAZOUIN, marchand apothicaire-épicier, demeurant grande rue Saint-Jacques.

TROISIÈME CONSUL.

Sire Paris TURQUET, marchand joaillier, demeurant grande rue Truanderie.

QUATRIÈME CONSUL.

Sire Réné DE LA HAYE, marchand orfévre, demeurant sur le quai de l'île du Palais.

Et le mercredi, premier jour de février, lesdits sieurs Goujon, de Creil, le Brest, Darques et Barbier les ont présentés à la Cour, où ils ont fait serment; puis sont venus ouïr la messe en la chapelle de la juridiction consulaire, après laquelle ils ont été installés au siége.

1635.

Pour l'élection d'un juge et quatre consuls des marchands, y a été procédé le jeudi, premier jour de février. Et ont été scrutateurs les Sires Claude Jeunesse et Claude Foucault, lesquels ont trouvé par le scrutin être demeuré pour :

JUGE.

Sire François DENISON, marchand épicier, demeurant rue Saint-Denis.

PREMIER CONSUL.

Sire Laurent HERSANT, marchand drapier, demeurant sur le Petit-Pont.

DEUXIÈME CONSUL.

Noble homme Pamphile DE LA COUR, marchand du corps de la mercerie, conseiller et ancien échevin, demeurant rue Champverrerie.

TROISIÈME CONSUL.

Sire Jean LÉVESQUE, marchand bonnetier, demeurant sur le pont Notre-Dame.

QUATRIÈME CONSUL.

Sire Antoine HÉRON, marchand épicier, demeurant rue Saint-Jacques-la-Boucherie.

Et le lundi, cinquième jour de février, audit an 1635, lesdits sieurs Cadeau, Boué et consorts les ont présentés à la Cour, où ils ont fait serment; puis sont venus ouïr la messe en la chapelle de la juridiction consulaire, après laquelle ils ont été installés au siége.

1636.

Pour l'élection d'un juge et quatre consuls des marchands, y a été procédé le jeudi, trente-un janvier. Et ont été scrutateurs les Sires Claude Foucault et Mathurin Moncheny, lesquels ont trouvé par le scrutin être demeuré pour :

JUGE.

Sire Augustin SANTEUIL, marchand mercier, demeurant rue Saint-Denis.

PREMIER CONSUL.

Sire Jean BACHELIER, marchand mercier, demeurant rue Saint-Denis.

DEUXIÈME CONSUL.

Sire Réné BAUDART, marchand apothicaire-épicier, demeurant rue Neuve-Saint-Médéric.

TROISIÈME CONSUL.

Sire Robert DE SAINT-JEAN, marchand drapier, demeurant rue Saint-Honoré.

QUATRIÈME CONSUL.

Sire Sébastien CRAMOISY, marchand libraire et imprimeur ordinaire du Roi, demeurant grande rue Saint-Jacques.

Et le vendredi, premier jour de février, lesdits sieurs Hersant, de la Cour, Lévesque et Héron les ont présentés à la Cour, où ils ont fait

23.

serment; puis sont venus ouïr la messe en la chapelle de la juridiction consulaire, après laquelle ils ont été installés au siège.

1637.

Pour l'élection d'un juge et quatre consuls des marchands, y a été procédé le samedi, trente-un janvier. Et ont été scrutateurs les Sires Charles Germain et Pamphile de la Cour, anciens consuls, lesquels ont trouvé par le scrutin être demeuré pour :

JUGE.

Sire Denis DE SAINT-GENIS, marchand de grains et l'un des quartiniers, demeurant rue Mortellerie.

PREMIER CONSUL.

Sire Charles GOURLIN, marchand du corps de la mercerie, demeurant rue au Feuure.

DEUXIÈME CONSUL.

Sire Lazare GRELAND, marchand épicier, demeurant rue de la Harpe.

TROISIÈME CONSUL.

Sire Henry BERAUD, marchand drapier, demeurant rue Saint-Honoré.

QUATRIÈME CONSUL.

Sire Philippes LE ROUX, marchand pelletier, demeurant rue Vieille-Cordonnerie.

Et le mercredi, quatrième jour de février 1637, lesdits sieurs Santeuil, Bachelier, Baudart, de Saint-Jean et Cramoisy les ont présentés à la Cour, où ils ont fait serment; puis sont venus ouïr la messe en la chapelle de la juridiction consulaire, après laquelle ils ont été installés au siège.

1638.

Pour l'élection d'un juge et quatre consuls des marchands, y a été procédé par les sieurs Denys de Saint-Genis, Charles Gourlin, Lazare Greland, Henry Beraud et Philippes le Roux. Et ont été scrutateurs Sire Pierre Cadeau, ancien juge, et Sire Claude Von, ancien consul, lesquels ont trouvé par le scrutin être demeuré pour :

JUGE.

Noble homme Jean BAZIN, conseiller et ancien échevin, demeurant rue des Bourdonnais.

PREMIER CONSUL.

Sire François FRAGUIER, marchand apothicaire-épicier, demeurant au cimetière Saint-Jean.

DEUXIÈME CONSUL.

Sire François PREDESEIGLE, marchand drapier, demeurant place Maubert.

TROISIÈME CONSUL.

Sire Pierre FOURNIER, marchand du corps de la mercerie, demeurant rue Beaubourg.

QUATRIÈME CONSUL.

Sire Estienne CELOT, marchand bonnetier, demeurant rue Saint-Denis.

Et le lundi, premier février, lesdits sieurs de Saint-Genis, Gourlin, Greland, Beraud et le Roux les ont présentés à la Cour, où ils ont fait serment; puis sont venus ouïr la messe en la chapelle de la juridiction consulaire, après laquelle ils ont été installés au siége.

1639.

Pour l'élection d'un juge et quatre consuls des marchands, y a été procédé le samedi, vingt-neuf janvier. Et ont été scrutateurs Sires Adrien de Vin et Claude de Baillou, anciens consuls, lesquels ont trouvé par le scrutin être demeuré pour :

JUGE.

Sire Guillaume BAILLON, marchand bonnetier, demeurant rue Saint-Jacques-de-la-Boucherie.

PREMIER CONSUL.

Noble homme Jean DE BOURGES, marchand épicier, ancien échevin, demeurant rue Saint-Denis.

DEUXIÈME CONSUL.

Sire Mathurin BROCHAND, marchand drapier, demeurant rue Saint-Honoré.

TROISIÈME CONSUL.

Sire Charles BRUNET, marchand mercier, demeurant sur le pont Notre-Dame.

QUATRIÈME CONSUL.

Sire Nicolas CHARPENTIER, marchand orfévre, demeurant rue Vieille-Draperie.

Et le lundi, trente-un janvier 1639, lesdits sieurs Bazin, Fraguier, Predeseigle, Fournier et Celot les ont présentés à la Cour, où ils ont fait serment; puis sont venus ouïr la messe en la chapelle de la juridiction consulaire, après laquelle ils ont été installés au siége.

1640.

Pour l'élection d'un juge et quatre consuls des marchands, y a été procédé le mardi, trente-un janvier. Et ont été scrutateurs les sieurs Georges Pannet et Pierre Dannet, lesquels ont trouvé par le scrutin être demeuré pour :

JUGE.

Sire Adrien DE VIN, marchand drapier, demeurant rue Saint-Honoré.

PREMIER CONSUL.

Sire François LESCOT, marchand drapier, demeurant rue Saint-Jacques de la Boucherie.

DEUXIÈME CONSUL.

Noble homme Nicolas DE POIX, marchand du corps de la mercerie et ancien échevin, demeurant rue Saint-Denis.

TROISIÈME CONSUL.

Sire Jean CAVELLIER, marchand bonnetier, demeurant rue Saint-Denis.

QUATRIÈME CONSUL.

Sire Denys HÉRON, marchand apothicaire-épicier, demeurant rue du Jour, près Saint-Eustache.

Et le mercredi, premier jour de février audit an, lesdits sieurs Baillon, de Bourges, Brochand, Brunet et Charpentier les ont présentés à la Cour, où ils ont fait serment; puis sont venus ouïr la messe en la chapelle de la juridiction consulaire, après laquelle ils ont été installés au siége.

1641.

Pour l'élection d'un juge et quatre consuls des marchands, y a été procédé le jeudi, trente-un janvier. Et ont été scrutateurs Sires Jean Marin et Jacques Darques, anciens consuls, lesquels ont trouvé par le scrutin être demeuré pour :

JUGE.

Noble homme Nicolas DE LAISTRE, marchand bourgeois de Paris et ancien échevin, demeurant rue des Lombards.

PREMIER CONSUL.

Sire Jacques LE JEUNE, marchand drapier, demeurant rue de la Harpe.

DEUXIÈME CONSUL.

Sire Antoine SANSON, marchand du corps de la mercerie, demeurant rue Saint-Denis.

TROISIÈME CONSUL.

Sire Rémond LESCOT, marchand orfévre, demeurant sur le quai de l'île du Palais.

QUATRIÈME CONSUL.

Sire Geoffroy YON, marchand épicier, demeurant rue de la Fromagerie.

Et le vendredi, premier février 1641, lesdits sieurs Devin, Lescot, de Poix, Cavellier et Héron les ont présentés à la Cour, où ils ont fait serment; puis sont venus ouïr la messe en la chapelle de la juridiction, après laquelle ils ont été installés au siége.

1642.

Pour l'élection d'un juge et quatre consuls des marchands, y a été procédé le samedi, premier jour de février. Et ont été scrutateurs sires Jean le Juge et Nicolas de Creil, lesquels ont trouvé par le scrutin être demeuré pour :

JUGE.

Noble homme Jean GARNIER, marchand bourgeois du corps de la mercerie et ancien échevin, demeurant rue Saint-Denis.

PREMIER CONSUL.

Noble homme Estienne Geoffroy, marchand apothicaire et ancien échevin, demeurant rue Bourtibourg.

DEUXIÈME CONSUL.

Sire Antoine Bachelier, marchand drapier, demeurant grande rue Saint-Jacques.

TROISIÈME CONSUL.

Sire Pierre de Héricourt, marchand mercier, demeurant près le Palais.

QUATRIÈME CONSUL.

Sire Nicolas le Foux, l'un des douze marchands de vins privilégiés suivant la cour, demeurant rue du Monceau-Saint-Gervais.

Et le lundi, troisième jour de février 1642, lesdits de Laistre, le Jeune, Sanson, Lescot et Yon les ont présentés à la Cour, où ils ont fait serment; puis ont ouï la messe en la chapelle de la juridiction, après laquelle ils ont été installés au siége.

1643.

Pour l'élection d'un juge et quatre consuls des marchands, y a été procédé le samedi trente et un janvier. Et ont été scrutateurs Sire Guillaume Perrier, ancien juge-consul, et Sire Pierre Fournier, ancien consul, lesquels ont trouvé par le scrutin être demeuré pour :

JUGE.

Noble homme Pierre Eustache, quartinier, ancien échevin de cette ville, du corps de l'épicerie, demeurant rue de la Cossonnerie.

PREMIER CONSUL.

Sire Denys Pichon, marchand mercier, demeurant rue des Cinq-Diamants.

DEUXIÈME CONSUL.

Sire Jean le Marchant, marchand bonnetier, demeurant sur le pont Notre-Dame.

TROISIÈME CONSUL.

Sire Jacques Barbier, marchand épicier, demeurant rue Saint-Denis.

QUATRIÈME CONSUL.

Sire Henry Gillot, marchand drapier, demeurant rue Saint-Honoré.

Et le mercredi, quatrième jour de février 1643, lesdits sieurs Garnier, Geoffroy, Bachelier, de Héricourt et le Fouin les ont présentés à la Cour, où ils ont fait serment; puis sont venus ouïr la messe en la chapelle de la juridiction, après laquelle ils ont été installés au siége.

DU RÈGNE DE LOUIS XIV, ROI DE FRANCE ET DE NAVARRE.

1644.

Pour l'élection d'un juge et quatre consuls des marchands, y a été procédé par les sieurs Eustache, Pichon, Marchant, Barbier et Gillot, le samedi trente et un janvier. Et ont été scrutateurs Sire Thierry Blondel, ancien consul, et Sire Michel Julien, qui ont trouvé par le scrutin être demeuré pour :

JUGE.

Sire Claude FOUCAULT, ci-devant marchand épicier-apothicaire, bourgeois de Paris, demeurant rue de la Calandre.

PREMIER CONSUL.

Sire Jacques THIREMENT, marchand apothicaire-épicier, bourgeois de Paris, demeurant rue Saint-Antoine.

DEUXIÈME CONSUL.

Sire Claude NIVERT, marchand drapier, bourgeois de Paris, demeurant rue Saint-Honoré.

TROISIÈME CONSUL.

Sire Jean PARENT, marchand du corps de la mercerie, grosserie, joaillerie, bourgeois de Paris, demeurant rue Pelleterie.

QUATRIÈME CONSUL.

Noble homme Jacques DE MONHERS, ci-devant marchand et ancien échevin, bourgeois de Paris, demeurant rue du Monceau-Saint-Gervais.

Et le lundi, premier jour de février audit an 1644, lesdits sieurs Eustache, Pichon, Marchant, Barbier et Gillot les ont présentés à la Cour, où ils ont fait serment; puis sont venus ouïr la messe en la chapelle de la juridiction, après laquelle ils ont été installés au siége.

1645.

Pour l'élection d'un juge et quatre consuls des marchands, y a été procédé le mardi, trente et un janvier. Et ont été scrutateurs Sire Sébastien Cramoisy, ancien consul, et sieur Pierre Picquet, marchand de bois, qui ont trouvé par le scrutin être demeuré pour :

JUGE.

Sire Jean LE JUGE, marchand de vins, demeurant devant le collége de Navarre.

PREMIER CONSUL.

Sire Jean LINDO, marchand mercier, demeurant rue Saint-Julien-le-Pauvre.

DEUXIÈME CONSUL.

Sire Jacques TICQUET, marchand drapier, demeurant rue Saint-Antoine.

TROISIÈME CONSUL.

Sire Michel SEMELLE, bourgeois de Paris et ci-devant marchand de laine, demeurant rue de l'Arbre-Sec.

QUATRIÈME CONSUL.

Sire Claude HARANGER, marchand épicier, demeurant rue Saint-Honoré.

Et le lendemain mercredi, premier jour de février audit an 1645, lesdits sieurs Foucault, Thirement, Nivert, Parent et de Monhers les ont présentés à la Cour, où ils ont fait serment; puis sont venus ouïr la messe en la chapelle de la juridiction, après laquelle ils ont été installés au siége.

1646.

Pour l'élection d'un juge et quatre consuls des marchands, y a été procédé le jeudi, premier jour de février. Et ont été scrutateurs sires Charles Gourlin et Pierre Fournier, anciens consuls, qui ont par le scrutin trouvé être demeuré pour :

JUGE.

Sire Mathurin MONCHENY, marchand apothicaire-épicier, demeurant à la pointe Saint-Eustache.

PREMIER CONSUL.

Sire Charles MARCADÉ, marchand orfévre, demeurant en l'île du Palais, sur le quai regardant les Augustins.

DEUXIÈME CONSUL.

Sire Louis CORNILLIER, marchand drapier, demeurant rue Barillerie, entre les deux ponts du Palais.

TROISIÈME CONSUL.

Sire Louis GOUJON, marchand de draps de soie du corps de la mercerie, demeurant à Petit-Pont.

QUATRIÈME CONSUL.

Noble homme Martin DU FRESNOY, marchand apothicaire et ancien échevin, demeurant rue Saint-Honoré.

Et le lundi, cinquième février audit an 1646, lesdits sieurs le Juge, Lindo, Ticquet, Semelle et Haranger les ont présentés à la Cour, où ils ont fait serment; puis sont venus ouïr la messe en la chapelle de la juridiction, après laquelle ils ont été installés au siége.

1647.

Pour l'élection d'un juge et quatre consuls des marchands, y a été procédé le jeudi, trente et un janvier. Et ont été scrutateurs Sires Estienne Geoffroy et Jean de Bourges, anciens consuls et échevins, lesquels ont trouvé par le scrutin être demeuré pour :

JUGE.

Sire Pierre BARBIER, marchand épicier, demeurant rue Saint-Denis, proche la porte de Paris.

PREMIER CONSUL.

Sire Robert POCQUELIN, marchand du corps de la mercerie, demeurant à la rue Saint-Denis, proche les Saints-Innocents.

DEUXIÈME CONSUL.

Sire François BOUTILLIER, marchand drapier, demeurant rue Saint-Honoré.

TROISIÈME CONSUL.

Sire Jean GORGES, marchand pelletier, demeurant rue Quinquempoix.

QUATRIÈME CONSUL.

Sire Gaspar TRANCHEPAIN, marchand épicier, demeurant rue Saint-Martin.

Et le lendemain vendredi, premier jour de février 1647, lesdits sieurs de Montcheny, Marcadé, Cornillier, Goyon et du Fresnoy les ont présentés à la Cour, où ils ont fait serment; puis sont venus ouïr la messe en la chapelle de la juridiction, après laquelle ils ont été installés au siége.

1648.

Pour l'élection d'un juge et quatre consuls des marchands, y a été procédé le samedi, premier jour de février. Et ont été scrutateurs de cette élection les sieurs Charles Fourcroy et Antoine le Mercier, qui ont trouvé par le scrutin être demeuré pour :

JUGE.

Noble homme Claude LE BOUÉ, ancien échevin, du corps de la marchandise de draperie, bourgeois de Paris, demeurant rue Geoffroy-l'Asnier.

PREMIER CONSUL.

Sire Olivier PICQUES, marchand du corps de la mercerie, demeurant rue Neuve-Saint-Médéric.

DEUXIÈME CONSUL.

Sire Jean DE LA BALLE, marchand drapier, demeurant rue Saint-Honoré, place aux Chats.

TROISIÈME CONSUL.

Sire Jean CHESNEAU, marchand apothicaire-épicier, demeurant rue de la Verrerie, paroisse Saint-Médéric.

QUATRIÈME CONSUL.

Sire Pierre DE HEMANT, marchand orfévre, demeurant sur le pont au Change.

Et le lundi, troisième jour dudit mois de février 1648, lesdits sieurs Barbier, Pocquelin, Boutillier, Gorges et Tranchepain les ont présentés à la Cour, où ils ont fait serment; puis sont venus ouïr la messe en la chapelle de la juridiction, après laquelle ils ont été installés au siége.

1649.

Pour l'élection d'un juge et quatre consuls des marchands, y a été procédé le samedi, trente janvier. Et ont été scrutateurs le Sire Geoffroy Von et le sieur Pierre le Roux, qui ont trouvé par le scrutin être demeuré pour :

JUGE.

Noble homme Réné DE LA HAYE, ancien échevin de cette ville, du corps de la marchandise de l'orfévrerie, bourgeois de Paris, demeurant sur le quai regardant les Augustins.

PREMIER CONSUL.

Sire Estienne HERVÉ, du corps de la mercerie, demeurant sur le pont Notre-Dame.

DEUXIÈME CONSUL.

Sire Jean ROUSSEAU, marchand du corps de la bonneterie, demeurant au Petit-Pont.

TROISIÈME CONSUL.

Sire François ORRY, marchand du corps de la draperie, demeurant place Maubert.

QUATRIÈME CONSUL.

Sire Jacques LE NOIR, marchand du corps de l'épicerie, demeurant rue Saint-Denis.

Et le lundi, premier février audit an, lesdits sieurs le Boué, Picques, de la Balle, Chesneau et de Hemant les ont présentés à la Cour, où ils ont fait serment; puis sont venus ouïr la messe en la chapelle de la juridiction, après laquelle ils ont été installés au siége.

1650.

Pour l'élection d'un juge et quatre consuls des marchands, y a été procédé le samedi vingt-neuf janvier. Et ont été scrutateurs, Sire Geoffroy Von, ancien consul et échevin, et sieur Pierre Sellier, marchand orfévre, qui ont trouvé par le scrutin être demeuré pour :

JUGE.

Sire Laurent HERSANT, marchand du corps de la marchandise de la draperie, demeurant à Petit-Pont joignant le Petit-Châtelet.

PREMIER CONSUL.

Sire Sylvain ROGER, marchand apothicaire-épicier, demeurant rue Saint-Denis.

DEUXIÈME CONSUL.

Sire Pierre GILLET, marchand du corps de la draperie, demeurant rue proche le Palais.

TROISIÈME CONSUL.

Sire Didier AUBERT, du corps de la marchandise de mercerie, demeurant rue proche l'église Saint-Barthélemy.

QUATRIÈME CONSUL.

Sire Robert BALLARD, marchand libraire et imprimeur, demeurant rue Saint-Jean de Beauvais.

Et le lundi, trente et unième jour de janvier, lesdits sieurs de la Haye, Hervé, Rousseau, Orry et le Noir les ont présentés à la Cour, où ils ont fait serment, puis sont venus ouïr la messe en la chapelle de la juridiction, après laquelle ils ont été installés au siége.

Le décès étant advenu dudit sieur Pierre Gillet, lesdits sieurs Hersant, Roger, Aubert et Ballard auraient, le mardi vingt-trois août 1650, à l'issue du service qui aurait été dit et célébré ledit jour en l'église Saint-Médéric pour le repos de l'âme dudit sieur Gillet, fait assemblée desdits anciens juges et consuls, et des maîtres et gardes des six corps des marchands, pour procéder à l'élection d'un quatrième consul à la place dudit sieur Gillet.

Et auraient été scrutateurs, sire Louis Cornillier, ancien consul, et sieur Jacques Tartarin, marchand apothicaire-épicier, qui auraient trouvé par le scrutin être demeuré pour :

QUATRIÈME CONSUL.

Sire Caude PATIN, marchand du corps de la draperie, demeurant au bout du pont Saint-Michel vers le Palais.

Et le vendredi, vingt-six août, audit an, lesdits sieurs Hersant, Roger, Aubert et Ballard auraient présenté à la Cour ledit sieur Patin, qui a fait serment, et ledit jour a été installé au siége.

1651.

Pour l'élection d'un juge et quatre consuls des marchands, y a été procédé le mardi trente et un janvier. Et ont été scrutateurs, Sire François Lescot, ancien consul, et sire René de la Haye, ancien juge, qui ont trouvé par le scrutin être demeuré pour :

JUGE.

Sire Jean Bachelier, marchand du corps de la mercerie, demeurant rue Saint-Denis.

PREMIER CONSUL.

Sire Pierre Denison, marchand épicier, demeurant rue de la Verrerie, près Saint-Médéric.

DEUXIÈME CONSUL.

Sire Nicolas Lescot, marchand drapier, demeurant au bout du pont Notre-Dame, près Saint-Denis de la Chartre.

TROISIÈME CONSUL.

Sire Philippes Maillet, marchand de draps de soie, du corps de la mercerie, demeurant rue des Prouvaires.

QUATRIÈME CONSUL.

Sire Claude Marcadé, marchand orfévre, demeurant rue Saint-Honoré.

Et le mercredi, premier jour de février, audit an, lesdits sieurs Hersant, Roger, Aubert, Ballard et Patin les ont présentés à la Cour, où ils ont fait serment, puis sont venus entendre la messe en la chapelle de la juridiction, après laquelle ils ont été installés au siége et tenu l'audience.

Le décès étant advenu du sieur Nicolas Lescot, lesdits sieurs Bachelier, Denison, Maillet et Marcadé auraient, le samedi dix juin 1651, à l'issue du service qui fut dit et célébré ledit jour, en l'église Saint-Médéric, pour le repos de l'âme dudit sieur Lescot, fait assemblée des anciens juges et consuls, et les maîtres et gardes des six corps des marchands, pour procéder à l'élection d'un quatrième consul au lieu dudit sieur Lescot.

Et auraient été scrutateurs, Sire Jean le Messier, ancien consul, et sieur Guillaume Fremin, marchand bonnetier, qui auraient trouvé par le scrutin être demeuré pour :

QUATRIÈME CONSUL.

Sire Simon Yox, marchand drapier, demeurant rue Saint-Honoré.

Et le lundi, douze dudit mois de juin, lesdits sieurs juge et consuls furent au Palais avec ledit sieur Yon ; mais parce que messieurs les gens du Roy y seraient venus trop tard, ils furent remis au lendemain.

Auquel jour de mardi, treize dudit mois, étant retournés à la Cour avec ledit sieur Yon, Monseigneur le premier Président les aurait appelés, et pris le serment dudit sieur Yon en la manière accoutumée, auparavant que messieurs les gens du Roi y fussent arrivés : ce fait, seraient revenus ensemble en l'hôtel de la juridiction, où ils auraient vidé quelques affaires.

Et le mercredi, quatorze du même mois, à l'issue de la messe dite en la chapelle de la juridiction, ledit sieur Yon aurait été installé au siége par les sieurs Bachelier, Denison, Maillet et Marcadé.

1652.

Pour l'élection d'un juge et quatre consuls des marchands, y a été procédé le mardi, trente janvier. Et ont été scrutateurs, sire Jean le Messier, ancien consul, et sieur Philippes Debonnaire, marchand, qui ont trouvé par le scrutin être demeuré pour :

JUGE.

Noble homme Sébastien Cramoisy, marchand libraire et imprimeur ordinaire du Roi, directeur de l'imprimerie royale en son château du Louvre, et ancien échevin, bourgeois de Paris, demeurant rue Saint-Jacques.

PREMIER CONSUL.

Noble homme Simon de Secqueville, marchand apothicaire-épicier, bourgeois et ancien échevin de cette ville de Paris, demeurant rue Saint-Martin devant la rue aux Ours.

DEUXIÈME CONSUL.

Sire Claude Simonet, marchand du corps de la mercerie, demeurant rue des Lombards.

TROISIÈME CONSUL.

Sire Rollin Auvry, marchand de laine, bourgeois de Paris, y demeurant sur le quai de la Mégisserie.

QUATRIÈME CONSUL.

Sire Simon Langlois, marchand drapier, bourgeois de Paris, y demeurant sous la Tonnellerie.

Et le mercredi, trente et un janvier, lesdits sieurs Bachelier, Denison, Maillet, Marcadé et You, les ont présentés à la Cour, où ils ont fait serment, puis sont venus ouïr la messe en la chapelle de la juridiction, après laquelle ils ont été installés au siége, et tenu l'audience.

1653.

Pour l'élection d'un juge et quatre consuls des marchands, y a été procédé le jeudi trente janvier. Et ont été scrutateurs les sieurs Gabriel de Hardivilliers et Michel Jullien, marchands, qui ont trouvé par le scrutin être demeuré pour :

JUGE.

Sire Lazare Greland, marchand épicier, bourgeois de Paris, et l'un des maîtres et administrateurs des pauvres enfermés, demeurant rue de la Harpe.

Les sieurs Louis Charlemaigne, Vincent Héron et Guillaume Périchon ayant eu égalité de voix, il fut tiré au sort pour les places, et demeurèrent pour :

PREMIER CONSUL.

Sire Vincent Héron, marchand épicier, bourgeois de Paris et l'un des conseillers de cette ville, demeurant au cloître Saint-Jacques de la Boucherie.

DEUXIÈME CONSUL.

Sire Guillaume Périchon, marchand du corps de la mercerie, ancien receveur général des pauvres de la ville et faubourgs de Paris, et l'un des administrateurs de l'Hôtel-Dieu de cette ville et de la Trinité, demeurant au marché aux Poirées.

TROISIÈME CONSUL.

Sire Louis Charlemaigne, marchand drapier, bourgeois de Paris, demeurant rue du Petit-Pont.

24

QUATRIÈME CONSUL.

Sire Claude LABBÉ, marchand bourgeois du corps de la marchandise de bonneterie, demeurant rue des Déchargeurs.

Et le vendredi, trente et un janvier 1653, lesdits sieurs Cramoisy, de Secqueville, Simonet, Auvry et Langlois les ont présentés à la Cour, où ils ont fait serment, puis sont venus ouïr la messe en la chapelle de la juridiction, après laquelle ils ont été installés au siége, et tenu l'audience.

Le Sire Lazare Greland étant mort, lesdits sieurs Héron, Périchon, Charlemaigne et Labbé auraient, le dix-huit septembre 1653, fait assemblée des anciens juges et consuls, et mis en délibération si l'on élirait un autre juge au lieu du défunt sieur Greland; par laquelle assemblée il fut arrêté que l'on procéderait à l'élection d'un autre juge à la place dudit sieur Greland, pour le reste de la présente année.

Suivant laquelle résolution de samedi, vingtième jour dudit mois de septembre de relevée, fut fait assemblée des anciens juges et consuls, et des maîtres et gardes des six corps des marchands, pour procéder à l'élection d'un juge des marchands au lieu dudit sieur Greland.

Et auraient été scrutateurs Sires Jean Gorges et Jean le Messier, anciens consuls, qui auraient trouvé par le scrutin être demeuré pour :

JUGE.

Sire Philippes LE ROUX, marchand pelletier, demeurant rue Vieille-Cordonnerie.

Et le vingt-deux dudit mois, lesdits sieurs Héron, Périchon, Charlemaigne et Labbé, conduits par M. Bechefer, substitut de Monsieur le procureur général, auraient présenté à la Cour, en la Chambre des vacations, M. de Novion, président, tenant le siége, ledit sieur le Roux, qui y fit serment que la Cour reçut, à la charge de le réitérer à la Saint-Martin; puis ledit jour fut installé au siége par lesdits sieurs.

Et le vingt-huit novembre audit an, ledit sieur le Roux, accompagné desdits sieurs Héron, Périchon, Charlemaigne et Labbé, conduits par le procureur général, a réitéré le serment à la Cour.

1654.

Pour l'élection d'un juge et quatre consuls des marchands, y a été procédé par les sieurs Le Roux, Héron, Périchon, Charlemaigne et Labbé, le jeudi vingt-neuf janvier. Et ont été scrutateurs Sires Henry Beraud et Charles Marcadé, anciens consuls, qui ont trouvé par le scrutin être demeuré pour :

JUGE.

Sire François LESCOT, marchand du corps de la draperie, bourgeois de Paris, demeurant rue des Lombards.

Les sieurs Pierre Desplaces et Nicolas Foucault ayant eu égalité de voix, il fut tiré au sort pour les places, et demeura pour :

PREMIER CONSUL.

Sire Nicolas FOUCAULT, marchand apothicaire-épicier, bourgeois de Paris, demeurant place Maubert, au coin de la rue de Bièvre.

DEUXIÈME CONSUL.

Sire Pierre DESPLACES, marchand drapier, bourgeois de Paris, demeurant rue Saint-Honoré.

TROISIÈME CONSUL.

Sire Mathieu TROTIER, marchand du corps de la mercerie, bourgeois de Paris, demeurant rue Saint-Martin, près et paroisse Saint-Médéric.

QUATRIÈME CONSUL.

Sire Alexandre DE LA VAYRIE, marchand pelletier, bourgeois de Paris, demeurant rue Vieille-Bouclerie.

Et le vendredi, trente janvier 1654, lesdits sieurs le Roux, Héron, Périchon, Charlemaigne et Labbé les ont conduits à la Cour, où ils ont fait serment, puis sont venus ouïr la messe en la chapelle de la juridiction, après laquelle ils ont été installés au siége, et tenu l'audience.

24.

1655.

Pour l'élection d'un juge et quatre consuls des marchands, y a été procédé le samedi trente janvier. Et ont été scrutateurs Sire Michel Semelle, ancien consul, et sieur Antoine Fauveau, marchand épicier et l'un des gardes, qui ont trouvé par le scrutin être demeuré pour :

JUGE.

Antoine Sanson, marchand du corps de la marchandise de mercerie, grosserie et joaillerie, bourgeois de Paris, demeurant rue Quinquempoix.

PREMIER CONSUL.

Noble homme André le Vieux, marchand drapier, bourgeois de Paris, conseiller et ancien échevin, et l'un des administrateurs de l'Hôtel-Dieu de cette ville, demeurant au cul-de-sac de la rue des Bourdonnais.

Les sieurs Jean Cottart et Paul le Febvre ayant eu égalité de voix, il fut tiré au sort pour les places, et demeura pour :

DEUXIÈME CONSUL.

Sire Jean Cottart, marchand épicier, bourgeois de Paris, demeurant rue des Lombards.

TROISIÈME CONSUL.

Sire Paul le Febvre, marchand orfèvre, bourgeois de Paris, demeurant en l'île du Palais, sur le quai regardant les Augustins.

QUATRIÈME CONSUL.

Sire Louis Langlois, marchand du corps de la marchandise de mercerie, grosserie et joaillerie, bourgeois de Paris, demeurant rue au Feuure.

Et le lundi, premier jour de février 1655, lesdits sieurs Lescot, Foucault, Desplaces, Trottier et de la Vayrie les ont présentés à la Cour, où ils ont prêté serment, puis sont venus ouïr la messe en la chapelle de la juridiction, après laquelle ils ont été installés au siége, et tenu l'audience.

1656.

Pour l'élection d'un juge et quatre consuls des marchands, y a été procédé le samedi vingt-neuf janvier. Et ont été scrutateurs Sires René de la Haye, ancien juge, et Henry Beraud, ancien consul, qui ont trouvé par le scrutin être demeuré pour :

JUGE.

Noble homme Raimond Lescot, conseiller et ancien échevin de cette ville de Paris, bourgeois, demeurant en l'île du Palais sur le quai qui regarde les Augustins.

PREMIER CONSUL.

Sire Jean-Baptiste Forne, marchand du corps de la marchandise de mercerie, bourgeois de Paris, demeurant rue Neuve-Saint-Médéric.

DEUXIÈME CONSUL.

Sire Claude Prevost, marchand du corps de la marchandise de draperie, bourgeois de Paris, demeurant rue Saint-Honoré.

Les sieurs Antoine de Cay et Nicolas de Villiers ayant eu égalité de voix, il fut tiré au sort pour les places, et demeura pour :

TROISIÈME CONSUL.

Sire Antoine de Cay, marchand apothicaire-épicier, bourgeois de Paris, demeurant grande rue Saint-Jacques.

QUATRIÈME CONSUL.

Sire Nicolas de Villiers, marchand du corps de la marchandise de mercerie, bourgeois de Paris, demeurant rue Saint-Denis au coin de la rue au Feuure.

Et le trente et un janvier 1656, lesdits sieurs Sanson, le Vieux, Cottart, le Febvre et Langlois les ont présentés à la Cour, où ils ont fait serment; puis sont venus entendre la messe en la chapelle de la juridiction, après laquelle ils ont été installés au siége, et tenu l'audience.

Suite de l'année 1656.

Ce jourd'hui mardi, vingt-six du mois de septembre 1656, à l'issue de la messe du Saint-Esprit, dite et célébrée en la chapelle de cette juridiction consulaire, a été par les sieurs Jean-Baptiste Forne,

Claude Prevost, Antoine de Cay, et Nicolas de Villiers, consuls en charge de la présente année, assistés des sieurs anciens juges et consuls, et des maîtres et gardes des six corps pour ce mandés, procédé à l'élection d'un juge des marchands, au lieu et place de Sire Raimond Lescot, décédé depuis peu, pour le reste de la présente année.

Et ont été scrutateurs Sire Jacques le Noir, ancien consul, et sieur Pierre Lescot, marchand bonnetier, qui ont trouvé par le scrutin avoir eu toutes les voix, et être demeuré pour :

JUGE.

Noble homme Estienne GEOFFROY, ancien échevin de cette ville de Paris, du corps de la marchandise d'apothicairerie-épicerie, bourgeois de Paris, demeurant rue Bourtibourg, près le cimetière Saint-Jean.

Et le mercredi 27 dudit mois, lesdits sieurs Forne, Prevost, de Cay et de Villiers auraient présenté à la Cour, en la chambre des vacations, M. de Longueil, seigneur de Maisons, président, tenant le siège, ledit sieur Geoffroy, qui aurait fait serment, et été reçu pour juge au lieu et place dudit sieur Lescot pour le reste de la présente année. Ce fait, lesdits sieurs étant revenus de compagnie, après avoir ouï la messe en la chapelle de ladite juridiction, auraient installé au siège ledit sieur Geoffroy.

1657.

Pour l'élection d'un juge et quatre consuls des marchands, y a été procédé le mardi trente janvier. Et ont été scrutateurs Sires Claude le Boué, ancien consul, et Claude Nivert, ancien consul, qui ont trouvé par le scrutin être demeuré pour :

JUGE.

Sire Antoine BACHELIER, marchand, bourgeois de Paris, du corps de la marchandise de draperie, demeurant rue Saint-Jacques.

Les sieurs Claude Villain et Jean Tronchot ayant eu égalité de voix, il fut tiré au sort pour les places, et demeurèrent pour :

PREMIER CONSUL.

Sire Claude VILLAIN, marchand épicier, bourgeois de Paris, demeurant rue des Lombards.

DEUXIÈME CONSUL.

Sire Jean TRONCHOT, marchand, et l'un des conseillers de la ville de Paris, du corps de la marchandise de draperie, bourgeois, demeurant rue des Cinq-Diamants.

TROISIÈME CONSUL.

Sire Nicolas DE FAVEROLLES, marchand, et l'un des administrateurs de l'Hôpital et de la Trinité, bourgeois de Paris, demeurant rue des Prouvelles.

QUATRIÈME CONSUL.

Sire Jacques LAUGEOIS, marchand du corps de la marchandise de mercerie, bourgeois de Paris, demeurant rue du Jour, près Saint-Eustache.

Et le mercredi 31 janvier, lesdits sieurs Geoffroy, Forne, Prevost, de Cay et de Villiers les ont présentés à la Cour, où ils ont fait serment, puis sont venus ouïr la messe en la chapelle de la juridiction, et ont été installés au siége et tenu l'audience.

1658.

Pour l'élection d'un juge et quatre consuls des marchands, y a été procédé le mardi vingt-neuf janvier. Et ont été scrutateurs les sieurs Estienne Regnault, marchand apothicaire-épicier, et Jacques Porcher, marchand drapier, qui ont trouvé par le scrutin être demeuré pour :

JUGE.

Sire Denis PICHON, marchand du corps de la mercerie, et l'un des directeurs de l'hôpital général de cette ville de Paris, bourgeois, demeurant rue Mauvaise-Parole.

Les sieurs Michel Oulry, Pierre Tiville, Marc Héron et Claude Pulleu ayant eu égalité de voix, il fut tiré au sort, et demeurèrent pour :

PREMIER CONSUL.

Sire Michel OULRY, marchand drapier, bourgeois de Paris, demeurant rue de la Truanderie.

DEUXIÈME CONSUL.

Sire Pierre TIVILLE, marchand bonnetier, bourgeois de Paris, demeurant rue Planche-Mibray.

TROISIÈME CONSUL.

Sire Marc Héron l'aîné, marchand apothicaire-épicier, bourgeois de Paris, demeurant rue des Lavandières.

QUATRIÈME CONSUL.

Sire Claude Pulleu, marchand du corps de la mercerie, bourgeois de Paris, demeurant rue de la Vieille-Monnaie.

Et le mercredi 30 janvier 1658, lesdits sieurs Bachelier, Villain, Tronchot, de Faverolles et Laugeois les ont présentés à la Cour, où ils ont fait serment, puis sont venus ouïr la messe en la chapelle de la juridiction, après laquelle ils ont été installés à l'audience.

1659.

Pour l'élection d'un juge et quatre consuls des marchands, y a été procédé le jeudi, trentième jour de janvier. Et ont été scrutateurs de cette élection sieur Nicolas Souplet, marchand apothicaire-épicier, et Sire Jacques le Noir, ancien consul, qui ont trouvé par le scrutin être demeuré pour :

JUGE.

Sire Jean LE MARCHANT, bourgeois de Paris, du corps de la bonneterie et l'un des directeurs de l'Hôpital général de cette ville, demeurant rue Saint-Jacques de la Boucherie.

PREMIER CONSUL.

Noble homme Jean LE VIEUX, bourgeois, échevin de cette ville de Paris, du corps de la draperie, demeurant rue Mauvaise-Parole.

DEUXIÈME CONSUL.

Sire Charles Hélyot l'aîné, marchand du corps de la mercerie, bourgeois de Paris, demeurant sur le pont Notre-Dame.

TROISIÈME CONSUL.

Sire Jacques Planson, marchand, bourgeois, et l'un des quartiniers de cette ville de Paris, du corps de l'épicerie, demeurant rue de la Cossonnerie, *Au Griffon d'or.*

QUATRIÈME CONSUL.

Sire Pierre Picquet, marchand de bois, bourgeois de Paris, demeurant rue de la Tisseranderie.

Et le vendredi 31 janvier 1659, lesdits sieurs Pichon, Oulry, Tiville, Héron et Pulleu les ont présentés à la Cour, où ils ont fait serment, puis sont venus ouïr la messe en la chapelle de la juridiction, après laquelle ils ont été installés à l'audience.

Suite de l'année 1659.

Le sieur Pierre Picquet étant décédé, lesdits sieurs le Marchant, le Vieux, Hélyot et Planson auraient, le jeudi 27 mars 1659, fait assemblée des anciens juges et consuls et des maîtres et gardes des six corps des marchands, pour procéder à l'élection d'un quatrième consul à la place dudit sieur Picquet.

Et ont été scrutateurs les sieurs Jean Manson, l'un des gardes de la marchandise de pelleterie, et Philippes Rousseau, l'un des gardes de la marchandise d'orfèvrerie, qui ont trouvé par le scrutin être demeuré pour :

QUATRIÈME CONSUL.

Noble homme Philippes GERVAIS, bourgeois, conseiller et ancien échevin de cette ville de Paris, demeurant rue Montorgueil, près la pointe Saint-Eustache.

Et le vendredi 28 mars audit an, lesdits sieurs le Marchant, le Vieux, Hélyot et Planson auraient présenté à la Cour ledit sieur Gervais, qui a fait le serment, et ledit jour a été installé au siège en la manière accoutumée.

1660.

Pour l'élection d'un juge et quatre consuls des marchands, a été procédé le jeudi vingt-neuf janvier. Et ont été scrutateurs Sire Robert Ballard, ancien consul, et sieur Philippes Bourdet, marchand, lesquels ont trouvé par le scrutin être demeuré pour :

JUGE.

Sire Jacques BARBIER, du corps de l'épicerie, bourgeois de Paris, demeurant rue Saint-Denis, *Au Petit Cerf.*

PREMIER CONSUL.

Noble homme Nicolas BAUDEQUIN, conseiller et échevin de cette ville de Paris, du corps de la draperie, demeurant rue Saint-Honoré.

Les sieurs Denys Béguin et Mathurin de Moncheny ayant eu égalité
de voix, il fut tiré au sort pour les places, et demeurèrent pour :

DEUXIÈME CONSUL.

Sire Denys BÉGUIN, du corps de la mercerie, bourgeois de Paris,
demeurant rue Saint-Denis, près Sainte-Opportune.

TROISIÈME CONSUL.

Noble homme Mathurin DE MONCHENY, bourgeois, ancien échevin de
la ville de Paris, du corps de l'apothicairerie-épicerie, demeurant aux
Marais du Temple, près les Petits Capucins.

QUATRIÈME CONSUL.

Sire Jacques COTTARD, marchand orfèvre, bourgeois de Paris, demeurant près Saint-Leufroy.

Et le vendredi 30 janvier 1660, lesdits sieurs le Marchant, le Vieux,
Hélyot, Planson et Gervais les ont présentés à la Cour, ils ont fait serment, puis sont venus entendre la messe en la chapelle de la juridiction consulaire, et ont été installés au siége et tenu l'audience.

1661.

Pour l'élection d'un juge et quatre consuls des marchands, a été pro-
cédé le samedi vingt-neuf janvier. Et ont été scrutateurs Sire Claude
le Boué, ancien échevin et doyen des juges et consuls, et sieur Pierre
Goblet, l'un des maîtres et gardes de la marchandise de pellete-
rie, qui ont trouvé par le scrutin être demeuré pour :

JUGE.

Sire Claude NIVERT, bourgeois de Paris, du corps de la marchandise
de draperie, demeurant rue Saint-Honoré.

Les Sires Louis Pocquelin et Antoine de la Porte ayant eu égalité de
voix, il fut tiré au sort pour les places, et demeurèrent pour :

PREMIER CONSUL.

Sire Louis POCQUELIN, bourgeois de Paris, du corps de la marchandise de mercerie, grosserie et joaillerie, demeurant rue Quinquempoix.

DEUXIÈME CONSUL.

Noble homme Antoine DE LA PORTE, bourgeois, ancien échevin de cette ville de Paris, du corps de la marchandise d'épicerie, demeurant rue du Jour.

TROISIÈME CONSUL.

Sire François Predeseigle, marchand drapier, bourgeois de Paris, demeurant à la place Maubert.

QUATRIÈME CONSUL.

Sire Antoine Musnier, marchand de vins, fournissant la maison du Roi, demeurant rue Jean-Painmollet.

Et le lundi, 31 janvier audit an 1661, lesdits Sires Barbier, Bodequin, Beguin, Moncheny et Cottart les ont présentés à la Cour, où ils ont fait serment, puis sont venus ouïr la messe en la chapelle de la juridiction, et après ont été installés au siége et tenu l'audience.

Suite de l'année 1661.

Le quinzième jour de septembre audit an 1661, à l'issue du service dit et célébré en l'église de Saint-Médéric pour le repos de l'âme de défunt Sire Claude Nivert, décédé en la charge de juge, a été par les sieurs Louis Pocquelin, Antoine de la Porte, François Predeseigle et Antoine Musnier, consuls en charge, assistés des sieurs anciens juges et consuls et des maîtres et gardes des six corps pour ce mandés, procédé à l'élection d'un juge des marchands au lieu et place dudit sieur Nivert pour le reste de ladite année.

Et ont été scrutateurs les sieurs Martin Fremin, marchand bonnetier, l'un des gardes de la marchandise de bonneterie, et Sire Jean Lévesque, ancien consul, qui ont trouvé par le scrutin être demeuré pour :

JUGE.

Noble homme Jacques de Monhers, bourgeois de Paris et ancien échevin de cette ville.

Et le vendredi 16 septembre, lesdits sieurs Pocquelin, de la Porte, Predeseigle et Musnier, conduits par M. Chopin, substitut de M. le procureur général, auraient présenté à la Cour, en la chambre des vacations, M. de Nesmond présidant le siége, ledit sieur de Monhers, qui aurait fait serment et été reçu pour juge au lieu et place dudit sieur Nivert pour le reste de ladite année. Ce fait, lesdits sieurs, après avoir ouï la messe en la chapelle de la juridiction, auraient installé au siége ledit sieur de Monhers.

1662.

Pour l'élection d'un juge et quatre consuls des marchands, a été procédé le samedi vingt-huit janvier. Et ont été scrutateurs les sieurs Pierre Boulduc, marchand apothicaire, et Jean du Four, marchand bonnetier, qui ont trouvé par le scrutin être demeuré pour :

JUGE.

Sire Jacques TICQUET, bourgeois de Paris, l'un des directeurs de l'Hôpital général de cette ville de Paris, du corps de la marchandise de draperie, demeurant vieille rue du Temple.

PREMIER CONSUL.

Sire Claude DE BIERNE, marchand pelletier, bourgeois de Paris, demeurant rue Vieille-Cordonnerie.

DEUXIÈME CONSUL.

Sire Fiacre GERMAIN, marchand drapier, bourgeois de Paris, demeurant rue Verderet.

TROISIÈME CONSUL.

Sire Pierre HÉLYOT l'aîné, marchand, bourgeois de Paris, du corps de la marchandise de mercerie, grosserie et joaillerie, demeurant rue Aubry-le-Boucher.

QUATRIÈME CONSUL.

Sire Pierre CLACQUENELLE, marchand apothicaire-épicier, demeurant rue et près l'échelle du Temple.

Ce fait, à l'instant auraient lesdits sieurs de Monhers, Pocquelin, de la Porte, Predeseigle et Musnier été saluer Nosseigneurs les premier président, avocats généraux et procureur général, leur présenter le scrutin de l'élection qui venait d'être faite, et prendre d'eux le jour et heure pour la prestation de serment des nouveaux élus. Ils allèrent ensemble rendre visite aux nouveaux élus, en leur donnant avis de l'élection faite de leurs personnes ès charges de juge et de consuls, et les prièrent de se trouver au Palais le lundi, trente dudit mois de janvier, à sept heures du matin, qui étaient le jour et heure qui leur avaient été donnés pour (à la réquisition d'un de Nosseigneurs les gens du Roi) prêter serment à la Cour, suivant l'édit d'érection de la juridiction consulaire, en la manière accoutumée, et ainsi qu'il a toujours été pratiqué depuis.

Et le lendemain dimanche, 29 dudit mois de janvier, le sieur Hélyot, qui avait accepté d'exercer la charge de consul pendant une année, aurait rétracté l'acceptation qu'il avait faite de ladite charge et prié de l'en décharger.

Sur quoi lesdits sieurs de Monhers, Pocquelin, de la Porte, Predeseigle et Musnier, au lieu de se rendre au Palais le 30 janvier, convoquèrent ledit jour, sept heures du matin, en leur salle judiciaire, tous messieurs les anciens juges et consuls pour délibérer avec eux sur la prière dudit sieur Hélyot.

Suivant laquelle convocation se rendirent ledit jour trente janvier, sept heures du matin, en ladite salle judiciaire, la plus grande partie desdits sieurs anciens juges et consuls; en l'assemblée desquels fut arrêté que lesdits sieurs juge et consuls en charge retourneraient voir Nosseigneurs premier président, avocats généraux et procureur général, qu'ils prieraient de vouloir présenter à la Cour et recevoir le serment des sieurs nouveaux élus; et comme il était trop tard pour les rencontrer, que cependant lesdits sieurs juge et consuls en charge tiendraient l'audience jusqu'à la prestation de serment des nouveaux élus.

Le même jour trente janvier, suivant ladite résolution, sur l'heure de midi, lesdits sieurs de Monhers, Pocquelin, de la Porte, Predeseigle et Musnier allèrent rendre compte à Monseigneur le premier président de ce qui était arrivé et de la délibération faite en l'assemblée; le prièrent de vouloir donner jour et heure pour présenter à la Cour les nouveaux élus, et de pourvoir sur le désistement et prière faite par ledit sieur Hélyot de le décharger. Sur quoi ledit seigneur leur fit réponse qu'il enverrait quérir le sieur Hélyot, l'entendrait, et qu'ils continuassent à tenir l'audience et rendre la justice au public jusques à nouvel ordre, ce qu'ils auraient fait ledit jour trente janvier et le premier jour de février du matin, et l'après-midi du même jour le sieur Musnier fut député à la Compagnie pour aller recevoir la réponse et prendre l'ordre dudit seigneur premier président, laquelle fut : Qu'il avait entendu ledit sieur Hélyot, qu'ils pouvaient présenter à la Cour les autres sieurs nouveaux élus, et qu'il serait fait élection d'un quatrième consul aux lieu et place dudit sieur Hélyot.

Le lendemain, mardi deux février, jour et fête de la Chandeleur, lesdits sieurs de Monhers, Pocquelin, de la Porte, Predeseigle et Musnier allèrent seulement voir Monseigneur le procureur général, le prièrent de vouloir présenter à la Cour lesdits sieurs nouveaux élus, et suivant sa réponse auraient lesdits sieurs de Monhers, Focquelin, de la Porte, Predescigle et Musnier, le lendemain troisième février, présenté à la Cour lesdits sieurs Ticquet, de Bierne, Germain et Clacquenelle, qui auraient fait serment, puis seraient venus ouïr la messe en la chapelle de la juridiction, après laquelle ils auraient été installés au siège et tenu l'audience.

Quant au sieur Hélyot, il ne serait comparu à la Cour; néanmoins, sur les conclusions dudit seigneur procureur général, la Cour, par son arrêt dudit jour troisième février, l'aurait déchargé et ordonné qu'il serait procédé à l'élection d'un quatrième consul par les juge et consuls nouveaux reçus.

Et le mardi sept février, huit heures du matin, en exécution dudit arrêt, lesdits sieurs Ticquet, de Bierne, Germain et Clacquenelle firent convoquer en leur salle judiciaire les sieurs anciens juges et consuls et les maîtres et gardes des six corps des marchands, et fut procédé à l'élection d'un quatrième consul.

Et ont été scrutateurs Sire Antoine de Cay, ancien consul, et sieur Louis Masson, garde de l'orfévrerie, lesquels ont trouvé par le scrutin être demeuré pour :

QUATRIÈME CONSUL.

Sire Charles LE BRUN, marchand, bourgeois de Paris, du corps de la marchandise de mercerie, grosserie et joaillerie, demeurant rue Saint-Denis, près la porte Paris.

Et le vendredi huit février audit an, lesdits sieurs Ticquet, de Bierne, Germain et Clacquenelle, conduits par ledit seigneur procureur général, ont présenté à la Cour ledit sieur le Brun, qui aurait fait serment, puis seraient venus ouïr la messe en la chapelle de la juridiction, à l'issue de laquelle ledit sieur le Brun aurait été installé au siège.

1663.

Aujourd'hui lundi, 15 janvier 1663, sur les neuf heures du matin, est comparu par-devant nous juge et consuls des marchands établis par le Roi notre Sire à Paris, Sire Michel Semelle, bourgeois de Paris et ancien consul, qui nous aurait dit et remontré qu'ayant eu l'honneur d'exercer la charge de consul pendant l'année 1644, que sachant

que l'on devait procéder à la fin du présent mois à l'élection d'un juge
et quatre consuls, et sur l'avis qu'il avait eu que l'on avait dessein de
faire élection de sa personne pour juge, nous aurait requis et priés de
le dispenser de ladite charge, tant à cause de son grand âge qui était
de quatre-vingts années, qu'à cause de quelques incommodités de son
corps, et acte lui en être donné, ce que lui aurions octroyé, et ordonné que le présent sera registré ès registres des charges de notre
juridiction, pour lui servir et valoir en temps et lieu ainsi que de
raison.

Donné à Paris, les jour et an que dessus. *Signé :* Ticquet, de
Bierne, Germain, Clacquenelle et le Brun.

*Pour l'élection d'un juge et quatre consuls des marchands, a été pro-
cédé le mardi trente janvier. Et ont été scrutateurs les sieurs Baudouin Chauvin, marchand mercier, grossier et joaillier, et François de la Croix, marchand drapier, qui ont trouvé par le scrutin
être demeuré pour :*

JUGE.

Sire Robert Pocquelin l'aîné, marchand, bourgeois de Paris, du
corps de la marchandise de mercerie, grosserie et joaillerie, demeurant rue de la Champverrerie.

Les sieurs Jean Chenart et Antoine Héron ayant eu égalité de voix,
il fut tiré au sort pour les places, et demeurèrent pour :

PREMIER CONSUL.

Sire Jean Chenart, marchand du corps de la marchandise de draperie, demeurant rue Saint-Denis, près le Sépulcre.

DEUXIÈME CONSUL.

Sire Antoine Héron, marchand du corps de la marchandise d'épicerie, demeurant rue des Arcis.

TROISIÈME CONSUL.

Sire Philippes Lempereur, marchand du corps de la marchandise de
mercerie, grosserie et joaillerie, demeurant au coin du Marché Neuf.

QUATRIÈME CONSUL.

Sire Pierre Lescot, marchand du corps de la marchandise de bonneterie.

Et le mercredi 31 janvier 1663, lesdits sieurs Ticquet, de Bierne, Germain, Clacquenelle et le Brun, conduits par Monseigneur le procureur général, les ont présentés à la Cour, où ils ont fait serment, puis sont venus ouïr la messe en la chapelle de la juridiction, et après ont été installés au siége et tenu l'audience.

1664.

Pour l'élection d'un juge et quatre consuls des marchands, a été procédé le jeudi trente et un janvier. Et ont été scrutateurs de cette élection Sires Jacques Laugeois, ancien consul, et Pierre Denison, aussi ancien consul et ancien échevin de cette ville de Paris, qui ont trouvé par le scrutin être demeuré pour :

JUGE.

Noble homme Jean ROUSSEAU, bourgeois de Paris, ancien échevin, du corps de la marchandise de bonneterie, demeurant rue de la Calandre, près le Palais.

Les sieurs Jean de Meromont, Marc Héron, Pierre du Cocquel et Philippes le Febvre ayant été égaux en voix, il a été tiré au sort pour les places et sont demeurés pour :

PREMIER CONSUL.

Sire Jean DE MEROMONT, marchand drapier, demeurant rue Saint-Antoine.

DEUXIÈME CONSUL.

Sire Marc HÉRON, marchand apothicaire-épicier, demeurant au marché Poirée.

TROISIÈME CONSUL.

Sire DU COCQUEL, du corps de la marchandise de mercerie, grosserie et joaillerie, demeurant rue Saint-Martin.

QUATRIÈME CONSUL.

Sire Philippes LE FEBVRE, marchand orfévre, demeurant dans l'île du Palais, sur le quai qui regarde les Augustins.

Et le vendredi, premier jour de février, les sieurs Pocquelin, Chenart, Héron, Lempereur et Lescot, conduits par Monseigneur le procureur général, les ont présentés à la Cour, où ils ont fait serment, puis sont venus ouïr la messe en la chapelle de la juridiction, et ensuite ont été installés au siége et tenu l'audience.

Suite de l'année 1664.

Le sieur du Cocquel étant décédé, lesdits sieurs Rousseau, de Meromont, Héron et le Febvre auraient, le premier avril audit 1664, fait assemblée des anciens juges et consuls, et des maîtres et gardes des six corps des marchands, pour procéder à l'élection d'un quatrième consul à la place dudit sieur Cocquel.

Et ont été scrutateurs les sieurs Guillaume de Faverolles, maître et garde de la marchandise de mercerie, grosserie et joaillerie, et Simon Poncet, aussi maître et garde de la marchandise de draperie, qui auraient trouvé par le scrutin être demeuré pour :

QUATRIÈME CONSUL.

Sire Antoine Vitré, imprimeur ordinaire du Roi et du clergé de France, demeurant rue Saint-Jacques.

Et le mercredi, deuxième jour dudit mois d'avril et an, lesdits sieurs Rousseau, de Meromont, Héron et le Febvre, assistés de Nosseigneurs les procureur général et avocats généraux, auraient présenté à la Cour ledit sieur Vitré, qui a fait le serment, et ledit jour a été installé au siége par lesdits sieurs.

1665.

Pour l'élection d'un juge et quatre consuls des marchands, a été procédé le jeudi vingt-neuf janvier. Et ont été scrutateurs les sieurs Mathieu Hautton, marchand pelletier, et Vincent Sebert, marchand épicier, qui ont trouvé par le scrutin être demeuré pour :

JUGE.

Sire Silvain Roiger, bourgeois de Paris, du corps de la marchandise d'apothicairerie-épicerie, demeurant rue Saint-Denis, près le Châtelet.

Les sieurs Nicolas Héron, Jacques le Gendre et Edme Jeanson ayant eu égalité de voix, il fut tiré au sort pour leurs rangs et demeurèrent pour :

PREMIER CONSUL.

Sire Nicolas Héron, marchand drapier, demeurant rue Saint-Honoré.

25

DEUXIÈME CONSUL.

Sire Jacques LE GENDRE, marchand épicier, demeurant rue Sainte-Avoye.

TROISIÈME CONSUL.

Sire Edme JEANSON, marchand du corps de la marchandise de mercerie, grosserie et joaillerie, demeurant rue Saint-Denis, près la fontaine des Saints-Innocents.

QUATRIÈME CONSUL.

Sire Florentin CROLLAT, marchand pelletier, demeurant rue de la Vieille-Cordonnerie.

Et le vendredi, trente janvier, lesdits sieurs Rousseau, de Meromont, Héron, le Febvre et Vitré, conduits par Nosseigneurs les procureur général et avocats généraux, les ont présentés à la Cour, où ils ont fait serment, puis sont venus ouïr la messe en la chapelle de la juridiction, et ensuite ont été installés au siége et tenu l'audience.

Suite de l'année 1665.

Le sieur Janson étant décédé, lesdits sieurs Roiger, le Gendre, Héron et Crollart auraient, le mardi 16 juin, à l'issue du service dit et célébré en l'église de Saint-Médéric pour le repos de l'âme dudit défunt sieur Janson, fait assemblée des anciens juges et consuls, et des maîtres et gardes des six corps des marchands, pour procéder à l'élection d'un quatrième consul au lieu dudit sieur Janson.

Et ont été scrutateurs Sire Alexandre de la Vayrie, ancien consul, et sieur Jacques le Couteulx, marchand et l'un des maîtres et gardes de la marchandise de draperie, lesquels ont trouvé par le scrutin être demeuré pour :

QUATRIÈME CONSUL.

Sire Estienne VILLAIN, marchand du corps de la marchandise de mercerie, grosserie et joaillerie, demeurant rue Saint-Denis près le Grand-Châtelet.

Et le 17 juin, lesdits sieurs Roiger, Héron, le Gendre et Crollart, assistés de Monseigneur le procureur général, auraient présenté à la Cour ledit sieur Villain, qui aurait fait le serment, et a été installé au siége par lesdits sieurs.

1666.

Aujourd'hui vendredi, 29 janvier, à l'issue du service dit et célébré
en l'église Saint-Médéric pour le repos des âmes des défunts sieurs
anciens juges et anciens consuls, serait comparu par-devant Nous juge
et consuls des marchands établis par le Roi notre Sire à Paris, assemblés en notre chambre de conseil avec MM. les anciens juges et anciens
consuls, Sire Didier Aubert, marchand et ancien consul, qui nous aurait
dit et remontré qu'ayant eu l'honneur d'exercer la charge de consul,
et sachant que nous devions procéder le jour de demain à l'élection
d'un juge et quatre consuls, sur l'avis qu'il avait eu que l'on avait
dessein de faire élection de sa personne pour remplir la place de juge,
nous aurait requis et priés de le dispenser de ladite charge, tant à
cause de son grand âge qui était de soixante-dix-neuf années, qu'à
cause de quelque incommodité de son corps, et acte lui en serait
donné; ce que lui aurions octroyé, et ordonné que le présent sera
registré au livre des chartres de cette juridiction, pour lui servir ainsi
que de raison.

Donné à Paris ledit jour et an que dessus.

Pour l'élection d'un juge et quatre consuls des marchands, a été pro-
cédé le samedi trente janvier. Et ont été scrutateurs Sire Marc
Héron, ancien consul, et sieur Antoine Regnault, marchand apothi-
caire, qui ont trouvé par le scrutin être demeuré pour :

JUGE.

Sire Robert BALLARD, seul imprimeur du Roi pour la musique,
demeurant au coin de la rue de Saint-Jean de Beauvais.

Les sieurs Roland Boilleau et Guillaume Belon ayant eu égalité de
voix, il fut tiré au sort pour leurs rangs, de même à l'égard des sieurs
Sulpice Piart et Jean Gouffette, qui eurent aussi égalité de voix, et
ainsi demeurèrent pour :

PREMIER CONSUL.

Sire Roland BOILLEAU, marchand bonnetier, demeurant sur le pont
au Change.

DEUXIÈME CONSUL.

Sire Guillaume BELIN, marchand drapier, demeurant rue Saint-Honoré.

TROISIÈME CONSUL.

Sire Sulpice PIART, marchand apothicaire, demeurant rue Saint-Martin.

QUATRIÈME CONSUL.

Sire Jean GOUFFETTE l'aîné, marchand mercier, grossier et joaillier, demeurant rue aux Febvres.

Et le lundi, premier jour de février, lesdits sieurs Roiger, Héron, le Gendre, Crollat et Villain les ont présentés à la Cour, puis sont venus ouïr la messe en la chapelle de la juridiction, et ensuite ont été installés au siége et tenu l'audience.

1667.

Pour l'élection d'un juge et quatre consuls des marchands, a été procédé le samedi vingt-neuf janvier. Et ont été scrutateurs Sires Michel Oulry et Simon Langlois, anciens consuls, qui ont trouvé par le scrutin être demeuré pour :

JUGE.

Noble homme Pierre DENISON, ancien échevin, marchand du corps de la marchandise d'épicerie, demeurant rue de la Verrerie.

Les sieurs Jacques Roussel, Jean Boué et Jean-Jacques Gayot ayant eu égalité de voix, il fut tiré au sort pour les rangs, et demeurèrent pour :

PREMIER CONSUL.

Sire Jacques ROUSSEL, marchand du corps de la marchandise d'épicerie, demeurant rue de la Cossonnerie.

DEUXIÈME CONSUL.

Sire Jean BOUÉ, marchand du corps de la marchandise de draperie, demeurant rue Saint-Antoine.

TROISIÈME CONSUL.

Sire Jean-Jacques GAYOT, marchand du corps de la marchandise de mercerie, grosserie et joaillerie, demeurant rue de la Vieille-Monnaie.

QUATRIÈME CONSUL.

Sire Jean DE ROSNEL, marchand du corps de la marchandise d'orfèvrerie, demeurant à l'entrée du pont au Change.

Et le lundi 31 janvier, lesdits sieurs Ballard, Boileau, Belin, Piart et Gouffette ont présenté à la Cour lesdits sieurs Denison, Roussel, Boué, Gayot et de Rosnel, qui ont, sur le réquisitoire de Monseigneur le procureur général, fait serment, puis sont venus ouïr la messe en la chapelle de la juridiction, et ensuite ont été installés au siège et tenu l'audience.

1668.

Pour l'élection d'un juge et quatre consuls des marchands, a été procédé par les sieurs Denison, Roussel, Boué, Gayot et de Rosnel, le samedi vingt-huit janvier. Et ont été scrutateurs les sieurs Antoine Yon, marchand drapier et l'un des gardes de ladite marchandise, et Nicolas de Savigny, marchand de vins, qui ont trouvé par le scrutin être demeuré pour :

JUGE.

Noble homme Vincent HÉRON, conseiller et ancien échevin de cette ville, du corps de la marchandise d'épicerie, demeurant au cloître Saint-Jacques de la Boucherie.

Les sieurs Christophe Cadeau, Guy Pocquelin et Thomas Noblet ayant eu égalité de voix, il fut tiré au sort, et demeurèrent pour :

PREMIER CONSUL.

Sire Christophe CADEAU, marchand du corps de la marchandise de mercerie, grosserie et joaillerie, demeurant rue Neuve-Saint-Médéric.

DEUXIÈME CONSUL.

Sire Guy POCQUELIN, marchand du corps de la marchandise de draperie, demeurant à Petit-Pont, au coin de la rue Neuve-Notre-Dame.

TROISIÈME CONSUL.

Sire Thomas NOBLET, marchand du corps de la marchandise d'apothicairerie-épicerie, demeurant rue de l'Arbre-Sec.

QUATRIÈME CONSUL.

Sire Jean DOYEN, marchand de vins, et ci-devant un des douze privilégiés suivant la Cour, demeurant rue Saint-Jacques de la Boucherie.

Et le trente desdits mois et an, lesdits sieurs Denison, Roussel, Boué, Gayot et de Rosnel, conduits par Monseigneur le procureur général, les ont présentés à la Cour, où ils ont fait serment, puis sont venus ouïr la messe en la chapelle de la juridiction, et ont été installés au siége et tenu l'audience.

1669.

Le jeudi trente et un janvier a été procédé à l'élection d'un juge et quatre consuls. Et ont été scrutateurs Sires Jacques Cottart, marchand orfévre et ancien consul, et Jean le Vieux, aussi ancien consul et ancien échevin, qui ont trouvé par le scrutin être demeuré pour :

JUGE.

Alexandre DE LA VAYRIE, marchand du corps de la marchandise de pelleterie, demeurant rue Vieille-Boucherie.

Les sieurs le Camus, Niceron et Presty ayant eu égalité de voix, il fut tiré au sort, et demeurèrent pour :

PREMIER CONSUL.

Sire Claude LE CAMUS, marchand drapier, demeurant rue de la Barillerie, près le Palais.

DEUXIÈME CONSUL.

Sire Charles PRESTY, marchand du corps de la marchandise de mercerie, grosserie et joaillerie, demeurant rue Neuve-Saint-Médéric.

TROISIÈME CONSUL.

Sire Mathurin NICERON, marchand épicier, demeurant aux Halles.

QUATRIÈME CONSUL.

Sire Denys BESCHET, marchand libraire, demeurant rue Saint-Jacques.

Et le vendredi, premier février, lesdits sieurs Héron, Cadeau, Pocquelin, Noblet et Doyen, conduits par Monseigneur le procureur général, les ont présentés à la Cour, où ils ont fait serment; puis sont venus ouïr la messe en la chapelle de la juridiction, et ensuite ont été installés au siége et tenu l'audience.

1670.

Le jeudi, trente janvier, a été procédé à l'élection d'un juge et quatre consuls. Et ont été scrutateurs Toussaint Zelin, du corps de la marchandise de bonneterie, et Michel Gamare, marchand apothicaire, qui ont trouvé par le scrutin être demeuré pour :

JUGE.

Noble homme André LE VIEUX, ancien échevin et doyen des conseillers de cette ville de Paris, administrateur de l'Hôtel-Dieu et directeur de l'Hôpital général, du corps de la marchandise de draperie, demeurant au cul-de-sac de la rue des Bourdonnais.

Les sieurs Regnault et Bussillet ayant eu égalité de voix, il fut tiré au sort, et demeurèrent pour :

PREMIER CONSUL.

Sire Estienne REGNAULT, marchand du corps de la marchandise d'épicerie, demeurant rue Sainte-Avoye.

DEUXIÈME CONSUL.

Sire Jean BUSSILLET, marchand du corps de draperie, demeurant rue Gilles-le-Cœur.

TROISIÈME CONSUL.

Sire Pierre LE MAIRE, marchand du corps de la marchandise de mercerie, grosserie, joaillerie, demeurant rue Saint-Honoré.

QUATRIÈME CONSUL.

Sire Jean-Baptiste GORGES, marchand de la marchandise de pelleterie, demeurant rue Saint-Denis.

Et le vendredi, trente et un janvier audit an, lesdits sieurs de la Vayrie, le Camus, Presly, Niceron et Beschet, conduits par Monseigneur le procureur général, les ont présentés à la Cour, où ils ont fait serment; puis sont venus entendre la messe en la chapelle de la juridiction, après laquelle ils ont été installés au siège et tenu l'audience.

Suite de l'année 1670.

Le sieur Estienne Regnault étant décédé, lesdits sieurs le Vieux, Bussillet, le Maire et Gorges auraient, le samedi, quatrième jour d'octobre, fait assemblée des anciens juges et consuls, et des maîtres et gardes des six corps des marchands, pour procéder à l'élection d'un quatrième consul à la place dudit sieur Regnault.

Et ont été scrutateurs Sires Charles le Brun, ancien consul, et Jacques Barbier, ancien juge-consul, qui ont trouvé par le scrutin être demeuré pour :

QUATRIÈME CONSUL.

Noble homme Nicolas SOUPLET, ancien échevin et l'un des quartiniers de cette ville de Paris, marchand du corps de l'apothicairerieépicerie, demeurant rue Sainte-Avoye.

Et le lundi, sixième jour d'octobre audit an, lesdits sieurs le Vieux, Bussillet, le Maire et Gorges, conduits par Monseigneur Parmentier, substitut de Monseigneur le procureur général, auraient présenté à la Cour ledit sieur Souplet, qui a fait serment, et ledit jour a été installé au siége par lesdits sieurs.

Et parce que ledit sieur Nicolas Souplet avait fait serment pendant la chambre des vacations, il fut présenté par Monseigneur le procureur général à la grand'chambre, le lundi, sept novembre audit an, pour y faire de nouveau le serment, accompagné desdits sieurs le Vieux, Bussillet, le Maire et Gorges.

1671.

Pour l'élection d'un juge et quatre consuls des marchands, a été procédé le jeudi, cinq février. Et ont été scrutateurs les sieurs Louis Pihaut, marchand bonnetier, et Frédéric Léonard, marchand libraire de cette ville, qui ont trouvé par le scrutin être demeuré pour :

JUGE.

Sire Jean COTTART, marchand du corps de la marchandise d'épicerie, demeurant rue des Lombards.

PREMIER CONSUL.

Sire Charles GAULTIER, marchand drapier, demeurant rue Saint-Honoré.

DEUXIÈME CONSUL.

Sire Simon LANGLOIS, marchand du corps de la marchandise de mercerie, grosserie et joaillerie, demeurant sur le pont au Change.

TROISIÈME CONSUL.

Sire Jean LATTAIGNANT, marchand du corps de la marchandise d'épicerie, demeurant rue des Écouffes.

QUATRIÈME CONSUL.

Sire Germain GOUFRT, marchand du corps de la marchandise de bonneterie, demeurant au bout du pont Saint-Michel.

Et le lendemain, six février, lesdits sieurs le Vieux, Bussillet, le Maire, Gorges et Souplet, conduits par Monseigneur le procureur général, les ont présentés à la Cour, où ils ont fait serment; puis sont venus ouïr la messe en la chapelle de la juridiction, et ensuite ont été installés au siége.

1672.

Pour l'élection d'un juge et quatre consuls des marchands, a été procédé le trente janvier. Et ont été scrutateurs le sieur Jean-Baptiste Coignard, marchand libraire, et Sire Mathurin Niceron, marchand épicier, ancien consul, qui ont trouvé par le scrutin être demeuré pour :

JUGE.

Sire Paul LE FEBVRE, marchand orfévre-joaillier, demeurant sur le quai qui regarde les Augustins.

PREMIER CONSUL.

Sire Claude BALLIN, marchand orfévre-joaillier, demeurant aux galeries du Louvre.

Les sieurs Gérault et Lislefort ayant eu égalité de voix, il fut tiré au sort, et demeurèrent pour :

DEUXIÈME CONSUL.

Sire Claude GÉRAULT, marchand drapier, demeurant rue Calandre, devant le Palais.

TROISIÈME CONSUL.

Sire Marc DE LISLEFORT, marchand apothicaire-épicier, demeurant rue Saint-Honoré.

QUATRIÈME CONSUL.

Noble homme Julien GERVAIS, conseiller du Roi, ancien échevin et doyen des quartiniers de cette ville, du corps de la marchandise de mercerie, grosserie et joaillerie, demeurant rue de la Ferronnerie.

Et le lundi, premier jour de février, lesdits sieurs Cottart, Gaultier, Langlois, Lattaignant et Gobert, conduits par Monseigneur le procureur général, les ont présentés à la Cour, où ils ont fait serment; puis sont venus ouïr la messe en la chapelle de la juridiction, et ensuite ont été installés au siége et tenu l'audience.

1673.

Pour l'élection d'un juge et quatre consuls des marchands, a été procédé le mardi, trente et un janvier. Et ont été scrutateurs Sires Jacques le Gendre, marchand du corps de l'épicerie et ancien consul, et Pierre Clacquenelle, marchand du corps de l'apothicairerie-épicerie, aussi ancien consul, qui ont trouvé par le scrutin être demeuré pour :

JUGE.

Sire Claude VILLAIN, marchand du corps de la marchandise d'épicerie, demeurant rue des Lombards.

Les sieurs Jean Chardon et Jean Bachelier ayant eu égalité de voix, il fut tiré au sort, et demeurèrent pour :

PREMIER CONSUL.

Sire Jean CHARDON, marchand du corps de la marchandise de draperie, demeurant rue Vieille-Bouclerie.

DEUXIÈME CONSUL.

Sire Jean BACHELIER, ancien receveur du grand bureau des pauvres et directeur de la Compagnie des Indes Orientales, du corps de la marchandise de mercerie, grosserie et joaillerie, demeurant rue Mauconseil.

TROISIÈME CONSUL.

Sire Pierre GOBLET, marchand du corps de la marchandise de pelleterie, demeurant rue Vieille-Cordonnerie.

QUATRIÈME CONSUL.

Sire Jean LE ROY, marchand du corps de la marchandise d'épicerie.

Et le mercredi, premier jour de février, lesdits sieurs le Febvre,

Ballin, Gérault, de Lislefort et Gervais, conduits par Monseigneur le procureur général, les ont présentés à la Cour, où ils ont fait serment; puis ont ouï la messe en la chapelle de la juridiction, et ensuite ont été installés au siége.

Suite de l'année 1673.

Le sieur Jean Chardon étant décédé, lesdits sieurs Villain, Bachelier et Goblet auraient, le jeudi sept mars, fait assemblée des anciens juges et anciens consuls, et des maîtres et gardes des six corps des marchands, pour procéder à l'élection d'un quatrième consul à la place dudit sieur Chardon [1].

Et ont été scrutateurs les sieurs Jean Pottaire, l'un des gardes de la marchandise de pelleterie, et André Petit, aussi l'un des gardes de la marchandise de mercerie, grosserie et joaillerie, qui ont trouvé par le scrutin être demeuré pour :

QUATRIÈME CONSUL.

Sire Jacques PORCHER, marchand du corps de la marchandise de draperie, demeurant rue Saint-Honoré, à la place aux Chats.

Le lendemain, vendredi, huit desdits mois et an, lesdits sieurs Villain, Bachelier et Goblet, conduits par Monseigneur le procureur général, ont présenté à la Cour ledit sieur Porcher, qui aurait fait le serment, et été installé au siége par lesdits sieurs Villain, Bachelier et Goblet.

Suite de l'année 1673.

Le sieur Jean le Roy étant décédé, lesdits sieurs Villain, Goblet et Porcher auraient, le samedi trois juin, fait assemblée des sieurs anciens juges et anciens consuls et des gardes des six corps des marchands, et qui auraient procédé à l'élection d'un quatrième consul au lieu et place dudit sieur le Roy [2].

Et ont été scrutateurs les sieurs Antoine Levesque, marchand, l'un des gardes du corps de la marchandise d'orfèvrerie, et Pierre Crouzet, marchand, l'un des gardes du corps de la marchandise de mercerie,

---

[1] Messieurs les juge et consuls n'étaient que trois, attendu l'indisposition du sieur le Roy.

[2] Le sieur Bachelier n'a été à cette élection, à cause de son indisposition.

grosserie et joaillerie, lesquels par le scrutin ont trouvé être demeuré pour :

QUATRIÈME CONSUL.

Sire Nicolas Drouet, marchand épicier, demeurant aux Halles, au coin de la rue de la Cossonnerie.

Et le mardi, six desdits mois et an, lesdits sieurs Villain, Goblet et Porcher, conduits par Monseigneur le procureur général, ont présenté à la Cour ledit sieur Drouet, qui aurait fait serment, et le lendemain, sept du même mois, installé au siége.

EXTRAIT DES REGISTRES DES JUGE ET CONSULS DE PARIS.

Aujourd'hui, quinze janvier 1674, est comparu devant nous, en notre chambre de conseil, Sire Jacques Laugeois, ancien consul, qui nous aurait dit et remontré qu'ayant eu l'honneur d'exercer la charge de consul pendant l'année 1657, et sachant que l'on devait procéder à l'élection d'un juge et quatre consuls à la fin du présent mois; sur l'avis qu'il avait eu de quelques-uns de ses amis que l'on pourrait penser à lui pour la charge de juge, qui était le sujet de sa comparution, pour nous prier, ainsi qu'il faisait, au cas que nous eussions cette bonne volonté pour lui, de l'en excuser et dispenser, son grand âge ne lui permettant pas l'exercice d'une charge si pénible; de recevoir ses excuses et lui en donner acte, ce que lui avons octroyé, et ordonné que le présent sera registré ès registres des chartres de notre juridiction, pour lui servir et valoir en temps et lieu, ainsi que de raison.

EXTRAIT DES REGISTRES DES JUGE ET CONSULS DES MARCHANDS
DE PARIS.

Aujourd'hui vendredi, vingt-six janvier 1674, est comparu par-devant nous, en notre chambre de conseil, le sieur Guy Simon, marchand apothicaire de cette ville de Paris, lequel nous aurait dit avoir été chargé par le Sire Pierre Tiville, ancien consul, son beau-frère, de nous voir et de nous dire pour lui, qu'ayant su que le Sire Laugeois, aussi ancien consul, nous aurait priés de ne point penser à lui à l'élection prochaine à la charge de juge; que la prière et les excuses qu'il nous en avait faites ayant été par nous reçues; qu'ayant ledit Sire Tiville eu l'honneur d'exercer la charge de consul en l'année 1658; que la prochaine élection de juge le regardait en quelque sorte; qu'il aurait souhaité, si on lui faisait cet honneur, de rendre ce service au public; mais comme il était incommodé et infirme de maladie, la crainte qu'il avait de ne s'en pas bien acquitter avec l'assiduité requise à cette charge, faisait qu'il nous priait de l'en dispenser aussi et recevoir ses excuses, et requérait acte lui en être donné, ce que aurions octroyé audit sieur Simon pour ledit Sire Tiville, et ordonné que le présent sera registré ès registres des chartres de notre juridiction, pour servir et valoir audit Sire Tiville en temps et lieu, ainsi que de raison.

Donné à Paris, les jour et an que dessus. *Signé :* VERRIER.

EXTRAIT DES REGISTRES DES JUGE ET CONSULS DES MARCHANDS DE PARIS.

Règlement pour l'avenir.

Par le résultat du 27 janvier 1674, fait en l'assemblée de messieurs les anciens juges et anciens consuls, a été arrêté que messieurs les anciens consuls qui s'excuseront d'accepter la charge de juge et dont les excuses seront légitimes et pertinentes, et par conséquent acceptées, auront les mêmes honneurs et prérogatives que messieurs les anciens juges, à l'exception que dans les assemblées ils n'auront séance et voix délibérative qu'après tous messieurs les anciens juges; et des autres choses portées par ledit résultat.

1674.

Pour l'élection d'un juge et quatre consuls des marchands, a été procédé le mardi trente janvier. Et ont été scrutateurs les sieurs Guillaume Fremin, marchand bonnetier, l'un des gardes de ladite marchandise, et noble homme Jean Rousseau, ancien échevin et ancien juge-consul, qui ont trouvé par le scrutin être demeuré pour :

JUGE.

Noble homme Nicolas BAUDEQUIN, ancien échevin, du corps de la marchandise de draperie, demeurant rue Saint-Honoré.

PREMIER CONSUL.

Sire Antoine Rousseau, marchand du corps de la marchandise de mercerie, grosserie et joaillerie, demeurant au cloître Sainte-Opportune.

Les sieurs Guillier, Prevost et Cavelier ayant eu égalité de voix, il fut tiré au sort, et demeurèrent pour :

DEUXIÈME CONSUL.

Sire Antoine Guillier, marchand du corps de la marchandise de draperie, demeurant rue Pirouette en Térouène, près les Halles.

TROISIÈME CONSUL.

Sire Pierre Prevost, marchand du corps de la marchandise d'apothicairerie-épicerie, demeurant île Notre-Dame, rue Saint-Louis.

QUATRIÈME CONSUL.

Sire Jean Cavelier, marchand du corps de la marchandise de bonneterie, demeurant rue Saint-Denis.

Et le lendemain 31 janvier, les sieurs Villain, Bachelier, Goblet, Porcher et Drouet, conduits par Monseigneur le procureur général, les ont présentés à la Cour, où ils ont fait serment, puis sont venus ouïr la messe en la chapelle de la juridiction, et ont été installés au siége et tenu l'audience.

1675.

Pour l'élection d'un juge et quatre consuls des marchands, a été procédé le jeudi trente et un janvier [1]. *Et ont été scrutateurs les sieurs André Quartier, marchand de bois, et Thomas Prévost, aussi marchand de bois, qui ont trouvé par le scrutin être demeuré pour :*

JUGE.

Sire Jacques Cottart, marchand du corps de la marchandise d'orfévrerie, demeurant rue Baillet.

Les sieurs Paul Brochant et Clovis Rousseau ayant eu égalité de voix, il fut tiré au sort, et demeurèrent pour :

---

[1] Le sieur Prevost, consul en charge, ne put assister à cette élection à cause de son indisposition.

PREMIER CONSUL.

Sire Paul BROCHANT, marchand du corps de la marchandise de draperie, demeurant rue Saint-Honoré.

DEUXIÈME CONSUL.

Sire Clovis ROUSSEAU, marchand du corps de la marchandise de mercerie, grosserie et joaillerie, demeurant à Petit-Pont.

TROISIÈME CONSUL.

Sire François NICERON, marchand du corps de la marchandise d'épicerie, demeurant aux Halles.

QUATRIÈME CONSUL.

Sire Philippes PIJART, marchand du corps de la marchandise d'orfévrerie, demeurant sur le quai des Orfévres, qui regarde les Augustins.

Et le lendemain vendredi, premier jour de février, lesdits sieurs Baudequin, Rousseau, Guillier et Cavelier, conduits par Monseigneur le procureur général, les ont présentés à la Cour, où ils ont fait serment, puis sont venus ouïr la messe en la chapelle de la juridiction, et ont été installés au siége et tenu l'audience.

Suite de l'année 1675.

Le sieur Niceron étant mort, lesdits sieurs Cottart, Brochant, Rousseau et Pijart auraient, le samedi 18 mai, fait assemblée des anciens juges et consuls et des maîtres et gardes des six corps des marchands, pour procéder à l'élection d'un quatrième consul aux lieu et place dudit sieur Niceron.

Et ont été scrutateurs Sires Thomas Noblet et Antoine de la Porte, anciens consuls, qui auraient trouvé par le scrutin être demeuré pour :

QUATRIÈME CONSUL.

Sire Jean RAGAIN, marchand du corps de la marchandise d'épicerie, demeurant rue Saint-Honoré.

Et le lundi vingt desdits mois et an, lesdits sieurs Cottart, Brochant, Rousseau et Pijart, conduits par Monseigneur le procureur général, ont présenté à la Cour ledit sieur Ragain, qui a fait serment, et ledit jour a été installé au siége.

Suite de l'année 1675.

Le sieur Clovis Rousseau étant mort, lesdits sieurs Cottart, Brochant, Pijart et Ragain auraient, le mardi 3 décembre, fait assemblée des sieurs anciens juges et anciens consuls pour délibérer avec eux si l'on procéderait à nouvelle élection d'un quatrième consul, vu le peu de temps qui restait à exercer. Recollection faite des voix, et suivant la pluralité, aurait été arrêté que l'on procéderait à nouvelle élection d'un quatrième consul.

Et le samedi, septième jour dudit mois de décembre, suivant ladite délibération, lesdits sieurs Cottart, Brochant, Pijart et Ragain auraient fait assemblée desdits sieurs anciens juges et anciens consuls et des maîtres et gardes des six corps des marchands, pour procéder à l'élection d'un quatrième consul aux lieu et place dudit sieur Rousseau [1].

Et ont été scrutateurs les sieurs Daniel de Clèves, marchand orfèvre, et Robert Hutton, marchand de pelleterie, lesquels par le scrutin ont trouvé être demeuré pour :

QUATRIÈME CONSUL.

Sire Jean COSSART, marchand du corps de la marchandise de mercerie, grosserie et joaillerie, demeurant rue Saint-Denis, *A l'Écu de France*, près la porte de Paris.

Et le mardi, dixième jour desdits mois et an, lesdits sieurs Cottart, Brochant et Ragain, conduits par Monseigneur le procureur général, ont présenté à la Cour ledit sieur Cossart, qui aurait fait serment, et le lendemain, onze desdits mois et an, installé au siège.

1676.

Pour l'élection d'un juge et quatre consuls des marchands, a été procédé le jeudi trente janvier. Et ont été scrutateurs les sieurs Jacques Tampon, marchand teinturier, et Louis le Grand, marchand pelletier, qui ont trouvé par le scrutin être demeuré pour :

JUGE.

Noble homme Antoine DE LA PORTE, ancien échevin, du corps de la marchandise d'épicerie, demeurant rue du Jour.

---

[1] Le sieur Pijart n'assista point à cette élection à cause de son indisposition.

PREMIER CONSUL.

Sire Nicolas DE LA BALLE, marchand drapier, demeurant rue Saint-Honoré, *Au Château de Vincennes*.

DEUXIÈME CONSUL.

Sire Pierre FRAGUIER, marchand apothicaire-épicier, demeurant au bout du pont Saint-Michel.

TROISIÈME CONSUL.

Sire Jean GUERREAU, marchand du corps de la marchandise de mercerie, grosserie et joaillerie, demeurant rue et proche l'Horloge du Palais.

QUATRIÈME CONSUL.

Sire Denys THIERRY, marchand libraire et imprimeur, demeurant rue Saint-Jacques, *A la Ville de Paris*.

Et le lundi trois février audit an 1676, les sieurs Cottart, Brochant, Pijart, Ragain et Cossart, conduits par Monseigneur le procureur général, les ont présentés à la Cour, où ils ont fait serment, puis sont venus entendre la messe en la chapelle de la juridiction, et ont été installés au siége et tenu l'audience.

Nota de ce que messieurs les nouveaux élus n'ont été présentés à la Cour que le trois février, parce que messieurs en charge ne purent parler à M. le premier président le trente janvier, et ne le virent que le trente et un du même mois, qui les remit pour la prestation de serment audit jour trois février.

Le vingt-septième jour de janvier 1677, à l'issue du service célébré en l'église de Saint-Médéric pour le repos de l'âme de Sire Vincent Héron, ancien juge-consul, les Sires Pierre Clacquenelle, Philippes Lempereur, Jean de Méromont, Marc Héron et Philippes Lefebvre demandèrent à être dispensés de la charge de juge, à cause de leur grand âge et infirmités de corps, ce qui leur fut accordé. Ils furent admis en même temps à jouir des prérogatives octroyées en l'assemblée des anciens juges par résultat du vingt-sept janvier 1674.

1677.

Pour l'élection d'un juge et quatre consuls des marchands, a été procédé le samedi trente janvier. Et ont été scrutateurs Sire Philippes le Febvre, marchand orfévre et ancien consul, et le sieur Jean Cochart, marchand libraire, qui ont trouvé par le scrutin être demeuré pour :

JUGE.

Sire Nicolas Héron, marchand du corps de la marchandise de draperie, demeurant rue Saint-Honoré, *Au Château couronné.*

PREMIER CONSUL.

Sire Michel Bachelier, marchand du corps de la marchandise de mercerie, grosserie et joaillerie, demeurant rue Saint-Denis, près le Sépulcre.

Les sieurs Jean le Couteulx et Louis Pihault ayant eu égalité de voix, il fut tiré au sort, et demeurèrent pour :

DEUXIÈME CONSUL.

Sire Louis Pihault, marchand du corps de la marchandise de bonneterie, demeurant rue de la Juiverie.

TROISIÈME CONSUL.

Sire Jean le Couteulx, marchand du corps de la marchandise de draperie, demeurant rue Saint-Honoré.

QUATRIÈME CONSUL.

Sire Jean Boyelleau, marchand du corps de la marchandise d'épicerie, demeurant rue des Lavandières.

Et le lundi, premier février audit an 1677, lesdits sieurs de la Porte, de la Balle, Fraguier, Guerreau et Thierry, conduits par Monseigneur le procureur général, les ont présentés à la Cour, où ils ont fait serment, puis sont venus entendre la messe en la chapelle de la juridiction, et ont été installés au siége, et tenu l'audience.

Suite de l'année 1677.

Le sieur Héron étant mort, lesdits sieurs Bachelier, Pihault, le Couteulx et Boyelleau auraient, le samedi vingt-sept novembre audit an 1677, à l'issue du service dit et célébré en l'église de Saint-Médéric pour le repos de l'âme du sieur Héron, fait assembler messieurs les anciens juges et anciens consuls, et mis en délibération si, à cause du peu de temps qui restait, l'on ferait élection d'un juge aux lieu et place dudit sieur Héron. La matière mise en délibération, recollection faite des voix, a été arrêté qu'on la ferait incessamment pour le temps qui restait.

Et le deux décembre audit an, en conséquence dudit résultat, lesdits sieurs Bachelier, Pihault, le Couteulx et Boyelleau auraient fait assemblée desdits sieurs anciens juges et anciens consuls et maîtres et gardes des six corps des marchands, pour procéder à l'élection d'un juge au lieu dudit sieur Héron.

Et ont été scrutateurs de cette élection le sieur Jean Pinchon, marchand mercier, maître et garde de ladite marchandise, et Sire Nicolas Drouet, marchand épicier, ancien consul, lesquels par le scrutin ont trouvé être demeuré pour :

JUGE.

Sire Estienne VILLAIN, marchand du corps de la mercerie, grosserie et joaillerie, demeurant rue du Chevalier du Guet.

Et le trois dudit mois de décembre audit an, lesdits sieurs Bachelier, Pihault, le Couteulx et Boyelleau, assistés de Monseigneur le procureur général, ont présenté à la Cour ledit sieur Villain, qui aurait fait serment, et a été installé au siége le même jour.

1678.

Pour l'élection d'un juge et quatre consuls des marchands, a été procédé le samedi vingt-neuf janvier. Et ont été scrutateurs Sire Jean Bussillet, et le sieur Pierre Presly, l'un des maîtres et gardes de la marchandise de mercerie, grosserie et joaillerie, qui ont trouvé par le scrutin être demeuré pour :

JUGE.

Sire Rolland BOILLEAU, marchand du corps de la marchandise de bonneterie, demeurant rue Saint-Bon.

Les sieurs Charles Clerambault, Estienne Dorieux et Charles Pijart ayant eu égalité de voix, il fut tiré au sort, et demeurèrent pour :

26.

PREMIER CONSUL.

Noble homme Charles CLERAMBAULT, marchand du corps de la marchandise de draperie, conseiller et ancien échevin de cette ville de Paris, demeurant rue Saint-Honoré, *au cœur de la ville.*

DEUXIÈME CONSUL.

Sire Charles PIJART, marchand du corps de la marchandise d'orfévrerie, demeurant dans l'île du Palais, sur le quai qui regarde les Augustins.

TROISIÈME CONSUL.

Sire Estienne DORIEUX, marchand du corps de la marchandise de mercerie, grosserie et joaillerie, demeurant à Petit-Pont.

QUATRIÈME CONSUL.

Sire Antoine REGNAULT, marchand apothicaire-épicier, demeurant rue de l'Arbre-Sec.

Et le lundi, trente et un janvier audit an 1678, lesdits sieurs Villain, Bachelier, Pihault, le Coutculx et Boyelleau, conduits par Monseigneur le procureur général, les ont présentés à la Cour, où ils ont fait serment, et après sont venus entendre la messe en la chapelle de la juridiction, et ont été installés au siége et tenu l'audience.

Suite de l'année 1678.

Le sieur Estienne Dorieux étant mort, lesdits sieurs Boilleau, Clerambault, Pijart et Regnault auraient, le samedi cinq mars, fait assemblée des anciens juges et anciens consuls et des maîtres et gardes des six corps des marchands, pour procéder à l'élection d'un quatrième consul aux lieu et place dudit sieur Dorieux.

Et ont été scrutateurs sieur Nicolas Rollain, l'un des maîtres et gardes de la marchandise de pelleterie, et Sire Philippes Lempereur, ancien consul, lesquels ont trouvé par le scrutin être demeuré pour :

QUATRIÈME CONSUL.

Sire Antoine QUIQUEBEUF, marchand du corps de la marchandise de mercerie, grosserie et joaillerie, demeurant rue de la Pelleterie, près le Palais.

Et le lundi, sept mars audit an, lesdits sieurs Boilleau, Clerambault, Pijart et Regnault, conduits par Monseigneur le procureur général, ont présenté à la Cour ledit sieur Quiquebeuf, qui aurait fait serment, après sont venus entendre la messe en la chapelle de la juridiction, et ensuite le sieur Quiquebeuf a été installé au siége.

Le lundi seize janvier 1679, Sire Guillaume Belin, ancien consul, a été sur sa demande dispensé de la charge de juge, pour le cas où l'on aurait jeté les yeux sur lui, en suivant le rang.

1679.

Pour l'élection d'un juge et quatre consuls des marchands, a été pro-
cédé le samedi trente et un janvier. Et ont été scrutateurs noble
homme Pierre de Beyne, marchand de bois et ancien échevin de
cette ville de Paris, et le sieur Jean Desjacques, l'un des gardes
de la marchandise d'épicerie-apothicairerie, qui ont trouvé par le
scrutin être demeuré pour :

JUGE.

Sire Jean BOUÉ, du corps de la marchandise de draperie, demeurant rue Saint-Antoine.

Les sieurs Julien le Doubre, Louis Gellain et Charles Harlan ayant eu égalité de voix, il fut tiré au sort, et demeurèrent pour :

PREMIER CONSUL.

Sire Julien LE DOUBRE, du corps de la marchandise de draperie, demeurant rue Thibautaudez.

DEUXIÈME CONSUL.

Sire Louis GELLAIN, du corps de la marchandise de mercerie, grosserie et joaillerie, demeurant rue Saint-Denis.

TROISIÈME CONSUL.

Sire Charles HARLAN, du corps de la marchandise d'épicerie, demeurant rue Saint-Jacques la Boucherie.

QUATRIÈME CONSUL.

Sire Mathieu HOUTON, du corps de la marchandise de pelleterie, demeurant rue de la Vieille-Cordonnerie.

Et le vendredi trois février, lesdits sieurs Boilleau, Clerambault, Pijart, Regnault et Quiquebeuf, conduits par Monseigneur le procureur général, les ont présentés à la Cour, où ils ont fait serment, puis sont venus ouïr la messe en la chapelle de la juridiction, et ont été installés au siége et tenu l'audience.

Nota. Que lesdits sieurs ne purent être reçus le mercredi premier février, parce qu'ils furent remis par Monseigneur le premier président à cause d'une affaire qui était à la grand'chambre.

1680.

Pour l'élection d'un juge et quatre consuls des marchands, a été procédé le mardi trente janvier. Et ont été scrutateurs les sieurs Barthélemy Boisseau, l'un des gardes de la marchandise d'épicerie, et François Alexandre, l'un des gardes de la marchandise de bonneterie, qui ont trouvé par le scrutin être demeuré pour :

JUGE.

Sire Thomas NOBLET, marchand du corps de la marchandise d'apothicairerie-épicerie, demeurant rue de l'Arbre-Sec.

Les sieurs Michel Gamare, Simon Poncet, Pierre Dupoys et Jean Dufour ayant eu égalité de voix, il fut tiré au sort, et demeurèrent pour :

PREMIER CONSUL.

Sire Michel GAMARE, marchand du corps de la marchandise d'épicerie-apothicairerie et l'un des quartiniers de la ville, demeurant rue Saint-Honoré.

DEUXIÈME CONSUL.

Sire Simon PONCET, marchand du corps de la marchandise de draperie, demeurant rue Saint-Honoré.

TROISIÈME CONSUL.

Sire Pierre DUPOYS, marchand du corps de la marchandise de mercerie, grosserie et joaillerie, demeurant sur le Petit-Pont.

QUATRIÈME CONSUL.

Sire Jean DU FOUR, marchand du corps de la marchandise de bonneterie, demeurant sur le Petit-Pont.

Et le mercredi trente et un janvier, lesdits sieurs Boué, le Doubre, Gellain, Harlan et Houton, conduits par Monseigneur le procureur général,

les ont présentés à la Cour, où ils ont fait serment, et après sont venus
entendre la messe en la chapelle de la juridiction, et ont été installés
au siége et tenu l'audience.

1681.

*Pour l'élection d'un juge et quatre consuls des marchands, a été
procédé le jeudi trente et un janvier. Et ont été scrutateurs les
sieurs Jacques Bouillet et Claude Crochet, maîtres et gardes de
la marchandise d'orfévrerie, qui ont trouvé par le scrutin être
demeuré pour :*

JUGE.

Sire Mathurin NICERON, du corps de la marchandise d'épicerie,
demeurant aux Halles.

Les sieurs Jacques le Couteulx, Jacques Raguienne et Jean Crochet
ayant eu égalité de voix, il fut tiré au sort et demeurèrent pour :

PREMIER CONSUL.

Sire Jacques LE COUTEULX, du corps de la marchandise de draperie,
demeurant rue de la Truanderie.

DEUXIÈME CONSUL.

Sire Jacques RAGUIENNE, du corps de la marchandise de mercerie,
grosserie et joaillerie, demeurant rue Trousse-Vache.

TROISIÈME CONSUL.

Sire Jean CROCHET, du corps de la marchandise d'orfévrerie, demeurant sur le quai qui regarde les Augustins.

QUATRIÈME CONSUL.

Sire Jean DE LA SERRE, du corps de la marchandise d'épicerie,
demeurant rue de la Juiverie.

Et le vendredi trente et un janvier, lesdits sieurs Noblet, Gamare,
Poncet, Dupoys et du Four, conduits par Monseigneur le procureur
général, les ont présentés à la Cour, où ils ont fait serment, puis sont
venus ouïr la messe en la chapelle de la juridiction, et ont été installés
à l'audience.

1682.

*Pour l'élection d'un juge et quatre consuls des marchands, a été
procédé le jeudi vingt-neuf janvier. Et ont été scrutateurs les
sieurs Florentin Maillard, maître et garde de la marchandise
de pelleterie, et Antoine le Barbier, maître et garde de la marchandise d'orfévrerie, qui ont trouvé par le scrutin être demeuré
pour :*

JUGE.

Sire Denys Béchet, du corps de la marchandise de librairie et
imprimerie, demeurant rue Saint-Jacques.

Les sieurs Yon, Peitevin, Bignicourt et le Grand ayant eu égalité
de voix, il fut tiré au sort, et demeurèrent pour :

PREMIER CONSUL.

Sire Louis Bignicourt, marchand du corps de la marchandise de
mercerie, grosserie et joaillerie, demeurant rue de la Barillerie.

DEUXIÈME CONSUL.

Sire Louis le Grand, marchand du corps de la marchandise de
pelleterie, demeurant rue Saint-Antoine, près les Jésuites.

TROISIÈME CONSUL.

Sire Antoine Yon, marchand du corps de la marchandise de draperie, demeurant rue Saint-Honoré, au coin de la rue des Déchargeurs.

QUATRIÈME CONSUL.

Sire Claude Peitevin, marchand du corps de la marchandise d'apothicairerie-épicerie, demeurant au faubourg Saint-Germain des Prés,
rue Sainte-Marguerite.

Et le vendredi, trente dudit mois de janvier, lesdits sieurs Niceron,
le Couteulx, Raguienne, Crochet et de la Serre, conduits par Monseigneur le procureur général, les ont présentés à la Cour, où ils ont
fait serment, puis sont venus ouïr la messe en la chapelle de la juridiction et ont été installés à l'audience.

Le trente décembre 1682, Sire Nicolas Souplet a été dispensé de la
charge de juge; le vingt-cinq janvier 1783, Sire Simon Langlois; le
vingt-sept janvier, Sire Germain Gobert.

1683.

Pour l'élection d'un juge et quatre consuls des marchands, a été procédé le sameu: trente janvier. Et ont été scrutateurs les sieurs Philippes Lucas, l'un des gardes de la marchandise de bonneterie, et Philippes Morice, l'un des gardes de la marchandise de mercerie, grosserie et joaillerie, qui ont trouvé par le scrutin être demeuré pour :

JUGE.

Sire Claude GÉRAULT, marchand du corps de la marchandise de draperie, demeurant rue Saint-Honoré.

Les sieurs Jean Hervier, Nicolas Cornillier, Honoré Calles et Marc Nau ayant eu égalité de voix, il fut tiré au sort, et demeurèrent pour :

PREMIER CONSUL.

Sire Jean HERVIER, marchand du corps de la marchandise d'épicerie, demeurant rue Montmartre.

DEUXIÈME CONSUL.

Sire Nicolas CORNILLIER, marchand du corps de la marchandise de draperie, demeurant au bout du pont Saint-Michel, au coin du marché Neuf.

TROISIÈME CONSUL.

Sire Honoré CALLES, marchand du corps de la marchandise de mercerie, grosserie, joaillerie, demeurant rue Guillaume en l'île Notre-Dame.

QUATRIÈME CONSUL.

Sire Marc NAU, marchand du corps de la marchandise de bonneterie, demeurant rue Saint-Honoré, au coin de la rue de l'Arbre-Sec.

Et le lundi, premier jour de février, lesdits sieurs Béchet, Bignicourt, le Grand, Yon et Peitevin, conduits par Monseigneur le procureur général, les ont présentés à la Cour, où ils ont fait serment, puis sont venus ouïr la messe en la chapelle de la juridiction, et ont été installés au siége et tenu l'audience.

1684.

Pour l'élection d'un juge et quatre consuls des marchands, a été procédé le samedi vingt-neuf janvier. Et ont été scrutateurs Sire Phillippes Lempereur, ancien consul, et sieur Julien Lory, l'un des gardes de la marchandise de bonneterie, qui ont trouvé par le scrutin être demeuré pour :

JUGE.

Sire Jean BACHELIER, écuyer, l'un des administrateurs de l'Hôtel Dieu et l'un des directeurs de la Compagnie royale des Indes Orientales, du corps de la marchandise de mercerie, grosserie et joaillerie, demeurant rue Mauconseil.

Les sieurs Guy Simon, Jean Troisdames, Estienne Bouquin et Jean Duflos ayant eu égalité de voix, il fut tiré au sort, et demeurèrent pour :

PREMIER CONSUL.

Sire Guy SIMON, marchand du corps de la marchandise d'apothicairerie-épicerie, demeurant rue Sainte-Avoye.

DEUXIÈME CONSUL.

Sire Jean TROISDAMES, marchand du corps de la marchandise de mercerie, grosserie et joaillerie, demeurant rue Saint-Martin, près la rue Aubry-le-Boucher.

TROISIÈME CONSUL.

Sire Estienne BOUQUIN, marchand du corps de la marchandise d'orfévrerie, demeurant île du Palais, sur le quai qui regarde les Augustins.

QUATRIÈME CONSUL.

Sire Jean DUFLOS, marchand du corps de la marchandise de draperie, demeurant rue du Cygne.

Et le lundi trente et un janvier, lesdits sieurs Gérault, Cornillier, Hervier, Calles et Nau, conduits par Monseigneur le procureur général, les ont présentés à la Cour, où ils ont fait serment, puis sont venus ouir la messe en la chapelle de la juridiction, et ont été installés au siége et tenu l'audience.

1685.

Pour l'élection d'un juge et quatre consuls, a été procédé le mardi trente janvier. Et ont été scrutateurs les sieurs François de Launay Morau, marchand banquier, et Nicolas Dollin, garde de la marchandise d'orfévrerie, qui ont trouvé par le scrutin être demeuré pour :

JUGE.

Sire Pierre GOBLET, marchand du corps de la marchandise de pelleterie, demeurant rue de la Vieille-Cordonnerie.

Les sieurs François Tranchepain, Alexandre Deuvercy et Claude Porcher ayant eu égalité de voix, il fut tiré au sort, et demeurèrent pour :

PREMIER CONSUL.

Sire François TRANCHEPAIN, marchand du corps de la marchandise d'épicerie, rue des Lombards.

DEUXIÈME CONSUL.

Sire Alexandre DEUVERCY, marchand du corps de la marchandise de mercerie, grosserie et joaillerie, demeurant rue de la Pelleterie, près le Palais.

TROISIÈME CONSUL.

Sire Claude PORCHER, marchand du corps de la marchandise de draperie, demeurant rue Vieille-Cordonnerie.

QUATRIÈME CONSUL.

Sire Pierre POCQUELIN, marchand du corps de la marchandise de mercerie, grosserie et joaillerie, demeurant rue des Petits-Champs, paroisse Saint-Médéric.

Et le mercredi, trente et un desdits mois et an, lesdits sieurs Bachelier, Simon, Troisdames, Bouquin et Duflos, conduits par Monseigneur le procureur général, les ont présentés à la Cour, où ils ont fait serment, et après sont venus entendre la messe en la chapelle de la juridiction, et ont été installés au siége et tenu l'audience.

1686.

Pour l'élection d'un juge et quatre consuls, a été procédé le mardi vingt-neuf janvier. Et ont été scrutateurs sieur Pierre Chauvin, l'un des maîtres et gardes de la marchandise de mercerie, et Sire Antoine Yon, ancien consul, qui ont trouvé par le scrutin être demeuré pour :

JUGE.

Sire Nicolas DROUET, du corps de la marchandise d'épicerie, demeurant rue Saint-Jacques de la Boucherie.

Les sieurs François Hersant, François Noury et Jean-François Chalmette ayant eu égalité de voix, il fut tiré au sort, et demeurèrent pour :

PREMIER CONSUL.

Sire François HERSANT, marchand du corps de la marchandise de draperie, demeurant rue du Petit-Pont.

DEUXIÈME CONSUL.

Sire François NOURY, marchand du corps de la marchandise de mercerie, grosserie et joaillerie, demeurant rue de l'Arbre-Sec, près Saint-Germain l'Auxerrois.

TROISIÈME CONSUL.

Sire Jean-François CHALMETTE, marchand du corps de la marchandise de pelleterie, demeurant rue des Vieilles-Étuves.

QUATRIÈME CONSUL.

Sire Jean DE LA COSTE, marchand du corps de la marchandise d'apothicairerie-épicerie, demeurant rue Saint-Honoré.

Et le mercredi, trente janvier, lesdits sieurs Goblet, Tranchepain, Porcher, Deuvercy et Pocquelin, conduits par Monseigneur le procureur général, les ont présentés à la Cour, où ils ont fait serment, et après sont venus ouïr la messe en la chapelle de la juridiction, et ont été installés au siége et tenu l'audience.

1687.

Pour l'élection d'un juge et quatre consuls, a été procédé le samedi, premier février. Et ont été scrutateurs sieurs Charles Largillière, marchand de vins, et Jean le Roux, l'un des maîtres et gardes de la marchandise de bonneterie, qui ont trouvé par le scrutin être demeuré pour :

JUGE.

Sire Pierre PREVOST, marchand du corps de la marchandise d'apothicairerie-épicerie, demeurant ile Notre-Dame, sur le quai des Balcons.

Les sieurs Barthélemy Boisseau, Charles le Brun et Claude Boucher ayant eu égalité de voix, il fut tiré au sort[1], et demeurèrent pour :

PREMIER CONSUL.

Sire Barthélemy BOISSEAU, marchand du corps de l'épicerie, demeurant rue et près la porte Saint-Denis.

DEUXIÈME CONSUL.

Sire Charles LE BRUN, marchand du corps de la marchandise de mercerie, grosserie et joaillerie, et l'un des associés de la Compagnie de la chambre des assurances, demeurant rue Saint-Denis.

TROISIÈME CONSUL.

Sire Claude BOUCHER, marchand du corps de la marchandise de draperie, demeurant rue Plâtrière.

QUATRIÈME CONSUL.

Sire Jean BOURSIN, marchand du corps de la marchandise de bonneterie, demeurant sous les piliers des Halles.

Et le lundi, trois février audit an, lesdits sieurs Drouet, Noury, Chalmette et de la Coste, conduits par Monseigneur le procureur général, les ont présentés à la Cour, où ils ont fait serment, et après sont venus entendre la messe en la chapelle de la juridiction. Ce fait, ont été installés au siége et tenu l'audience.

[1] Il fut convenu que celui qui serait tiré par le sieur Drouet demeurerait pour premier consul; celui tiré par le sieur Noury, pour second consul; et celui tiré par le sieur Chalmette, pour troisième consul.

1688.

Pour l'élection d'un juge et quatre consuls, a été procédé le jeudi, vingt-neuf janvier. Et ont été scrutateurs les sieurs Edme Morisson, marchand du corps de la marchandise de vins, et Nicolas Tronchet, l'un des gardes du corps de la marchandise de pelleterie, qui ont trouvé par le scrutin être demeuré pour :

JUGE.

Sire Paul BROCHANT, du corps de la marchandise de draperie, demeurant rue du Four, paroisse Saint-Eustache.

Les sieurs Guillier et Crouzet ayant eu égalité de voix, il fut tiré au sort, et demeurèrent pour :

PREMIER CONSUL.

Sire Charles GUILLIER, marchand du corps de la marchandise de draperie, demeurant rue Petite-Truanderie, paroisse Saint-Eustache.

DEUXIÈME CONSUL.

Sire Pierre CROUZET, marchand du corps de la marchandise de mercerie, grosserie et joaillerie, demeurant rue des Lombards, paroisse Saint-Jacques de la Boucherie.

TROISIÈME CONSUL.

Sire Marc HÉRON, marchand du corps de la marchandise d'apothicairerie-épicerie, demeurant aux Halles, paroisse Saint-Eustache.

QUATRIÈME CONSUL.

Sire Jean MOREAU, marchand du corps de la marchandise d'orfévrerie, demeurant rue de Gravilliers, paroisse Saint-Nicolas des Champs.

Et le lendemain vendredi, trente janvier, lesdits sieurs Prevost, Boisseau, le Brun, Boucher et Boursin, conduits par Monseigneur le procureur général, les ont présentés à la Cour, où ils ont fait serment, et sont venus entendre la messe en la chapelle de la juridiction, et ont été installés au siége.

Dispense de la charge de juge a été accordée le vingt et un janvier à Sire Nicolas de la Balle, et le vingt-quatre janvier à Sire Pierre Fraguier.

1689.

Pour l'élection d'un juge et quatre consuls des marchands, a été procédé le samedi, vingt-neuf janvier. Et ont été scrutateurs le sieur Louis-Paul Boucher, l'un des gardes de la marchandise de draperie, et Sire Charles le Brun, ancien consul et ancien échevin, qui ont trouvé par le scrutin être demeuré pour :

JUGE.

Sire Denys THIERRY, marchand libraire-imprimeur, demeurant rue Saint-Jacques.

Les sieurs Gilbert Paignon, Jacques Guillebon et Jean-Baptiste Gorge ayant eu égalité de voix, il fut tiré au sort, et demeurèrent pour :

PREMIER CONSUL.

Sire Gilbert PAIGNON, marchand drapier et l'un des associés de la chambre des assurances, demeurant rue des Bourdonnais.

DEUXIÈME CONSUL.

Sire Jacques GUILLEBON, marchand épicier, demeurant marché aux Poirées.

TROISIÈME CONSUL.

Sire Jean-Baptiste GORGE, marchand pelletier, demeurant rue Saint-Denis.

QUATRIÈME CONSUL.

Sire Charles TROISDAMES, marchand mercier, demeurant rue Saint-Denis.

Et le lundi, trente et un janvier, lesdits sieurs Brochant, Guillier, Crouzet, Héron et Moreau, conduits par Monseigneur le procureur général, les ont présentés à la Cour, où ils ont fait serment, et après sont venus entendre la messe en la chapelle de la juridiction; ce fait, ont été installés au siége et tenu l'audience.

Le onze janvier 1690, il a été donné acte de son désistement de la charge de juge à Sire Jean le Couteulx, ancien consul.

1690.

Pour l'élection d'un juge et quatre consuls, a été procédé le mardi, trente et un janvier. Et ont été scrutateurs les sieurs Jean de la Leu, l'un des gardes de la marchandise de mercerie, grosserie et joaillerie, et Claude de Berny, l'un des gardes de la marchandise de draperie, qui ont trouvé par le scrutin être demeuré pour :

JUGE.

Sire Jean BOYELLEAU, marchand du corps de la marchandise d'épicerie, demeurant rue des Mauvaises-Paroles.

Les sieurs Michel Petit, Jean Celière, Pierre Berger et Nicolas Dufrayez ayant eu égalité de voix, il fut tiré au sort, et demeurèrent pour :

PREMIER CONSUL.

Sire Michel PETIT, marchand du corps de la marchandise de draperie, demeurant rue des Petits-Champs-Saint-Honoré.

DEUXIÈME CONSUL.

Sire Jean CELIÈRE, marchand du corps de la marchandise de mercerie, grosserie et joaillerie, demeurant rue du Chevalier du Guet.

TROISIÈME CONSUL.

Sire Pierre BERGER, marchand du corps de la marchandise d'apothicairerie, demeurant rue des Barres.

QUATRIÈME CONSUL.

Sire Nicolas DUFRAYEZ, marchand du corps de la marchandise de bonneterie, demeurant rue Saint-Denis, au coin de la rue des Lombards.

Et le mercredi, premier février, lesdits sieurs Thierry, Guillebon, Gorge et Troisdames, conduits par Monseigneur le procureur général, les ont présentés à la Cour, où ils ont fait serment, et après sont venus entendre la messe en la chapelle de la juridiction, et ont été installés au siége et tenu l'audience.

1691.

Pour l'élection d'un juge et quatre consuls, a été procédé le mardi,
trente janvier. Et ont été scrutateurs Sire Jacques Guillebon, an-
cien consul, et sieur Nicolas Langlois, marchand libraire, qui ont
trouvé par le scrutin être demeuré pour :

JUGE.

Noble homme Charles CLÉRAMBAULT, conseiller du Roi en l'hôtel
de ville, ancien échevin et administrateur de l'Hôtel-Dieu de Paris,
demeurant rue Jean-Lointier.

PREMIER CONSUL.

Noble homme Denys ROUSSEAU, ancien échevin et l'un des associés
de la chambre des assurances, demeurant au Chevalier du Guet.

DEUXIÈME CONSUL.

Noble homme Henry HERLAU, conseiller du Roi en l'hôtel de ville,
ancien échevin, administrateur et ancien receveur général de l'Hôtel-
Dieu de Paris, demeurant rue Saint-Germain, du corps de la mercerie.

TROISIÈME CONSUL.

Sire Jean COUVERT, marchand du corps de l'orfévrerie, demeurant
sur le quai qui regarde les Augustins.

QUATRIÈME CONSUL.

Sire Charles DE LA ROZE, marchand du corps de l'épicerie, demeurant rue de la Cossonnerie.

Et le lendemain mercredi, trente et un janvier, lesdits sieurs Boyelleau, Petit, Celière, Berger et Dufrayez, conduits par Monseigneur le
procureur général, les ont présentés à la Cour, où ils ont fait serment,
et après sont venus entendre la messe en la chapelle de la juridiction,
et ont été installés au siège et tenu l'audience.

Le trente et un décembre 1691, Sire Michel Gamare ; le sept janvier 1692, Sire Simon Ponce ; le neuf janvier audit Sire Antoine Regnault, et le trente janvier de ladite année, Sire Jean du Four, tous
anciens consuls, ont fait et fait faire leurs excuses, et supplié qu'on ne
les nommât point pour exercer la charge de juge, ce qui leur a été
octroyé.

27

1692.

Pour l'élection d'un juge et quatre consuls, a été procédé le jeudi, trente et un janvier. Et ont été scrutateurs sieur François Garnier, du corps de la marchandise d'orfèvrerie, et Sire Honoré Calles, ancien consul, qui ont trouvé par le scrutin être demeuré pour :

JUGE.

Jacques LE COUTEULX, du corps de la marchandise de draperie, demeurant rue de la Truanderie.

Les sieurs Claude de Berny et Estienne Divry ayant eu égalité de voix, et les sieurs Estienne de Romigny et Claude Villain s'étant trouvés aussi égaux avec moins de voix, il fut tiré au sort, et demeurèrent pour :

PREMIER CONSUL.

Sire Claude DE BERNY, du corps de la marchandise de draperie, demeurant rue Saint-Honoré.

DEUXIÈME CONSUL.

Sire Estienne DIVRY, du corps de la marchandise de mercerie et joaillerie, demeurant rue Saint-Denis.

TROISIÈME CONSUL.

Sire Estienne DE ROMIGNY, du corps de la marchandise de vins, demeurant devant l'Orme Saint-Gervais.

QUATRIÈME CONSUL.

Sire Claude VILLAIN, du corps de la marchandise d'épicerie, demeurant dans le cloître de Saint-Médéric.

Et le vendredi, premier jour de février, lesdits sieurs Clerambault, Rousseau, Herlau, Couvert et la Roze, conduits par Monseigneur le procureur général, les ont présentés à la Cour, où ils ont fait serment, et après sont venus entendre la messe en la chapelle de la juridiction, et ont été installés au siége et tenu l'audience.

Le seize janvier 1692, Sire Jean Crochet, et le vingt-six du même mois, Sire Jean de la Serre, anciens consuls, ont fait leurs excuses au sujet de la charge de juge, et supplié qu'on ne les nommât pour l'exercer, ce qui leur a été octroyé.

1693.

Pour l'élection d'un juge et quatre consuls, a été procédé le jeudi, vingt-neuf janvier. Et ont été scrutateurs les sieurs Jérôme de Resnel, l'un des maîtres et gardes de la marchandise d'orfèvrerie, et Louis Guérin, marchand libraire, qui ont trouvé par le scrutin être demeuré pour :

JUGE.

Sire Louis BIGNICOURT, du corps de la marchandise de mercerie, grosserie et joaillerie, demeurant rue de la Vieille-Monnoie.

PREMIER CONSUL.

Sire Estienne DE BERNY, marchand du corps de la marchandise de draperie, demeurant rue Saint-Honoré, *Au Château couronné.*

Les sieurs Jacques Boutet et Robert Lambert ayant eu égalité de voix, il fut tiré au sort, et demeurèrent pour :

DEUXIÈME CONSUL.

Sire Jacques BOUTET, du corps de la marchandise de mercerie, grosserie et joaillerie, demeurant rue Montorgueil, à l'hôtel Doches.

TROISIÈME CONSUL.

Sire Robert LAMBERT, du corps de la marchandise d'épicerie, demeurant rue Champ-Verrerie.

QUATRIÈME CONSUL.

Sire Pierre HÉRON, du corps de la marchandise de mercerie, grosserie et joaillerie, et l'un des associés de la Compagnie des assurances, demeurant rue Quinquempoix.

Et le lendemain, vendredi trente janvier, lesdits sieurs le Couteulx, de Berny, Divry, Romigny et Villain, conduits par Monseigneur le procureur général, les ont présentés à la Cour, où ils ont fait serment, et après sont venus entendre la messe en la chapelle de la juridiction, et ont été installés au siége et tenu l'audience.

Suite de l'année 1693.

Le sieur Jacques Boutet étant mort, lesdits sieurs Bignicourt, de Berny, Lambert et Héron, auraient, le samedi sept février, fait assemblée des sieurs anciens juges et consuls, et des maîtres et gardes

27.

des six corps des marchands, pour procéder à l'élection d'un quatrième consul au lieu et place dudit sieur Boutet.

Et ont été scrutateurs Sire Claude Villain, ancien consul, et sieur Jean-Nicolas de Miraumont, l'un des gardes de la marchandise de draperie, qui ont trouvé par le scrutin être demeuré pour :

QUATRIÈME CONSUL.

Noble homme Pierre PRESTY, conseiller du Roi en l'hôtel de ville, et ancien échevin, du corps de la marchandise de mercerie, grosserie et joaillerie, demeurant rue Neuve-Saint-Médéric.

Et le lundi neuf février, lesdits sieurs Bignicourt, de Berny, Lambert et Héron, conduits par Monseigneur le procureur général, ont présenté à la Cour ledit sieur Presty, qui aurait fait serment, et après sont venus entendre la messe en la chapelle de la juridiction, et a été ledit sieur Presty installé au siége.

1694.

Pour l'élection d'un juge et quatre consuls, a été procédé le samedi trente janvier. Et ont été scrutateurs les sieurs Pierre de Lorme, l'un des gardes de la marchandise de bonneterie, et Urbain Coustelier, marchand libraire, qui ont trouvé par le scrutin être demeuré pour :

JUGE.

Sire Louis LE GRAND, marchand du corps de la marchandise de pelleterie, demeurant rue Saint-Antoine.

Les sieurs Mathieu-François Geoffroy et François Baudequin ayant eu égalité de voix, il fut tiré au sort, et demeurèrent pour :

PREMIER CONSUL.

Noble homme Mathieu-François GEOFFROY, ancien échevin du corps de la marchandise d'apothicairerie-épicerie, demeurant rue Bourtibourg.

DEUXIÈME CONSUL.

Sire François BAUDEQUIN, du corps de la marchandise de draperie, demeurant rue de l'Hirondelle.

TROISIÈME CONSUL.

Sire Jean DUMONT, du corps de la marchandise de mercerie, grosserie et joaillerie, demeurant rue des Mauvaises-Paroles.

QUATRIÈME CONSUL.

Sire Guy BILLETTE, du corps de la marchandise de bonneterie, demeurant sur le pont au Change.

Et le lundi, premier jour de février, lesdits sieurs Bignicourt, de Berny, Lambert, Héron et Presty, conduits par Monseigneur le procureur général, les ont présentés à la Cour, où ils ont fait serment, après sont venus entendre la messe en la chapelle de la juridiction, et ont été installés au siége et tenu l'audience.

Le vingt-un janvier 1695, Sire Antoine Yon; le vingt-quatre janvier, Sire Jean Hervier, Sire Nicolas Cornillier et Sire Honoré Calles; le vingt-cinq janvier, Sire Marc Nau; le vingt-six janvier, Sire Jean Troisdames; le vingt-sept janvier, Sire Estienne Bouquin, tous anciens consuls, ont fait leurs excuses, et supplié qu'on ne les nommât pas pour exercer la charge de juge, ce qui leur a été accordé.

1695.

Pour l'élection d'un juge et quatre consuls, a été procédé le samedi vingt-neuf janvier. Et ont été scrutateurs Pierre Maigret, marchand de vins, et Armand-Léon de Mennes, marchand de grains, qui ont trouvé par le scrutin être demeuré pour :

JUGE.

Sire François TRANCHEPAIN, marchand du corps de la marchandise d'épicerie, demeurant rue des Lombards.

PREMIER CONSUL.

Sire Claude CRETON, marchand du corps de la marchandise d'épicerie, demeurant rue Saint-Antoine.

DEUXIÈME CONSUL.

Sire Antoine BÉRARD, marchand du corps de la marchandise de draperie, demeurant rue Saint-Honoré.

TROISIÈME CONSUL.

Sire Guillaume HESME, marchand du corps de la marchandise de mercerie, grosserie et joaillerie, demeurant rue Saint-Denis.

QUATRIÈME CONSUL.

Noble homme Pierre CHAUVIN, ancien échevin, l'un des quartiniers de cette ville, et l'un des associés en la Compagnie des assurances, demeurant rue Saint-Denis.

Et le lundi, trente et un dudit mois de janvier, lesdits sieurs le Grand, Geoffroy, Baudequin, Dumont et Billette, conduits par Monseigneur l e procureur général, les ont présentés à la Cour, où ils ont fait serment, après sont venus entendre la messe en la chapelle de la juridiction, et ont été installés au siège et tenu l'audience.

Le seize janvier 1696, Sire Alexandre Deuvercy; le vingt janvier de la même année, Sire Pierre Pocquelin et Sire François Noury, tous anciens consuls, ont fait leurs excuses, et supplié qu'on ne les nommât pour exercer la charge de juge, ce qui leur a été octroyé.

1696.

Pour l'élection d'un juge et quatre consuls des marchands, a été procédé le mardi trente et un janvier. Et ont été scrutateurs Guillaume Scourjon, conseiller du Roi, l'un des quartiniers de cette ville et l'un des maîtres et gardes de la marchandise de mercerie, grosserie et joaillerie, et Claude Tribard, aussi l'un des maîtres et gardes de la marchandise de mercerie, grosserie et joaillerie, qui ont trouvé par le scrutin être demeuré pour :

JUGE.

Sire Jean-François CHALMETTE, du corps de la marchandise de pelleterie, demeurant rue des Vieilles-Étuves.

Les sieurs Charles Charon, Siméon Marcadé et Jean Hallé ayant eu égalité de voix, il fut tiré au sort, et demeurèrent pour :

PREMIER CONSUL.

Sire Charles CHARON, du corps de la marchandise de draperie, demeurant rue de la Monnaie.

DEUXIÈME CONSUL.

Sire Siméon MARCADÉ, du corps de la marchandise de mercerie, grosserie et joaillerie, demeurant rue Salle-au-Comte.

TROISIÈME CONSUL.

Sire Jean HALLÉ, du corps de la marchandise d'orfévrerie, demeurant rue Thibautaudez.

Noble homme Pierre LE NOIR, ancien échevin du corps de la marchandise d'épicerie-apothicairerie, demeurant rue Saint-Antoine.

Et le mercredi, premier février audit an 1696, lesdits sieurs Tranchepain, Creton, Bérard, Hesme et Chauvin, conduits par Monseigneur le procureur général, les ont présentés à la Cour, où ils ont fait serment, et après sont venus entendre la messe en la chapelle de la juridiction, et ont été installés au siége et tenu l'audience.

1697.

Pour l'élection d'un juge et quatre consuls des marchands, a été procédé le mardi vingt-neuf janvier. Et ont été scrutateurs, sieur René Auger, marchand lainier-teinturier, et Sire François Baudequin, ancien consul, qui ont trouvé par le scrutin être demeuré pour :

JUGE.

Sire Barthélemy BOISSEAU, marchand du corps de la marchandise d'épicerie, demeurant rue Bourg-l'Abbé.

Les sieurs Antoine Niceron et Adrien Revellois ayant eu égalité de voix, il fut tiré au sort, et demeurèrent pour :

PREMIER CONSUL.

Sire Antoine NICERON, du corps de la marchandise d'épicerie, demeurant rue de la Cossonnerie.

DEUXIÈME CONSUL.

Sire Adrien REVELLOIS, du corps de la marchandise de draperie, demeurant rue Saint-Denis.

TROISIÈME CONSUL.

Sire Florentin MAILLARD, du corps de la marchandise de pelleterie, demeurant rue Neuve-Saint-Médéric.

QUATRIÈME CONSUL.

Sire Pierre BELLAVOINE, du corps de la marchandise de mercerie, grosserie et joaillerie, demeurant rue Saint-Denis.

Après laquelle élection, lesdits sieurs Chalmette, Charon, Marcadé,

Hallé et le Noir ont été, suivant la coutume, saluer Monseigneur le premier président, lui donner avis de ladite élection, et lui demander jour pour faire prêter le serment aux nouveaux élus; à quoi ledit Seigneur premier président leur aurait répondu qu'il y avait une opposition à ladite élection de la part des directeurs de la Chambre des assurances de cette ville; attendu que par édit de création de ladite Chambre, il est porté que tous les deux ans il sera choisi et élu l'un des associés négociants, à la pluralité des voix, pour être reçu dans le Consulat; et qu'il était nécessaire de régler ladite opposition. Sur quoi lesdits sieurs Chalmette, Charon, Marcadé, Hallé et le Noir auraient répondu audit Seigneur premier président, ledit sieur Chalmette portant la parole, qu'à leur égard ils ont sur cela suivi la volonté du Roi, et averti ceux qui étaient assemblés pour faire ladite élection, que cette année était celle dans laquelle il devait être élu un des associés de la Chambre des assurances; et pour donner l'exemple et faire leur devoir, ils en avaient nommé un. Après quoi s'étant retirés et revenus au Consulat, ils auraient trouvé messieurs les anciens juges et anciens consuls encore assemblés, auxquels ils auraient fait rapport de ce que dessus.

Et le mercredi trente dudit mois de janvier, suivant l'avertissement donné de la part de Monseigneur le premier président, lesdits sieurs Chalmette, Charon, Marcadé, Hallé et le Noir se seraient transportés dans la grand'chambre du Parlement, pour être réglés sur ladite opposition, sur laquelle serait intervenu arrêt qui ordonne que le sieur Tardif, l'un des associés en la Chambre des assurances, fera la fonction de consul pour la présente année, au lieu de celui qui dans l'élection a eu le moins de voix; et partant ledit sieur Tardif est demeuré au lieu et place dudit sieur Bellavoine.

QUATRIÈME CONSUL.

Noble homme Thomas TARDIF, conseiller du Roi, ancien échevin de cette ville de Paris, et l'un des associés de la Chambre des assurances, demeurant rue Saint-Denis.

Et le jeudi, trente et un dudit mois de janvier, lesdits sieurs Chalmette, Charon, Marcadé, Hallé et le Noir, conduits par Monseigneur le procureur général, les ont présentés à la Cour, où ils ont fait serment, et le vendredi, premier jour de février, sont venus entendre la messe en la chapelle de la juridiction, et ensuite ont été installés au siége et tenu l'audience.

1698.

Pour l'élection d'un juge et quatre consuls, a été procédé le samedi premier février. Et ont été scrutateurs les sieurs Jean Moreau, l'un des gardes de la marchandise de draperie, et Michel Pince-maille, l'un des gardes de la marchandise de bonneterie, lesquels ont trouvé par le scrutin être demeuré pour :

JUGE.

Noble homme Charles LE BRUN, du corps de la mercerie, grosserie et joaillerie, et ancien échevin, demeurant rue de la Monnaie.

PREMIER CONSUL.

Sire Simon BOULDUC, du corps de la marchandise d'apothicairerie-épicerie, demeurant rue des Boucheries, faubourg Saint-Germain.

DEUXIÈME CONSUL.

Sire François ALEXANDRE, du corps de la bonneterie, demeurant rue Quinquempoix.

TROISIÈME CONSUL.

Sire Pierre BELLAVOINE, marchand du corps de la mercerie, grosserie et joaillerie, demeurant rue Saint-Denis.

QUATRIÈME CONSUL.

Sire Mathieu MARCHANT, du corps de la draperie, demeurant rue des Déchargeurs.

Et le lundi trente février, lesdits sieurs Boisseau, Niceron, Revellois, Maillard et Tardif, conduits par Monseigneur le procureur général, les ont présentés à la Cour, où ils ont fait serment, ensuite sont venus entendre la messe en la chapelle de la juridiction, et ont été installés au siége et tenu l'audience.

Le dix-sept janvier 1698, sire Claude Boucher et sire Charles Guillier; le dix-neuf février de la même année, sire Marc Héron, tous anciens consuls, ont fait leurs excuses et supplié qu'on ne les nommât pas pour exercer la charge du juge, ce qui leur a été octroyé.

Suite de l'année 1698.

Le décès étant arrivé de Sire Charles le Brun, les sieurs Boulduc,

Alexandre, Bellavoine et Marchant auraient, le jeudi vingt février, fait assemblée des sieurs anciens juges et anciens consuls, et des maîtres et gardes des six corps des marchands, pour procéder à l'élection d'un juge au lieu et place dudit sieur le Brun.

Et ont été scrutateurs Sire Pierre Héron, ancien consul, et Sire Claude Villain, aussi ancien consul, et par le scrutin il s'est trouvé être demeuré pour :

JUGE.

Sire Jacques GUILLEBON, marchand du corps de l'épicerie, demeurant rue Mauconseil.

Et le vendredi vingt-huit février, lesdits sieurs Boulduc, Alexandre, Bellavoine et Marchant, conduits par Monseigneur le procureur général, ont présenté à la Cour ledit sieur Guillebon, qui aurait fait serment, puis sont venus entendre la messe en la chapelle de la juridiction et ledit sieur Guillebon a été installé au siége.

1699.

Pour l'élection d'un juge et quatre consuls des marchands, a été procédé le jeudi vingt-neuf janvier. Et ont été scrutateurs Sires Antoine Yon et Pierre Presty, anciens consuls, qui ont trouvé par le scrutin être demeuré pour :

JUGE.

Sire Jean-Baptiste GORGE, marchand du corps de la marchandise de pelleterie, demeurant rue Saint-Denis.

PREMIER CONSUL.

Sire Gilles DESPLACES, marchand du corps de la marchandise de draperie, demeurant rue Saint-Honoré.

Les sieurs Mathurin Barroy et Justin Boudet ayant eu égalité de voix, il fut tiré au sort, et demeurèrent pour :

DEUXIÈME CONSUL.

Noble homme Mathurin BARROY, ancien échevin, l'un des quartiniers de cette ville, et l'un des associés en la Compagnie des assurances, demeurant rue Saint-Denis.

TROISIÈME CONSUL.

Sire Justin BOUDET, marchand du corps de la marchandise d'épicerie, demeurant rue Saint-Martin.

QUATRIÈME CONSUL.

Sire Alexis LOIR, marchand du corps de la marchandise d'orfévrerie, demeurant rue Saint-Louis, près le Palais.

Et le vendredi trente janvier, lesdits sieurs Guillebon, Boulduc, Alexandre, Bellavoine et Marchant, conduits par Monseigneur le procureur général, les ont présentés à la Cour, où ils ont fait serment, ensuite sont venus entendre la messe en la chapelle de la juridiction, et ont été installés au siége et tenu l'audience.

Le neuf décembre 1699, Sire Charles Troisdames; le quatre janvier 1700, Sire Michel Petit; et le huit janvier de la même année, Jean Celière, tous anciens consuls, ont fait leurs excuses et supplié qu'on ne les nommât pas pour exercer la charge de juge, ce qui leur a été octroyé.

1700.

Pour l'élection d'un juge et quatre consuls des marchands a été procédé le samedi trente janvier. Et ont été scrutateurs le sieur Guillaume Vandertin, l'un des maîtres et gardes de la marchandise de pelleterie, et Sire Nicolas Cornillier, ancien consul, qui ont trouvé par le scrutin être demeuré pour :

JUGE.

Sire Nicolas DUFRAYEZ, marchand du corps de la bonneterie.

PREMIER CONSUL.

Sire Jean LELARGE, marchand du corps de la draperie.

DEUXIÈME CONSUL.

Noble homme Jean-Jacques GAYOT, conseiller du Roi en l'hôtel de ville, et ancien échevin, du corps de la marchandise de mercerie-joaillerie.

Les sieurs Severin Rousseau et Charles Lohier ayant eu égalité de voix, il fut tiré au sort, et demeurèrent pour :

TROISIÈME CONSUL.

Sire Severin ROUSSEAU, marchand du corps de l'apothicairerie-épicerie.

QUATRIÈME CONSUL.

Sire Charles LOHIER, marchand du corps de la marchandise d'épicerie.

Et le lundi premier février, lesdits sieurs Gorges, Desplaces, Barroy, Boudet et Lohier, conduits par Monseigneur le procureur général, les ont présentés à la Cour, où ils ont fait serment, ensuite sont venus entendre la messe en la chapelle de la juridiction, et ont été installés au siége et tenu l'audience.

Suite de l'année 1700.

Le décès étant arrivé du sieur Jean-Jacques Gayot, lesdits sieurs Dufrayez, Lelarge, Rousseau et Lohier auraient le samedi, 19 juin, fait assemblée des sieurs anciens juges et anciens consuls, et les maîtres et gardes des six corps des marchands, pour procéder à l'élection d'un quatrième consul au lieu et place dudit sieur Gayot.

Et ont été scrutateurs les sieurs Pierre de la Haye, l'un des gardes de la marchandise d'orfévrerie, et Noël Salmon, l'un des gardes de la marchandise de draperie, qui ont trouvé par le scrutin être demeuré pour :

QUATRIÈME CONSUL.

Sire Claude LE BRUN, marchand de la marchandise de mercerie, grosserie et joaillerie.

Et le lundi 21 juin, lesdits sieurs Dufrayez, Lelarge, Rousseau et Lohier, conduits par Monseigneur le procureur général, ont présenté à la Cour ledit sieur le Brun, qui aurait fait serment; après sont venus entendre la messe en la chapelle de la juridiction, et a été installé au siége.

1701.

Pour l'élection d'un juge et quatre consuls des marchands, a été procédé le samedi vingt-neuf janvier. Et ont été scrutateurs sieurs François Jollain, marchand de taille-douce, et Sire Florentin Maillard, marchand pelletier et ancien consul, qui ont trouvé par le scrutin être demeuré pour :

JUGE.

Sire Denys ROUSSEAU, marchand du corps de la marchandise de draperie, et ancien échevin de cette ville.

Les sieurs Simon Poncet, Guillaume Benard, Aubin le Brun et Charles Harlan ayant eu égalité de voix, il fut tiré au sort, et demeurèrent pour :

PREMIER CONSUL.

Sire Simon PONCET, marchand du corps de la marchandise de draperie.

DEUXIÈME CONSUL.

Sire Guillaume BENARD, marchand du corps de la marchandise de bonneterie.

TROISIÈME CONSUL.

Sire Aubin LE BRUN, marchand du corps de la marchandise de mercerie, grosserie et joaillerie, et l'un des associés en la Compagnie des assurances.

QUATRIÈME CONSUL.

Sire Charles HARLAN, marchand du corps de l'épicerie.

Et le lundi trente et un janvier, lesdits sieurs Dufrayez, Lelarge, Rousseau, Lohier et Le Brun, conduits par Monseigneur le procureur général, les ont présentés à la Cour, où ils ont fait serment, et après sont venus entendre la messe en la chapelle de la juridiction, et ont été installés au siége et tenu l'audience.

1702.

Pour l'élection d'un juge et quatre consuls des marchands, a été procédé le mardi trente et un janvier. Et ont été scrutateurs de cette élection Sires Estienne Bouquin et Pierre Chauvin, anciens consuls, qui ont trouvé par le scrutin être demeuré pour :

JUGE.

Sire Claude VILLAIN, marchand du corps de l'épicerie.

Les sieurs Léonard Chauvin et Henry Dubois ayant eu égalité de voix, il fut tiré au sort, et demeurèrent pour :

PREMIER CONSUL.

Noble homme Léonard CHAUVIN, conseiller du Roi en l'hôtel de cette ville, ancien échevin, du corps de la mercerie, grosserie et joaillerie.

DEUXIÈME CONSUL.

Sire Henry DUBOIS, du corps de la draperie.

TROISIÈME CONSUL.

Sire Guillaume Lucas, du corps de l'orfévrerie-joaillerie.

QUATRIÈME CONSUL.

Sire Charles Mesaiger, du corps de l'épicerie.

Et le mercredi premier février, lesdits sieurs Rousseau, Poncet, Benard, le Brun et Harlan, conduits par Monseigneur le procureur général, les ont présentés à la Cour, où ils ont fait serment, après sont venus entendre la messe en la chapelle de la juridiction, et ont été installés au siège et tenu l'audience.

Le dix-sept janvier 1703, Sire Robert Lambert, ancien consul, a fait ses excuses et supplié qu'on ne le nommât point pour exercer la charge de juge, ce qui lui a été octroyé.

1703.

Pour l'élection d'un juge et quatre consuls des marchands, a été procédé le mardi trente janvier. Et ont été scrutateurs les sieurs Henry Auvray, l'un des gardes de la marchandise de bonneterie, et Estienne Menetra, marchand de vins, qui ont trouvé par le scrutin être demeuré pour :

JUGE.

Sire Pierre Héron, du corps de la marchandise de mercerie, grosserie et joaillerie.

Les sieurs Louis-Paul Boucher et Guillaume-André Hébert ayant eu égalité de voix, et les sieurs Jean-Charles Villain et Jean-Pierre Panet étant aussi égaux en voix, il fut tiré au sort, et demeurèrent pour :

PREMIER CONSUL.

Noble homme Guillaume-André Hébert, conseiller du Roi, quartinier de cette ville, directeur général de la Compagnie des Indes Orientales et ancien échevin, du corps de la marchandise de mercerie, grosserie et joaillerie.

DEUXIÈME CONSUL.

Sire Louis-Paul Boucher, conseiller du Roi, quartinier de cette ville, du corps de la marchandise de draperie.

TROISIÈME CONSUL.

Sire Jean-Charles Villain, du corps de la marchandise d'épicerie.

QUATRIÈME CONSUL.

Sire Jean-Pierre PANET, du corps de la marchandise de pelleterie.

Et le mercredi trente et un janvier, lesdits sieurs Villain, Chauvin, Dubois, Lucas et Mesaiger, conduits par Monseigneur le procureur général, les ont présentés à la Cour, où ils ont fait serment, après sont venus entendre la messe dans la chapelle de la juridiction, et ont été installés au siége et tenu l'audience.

1704.

Pour l'élection d'un juge et quatre consuls des marchands, a été procédé le mardi vingt-neuf janvier. Et ont été scrutateurs le sieur Thomas Aubry, l'un des gardes de la marchandise d'orfèvrerie, et Sire Jacques Guillebon, ancien consul, qui ont trouvé par le scrutin être demeuré pour :

JUGE.

Noble homme Pierre PRESTY, conseiller du Roi en l'hôtel de ville et ancien échevin, du corps de la marchandise de mercerie, grosserie et joaillerie.

Les sieurs Claude Guillebon, Pierre Langlois et François Regnault ayant eu égalité de voix, il fut tiré au sort, et demeurèrent pour :

PREMIER CONSUL.

Noble homme Claude GUILLEBON, ancien échevin, marchand du corps de la marchandise d'épicerie.

DEUXIÈME CONSUL.

Sire Pierre LANGLOIS, marchand du corps de la marchandise de draperie.

TROISIÈME CONSUL.

Noble homme François REGNAULT, conseiller du Roi, quartinier et ancien échevin, marchand du corps de la marchandise de mercerie, grosserie et joaillerie.

QUATRIÈME CONSUL.

Sire Jean LE ROUX, marchand du corps de la marchandise de bonneterie.

Et le mercredi trois janvier, lesdits sieurs Héron, Hébert, Boucher,

Villain et Panet, conduits par Monseigneur le procureur général, les ont présentés à la Cour, où ils ont prêté serment, après sont venus entendre la messe en la chapelle de la juridiction, et ont été installés au siége et tenu l'audience.

Le douze janvier 1705, Sires Mathieu-François Geoffroy, Jean Dumont, Guy Billette, Guillaume Hesme; le quatorze janvier, Sire Pierre Chauvin; le seize janvier, Sire Jean Hallé; le dix-neuf janvier, Sire Antoine Niceron, tous anciens consuls, ont fait leurs excuses et supplié qu'on ne les nommât pas pour exercer la charge de juge, ce qui leur a été octroyé.

1705.

Pour l'élection d'un juge et quatre consuls des marchands, a été procédé le jeudi vingt-neuf janvier. Et ont été scrutateurs Sire Michel Petit, ancien consul, et le sieur Claude Mayolle, l'un des gardes de la marchandise d'apothicairerie et épicerie, qui ont trouvé par le scrutin être demeuré pour :

JUGE.

Sire Adrien REVELLOIS, marchand du corps de la draperie.

Les sieurs Pierre le Doux, François Hersant et Claude de Louan ayant eu égalité de voix, il fut tiré au sort, et demeurèrent pour :

PREMIER CONSUL.

Sire Pierre LE DOUX, marchand du corps de la mercerie, grosserie et joaillerie.

DEUXIÈME CONSUL.

Sire François HERSANT, marchand du corps de la draperie.

TROISIÈME CONSUL.

Sire Claude DE LOÜAN, marchand du corps de l'orfèvrerie-joaillerie.

QUATRIÈME CONSUL.

Sire Joseph SECONDS, marchand du corps de l'apothicairerie et épicerie.

Et le vendredi trente janvier, lesdits sieurs Presty, Guillebon, Langlois, Regnault et le Roux, conduits par Monseigneur Portail, premier avocat général, les ont présentés à la Cour, où ils ont fait ser-

ment; après sont venus entendre la messe en la chapelle de la juridiction, et ont été installés au siége et tenu l'audience.

Le onze janvier 1706, Sire Florentin Maillard, ancien consul, a fait
ses excuses et supplié qu'on ne le nommât pas pour exercer la charge
de juge, ce qui lui a été octroyé.

1706.

*Pour l'élection d'un juge et quatre consuls, a été procédé le samedi
trente janvier. Et ont été scrutateurs le sieur Jean-Armand le Couteulx, l'un des gardes de la draperie, et Sire Charles Troisdames,
ancien consul, qui ont trouvé par le scrutin être demeuré pour :*

JUGE.

Noble homme Thomas TARDIF, conseiller du Roi en l'hôtel de ville,
directeur de la Compagnie royale des Indes orientales et ancien échevin, marchand du corps de la mercerie, grosserie et joaillerie.

Les sieurs André de Saint-Jean et Jean Testart ayant eu égalité de
voix, et les sieurs Denis-François Regnard et Nicolas Tronchet étant
aussi égaux en voix, il a été tiré au sort, et sont demeurés pour :

PREMIER CONSUL.

Sire André DE SAINT-JEAN, marchand du corps de la draperie.

DEUXIÈME CONSUL.

Sire Jean TESTART, marchand du corps de la mercerie, grosserie et
joaillerie.

TROISIÈME CONSUL.

Noble homme Denis-François REGNARD, conseiller du Roi, ancien
échevin, marchand du corps de la mercerie.

QUATRIÈME CONSUL.

Sire Nicolas TRONCHET, marchand du corps de la pelleterie.

Et le lundi premier février, lesdits sieurs Revellois, le Doux, Hersant, de Loüan et Seconds, conduits par Monseigneur le procureur
général, les ont présentés à la Cour, où ils ont fait serment; après sont
venus entendre la messe dans la chapelle de la juridiction, et ont été
installés au siége et tenu l'audience.

1707.

Pour l'élection d'un juge et quatre consuls, a été procédé le samedi vingt-neuf janvier. Et ont été scrutateurs Sires Adrien Revellois et Denys Thierry, anciens juges-consuls, qui ont trouvé par le scrutin être demeuré pour :

JUGE.

Sire Simon Boulduc, apothicaire du corps de Son Altesse Royale Madame la Duchesse d'Orléans, l'un des académiciens pensionnaires de l'Académie royale des sciences, professeur royal en chimie pratique au Jardin royal des Plantes, et marchand du corps de l'apothicairerie-épicerie.

Les sieurs Pierre du Sault, Jacques Musnier et Jean-François Sautreau ayant eu égalité de voix, il fut tiré au sort, et demeurèrent pour :

PREMIER CONSUL.

Sire Pierre DU SAULT, banquier, bourgeois de Paris.

DEUXIÈME CONSUL.

Sire Jacques MUSNIER, marchand du corps de la draperie.

TROISIÈME CONSUL.

Noble homme Jean-François SAUTREAU, conseiller du Roi en l'hôtel de ville, ancien échevin, marchand du corps de la mercerie, grosserie et joaillerie.

QUATRIÈME CONSUL.

Sire Claude-François PÉAGET, marchand du corps de l'apothicairerie et épicerie.

Et le vendredi quatre février, lesdits sieurs Tardif, de Saint-Jean, Testart, Regnard et Tronchet, conduits par Monseigneur le procureur général, les ont présentés à la Cour, où ils ont fait serment ; après sont venus entendre la messe en la chapelle de la juridiction, et ont été installés au siége et tenu l'audience.

1708.

Pour l'élection d'un juge et quatre consuls, a été procédé le samedi vingt-huit janvier. Et ont été scrutateurs les sieurs Claude Tripart, l'un des gardes de l'orfévrerie, et Pierre Darboulin, marchand de bois, qui ont trouvé par le scrutin être demeuré pour :

JUGE.

Sire François ALEXANDRE, marchand du corps de la bonneterie.

Les sieurs Remy Legrin et Antoine Caron ayant eu égalité de voix, il a été tiré au sort, et sont demeurés pour :

PREMIER CONSUL.

Sire Remy LEGRIN, marchand du corps de la mercerie, grosserie et joaillerie.

DEUXIÈME CONSUL.

Sire Antoine CARON, marchand du corps de la draperie.

TROISIÈME CONSUL.

Sire François GUÉRIN, marchand du corps de l'épicerie.

QUATRIÈME CONSUL.

Sire Jean PERDRIGEON, marchand du corps de la bonneterie.

Et le mercredi premier février, lesdits sieurs Boulduc, du Sault, Musnier, Sautreau et Péaget, conduits par Monseigneur le procureur général, les ont présentés à la Cour, où ils ont fait serment; après sont venus entendre la messe en la chapelle de la juridiction, et ont été installés au siége et tenu l'audience.

1709.

Pour l'élection d'un juge et quatre consuls, a été procédé le mardi vingt-neuf janvier. Et ont été scrutateurs le sieur Pierre Darboulin, marchand de bois, et Sire Jean-Baptiste Gorge, ancien consul, qui ont trouvé par le scrutin être demeuré pour :

JUGE.

Sire Pierre BELLAVOINE, marchand du corps de la mercerie, grosserie et joaillerie.

Les sieurs Jean Comptour, Guillaume Jacob et Pierre Soubiron ayant eu égalité de voix, il a été tiré au sort, et demeurèrent pour :

PREMIER CONSUL.
Sire Jean COMPTOUR, marchand du corps de la draperie.

DEUXIÈME CONSUL.
Sire Guillaume JACOB, marchand du corps de l'orfévrerie et joaillerie.

TROISIÈME CONSUL.
Sire Pierre SOUBIRON, marchand du corps de l'apothicairerie et épicerie.

QUATRIÈME CONSUL.
Noble homme Guillaume SCOURJON, écuyer, conseiller du Roi et ancien échevin de cette ville, marchand du corps de la mercerie, grosserie et joaillerie.

Et le mercredi trente janvier, les sieurs Alexandre, Legrin, Caron, Guérin et Perdrigeon, conduits par Monseigneur le procureur général, les ont présentés à la Cour, où ils ont fait serment; ensuite sont venus entendre la messe en la chapelle de la juridiction, et ont été installés au siége et tenu l'audience.

Le vingt décembre 1709, Sire Mathieu Marchant; le vingt-trois décembre, Sire Justin Boudet; le trente décembre 1709, Sires Alexis Loir, Charles Lohier; le huit janvier 1710, Sires Claude le Brun, Simon Poncet, Guillaume Benard et Aubin le Brun, tous anciens consuls, ont fait leurs excuses et supplié qu'on ne les nommât pas pour exercer la charge de juge, ce qui leur a été octroyé.

1710.

Pour l'élection d'un juge et quatre consuls, a été procédé le jeudi trente janvier. Et ont été scrutateurs Sire Charles Lohier, ancien consul, et le sieur Antoine-Charles Guillier, l'un des gardes de la draperie, qui ont trouvé par le scrutin être demeuré pour :

JUGE.
Sire Charles HARLAN, marchand du corps de l'épicerie.

Les sieurs Jacques Fagnou, Nicolas Guillemet, Guillaume Vandertin et Claude Tribard ayant eu égalité de voix, il a été tiré au sort, et sont demeurés pour :

PREMIER CONSUL.

Sire Jacques FAGNOU, marchand du corps de l'épicerie.

DEUXIÈME CONSUL.

Sire Nicolas GUILLEMET, marchand du corps de la draperie.

TROISIÈME CONSUL.

Sire Guillaume VANDERTIN, marchand du corps de la pelleterie.

QUATRIÈME CONSUL.

Sire Claude TRIBARD, marchand du corps de la mercerie.

Et le vendredi trente et un janvier, les sieurs Bellavoine, Comptour, Jacob, Soubiron et Scourjon, conduits par Monseigneur le procureur général, les ont présentés à la Cour, où ils ont fait serment; après sont venus entendre la messe en la chapelle de la juridiction, et ont été installés au siége et tenu l'audience.

1711.

Pour l'élection d'un juge et quatre consuls, a été procédé le jeudi vingt-neuf janvier. Et ont été scrutateurs les sieurs François Montalant, marchand libraire, et Joseph Lauvin, marchand de vins, qui ont trouvé par le scrutin être demeuré pour :

JUGE.

Sire Simon PONCET, marchand du corps de la draperie.

Les sieurs François Courtois, Charles Huet et François Desplaces ayant eu égalité de voix, il a été tiré au sort, et sont demeurés pour :

PREMIER CONSUL.

Sire François COURTOIS, marchand du corps de l'apothicairerie-épicerie.

DEUXIÈME CONSUL.

Sire Charles HUET, marchand du corps de la mercerie.

TROISIÈME CONSUL.

Sire François DESPLACES, marchand du corps de la draperie.

QUATRIÈME CONSUL.

Sire Jean HUDE, marchand du corps de la bonneterie.

Et le vendredi trente janvier, les sieurs Harlan, Fagnou, Guillemet,

Vandertin et Tribard, conduits par Monseigneur le procureur général, les ont présentés à la Cour, où ils ont fait serment; puis sont venus entendre la messe en la chapelle de la juridiction, et ont été installés au siége, et ont tenu l'audience, conjointement.

1712.

Pour l'élection d'un juge et quatre consuls, a été procédé le samedi trente janvier. Et ont été scrutateurs Sires Marc Nau et Jacques Musnier, anciens consuls, qui ont trouvé par le scrutin être demeuré pour :

JUGE.

Noble homme Léonard CHAUVIN, conseiller du Roi en l'hôtel de cette ville, ancien échevin, et député au conseil de commerce, du corps de la mercerie.

Les sieurs Jean-Marie Gellain, Jean Hérault, Jean Andry et François de Lens ayant eu égalité de voix, il a été tiré au sort, et sont demeurés pour :

PREMIER CONSUL.

Sire Jean-Marie GELLAIN, marchand du corps de la draperie.

DEUXIÈME CONSUL.

Sire Jean HÉRAULT, marchand du corps de la mercerie.

TROISIÈME CONSUL.

Sire Jean ANDRY, marchand du corps de l'épicerie.

QUATRIÈME CONSUL.

Sire François DE LENS, marchand du corps de l'orfévrerie.

Et le lundi premier février, les sieurs Poncet, Courtois, Huet, Desplaces et Hude, conduits par Monsieur Joly de Fleury, premier avocat général, les ont présentés à la Cour, où ils ont fait serment; après sont venus entendre la messe en la chapelle de la juridiction, ont été installés au siége, et ont tenu l'audience, conjointement.

1713.

Le seize janvier, Sire Charles Mésaiger, ancien consul, a fait ses excuses et supplié qu'on ne le nommât pas pour exercer la charge de juge, ce qui lui a été octroyé.

Pour l'élection d'un juge et quatre consuls, a été procédé le mardi trente et un janvier. Et ont été scrutateurs les sieurs Louis Josse, marchand libraire, et Sire Florentin Maillard, ancien consul, qui ont trouvé par le scrutin être demeuré pour :

JUGE.

Sire Louis-Paul BOUCHER, marchand du corps de la draperie.

Les sieurs Alexandre Deuvercy et Maurice Yon ayant eu égalité de voix, il a été tiré au sort, et sont demeurés pour :

PREMIER CONSUL.

Sire Alexandre DEUVERCY, marchand du corps de la mercerie.

DEUXIÈME CONSUL.

Sire Antoine-Maurice YON, marchand du corps de la draperie.

TROISIÈME CONSUL.

Sire Claude-François GALLET, marchand du corps de l'apothicairerie et épicerie.

QUATRIÈME CONSUL.

Sire Antoine DEZALLIER, marchand du corps de la librairie.

Et le mercredi premier février, les sieurs Chauvin, Gellain, Hérault, Andry et de Lens, conduits par Monseigneur le procureur général, les ont présentés à la Cour, où ils ont fait serment; ensuite sont venus entendre la messe en la chapelle de la juridiction, ont été installés au siége, et ont tenu l'audience, conjointement.

1714.

Le cinq janvier, Sire Jean-Charles Villain ; le huit du même mois, Sire Jean-Pierre Panet ; le dix, Sire Pierre Langlois et Sire François Régnault; le douze, Sire Jean le Roux, tous anciens consuls, ont fait leurs excuses et supplié qu'on ne les nommât pas pour exercer la charge de juge, ce qui leur a été octroyé.

Suite de l'année 1714.

Pour l'élection d'un juge et quatre consuls, a été procédé le mardi trente janvier. Et ont été scrutateurs Sire André de Saint-Jean, ancien consul, et le sieur Jean-Joseph Cochepin, marchand de bois, qui ont trouvé par le scrutin être demeuré pour :

JUGE.

Sire Pierre LE DOUX, marchand du corps de la mercerie.

Les sieurs François du Caurroy, Jacques-Noël Salmon et Guillaume Loiseau ayant eu égalité de voix, il a été tiré au sort et sont demeurés pour :

PREMIER CONSUL.

Sire François DU CAURROY, marchand du corps de la mercerie.

DEUXIÈME CONSUL.

Sire Jacques-Noël SALMON, marchand du corps de la draperie.

TROISIÈME CONSUL.

Sire Guillaume LOISEAU, marchand du corps de l'épicerie.

QUATRIÈME CONSUL.

Sire Claude DE BIERNE, marchand du corps de la pelleterie.

Et le mercredi trente et un janvier, les sieurs Boucher, Deuvercy, Yon, Gallet et Dezallier, conduits par Monseigneur le procureur général, les ont présentés à la Cour, où ils ont fait serment; ensuite sont venus entendre la messe en la chapelle de la juridiction, ont été installés au siége, et ont tenu l'audience, conjointement.

1715.

Le dix-huit janvier, Sire Guillaume André Hebert; le vingt-un, Sire Claude de Loüan; le vingt-trois du même mois, Sire Joseph Seconds, tous anciens consuls, ont fait leurs excuses et supplié qu'on ne les nommât pas pour exercer la charge de juge, ce qui leur a été octroyé

Suite de l'année 1715.

Pour l'élection d'un juge et quatre consuls, a été procédé le mardi vingt-neuf janvier. Et ont été scrutateurs Sire Jean Testard, ancien consul, et le sieur Charles-Louis Chauvin, l'un des gardes de la mercerie, qui ont trouvé par le scrutin être demeuré pour :

JUGE.

Sire André DE SAINT-JEAN, marchand du corps de la draperie.

Les sieurs Christophe Doré, Jean Nau, Abel Poncet et Henry Rouvière ayant eu égalité de voix, il a été tiré au sort, et sont demeurés pour :

PREMIER CONSUL.

Sire Christophe DORÉ, marchand du corps de la mercerie.

DEUXIÈME CONSUL.

Sire Jean NAU, marchand du corps de la bonneterie.

TROISIÈME CONSUL.

Sire Abel PONCET, marchand du corps de la draperie.

QUATRIÈME CONSUL.

Sire Henry ROUVIÈRE, marchand du corps de l'apothicairerie et épicerie.

Et le mardi trente janvier, les sieurs le Doux, du Caurroy, Salmon, Loiseau et de Bierne, conduits par Monseigneur le procureur général, les ont présentés à la Cour, où ils ont fait serment; ensuite sont venus entendre la messe en la chapelle de la juridiction, ont été installés au siége, et ont tenu l'audience, conjointement.

1716.

Le huit janvier, Sire Jean Testard; le vingt-sept du même mois, Sire Jacques Musnier, anciens consuls, ont fait leurs excuses et supplié qu'on ne les nommât pas pour exercer la charge de juge, ce qui leur a été octroyé.

Suite de l'année 1716.

*Pour l'élection d'un juge et quatre consuls, a été procédé le jeudi
trente janvier. Et ont été scrutateurs les sieurs André de Saint-
Jean, l'un des gardes de la draperie, et Pierre Goujon, l'un des
gardes de l'épicerie, qui ont trouvé par le scrutin être demeuré
pour :*

JUGE.

Claude-François PEAGET, marchand du corps de l'apothicairerie et
épicerie.

Les sieurs Marc Nau, Marc-François Lay ayant eu chacun trente-
cinq voix, et les sieurs Nicolas Hervier et Sébastien Larsonnyer, chacun
trente-trois voix, il a été tiré au sort, et sont demeurés pour :

PREMIER CONSUL.

Sire Marc NAU, marchand du corps de la draperie.

DEUXIÈME CONSUL.

Noble homme Marc-François LAY, seigneur de Gibercourt, conseiller
du Roi, quartinier, et ancien échevin de cette ville, marchand du corps
de la mercerie.

TROISIÈME CONSUL.

Sire Nicolas HERVIER, marchand du corps de l'épicerie.

QUATRIÈME CONSUL.

Sire Sébastien LARSONNYER, marchand du corps de la marchandise
de vins.

Et le vendredi trente et un janvier, les sieurs de Saint-Jean, Doré,
Nau, Poncet et Rouvière, conduits par Monseigneur le procureur
général, les ont présentés à la Cour, où ils ont fait serment; ensuite
sont venus entendre la messe en la chapelle de la juridiction, ont été
installés au siége, et ont tenu l'audience, conjointement.

1717.

Le dix-huit janvier, Sire Antoine Caron; le vingt du même mois,
Sire François Guérin, anciens consuls, ont fait leurs excuses, et supplié qu'on ne les nommât pas pour exercer la charge de juge, ce qui
leur a été octroyé.

Pour l'élection d'un juge et quatre consuls, a été procédé le samedi trente janvier. Et ont été scrutateurs les sieurs Geoffroy Chauveau, marchand de vins, et Pierre Caron, l'un des gardes de la draperie, qui ont trouvé par le scrutin être demeuré pour :

JUGE.

Sire Jean PERDRIGEON, marchand du corps de la bonneterie.

Les sieurs Jacques Devin, Claude Gourel-Duclos, François Régnault et Mathurin-Lambert Payen ayant eu chacun trente-cinq voix, il a été tiré au sort, et sont demeurés pour :

PREMIER CONSUL.

Sire Jacques DEVIN, marchand du corps de la draperie.

DEUXIÈME CONSUL.

Sire Claude GOUREL-DUCLOS, marchand du corps de la mercerie.

TROISIÈME CONSUL.

Sire François RÉGNAULT, marchand du corps de l'apothicairerie et épicerie.

QUATRIÈME CONSUL.

Sire Mathurin-Lambert PAYEN, marchand du corps de l'orfévrerie.

Le jeudi quatre février, les sieurs Peaget, Nau, Lay, Hervier et Larsonnyer, conduits par M. de Lamoignon, avocat général, les ont présentés à la Cour, où ils ont fait serment.

Et le vendredi six février, lesdits sieurs se sont rendus en la maison consulaire, où ils ont entendu la messe, ont été installés au siége, et ont tenu l'audience, conjointement.

Sire François Régnault étant décédé, les sieurs Perdrigeon, Devin, Gourel-Duclos et Payen auraient, le mardi cinq octobre, fait assemblée des anciens juges et anciens consuls et des maîtres et gardes des six corps des marchands, pour procéder à l'élection d'un quatrième consul à la place dudit sieur Régnault.

Et ont été scrutateurs Sires Simon Boulduc, ancien juge-consul, et Jean-Marie Gellain, ancien consul, qui ont trouvé par le scrutin être demeuré pour :

QUATRIÈME CONSUL.

Sire Gilles-François Boulduc, premier apothicaire du Roi, de l'Académie royale des sciences, et du corps de la marchandise d'apothicairerie et épicerie.

Et le mercredi six octobre, les sieurs Perdrigeon, Devin, Gourel-Duclos et Payen, conduits par Monsieur de la Galissonnière, substitut de Monseigneur le procureur général, ont présenté à la Cour ledit sieur Boulduc, lequel a fait serment; ensuite sont venus entendre la messe en la chapelle de la juridiction, et ledit sieur Boulduc a été installé au siége.

1718.

Le douze janvier, Sire Jean Comptour, et le quatorze du même mois, Sire Guillaume Jacob, anciens consuls, ont fait leurs excuses et supplié qu'on ne les nommât pas pour exercer la charge de juge, ce qui leur a été octroyé.

Suite de l'année 1718.

Pour l'élection d'un juge et quatre consuls, a été procédé le samedi vingt-neuf janvier. Et ont été scrutateurs de cette élection noble homme Antoine de Serre, écuyer, premier échevin et quartinier de cette ville, grand garde du corps de la draperie, et le sieur Michel de Saint-Jean, l'un des gardes dudit corps de la draperie, qui ont trouvé par le scrutin être demeuré pour :

JUGE.

Noble homme Guillaume Scourjon, écuyer, ancien échevin, et marchand du corps de la mercerie.

Les sieurs Philippes Régnault et François Sorin ayant eu chacun trente-cinq voix, et les sieurs Jean-Baptiste-Christophe Ballard et Estienne Guillier chacun trente-quatre voix, il a été tiré au sort et sont demeurés pour :

PREMIER CONSUL.

Noble homme Philippes Régnault, écuyer, ancien échevin, marchand du corps de la mercerie.

DEUXIÈME CONSUL.

Sire François Sorin, marchand du corps de l'épicerie.

TROISIÈME CONSUL.

Sire Jean-Baptiste-Christophe BALLARD, seul imprimeur du roi pour la musique, noteur de la chapelle de Sa Majesté et du corps de la librairie et imprimerie.

QUATRIÈME CONSUL.

Sire Estienne GUILLIER, marchand du corps de la draperie.

Et le lundi, trente et un janvier, les sieurs Perdrigeon, Devin, Gourel-Duclos, Payen et Boulduc, conduits par Monseigneur le procureur général, les ont présentés à la Cour, où ils ont fait serment, et sont venus entendre la messe en la chapelle de la juridiction, ont été installés au siége, et ont tenu l'audience, conjointement.

Le quatre février 1718, Sire Guillaume Scourjon mourut subitement dans une des fonctions de sa charge.

Le huit du même mois, Sire Nicolas Guillemet, ancien consul, ayant été invité de remplir la charge de juge, fit ses excuses et supplia qu'on ne le nommât pas pour exercer ladite charge de juge, ce qui lui a été octroyé.

Suite de l'année 1718.

Sire Guillaume Scourjon étant décédé, les sieurs Régnault, Sorin, Ballard et Guillier auraient, le jeudi dix février, fait assemblée des anciens juges et anciens consuls et des maîtres et gardes des six corps des marchands, pour procéder à l'élection d'un juge à la place dudit sieur Scourjon.

Et ont été scrutateurs de cette élection Sire François Courtois et Sire Antoine Caron, anciens consuls, qui ont trouvé par le scrutin être demeuré pour :

JUGE.

Sire Guillaume VANDERTIN, marchand du corps de la pelleterie.

Et le samedi douze février, les sieurs Régnault, Sorin, Ballard et Guiller, conduits par Monseigneur le procureur général, ont présenté ledit sieur Vandertin à la Cour, où il a fait serment, et le lundi, quatorze février, ledit sieur Vandertin avec lesdits sieurs, se sont rendus en la maison consulaire, où ils ont entendu la messe et installé ledit sieur Vandertin au siége, et ont tenu l'audience, conjointement.

1719.

Pour l'élection d'un juge et quatre consuls, a été procédé le mardi trente et un janvier. Et ont été scrutateurs de cette élection les sieurs Jean-Joseph Jeoffroy, l'un des gardes de l'apothicairerie et épicerie, et Nicolas Desplaces, l'un des gardes de la draperie, qui ont trouvé par le scrutin être demeurés pour :

JUGE.

Sire François Courtois, marchand du corps de l'apothicairerie et épicerie.

Les sieurs Paul Dubois, Jean-Baptiste de Santeul, Antoine-Charles Langlois et Estienne Letellier, ayant eu chacun trente-cinq voix, il a été tiré au sort, et sont demeurés pour :

PREMIER CONSUL.

Sire Paul Dubois, marchand du corps de l'apothicairerie et épicerie.

DEUXIÈME CONSUL.

Sire Jean-Baptiste de Santeul, marchand du corps de la mercerie.

TROISIÈME CONSUL.

Sire Antoine-Charles Langlois, marchand du corps de la draperie.

QUATRIÈME CONSUL.

Sire Estienne Letellier, marchand du corps de la pelleterie.

Et le mercredi premier février, les sieurs Vandertin, Régnault, Sorin, Ballard et Guiller, conduits par Monseigneur le procureur général, les ont présentés à la Cour, où ils ont fait serment, et sont venus entendre la messe en la chapelle de la juridiction, ont été installés au siége, et ont tenu l'audience, conjointement.

1720.

Pour l'élection d'un juge et quatre consuls, a été procédé le mardi trente janvier. Et ont été scrutateurs de cette élection les sieurs Pierre Savy, l'un des gardes de l'apothicairerie et épicerie, et Nicolas Bertels, l'un des gardes du corps de la pelleterie, qui ont trouvé par le scrutin être demeuré pour :

JUGE.

Sire Charles Huet, marchand du corps de la mercerie.

Les sieurs Antoine de Serre, Claude Peruchot, Nicolas-Pierre Gamare et Henry Auvray ayant eu chacun trente-cinq voix, il a été tiré au sort, et sont demeurés pour :

PREMIER CONSUL.

Noble homme Antoine DE SERRE, écuyer, conseiller du Roi, quartinier, ancien échevin et marchand du corps de la draperie.

DEUXIÈME CONSUL.

Sire Claude PERUCHOT, marchand du corps de l'épicerie.

TROISIÈME CONSUL.

Sire Nicolas-Pierre GAMARE, marchand du corps de la mercerie.

QUATRIÈME CONSUL.

Sire Henry AUVRAY, marchand du corps de la bonneterie.

Le samedi trois février, les sieurs Courtois, Dubois, de Santeul, Langlois et Letellier, conduits par Monseigneur le procureur général, les ont présentés à la Cour, où ils ont fait serment.

Et le lundi cinq février, lesdits sieurs se sont rendus en la maison consulaire, où ils ont entendu la messe, ont été installés au siége, et ont tenu l'audience, conjointement.

Le dix-huit avril 1720, Sire Charles Huet mourut.

Le lundi vingt-deux avril, Sire Jean Hude, ancien consul, ayant été invité à remplir la place de juge, a fait ses excuses et supplié qu'on ne le nommât pas pour exercer la charge de juge, ce qui lui a été octroyé.

Suite de l'année 1720.

Sire Charles Huet, juge, étant décédé, les sieurs de Serre, Peruchot, Gamare et Auvray, consuls, auraient, le jeudi vingt-cinq avril, fait assemblée des sieurs anciens juges et anciens consuls, et des maîtres et gardes des six corps des marchands, pour procéder à l'élection d'un juge à la place dudit sieur Huet.

Et ont été scrutateurs Sires Alexandre Deuvercy et Antoine-Maurice Yon, anciens consuls, qui ont trouvé par le scrutin être demeuré pour :

JUGE.

Sire Jean-Marie GELLAIN, marchand du corps de la draperie.

Le samedi vingt-sept avril, les sieurs de Serre, Peruchot, Gamare et Auvray, conduits par Monseigneur le procureur général, ont présenté à la Cour ledit sieur Gellain, où il a fait le serment.

Et le lundi vingt-neuf avril, ledit sieur Gellain s'est rendu en la maison consulaire, où il a entendu la messe, a été installé au siége et a tenu l'audience, conjointement avec lesdits sieurs de Serre, Peruchot, Gamare et Auvray.

1721.

Pour l'élection d'un juge et quatre consuls, a été procédé le jeudi trente janvier. Et ont été scrutateurs le sieur Baltazard-Philippe Vandive, l'un des gardes de l'orfévrerie, et Sire Gilles-François Boulduc, ancien consul, qui ont trouvé par le scrutin être demeuré pour :

JUGE.

Sire Jean HÉRAULT, marchand du corps de la mercerie.

Les sieurs Henry de Rosnel, David, Gillet, Michel Judde et Philippe Vandive ayant eu chacun trente-cinq voix, il a été tiré au sort, et sont demeurés pour :

PREMIER CONSUL.

Noble homme Henry DE ROSNEL, écuyer, ancien échevin, marchand du corps de la draperie.

DEUXIÈME CONSUL.

Sire David GILLET, marchand du corps de l'apothicairerie et épicerie.

TROISIÈME CONSUL.

Sire Michel JUDDE, marchand du corps de la mercerie.

QUATRIÈME CONSUL.

Sire Philippe VANDIVE, marchand du corps de l'orfévrerie-joaillerie.

Et le vendredi trente et un janvier, les sieurs Gellain, de Serre, Peruchot, Gamare et Auvray, conduits par Monseigneur le procureur général, les ont présentés à la Cour, où ils ont fait serment; après sont venus entendre la messe en la chapelle de la juridiction, ont été installés au siége, et ont tenu l'audience, conjointement.

1722.

Pour l'élection d'un juge et quatre consuls, a été procédé le jeudi vingt-neuf janvier. Et ont été scrutateurs le sieur Jean Paris de Clorignon, marchand de bois, et Sire Jean-Baptiste de Santeul, ancien consul, qui ont trouvé par le scrutin être demeuré pour :

JUGE.

Sire Alexandre DEUVERCY, marchand du corps de la mercerie.

Les sieurs Marc-Clément Buchère et Claude Fremin ayant eu chacun trente-cinq voix, il a été tiré au sort, et est demeuré pour :

PREMIER CONSUL.

Sire Marc-Clément BUCHÈRE, marchand du corps de la draperie.

DEUXIÈME CONSUL.

Sire Claude FREMIN, marchand du corps de l'épicerie.

TROISIÈME CONSUL.

Sire Philippe LE NOIR, marchand du corps de la marchandise de vin.

QUATRIÈME CONSUL.

Sire Charles PIGEON, marchand du corps de la mercerie.

Et le mercredi quatre février, les sieurs Hérault, juge, de Rosnel, Gillet, Judde et Vandive, conduits par Monseigneur le procureur général, les ont présentés à la Cour, où ils ont fait serment; ensuite sont venus entendre la messe en la chapelle de la juridiction, ont été installés au siége, et ont tenu l'audience, conjointement.

Suit de l'année 1722.

Sire Charles Pigeon étant décédé, les sieurs Deuvercy, juge, Buchère, Fremin, le Noir, consuls, auraient, le samedi six juin, fait assemblée des anciens juges et anciens consuls, et des maîtres et gardes des six corps des marchands, pour procéder à l'élection d'un quatrième consul à la place dudit sieur Pigeon.

Et ont été scrutateurs Sire Guillaume André Hébert, ancien consul, et Sire Charles Harlan, ancien juge-consul, qui ont trouvé par scrutin être demeuré pour :

QUATRIÈME CONSUL.

Sire Henry RÉGNAULT, marchand du corps de la mercerie.

29

Et le lundi huit juin, lesdits sieurs Deuvercy, juge, Buchère, Fremin et le Noir, consuls, conduits par Monseigneur d'Aguesseau, avocat général, ont présenté à la Cour ledit sieur Régnault, lequel a fait serment; ensuite sont venus entendre la messe en la chapelle de la juridiction, ont installé ledit sieur Regnault au siége, et ont tenu l'audience, conjointement.

Le vingt-cinq janvier 1723, Sires Antoine-Maurice Yon, Claude-François Gallet, François du Caurroy et Jacques-Noël Salmon, tous anciens consuls, ayant été invités à remplir la place de juge, firent leurs excuses et prièrent qu'on ne les nommât pas pour exercer ladite charge de juge, ce qui leur a été octroyé.

1723.

Pour l'élection d'un juge et quatre consuls, a été procédé le samedi trente janvier. Et ont été scrutateurs les sieurs Jean-Joseph Cochepin, marchand de bois, et Geoffroy Chauveau, marchand de vins, qui ont trouvé par le scrutin être demeuré pour :

JUGE.

Sire Claude DE BIERNE, marchand du corps de la pelleterie.

Les sieurs Estienne Rolin, Pierre Chauvin, Louis-Pierre Jaussin et Jean-Baptiste Coignard ayant eu chacun trente-cinq voix, il a été tiré au sort et sont demeurés pour :

PREMIER CONSUL.

Sire Estienne ROLIN, marchand du corps de la draperie.

DEUXIÈME CONSUL.

Noble homme Pierre CHAUVIN, conseiller du Roi en l'hôtel de ville et ancien échevin, marchand du corps de la mercerie.

TROISIÈME CONSUL.

Sire Louis-Pierre JAUSSIN, marchand du corps de l'apothicairerie et épicerie.

QUATRIÈME CONSUL.

Sire Jean-Baptiste COIGNARD, imprimeur ordinaire du Roi et de l'Académie française, et du corps de la librairie et imprimerie.

Et le lundi premier février, les sieurs Deuvercy, juge, Buchère,

Fremin, le Noir et Régnault, consuls, conduits par Monseigneur le procureur général, les ont présentés à la Cour, où ils ont fait serment; ensuite sont venus entendre la messe en la chapelle de la juridiction, ont été installés, et ont tenu l'audience, conjointement.

1724.

Pour l'élection d'un juge et quatre consuls, a été procédé le samedi vingt-neuf janvier. Et ont été scrutateurs les sieurs Jean-Baptiste Coignard fils, imprimeur ordinaire du Roi et de l'Académie française, et Jacques Brignon, l'un des gardes de la pelleterie, qui ont trouvé par le scrutin être demeuré pour :

JUGE.

Sire Christophe Doré, marchand du corps de la mercerie.

Les sieurs Philippes Chenavas, Charles-Pierre Huet, Claude Pillet et Claude Lamy ayant eu chacun trente-cinq voix, il a été tiré au sort, et est demeuré pour :

PREMIER CONSUL.

Sire Philippes Chenavas, marchand du corps de la draperie.

DEUXIÈME CONSUL.

Noble homme Charles-Pierre Huet, écuyer, ancien échevin, marchand du corps de la mercerie.

TROISIÈME CONSUL.

Sire Claude Pillet, marchand du corps de l'épicerie.

QUATRIÈME CONSUL.

Sire Claude Lamy, marchand du corps de la pelleterie.

Et le lundi trente et un janvier, les sieurs de Bierne, juge, Rolin, Chauvin, Jaussin et Coignard, consuls, conduits par Monseigneur le procureur général, les ont présentés à la Cour, où ils ont fait serment, ensuite sont venus entendre la messe dans la chapelle de la juridiction, ont été installés, et ont tenu l'audience, conjointement.

Suite de l'année 1724.

Sire Philippes Chenavas, consul, étant décédé, les sieurs Christophe Doré, juge, Charles-Pierre Huet, Claude Pillet et Claude Lamy, consuls, auraient, le samedi vingt-neuf juillet, fait assemblée des sieurs anciens juges et anciens consuls et des maîtres et gardes des six corps des marchands, pour procéder à l'élection d'un quatrième consul à la place dudit sieur Chenavas.

Et ont été scrutateurs Sire Louis-Pierre Jaussin, ancien consul, et Sire Alexandre Deuvercy, ancien juge-consul, qui ont trouvé par le scrutin être demeuré pour :

QUATRIÈME CONSUL.

Sire Antoine-Charles GUILLER, marchand du corps de la draperie.

Et le lundi vingt-neuf juillet, lesdits sieurs Doré, juge, Huet, Pillet et Lamy, consuls, conduits par Monseigneur le procureur général, ont présenté à la Cour ledit sieur Guiller, où il a fait serment, et ledit jour a été installé au siége.

Sire Claude Pillet, consul, étant décédé, lesdits sieurs Christophe Doré, juge, Charles-Pierre Huet, Claude Lamy et Antoine-Charles Guiller, consuls, auraient, le mardi vingt-six septembre, fait assemblée des sieurs anciens juges et anciens consuls et des maîtres et gardes des six corps des marchands, pour procéder à l'élection d'un quatrième consul à la place dudit sieur Pillet.

Et ont été scrutateurs Sires Estienne Guiller et David Gillet, anciens consuls, qui ont trouvé par le scrutin être demeuré pour :

QUATRIÈME CONSUL.

Sire Pierre GOUJON, marchand du corps de l'épicerie.

Et le mercredi vingt-sept septembre, lesdits sieurs Doré, juge, Huet, Lamy et Guiller, consuls, conduits par M. de Chefdeville, substitut de Monseigneur le procureur général, ont présenté à la Cour ledit sieur Goujon, où il a fait serment, et ledit jour il a été installé au siége.

Nota. En conséquence de l'arrêt du Conseil du vingt-neuf juin 1700, et de la lettre écrite par M. Desmarets, contrôleur général, le vingt-trois octobre 1708, messieurs les juge et consuls ont assemblé messieurs les anciens juges et anciens consuls et les maîtres et gardes des six corps des marchands dans la salle du Consulat, le huit novembre 1708, et ont fait élection du sieur Léonard Chauvin, ancien échevin, ancien juge-consul et marchand du corps de la mercerie, pour député en la Chambre du commerce en la place du sieur Claude Villain.

En conséquence d'une autre lettre écrite par M. Amelot, conseiller d'État, le vingt et un décembre 1718, messieurs les juge et consuls ont assemblé messieurs les anciens juges et anciens consuls et les maîtres et gardes des six corps des marchands dans la salle du Consulat, le quatre janvier 1719, et ont fait élection du sieur Nicolas Paignon, écuyer, conseiller-secrétaire du Roi, maison, couronne de France et de ses finances, marchand du corps de la draperie, pour député en la Chambre du commerce en la place du sieur Léonard Chauvin, qui a été remercié par la Compagnie.

En conséquence d'une autre lettre écrite par M. Dodun, contrôleur général, le dix-huit décembre 1724, messieurs les juge et consuls ont assemblé messieurs les anciens juges et anciens consuls et les maîtres et gardes des six corps des marchands dans la salle du Consulat, le vingt-trois décembre 1724, et ont fait élection du sieur Pierre Chauvin, conseiller du Roi en l'hôtel de ville, ancien échevin et ancien consul, marchand du corps de la mercerie, pour député en la Chambre du commerce en la place du sieur Nicolas Paignon.

1725.

Le dix janvier 1725, Sire Jean Nau; le douze, Sire Marc Nau; le quinze, Sire Marc-François Lay, Sire Nicolas Hervier; le dix-sept, Sire Jacques Devin; le dix-neuf, Sire Claude Gourel-Duclos; le vingt-deux, Sire Mathurin-Lambert Payen, et le vingt-quatre dudit mois de janvier, Sire Gilles-François Boulduc et Sire Philippe Régnault, tous anciens consuls, ayant été invités à remplir la place de juge, firent leurs excuses et prièrent qu'on ne les nommât pas pour exercer la charge de juge, ce qui leur a été octroyé.

Pour l'élection d'un juge et quatre consuls, a été procédé le mardi trente janvier. Et ont été scrutateurs Sires Estienne le Tellier et Pierre Chauvin, anciens consuls, qui ont trouvé par le scrutin être demeuré pour :

JUGE.

Sire François SORIN, marchand du corps de l'épicerie.

Les sieurs Bernard Baudin, Charles Boscheron, Jean Pradignat et Henry Dufrayez ayant eu chacun trente-cinq voix, il a été tiré au sort, et est demeuré pour :

Sire Bernard BAUDIN, marchand du corps de la draperie.

Sire Charles BOSCHERON, marchand du corps de la mercerie-joaillerie.

Sire Jean PRADIGNAT, marchand du corps de l'apothicairerie et épicerie.

Sire Henry DUFRAYEZ, marchand du corps de la bonneterie.

Et le mercredi trente et un janvier, les sieurs Doré, juge, Huet, Lamy, Guiller et Goujon, consuls, conduits par M. d'Aguesseau, avocat général, les ont présentés à la Cour, où ils ont fait serment; ensuite sont venus entendre la messe en la chapelle de la juridiction, ont été installés, et ont tenu l'audience, conjointement.

1726.

Pour l'élection d'un juge et quatre consuls, a été procédé le mardi vingt-neuf janvier. Et ont été scrutateurs le sieur François Sorin, l'un des gardes de l'épicerie, et le sieur Jean-Baptiste Brochant, l'un des gardes de la draperie, qui ont trouvé par le scrutin être demeuré pour :

Sire Jean-Baptiste-Christophe BALLARD, seul imprimeur du Roi pour la musique, noteur de la chapelle de Sa Majesté, ci-devant nommé par le Roi, syndic de la librairie et imprimerie.

Les sieurs Jean Barault, Louis Mettra, Jean-Pierre Lacombe et Jacques Pijart ayant eu égalité de voix, il a été tiré au sort, et sont demeurés pour :

Sire Jean BARAULT, marchand du corps de la draperie.

Sire Louis METTRA, marchand du corps de la mercerie.

Sire Jean-Pierre LACOMBE, marchand du corps de l'épicerie.

QUATRIÈME CONSUL.

Noble homme Jacques PIJART, ancien échevin, marchand du corps de l'orfévrerie-joaillerie.

Et le mercredi trente janvier, les sieurs Sorin, juge, Baudin, Boscheron, Pradignat et Dufrayez, conduits par Monseigneur le procureur général, les ont présentés à la Cour, où ils ont fait serment; ensuite sont venus entendre la messe en la chapelle de la juridiction, ont été installés, et ont tenu l'audience, conjointement.

1727.

Le dix janvier 1527, Sire Estienne Guiller; le treize, Sire Jean-Baptiste de Santeul; le quinze, Sire Estienne le Tellier; le dix-sept, Sire Claude Péruchot; le vingt, Sire Nicolas-Pierre Gamare; le vingt-deux, Sire Henry Auvray, et le vingt-quatre dudit mois de janvier, Sire Henry de Rosnel, tous anciens consuls, ayant été invités à remplir la place de juge, firent leurs excuses et prièrent qu'on ne les nommât pas pour exercer la charge de juge, ce qui leur a été octroyé.

Sire Paul Dubois ne s'est point présenté, étant en province.

Pour l'élection d'un juge et quatre consuls, a été procédé le jeudi trente janvier 1727. Et ont été scrutateurs les sieurs Nicolas Leroy, l'un des gardes de la draperie, et Hippolyte-Louis Guérin, du corps de la librairie, qui ont trouvé par le scrutin être demeuré pour :

JUGE.

Sire David GILLET, marchand du corps de l'apothicairerie et épicerie.

Les sieurs Estienne Laurent, Antoine Duverger et Jean-Charles Angot ayant eu chacun trente-cinq voix, il a été tiré au sort, et sont demeurés pour :

PREMIER CONSUL.

Noble homme Estienne LAURENT, conseiller du Roi en l'hôtel de ville et ancien échevin, marchand du corps de la mercerie.

DEUXIÈME CONSUL.

Sire Antoine DUVERGER, marchand du corps de l'apothicairerie et épicerie.

TROISIÈME CONSUL.

Sire Jean-Charles Angot, marchand du corps de la draperie.

QUATRIÈME CONSUL.

Sire Jean-Baptiste Valferdin, marchand du corps de la pelleterie.

Ledit jour, trente janvier de relevée, il a été signifié au Consulat deux oppositions à ladite élection, l'une à la requête de la communauté des marchands libraires et imprimeurs, et l'autre à la requête de la communauté des marchands de vins; ces oppositions ont été suivies d'une requête qu'ils ont présentée au Parlement, et qu'ils ont fait signifier au Consulat, avec intimation de répondre sur icelle en la Cour.

Sur cette requête, il a été rendu arrêt le trois février 1727, portant que commission sera délivrée aux libraires et marchands de vins pour faire assigner, au mercredi cinquième dudit mois de février, qui bon leur semblera aux fins de ladite requête; surseoit à la prestation de serment et réception des nouveaux juge et consuls, et ordonne que ceux de 1726 continueront de faire leurs fonctions jusqu'à ce qu'il en ait été autrement ordonné.

Le même jour, trois février, cet arrêt a été signifié avec assignation à messieurs les juge et consuls au cinquième du même mois, pour répondre et procéder sur et aux fins de ladite requête mentionnée en icelui.

Le cinq du même mois de février, il a été rendu un second arrêt par lequel la cause est continuée à quinzaine, et est ordonné que les syndics des six corps des marchands seront tenus de remettre incessamment entre les mains de monsieur le procureur général chacun leurs mémoires sur la manière dont il convient de procéder aux élections des juge et consuls, pour, sur leurs mémoires, être par lui pris telles conclusions, et par la Cour ordonné ce qu'il appartiendra, et cependant par provision, ordonné que les juge et consuls qui ont exercé la juridiction consulaire pendant l'année 1726 continueront l'exercice de leurs fonctions, dépens réservés.

Cet arrêt a été signifié à messieurs les juge et consuls le dix dudit mois de février, avec sommation d'y satisfaire.

Sur ces différentes procédures, messieurs les juge et consuls ont fait assembler les anciens juges et consuls pour les informer de ces oppositions, et savoir ce qu'il convenait de faire en pareil cas, et d'une voix unanime il a été arrêté que l'on se pourvoirait à Sa Majesté par un mémoire expositif des faits tendant à la supplier très-humblement d'expliquer ses intentions. Le mémoire a été remis à Marly ès mains de Monseigneur le Cardinal de Fleury, ministre d'État, qui le donna sur-le-champ à Monseigneur le comte de Maurepas, secrétaire d'État, et ayant tout concilié avec le Parlement, les juge et consuls se présentèrent à la Cour par un simple acte de présentation, sans avoir fourni aucune défense.

Le dix-neuf du même mois de février, il a pareillement été signifié une requête présentée à la Cour par les maîtres de la communauté du corps des marchands teinturiers, aux fins d'être reçues parties intervenantes en la cause.

Et le dix-sept mars 1727, le Parlement a rendu arrêt, qui reçoit les intervenants, parties intervenantes; Avant faire droit sur l'opposition, intervention et demandes, ordonne que le Roi sera très-humblement supplié d'expliquer ses intentions par une déclaration, s'il lui plaît d'en envoyer une en la Cour; et cependant par provision et sans préjudice des droits des parties au principal, ordonne que les juge et consuls nouvellement élus prêteront serment en ladite Cour et exerceront jusqu'à ce qu'autrement en ait été ordonné, dépens réservés.

Et le mercredi dix-neuf mars 1727, les sieurs Ballard, juge, Barault, Mettra, Lacombe et Pijart, consuls, conduits par Monseigneur le procureur général, ont présenté à la Cour lesdits sieurs Gillet, juge, Laurent, Duverger, Angot et Valferdin, consuls, où ils ont fait serment.

Après sont venus entendre la messe en la chapelle de la juridiction, ont été installés, et ont tenu l'audience, conjointement.

Sur la fin du mois de janvier 1728, messieurs les juge et consuls ayant fait une particulière attention à l'arrêt du Parlement du dix-sept mars 1727, jugèrent à propos, avant de faire élection de nouveaux juge et consuls, d'écrire à Son Éminence Monseigneur le Cardinal de Fleury, les vingt-deux et vingt-six dudit mois de janvier; ils supplièrent Son Éminence de vouloir bien, sans préjudicier au règlement qui pourrait être fait pour l'avenir, leur donner des ordres de faire leur élection à l'ordinaire, sans qu'ils pussent y être troublés.

Et le vingt-huit dudit mois, ils furent mandés par Monseigneur le procureur général, qui leur remit l'ordre du Roi qui suit :

DE PAR LE ROI.

Sa Majesté étant informée que les contestations survenues à l'occasion de l'élection des juge et consuls de sa bonne ville de Paris n'ont pu être encore terminées, ainsi qu'elle se propose de le faire incessamment par une déclaration; a ordonné et ordonne par provision et sans tirer à conséquence, que les juge et consuls qui sont actuellement en place continueront d'en faire les fonctions jusqu'à ce qu'il en ait été autrement ordonné par Sa Majesté.

Fait à Marly le vingt-sept janvier 1728. *Signé :* Louis; et plus bas, Phelypeaux.

Le 18 du mois de mars fut rendue la Déclaration suivante :

1728.

DÉCLARATION DU ROI

CONCERNANT LES JUGE ET CONSULS DE LA VILLE DE PARIS

Donnée à Versailles le 18 mars 1728.

Louis, par la grâce de Dieu, Roi de France et de Navarre, à tous ceux qui ces présentes lettres verront, salut. L'élection des juge et consuls des marchands de notre bonne ville de Paris, faite en l'année 1727, ayant donné lieu à une contestation portée en notre Cour de Parlement, sur l'opposition formée à cette élection par les libraires et imprimeurs, et par les marchands de vin, les parties intéressées ont renouvelé à cette occasion plusieurs difficultés qui avaient déjà été agitées tant au sujet du nombre, et la qualité des sujets qu'il serait convenable d'élire pour juge et consuls, que pour la durée de leur exercice et pour la forme des élections. Ces difficultés ayant donné lieu à deux arrêts de notre dite Cour, des 3 et 5 février 1727, dont le premier a sursis la prestation de serment des nouveaux juge et consuls élus et dont le second a ordonné que les six corps des marchands remettraient entre les mains de notre procureur général leurs mémoires sur la manière dont il convenait de procéder à l'élection, notre dite Cour, par un dernier arrêt du 17 mars 1727, a ordonné qu'avant faire droit sur le tout, nous serions très-humblement prié d'expliquer nos intentions par une déclaration, s'il nous plaisait en envoyer

une en notre dite Cour, et cependant que, par provision et sans
préjudice des droits des parties au principal, les juge et consuls
nouvellement élus prêteraient serment et exerceraient leurs fonctions,
jusqu'à ce qu'autrement en eût été ordonné ; et nous étant fait rendre
compte des requêtes, mémoires et pièces présentés de la part de
toutes les parties, comme aussi des mémoires qui ont été donnés par
les six corps en exécution de l'arrêt de notre dite Cour du 5 février,
nous avons reconnu dans les différentes vues que chacun de ces
corps a cru devoir proposer sur ce sujet, le même zèle pour le service
du public, et dans le partage de leurs sentiments, nous n'en avons
trouvé aucun sur le désir de procurer la justice la plus exacte, et
l'expédition la plus prompte ; nous aurions désiré qu'il eût été possible
de placer dans le Consulat des sujets tirés de tous les corps de
négociants, pour y réunir en même temps des personnes également
instruites des différentes parties du commerce, qui font toutes le sujet
ordinaire des contestations dont la connaissance appartient aux juge et
consuls ; mais la difficulté de concilier la promptitude de l'expédition,
qui est un des principaux objets de la juridiction consulaire, avec le
nombre des consuls qu'il aurait fallu établir pour y faire entrer tous
les ans des sujets choisis dans chaque corps de commerçants, nous
a déterminé à nous contenter de suivre cette vue autant qu'il est
possible, sans augmenter l'ancien nombre des juge et consuls, en n'y
admettant dans chaque élection que des sujets qui se soient formés
dans différentes espèces de commerce et qui, par cette raison, ne
soient jamais tirés du même corps. Nous avons aussi considéré que
dans une juridiction dont les juges se renouvellent toutes les années,
il était nécessaire d'établir un ordre fixe qui, conservant toujours une
partie des juges actuellement en place avec ceux qui sont choisis de
nouveau pour remplir les mêmes fonctions, mît ces derniers en état
de profiter des lumières et de l'expérience des premiers, en sorte que
le même esprit et la même jurisprudence se perpétuant ainsi plus
facilement dans la juridiction consulaire, le public fût encore plus
assuré d'en recevoir toute l'utilité qu'il en doit attendre. Nous avons
cru enfin devoir expliquer nos intentions sur ce qui regarde la
forme des élections, et encore plus sur la qualité de ceux qui doivent
y être appelés, sur laquelle l'édit de 1563 n'avait rien déterminé,
dans un temps où, en jetant les premiers fondements de la juridiction
consulaire, on n'avait pu encore connaître et le bien qu'on en pou-

vait attendre et les abus qu'on en pouvait craindre. A ces causes et
autres, à ce nous mouvant, de l'avis de notre Conseil et de notre
certaine science, pleine puissance et autorité royale, nous avons dit,
déclaré, statué, et ordonné, et par ces présentes signées de notre
main, disons, déclarons, statuons et ordonnons, voulons et nous
plaît ce qui suit :

ARTICLE 1er.

Le nombre des juge et consuls des marchands de notre bonne ville
de Paris demeurera fixé à cinq, savoir : un juge et quatre consuls,
comme il l'a été jusqu'à présent.

ART. II.

Voulons que, conformément à l'édit du mois de novembre 1563,
les juge et consuls en exercice soient tenus, trois jours avant la fin de
leur année, d'appeler et assembler jusqu'au nombre de soixante marchands bourgeois de notre bonne ville de Paris, sans qu'il puisse en
être appelé plus de cinq de chacun des six corps des drapiers,
apothicaires-épiciers, merciers, pelletiers, bonnetiers et orfèvres;
ensemble de chacun des corps des libraires-imprimeurs et des marchands de vins, entre lesquels les maîtres et gardes, syndics et
adjoints seront préférablement admis, et sans qu'il puisse en être
appelé un plus grand nombre d'un desdits corps que de l'autre, lesquels seront tous appelés par commission des juge et consuls. Et à
l'égard de ceux qui seront nécessaires pour achever de remplir le
nombre de soixante, seront appelés aussi par lesdits juge et consuls
des marchands ou négociants, ou autres notables bourgeois de notre
bonne ville de Paris, versés au fait du commerce, jusqu'au nombre de
vingt, lesquels soixante, ensemble les cinq juge et consuls en exercice, et non autres, en éliront trente d'entre eux qui, sans partir du
lieu, et sans discontinuer, procéderont avec lesdits juge et consuls,
à l'instant et le jour même à peine de nullité, premièrement, à l'élection d'un juge nouveau pour entrer en exercice, et ensuite à celle
des quatre consuls, dont deux seront élus pour entrer aussi en exercice avec deux qui resteront de la précédente élection et les deux
autres pour entrer en fonction après six mois révolus, à compter du
jour de ladite élection, auquel jour, les deux qui seront restés de la
précédente élection sortiront de charge, sans que les uns ni les

autres puissent commencer leur exercice qu'après avoir prêté le serment en la grand'chambre de notre Parlement, en la manière accoutumée.

ART. III.

Le juge sera toujours choisi, suivant l'usage ordinaire, entre les
anciens consuls, et tant ledit juge que les quatre consuls qui devront
être en exercice dans le même temps, seront toujours de corps et de
commerce différents, sans qu'il en puisse être choisi aucun qui soit
du même corps que ceux qui seront élus en même temps que lui, ou
avec lesquels il exercera ses fonctions pendant le temps et espace de
six mois, suivant ce qui est porté par l'article précédent.

ART. IV.

Voulons en conséquence, pour commencer à établir l'ordre ci-
dessus prescrit, qu'aussitôt après l'enregistrement des présentes en
notre Cour de Parlement, les juge et consuls actuellement en place
fassent appeler et assembler jusqu'au nombre de soixante marchands,
bourgeois de ladite ville, en la forme ci-dessus prescrite, à l'effet
d'en élire pareillement trente d'entre eux, qui procéderont sur-le-
champ à l'élection, tant d'un nouveau juge que de quatre consuls,
lequel nouveau juge exercera ses fonctions jusqu'au dernier janvier
de l'année 1729; et à l'égard desdits quatre consuls nouvellement
élus, deux entreront en exercice aussitôt après leur élection avec les
deux anciens des quatre consuls actuellement en place, ou, au refus
desdits anciens, avec les deux derniers, et les deux autres n'entreront
en exercice qu'au mois d'août de la présente année avec les deux qui
auront été choisis dans ladite prochaine élection; auquel jour les deux
qui seront restés de l'élection de 1727 sortiront d'exercice, lesquels
deux consuls qui entreront au mois d'août prochain, demeureront en
place jusqu'au mois d'août de l'année 1729, le tout après le serment
par eux prêté comme dit est, en la manière accoutumée; au moyen
de quoi, lors de l'élection qui sera faite au mois de janvier 1729
seront élus, suivant la forme ci-dessus prescrite, un juge et quatre
consuls aussi de différents corps et commerces, pour par le juge
exercer une année entière, et à l'égard de deux desdits consuls élus
pour entrer en exercice aussitôt après leur élection avec les deux
consuls qui y seront entrés au premier août précédent, et les deux

autres pour y entrer au premier août 1729 avec ceux qui auront commencé leur exercice aussitôt après leur élection ; laquelle forme sera gardée et observée à l'avenir dans toutes les élections. Enjoignons à notre Cour de Parlement d'y tenir la main : si donnons en mandement à nos amés et feaux conseillers, les gens tenants notre Cour de Parlement à Paris, que ces présentes ils aient à faire registrer et leur contenu garder et observer de point en point selon sa forme et teneur Car tel est notre plaisir. En témoin de quoi nous avons fait mettre notre scel à cesdites présentes. Donnée à Versailles le dix-huitième jour de mars, l'an de grâce mil sept cent vingt-huit, et de notre règne le troisième. *Signé*, LOUIS : Et plus bas, par le Roi, PHELYPEAUX, et scellé du grand sceau de cire jaune.

Registrée, **ouï**, ce requérant le procureur général du Roi, pour être exécutée selon sa forme et teneur, suivant l'arrêt de ce jour, à Paris en Parlement, le vingt-trois mars 1728. *Signé* DUFRANC.

Le trente et un mars 1728, Sire Michel Judde ; le sept avril, Sire Philippes Vandive, le douze dudit mois d'avril, Sire Claude Frémin, tous anciens consuls, ayant été invités à remplir la place de juge, firent leurs excuses et prièrent qu'on ne les nommât pas pour exercer ladite charge.

Sire Marc-Clément Buchère ne s'est point présenté, parce qu'étant du corps de la draperie, il ne pouvait point être élu juge, et Sire Jean-Charles Angot, du même corps, restant en place, conformément à la susdite déclaration.

Et le mardi treize avril 1728, conformément à ladite déclaration et à l'édit du mois de novembre 1563, messieurs les juge et consuls auraient fait assembler soixante personnes ; savoir, cinq de chacun des six corps des marchands ensemble, de chacun des corps des libraires-imprimeurs et des marchands de vin, et vingt personnes de différents corps de communautés, desquels soixante il en a été tiré trente au sort, lesquels, avec messieurs les juge et consuls en charge, ont procédé à l'élection ; et ont été scrutateurs les sieurs Antoine Guary, l'un des gardes de l'apothicairerie et épicerie, et Louis-Nicolas Marqueix, l'un des gardes de la pelleterie, qui ont trouvé par le scrutin être demeuré pour :

JUGE.

Sire Philippes LE NOIR, marchand du corps de la marchandise de vin.

PREMIER CONSUL.

Sire Pierre FAMIN, marchand du corps de l'épicerie.

DEUXIÈME CONSUL.

Sire Gaspard PIQUELÉE, marchand du corps de la mercerie.

Les sieurs Jean Perdrigeon et Guillaume Charlier ayant eu chacun trente-trois voix, il a été tiré au sort, et sont demeurés pour :

TROISIÈME CONSUL.

Sire Jean PERDRIGEON, marchand du corps de la draperie.

QUATRIÈME CONSUL.

Sire Guillaume CHARLIER, marchand fabricant en étoffes d'or, d'argent et soie.

Et le mercredi quatorze dudit mois d'avril, les sieurs Gillet, juge, Laurent, Duverger, Angot et Valfredin, consuls, conduits par Monseigneur le procureur général, ont présenté à la Cour lesdits sieurs le Noir, juge, Famin, Piquelée, Perdrigeon et Charlier, consuls, où ils ont fait serment.

Après sont venus entendre la messe en la chapelle de la juridiction, ont été installés au siége, et ont tenu l'audience, conjointement.

Est à observer que, suivant la déclaration du Roi ci-devant rapportée, messieurs Angot et Valfredin sont restés pour, conjointement avec messieurs le Noir, Famin et Piquelée, exercer jusqu'au premier août prochain, et qu'audit jour premier août, messieurs Perdrigeon et Charlier entreront en exercice.

1729.

Le dix janvier 1729, Sire Henry Régnault, ancien consul, ayant été invité à remplir la place de juge, a fait ses excuses et prié qu'on ne le nommât pas pour exercer ladite charge.

Le douze dudit mois de janvier, Sire Pierre Chauvin, ancien consul, ayant été pareillement invité à remplir la place de juge, a dit qu'il ne pouvait, quant à présent, exercer ladite charge, étant député au conseil de commerce pour cette ville, où il est obligé de se trouver plusieurs jours de la semaine.

Pour l'élection d'un juge et quatre consuls, a été procédé le samedi vingt-neuf janvier 1729. Et ont été scrutateurs Louis-César Famin, l'un des gardes de l'épicerie, et François Ruelle, l'un des gardes de la mercerie, qui ont trouvé par le scrutin être demeuré pour :

JUGE.

Sire Louis-Pierre Jaussin, marchand du corps de l'apothicairerie et épicerie.

PREMIER CONSUL.

Sire Guillaume Boscheron, marchand du corps de la mercerie.

DEUXIÈME CONSUL.

Sire Estienne Dupuis, marchand du corps de la marchandise de vin.

TROISIÈME CONSUL.

Sire Pierre-Charles Caron, marchand du corps de la draperie.

QUATRIÈME CONSUL.

Sire Joseph Riquet, marchand du corps de la bonneterie.

Et le lundi trente et un dudit mois de janvier, les sieurs le Noir, juge, Famin, Piquelée, Perdrigeon et Charlier, consuls, conduits par Monseigneur le procureur général, ont présenté à la Cour lesdits sieurs Jaussin, juge, Boscheron, Dupuis, Caron et Riquet, consuls, où ils ont fait serment.

Après sont venus entendre la messe en la chapelle de la juridiction, ont été installés au siége, et ont tenu l'audience, conjointement.

Est à observer que, suivant la déclaration du dix-huit mars 1728, messieurs Perdrigeon et Charlier sont restés pour, conjointement avec messieurs Jaussin, Boscheron et Dupuis, exercer jusqu'au premier août prochain, et qu'audit jour premier août messieurs Caron et Riquet entreront en exercice.

1730.

Le dix-huit janvier 1730, Sire Jean-Baptiste Coignard, ancien consul, ayant été invité à remplir la place de juge, a fait ses excuses et prié qu'on ne le nommât pas pour exercer ladite charge.

Pour l'élection d'un juge et quatre consuls, a été procédé le mardi trente et un janvier 1730. Et ont été scrutateurs Marc-Antoine Nau, l'un des gardes de la draperie, et Nicolas le Prieur, marchand tireur d'or, qui ont trouvé par le scrutin être demeuré pour :

JUGE.

Noble homme Charles-Pierre HUET, écuyer, ancien échevin, marchand du corps de la mercerie.

PREMIER CONSUL.

Sire Amable-Joseph DESCHAMPS, marchand du corps de l'épicerie.

DEUXIÈME CONSUL.

Sire Jacques PREVOST, marchand du corps de l'orfévrerie.

TROISIÈME CONSUL.

Sire Michel DE SAINT-JEAN, marchand du corps de la draperie.

QUATRIÈME CONSUL.

Sire Claude-Marin SAUGRAIN, du corps de la librairie et imprimerie.

Et le mercredi premier février, les sieurs Jaussin, juge, Boscheron, Dupuis, Caron et Riquet, consuls, conduits par Monseigneur le procureur général, ont présenté à la Cour lesdits sieurs Huet, juge, Deschamps, Prevost, de Saint-Jean et Saugrain, consuls, où ils ont fait serment.

Après sont venus entendre la messe en la chapelle de la juridiction, ont été installés au siège, et ont tenu l'audience, conjointement.

Est à observer que, suivant la déclaration du Roi du dix-huit mars 1728, messieurs Caron et Riquet sont restés pour, conjointement avec messieurs Huet, Deschamps et Prevost, exercer jusqu'au premier août prochain; et qu'audit jour premier août, messieurs de Saint-Jean et Saugrain entreront en exercice.

1731.

Le cinq janvier 1731, Sire Antoine-Charles Guiller, et le quinze dudit mois, Sire Charles Boscheron, anciens consuls, se sont présentés et ont prié qu'on ne les nommât pas pour exercer la charge de juge.

Sire Bernard Baudin ne s'est pas présenté, parce qu'étant du corps de la draperie, il ne pouvait point être élu juge, Sire Michel de Saint-

30

Jean, du même corps, étant en place, conformément à la déclaration du Roy, du dix-huit mars 1728.

Pour l'élection d'un juge et quatre consuls, a été procédé le mardi trente janvier 1731. Et ont été scrutateurs Jean-Baptiste Creton, l'un des gardes de l'épicerie, et Louis-Abraham Duval, l'un des gardes de la mercerie, qui ont trouvé par le scrutin être demeuré pour :

JUGE.

Sire Jean PRADIGNAT, marchand du corps de l'apothicairerie et épicerie.

PREMIER CONSUL.

Sire Edme TESNIÈRE, marchand du corps de la mercerie.

DEUXIÈME CONSUL.

Sire Léon-François TERREAU, marchand du corps de la marchandise de vin.

TROISIÈME CONSUL.

Sire Jean LEMOYNE, marchand du corps de la draperie.

QUATRIÈME CONSUL.

Sire Nicolas BERTELS, marchand du corps de la pelleterie.

Et le mercredi trente et un janvier, les sieurs Huet, juge, Deschamps, Prevost, de Saint-Jean et Saugrain, consuls, conduits par Monseigneur le procureur général, ont présenté à la Cour lesdits sieurs Pradignat, juge, Tesnière, Terreau, Lemoyne et Bertels, consuls, où ils ont fait serment.

Après sont venus entendre la messe en la chapelle de la juridiction, ont été installés au siége, et ont tenu l'audience, conjointement.

Est à observer que, suivant la déclaration du Roi du dix-huit mars 1728, messieurs de Saint-Jean et Saugrain sont restés pour, conjointement avec messieurs Pradignat, Tesnière et Terreau, exercer jusqu'au premier août, et qu'audit premier août, messieurs Lemoyne et Bertels entreront en exercice.

1732.

Le vingt-trois janvier 1732, Sire Jean Barault, ancien consul, s'est présenté et a prié qu'on ne pensât point à lui pour exercer la charge de juge.

Pour l'élection d'un juge et quatre consuls, a été procédé le mardi vingt-neuf janvier 1732. Et ont été scrutateurs Jean-Baptiste Feras, l'un des gardes de la pelleterie, et Charles Habert, l'un des gardes de l'apothicairerie et épicerie, qui ont trouvé par le scrutin être demeuré pour :

JUGE.

Sire Louis METTRA, marchand du corps de la mercerie.

PREMIER CONSUL.

Sire Louis JARRY, marchand du corps de l'épicerie.

DEUXIÈME CONSUL.

Sire Jacques GARNIER, marchand du corps de l'orfévrerie.

TROISIÈME CONSUL.

Sire Jean-François ANDRÉ, marchand du corps de la draperie.

QUATRIÈME CONSUL.

Sire Jacques DE PERIGNY, marchand du corps de la bonneterie.

Et le mercredi trente janvier, lesdits sieurs Pradignat, juge, Tesnière, Terreau, Lemoyne et Bertels, consuls, conduits par Monseigneur le procureur général, ont présenté à la Cour lesdits sieurs Mettra, juge, Jarry, Garnier, André et de Perigny, consuls, où ils ont fait serment.

Après sont venus entendre la messe, en la chapelle de la juridiction, ont été installés au siège, et ont tenu l'audience, conjointement.

Est à observer que, suivant la déclaration du Roi du dix-huit mars 1728, messieurs Lemoyne et Bertels sont restés pour, conjointement avec messieurs Mettra, juge, Jarry et Garnier, consuls, exercer jusqu'au premier août, et qu'audit jour premier août, messieurs André et de Perigny entreront en exercice au lieu et place desdits sieurs Lemoyne et Bertels.

1733.

Le seize janvier 1733, sire Jean-Pierre la Combe a remercié. Sires Jacques Pyart, Estienne Laurent, Antoine Duverger, Jean-Charles Angot, Jean-Baptiste Valfredin, ont pareillement remercié.

Pour l'élection d'un juge et quatre consuls, a été procédé le vingt-neuf janvier. Et ont été scrutateurs Nicolas-Jacques Michel, l'un des gardes de l'épicerie, et Claude Excal Gaudin, l'un des gardes de la mercerie, qui ont trouvé par le scrutin être demeuré pour :

JUGE.

Sire Gaspard PIQUELÉE, marchand du corps de la mercerie.

PREMIER CONSUL.

Sire Alexandre-Jean-Baptiste DELESPINE, imprimeur ordinaire du Roi, et du corps de la librairie et imprimerie.

DEUXIÈME CONSUL.

Sire Jean BARDON, marchand du corps de l'apothicairerie et épicerie.

TROISIÈME CONSUL.

Sire Claude TESTELETE, marchand du corps de la draperie.

QUATRIÈME CONSUL.

Sire Laurent PILLERON, marchand du corps de la marchandise de vins.

Et le samedi trente et un janvier, les sieurs Mettra, juge, Jarry, Garnier, André et de Perigny, consuls, conduits par Monseigneur le procureur général, ont présenté à la Cour lesdits sieurs Piquelée, juge, Delespine, Bardon, Testelete et Pilleron, consuls, où ils ont fait serment.

Et le mercredi quatre février, lesdits sieurs ont été installés au siège et ont tenu l'audience, conjointement.

Est à observer que, suivant la déclaration du Roi du dix-huit mars 1728, messieurs André et de Perigny sont restés pour, conjointement avec messieurs Piquelée, juge, Delespine et Bardon, consuls, exercer jusqu'au premier août, et qu'audit premier août, messieurs Testelete et Pilleron entreront en exercice au lieu et place desdits sieurs André et de Perigny.

1734.

Pour l'élection d'un juge et quatre consuls, a été procédé le samedi trente janvier 1734. Et ont été scrutateurs les sieurs Pierre-Jean Mariette, l'un des adjoints du corps de la librairie et imprimerie, et Claude Pagès, l'un des gardes de l'apothicairerie et épicerie, qui ont trouvé par le scrutin être demeuré pour :

JUGE.

Sire Pierre FAMIN, marchand du corps de l'épicerie.

PREMIER CONSUL.

Sire Estienne MAIGRET, marchand du corps de l'épicerie.

DEUXIÈME CONSUL.

Sire Nicolas-Louis MARQUEIX, marchand du corps de la pelleterie.

TROISIÈME CONSUL.

Sire Michel PINCEMAILLE, marchand du corps de la bonneterie.

QUATRIÈME CONSUL.

Sire Charles LEVESQUE, marchand du corps de l'orfévrerie.

Et le lundi premier février, les sieurs Piquelée, juge, Delespine, Bardon, Testelete et Pilleron, consuls, conduits par Monseigneur le procureur général, ont présenté à la Cour lesdits sieurs Famin, juge, Maigret, Marqueix, Pincemaille et Levesque, consuls, où ils ont fait serment.

Après quoi sont venus entendre la messe en la chapelle de la juridiction, ont été installés au siége, et ont tenu l'audience, conjointement.

Est à observer que, suivant la déclaration du Roi du dix-huit mars 1728, messieurs Testelete et Pilleron sont restés pour, conjointement avec messieurs Famin, juge, Maigret et Marqueix, consuls, exercer jusqu'au premier août prochain, et qu'audit jour premier août, messieurs Pincemaille et Levesque entreront en exercice au lieu et place desdits sieurs Testelete et Pilleron.

1735.

Pour l'élection d'un juge et quatre consuls, a été procédé le samedi vingt-neuf janvier 1735. Et ont été scrutateurs Pierre-Joseph Bauvin, l'un des gardes de la mercerie, et Charles-François Marqueix, l'un des gardes de la pelleterie, qui ont trouvé par le scrutin être demeuré pour :

JUGE.

Noble homme Henry DE ROSNEL, écuyer, ancien échevin, marchand du corps de la draperie.

PREMIER CONSUL.

Sire Louis-René BAILLY, marchand du corps de l'apothicairerie et épicerie.

DEUXIÈME CONSUL.

Sire Alexandre-Amant HUET, marchand du corps de la mercerie.

TROISIÈME CONSUL.

Sire Pierre-François ÉMERY, du corps de la librairie et imprimerie.

QUATRIÈME CONSUL.

Sire Joseph-Joachim GOBLET, marchand du corps de la bonneterie.

Et le lundi trente et un janvier, les sieurs Famin, juge, Maigret, Marqueix, Pincemaille et Levesque, consuls, conduits par Monseigneur le procureur général, ont présenté à la Cour lesdits sieurs de Rosnel, juge, Bailly, Huet, Émery et Goblet, consuls, où ils ont fait serment.

Après quoi sont venus entendre la messe en la chapelle de la juridiction, ont été installés au siége, et ont tenu l'audience, conjointement.

Est à observer que, suivant la déclaration du Roy du dix-huit mars 1728, messieurs Pincemaille et Levesque sont restés pour, conjointement avec messieurs de Rosnel, juge, Bailly et Huet, consuls, exercer jusqu'au premier août prochain, et qu'audit jour premier août, messieurs Émery et Goblet entreront en exercice au lieu et place desdits sieurs Pincemaille et Levesque.

1736.

Pour l'élection d'un juge et quatre consuls, a été procédé le samedi vingt-huit janvier 1736. Et ont été scrutateurs Antoine Nau, l'un des gardes de la draperie, et Jean-Claude Hude, l'un des gardes de la bonneterie, qui ont trouvé par le scrutin être demeuré pour :

JUGE.

Sire Nicolas BERTELS, marchand du corps de la pelleterie.

Messieurs Nicolas Maheu, Protais Chefd'homme-Desbarres et Jean Biquet ayant eu chacun trente-cinq voix, il a été tiré au sort, et est demeuré pour :

PREMIER CONSUL.

Noble homme Nicolas MAHEU, écuyer, ancien échevin, marchand du corps de la draperie.

DEUXIÈME CONSUL.

Sire Protais CHEFD'HOMME-DESBARRES, marchand du corps de l'épicerie.

TROISIÈME CONSUL.

Sire Jean BIQUET, marchand du corps de la mercerie.

QUATRIÈME CONSUL.

Noble homme Léonor LAGNEAU, écuyer, ancien échevin, marchand du corps de l'orfévrerie-joaillerie.

Et le lundi trente janvier, messieurs de Rosnel, juge, Bailly, Huet, Émery et Goblet, consuls, conduits par Monsieur le procureur général, ont présenté à la Cour lesdits sieurs Bertels, juge, Maheu, Desbarres, Biquet et Lagneau, consuls, où ils ont fait serment.

Après quoi sont venus entendre la messe en la chapelle de la juridiction, ont été installés au siège, et ont tenu l'audience, conjointement.

Est à observer que, suivant la déclaration du Roi du dix-huit mars 1728, messieurs Émery et Goblet sont restés pour, conjointement avec messieurs Bertels, juge, Maheu et Desbarres, consuls, exercer jusqu'au premier août prochain, et qu'audit jour, premier août, messieurs Biquet et Lagneau entreront en exercice au lieu et place desdits sieurs Émery et Goblet.

1737.

Pour l'élection d'un juge et quatre consuls, a été procédé le mardi vingt-neuf janvier. Et ont été scrutateurs Jean-Laurent de Bierne, l'un des gardes de la pelleterie, et Claude-René Sebré, l'un des gardes de l'épicerie, qui ont trouvé par le scrutin être demeuré pour :

JUGE.

Sire Claude-Marin SAUGRAIN, du corps de la librairie et imprimerie.

PREMIER CONSUL.

Sire Jean-Armand LE COUTEULX, marchand du corps de la draperie.

DEUXIÈME CONSUL.

Sire Nicolas PIA, marchand du corps de l'apothicairerie et épicerie.

TROISIÈME CONSUL.

Sire Jean VERNAY, marchand du corps de la mercerie.

QUATRIÈME CONSUL.

Sire Claude HOUDAS, marchand du corps de la marchandise de vins.

Et le mercredi trente janvier, messieurs Bertels, juge, Maheu, Desbarres, Biquet et Lagneau, consuls, conduits par Monsieur le procureur général, ont présenté à la Cour lesdits sieurs Saugrain, juge, le Couteulx, Pia, Vernay et Houdas, consuls, où ils ont fait serment.

Après quoi sont venus entendre la messe en la chapelle de la juridiction, ont été installés au siége, et ont tenu l'audience, conjointement.

Est à observer que, suivant la déclaration du Roi du dix-huit mars 1728, messieurs Biquet et Lagneau sont restés pour, conjointement avec messieurs Saugrain, juge, le Couteulx et Pia, consuls, exercer jusqu'au premier août prochain, et qu'audit jour premier août, messieurs Vernay et Houdas entreront en exercice aux lieu et place desdits sieurs Biquet et Lagneau.

ÉLECTION

D'UN DÉPUTÉ DU COMMERCE POUR LA VILLE DE PARIS.

Extrait du registre des délibérations de messieurs les juge et consuls des 25 avril et 23 mai 1737.

Messieurs les juge et consuls ayant reçu une lettre de Monsieur le contrôleur général, datée du quinze avril 1737, par laquelle il leur marquait que le sieur Chauvin, député du commerce pour la ville de Paris, étant décédé, il était nécessaire qu'ils s'assemblassent comme il était d'usage à l'effet de faire choix de six sujets pour en proposer et faire agréer un pour la députation de Paris, ont assemblé messieurs les anciens juges et anciens consuls, six de chacun des six corps des marchands, six libraires et six marchands de vins, et ayant recueilli les voix, il a été fait choix de messieurs Boucher, marchand drapier, Sorin, marchand épicier, Lefort, marchand mercier, de Bierne, marchand pelletier, de la Croix, marchand bonnetier, Jean Pierre, marchand orfévre, dont les noms ont été portés le lendemain, vingt-quatre mai, à monsieur le contrôleur général par Messieurs en place.

Et le douze septembre audit an 1737, en conséquence d'une autre lettre écrite par Monsieur le contrôleur général, le deux septembre 1737, il a été fait une assemblée composée de messieurs les juge et consuls en place, des anciens juges et anciens consuls, six de chacun des six corps des marchands, des syndic et adjoints des libraires et des gardes marchands de vins, dans laquelle il a été fait choix du sieur François Sorin, marchand du corps de l'épicerie, auquel expédition de la délibération qui le nomme a été délivrée par leur greffier, pour se présenter au bureau du commerce.

1738.

Pour l'élection d'un juge et quatre consuls, messieurs les juge et consuls en place ayant convoqué une assemblée en la manière ordinaire pour le mardi vingt-huit janvier 1738, messieurs les libraires firent signifier une opposition la veille, avec protestation de nullité de l'élection, en cas qu'un libraire par eux présenté ne fût point élu consul, sous prétexte que c'était leur tour à passer au consulat, nonobstant laquelle opposition il fut passé-outre, le vingt-huit janvier, à ladite élection, et ce, conformément à l'édit d'érection de la juridiction, qui s'explique en ces termes : « Et sera la forme susdite gardée et observée dorénavant en l'élection desdits juge et consuls, nonobstant opposition ou appellation quelconques dont nous réservons à notre personne et à notre conseil la connaissance, icelle interdisant à nos Cours de Parlement et prevost de Paris. »

Et ont été scrutateurs le sieur Antoine Nau, du corps de la draperie, et le sieur Simon Langlois, syndic de la librairie et imprimerie, qui ont trouvé par le scrutin être demeuré pour :

JUGE.

Sire Louis JARRY, marchand du corps de l'épicerie.

PREMIER CONSUL.

Sire Martin LEPREUX, marchand du corps de la pelleterie.

DEUXIÈME CONSUL.

Sire Nicolas HUREAU, marchand du corps de la draperie.

TROISIÈME CONSUL.

Noble homme Estienne LEROY l'aîné, écuyer, ancien échevin, marchand du corps de la mercerie.

QUATRIÈME CONSUL.

Sire Claude HUDE, marchand du corps de la bonneterie.

Et à l'instant, Messieurs en place ont été donner avis de l'élection à Monsieur le premier président, et l'ont prié de vouloir bien leur donner jour pour recevoir le serment des nouveaux élus. Monsieur le premier président leur a fait réponse qu'il était nécessaire avant toutes choses de faire lever l'opposition que le corps de la librairie avait formée. L'affaire portée en la grand'chambre, arrêt contradictoire est intervenu le trois février 1738, sur les conclusions de Monsieur l'avocat général Gilbert, qui déboute les libraires de leur opposition. Ordonne que l'élection dont il s'agit sera exécutée. En conséquence, que les juge et consuls nouveaux élus prêteront serment en la Cour le mercredi suivant cinq dudit mois de février; Condamne les libraires aux dépens. Duquel arrêt la teneur suit :

LOUIS, par la grâce de Dieu, Roi de France et de Navarre, au premier notre huissier ou autre sur ce requis, savoir faisons : Qu'entre les syndic et adjoints du corps de la librairie et imprimerie de Paris, demandeurs aux fins de la requête insérée dans l'arrêt de notredite Cour du trente janvier 1738, tendante à ce qu'il plût à notredite Cour les recevoir opposants à l'élection des juge et consuls faite le vingt-huit dudit mois de janvier, déclarer ladite élection nulle; ordonner qu'il sera procédé à une nouvelle élection, dans laquelle le sujet par eux présenté par leur acte de réquisition du vingt-sept dudit mois, sera admis d'une part; Et les juge et consuls des marchands de cette ville de

Paris, défendeurs d'autre part; Et entre lesdits juge et consuls des
marchands de Paris, demandeurs en requête insérée dans l'arrêt de
notre Cour du trente et un dudit mois de janvier, tendante à ce que,
sans s'arrêter à la protestation de nullité et opposition que les syndic et
adjoints de la librairie et imprimerie de Paris ont fait signifier par
exploit du vingt-sept dudit mois de janvier, qui sera déclarée nulle et
injurieuse et dont ils seront déboutés, la nomination et l'élection faite
le vingt-huit dudit mois, d'un juge et de quatre consuls avec toutes les
formalités requises, sera exécutée selon sa forme et teneur, et les syndic et adjoints condamnés aux dommages et intérêts et en tous les
dépens envers les demandeurs; et cependant par provision, ordonner
que l'élection dont il s'agit sera exécutée. Ce faisant, que les sieurs
Louis Jarry, Martin Lepreux, Nicolas Hureau, Estienne Leroy et Jean-
Claude Hude, qui ont été nommés et élus, le premier, juge, et les
quatre autres, consuls, seront admis à prêter le serment ordinaire en
notredite Cour, à tel jour qu'il plaira à notredite Cour, à l'effet qu'ils
puissent remplir les fonctions de juge et consuls d'une part, et lesdits
syndic et adjoints du corps de la librairie et imprimerie de Paris,
défendeurs, d'autre part. Et entre lesdits syndic et adjoints du corps de
la librairie et imprimerie de Paris, demandeurs en requête par eux
présentée à notredite Cour le premier février présent mois, tendante
à ce qu'il lui plaise ordonner que dans les élections qui se font chaque
année de juge et consuls, le rang des huit corps des marchands, dans
lesquels doivent être pris les sujets consulaires, sera gardé et observé
par alternative; en conséquence, que l'élection faite le vingt-huit janvier dernier sera déclarée nulle, et qu'au jour indiqué par notredite
Cour, il sera procédé à une nouvelle élection, et qu'entre les sujets
qui seront élus il en sera choisi un du corps de la librairie et imprimerie d'une part, et lesdits juge et consuls des marchands de Paris, défendeurs, d'autre part; après que Aubry, avocat des syndic et
adjoints de la librairie de Paris, et Paillet, avocat des juge et consuls
des marchands de la même ville, ont été ouïs, ensemble Gilbert pour
notre procureur général. Notredite Cour, sans s'arrêter à l'opposition
des parties d'Aubry, dont elles sont déboutées, ordonne que l'élection
dont il s'agit sera exécutée. En conséquence, que les juge et consuls
prêteront serment en notredite Cour mercredi prochain; sur le surplus
des demandes, met les parties hors de Cour, condamne les parties
d'Aubry aux dépens. Te mandons mettre le présent arrêt à exécution.

Fait en Parlement, le trois février mil sept cent trente-huit, et de notre règne le vingt-trois. Collationné par la Chambre. Du Franc.

Et ledit jour mercredi cinq février 1738, messieurs Saugrain, juge, le Couteulx, Pia, Vernay et Houdas, consuls, conduits par Monseigneur le procureur général, ont présenté à la Cour lesdits sieurs Jarry, juge, Lepreux, Hureau, Leroy et Hude, consuls, où ils ont fait serment.

Après quoi sont venus entendre la messe en la chapelle de la juridiction, ont été installés au siége, et ont tenu l'audience, conjointement.

Est à observer que, suivant la déclaration du Roi du dix-huit mars 1728, messieurs Vernay et Houdas sont restés pour, conjointement avec messieurs Jarry, juge, Lepreux et Hureau, consuls, exercer jusqu'au premier août prochain, jour auquel messieurs Leroy et Hude entreront en exercice aux lieu et place desdits sieurs Vernay et Houdas.

1739.

Pour l'élection d'un juge et quatre consuls, a été procédé le jeudi vingt-neuf janvier 1739. Et ont été scrutateurs Étienne Vaudichon, du corps de la pelleterie, et Louis Guimineau, du corps de l'épicerie, qui ont trouvé par le scrutin être demeuré pour :

JUGE.

Sire Alexandre-Jean-Baptiste DELESPINE, imprimeur et libraire ordinaire du Roi, du corps de la librairie et imprimerie.

PREMIER CONSUL.

Sire Charles HABERT, marchand du corps de l'apothicairerie et épicerie, démonstrateur royal.

DEUXIÈME CONSUL.

Sire Jean DESPRIEZ, marchand du corps de la draperie.

TROISIÈME CONSUL.

Noble homme Philippes LE GRAS, écuyer, ancien échevin, marchand du corps de la mercerie.

QUATRIÈME CONSUL.

Sire Balthazar-Philippes VANDIVE, marchand du corps de l'orfévrerie.

Et le samedi trente et un dudit mois de janvier, messieurs Jarry, juge, Lepreux, Hureau, Leroy et Hude, consuls, conduits par Monsieur la procureur général, ont présenté à la Cour lesdits sieurs Delespine, juge, Habert, Despriez, le Gras et Vandive, consuls, où ils ont fait serment.

Et le mercredi quatre février, sont venus entendre la messe en la chapelle de la juridiction, ont été installés au siège, et ont tenu l'audience, conjointement.

Est à observer que, suivant la déclaration du Roi du dix-huit mars 1728, messieurs Leroy et Hude sont restés pour, conjointement avec messieurs Delespine, juge, Habert et Despriez, consuls, exercer jusqu'au premier août prochain, et qu'audit jour messieurs le Gras et Vandive entreront en exercice au lieu et place desdits sieurs Leroy et Hude.

DÉCLARATION DU ROI

CONCERNANT LES FAILLITES ET BANQUEROUTES

Donnée à Marly le 13 septembre 1739.

Registrée en Parlement.

Louis, par la grâce de Dieu, Roi de France et de Navarre, à tous ceux qui ces présentes lettres verront, salut. Les abus et les fraudes qui se sont introduits depuis quelques années dans les bilans de négociants, banquiers et autres qui ont fait faillite, au préjudice des sages dispositions de notre ordonnance de 1673 et de nos différentes déclarations rendues à ce sujet, ayant causé dans le commerce un dérangement notable, nous avons cru devoir chercher l'origine de ce désordre pour en arrêter le progrès, soit de la part du créancier, soit de celle du débiteur, l'un étant souvent simulé, et l'autre, par des manœuvres aussi odieuses que criminelles, forçant les créanciers à signer et accepter des propositions injustes. Et comme nous avons reconnu que ces abus viennent principalement de ce que les procédures qui se font à l'occasion des faillites, les faux créanciers compris dans les bilans avec les légitimes, s'exposent plus volontiers à faire leur affirmation, parce qu'ils ne sont point connus des juges; au lieu que s'ils paraissaient devant les juge et consuls qui, par leur état, sont plus particulièrement instruits des affaires du commerce et de la réputation de ceux qui se disent créanciers, les bilans seraient examinés d'une manière à être affranchis de toute fraude; à quoi étant nécessaire de remédier, afin

qu'en assurant de plus en plus la foi publique si nécessaire d'ailleurs
dans le commerce, les créanciers puissent traiter sûrement avec leurs
débiteurs, et que ces derniers n'en imposent jamais dans les états
qu'ils sont obligés de donner de leurs effets actifs et passifs. A ces
causes et autres à ce nous mouvant, de l'avis de notre Conseil et de
notre certaine science, pleine puissance et autorité royales, nous avons
par ces présentes signées de notre main, dit, déclaré et ordonné,
disons, déclarons et ordonnons, voulons et nous plaît que dans toutes
les faillites et banqueroutes ouvertes, ou qui s'ouvriront à l'avenir, il
ne soit reçu l'affirmation d'aucun créancier, ni procédé à l'homologation d'aucun contrat d'atermoiement sans qu'au préalable les parties se
soient retirées devers les juge et consuls, auxquels les bilans, titres
et pièces seront remis pour être vus et examinés sans frais par eux, ou
par les anciens consuls et commerçants qu'ils commettront à cet effet,
du nombre desquels il y en aura toujours un du même commerce que
celui qui aura fait faillite, et devant lesquels les créanciers de ceux qui
seront en faillites ou banqueroutes seront tenus, ainsi que le débiteur,
de comparaître et de répondre en personne ou, en cas de maladie,
absence ou légitime empêchement, par un fondé de procuration spéciale, dont du tout sera dressé procès-verbal sans frais par les juge et
consuls ou ceux qui seront commis par eux, la minute duquel restera
jointe au bilan du failli qui sera déposé au greffe des juridictions, suivant l'article 3, titre 11 de notre ordonnance du mois de mars 1673,
et la copie d'icelui procès-verbal remise au failli ou créancier pour être
annexée à la requête qui sera présentée pour l'homologation des contrats d'atermoiement et autres actes. Voulons que, faute par les créanciers et débiteurs de se conformer à ces présentes, ainsi qu'aux autres
dispositions portées par notre ordonnance du mois de mars 1673 et
déclarations intervenues en conséquence, auxquelles n'est dérogé, les
créanciers soient déchus de leurs créances et les débiteurs poursuivis
extraordinairement comme banqueroutiers frauduleux, suivant la
rigueur de nos ordonnances. Si donnons en mandement à nos amés et
féaux conseillers les gens tenant notre Cour de Parlement à Paris, que
ces présentes ils aient à faire lire, publier et registrer (même en temps
de vacations), et le contenu en icelles garder et exécuter selon leur
forme et teneur, nonobstant toutes ordonnances, édits, déclarations et
autres choses à ce contraires, auxquels nous avons dérogé et dérogeons
par ces présentes, aux copies desquelles, collectionnées par l'un de

nos amés et féaux conseillers secrétaires, voulons que foi soit ajoutée comme à l'original, car tel est notre plaisir. En témoin de quoi nous avons fait mettre notre scel à cesdites présentes.

Donné à Marly, le trentième jour de septembre, l'an de grâce mil sept cent trente-neuf, et de notre règne le vingt-cinquième. *Signé :* Louis, et plus bas, par le Roi, Phélipeaux. Vu au Conseil, Orry, et scellé du grand sceau de cire jaune.

« Registrée, ouï et ce requérant le procureur général du Roi pour » être exécutée suivant sa forme et teneur, et copies collationnées en- » voyées aux bailliages et sénéchaussées du ressort pour y être lue, » publiée et registrée. Enjoint aux substituts du procureur général du » Roi d'y tenir la main et d'en certifier la Cour au mois, suivant l'arrêt » de ce jour. A Paris, en Parlement, le dix-huitième jour du mois de » décembre mil sept cent trente-neuf. *Signé :* Isabeau. »

1740.

Pour l'élection d'un juge et quatre consuls, a été procédé le samedi trente janvier 1740. Et ont été scrutateurs les sieurs Pierre-Gilles le Mercier, du corps de la librairie, et Joseph Henry, du corps de l'épicerie-apothicairerie, qui ont trouvé par le scrutin être demeuré pour :

JUGE.
Sire Jean-François-André, marchand du corps de la draperie.

PREMIER CONSUL.
Sire Claude Villain, marchand du corps de l'épicerie.

DEUXIÈME CONSUL.
Sire Michel-Étienne David, du corps de la librairie.

TROISIÈME CONSUL.
Sire Pierre-Philippes Rachon, marchand du corps de la mercerie.

QUATRIÈME CONSUL.
Sire Étienne Vaudichon, marchand du corps de la pelleterie.

Et le lundi, premier jour du mois de février, messieurs Delespine, juge, Habert, le Gras et Vandive (en l'absence de Sire Despriez malade), tous consuls, conduits par Monseigneur le procureur général, ont présenté à la Cour lesdits sieurs André, juge, Villain, David, Rachon et Vaudichon, consuls, où ils ont fait serment.

Et le même jour, premier février, sont venus entendre la messe en la chapelle de la juridiction, ont été installés au siége, et ont tenu l'audience, conjointement.

Est à observer que, suivant la déclaration du Roi, du dix-huit mars 1728, messieurs le Gras et Vandive sont restés pour, conjointement avec messieurs André, juge, Villain et David, consuls, exercer jusqu'au premier août prochain, et qu'audit jour, messieurs Rachon et Vaudichon entreront en exercice, au lieu et place desdits sieurs le Gras et Vandive.

1741.

Pour l'élection d'un juge et quatre consuls, a été procédé le samedi vingt-huit janvier 1741. Et ont été scrutateurs les sieurs Joseph Germain, du corps de la draperie, et Louis-Charlemagne Petit, du corps de l'épicerie, qui ont trouvé par le scrutin être demeuré pour :

JUGE.

Sire Jacques GARNIER, marchand du corps de l'orfévrerie-joaillerie.

PREMIER CONSUL.

Sire Nicolas LEROY, du corps de la draperie.

DEUXIÈME CONSUL.

Sire Claude PAGÈS, du corps de l'épicerie-apothicairerie.

TROISIÈME CONSUL.

Noble homme Antoine SAUTREAU, écuyer, ancien échevin, du corps de la mercerie.

QUATRIÈME CONSUL.

Sire Jacques DARLOT, du corps de la marchandise de vin.

Et le mardi trente et un janvier, messieurs André, juge, Villain, David, Rachon et Vaudichon, consuls, conduits par Monsieur le procureur général, ont présenté à la Cour lesdits sieurs Garnier, juge, Leroy, Pagès, Sautreau et Darlot, consuls, où ils ont fait serment.

Et le mercredi premier février, ont entendu la messe en la chapelle de la juridiction, ont été installés au siége, et ont tenu l'audience, conjointement.

Est à observer que, suivant la déclaration du Roi, du dix-huit mars 1728, messieurs Rachon et Vaudichon sont restés pour, conjointement avec messieurs Garnier, juge, Le Roy et Pagès, consuls, exercer jusqu'au premier août prochain, et qu'audit jour, messieurs Sautreau et Darlot entreront en exercice, au lieu et place desdits sieurs Rachon et Vaudichon.

1742.

Pour l'élection d'un juge et quatre consuls, a été procédé le mardi trente janvier 1742. Et ont été scrutateurs les sieurs Marc-Nicolas Quatremère, du corps de la draperie, et Denys Boutry, du corps de l'orfèvrerie, qui ont trouvé par le scrutin être demeuré pour :

JUGE.

Noble homme Léonor LAGNEAU, écuyer, ancien échevin, du corps de l'orfévrerie-joaillerie.

PREMIER CONSUL.

Sire Denys HERSANT, du corps de la draperie.

DEUXIÈME CONSUL.

Sire Barthélemy-Augustin BOUDET, du corps de l'épicerie.

TROISIÈME CONSUL.

Noble homme Henry MILLON, écuyer, ancien échevin, du corps de la mercerie.

QUATRIÈME CONSUL.

Sire François PETIT, du corps de la bonneterie.

Et le mercredi trente et un dudit mois de janvier, messieurs Garnier, juge, Le Roy, Pagès, Sautreau et Darlot, consuls, conduits par Monsieur le procureur général, ont présenté à la Cour lesdits sieurs Lagneau, juge, Hersant, Boudet, Millon et Petit, consuls, où ils ont fait serment.

Et le même jour sont venus entendre la messe en la chapelle de la juridiction, ont été installés au siége, et ont tenu l'audience, conjointement.

Est à observer que, suivant la déclaration du Roi du dix-huit mars 1728, messieurs Sautreau et Darlot sont restés pour, conjointement avec messieurs Lagneau, juge, Hersant et Boudet, consuls, exercer jusqu'au premier août prochain, et qu'audit jour, messieurs Millon et

Petit entreront en exercice, au lieu et place desdits sieurs Sautreau et
Darlot.

1743.

*Pour l'élection d'un juge et quatre consuls, a été procédé le mardi
vingt-neuf janvier 1743. Et ont été scrutateurs Sire Nicolas Le Roy,
ancien consul, premier grand-garde du corps de la draperie, et
sieur Simon Desormeaux, premier grand-garde du corps de l'orfévrerie, qui ont trouvé par le scrutin être demeuré pour :*

JUGE.

Sire Nicolas Pia, du corps de l'épicerie-apothicairerie.

PREMIER CONSUL.

Noble homme Louis-Henry Veron, du corps de la draperie, ancien
échevin.

DEUXIÈME CONSUL.

Sire Jean de Lens, du corps de l'orfévrerie.

TROISIÈME CONSUL.

Sire Pierre Guyot, du corps de la pelleterie.

QUATRIÈME CONSUL.

Sire Guillaume Cavelier, du corps de la librairie.

Et le mercredi trente dudit mois, messieurs Lagneau, juge, Hersant, Boudet, Millon et Petit, consuls, conduits par Monsieur le procureur général, ont présenté à la Cour lesdits sieurs Pia, juge, Veron,
de Lens, Guyot et Cavelier, consuls, où ils ont prêté serment.

Et le même jour sont venus entendre la messe en la chapelle de la
juridiction, ont été installés au siége, et ont tenu l'audience, conjointement.

Est à observer que, suivant la déclaration du Roi du dix-huit mars
1728, messieurs Millon et Petit sont restés pour, conjointement avec
messieurs Pia, juge, Veron et de Lens, consuls, exercer jusqu'au
premier août prochain, et qu'audit jour, messieurs Guyot et Cavelier
entreront en exercice, au lieu et place desdits sieurs Millon et Petit.

1744.

Pour l'élection d'un juge et quatre consuls, a été procédé le jeudi trente janvier 1744. Et ont été scrutateurs Sire Denys Hersant, ancien consul, du corps de la draperie, et le sieur Claude Pia, du corps de l'épicerie-apothicairerie, qui ont trouvé par le scrutin être demeuré pour :

JUGE.

Sire Alexandre-Amant HUET, ancien consul, du corps de la mercerie.

PREMIER CONSUL.

Sire Marc-Antoine NAU, du corps de la draperie.

DEUXIÈME CONSUL.

Sire Louis-César FAMIN, du corps de l'épicerie.

TROISIÈME CONSUL.

Sire Jacques-Estienne LESOUR, du corps de la bonneterie.

QUATRIÈME CONSUL.

Sire Jean-François VIGNON, du corps de la marchandise de vin, l'un des douze marchands de vins de chez le Roi.

Et le samedi, premier février 1744, messieurs Pia, juge, Veron, de Lens, Guyot et Cavelier, consuls, conduits par monsieur Pierron, doyen des substituts de Monsieur le procureur général, ont présenté à la Cour lesdits sieurs Huet, juge, Nau, Famin, Lesour et Vignon, où ils ont prêté serment en la manière ordinaire.

Et le lundi trois février sont venus entendre la messe en la chapelle de la juridiction, ont été installés au siège, et ont tenu l'audience, conjointement.

Est à observer que, suivant la déclaration du Roi du dix-huit mars 1728, messieurs Guyot et Cavelier sont restés pour, conjointement avec messieurs Huet, Nau et Famin, exercer jusqu'au premier août prochain, jour auquel messieurs Lesour et Vignon entreront en exercice, au lieu et place desdits sieurs Guyot et Cavelier.

31.

1745.

Pour l'élection d'un juge et quatre consuls, a été procédé le jeudi vingt-huit janvier 1745. Et ont été scrutateurs Sire Louis-Henry Veron, ancien consul, du corps de la draperie, et le sieur François Martin, du corps de la mercerie, qui ont trouvé par le scrutin être demeuré pour :

JUGE.

Jean-Armand LE COUTEULX, ancien consul, du corps de la draperie.

Et pour consuls Sires Jean-Jacques Gorsse, Jacques-Martin Fillon, Pierre Goblet et Pierre Le Roy, lesquels ayant eu tous pareil nombre de voix, chacun de leurs noms a été écrit sur quatre morceaux de papier qui ont ensuite été pliés et ballottés dans une toque, et est demeuré pour :

PREMIER CONSUL.

Sire Jacques-Martin FILLON, du corps de la mercerie.

DEUXIÈME CONSUL.

Sire Jean-Jacques GORSSE, du corps de l'épicerie-apothicairerie.

TROISIÈME CONSUL.

Sire Pierre GOBLET, du corps de la bonneterie.

QUATRIÈME CONSUL.

Sire Pierre LE ROY, du corps de l'orfévrerie.

Et le vendredi vingt-neuf dudit mois de janvier, messieurs Nau, Famin, Lesour et Vignon, en l'absence de Sire Alexandre-Armand Huet, juge, attendu sa maladie, conduits par Monsieur le procureur général, ont présenté à la Cour lesdits sieurs Le Couteulx, juge, Fillon, Gorsse, Goblet et Le Roy, où ils ont prêté le serment en la manière ordinaire.

Ensuite sont venus entendre la messe en la chapelle de la juridiction, ont été installés au siége, et ont tenu l'audience, conjointement, le matin.

Est à observer que, suivant la déclaration du Roi du dix-huit mars 1728, messieurs Lesour et Vignon sont restés pour, conjointement avec messieurs Le Couteulx, juge, Fillon et Gorsse, consuls, exercer jusqu'au premier août prochain, jour auquel messieurs Goblet et Le Roy entreront en exercice, au lieu et place desdits sieurs Lesour et Vignon.

1746.

Pour l'élection d'un juge et quatre consuls, a été procédé le samedi vingt-neuf janvier 1746. Et ont été scrutateurs Sire Marc-Antoine Nau, ancien consul, et grand-garde du corps de la draperie, et le sieur Jean Boullenger, marchand du corps de la bonneterie et grand-garde de sa compagnie, qui ont trouvé par le scrutin être demeuré pour :

JUGE.
Sire Claude VILLAIN, ancien consul, du corps de l'épicerie.

PREMIER CONSUL.
Sire Nicolas DESPREZ, du corps de la draperie.

DEUXIÈME CONSUL.
Sire Jean NOLAN, du corps de la mercerie.

TROISIÈME CONSUL.
Sire Charles LEPREUX, du corps de la pelleterie.

QUATRIÈME CONSUL.
Sire Jean-Baptiste COIGNARD, du corps de la librairie et imprimerie.

Et le lundi, trente et un dudit mois de janvier, messieurs le Couteulx, juge, Gorsse, Goblet et Le Roy, consuls (en l'absence de Sire Jacques-Martin Fillon, aussi consul, attendu sa maladie), conduits par monsieur Pierron, doyen des substituts de Monsieur le procureur général, ont présenté à la Cour lesdits sieurs Villain, juge, Desprez, Nolan, Lepreux et Coignard, où ils ont prêté serment en la manière ordinaire.

Ensuite sont venus entendre la messe en la chapelle de la juridiction, ont été installés au siège, et ont tenu l'audience, conjointement, pendant la matinée.

Est à observer que, suivant la déclaration du Roi du dix-huit mars 1728, messieurs Goblet et Le Roy sont restés pour, conjointement avec messieurs Villain, juge, Desprez et Nolan, consuls, exercer jusqu'au premier août prochain, jour auquel messieurs Lepreux et Coignard entreront en exercice, au lieu et place desdits sieurs Goblet et Le Roy.

1747.

Pour l'élection d'un juge et quatre consuls, a été procédé le samedi vingt-huit janvier 1747. Et ont été scrutateurs les sieurs Jacques Ferry, du corps de l'épicerie, et Michel Maindestre, du corps de la draperie, qui ont trouvé par le scrutin être demeuré pour :

JUGE.

Sire Jean-Claude HUDE, ancien consul, du corps de la bonneterie.

PREMIER CONSUL.

Sire Joseph LEVÉ, du corps de la draperie.

DEUXIÈME CONSUL.

Sire Joseph HENRY, du corps de l'apothicairerie.

TROISIÈME CONSUL.

Sire Guillaume BIOCHE, du corps de la mercerie.

QUATRIÈME CONSUL.

Sire Armand DE SAINT-JULLIEN, du corps de l'orfévrerie.

Et le samedi trente janvier, les sieurs Villain, juge, Desprez, Nolan, Lepreux et Coignard, conduits par Monsieur le procureur général, ont présenté à la Cour les nouveaux élus, qui ont prêté serment en la manière accoutumée, et sont venus entendre la messe en la chapelle de la juridiction, ont été installés au siége, et ont tenu l'audience, conjointement, pendant la matinée.

Est à observer que, suivant la déclaration du Roi du dix-huit mars 1728, messieurs Lepreux et Coignard sont restés pour, conjointement avec messieurs Hude, juge, Levé et Henry, consuls, exercer jusqu'au premier août prochain, et qu'audit jour premier août, messieurs Bioche et de Saint-Jullien entreront en exercice, au lieu et place desdits sieurs Lepreux et Coignard.

1748.

Pour l'élection d'un juge et quatre consuls, a été procédé le mardi trente janvier 1748. Et ont été scrutateurs le sieur Charles Boullenger, grand-garde du corps de la bonneterie, et Sire Nicolas Desprez, ancien consul, du corps de la draperie, qui ont trouvé par le scrutin être demeuré pour :

JUGE.

Sire Claude PAGÈS, ancien consul, du corps de l'apothicairerie-épicerie.

PREMIER CONSUL.

Sire Charles BROCHANT, du corps de la draperie.

DEUXIÈME CONSUL.

Sire Jean BOULLENGER, du corps de la bonneterie.

TROISIÈME CONSUL.

Sire Jean STOCARD, du corps de la mercerie.

QUATRIÈME CONSUL.

Sire Benoist CHEVALIER, du corps des marchands de vins.

Et le jeudi premier février 1748, messieurs Hude, juge, Levé, Henry, Bioche et de Saint-Jullien, consuls, conduits par Monsieur le procureur général, ont présenté à la Cour lesdits sieurs Pagès, juge, Boullenger, Stocard et Chevalier, consuls, où ils ont prêté serment en la manière accoutumée.

Et le lundi, cinq février dudit mois de février, lesdits sieurs Hude, juge, Levé, Henry, Bioche et de Saint-Jullien, consuls, conduits par Monsieur le procureur général, ont présenté à la Cour le sieur Brochant, premier consul, qui s'était trouvé indisposé le premier février, et a prêté pareillement le serment; ensuite sont venus tous le même jour entendre la messe en la chapelle de la juridiction, et messieurs les nouveaux ont été installés par messieurs les anciens.

Est à observer que, suivant la déclaration du Roi du dix-huit mars 1728, messieurs Bioche et de Saint-Jullien sont restés pour, conjointement avec messieurs Pagès, juge, Levé et Henry, consuls, exercer jusqu'au premier août prochain, et qu'audit jour premier août, messieurs Stocard et Chevalier entreront en exercice, au lieu et place desdits sieurs Bioche et de Saint-Julien.

1749.

Pour l'élection d'un juge et quatre consuls, a été procédé le jeudi trente janvier 1749. Et ont été scrutateurs Sire Jean Levé, ancien consul, du corps de la draperie, et le sieur Amédée Paris, du corps de l'épicerie-apothicairerie, qui ont trouvé par le scrutin être demeuré pour :

JUGE.

Sire Barthélemy-Augustin BOUDET, ancien consul, du corps de l'épicerie.

PREMIER CONSUL.

Sire Jean CHRESTIEN, du corps de la draperie.

DEUXIÈME CONSUL.

Sire Jean-Pierre LE ROY, du corps de l'orfévrerie.

TROISIÈME CONSUL.

Sire Claude-Robert JUDDE, du corps de la mercerie.

QUATRIÈME CONSUL.

Sire Jean-Laurent DE BIERNE, du corps de la pelleterie.

De laquelle élection, messieurs Pagès, Brochant, Boullenger, Stocard et Chevalier ont donné avis à Monsieur le premier président et à Monsieur le procureur général, qui leur ont donné jour au lendemain trente dudit mois de janvier, pour recevoir le serment des nouveaux élus en la manière ordinaire.

Et ledit jour, vendredi trente et un janvier 1749, messieurs Pagès, Brochant, Boullenger, Stocard et Chevalier se sont rendus au parquet, à sept heures du matin, pour présenter messieurs Boudet, Chrestien, Le Roy et Judde (Sire de Bierne était absent). Monsieur le procureur général leur a dit qu'il y avait une opposition à l'élection, du moins une requête présentée à la Cour à ce sujet, de la part de messieurs les libraires.

L'affaire ayant été renvoyée à M⁰ Boullonois, substitut de Monsieur le procureur général, et la requête de messieurs les libraires ayant été communiquée à messieurs les consuls, ils ont donné leur réponse, sur laquelle M⁰ Boullonois, après en avoir parlé à Monsieur le premier président et à Monsieur le procureur général, a dit à messieurs les consuls, qu'ils pouvaient se présenter le mercredi cinq février, sept heures du matin, et que la Cour recevra le serment des nouveaux élus.

Et en effet, ledit jour, cinq février 1749, messieurs Pagès, juge, Brochant, Boullenger, Stocard et Chevalier, conduits par Monsieur le procureur général, ont présenté à la Cour Sires Boudet, Chrestien, Le Roy et Judde, Sire de Bierne n'étant pas à Paris; les nouveaux élus ont prêté serment en la manière ordinaire.

Ensuite sont venus le même jour entendre la messe en la chapelle de la juridiction, ont été installés au siége, et ont tenu leur audience, conjointement, le matin.

Est à observer que, suivant la déclaration du Roi du dix-huit mars 1728, messieurs Stocard et Chevalier sont restés pour, conjointement avec messieurs Boudet, Chrestien et Le Roy, exercer jusqu'au premier août prochain, jour auquel messieurs Judde et de Bierne entreront en exercice au lieu et place desdits sieurs Stocard et Chevalier, après toutefois que Sire de Bierne aura prêté serment.

Et le samedi douze avril 1749, Sire de Bierne étant venu à la juridiction annoncer son retour, Messieurs en place ont été demander à Monsieur le premier président et à Monsieur le procureur général, de leur indiquer un jour pour présenter ledit sieur de Bierne à la Cour pour prêter serment. Messieurs les magistrats ont indiqué le jeudi suivant, dix-sept dudit mois d'avril.

Et ledit jour, dix-sept avril, sept heures du matin, messieurs Boudet, Stocard, Chevalier, Chrestien et Le Roy, conduits par Monsieur le procureur général, ont présenté à la Cour ledit sieur de Bierne, qui a prêté serment.

1750.

Pour l'élection d'un juge et quatre consuls, a été procédé le jeudi vingt-neuf janvier 1750. Et ont été scrutateurs Sire Charles Brochant, ancien consul, du corps de la draperie, et le sieur Paul Larsonnier, du corps de l'épicerie, qui ont trouvé par le scrutin être demeuré pour :

JUGE.

Sire Jean-Baptiste DE LENS, ancien consul, du corps de l'orfévrerie.

PREMIER CONSUL.

Sire Jacques-Claude MUSNIER, du corps de la draperie.

DEUXIÈME CONSUL.

Sire Claude PIA, marchand apothicaire-épicier.

TROISIÈME CONSUL.

Sire Pierre-Julie DARLU, du corps de la mercerie.

QUATRIÈME CONSUL.

Sire Pierre-Gilles LE MERCIER, du corps de la librairie et imprimerie.

Et le vendredi trente janvier 1750, messieurs Boudet, juge, Chrestien, Le Roy et Judde, consuls, conduits par Monsieur le procureur général et Monsieur l'avocat général, ont présenté à la Cour lesdits sieurs de Lens, juge, Musnier, Pia, Darlu et Le Mercier, consuls, où ils ont prêté serment en la manière ordinaire, et sont venus à la juridiction, où ils ont été installés par messieurs leurs prédécesseurs.

Est à observer que, suivant la déclaration du Roi du dix-huit mars 1728, messieurs Judde et de Bierne sont restés pour, conjointement avec messieurs de Lens, Musnier et Pia, exercer jusqu'au premier août prochain, jour auquel messieurs Darlu et Le Mercier entreront en exercice au lieu et place de messieurs Judde et de Bierne.

1751.

Pour l'élection d'un juge et quatre consuls, a été procédé le samedi trente janvier 1751. Et ont été scrutateurs Sire Jean Chrestien, ancien consul, du corps de la draperie, et le sieur François Rolin, du corps de la mercerie, qui ont trouvé par le scrutin être demeuré pour :

JUGE.

Sire Marc-Antoine NAU, ancien consul, du corps de la draperie.

PREMIER CONSUL.

Sire Claude-René SEBRÉ, du corps de l'épicerie.

DEUXIÈME CONSUL.

Sire Pierre BELLOT, du corps de la bonneterie.

TROISIÈME CONSUL.

Sire Jean ROUSSELOT, du corps de la mercerie.

QUATRIÈME CONSUL.

Sire Jacques POLLISSARD, marchand de vins.

De laquelle élection messieurs les juge et consuls ont été donner avis à l'instant à Monsieur le premier président et à Messieurs les procureur et avocats généraux.

Et le lundi premier février 1751, messieurs Nau, juge, Sebré, Bellot, Rousselot et Pollissard, consuls, conduits par messieurs de Lens, juge, Musnier, Pia, Darlu et Le Mercier, consuls, ont été présentés à la Cour par Monsieur le procureur général, où ils ont prêté le serment en la manière accoutumée.

Ensuite sont venus le même jour entendre la messe en la chapelle de la juridiction, et ont été installés au siége, où ils ont tenu l'audience avec messieurs leurs prédécesseurs.

Est à observer que, suivant la déclaration du Roi du dix-huit mars 1728, messieurs Darlu et Le Mercier sont restés pour, conjointement avec messieurs Nau, juge, Sebré et Bellot, exercer jusqu'au premier août prochain, jour auquel messieurs Rousselot et Pollissard entreront en exercice au lieu de messieurs Darlu et Lemercier.

Suite de l'année 1751.

Sire Claude-René Sebré, consul, étant décédé, messieurs Marc-Antoine Nau, juge, Pierre-Julie Darlu, Pierre-Gilles Lemercier et Pierre Bellot, consuls, ont, le mardi huit juin, fait l'assemblée de messieurs les gardes des six corps des marchands, le syndic et adjoints de la librairie et imprimerie et les gardes du corps des marchands de vin, pour procéder à l'élection d'un quatrième consul à la place dudit sieur Sebré et pour remplir le reste du temps de son exercice.

Et ont été scrutateurs Sire Jacques-Claude Musnier, ancien consul, du corps de la draperie, et le sieur Quentin Duclos, du corps de la mercerie, qui ont trouvé par le scrutin être demeuré pour :

QUATRIÈME CONSUL.

Sire Louis GUYMONNEAU, marchand du corps de l'épicerie.

Et le mercredi neuf juin, messieurs Nau, juge, Darlu, Le Mercier et Bellot, consuls, conduits par Monsieur le procureur général, ont présenté à la Cour ledit sieur Guymonneau, où il a fait serment, et ledit jour a été installé au siége.

1752.

Pour l'élection d'un juge et quatre consuls, a été procédé le samedi vingt-neuf janvier 1752. Et ont été scrutateurs le sieur Antoine Nau, du corps de la draperie, et le sieur François Dodin, du corps de la bonneterie, qui ont trouvé par le scrutin être demeuré pour :

JUGE.

Sire Jacques-Estienne Lesour, ancien consul, et marchand bonnetier.

PREMIER CONSUL.

Sire Jean-Baptiste Veron, marchand drapier.

DEUXIÈME CONSUL.

Sire Jacques Hennique, marchand apothicaire-épicier.

TROISIÈME CONSUL.

Sire Richard Jarry, marchand orfévre.

QUATRIÈME CONSUL.

Noble homme Claude-Denys Cochin, ancien échevin, et marchand mercier.

Et le jeudi trois février 1752, messieurs Nau, juge, Bellot, Rousselot, Pollissard et Guymonneau, consuls, conduits par Monsieur le procureur général et Messieurs Dormesson et Joly de Fleury, avocats généraux, les ont présentés à la Cour, où ils ont prêté serment.

Et le vendredi quatre février, ont été installés au siége et ont tenu l'audience, conjointement.

Est à observer que, suivant la déclaration du Roi du dix-huit mars 1728, messieurs Rousselot et Pollissard sont restés pour, conjointement avec messieurs Lesour, juge, Veron et Hennique, consuls, exercer jusqu'au premier août prochain, et qu'audit jour, messieurs Jarry et Cochin entreront en exercice au lieu et place de messieurs Rousselot et Pollissard.

Observations au sujet de l'élection d'un député au bureau du commerce pour la ville de Paris.

Sa Majesté, par arrêt de son conseil du vingt-neuf juin 1700, ayant établi un conseil de commerce où douze des principaux marchands des différentes villes du royaume sont admis, et notamment deux pour la ville de Paris, le Roi choisit, en conséquence de cet arrêt, pour la ville de Paris, messieurs Samuel Bernard et Antoine Pelletier, pour la première fois et pour un an. Cependant il paraît par la suite des élections qui ont été faites au consulat de messieurs les députés, que monsieur Bernard a toujours continué, et qu'il n'a été question que de remplir la place du sieur Pelletier, son confrère, et de ceux qui l'ont suivi, dont l'exercice a été d'un an pendant les trois premières années. Mais en 1703, monsieur Claude Villain ayant été élu, il a continué d'exercer jusqu'en 1708, que monsieur Léonard Chauvin lui a succédé et qui a exercé jusqu'en 1718; après lui monsieur Paignon a rempli cette place en 1719 et en 1724. Monsieur Pierre Chauvin, qui a exercé jusqu'en 1737, ainsi qu'il est porté et expliqué en la page 99 du Recueil de la juridiction consulaire, et dans le présent titre des élections, à la suite de l'année 1724.

Mais comme la formalité de cette élection a changé au décès de monsieur Pierre Chauvin, arrivé en 1737, temps auquel monsieur Sorin, marchand épicier, a été élu, il est à propos d'entrer dans le détail de ce qui s'est passé en 1737.

Il paraît par la lettre écrite par Monsieur Chamillard, contrôleur général des finances, à messieurs les juge et consuls, le trente et un décembre 1701, qu'il ne s'agissait pour lors que de procéder à la nomination d'un sujet. Mais en 1737, Monsieur Orry, contrôleur général, en demanda six, pour en faire agréer un d'entre eux, ainsi qu'il paraît par la lettre qu'il écrivit à messieurs les juge et consuls, le quinze avril, qui sera ici transcrite.

« A Versailles, le 15 avril 1737.

» Messieurs,

» Le sieur Chauvin, député du commerce pour la ville de Paris, étant décédé, il est nécessaire que vous vous assembliez, comme il est d'usage, à l'effet de faire choix de six sujets que vous voudrez proposer pour en faire agréer un pour la députation de Paris.

» Je suis,

» Messieurs,

» Votre très-humble et très-affectionné serviteur,

» Orry. »

En conséquence, messieurs les juge et consuls assemblèrent, le vingt-cinq dudit mois d'avril, messieurs leurs anciens, pour délibérer s'ils appelleraient messieurs les libraires et marchands de vins. Il fut résolu qu'on ne les y appellerait pas. Messieurs les libraires et marchands de vins firent signifier leurs oppositions à cette délibération, se fondant sur la déclaration du Roi du dix-huit mars 1728.

Sur ces oppositions, messieurs les juge et consuls écrivirent à Monsieur le contrôleur général et le prièrent de les déterminer : ils en reçurent la réponse qui suit :

« A Versailles, le 7 mai 1737.

» Après que vous m'avez écrit, Messieurs, que les corps des libraires et marchands de vins s'étaient opposés à ce que vous n'appelassiez que les six corps des marchands à l'assemblée que je vous avais marqué de convoquer pour choisir six sujets propres à remplir la place vacante de député au bureau du commerce, vous auriez dû ne pas convoquer d'assemblée avant que je vous eusse fait connaître la volonté du Roi au sujet de l'opposition que ces deux corps avaient formée. Comme Sa Majesté la trouve bien fondée, et qu'elle juge que la déclaration de 1728 règle l'usage qui doit être observé dans cette assemblée, il est nécessaire que vous en convoquiez une nouvelle dans laquelle ces deux corps seront admis. Vous observerez que le choix des six sujets doit être fait non-seulement dans les corps qui composeront l'assemblée, mais encore dans le nombre des négociants et banquiers qui font à présent le commerce à Paris, ou qui l'ont quitté après l'avoir fait avec honneur.

» Je suis,

» MESSIEURS,

» Votre très-humble et très-affectionné serviteur,

» ORRY. »

Cette réponse donna matière à un doute qui s'éleva de savoir si messieurs les anciens juges et consuls devaient être appelés à cette élection.

Monsieur Saugrain, lors juge en place, fut en parler à monsieur Fagon, conseiller d'État et président du bureau du commerce, attendu

que Monsieur le contrôleur général n'était pas pour lors à Paris.
Monsieur Fagon promit d'en faire son rapport à Monsieur le contrôleur général, qui, le dix-huit mai, écrivit à messieurs les juge et consuls la lettre suivante :

« A Versailles, le 18 mai 1737.

» MESSIEURS,

» J'ai été instruit des difficultés que faisaient naître les libraires et
marchands de vins, par rapport aux anciens juges et consuls que vous
êtes dans l'usage d'admettre dans l'assemblée qui doit faire choix des
six sujets que je vous ai demandés pour remplir la place vacante de
député au bureau du commerce. Vous ne devez avoir aucun égard à
ces difficultés, et vous pouvez suivre l'usage qui a été observé à ce
sujet, en appelant à cette assemblée les anciens juges et consuls.

» Je suis,

» MESSIEURS,

» Votre très-humble et très-affectionné serviteur,

» ORRY. »

En conséquence, messieurs les juge et consuls ont convoqué, le
vingt-trois mai 1737, une assemblée, composée de messieurs les anciens juges et consuls, et de six de chacun des six corps, libraires et
marchands de vins, dans laquelle il a été proposé plusieurs sujets, et
ayant recueilli les voix, il a été fait choix de messieurs Boucher, marchand drapier ; Sorin, marchand épicier ; Lefort, marchand mercier,
de Bierne, marchand pelletier ; de la Croix, marchand bonnetier, et
Pierre, marchand orfévre, dont les noms ont été portés à Monsieur le
contrôleur général. Monsieur le contrôleur général écrivit la lettre
suivante :

« A Versailles, le 2 septembre 1737.

» MESSIEURS,

» Le Roi trouve bon qu'entre les sujets que vous avez proposés pour
remplir la place de député du commerce pour la ville de Paris, vacante par le décès du sieur Chauvin, vous choisissiez le sieur Sorin ;
ainsi il est nécessaire que vous convoquiez une nouvelle assemblée
pour arrêter votre délibération en conséquence, et que vous en fassiez

délivrer une expédition au sieur Sorin, avec laquelle il se présentera au bureau du commerce pour y prendre place.

> » Je suis,
>> » MESSIEURS,
>>> » Votre très-humble et très-affectionné serviteur,
>>>> » ORRY. »

En exécution, messieurs les juge et consuls firent le douze de ce mois une nouvelle assemblée composée des mêmes électeurs, lesquels d'une voix unanime nommèrent monsieur Sorin pour député du commerce, suivant leur délibération, dont une expédition lui fut délivrée, et quelques jours après, messieurs les juge et consuls présentèrent ledit sieur Sorin à Monsieur le contrôleur général, et ensuite à monsieur Fagon.

En 1751, le vingt et un décembre, monsieur Berryer, lieutenant général de police, écrivit à messieurs les juge et consuls de la part de Monsieur de Machault, garde des sceaux et contrôleur général des finances, la lettre qui suit :

> « A Paris, le 21 décembre 1751.

> » MESSIEURS,

> » Monsieur Sorin, député du commerce pour la ville de Paris, ayant demandé à se retirer, il est maintenant question de lui donner un successeur ; vous savez qu'il est d'usage qu'il soit élu, entre ceux qui font le commerce à Paris, six sujets du nombre desquels le Roi en choisit un. Monsieur le garde des sceaux m'a chargé de vous mander conséquemment qu'il est nécessaire que vous convoquiez à cet effet une assemblée des six corps des marchands et de ceux qui, suivant la déclaration du dix-huit mars 1728, ont droit de concourir à cette élection, afin que conjointement il soit procédé à celle des six sujets d'entre lesquels le Roi puisse en choisir un pour remplacer monsieur Sorin.

>> » Je suis très-parfaitement,
>>> » MESSIEURS,
>>>> » Votre très-humble et très-obéissant serviteur,
>>>>> » BERRYER. »

En exécution de ces ordres, messieurs les juge et consuls convoquèrent une assemblée le onze janvier 1752, dans laquelle il fut procédé à l'élection des sujets demandés, suivant le procès-verbal qui en fut dressé, lequel contient la formalité qui a été observée à ce sujet, et qui sera ici transcrite.

Du mardi onze janvier mil sept cent cinquante-deux, en la salle d'audience du consulat, dix heures du matin;

Nous, Marc-Antoine Nau, juge, Pierre Bellot, Jean Rousselot, Jacques Pollissard et Louis Guymonneau, consuls, de présent en charge de la ville de Paris:

En conséquence de la lettre à nous adressée par monsieur Berryer, lieutenant général de police, en date du vingt et un décembre dernier, contenant les ordres de Monsieur le garde des sceaux, pour, par nous assembler ceux qui doivent concourir à l'élection de six sujets, marchands, négociants faisant la banque et le commerce en gros, d'entre lesquels le Roi doit en choisir un pour député du commerce de Paris, au lieu du sieur Sorin qui a demandé à se retirer, nous avons convoqué en notre juridiction une assemblée des anciens juges et anciens consuls, le vingt-trois décembre dernier, dans laquelle, après communication et lecture faite de ladite lettre, il a été unanimement délibéré qu'il en serait, suivant l'usage, envoyé copie aux gardes des six corps, aux syndic et adjoints de la librairie et aux gardes des marchands de vin, pour ensuite se trouver en état de satisfaire aux intentions de Monsieur le garde des sceaux; et pour y satisfaire, de notre part, nous avons convoqué par billets en la manière accoutumée à cejourd'hui heure présente l'assemblée des anciens juges et consuls, six de chacun des six corps, les marchands libraires et marchands de vin, afin de procéder à ladite élection à la pluralité des voix; et ont été scrutateurs, Sire Pierre-Julie Darlu, du corps de la mercerie et ancien consul, et Pierre-Gilles Le Mercier, du corps de la librairie, aussi ancien consul, nommés par l'assemblée d'une voix unanime; et après avoir appelé chacun des mandés l'un après l'autre et reçu la nomination de chacun d'eux, ont été proposés et nommés, savoir: Sire Marc-Antoine Nau, du corps de la draperie et juge actuellement en place, qui a eu cinquante-deux voix; le sieur Le Couteulx de la Norais, négociant, qui a eu trente et une voix; le sieur Étienne-Nicolas Guérin, marchand drapier, qui a eu quarante-deux voix; Sire Claude

32

Villain, du corps de l'épicerie et ancien juge-consul, qui en a eu soixante-dix-huit; Sire Charles Huet, du corps de la mercerie et ancien échevin, qui en a eu quatre-vingt-quatre; le sieur Nicolas-Michel Le Duc, secrétaire du Roi et du corps de la pelleterie, qui en a eu cinquante-huit; Sire Jacques-Étienne Lesour, marchand bonnetier et ancien consul, qui en a eu soixante-douze; Jean Vallat, marchand orfèvre, qui en a eu cinquante-huit; le sieur Cottin, marchand mercier, qui en a eu neuf; Sire Jean-François Vignon, marchand de vin et ancien consul, qui en a eu quinze; Sire Benoît Chevalier, marchand de vin et ancien consul, quatorze; Sire Jean-Baptiste Coignard, du corps de la librairie et ancien consul, seize; le sieur Mariette, du corps de la librairie, sept; Sire Armand Le Couteulx, du corps de la draperie et ancien juge-consul, onze; le sieur le Chanteux, du corps de la mercerie, trois; le sieur Bourguignon, du corps de l'épicerie, une; le sieur Moulin, du même corps, deux; Sire Pierre Famin, du même corps et ancien juge, une; le sieur Dutremblet, du même corps, une; Sire Darlu, du corps de la mercerie et ancien consul, trois; Sire Darlot, marchand de vin et ancien consul, une. Au moyen de quoi, des différents sujets proposés, les six qui ont eu la pluralité des voix sont les sieurs Marc-Antoine Nau, du corps de la draperie et juge actuellement en place; Sire Claude Villain, du corps de l'épicerie et ancien juge; Sire Charles Huet, du corps de la mercerie et ancien échevin; sieur Nicolas-Michel Le Duc, secrétaire du Roi et du corps de la pelleterie; Sire Jacques-Étienne Lesour, du corps de la bonneterie et ancien consul, et sieur Jean Vallat, marchand orfèvre, dont les noms seront par nous portés à Monsieur le garde des sceaux; dont et de tout ce que dessus nous avons dressé le présent procès-verbal et avons signé ensemble les quatre feuilles sur lesquelles ont été écrits les noms des électeurs et des élus, et le nombre de voix qu'ils ont eu. *Signé en la minute,* NAU, BELLOT, ROUSSELOT, POLLISSARD, GUYMON-NEAU, DARLU et LE MERCIER.

Sur-le-champ messieurs les juge et consuls se transportèrent chez Monsieur de Machault, garde des sceaux et contrôleur général des finances, monsieur Trudaine, conseiller d'État et intendant des finances, monsieur Berryer, lieutenant général de police, comme chargé par Monsieur le garde des sceaux; ils ne trouvèrent que Monsieur le garde des sceaux, à qui ils donnèrent un extrait du procès-verbal contenant les noms des six sujets qui avaient eu le plus de voix, et ils écrivirent à messieurs Trudaine et Berryer, en leur envoyant un pareil extrait.

Le vingt dudit mois de janvier, monsieur Berryer écrivit encore de la part de Monsieur le garde des sceaux à messieurs les juge et consuls, et leur marqua d'envoyer copie entière du procès-verbal de l'élection, ce qu'ils exécutèrent aussitôt. Le deux février, messieurs les consuls reçurent de monsieur Berryer la lettre suivante :

‹ A Paris, ce 4 février 1752.

» Messieurs,

» Je viens de recevoir une lettre de Monsieur le garde des sceaux, en date du trente et un du mois dernier, par laquelle il me mande que sur le compte qu'il a rendu au Roi du procès-verbal d'assemblée de votre juridiction, contenant la nomination des sujets proposés pour succéder à monsieur Sorin dans la place de député au bureau du commerce, Sa Majesté a choisi monsieur Le Couteulx de la Norais pour remplir cette place, et qu'il convient en conséquence de convoquer une nouvelle assemblée pour arrêter une déclaration par laquelle il sera nommé, et de lui en délivrer une expédition. Je vous prie donc de procéder incessamment à la convocation de cette assemblée, et lorsque vous aurez satisfait aux intentions du Roi et du ministre, je me flatte que vous voudrez bien m'en donner avis.

» Je suis parfaitement,

» Messieurs,

» Votre très-humble et très-obéissant serviteur,

» Berryer. »

En exécution de ces ordres, il fut fait une assemblée le cinq dudit mois de février, dans laquelle d'une voix unanime, monsieur Le Couteulx de la Norais, marchand drapier, fut élu, et dont il fut dressé procès-verbal ainsi qu'il suit :

Du samedi cinq février mil sept cent cinquante-deux, du matin, Nous Jacques-Étienne Lesour, juge, Jean Rousselot, Jacques Pollis-

32.

sard, Jean-Baptiste Veron et Jacques Hennique, consuls, de présent
en charge de la ville de Paris, en l'assemblée des anciens juges et
consuls, de six de chacun des six corps, libraires et marchands de
vin, convoqués en la manière ordinaire, en conséquence des ordres
de Monsieur le garde des sceaux à nous adressés par Monsieur le lieutenant général de police, suivant la lettre du deux du présent mois,
pour, par nous, procéder à la nomination d'un député du commerce
pour la ville de Paris. Lecture faite de ladite lettre et la matière mise
en délibération, le sieur Le Couteulx de la Norais, marchand du corps
de la draperie, a été nommé d'une voix unanime, dont nous avons
dressé le présent procès-verbal, une expédition duquel sera délivrée
audit sieur de la Norais, et avons signé la présente minute.

Sur-le-champ il en fut porté des expéditions à Monsieur le garde
des sceaux, à monsieur Trudaine et à monsieur Berryer; et le jeudi
vingt-trois mars 1752, messieurs les juge et consuls ont été présenter
ledit sieur Le Couteulx de la Norais à monsieur le garde des sceaux.

1753.

Pour l'élection d'un juge et quatre consuls, a été procédé le mardi
trente janvier 1753. Et ont été scrutateurs, sieurs Antoine Nau,
du corps de la draperie, et Claude Bompart, du corps de la bonne-
terie, qui ont trouvé par le scrutin être demeuré pour :

JUGE.
Sire Jean-François VIGNON, ancien consul, du corps des marchands
de vin, et l'un des douze marchands de vin du Roi.

PREMIER CONSUL.
Sire Charles ABRAHAM, du corps de la draperie.

DEUXIÈME CONSUL.
Sire Louis-Charlemagne PETIT, du corps de l'épicerie.

TROISIÈME CONSUL.
Sire Pierre BELLET, du corps de la mercerie, conseiller du Roi et de
la ville.

QUATRIÈME CONSUL.
Sire Nicolas-François BERTELS, du corps de la pelleterie.

Et le mercredi trente et un janvier, messieurs Lesour, juge, Veron, Hennique, Jarry et Cochin, consuls, conduits par Monsieur le procureur général, ont présenté à la Cour mesdits sieurs Vignon, juge, Abraham, Petit, Bellet et Bertels, consuls, où ils ont prêté le serment en la manière ordinaire, et sont venus entendre la messe en la chapelle de la juridiction, ont été installés au siège, où ils ont tous, conjointement, tenu l'audience.

Est à observer que, suivant la déclaration du Roi du dix-huit mars 1728, messieurs Jarry et Cochin sont restés au siège pour, conjointement avec messieurs Vignon, Abraham, Petit, exercer jusqu'au premier août prochain, jour auquel messieurs Bellet et Bertels entreront en exercice au lieu de mesdits sieurs Jarry et Cochin.

1754.

Le douze janvier mil sept cent cinquante-quatre, le Parlement étant absent de Paris, monsieur Berryer, conseiller d'État et lieutenant général de police, remit à messieurs les juge et consuls de la part de Monseigneur de Machault, garde des sceaux et contrôleur général des finances, la lettre du Roi qui suit :

DE PAR LE ROI.

« Sa Majesté désirant que les juge et consuls de sa bonne ville de Paris, qui sont actuellement en exercice, continuent leurs fonctions sans qu'il soit procédé, quant à présent, à une nouvelle élection, a ordonné et ordonne, sans tirer à conséquence, que les juge et consuls qui sont actuellement en place, continueront d'en faire les fonctions jusqu'à ce qu'il en ait été autrement ordonné par Sa Majesté.

» Fait à Versailles, le dix janvier 1754, *Signé* LOUIS; et plus bas, M. P. DE VOYER D'ARGENSON. »

Le quatorze du même mois de janvier, les juge et consuls assemblèrent messieurs les anciens juges et consuls, à qui ils firent lecture de l'ordre du Roi, sur lequel la Compagnie délibéra qu'il fût fait registre sur le livre des délibérations, ce qui fut exécuté, et en conséquence messieurs Vignon, juge, Abraham, Petit et Bertels, consuls, continuèrent leurs fonctions, avec monsieur Cochin qui était sorti de place le premier août 1753, et qui fut prié par Messieurs de remplacer le sieur Bellet, consul, décédé le vingt-sept septembre 1753.

Le six novembre 1754, monsieur Berryer envoya à messieurs les juge et consuls la lettre suivante :

> « A Paris, le 6 novembre 1754.

» Monsieur le contrôleur général me mande, Messieurs, que sur le compte qu'il a rendu au Roi de votre zèle pour son service et de l'attention avec laquelle vous rendez justice au public, Sa Majesté a bien voulu vous donner des marques de sa satisfaction en accordant une pension de 1,200 livres au juge-consul, et 600 livres à chacun des trois consuls. Je suis persuadé que vous serez sensibles, comme vous devez l'être, aux bontés du Roi. A l'égard de la demande que vous avez faite pour augmenter les revenus de la juridiction, Monsieur le contrôleur général serait bien aise de savoir en quoi consistent ceux dont elle jouit actuellement, et quelles sont ses charges, afin d'être à portée de se déterminer sur les moyens les plus convenables pour pourvoir à cet objet.

> » Je suis très-parfaitement,

> » MESSIEURS,

> » Votre très-humble et très-obéissant serviteur,

> » BERRYER. »

Messieurs les juge et consuls, après la lecture de cette lettre, ayant remarqué que monsieur Cochin, malgré ses services extraordinaires, son zèle et son assiduité, n'était pas compris dans les grâces qu'il avait plu à Sa Majesté de leur accorder, ils présentèrent à Monsieur de Sechelles, ministre d'État et contrôleur général des finances, un mémoire tendant à ce qu'il lui plût d'obtenir de Sa Majesté une pareille pension pour ledit sieur Cochin; ce qui fut accordé quelques jours après.

1755.

Le cinq janvier mil sept cent cinquante-cinq, monsieur Berryer remit à messieurs les juge et consuls, de la part du ministre, l'ordre du Roi qui suit :

DE PAR LE ROI.

« Sa Majesté ayant fait expédier ses ordres le dix janvier 1754, pour
autoriser les juge et consuls de sa bonne ville de Paris, qui étaient alors
en exercice, à continuer leurs fonctions jusqu'à ce qu'elle en eût autrement ordonné, et son intention étant de rétablir les élections prescrites
par sa déclaration du dix-huit mars 1728, Elle a ordonné et ordonne
qu'il sera procédé auxdites élections en la manière accoutumée, dans
la forme et aux mêmes conditions qu'elles auraient été faites, si elles
n'avaient pas été suspendues par l'ordre du dix janvier 1754.

» Fait à Versailles, le quatre janvier 1755. *Signé :* Louis ; et plus bas :
M. P. DE VOYER D'ARGENSON. »

En conséquence de l'ordre du Roi, il fut procédé, le mardi, vingt-
huit janvier 1755, à l'élection d'un juge et quatre consuls.

Et ont été scrutateurs sieur René Devin, du corps de la draperie, et
Adrien Brissot, du corps des marchands de vin, qui ont trouvé par le
scrutin être demeuré pour :

JUGE.

Sire Pierre GOBLET, ancien consul, du corps de la bonneterie.

PREMIER CONSUL.

Sire Antoine NAU, du corps de la draperie.

DEUXIÈME CONSUL.

Sire Michel-Éléonore CHACHIGNON, du corps de l'apothicairerie-épicerie.

TROISIÈME CONSUL.

Sire Jean-François BRALLET, du corps de la mercerie.

QUATRIÈME CONSUL.

Sire Jean-Jacques DE NULLY, du corps de la librairie.

Et le mercredi vingt-neuf janvier, messieurs Vignon, juge, Abraham, Petit et Bertels, consuls, conduits par Monsieur le procureur général, ont présenté à la Cour messieurs Goblet, juge, Nau, Chachignon,
Brallet et de Nully, consuls, où ils ont prêté le serment en la manière
ordinaire, et sont venus entendre la messe en la chapelle de la juridiction, et ont été installés au siège, où ils ont tous, conjointement,
tenu l'audience.

Est à observer que, suivant la déclaration du Roi du dix-huit mars

1728, monsieur Bellet étant décédé, comme il a été dit ci-dessus, monsieur Bertels est resté seul des deux anciens au siége pour, conjointement avec messieurs Goblet, Nau et Chachignon, exercer jusqu'au premier août prochain, auquel jour messieurs Brallet et de Nully entreront en exercice.

1756.

Pour l'élection d'un juge et quatre consuls, a été procédé le jeudi vingt-neuf janvier 1756. Et ont été scrutateurs sieur Abraham-Louis Duval, du corps de la mercerie, et sieur Henri Potet, du corps de la bonneterie, qui ont trouvé par le scrutin être demeuré pour :

JUGE.

Sire Charles BROCHANT, ancien consul, du corps de la draperie.

PREMIER CONSUL.

Sire Pierre GOUJON, du corps de l'épicerie.

DEUXIÈME CONSUL.

Sire Charles BOULLENGER, du corps de la bonneterie.

TROISIÈME CONSUL.

Sire Pierre DE VARENNE, du corps de la mercerie.

QUATRIÈME CONSUL.

Sire Louis LOUVET DE VILLIERS, du corps de l'orfévrerie.

De laquelle élection messieurs les juge et consuls ont été donner avis à Monsieur le premier président et à Messieurs les procureur et avocat généraux.

Et le vendredi trente janvier 1756, messieurs Brochant, juge, Goujon, Boullenger, de Varenne et Louvet de Villiers, consuls, conduits par messieurs Goblet, juge, Nau, Chachignon, Brallet et Nully, consuls, ont été présentés à la Cour par Monsieur le procureur général, où ils ont prêté le serment en la manière accoutumée; ensuite sont venus le même jour entendre la messe en la chapelle de la juridiction, et ont été installés au siége, où ils ont tenu l'audience avec messieurs leurs prédécesseurs.

Est à observer que, suivant la déclaration du Roi du dix-huit mars 1728, messieurs Brallet et de Nully sont restés conjointement avec messieurs Brochant, Goujon et Boullenger, pour exercer jusqu'au pre-

mier août prochain, jour auquel messieurs de Varenne et Louvet de
Villiers entreront en exercice au lieu de messieurs Brallet et de Nully.

1757.

*Pour l'élection d'un juge et quatre consuls, y a été procédé le sa-
medi vingt-neuf janvier 1757. Et ont été scrutateurs les sieurs
Emmanuel-Éléonor Dreux-Regnault, du corps de la marchandise
de vin, et Étienne Vaudichon, du corps de la pelleterie, qui ont
trouvé par le scrutin être demeuré pour :*

JUGE.

Sire Pierre BELLOT, ancien consul, du corps de la bonneterie.

Et pour consuls : Sires Nicolas Quatremère, du corps de la draperie ;
Jean-Daniel Gillet, écuyer, conseiller de ville, ancien échevin, du
corps de l'épicerie-apothicairerie ; Pierre-Thomas Florée, du corps de
la pelleterie, et Pierre Jordrin, du corps de la marchandise de vin. Et
attendu que lesdits sieurs Quatremère, Florée et Jordrin ont eu chacun
toutes les voix, leurs noms ont été écrits sur trois petits papiers, pour
savoir qui serait le premier, le second et le troisième consul, lesquels
billets roulés et tirés au sort, sont restés pour :

PREMIER CONSUL.

Sire Nicolas QUATREMÈRE, du corps de la draperie.

DEUXIÈME CONSUL.

Sire Pierre JORDRIN, du corps de la marchandise de vin.

TROISIÈME CONSUL.

Sire Pierre-Thomas FLORÉE, du corps de la pelleterie.

Et à l'égard du sieur Gillet, n'ayant eu que trente-trois voix, est
resté pour quatrième consul, partant :

QUATRIÈME CONSUL.

Noble homme Jean-Daniel GILLET, écuyer, conseiller de ville, ancien échevin, du corps de l'épicerie et apothicairerie.

Et le lundi trente et un janvier audit an 1757, les sieurs Brochant,
juge, Goujon, Boullenger, de Varenne et de Villiers, consuls, conduits

par Monsieur le procureur général, ont présenté à la Cour lesdits
sieurs Bellot, juge, Quatremère, Jordrin, Florée et Gillet, consuls,
où ils ont prêté serment, après quoi sont venus entendre la messe en
la chapelle de la juridiction, ont ensuite été installés au siége, et ont
tenu l'audience, conjointement.

Est à observer que, suivant la déclaration du Roi du dix-huit mars
1728, Messieurs de Varenne et de Villiers sont restés pour, conjointement avec messieurs Bellot, juge, Quatremère, Jordrin, consuls,
exercer jusqu'au premier août prochain, et qu'audit jour premier août
messieurs Florée et Gillet entreront en exercice au lieu et place desdits
sieurs de Varenne et de Villiers.

1758.

*Pour l'élection d'un juge et quatre consuls, a été procédé le samedi
vingt-huit janvier 1758. Et ont été scrutateurs les sieurs Judocus
Convent, fabricant d'étoffes, et Antoine-Gabriel Cailleux, maître
teinturier, qui ont trouvé par le scrutin être demeuré pour :*

JUGE.

Sire Claude-Robert Judde, ancien consul, du corps de la mercerie.

Et pour consuls Sire Jacques Devin, du corps de la draperie, Sire
Jacques Ferry, du corps de l'épicerie, Sire Louis Rousseau, du corps
de la bonneterie, et Sire Antoine-Claude Briasson, du corps de la
librairie, lesquels ayant eu chacun toutes les voix, il a été tiré au sort
pour le rang. Et comme Sire Gillet, de l'ancien siége, reste en exercice pendant six mois, Sire Ferry, qui est de son même corps, ne pouvant siéger dans le même temps, aux termes de la déclaration du Roi
du dix-huit mars 1728, il a été seulement mis sur trois papiers différents
les noms des Sires Devin, Rousseau et Briasson, et leurs papiers mis
dans la toque de Sire Bellot, juge, et après avoir été brouillés, il en a
été tiré le nom de Sire Devin pour premier consul, et celui de Sire
Rousseau pour second consul, ensuite le nom de Sire Ferry a été mis
dans ladite toque avec celui de Sire Briasson, et a été tiré pour troisième consul le nom de Sire Briasson, en sorte que Sire Ferry est resté
pour quatrième consul; suit l'ordre de messieurs les consuls.

PREMIER CONSUL.

Sire Jacques-René Devin, du corps de la draperie.

DEUXIÈME CONSUL.

Sire Louis Rousseau, du corps de la bonneterie.

TROISIÈME CONSUL.

Sire Antoine-Claude Briasson, du corps de la librairie.

QUATRIÈME CONSUL.

Sire Jacques Ferry, du corps de l'épicerie.

Et le lundi trente et un janvier 1758, messieurs Bellot, juge, Quatre-mère, Jordrin, Florée et Gillet, consuls, conduits par Monsieur le procureur général, ont présenté à l'audience lesdits sieurs Judde, juge, Devin, Rousseau, Briasson et Ferry, où ils ont prêté serment, et à l'instant sont venus entendre la messe en la chapelle de la juridiction, ont été installés au siège, et ont tenu l'audience, conjointement.

Est à observer que, suivant la déclaration du Roi du dix-huit mars 1728, messieurs Florée et Gillet sont restés pour, conjointement avec messieurs Judde, Devin et Rousseau, exercer jusqu'au premier août prochain, que messieurs Briasson et Ferry entreront en exercice.

1759.

Pour l'élection d'un juge et quatre consuls, a été procédé le mardi trente janvier 1759. Et ont été scrutateurs les sieurs André-Jacques Milon, du corps de la mercerie, et Jacques-Firmin Laignel, du corps de la draperie, qui ont trouvé par le scrutin être demeuré pour :

JUGE.

Sire Jacques Pollissard, ancien consul, du corps de la marchandise de vin.

PREMIER CONSUL.

Sire Pierre Henry, du corps de la mercerie.

DEUXIÈME CONSUL.

Sire Remi Arson, du corps de la pelleterie.

TROISIÈME CONSUL.

Sire Claude-François Cessac, du corps de l'épicerie et apothicairerie.

QUATRIÈME CONSUL.

Sire Philippe-Antoine Magimel, du corps de l'orfévrerie.

De laquelle élection messieurs les juge et consuls ont été donner avis à Monsieur le premier président et à messieurs les procureur et avocat généraux.

Et le mercredi trente et un janvier 1759, messieurs Pollissard, juge, Henry, Arson, Cessac et Magimel, consuls, conduits par messieurs Judde, juge, Devin, Briasson et Ferry, consuls, ont été présentés à la Cour par Monsieur le procureur général, où ils ont prêté le serment en la manière accoutumée, ensuite sont venus le même jour entendre la messe en la chapelle de leur juridiction, et ont été installés au siége, où ils ont tenu l'audience avec messieurs les prédécesseurs.

Est à observer que, suivant la déclaration du Roi du dix-huit mars 1728, messieurs Briasson et Ferry sont restés, conjointement avec messieurs Pollissard, Henry et Arson, pour exercer jusqu'au premier août prochain, jour auquel messieurs Cessac et Magimel entreront en exercice au lieu de messieurs Briasson et Ferry.

XI ᵇⁱˢ.

LISTE

DES

MEMBRES DE LA JURIDICTION CONSULAIRE

AU SIÉGE DE PARIS

RÈGNE DE CHARLES IX.

1564. AUBRY, Jean. — Mercerie.
BOURGEOIS, Nicolas. — Pelleterie.
LADVOCAT, Henry. — Mercerie.
DE LA COURT, Pierre. — Marchand de vin et de poisson.
HERVY, Claude. — Mercerie.

1565. LE PRESTRE, Claude. — Marchand de vin et de poisson.
REGNAULT, Claude. — Marchand de vin et de poisson.
BOURDIN, Vaast. — Apothicairerie et épicerie.
DE CREIL, Louis. — Mercerie.
DE DAMPMARTIN, Jean. — Draperie.

1566. MARCEL, Claude. — Orfévrerie.
DAUBRAY, Jean. — Mercerie.
GARRAULT, François. — Mercerie.
ROCH, André. — Draperie.
DE LA BRUIÈRE, Jean. — Apothicairerie et épicerie.

1567. MENANT, Jean. — Marchand de vin.
HAC, Nicolas. — Draperie.

DE LA BISTRATE, Jean. — Marchand de vin et de poisson.
LE JAY, Jean. — Mercerie.
DE PARIS, Claude. — Épicerie.

1568. LADVOCAT, Henry. — Mercerie.
THIAULT, François. — Marchand de vin.
DE BOURGES, Nicolas. — Apothicairerie et épicerie.
BONNART, François. — Pelleterie.
BOURSIER, Pierre. — Mercerie.

1569. BOURGEOIS, Nicolas. — Pelleterie, décédé, remplacé par
DE LA COURT, Pierre. — Marchand de vin et de poisson.
BRICE, Jean. — Mercerie.
DU BOIS, Jacques. — Draperie.
MEUSNIER, Jean. — Mercerie.
LE PEULTRE, Jacques. — Mercerie.

1570. HERVY, Claude. — Mercerie.
AUBERY, Claude. — Mercerie.
ROUSSELET, Guillaume. — Mercerie.
DE LA FOSSE, Pierre. — Épicerie.
LESCUYER, Jean. — Draperie.

1571. BOURDIN, Vaast. — Apothi-
caircrie et épicerie.
Le Brest, Jacques. — Mar-
chand de vin et de poisson.
Simon, Nicolas. — Mercerie.
Despinav, Jean. — Draperie.
Boucher, Germain. — Merce-
rie.

1572. LE JAY, Jean. — Mercerie.
De Laulnoy, Maurice. — Dra-
perie.
Le Lièvre, Claude. — Merce-
rie.
De Laulne, Martin. — Mar-
chand de vin et de poisson.
Du Bois, Sébastien. — Épicerie.

1573. DE LA BISTRATE, Jean. —
Marchand de vin et de pois-
son.
Desprez, Robert. — Marchand
teinturier de draps.
Moreau, Jean. — Épicerie.
De Castille, Philippes. — Mer-
cerie.
Huot, Antoine. — Draperie.

1574. BOURSIER, Pierre. — Merce-
rie.
Salvancy, Jean. — Mercerie.
Parent, Nicolas. — Draperie.
Robineau, Antoine. — Épicerie.
Le Gois, Pierre. — Marchand
de vin.

RÈGNE DE HENRI III.

1575. DE DAMPMARTIN, Jean. —
Draperie.
Thouret, Pierre. — Épicerie.
Chouart, Denys. — Marchand
de vin.
Bourgeois, Rémond. — Mer-
cerie.
De Bordeaux, Jean. — Dra-
perie.

1576. AUBERY, Claude. — Mercerie.
Luillier, François. — Mer-
cerie.
De la Bistrate, Claude. —
Mercerie.
Facreau, Antoine. — Apothi-
caircrie et épicerie.
Bourlon, Philibert. — Drape-
rie.

1577. MEUSNIER, Jean. — Mercerie.
Beaucousin, Jean. — Orfèvrerie.
Qutes, Pierre. — Apothicaire-
rie et épicerie.
Buhot, Robert. — Draperie.
Bobye, Louis. — Mercerie.

1578. DE LA BRUIÈRE, Jean. —
Apothicaircrie et épicerie.

Troude, Charles. — Marchand
de vin et de poisson.
De Compans, Jean. — Draperie.
Toutin, Richard. — Orfèvrerie.
Vivien, Jacques. — Mercerie

1579. BRICE, Jean. — Mercerie.
Semelle, Guillaume. — Mer-
cerie.
Bizart, Nicolas. — Marchand
de poisson de mer.
Bréard, Pierre. — Mercerie.
Perrochel, Valleran. — Mer-
cerie.

1580. DESPREZ, Robert. — Mar-
chand teinturier de draps.
Boyvin *l'aisné*, Antoine. —
Draperie.
Picot, Claude. — Épicerie.
Leprestre, Jean. — Marchand
de vin et de poisson.
Du Clos, Jacques. — Draperie.

1581. PARENT, Nicolas. — Draperie.
De Laistre, François. — Mer-
cerie.
Costeblanche, François. —
Draperie.

THIAULT, Nicolas. — Marchand de vin et de poisson.

HÉRON, Marc. — Apothicairerie et épicerie.

1582. MOREAU, Jean. — Épicerie.

PLASTRIER, Guillaume. — Draperie.

DE LA COURT, Pierre. — Marchand de vin et de poisson.

GALLANT, Jean. — Mercerie.

LE TELLIER, Guillaume. — Épicerie.

1583 ROBINEAU, Antoine. — Épicerie.

DE CREIL, Nicolas. — Mercerie.

MARTIN, Vincent. — Marchand de vin.

ROUILLIÉ, Jean. — Draperie.

DU RESNEL, Nicolas. — Mercerie.

1584. BOURGEOIS, Rémond. — Mercerie.

LE BREST, François. — Marchand de vin et de poisson.

DE LA CROIX, Guillaume. — Mercerie.

GORION, Jean. — Apothicairerie et épicerie.

NÉRET, Denys. — Draperie.

1585. FAUREAU, Antoine. — Apothicairerie et épicerie.

BOIVIN, Simon. — Draperie.

PASSART, Pierre. — Mercerie.

DE MIRAULMONT, Jean. — Marchand teinturier.

MARTIN, Pierre. — Marchand de vin.

1586. DE COMPANS, Jean. — Mercerie.

CHARPENTIER, François. — Marchand de vin et de poisson.

TURQUET, Jacques. — Mercerie.

VULIN, Charles. — Mercerie.

DUCHESNE, Jacques. — Mercerie.

1587. TROUDE, Charles. — Marchand de vin et de poisson.

BOURDIN, Louis. — Épicerie.

FRESSART, Nicolas. — Draperie.

ANDRÉ, Antoine. — Mercerie.

PONCHER, Pierre. — Mercerie.

1588. QUTES, Pierre. — Apothicairerie et épicerie.

LE ROY, Pierre. — Mercerie.

GIRARD, Miles. — Draperie.

BLANCHART, François. — Marchand de vin.

BOURDIN, Pierre. — Marchand de bois.

1589. THIAULT, Nicolas. — Mercerie.

DESPREZ, Barnabé. — Draperie.

BOBYE, Claude. — Mercerie.

BELIN, François. — Épicerie.

YON, Robert. — Mercerie.

RÈGNE DE HENRI IV.

1590. NÉRET, Denys. — Draperie.

VILLEBICHET, Jean. — Mercerie.

LE CAMUS, Jean. — Apothicairerie et épicerie.

MULLOT, Jean. — Marchand de vin et de poisson.

DU RESNEL, Philippes. — Mercerie.

1591. GORION, Jean. — Apothicairerie et épicerie.

HÉBERT, Noël. — Draperie.

LE COMTE, Philippes. — Mercerie.

DE SAINT-AUBIN, Thibault. — Mercerie.

CRESSÉ, Laurent. — Mercerie.

1592. GALLANT, Jean. — Mercerie.

GOBELIN, Nicolas. — Draperie.

TROUVE, Jacques. — Marchand de poisson de mer.

DE FLECELLES, Gabriel. — Mercerie.

LE JUGE, Simon. — Épicerie.

1593. DE CREIL, Nicolas. — Mercerie.

LE NORMAND, Jean. — Marchand de vin et de poisson.

MONSIGOT, Louis. — Draperie.

LE FEBVRE, Pierre. — Mercerie.

LAMBERT, Jean. — Apothicairerie et épicerie.

1594. BOIVIN, Simon. — Draperie.

BOULLENGER, Eustache. — Mercerie.

GUIOT, Jean. — Épicerie.

DU PUIS, Jean. — Marchand de vin.

CARREL, Côme. — Mercerie.

1595. MARTIN, Pierre. — Marchand de vin.

LE ROY, Claude. — Épicerie.

BELOT, François. — Mercerie.

GAMIN, Henri. — Mercerie.

CHESNARD, Jean. — Draperie.

1596. VULIN, Charles. — Mercerie.

LE GROS, Denys. — Draperie.

PIJART, François. — Apothicairerie et épicerie.

FILLEAU, Antoine. — Mercerie.

BOSSU, Nicolas. — Marchand de vin et de poisson.

1597. ROUILLIÉ, Jean. — Draperie.

SENSIER, Philippes. — Mercerie.

LOUVET, Jean. — Mercerie.

LAUDET, Jacques. — Épicerie.

PASSART, Guillaume. — Marchand de vin et de poisson.

1598. VILLEBICHET, Jean. — Mercerie.

COIGNET, Thomas. — Mercerie.

DESCARTS, Robert. — Draperie.

ROUSSEL, Claude. — Marchand de vin et de poisson.

DU FRESNOY, Pierre. — Apothicaireric.

1599. DESPREZ, Barnabé. — Draperie.

LOMBERT, Milles. — Épicerie.

DE BRÉZÉ, Gilles. — Mercerie.

DE LA HAYE, Jean. — Orfévrerie.

BERGERON, Laurent. — Mercerie.

1600. BELIN, François. — Épicerie.

FEULLET, Pierre. — Mercerie.

DES CHAMPS, Joseph. — Draperie.

NICOLAS, Pierre. — Orfévrerie.

LAMY, Michel. — Mercerie.

1601. MULLOT, Jean. — Marchand de vin et de poisson.

BOYER, Remy. — Draperie.

DE CAMBRAY, Claude. — Apothicairerie.

FREZON, François. — Mercerie.

SAINCTOT, Pierre. — Marchand teinturier de soie.

1602. CRESSÉ, Laurent. — Mercerie.

RUFFÉ, André. — Mercerie.

MESSIER, Jean. — Draperie.

YON, Durand. — Marchand de vin et de poisson.

DE BOURGES, Nicolas. — Épicerie.

1603. DE FLECELLES, Gabriel. — Mercerie.

BAZIN, Jean. — Draperie.

HENRYOT, Jean. — Mercerie.

BAZOIN, Paschal. — Apothicairerie.

TARGER, Nicolas. — Mercerie.

1604. LE ROY, Claude. — Épicerie.

LEMPEREUR, Jean. — Draperie.

DU PRÉ, Claude. — Mercerie.

VYE, Nicolas. — Mercerie.

GUILLEMOT, Jean. — Marchand de vin et de poisson.

1605. BELOT, François. — Mercerie.

Danys, Louis. — Mercerie.

Le Brest, Pierre. — Draperie.

Jobert, Jean. — Apothicairerie.

Eustache, Jean. — Marchand de vin et de poisson.

1606. CHESNARD, Jean. — Draperie.

Drouet, Jacques. — Épicerie.

Cremillier, Pierre. — Marchand de vin.

Guibert, Antoine. — Mercerie.

Lespicier, Guillaume. — Marchand de bled.

1607. LE FEBVRE, Pierre. — Mercerie.

Marier, Guillaume. — Marchand de vin.

Gillot, Nicolas. — Draperie.

Bachelier, Pierre. — Apothicairerie.

Beaucousin, Jean. — Orfévrerie.

1608. GUYOT, Jean. — Épicerie.

Le Bossu, Eustache. — Marchand de vin et de poisson.

Picques, Olivier. — Mercerie.

Bachelier, Jean. — Draperie.

Marcez, Simon. — Orfévrerie.

1609. LOUVET, Jean. — Mercerie.

Langlois, Simon. — Épicerie.

Hersant, François. — Draperie.

Benoise, Jacques. — Orfévrerie.

Chanlatte, Claude. — Marchand de vin.

1610. PASSART, Guillaume. — Marchand de vin et de poisson.

Helain, Charles. — Mercerie.

Gamare, Michel. — Apothicairerie.

Boué, Jean. — Draperie.

Caillou, Martin. — Pelleterie.

RÈGNE DE LOUIS XIII.

1611. DESCARTES, Robert. — Draperie.

Poignant, Guillaume. — Épicerie.

Hachette, Pierre. — Bonneterie.

De Creil, Jacques. — Mercerie.

Malacquin, Fiacre. — Mercerie.

1612. FEULLET, Pierre. — Mercerie.

Goxier, Claude. — Apothicairerie.

Boucher, Claude. — Mercerie.

Cavellier, Jean. — Bonneterie.

Drouin, Louis. — Draperie.

1613. DES CHAMPS, Joseph. — Draperie.

Raguenet, Michel. — Épicerie.

Le Maire, Jean. — Mercerie.

Ferrus, Estienne. — Pelleterie

Pelletier, Pierre. — Orfévrerie.

1614. FREZON, François. — Mercerie.

Predeseigle, François. — Draperie.

Andrenas, Antoine. — Mercerie.

Ollin, Antoine. — Apothicairerie.

Charrats, Antoine. — Bonneterie.

Du Bois, Jean. — Draperie.

1615. SAINCTOT, Pierre. — Mercerie.

De Compans, Jean. — Draperie.

Doublet, Nicolas. — Mercerie.

Barbier, Jacques. — Épicerie.

Avelyne, Charles. — Orfévrerie.

1616. HENRYOT, Jean. — Mercerie.

Cheron, Jean. — Apothicairerie.

Brillet, Nicolas. — Draperie.

Robineau, Antoine. — Mercerie.

Perier, Guillaume. — Marchand de vin.

1617. TARGER, Nicolas. — Mercerie.

Portebedien, François. — Mercerie.

Heron, Jacques. — Épicerie.

Caignet, Pierre. — Draperie.

Goujon, Pierre. — Marchand de vin.

1618. LEMPEREUR, Jean. — Draperie.

Bachelier, Martin. — Mercerie.

Descouy, Guillaume. — Apothicairerie.

Camus, Guillaume. — Orfévrerie.

Baron, Jean. — Mercerie.

1619. GUILLEMOT, Jean. — Marchand de poisson de mer.

Langlois, André. — Draperie.

Savary, Jean. — Mercerie.

Du Chesnes, Pierre. — Épicerie.

Le Roy, Pasquier. — Mercerie.

1620. LESPICIER, Guillaume. — Marchand de grains.

Guilloré, Simon. — Apothicairerie.

Helyot, Jean. — Mercerie.

Germain, Charles. — Draperie.

Cadeau, Pierre. — Mercerie.

1621. MARIER, Guillaume. — Marchand de vin.

Denizon, François. — Épicerie.

Glué, François. — Mercerie.

Hamelin, Charles. — Draperie.

Jeunesse, Claude. — Mercerie.

1622. BEAUCOUSIN, Jean. — Orfévrerie.

Deslaviers, Jean. — Mercerie.

De Creil, Louis. — Draperie.

Colichon, Thomas. — Épicerie.

Guyet, Martin. — Marchand de vin.

1623. PICQUES, Olivier. — Mercerie.

De Plancy, Pierre. — Apothicairerie.

Tronchot, Jean. — Draperie.

Doublet, Antoine. — Mercerie.

Touzet, Pierre. — Orfévrerie.

1624. BACHELIER, Jean. — Draperie.

Guérin, Guillaume. — Épicerie.

Santeuil, Augustin. — Mercerie.

De Saint-Genis, Denys. — Marchand de grains.

Liger, Alexandre. — Mercerie.

1625. BENOISE, Jacques. — Orfévrerie.

La Gogue, Jean. — Mercerie.

Nicolas, Marc. — Apothicairerie.

Sonnius, Michel. — Librairie.

De Hault, Nicolas. — Draperie.

1626. HACHETTE, Pierre. — Bonneterie.

Bazin, Jean. — Draperie.

Torentier, Léonard. — Épicerie.

Pincebourde, Pierre. — Orfévrerie.

Baillon, Guillaume. — Bonneterie.

1627. MARCEZ, Simon. — Orfévrerie.

De Vin, Adrien. — Draperie.

De Laistre, Nicolas. — Mercerie.

Girouart, Claude.—Pelleterie.

Le Rat, Gilles. — Apothicairerie.

1628. DE CREIL, Jacques. — Mercerie.

Boucher, Claude. — Draperie.

Rafron, Martin. — Épicerie.

Garnier, Jean. — Mercerie.

Fillassier, Pierre. — Orfévrerie.

1629. GONIER, Claude. — Apothicairerie.

Yon, Claude. — Mercerie.

Le Messier, Jean. —Draperie.

Eustache, Pierre. — Épicerie.

De la Noue, Claude. — Orfévrerie.

1630. DE COMPANS, Jean. — Draperie.

De Baillou, Claude. — Apothicairerie.

Robin, François. — Mercerie.

Macé, Pierre. — Marchand de bois.

Hacte, Louis. — Mercerie.

1631. PERIER, Guillaume. — Marchand de vin.

De Compans, Louis. — Draperie.

Passart, Jacques. — Mercerie.

Foucault, Claude. — Épicerie.

Heurlot, Estienne. — Marchand de poisson.

Goger, François. — Bonneterie.

1632. HÉRON, Jacques. —Épicerie.

Chesnart, Pierre. — Draperie.

Bodeau, Mathurin. — Mercerie

Le Juge, Jean. — Marchand de vin.

Perier, Pierre. — Apothicairerie.

Monchemy, Mathurin, — Apothicairerie.

Blondel, Thierry.—Drape ie.

1633. GOUJON, Pierre. —Marchand de vin.

De Creil, Nicolas. —Mercerie.

Le Brest, Pierre. — Draperie.

Darques, Jacques. —Pelleterie.

Barbier, Pierre. — Épicerie.

1634. CADEAU, Pierre. — Mercerie.

Le Boué, Claude. — Draperie

Bazouin, Jean. — Apothicairerie.

Turquet, Paris. — Mercerie.

De la Have, René. — Orfévrerie.

1635. DENISON, François. — Épicerie.

Hersant, Laurent.—Draperie.

De la Court, Pamphile.—Mercerie.

Levesque, Jean.—Bonneterie.

Héron, Antoine. —Épicerie.

1636. SANTEUIL, Augustin.—Mercerie.

Bachelier, Jean. — Mercerie.

Baudart, René. — Apothicairerie.

De Saint-Jean, Robert.—Draperie.

Cramoisy, Sébastien. — Librairie et imprimerie.

1637. DE SAINT-GENIS. — Marchand de grains.

Gourlin, Charles. — Mercerie.

Greland, Lazare. — Épicerie.

Berand, Henry. — Draperie.

Le Roux, Philippes. — Pelleterie.

1638. BAZIN, Jean. — Draperie.
FRAGUIER, François. — Apothicairerie.
PREDESEIGLE, François. — Draperie.
FOURNIER, Pierre. — Mercerie.
CELOT, Estienne. — Bonneterie.

1639. BAILLON, Guillaume. — Bonneterie.
DE BOURGES, Jean. — Épicerie.
BROCHANT, Mathurin. — Draperie.
BRUNET, Charles. — Mercerie.
CHARPENTIER, Nicolas. — Orfévrerie.

1640. DE VIN, Adrien. — Draperie.
LESCOT, François. — Draperie.
DE POIS, Nicolas. — Mercerie.
CAVELLIER, Jean. — Bonneterie.
HÉRON, Denys. — Apothicairerie.

1641. DE LAISTRE, Nicolas. — Mercerie.
LE JEUNE, Jacques. — Draperie.
SANSON, Antoine. — Mercerie.
LESCOT, Rémond. — Orfévrerie.
YON, Geoffroy. — Épicerie.

1642. GARNIER, Jean. — Mercerie.
GEOFFROY, Estienne. — Apothicairerie.
BACHELIER, Antoine. — Draperie.
DE HERICOURT, Pierre. — Mercerie.
LE FOUIN, Nicolas. — Marchand de vin.

1643. EUSTACHE, Pierre. — Épicerie.
PICHON, Denys. — Mercerie.
LE MARCHANT, Jean. — Bonneterie.
BARBIER, Jacques. — Épicerie.
GILLOT, Henry. — Draperie.

RÈGNE DE LOUIS XIV.

1644. FOUCAULT, Claude. — Apothicairerie.
THIREMENT, Jacques. — Apothicairerie.
NYVERT, Claude. — Draperie.
PARENT, Jean. — Mercerie.
DE MONHERS, Jacques. — Mercerie.

1645. LE JUGE, Jean. — Marchand de vin.
LINDO, Jean. — Mercerie.
TICQUET, Jacques. — Draperie.
SEMELLE, Michel. — Marchand de laine.
HARANGER, Claude. — Épicerie.

1646. MONCHENY, Mathurin. — Apothicairerie.
MARCADÉ, Charles. — Orfévrerie.

CORNILLIER, Louis. — Draperie.
GOUJON, Louis. — Mercerie.
DU FRESNOY, Martin. — Apothicairerie.

1647. BARBIER, Pierre. — Épicerie.
POCQUELIN, Robert. — Mercerie.
BOUTILLIER, François. — Draperie.
GORGE, Jean. — Pelleterie.
TRANCHEPAIN, Gaspard. — Épicerie.

1648. LE BOUÉ, Claude. — Draperie.
PICQUES, Olivier. — Mercerie.
DE LA BALLE, Jean. — Draperie.
CHESNEAU, Jean. — Apothicairerie.
DE HEMANT, Pierre. — Orfévrerie.

1649. DE LA HAYE, René. — Orfèvrerie.

HERVÉ, Étienne. — Mercerie.

ROUSSEAU, Jean. — Bonneterie.

ORRY, François. — Draperie.

LE NOIR, Jacques. — Épicerie.

1650. HERSANT, Laurent. — Draperie.

ROGER, Silvain. — Apothicairerie.

GILLET, Pierre. — Draperie.

AUBERT, Didier. — Mercerie.

BALLARD, Robert. — Librairie et imprimerie.

PATIN, Claude. — Draperie.

1651. BACHELIER, Jean. — Mercerie.

DENISON, Pierre. — Épicerie.

LESCOT, Nicolas. — Draperie.

MAILLET, Philippes. — Mercerie.

MARCADÉ, Claude. — Orfèvrerie.

YON, Simon. — Draperie.

1652. CRAMOISY, Sébastien. — Librairie et imprimerie.

DE SECQUEVILLE, Simon. — Apothicairerie.

SIMONET, Claude. — Mercerie.

AUVRY, Rollin. — Marchand de laine.

LANGLOIS, Simon. — Draperie.

1653. GRELAND, Lazare. — Épicerie.

HERON, Vincent. — Épicerie.

PERICHON, Guillaume. — Mercerie.

CHARLEMAIGNE, Louis. — Draperie.

LABBÉ, Claude. — Bonneterie.

LE ROUX, Philippes. — Pelleterie.

1654. LESCOT, François. — Draperie.

FOUCAULT, Nicolas. — Apothicairerie.

DESPLASSES, Pierre. — Draperie.

TROTIER, Matthieu. — Mercerie.

DE LA VAVRIE, Alexandre. — Pelleterie.

1655. SANSON, Antoine. — Mercerie.

LE VIEUX, André. — Draperie.

COTTART, Jean. — Épicerie.

LE FEBVRE, Paul. — Orfèvrerie.

LANGLOIS, Louis. — Mercerie.

1656. LESCOT, Rémond. — Orfèvrerie.

GEOFFROY, Estienne. — Apothicairerie.

FORNE, Jean-Baptiste. — Mercerie.

PRÉVOST, Claude. — Draperie.

DE CAY, Antoine. — Apothicairerie.

DE VILLERS, Nicolas. — Mercerie.

1657. BACHELIER, Antoine. — Draperie.

VILLAIN, Claude. — Épicerie.

TRONCHOT, Jean. — Draperie.

DE FAVEROLLES, Nicolas. — Mercerie.

LAUGEOIS, Jacques. — Mercerie.

1658. PICHON, Denys. — Mercerie.

OULRY, Michel. — Draperie.

TIVILLE, Pierre. — Bonneterie.

HERON, Marc. — Apothicairerie.

PULLEU, Claude. — Mercerie.

1659. LE MARCHANT, Jean. — Bonneterie.

LE VIEUX, Jean. — Draperie.

HELVOT, Charles. — Mercerie.

PLANSON, Jacques. — Épicerie.

PICQUET, Pierre. — Marchand de bois.

Gervais, Philippes.—Mercerie.

1660. BARBIER, Jacques. — Épicerie.

Baudequin, Nicolas. — Draperie.

Beguin, Denys. — Mercerie.

De Moncheny, Mathurin. — Apothicairerie.

Cottart, Jacques. — Orfévrerie.

1661. NYVERT, Claude. — Draperie. Décédé, et remplacé par DE MONHERS, Jacques. — Mercerie.

Pocquelin, Louis. — Mercerie.

De la Porte, Antoine. — Épicerie.

Predeseigle, François. — Draperie.

Musnier, Antoine. — Marchand de vin.

1662. TICQUET, Jacques. — Draperie.

De Bierne, Claude. — Pelleterie.

Germain, Fiacre. — Draperie.

Clacquenelle, Pierre. — Apothicairerie.

Le Brun, Charles. — Mercerie.

1663. POCQUELIN, Robert. — Mercerie.

Chenart, Jean. — Draperie.

Heron, Antoine. — Épicerie.

Lempereur, Philippes. — Mercerie.

Lescot, Pierre. — Bonneterie.

1664. ROUSSEAU, Jean. — Bonneterie.

De Meromont, Jean. — Draperie.

Heron, Marc. — Apothicairerie.

Du Cocquel, Pierre.—Mercerie.

Le Febvre, Philippes. — Orfévrerie.

Vitré, Antoine. — Librairie et imprimerie.

1665. ROGER, Silvain. — Apothicairerie.

Heron, Nicolas. — Draperie.

Le Gendre, Jacques. — Épicerie.

Jeanson, Edme. — Mercerie.

Crollat, Florentin. — Pelleterie.

Villain, Estienne.—Mercerie.

1666. BALLARD, Robert. — Librairie et imprimerie.

Boilleau, Rolland. — Bonneterie.

Belin, Guillaume. — Draperie.

Piart, Sulpice. — Apothicairerie.

Gouffette, Jean. — Mercerie.

1667. DENISON, Pierre.—Épicerie.

Roussel, Jacques. — Épicerie.

Boué, Jean. — Draperie.

Gayot, Jean-Jacques. — Mercerie.

De Rosnel, Jean.—Orfévrerie.

1668. HERON, Vincent. — Épicerie.

Cadeau, Christophe. — Mercerie.

Pocquelin, Guy. — Draperie.

Noblet, Thomas. — Apothicairerie.

Doyen, Jean. — Marchand de vin.

1669. DE LA VAYRIE, Alexandre. — Pelleterie.

Le Camus, Claude. — Draperie.

Presty, Charles. — Mercerie.

Niceron, Mathurin.—Épicerie.

Béchet, Denys. — Librairie.

1670. LE VIEUX, André. — Draperie.

Regnault, Estienne. — Apothicairerie.

Bussillet, Jean. — Draperie.

Le Maire, Pierre. — Mercerie.

GORGE, Jean-Baptiste. — Pelleterie.

SOUPLET, Nicolas. — Apothicairerie.

1671. COTTART, Jean. — Épicerie.

GAULTIER, Charles. — Draperie.

LANGLOIS, Simon. — Mercerie.

DE LATTAIGNANT, Jean. — Épicerie.

GOBERT, Germain. — Bonneterie.

1672. LE FEBVRE, Paul. — Orfévrerie.

BALLIN, Claude. — Orfévrerie.

GERAULT, Claude. — Draperie.

DE LISLEFORT, Marc. — Apothicairerie.

GERVAIS, Julien. — Mercerie.

1673. VILLAIN, Claude. — Épicerie.

CHARDON, Jean. — Draperie.

BACHELIER, Jean. — Mercerie.

GOBLET, Pierre. — Pelleterie.

LE ROY, Jean. — Épicerie.

PORCHER, Jacques. — Draperie.

DROUET, Nicolas. — Épicerie.

1674. BAUDEQUIN, Nicolas. — Draperie.

ROUSSEAU, Antoine. — Mercerie.

GUILLER, Antoine. — Draperie.

PREVOST, Pierre. — Apothicairerie.

CAVELLIER, Jean. — Bonneterie.

1675. COTTART, Jacques. — Orfévrerie.

BROCHANT, Paul. — Draperie.

ROUSSEAU, Clovis. — Mercerie.

NICERON, François. — Épicerie.

PIJART, Philippes. — Orfévrerie.

RAGAIN, Jean. — Épicerie.

COSSART, Jean. — Mercerie.

1676. DE LA PORTE, Antoine. — Épicerie.

DE LA BALLE, Nicolas. — Draperie.

FRAGUIER, Pierre. — Apothicairerie.

GUERREAU, Jean. — Mercerie.

THIERRY, Denys. — Librairie et imprimerie.

1677. HÉRON, Nicolas. — Draperie. Décédé, et remplacé par VILLAIN, Estienne. — Mercerie.

BACHELIER, Michel. — Mercerie.

PIHAULT, Louis. — Bonneterie.

LE COUTEULX, Jean. — Draperie.

BOYELLEAU, Jean. — Épicerie.

1678. BOILLEAU, Rolland. — Bonneterie.

CLÉRAMBAULT, Charles. — Draperie.

PIJART, Charles. — Orfévrerie.

DORIEUX, Estienne. — Mercerie.

REGNAULT, Antoine. — Apothicairerie.

QUIQUEBEUF, Antoine. — Mercerie.

1679. BOUÉ, Jean. — Draperie.

LE DOUBRE, Julien. — Draperie.

GELLAIN, Louis. — Mercerie.

HARLAN, Charles. — Épicerie.

HOUTON, Mathieu. — Pelleterie.

1680. NOBLET, Thomas. — Apothicairerie.

GAMARE, Michel. — Apothicairerie.

PONCET, Simon. — Draperie.

DE POYS, Pierre. — Mercerie.

DU FOUR, Jean. — Bonneterie.

1681. NICERON, Mathurin. — Épicerie.

LE COUTEULX, Jacques. — Draperie.

RAGUIENNE, Jacques. — Mercerie.

CROCHET, Jean. — Orfévrerie.

DE LA SERRE, Jean. — Épicerie.

1682. BÉCHET, Denys. — Librairie.

BIGNICOURT, Louis. — Mercerie.

Le Grand, Louis. — Pelleterie.

Yon, Antoine. — Draperie.

Peitevin, Claude. — Apothicairerie.

1683. GERAULT, Claude.—Draperie.

Hervier, Jean. — Épicerie.

Cornillier, Nicolas. — Draperie.

Calles, Honoré. — Mercerie.

Nau, Marc. — Bonneterie.

1684. BACHELIER, Jean. — Mercerie.

Simon, Guy. — Apothicairerie.

Troisdames, Jean. — Mercerie.

Borquin, Estienne.—Orfévrerie.

Duflos, Jean. — Draperie.

1685. GOBLET, Pierre. — Pelleterie.

Tranchepain, François. — Épicerie.

Deuvercy, Alexandre. — Mercerie.

Porcher, Claude. — Draperie.

Pocquelin, Pierre. — Mercerie.

1686. DROUET, Nicolas. — Épicerie.

Hersant, François.— Draperie.

Noury, François. — Mercerie.

Chalmette, Jean-François. —
Pelleterie.

De La Coste, Jean. — Apothicairerie.

1687. PRÉVOST, Pierre. — Apothicairerie.

Boisseau, Barthélemy. — Épicerie.

Le Brun, Charles. —Mercerie.

Boucher, Claude. — Draperie.

Boursin, Jean. — Bonneterie.

1688. BROCHANT, Paul.—Draperie.

Guiller, Charles. — Draperie.

Crouzet, Pierre. — Mercerie.

Heron, Marc.—Apothicairerie.

Moreau, Jean. — Orfévrerie.

1689. THIERRY, Denys. — Librairie
et imprimerie.

Paignon, Gilbert. — Draperie.

Guillebon, Jacques.—Épicerie.

Gorge, Jean-Baptiste. — Pelleterie.

Troisdames, Charles. — Mercerie.

1690. BOYELLEAU, Jean.—Épicerie.

Petit, Michel. — Draperie.

Celière, Jean. — Mercerie.

Berger, Pierre. — Apothicairerie.

Dufrayez, Nicolas. — Bonneterie.

1691. CLERAMBAULT, Charles. —
Draperie.

Rousseau, Denis. — Draperie.

Herlau, Henry. — Mercerie.

Couvert, Jean. — Orfévrerie.

De La Roze, Charles. — Épicerie.

1692. LE COUTEULX, Jacques. —
Draperie.

De Berny, Claude. — Draperie.

Divry, Estienne. — Mercerie.

De Romigny, Estienne. — Marchand de vin.

Villain, Claude. — Épicerie.

1693. BIGNICOURT, Louis. — Mercerie.

De Berny, Estienne.—Draperie.

Boutet, Jacques. — Mercerie.

Lambert, Robert. — Épicerie.

Heron, Pierre. — Mercerie.

Presty, Pierre. — Mercerie.

1694. LE GRAND, Louis. — Pelleterie.

Geoffroy, Mathieu-François.
— Apothicairerie.

Baudequin, François. — Draperie.

Dumont, Jean. — Mercerie.

Billette, Guy. — Bonneterie.

1695. TRANCHEPAIN, François. —
Épicerie.

Creton, Claude. — Épicerie.

Berard, Antoine. — Draperie.

Hesme, Guillaume.—Mercerie.

Chauvin, Pierre. — Mercerie.

1696. CHALMETTE, Jean-François. — Pelleterie.

Charon, Charles. — Draperie.

Marcadé, Siméon.—Mercerie.

Hallé, Jean. — Orfévrerie.

Le Noir, Pierre. — Apothicairerie.

1697. BOISSEAU, Barthélemy.—Épicerie.

Niceron, Antoine. — Épicerie.

Revellois, Adrien.—Draperie.

Maillard, Florentin. — Pelleterie.

Tardif, Thomas. — Mercerie.

1698. LE BRUN, Charles.—Mercerie.

Décédé, et remplacé par GUILLEBON, Jacques.—Épicerie.

Boulduc, Simon. — Apothicairerie.

Alexandre, François. — Bonneterie.

Bellavoine, Pierre.—Mercerie.

1699. GORGE, Jean-Baptiste. — Pelleterie.

Desplasses, Gilles. — Draperie.

Barrov, Mathurin.—Mercerie.

Boudet, Justin. — Épicerie.

Loir, Alexis. — Orfévrerie.

1700. DUFRAYEZ, Nicolas. — Bonneterie.

Le Large, Jean. — Draperie.

Gavot, Jean-Jacques. — Mercerie.

Rousseau, Severin. — Apothicairerie.

Lohier, Charles. — Pelleterie.

Le Brun, Claude. — Mercerie.

1701. ROUSSEAU, Denys. —Draperie.

Poncet, Simon. — Draperie,

Benard, Guillaume. — Bonneterie.

Le Brun, Aubin. — Mercerie.

Harlan, Charles. — Épicerie.

1702. VILLAIN, Claude. — Épicerie.

Chauvin, Léonard. —Mercerie.

Du Bois, Henry. — Draperie.

Lucas, Guillaume.—Orfévrerie.

Mesaigé, Charles. — Épicerie.

1703. HÉRON, Pierre. — Mercerie.

Hébert, Guill.-André. — Mercerie.

Boucher, Louis-Paul. — Draperie.

Villain, Jean-Charles. — Épicerie.

Panet, Jean-Pierre. — Pelleterie.

1704. PRESTY, Pierre. — Mercerie.

Guillebon, Claude.— Épicerie.

Langlois, Pierre. — Draperie.

Regnault, François. — Mercerie.

Le Roux, Jean. — Bonneterie.

1705. REVELLOIS, Adrien. — Draperie.

Le Doux, Pierre. — Mercerie.

Hersant, François.—Draperie.

De Louan, Claude.—Orfévrerie.

Seconds, Joseph. — Apothicairerie.

1706. TARDIF, Thomas.—Mercerie.

De Sainct-Jean, André. — Draperie.

Testart, Jean. — Mercerie.

Regnard, Denis-François. — Épicerie.

Tronchet, Nicolas.—Pelleterie.

1707 BOULDUC, Simon. — Apothicairerie.

Du Sault, Pierre. — Banquier.

Musnier, Jacques.— Draperie.

Sautreau, Jean-François. — Mercerie.

Peaget, Claude-François. — Apothicairerie.

1708. ALEXANDRE, François. — Bonneterie.

Le Grin, Remy.—Mercerie.

CARON, Antoine. — Draperie.

GUÉRIN, François. — Épicerie.

PERDRIGEON, Jean. — Bonneterie.

1709. BELLAVOINE, Pierre.—Mercerie.

COMPTOUR, Jean. — Draperie.

JACOB, Guillaume.—Orfévrerie.

SOUBIRON, Pierre. — Apothicairerie.

SCOURJON, Guillaume. — Mercerie.

1710. HARLAN, Charles. — Épicerie.

FAGNOU, Jacques. — Épicerie.

GUILLEMET, Nicolas.—Draperie.

VANDERTIN, Guillaume. — Pelleterie.

TRIBARD, Claude. — Mercerie.

1711. PONCET, Simon. — Draperie.

COURTOIS, François. — Apothicairerie.

HUET, Charles. — Mercerie.

DESPLASSES, François. — Draperie.

HUDE, Jean. — Bonneterie.

1712. CHAUVIN, Léonard. — Mercerie.

GELLAIN, Jean-Marie. — Draperie.

HERAULT, Jean. — Mercerie.

ANDRY, Jean. — Épicerie.

DE LENS, François. — Orfévrerie.

1713. BOUCHER, Louis-Paul.—Draperie.

DEUVERCY, Alexandre. — Mercerie.

VOX, Antoine-Maurice. — Draperie.

GALLET, Claude-François. — Épicerie.

DEZALLIER, Antoine. — Librairie.

1714. LE DOUX, Pierre.—Mercerie.

DU CAURROY, François. — Mercerie.

SALMON, Jacques-Noël. — Draperie.

LOISEAU, Guillaume.—Épicerie.

DE BIERNE, Claude. — Pelleterie.

1715. DE SAINCT-JEAN, André. — Draperie.

DONÉ, Christophe.—Mercerie.

NAU, Jean. — Bonneterie.

PONCET, Abel. — Draperie.

ROUVIÈRE, Henry. — Apothicairerie.

RÈGNE DE LOUIS XV.

1716. PEAGET, Claude-François. — Apothicairerie.

NAU, Marc. — Draperie.

LAY, Marc-François. — Mercerie.

HERVIER, Nicolas. — Épicerie.

LARSONNYER, Sébastien.—Marchand de vin.

1717. PERDRIGEON, Jean. — Bonneterie.

DE VIN, Jacques. — Draperie.

GOUREL-DUCLOS, Claude.—Mercerie.

REGNAULT, François. — Apothicairerie.

PAYEN, Mathurin-Lambert. — Orfévrerie.

BOULDUC, Gilles-François. — Apothicairerie.

1718. SCOURJON, Guillaume.—Mercerie. Décédé, et remplacé par VANDERTIN, Guillaume. — Pelleterie.

REGNAULT, Philippes. — Mercerie.

SORIN, François. — Épicerie.

BALLARD, J.-B. Christophe. — Librairie et imprimerie.

GUILLER, Estienne. — Draperie.

1719. COURTOIS, François. — Apothicairerie.

DUBOIS, Paul. — Apothicairerie.

DE SANTEUL, Jean-Baptiste. — Mercerie.

LANGLOIS, Antoine-Charles. — Draperie.

LE TELLIER, Estienne. — Pelleterie.

1720. HUET, Charles. — Mercerie. Décédé, et remplacé par GELLAIN, Jean-Marie. — Draperie.

DE SERRE, Antoine. — Draperie.

PERUCHOT, Claude. — Épicerie.

GAMARD, Nicolas-Pierre. — Mercerie.

AUVRAY, Henry. — Bonneterie.

1721. HÉRAULT, Jean. — Mercerie.

DE ROSNEL, Henry. — Draperie.

GILLET, David. — Apothicairerie.

JUDDE, Michel. — Mercerie.

VANDIVE, Philippes. — Orfévrerie.

1722. DEUVERCY, Alexandre. — Mercerie.

BUCHÈRE, Marc-Clément. — Draperie.

FREMIN, Claude. — Épicerie.

LE NOIR, Philippes. — Marchand de vin.

PIGEON, Charles. — Mercerie.

REGNAULT, Henry. — Mercerie.

1723. DE BIERNE, Claude. — Pelleterie.

ROLIN, Estienne. — Draperie.

CHAUVIN, Pierre. — Mercerie.

JAUSSIN, Louis-Pierre. — Apothicairerie.

COIGNARD, Jean-Baptiste. — Librairie et imprimerie.

1724. DORÉ, Christophe. — Mercerie.

CHENAVAS, Philippes. — Draperie.

HUET, Charles-Pierre. — Mercerie.

PILLET, Claude. — Épicerie.

LAMY, Claude. — Pelleterie.

GUILLER, Antoine-Charles. — Draperie.

GOUJON, Pierre. — Épicerie.

1725. SORIN, François. — Épicerie.

BAUDIN, Bernard. — Draperie.

BOSCHERON, Charles. — Mercerie.

PRADIGNAT, Jean. — Apothicairerie.

DUFRAYEZ, Henry. — Bonneterie.

1726. BALLARD, J.-B.-Christophe. — Librairie et imprimerie.

BARAULT, Jean. — Draperie.

METTRA, Louis. — Mercerie.

LACOMBE, Jean-Pierre. — Épicerie.

PIJART, Jacques. — Orfévrerie.

1727. GILLET, David. — Apothicairerie.

LAURENT, Estienne. — Mercerie.

DU VERGER, Antoine. — Apothicairerie.

ANGOT, Jean-Charles. — Draperie.

VALFERDIN, Jean-Baptiste. — Pelleterie

1728. LE NOIR, Philippes. — Marchand de vin.

FAMIN, Pierre. — Épicerie.

PIQUELÉE, Gaspard. — Mercerie.

PERDRIGEON, Jean. — Draperie.

CHARLIER, Guillaume. — Marchand fabricant d'étoffes d'or.

1729. JAUSSIN, Louis-Pierre. — Apothicairerie.

BOSCHERON, Guillaume. — Mercerie.

DUPUIS, Estienne. — Marchand de vin.

CARON, Pierre-Charles. — Draperie.

RIQUET, Joseph. — Bonneterie.

1730. HUET, Charles - Pierre. — Mercerie.

DESCHAMPS, Amable-Joseph. — Épicerie.

PRÉVOST, Jacques. — Orfévrerie.

DE SAINCT - JEAN, Michel. — Draperie.

SAUGRAIN, Claude - Marin. — Librairie.

1731. PRADIGNAT, Jean. — Apothicairerie.

TESNIÈRE, Edme. — Mercerie.

TERREAU, Léon - François. — Marchand de vin.

LE MOYNE, Jean. — Draperie.

BERTELS, Nicolas. — Pelleterie.

1732. METTRA, Louis. — Mercerie.

JARRY, Louis. — Épicerie.

GARNIER, Jacques. — Orfévrerie.

ANDRÉ, Jean–François. — Draperie.

DE PERIGNY, Jacques. — Bonneterie.

1733. PIQUELÉE, Gaspard. — Mercerie.

DELESPINE, Alexandre J.-B. — Librairie et imprimerie.

BARDON, Jean. — Apothicairerie.

TESTELETE, Claude. — Draperie.

PILLERON, Laurent. — Marchand de vin.

1734. FAMIN, Pierre. — Épicerie.

MAIGRET, Estienne. — Mercerie.

MORQUEIX, Nicolas-Louis. — Pelleterie.

PINCEMAILLE, Michel. — Bonneterie.

LEVESQUE, Charles. — Orfévrerie.

1735. DE ROSNEL, Henry. — Draperie.

BAILLY, Louis-René. — Apothicairerie.

HUET, Alexandre-Amand. — Mercerie.

ÉMERY, Pierre - François. — Librairie et imprimerie.

GOBLET, Joseph–Joachim. — Bonneterie.

1736. BERTELS, Nicolas. — Pelleterie.

MAHEU, Nicolas. — Draperie.

CHEFD'HOMME - DESBARRES. — Épicerie.

BICQUET, Jean. — Mercerie.

LAGNEAU, Léonor. — Orfévrerie.

1737. SAUGRAIN, Claude-Martin. — Librairie.

LE COUTEULX, Jean-Armand. — Draperie.

PIA, Nicolas. — Apothicairerie.

VERNAY, Jean. — Mercerie.

HOUDAS, Claude. — Marchand de vin.

1738. JARRY, Louis. — Épicerie.

LEPREUX, Martin. — Pelleterie.

HUREAU, Nicolas. — Draperie.

LE ROY l'aîné, Estienne. — Mercerie.

HUDE, Claude. — Bonneterie.

1739. DELESPINE, Alexandre-J.-B. — Librairie et imprimerie.

HABERT, Charles. — Apothicairerie.

DESPRIEZ, Jean. — Draperie.

LEGRAS, Philippes. — Mercerie.

VANDIVE, Balthazar-Philippes. — Orfévrerie.

1740. ANDRÉ, Jean-François. — Draperie.

VILLAIN, Claude. — Épicerie.

DAVID, Michel-Estienne.— Librairie.

RACHON, Pierre-Philippes. — Mercerie.

VAUDICHON, Estienne. — Pelleterie.

1741. GARNIER, Jacques. — Orfévrerie.

LE ROY, Nicolas. — Draperie.

PAGÈS, Claude. — Épicerie.

SAUTREAU, Antoine — Mercerie.

DARLOT, Jacques. —Marchand de vin.

1742. LAGNEAU, Léonor. — Orfévrerie.

HERSANT, Denis. — Draperie.

BOUDET, Barthélemy-Auguste. — Épicerie.

MILLON, Henry. — Mercerie.

PETIT, François.—Bonneterie.

1743. PIA, Nicolas. — Apothicairerie.

VERON, Louis-Henry. — Draperie.

DE LENS, Jean. — Orfévrerie.

GUYOT, Pierre. — Pelleterie.

CAVELIER, Guillaume. — Librairie

1744. HUET, Alexandre-Amand. — Mercerie.

NAU, Marc-Antoine. — Draperie.

FAMIN, Louis-César.—Épicerie.

LE SOUR, Jacques-Estienne.— Bonneterie.

VIGNON, Jean-François.—Marchand de vin.

1745. LE COUTEULX, Jean-Armand. — Draperie.

FILLON, Jacques-Martin. — Mercerie.

GORSSE, J. J. — Apothicairerie.

GOBLET, Pierre. — Bonneterie.

LE ROY, Pierre. —Orfévrerie.

1746. VILLAIN, Claude.—Épicerie.

DESPREZ, Nicolas. — Draperie.

NOLAN, Jean. — Mercerie.

LEPREUX, Charles. — Pelleterie.

COIGNARD, Jean-Baptiste.— Librairie et imprimerie.

1747. HUDE, Jean-Claude. — Bonneterie.

LEVÉ, Jean. — Draperie.

HENRY, Joseph. — Apothicairerie.

BIOCHE, Guillaume. — Mercerie.

DE SAINT-JULLIEN, Armand. — Orfévrerie.

1748. PAGÈS, Claude. — Apothicairerie.

BROCHANT, Charles. — Draperie.

BOULLENGER, Jean. — Bonneterie.

STOCARD, Jean. — Mercerie.

CHEVALIER, Benoist. — Marchand de vin.

1749. BOUDET, Barthélemy-Auguste. — Épicerie.

CHRESTIEN, Jean. — Draperie.

LE ROY, Jean-Pierre. — Orfévrerie.

JUDDE, Claude-Robert. — Mercerie.

DE BIERNE, Jean-Laurent. — Pelleterie.

1750. DE LENS, Jean-Baptiste. — Orfévrerie.

MUSNIER, Jacques-Claude. — Draperie.

PIA, Claude. —Apothicairerie.

DARLU, Pierre-Julie. — Mercerie.

LE MERCIER, Pierre-Gilles. — Librairie et imprimerie.

1751. NAU, Marc-Antoine. — Draperie.

SEBRÉ, Claude-René. — Épicerie.

BELLOT, Pierre. — Bonneterie.

ROUSSELOT, Jean. — Mercerie.

POLLISSARD, Jacques. — Marchand de vin.

GUYMONNEAU, Louis. — Épicerie.

1752. LE SOUR, Jacques-Estienne. — Bonneterie.

VERON, Jean-Baptiste. — Draperie.

HENNIQUE, Jacques. — Apothicairerie.

JARRY, Richard. — Orfévrerie.

COCHIN, Claude-Denys. — Mercerie.

1753. VIGNON, Jean-François. — Marchand de vin.

ABRAHAM, Charles. — Draperie.

PETIT, Louis-Charlemagne — Épicerie.

BELLET, Pierre. — Mercerie.

BERTELS, Nicolas-François. — Pelleterie.

1754. Nota. — Les juges en exercice sont continués dans leurs fonctions par ordre du Roi.

1755. GOBLET, Pierre. — Bonneterie.

NAU, Antoine. — Draperie.

CHACHIGNON, Michel-Éléonor. — Apothicairerie.

BRALLET, Jean-François. — Mercerie.

DE NULLY, Jean-Jacques. — Librairie.

1756. BROCHANT, Charles. — Draperie.

GOUJON, Pierre. — Épicerie.

BOULLENGER, Charles. — Bonneterie.

DEVARENNE, Pierre. — Mercerie.

LOUVET-DEVILLIERS, Louis. — Orfévrerie.

1757. BELLOT, Pierre. — Bonneterie.

QUATREMÈRE, Nicolas-Marie. — Draperie.

JORDRIN, Pierre. — Marchand de vin.

FLORÉE, Pierre-Thomas. — Pelleterie.

GILLET, Jean-Daniel. — Épicerie-apothicairerie.

1758. JUDDE, Claude-Robert. — Mercerie.

DEVIN, Jacques-René. — Draperie.

ROUSSEAU, Louis. — Bonneterie.

BRIASSON, Antoine-Claude. — Librairie.

FERRY, Jacques. — Épicerie.

1759. POLLISSARD, Jacques. — Marchand de vin.

HENRY, Pierre. — Mercerie.

ARSON, Remy. — Pelleterie.

CESSAC, Claude-François. — Épicerie, apothicairerie.

MAGIMEL, Philippes-Antoine. — Orfévrerie.

1760. COCHIN, Claude-Denys. — Mercerie.

DAUDIN, François. — Bonneterie.

LAURENT, Silvain. — Marchand de vin.

SEJOURNÉ, Jean-Baptiste. — Épicerie.

GUÉRIN, Pierre. — Draperie.

1761. BERTELS, Nicolas-François. — Pelleterie.

ODIOT, Jean-Baptiste-Gaspard. — Orfévrerie.

GANEAU, Louis-Estienne. — Librairie et imprimerie.

RICHARD, Guillaume. — Apothicairerie et épicerie.

PICÉARD, Jean. — Mercerie.

1762. JORDRIN, Pierre. — Marchand de vin.

CAGNIARD, Estienne-Jean. — Draperie.

BRIGNON, Charles-Sébastien. — Pelleterie.

GUICHON, Jacques. — Mercerie.

VIEILLARD, Clément. — Épicerie.

1763. FLORÉE, Pierre-Thomas. — Pelleterie.

VANCQUETIN, Jean-Jacques. — Marchand de vin.

BENOIST, Louis. — Draperie.

LE BEL, Pierre. — Apothicairerie.

DE BUSSY, Jacob. — Bonneterie.

1764. DARLU, Pierre-Julie. — Draperie et mercerie.

VAUDICHON. — Pelleterie, bonneterie et chapellerie.

HÉRISSANT, Jean-Thomas. — Librairie et imprimerie.

DE LAVOIEPIERRE, Noël. — Épicerie et apothicairerie.

DEHAYNAULT, Nicolas. — Orfévrerie, tireurs et batteurs d'or.

1765. BRIASSON, Antoine-Claude. — Librairie et imprimerie.

BOIVIN. — Draperie et mercerie.

DEHARGUE. — Pelleterie, bonneterie, chapellerie.

HUDDE, Louis. — Draperie et mercerie.

GOGOIS. — Marchand de vin.

1766. HENNIQUE, Jacques. — Épicerie et apothicairerie.

AUTRAN. — Orfévrerie.

NOEL. — Pelleterie.

HAVART. — Draperie.

JULIEN, Adrien. — Mercerie.

1767. MAGIMEL, Philippes-Antoine. — Orfévrerie.

LEBRETON. — Librairie.

NAU. — Bonneterie.

BAYARD, François. — Draperie.

DUTREMBLAY. — Épicerie.

1768. BRALLET, Jean-François. — Draperie.

BOISSEAU. — Librairie.

GOÜEL. — Orfévrerie.

COTTIN. — Épicerie et apothicairerie.

MICHELET, Claude. — Mercerie.

1769. CAGNIARD, Estienne-Jean. — Draperie.

SAILLANT. — Librairie.

DELAPIERRE, Michel. — Orfévrerie.

DEMORET. — Épicerie et apothicairerie.

DELAMOTTE. — Mercerie.

1770. LE BRETON. — Librairie et imprimerie.

GUYOT, Jean-Baptiste. — Pelleterie.

QUATREMÈRE, Nicolas-Estienne. — Draperie.

BILLARD, Jean. — Épicerie et apothicairerie.

MILLOT, Pierre. — Bonneterie.

1771. *Nota.* — Les pouvoirs des juge et consuls en exercice sont prorogés par ordre du Roi.

1772. DEVARENNE. — Mercerie.

DE SAINCT-JEAN. — Draperie.

BAROCHE. — Marchand de vin.

GAUTIER. — Bonneterie.

GOURDIN-DELORME, Martin-Jacques. — Orfévrerie.

1773. GILLET. — Épicerie et apothicairerie.

Bougier. — Orfévrerie.

Leclerc. — Bonneterie.

Boullenger. — Librairie.

Martine. — Mercerie.

RÈGNE DE LOUIS XVI.

1774. VANCQUETIN. — Marchand de vin.

Jard. — Épicerie et apothicairerie.

Incelin, Balthazar.—Mercerie.

Léger. — Pelleterie.

Veron, Charles. — Draperie.

1775. RICHARD. — Apothicairerie et épicerie.

Bellot. — Pelleterie.

Barré. — Mercerie.

Gondouïn. — Draperie.

Gros. — Marchand de vin.

1776. NOEL, Antoine. — Pelleterie.

Demoret, Louis. — Draperie

Pochet. — Épicerie.

Le Prieur, Pierre-Alexandre. — Librairie et imprimerie.

Spire. — Orfévrerie.

1777. COTTIN. — Épicerie et apothicairerie.

Bourgeois. — Pelleterie.

Chrétien des Ruflais. — Draperie.

Breton. — Orfévrerie, tireurs et batteurs d'or.

Lorin. — Épicerie.

1778. DE LA MOTTE. — Mercerie.

Laurent de Mesière. — Marchand de vin.

Cahours. — Bonneterie.

Delavoiepierre fils. — Épicerie et apothicairerie.

Santilly. — Fabricant d'étoffes, tissutier, rubanier.

1779. SAILLANT. — Librairie et imprimerie.

Gibert. — Draperie.

Chastelain. — Pelleterie et chapellerie.

Debourge, Antoine-Marie. — Épicerie.

Morel. — Orfévrerie.

1780. GUYOT, Jean-Baptiste. — Pelleterie.

Estienne. — Librairie et imprimerie.

Morice. — Draperie.

Séjourné. — Épicerie.

Vée. — Marchand de vin.

1781. BILLARD. — Bonneterie.

Boucher. — Mercerie.

Cheret. — Orfévrerie.

Leconte, Pierre-Louis. — Épicerie.

Helie. — Fabricant d'étoffes de gaze.

1782. DESAINCT-JEAN.—Draperie

Jobert. — Marchand de vin.

Lottin aîné. — Imprimerie.

Morlet. — Bonneterie.

Pluvinet le père. — Épicerie.

1783. LAURENT DE MESIÈRE. — Marchand de vin.

Hibon. — Draperie et mercerie.

Grouvelle. — Orfévrerie.

Petit. — Épicerie.

Rousseau. — Pelleterie.

1784. LECLERC. — Bonneterie.

Poirier. — Mercerie.

Douay. — Fabricant d'étoffes de gaze.

Prevost. — Épicerie.

Onfroy. — Pelleterie, bonneterie.

1785. SPIRE. — Orfévrerie.

Grugnelu. — Draperie.

D'Houry. — Librairie et imprimerie.

AMBLARD. — Pelleterie, bonneterie, chapellerie.

VIGNON. — Marchand de vin.

1786. SÉJOURNÉ — Épicerie et apothicairerie.

SAGERET. — Orfèvrerie, tireurs et batteurs d'or.

BOULLENGER. — Draperie et mercerie.

BOULLENGER. — Pelleterie, chapellerie et bonneterie.

CHATEAU. — Fabricant d'étoffes de gaze.

1787. GIBERT. — Draperie.

BAROCHE. — Marchand de vin.

TESTART. — Épicerie.

DUMELLE.—Orfèvrerie,batteurs et tireurs d'or.

KNAPEN. — Imprimerie et librairie.

1788. VÉE. — Marchand de vin.

CARON.—Draperie et mercerie.

RENOUARD le jeune. — Fabricant d'étoffes.

GILLET l'aîné. — Épicerie.

CHARIER. — Bonneterie.

1789. ESTIENNE. — Librairie.

SERVÉ. — Marchand de vin.

LECAMUS. — Draperie, mercerie.

MAGIMEL. — Orfèrrerie, tireurs et batteurs d'or.

MAILLARD. — Pelleterie, bonneterie, chapellerie.

1790. LECONTE, Pierre-Louis. — Épicerie, apothicairerie.

ROBERT. — Draperie, mercerie.

LECLERC. — Librairie, imprimerie.

JANIN. — Pelleterie, bonneterie, chapellerie.

RENOUARD l'aîné. — Fabricant d'étoffes de gaze.

1791. LECONTE, Pierre-Louis. — Épicerie, apothicairerie.

ROBERT. — Draperie, mercerie.

LECLERC. — Librairie, imprimerie.

JANIN. — Pelleterie, bonneterie, chapellerie.

RENOUARD l'aîné. — Fabricant d'étoffes.

Nota. L'orthographe des noms varie souvent à quelques pages de distance dans les rôles anciens, manuscrits ou imprimés, qui nous sont parvenus. On a adopté dans la présente liste celle qui a paru la plus vraisemblable, à la suite d'une comparaison minutieuse entre les différents rôles. Quelques noms ont été rectifiés d'après les signatures qui sont apposées au bas des résultats d'une partie du dix-huitième siècle.

XII.

Délibérations relatives à la création d'un cours de commerce, et procès-verbaux de ce qui s'est passé à l'installation et à la clôture de ce cours.

7 septembre 1780.

En l'assemblée de Messieurs les juge et consuls, anciens juges et anciens consuls, convoqués en la manière accoutumée, Messieurs les juge et consuls, Sire Guyot portant la parole, ont dit :

« Dans tous les ordres et professions d'état quelconque, il existe une sorte de noviciat ou apprentissage, dont l'espace de temps est employé à préparer et former l'esprit et le cœur des jeunes gens dans le genre de profession à laquelle chacun d'eux se destine. Cet usage universel est fondé sur la nécessité et sur une utilité reconnue.

» La capitale de ce royaume, féconde en secours de toute espèce, offre aux curieux et aux amateurs en tout genre d'arts et de sciences, des cours de leçons publiques, dans lesquelles ils puisent des connaissances analogues à leur goût particulier. Pourquoi le commerce est-il le seul qui soit privé d'un si grand avantage ?

» Le projet d'un établissement de leçons publiques propres à former les jeunes gens qui veulent se consacrer au commerce, a certainement fixé plus d'une fois l'attention de plusieurs particuliers ; mais l'exécution en aura vraisemblablement été arrêtée par des obstacles qui n'auront pu être surmontés par des personnes isolées. Il n'appartient qu'à des corps ou à des compagnies dont l'existence et la consistance sont immuables de pouvoir projeter et assurer invariablement l'exécution d'établissements publics.

» Qui peut mieux que le collége des consuls s'occuper d'un objet d'utilité publique qui ait plus de rapport au zèle patriotique et à l'esprit de désintéressement dont il est toujours animé ? Affranchi de la servitude à laquelle serait tenu un particulier pour se faire autoriser à ouvrir un cours public, il a de plus l'avantage d'avoir chez lui un local tout disposé à cet effet dans la salle d'audience, sans de nouveaux frais, ou du moins très-légers. Il renferme dans son sein parmi les agréés plusieurs sujets assez capables et assez instruits pour être chargés alternativement, d'année en année, de la partie la plus essentielle des objets que l'on se propose de remplir dans ce cours public, c'est-à-dire, celle relative à la connaissance de l'ordonnance et des lois sur le commerce, singulièrement sur les matières consulaires.

» Il peut en outre se flatter que dans le nombre des membres qui le composent, il en trouvera d'assez remplis de l'amour du bien pour se porter d'eux-mêmes à diriger le cours des leçons ou du moins à les inspecter, et contribuer par leur présence à soutenir l'ardeur tant des maîtres que des élèves.

» Il s'agirait donc d'établir dans l'hôtel de la juridiction consulaire, sous l'autorité immédiate et sous l'inspection du collége, une école gratuite ou un cours public de leçons et de conférences relatives au commerce. Le but essentiel de ces leçons serait de former les jeunes gens qui se destinent au commerce et notamment les enfants des marchands des six corps, dans la connaissance : 1° de l'ordonnance et des lois concernant le commerce; 2° du commerce en général, de ses avantages et de ses risques, et de la manière de le faire honorablement et utilement.

» Dans la première partie, on traiterait à fond, article par article, l'ordonnance de 1673 pour le commerce, tous autres édits ou déclarations du Roi à cet égard, tous règlements, arrêts du conseil et du Parlement, rendus sur cet objet. On y développerait l'origine, la nature et l'espèce des divers billets simples et des lettres de change; on ferait voir que leurs échéances varient selon les pays et les lieux, et on montrerait quel est leur objet et leur utilité. Ce qui regarde les sociétés, leurs formes, leurs avantages et leurs inconvénients, y serait établi. On y traiterait également de l'état du banquier, de l'essence de son caractère, des devoirs qu'il a à remplir, de l'importance de ses opérations, vues en grand comme en petit, de ses risques et de ses avantages. On y expliquerait et commenterait les auteurs célèbres qui ont écrit sur le commerce. Des parères y seraient posés et discutés; en un mot, on y traiterait généralement de toutes les questions relatives au commerce.

» Il est facile de présumer qu'il serait notamment fait mention de ce qui concerne la juridiction consulaire. Après avoir parlé de sa création,

34.

on expliquerait quelle est sa compétence, c'est-à-dire, quelles sont les matières dont la connaissance lui est privativement attribuée; combien la manière de procéder dans ce tribunal est simple et rapide, surtout comparée avec les entraves des autres tribunaux; quelles sont les formes qui y sont admises tant pour l'introduction que pour l'instruction et jugement définitif des affaires qui s'y portent, dont les circonstances et les nuances peuvent varier à l'infini; quelle est la jurisprudence de cette juridiction et quels sont les principes qui y sont établis.

» Le détail des fonctions des juges et consuls mène naturellement à parler de l'esprit dont ces juges sont animés dans l'administration de la justice, de leur attention vigilante à chercher la vérité au milieu des dédales de la mauvaise foi, de la liberté qu'ils ont d'écarter les formes et de marcher même, selon les circonstances, à côté de la loi pour réduire un titre à sa juste valeur; des avantages que retirent le commerce en général et les marchands en particulier d'être ainsi jugés par ses pairs.

» Cette première partie du cours public pourrait être enseignée par des agréés de la juridiction : il y en a plusieurs en état de s'en acquitter d'année en année, successivement, et de le faire à la satisfaction du public. La juridiction se chargerait de pourvoir par elle-même à des honoraires convenables et proportionnés à leurs peines et soins.

» Dans la seconde partie :

» On traiterait de tous les objets qui ont rapport au commerce, tels que des devoirs d'un négociant ou marchand quelconque, de l'ordre qu'il doit mettre dans ses écritures et livres de commerce pour se rendre compte de sa situation par un inventaire annuel.

» On donnerait une idée du commerce général qui se fait en gros tant par terre que par mer; on y parlerait de la manière utile dont la France peut travailler avec l'étranger, en faisant surtout considérer et distinguer l'intérêt particulier, le local, les productions, les manufactures, l'industrie de chaque ville principale ou place de commerce. On ferait l'énumération des denrées et productions nationales, des marchandises qui sont particulières aux différentes parties du monde, ainsi qu'à chacun des royaumes avec lesquels la France peut commercer; quelles marchandises pourront être introduites avec avantage dans tel port, dans telle place ou telle ville du royaume, et par contre-partie les objets divers qui peuvent sortir des différentes villes et places du royaume, et s'exporter avec succès chez l'étranger, soit en échange, soit contre espèces.

» On y parlerait des foires de l'intérieur du royaume, de celles les plus célèbres chez les nations qui nous sont voisines, des diverses marchandises qui s'y vendent, et de tout ce qui concerne cet objet.

» Cette seconde partie du cours serait confiée à un homme intelligent dont on ferait choix. Quant aux honoraires dont il conviendrait de gratifier cette personne, il y a lieu de présumer que Messieurs des six corps ne refuseraient pas de les supporter, puisque c'est principalement pour leurs enfants que cet établissement serait formé; c'est à cette école que leurs fils pourraient acquérir une partie des connaissances nécessaires dans la carrière du commerce qu'ils ont à parcourir; c'est pour eux que ces instructions seraient données, et ce sont eux surtout qui pourraient en retirer le fruit. Il n'est pas besoin de dire qu'ils seraient toujours préférés et distingués dans l'admission à l'instruction gratuite que l'on propose.

» On pourrait ne s'occuper de cette seconde partie du cours que quand la première serait bien en vigueur.

» Le collège consulaire, en formant un établissement aussi honorable à la nation qu'utile au commerce de Paris, réunit le double avantage de procurer à la juridiction un bien signalé dont elle ne tardera pas à ressentir les heureux effets, et leur donne l'espérance que cette école publique sera une espèce de pépinière où les jeunes gens s'élèveront et deviendront des hommes capables de remplir successivement les places importantes de conseillers, de consuls et de juges.

» On ne peut se dissimuler que parmi les corps qui ont le droit de fournir des sujets à la juridiction, il s'en trouve qui, par la nature de leur commerce et le genre de leurs affaires, ne peuvent pas se procurer cette familiarité dans la connaissance des opérations générales et particulières du commerce, cette trituration des matières qui y sont relatives, cet usage pratique des incidents et des difficultés journalières qui s'y rencontrent. Il en résulte qu'en arrivant à la place, ils se trouvent neufs sur une infinité de points essentiels. Ceux mêmes qui sont le plus versés dans les opérations et l'étude des usages du commerce, quoique doués de la meilleure judiciaire possible, ne peuvent, en entrant dans leurs fonctions, être de toute l'utilité dont ils seraient capables, s'ils n'avaient dans les six premiers mois une espèce de noviciat à faire pour se familiariser avec les formes du tribunal et les mots qui y sont consacrés. Ils ne peuvent pas non plus s'opposer aux abus toujours renaissants par le fait des personnes attachées au service de la juridiction, puisqu'ils ne les connaissent pas d'avance, et qu'ils ignorent de quelle cause ils peuvent procéder.

» Cette charge n'étant occupée que pendant l'espace d'un an, il semble qu'elle exige des hommes tout formés, en état de payer de leurs personnes dès l'entrée de leur carrière, en un mot, capables d'inspirer au public la confiance et le respect dus à leur caractère de juge. »

La Compagnie, après avoir pris en considération l'exposé ci-dessus, et avoir reconnu toute l'utilité de l'établissement proposé, les avis recueillis, a arrêté d'une voix unanime que l'on ne pouvait trop tôt s'occuper des moyens de le mettre en activité. En conséquence, prie Messieurs du siège de vouloir bien prendre toutes les mesures possibles à l'effet d'ouvrir au mois d'octobre ou de novembre de la présente année, principalement la première partie du cours qui concerne la juridiction, en attendant qu'ils aient trouvé une personne en état de se charger de la seconde partie concernant le commerce. Autorise par la présente Sire Guyot, juge en exercice, ainsi que ses successeurs à la place, à employer dans leurs comptes les dépenses y relatives, se reposant sur leur prudence pour l'économie ainsi que pour la fixation des honoraires qui seront donnés aux personnes chargées des leçons publiques. Toutes ces dépenses ne se feront toutefois que d'accord avec Messieurs les consuls, leurs collègues, en exercice.

Désirant de plus consolider et assurer la durée de cet établissement, la Compagnie invite Messieurs du siège en exercice d'assister chaque année, en robe, à l'ouverture et clôture du cours; invite pareillement en particulier chacun des membres du collège de se trouver de temps à autre aux diverses leçons, à l'effet d'encourager et soutenir par leur présence l'émulation tant des maîtres que des élèves.

7 septembre 1780.

Procès-verbal de ce qui a été fait en vertu et en exécution
des dispositions de la délibération de la Compagnie.

Messieurs GUYOT, juge,
ESTIENNE,
MORICE,
SÉJOURNÉ, } consuls, } tous composant le siége
de la présente année,
VÉE Lᵉ,

Pour remplir le vœu de la Compagnie pris dans la délibération ci-dessus énoncée et mettre en activité l'établissement arrêté par icelle, ont fait ce qui suit :

Les sieurs Benoît, Gorneau, Luce et Gosse, procureurs en la juridiction, ont été mandés à la chambre du conseil. Messieurs leur ont fait part du projet d'établissement d'un cours public de conférences sur le commerce, des vues qu'ils avaient jetées sur eux pour traiter successivement d'année en année la partie qui concerne la jurisprudence consulaire; qu'ils n'avaient pas cru devoir chercher ailleurs des secours étrangers pendant qu'ils en trouvaient renfermés dans leur sein; qu'ils étaient d'avance persuadés de leur zèle à concourir aux vues du siége, mais qu'ils craignaient que leur service public et journalier ne pût se concilier avec leur bonne volonté; qu'au surplus ils leur donnaient huitaine pour se consulter et rendre une réponse positive. Les quatre susnommés ont paru très-satisfaits de la confiance du siége et ont remercié Messieurs de la préférence qu'ils leur donnaient sur tout autre étranger; ils ont répondu qu'ils n'avaient besoin d'aucun délai pour délibérer; qu'ils s'arrangeraient de manière à ce que leurs affaires particulières ne souffrissent pas du travail que nécessitait l'enseignement de la partie du cours que le siége voudrait bien leur confier. Huit jours après, ayant ratifié et réitéré leur engagement, il fut convenu entre eux et en présence de Messieurs du siége dans la chambre du conseil, que monsieur Benoît commencerait cette année; l'époque de l'ouverture du cours fut déterminée au samedi quatre novembre suivant, pour être continué tous les samedis de chaque semaine jusqu'à celui des Rameaux inclusivement, à cinq heures et demie très-précises. Messieurs du siége, assurés, de la part du sieur Benoît ou des autres à son défaut, de l'enseignement de la partie du cours concernant la jurisprudence consulaire, crurent devoir s'occuper efficacement de tous les moyens qui pouvaient contribuer à donner de l'importance et de la consistance à l'établissement.

Ils jugèrent convenable d'informer Messieurs les gardes des six corps et les syndics et adjoints de la librairie-imprimerie, d'un événement qui devait intéresser aussi essentiellement le commerce de cette ville dont ils sont les représentants. En conséquence, invitation leur fut faite par lettre de se trouver par députation de deux personnes de chaque corps à la chambre du conseil de la juridiction, où s'étant rendus, Messieurs leur firent entendre la lecture du préambule de la délibération de la Compagnie du sept septembre, qui contient l'objet de l'établissement et les vues que le collége se propose de remplir. Messieurs les députés des six corps et de la librairie ont témoigné leur satisfaction sur la participation que le siége leur donnait d'un établissement aussi précieux au commerce, et prièrent de vouloir bien leur délivrer une copie du préambule de la délibération de la Compagnie, afin de la consigner sur le registre particulier des délibérations de leurs corps pour servir de monument à la postérité, ce qui leur fut accordé sans difficulté.

Ils observèrent de plus que, reconnaissant toute l'utilité dont pouvait être une pareille institution, ils allaient faire tout ce qui serait en leur pouvoir, pour, de concert avec le siége, donner toute la célébrité et la considération dont l'établissement était susceptible; on avisa ensuite ensemble aux moyens à prendre pour la forme et le bon ordre de l'exécution du projet. Après avoir reconnu que le local de l'intérieur du barreau pouvait contenir quatre-vingts personnes, on fixa ce nombre pour celui des élèves que l'on voulait admettre au cours. Messieurs du siége déférèrent à Messieurs des six corps le choix et la répartition à faire chacun dans leur corps de ceux qui seraient admis à l'inscription, en leur faisant observer de prendre par préférence les jeunes marchands et notamment ceux qui étaient attachés aux fonctions de la juridiction en qualité de conseillers.

Quelques jours après, Messieurs des six corps envoyèrent au siége le tableau de la répartition faite dans chaque corps, ainsi que la liste de chacun de leurs membres, au pied de laquelle était signée l'acceptation qu'ils faisaient de la place qui leur avait été proposée; ces noms

ont été transcrits sur un registre tenu à cet effet, pour être ainsi pratiqué les années suivantes et pouvoir au besoin y avoir recours, afin de
connaître par la suite les jeunes gens qui ont témoigné le désir de
s'instruire dans l'étude des lois du commerce et de ses usages. Messieurs des six corps firent connaître à Messieurs du siége l'envie qu'ils
avaient d'assister à l'ouverture du cours et leur demandèrent la permission d'y venir en habit de cérémonie, c'est-à-dire en robes ; Messieurs du siége voulant satisfaire la louable intention des six corps de
donner plus de pompe à la cérémonie, considérant en outre que dans
cette occurrence ils ne rempliraient dans la juridiction aucune fonction
qui dût les astreindre à s'y rendre dans le costume ordinaire, c'est-à-
dire en manteau et en rabat, ont acquiescé à leur demande, et ont
consenti qu'ils vinssent ce jour et aux semblables seulement en robes
à la juridiction, pourvu qu'ils fissent mention sur leurs registres que
c'était sans tirer à conséquence pour toute autre circonstance, ce qui
a été fait. En conséquence, quelques jours avant le samedi quatre
novembre, Messieurs du siége adressèrent une lettre invitatoire à
Messieurs les gardes des six corps et syndics et adjoints de la librairie
de se trouver à l'ouverture du cours; ils en adressèrent une semblable
à monsieur Marion, député du commerce de cette ville; il fut envoyé
pareillement de la part du siége à tous les anciens juges et anciens
consuls des billets d'invitation de se trouver à la cérémonie.

De plus, Sires Guyot et Estienne, accompagnés d'un audiencier, se
rendirent à l'hôtel de Monsieur le président Gilbert Devoisins, qui
tenait la chambre des vacations du Parlement, pour informer la Cour
de l'établissement projeté; ce magistrat les reçut avec l'accueil le plus
gracieux, et les assura que la Cour ne pourrait le voir que d'un œil
favorable. Ils se présentèrent pareillement à cet effet chez Monsieur le
procureur général qu'ils ne trouvèrent pas.

Et le quatre novembre, Monsieur le député du commerce, Messieurs
les douze députés des gardes des six corps, les deux syndics et adjoints
de la librairie, se rendirent à l'invitation du siége, et furent introduits
dans la chambre du conseil par les audienciers, où ils restèrent jusqu'au moment où Messieurs du siége, en robes et toques, montèrent à
la salle d'audience, suivis de Messieurs les gardes des six corps, syndic
et adjoints de la librairie, où, ayant pris place en la manière accoutumée, Sire Guyot, juge, portant la parole, ils dirent :

« Chargés par le collége que nous avons l'honneur de présider, du soin d'un établissement aussi honorable qu'utile à la patrie, c'est avec la plus grande satisfaction que nous venons aujourd'hui en poser les premiers fondements.

» La capitale de ce royaume, féconde en secours de toute espèce, offre aux curieux et amateurs en tout genre d'art et de sciences, des cours de leçons publiques dans lesquelles ils puisent des connaissances analogues à leur goût particulier : par quelle fatalité ceux qui veulent se consacrer au commerce sont-ils les seuls privés d'un semblable avantage ?

» La carrière du commerce est cependant vaste et étendue, il est facile de s'y égarer et même de s'y perdre, plusieurs chemins y sont frayés, les uns mènent à la fortune et à la considération, les autres à la ruine et au déshonneur ; il faut donc tracer des sentiers, indiquer les véritables voies qui conduisent au but proposé ; il faut donc établir et fixer une route certaine pour marcher à pas assurés.

» C'est au collége consulaire qu'était réservé l'honneur de créer l'établissement d'un cours public et gratuit de conférences, où les jeunes gens qui veulent embrasser la profession du commerce puissent être instruits de ses lois et de ses usages, y apprendre la manière de le traiter honorablement et utilement, se former sur des principes invariables de bonne foi, d'équité et de probité dont ils ne doivent jamais s'écarter, s'ils veulent se concilier l'estime et la considération publiques ;

» Où ils peuvent connaître les moyens qu'ils doivent employer dans leurs opérations pour les rendre fructueuses ;

» Étudier enfin la méthode de défendre leurs droits, leurs intérêts légitimes lorsqu'ils seront attaqués, arbitrer et juger ceux de leurs concitoyens si le soin leur en est confié.

» Cette heureuse époque est maintenant arrivée ; il ne restera rien à désirer aux jeunes gens dont l'ardeur et l'émulation dans l'étude des connaissances propres au commerce pouvaient être ralenties ou suspendues par le défaut de secours.

» Le concours nombreux qui se trouve ici rassemblé, l'empressement et le choix de ceux qui ont été admis à l'inscription, nous font naître les plus flatteuses espérances.

» C'est à vous que j'adresse la parole, jeunes élèves, vous dont l'heureux âge réunit à la fois la vigueur des facultés de l'esprit et du corps, vous qui devez faire la joie et la consolation de vos parents, qui êtes l'espérance de la nation, vous enfin destinés à nous régénérer un jour, employez utilement le temps précieux de la jeunesse ; mettez à profit les leçons qui vous seront données généreusement par un maître aussi zélé pour l'amour du bien public, que profond dans l'étude des lois du commerce et de ses usages.

» Songez que c'est dans le sanctuaire de la justice que vous en faites le vœu en présence de vos instituteurs et sous les yeux des représentants du commerce de cette ville, qui sauront apprécier en temps votre assiduité, ainsi que vos progrès. »

Ensuite le sieur Benoît, préposé pour l'enseignement du cours de la présente année, se tenant devant le siége à la place ordinaire du greffier, lut un discours relatif au sujet de l'établissement et à l'objet que l'on se propose de remplir.

Le nombreux concours des personnes les plus distinguées dans l'ordre du commerce qui ont assisté à la cérémonie, prouve indubitablement l'intérêt que le public prend à l'établissement, et les heureux effets qu'il en augure.

7 avril 1781.

Procès-verbal de ce qui s'est fait à la clôture du cours.

Messieurs BILLARD,   juge.
SÉJOURNÉ,)
VÉE,)
BOUCHER, } consuls en exercice.
CHÉRET,)

Quelques jours avant la dernière conférence, Monsieur le député du commerce, Messieurs les douze représentants des six corps, les syndic et adjoints de la librairie-imprimerie, ayant été invités par lettres à se trouver à l'hôtel de la juridiction consulaire pour terminer le cours, s'y rendirent à l'heure indiquée.

Messieurs des six corps en habit de cérémonie, messieurs les syndic et adjoints de la librairie et imprimerie, arrivés à l'hôtel de la juridiction, furent introduits dans la chambre du conseil par les audienciers, et y restèrent jusqu'au moment où Messieurs du siége en robes montérent à la salle d'audience, suivis de Messieurs des six corps, de Messieurs les syndic et adjoints de la librairie et imprimerie, où, ayant pris place en la manière ordinaire avec monsieur le député du commerce et beaucoup de Messieurs les anciens consuls, ils assistèrent à la dernière séance, après laquelle Sire Billard, portant la parole au nom du siége pour faire des remercîments à Messieurs des six corps et à Messieurs les syndic et adjoints de la librairie et imprimerie du zèle qu'ils avaient eu à correspondre aux vues patriotiques du siége et témoigner à messieurs les élèves la satisfaction qu'il ressentait de leur assiduité à suivre les leçons du cours, fit le discours suivant :

« MESSIEURS,

» Votre zèle et votre empressement à correspondre aux vues patriotiques de nos prédécesseurs dans l'établissement d'un cours public et gratuit de leçons sur le commerce méritent de notre part les plus grands éloges.

» Et il ne suffisait pas de réunir dans l'exécution de ce projet tous les suffrages et l'approbation générale, il était encore nécessaire d'inspirer aux jeunes négociants le désir de s'instruire des devoirs d'un état qu'ils embrassent souvent sans le connaître, et dont l'ignorance entraîne toujours des suites très-fâcheuses.

» C'est ce que vous avez fait, Messieurs, vous qui présidez avec tant de distinction et de dignité les six corps des marchands de cette capitale.

» Quoique consommés dans l'art et la science du commerce, vous avez bien voulu honorer nos exercices de votre présence et engager les élèves à y assister à votre imitation.

» Semblables à l'aigle qui, pour exercer ses petits à voler, voltige doucement au-dessus de ses aiglons et les provoque à faire usage de leurs ailes,

» Vous avez de même, Messieurs, excité par votre exemple les jeunes marchands à venir profiter des leçons qu'un maître habile et savant leur a données sur toutes les parties du commerce, sur ses lois et usages et sur la jurisprudence consulaire.

» Agréez donc, Messieurs, le tribut de notre reconnaissance, partagez avec nous les applaudissements du public et les avantages que le commerce doit retirer de cet établissement.

» Recueillez-en les fruits dans l'émulation que votre exemple produira dans les villes de province, qui chercheront à l'envi à se procurer les mêmes secours, ainsi que vient de faire depuis peu la ville de Dijon, qui sollicite auprès des ministres les moyens d'établir un cours gratuit de commerce à l'instar de celui de la capitale.

» Veuillez aussi, Messieurs, nous continuer le même zèle pour le renouvellement de nos conférences, dont l'ouverture se fera, Dieu aidant, à l'automne prochain, et dont nous aurons l'honneur de vous faire part dans le temps.

» Nous avons tout lieu de l'espérer de votre dévouement au bien public, et de l'union qui règne entre vous et nous pour l'avantage et la prospérité du commerce. »

8 novembre 1781.

Ce jour fut dressé procès-verbal de ce qui a été fait en vertu de la délibération de la Compagnie en date du 7 septembre 1780.

Nous, Sire Billard, juge, Boucher, Cheret, Leconte, Hélie, consuls composant le siège de la présente année,

Pour remplir le vœu de la Compagnie, pris dans la délibération du 7 septembre 1781, et mettre en activité le cours de conférences sur le commerce proposé par icelle,

Avons quelques jours avant l'ouverture d'icelui, fait écrire à monsieur le député du commerce de cette ville, à messieurs les gardes des six corps, à Messieurs les syndic et adjoints du corps de la librairie-imprimerie, pour les prévenir que l'ouverture du cours de conférences sur le commerce se ferait le jeudi 8 du présent, et comme nous avons appris que quelques députés du commerce du royaume désiraient s'y trouver, nous leur avons pareillement fait écrire pour les inviter.

En conséquence, le jeudi huit novembre, cinq heures de relevée, Monsieur le député du commerce de cette ville, Messieurs les députés du commerce des villes de Marseille, Bordeaux et Rouen, Messieurs les douze députés des gardes des six corps, Messieurs les deux syndic et adjoints du corps de la librairie-imprimerie, Messieurs les députés des gardes des six corps, en habit de cérémonie, ainsi qu'il a été arrêté par le procès-verbal fait pour l'ouverture du cours de l'année 1780, se rendirent à l'invitation du siège, et furent introduits dans la chambre du conseil par les audienciers, où ils restèrent jusqu'au moment où Messieurs du siège, en robe et en toque, montèrent à la salle d'audience, où ayant pris place en la manière accoutumée avec Messieurs les députés du commerce et beaucoup de Messieurs les anciens juges et consuls, ils assistèrent à la première séance, à l'ouverture de laquelle, Sire Billard portant la parole, ils dirent :

« Messieurs ,

» Nous reprenons aujourd'hui notre cours gratuit de conférences sur le commerce.

» La sensation que cet établissement a paru faire dans le public, l'accueil favorable qu'il en a reçu, et plus encore votre zèle et votre assiduité à y assister, nous prouvent combien on en connaît le prix et l'utilité.

» Cette science, qui n'était connue jusqu'alors des négociants que par des enseignements muets, vous a été développée dans toutes ses parties par un professeur savant et laborieux.

» Nous espérons, Messieurs, que vous n'aurez pas moins d'empressement cette année pour recueillir les instructions qu'un nouveau maître également habile et profond dans toutes les connaissances relatives à cette science se propose de vous donner, tant sur l'ordonnance du commerce que sur ses lois et usages, sur tous les devoirs des négociants et sur la jurisprudence consulaire, instructions très-importantes dont l'ignorance produit souvent des suites bien fâcheuses.

» En effet, Messieurs, à quoi doit-on attribuer la multitude des faillites que nous avons le malheur de voir tous les jours? La mauvaise foi, à la vérité, peut être le principe de plusieurs, mais la cause la plus ordinaire, c'est le défaut d'ordre des marchands dans leurs affaires, le peu de soin qu'ils ont de se rendre compte tous les ans de leur situation, l'ambition démesurée de la plupart qui, voulant entreprendre au delà de leurs facultés, exposent témérairement leur fortune et celle de leurs créanciers.

» Or, Messieurs, en suivant vos exercices, vous y apprendrez qu'on ne peut fructifier avec honneur dans le commerce que par beaucoup d'ordre et d'attention à ses affaires, qu'en s'y comportant avec droiture et économie, qu'en veillant de près sur ses gains et pertes, afin de proportionner ses dépenses aux bénéfices et les affaires à ses facultés.

» Vous y apprendrez combien il est dangereux de se livrer à l'esprit de cupidité et d'ambition qui porte à multiplier les affaires, et qui expose souvent aussi à des revers bien humiliants et à des infractions à l'honneur et à la probité.

» Si vous voulez vous garantir de ces écueils, jeunes élèves, vous, qui, vous consacrant de bonne heure au commerce, êtes jaloux de mériter l'estime et la confiance publiques, qui de plus êtes destinés à nous remplacer un jour dans ce tribunal, venez assidûment entendre nos leçons et nos conférences; tout vous y engage, l'honneur, le devoir, l'intérêt, l'exemple de plusieurs bons négociants, et celui de beaucoup de nos anciens consuls, instruits les uns et les autres dans l'art et la science du commerce, qui après en avoir parcouru la carrière, ou la parcourant encore avec les sentiments de la vertu et de la probité, ne dédaignent pas y venir.

» Venez-y donc à leur imitation, jeunes élèves, et si vous avez des difficultés sur quelque partie du commerce ou de la jurisprudence consulaire, proposez-les au savant professeur que nous avons choisi cette année pour vous instruire, il saura les résoudre avec clarté et précision.

» Pour vous, Messieurs, qui présidez les six corps des marchands avec autant de distinction que de dignité, vous méritez bien justement nos éloges et le tribut de notre reconnaissance, puisqu'en voulant bien honorer nos exercices de votre présence, vous excitez par votre exemple l'émulation des jeunes marchands, vous coopérez avec nous au bien général du commerce.

» C'est l'unique but que nous nous sommes proposé dans cet établissement, qui n'est pas moins avantageux aux négociants que propre à honorer et faire fleurir le commerce dans toute la capitale. »

Ensuite le sieur Gorneau, préposé pour l'enseignement du cours de la présente année, observa les mêmes formalités que son prédécesseur.

18 janvier 1782.

Cejourd'hui, Messieurs les députés des gardes des six corps des marchands de cette ville, introduits en notre chambre du conseil en la manière accoutumée, auraient dit qu'ils venaient avec la plus grande satisfaction porter le vœu de leur Compagnie en offrant à la juridiction une somme de six cents livres pour coopérer et contribuer avec elle aux dépens et frais occasionnés par l'établissement d'un cours gratuit de conférences sur le commerce pendant le cours de cette année; qu'ils prient Messieurs du siège de vouloir bien l'accepter comme le témoignage le plus certain de leur zèle pour tout ce qui peut intéresser le commerce de cette capitale; qu'ils engageraient leurs successeurs à suivre leur exemple pour les années ultérieures.

Nous, juge et consuls en exercice, ne pouvant qu'applaudir aux vues louables de Messieurs des six corps, avons accepté leurs offres et aurions prié Messieurs leurs députés de leur témoigner toute notre reconnaissance des sentiments patriotiques dont ils étaient pénétrés, et désirant de plus consigner à la postérité cette époque, aurions arrêté qu'il en serait fait registre sur notre livre de délibération, dont ampliation serait délivrée à Messieurs des six corps.

Fait en notre chambre du conseil, les jour et an que dessus, et avons signé.

25 janvier 1782.

Nous, juge et consuls en exercice soussignés, animés du même zèle que nos prédécesseurs pour l'avantage général du commerce, et voulant consolider l'établissement si sage qu'ils auraient fait d'un cours public et gratuit de jurisprudence consulaire, pour lequel auraient choisi pour professeur quatre de nos premiers agréés, les sieurs Benoît, Gorneau, Luce et Gosse, qui se seraient engagés à le faire chacun à leur tour.

Le sieur Benoît a rempli le premier sa carrière avec beaucoup de zèle et de science, à la satisfaction du public.

Le sieur Gorneau, qui joint également à de profondes connaissances les talents propres à l'orateur, remplit son engagement avec des applaudissements universels.

Et sur ce que les deux suivants, les sieurs Luce et Gosse, qui devraient lui succéder les années prochaines, selon la délibération du 7 septembre 1780, par laquelle ils s'étaient engagés à le faire chacun à leur tour, nous auraient représenté que leur santé et la multiplicité de leurs affaires ne leur permettaient pas de se livrer au travail qu'exigeraient ces leçons, et nous auraient en conséquence prié de les en dispenser et de permettre que le sieur Gorneau le continue à leur lieu et place, qu'ils l'en avaient prié et le trouvaient disposé à les remplacer.

Nous, toujours animés du même zèle, et convaincus d'avance que nos successeurs se feraient un plaisir de suivre nos intentions, aurions cru devoir faire droit à leurs représentations, en consentant que le sieur Gorneau continuât les conférences au lieu et place des sieurs Luce et Gosse, les deux années prochaines, sous la condition néan-

moins que le sieur Gorneau se fera remplacer par l'un des deux en cas
d'indisposition ou d'affaires qui ne lui permettraient pas de faire la
conférence au jour indiqué.

Nous engageons Messieurs nos successeurs de s'assurer, à la fin de
chaque cours, du professeur pour le cours suivant, afin qu'il puisse
s'y préparer et remplir dignement les intentions du collége.

Fait et délibéré, etc...

16 octobre 1784.

En l'assemblée de Messieurs les juge et consuls, anciens juges et
anciens consuls, convoqués en la manière accoutumée, Messieurs les
juge et consuls, Sire Leclerc portant la parole, ont dit :

« Que par délibération du sept septembre mil sept cent quatre-vingt,
la Compagnie a arrêté de faire faire des conférences gratuites sur le
commerce pour l'instruction des jeunes négociants qui y seraient invités; qu'en conséquence de cette délibération, Messieurs Benoist, Gorneau, Luce et Gosse, auraient offert de faire ces cours alternativement; que Monsieur Benoist avait commencé le cours de 1780; que
Monsieur Gorneau avait fait celui de 1781, mais qu'il l'avait fait avec
un tel succès, que ses confrères avaient jugé à propos de l'inviter à les
continuer; qu'en effet, il avait fait les cours de 1782 et 1783 avec un
égal applaudissement; que le cours de 1783 étant fini, Sire Leclerc
avait été chez Monsieur Gorneau l'inviter à se charger du cours de
1784; que monsieur Gorneau lui avait dit qu'il croyait ne pas pouvoir
s'en charger, parce qu'il comptait retirer son fils de sa pension, et qu'il
voulait donner ses soins à son éducation; qu'il rendrait réponse sur sa
détermination. Que Sire Leclerc l'avait invité une seconde et une troisième fois à rendre une réponse positive sans avoir pu l'obtenir;
qu'enfin il lui avait dit qu'il prenait son indétermination pour une
détermination, et qu'il ne lui en parlerait plus. En effet, il n'en a plus
été question, et Sire Leclerc avait lieu de croire son acceptation réelle,
lorsque Monsieur Gorneau étant venu chez lui pour une autre affaire,
le lundi quatre octobre, il lui avait dit qu'il ne se chargerait pas du
cours de 1784, parce que son frère, partant pour la province, lui avait
laissé trois enfants sur l'éducation desquels il devait veiller. Sire
Leclerc lui dit qu'il avait attendu bien tard' pour lui annoncer cette
détermination; que nous étions à la veille de recommencer les cours,
et que l'on aurait peine à trouver quelqu'un qui pût s'en charger avec

35

si peu de temps pour s'y préparer; néanmoins il persista dans sa résolution. Sire Leclerc en fit part à ses collègues, et le mercredi, six octobre, ils firent entrer Messieurs les agréés pour leur faire part de la résolution de Monsieur Gorneau, et les invitèrent à aviser entre eux sur le parti qu'ils auraient à prendre avant de nous déterminer à inviter un étranger à se charger de ce cours, dont vraisemblablement nous ne pourrions obtenir le travail qu'en lui donnant une place d'agréé. Que le vendredi suivant, huit octobre, Messieurs les agréés nous avaient présenté un mémoire pour refuser de se charger du cours; ils nous demandent le délai d'une année pour le recommencer. Que dans ces circonstances, nous avions cru devoir assembler la Compagnie qui avait établi lesdits cours, pour savoir quel parti elle prendrait. »

Sur quoi la matière mise en délibération, il a été arrêté que le cours de conférence n'aurait pas lieu cette année.

En ajoutant à la délibération, il a été arrêté que les juge et consuls en exercice demanderont aux agréés lequel d'eux se chargera du cours, et lui demanderont sa soumission, ou à défaut chercheront les moyens d'y pourvoir

CÉRÉMONIES A LA CHAPELLE
ET A LA PAROISSE.

XIII.

28 décembre 1630.

Concession pour la chapelle de la jurisdiction consulaire.

JEAN FRANCOIS DE GONDY par la Grace de Dieu et du Sainct Siege apostolique archevesque de Paris, conseiller du Roy en ses Conseilz d'Estat et privé et grand maître de sa chapelle, a nos bien amez et tres vertueux Messieurs Jean de Compans, Claude de Baillou, Francois Robin, Pierre Macé, et Louis Hacte, juge et consulz de la ville et des faubourgz de Paris, et a tous ceux qui cy apres leur succederont en

cette charge, Salut en nostre Seigneur; Afin que vous puissiez faire
celebrer a l'aduenir le Sainct-Sacrifice de la messe a basse voix, et les
jours ordinaires des consulz a haute voix, mesme auec musique, dans
la chapelle ou oratoire dudit consulat bastie en ladite maison et
hostel dudit consulat dependant de la paroisse Sainct Mederic, et au
dedans d'icelle size a Paris; apres que ladite chapelle ou oratoire a
de nostre authorité esté deüement visitée et trouuée honneste, décente,
conuenable et propre au culte et celebration du seruice diuin, Nous
vous permettons par ces presentes de faire celebrer la sainte messe
dans ladite chapelle tous les jours, mesme sur un autel portatif; a la
reserue toutes fois du jour et feste de Paques et autres festes solem-
nelles, et ce par un prestre seculier approuué de nous [ou de nos
vicaires generaux et habitué en ladite églize Saint-Mederic si faire se
peut; a la celebration de laquelle messe pourront assister vos officiers
auec vous autant de fois et lorsque vos affaires le requereront ou que
par deuotion vous y serez portez; et que la celebration de ladite messe
ne se pourra faire qu'a heure deüe et une fois le jour seulement, sans
y pouuoir faire aucune eau beniste et pain benist, administrer aucuns
sacrementz ny faire et celebrer aucun autre seruice diuin outre la
celebration de ladite messe; auec condition toutes fois que ceux qui
assisteront a ladite messe, festes et dimanches, outre vous, vos officiers
et vos domestiques, ne seront pour cela exemptz de l'obligation qu'ilz
ont d'aller a l'eglize de leurs paroisses pour entendre la messe, ainsy
que s'ilz ne l'auoient point entendue; de quoy ils seront aduertis.
En tesmoing de quoy nous auons faict mettre et signer ces presentes
par Me Charles Baudouin prebtre licentié en droict, notaire apostolique et secretaire ordinaire de nostre archeuesché, et y auons fait
apposer le scel de nostre Chambre. Donné a Paris le dixiesme du mois
de decembre mil six cens trente. Et plus bas est escrit, par commandement de mondit sieur l'illustrissime et reuerendissime archeuesque
de Paris, *signe* BAUDOUIN, et scelle de cire rouge.

DENYS LE BLANC prebtre licentié ez droict, chanoine et archidiacre
de Brie en l'eglize metropolitaine de Paris, vicaire general tant au
spirituel qu'au temporel de Monseigneur l'illustrissime et reuerendissime archeuesque de Paris, et official de la cour archepiscopale et
metropolitaine de Paris, a tous ceux qui ces presentes lettres verront,
Salut en nostre. Seigneur Nous attestons et faisons ascauoir que le

jour et date des presentes, a l'instance et priere des nommez de l'autre
part Messieurs les juge et consulz de la ville et fauxbourgz de Paris,
nous sommes transportez en la chapelle ou oratoire de l'hostel et
maison dudit consulat, ou estant sur les dix heures du matin en presence de discrete et venerable personne Mᵉ Guy Houssier curé de
l'eglize paroichialle de Saint Mederic de Paris, et des cy deuant nommés Messieurs les juge et consulz; Apres auoir faict la benediction de
ladite chapelle et aspersion d'eau beniste, nous auons celebré le
Sainct sacrifice de la messe et dit plusieurs prieres et oraisons en
l'honneur de saint Charlemagne roy de France, et auons de rechef
permis et permettons en tant que besoin seroit ausdits juges et consulz, a leurs officiers et domestiques qui demeurent en ladite maison
du consulat ce requerant, d'ouyr a l'aduenir la messe en ladite chapelle ou oratoire, a la charge et selon la teneur de la permission et
lettres cy deuant escrites. En tesmoing de quoy nous auons signé les
presentes et icelles faict faire et signer par Mᵉ Rene Terrierre de
l'authorité apostolicque notaire deüment immatriculé, demeurant a
Paris. Donné à Paris l'an mil six cens trente le vingt huictiesme du
mois de decembre. *Signé* Le Blanc et Terrier.

XIV.

31 janvier 1608.

Deliberation faicte par les juge et consulz et anciens juges et consulz
portant reglement de ce qui se doibt obseruer au decez desditz
anciens juges et consulz, et de ceux qui sont en charge.

Sur la remonstrăce a nous faicte par plusieurs anciens juges et consulz des marchandz nos predecesseurs ce jourdhuy assemblez en nostre
salle judiciaire pour l'eslection d'un juge et quatre consulz des marchandz pour cette année, que de tout temps cette louable coutume
auoit esté obseruee d'etre faict present par chacun an au jour et feste
de Chandeleur aux juge et consulz qui estoient en charge, ensemble a
tous les anciens juges et consulz de chacun un cierge de cire blanche,

comme aussy d'honnorer leur memoire au jour de leur conuoy et enterrement de la presence des juge et consulz lors en charge de ce priez et inuitez par les heritiers du deffunct pour accompagner le corps aux quatre coings du poisle ; et estoit donné des torches chargeez des armoieries des consulz, le tout aux despens et frais du reuenu de la maison commune des marchandz ou s'exerce la jurisdiction, laquelle coutume et ceremonie auoit esté en partie discontinuée tant à cause des troubles derniers que des debtes de ladite maison ; Nous requerans lesditz anciens juges et consulz ladite ancienne et louable coutume estre remise et continuée a l'aduenir, et afin que ce soit chose qui demeure pour memoire a la posterité, que le jugement qui interuiendroit fut registré et transcrit par extraict dans le liure auquel sont registrez les eedits, lettres et tiltres concernans ladicte jurisdiction et maison commune des marchandz ; Avons, aprez pris l'aduis de la Compagnie, ordonné et arresté ensemblement que ladite ancienne coutume sera remise et continuée pour l'aduenir, et pour dicerner et reconoistre les juges entre les consulz, leur sera baillé pendant leur vie à chacun deux un cierge de cire blanche tous les ans au jour et feste de Chandeleur, a scauoir auxditz juge d'une liure, et auxditz consulz d'une demye liure, et apres leur decedz au jour de leur conuoy et enterrement, pouruou que les juge et consulz qui seront en charge soient priez et inuitez di assister, et porter les quatre coings du poisle, assauoir pour lesditz juge douze torches du poidz de deux liures piece, et pour lesditz consulz six torches du mesme poidz chargeez des armoieries du consulat, le tout aux despens de ladite maison commune ; et afin que le present jugement soit notoire a nos successeurs et entretenu, ordonnons qu'il sera transcrit et registré par extraict dans le registre des tiltres et pièces concernans nostre jurisdiction et maison commune des marchands pour y avoir recours en temps et lieux. Faict a Paris le dernier jour de januier mil six cens huict, ainsy signé : Le Febure, Marier, Gillot, Bachelier et Beaucousin.

XV.

31 janvier 1626.

Deliberation faicte portant resultat de ce qui se doibt pratiquer la veille et au jour de l'eslection d'un juge et quatre consulz.

Sur ce que nous juge et consulz des marchandz soubsignez auons considere qu'en toutes compagnies et communautez l'on obserue de louables coutumes, de faire dire au moins une fois l'annëe un seruice pour les ames des fideles trepassez, ce qui n'auoit esté obseruë en nostre Compagnie des juge et consulz qui l'ont neantmoins d'autant plus merité, qu'ilz donnent leurs peines et labeurs au public en exerceant la justice gratuitement et sans aucuns proffictz, remuneration ni recompense que celles qu'ilz attendent du Ciel, et qu'establissant a l'aduenir cette louable coutume ce seroit meriter une louange a la posterité; A ces causes, aurions ce jourdhuy a la Compagnie des anciens juges et consulz assemblez pour l'eslection d'un juge et quatre consulz pour la presente annéc, representé ce que dessus qui nous auroit meuz à faire celebrer le jour d'hier un service pour les âmes des trepassez, en attendant l'assemblée afin d'en deliberer et resoudre pour l'aduenir. Sur quoy, pris leur advis, Avons ordonné que, a l'aduenir il sera dit et celebré, par chacun an, la veille ou sous-veille de l'eslection des juge et consulz, dans le chœur de l'eglize de Sainct Mederic paroisse de la maison commune des marchandz ou s'exerce nostre jurisdiction, un seruice complect de vigilles et recommandaces de trois messes haultes dont la derniere sera celebrëe par Monsieur le curé de ladite eglize, le tout pour le remede des ames des anciens juges et consulz trepassez. Et, pour ce faire, sera fourny par nostre greffier et luy sera alloué en son compte ce qui ensuict; assauoir huict cierges de cire jaune du poidz d'une demye liure piece pour estre mis, quatre sur l'autel et quatre a la representation, qui seront chargez d'armoieries du consulat, et un cierge de demy-liure de cire blanche, le pain et vin et argent pour l'offerte auec une herse du poidz d'une liure, et sera payé la somme de vingt quatre liures tournoiz a Messieurs les curez, cheueciez, chanoines et chapitre de ladite eglize qui y feront assister tel nombre de gens d'eglize qu'il appartient, et encore la somme de cent solz tournoiz a l'œuure et fabricque d'icelle eglize pour fournir a faire tendre le poisle et les plus beaux paremens et ornementz des trepassez. Faict le samedy dernier jour de januier mil six cens vingt six, ainsy signé : BENOISE, LA GOGUE, SONNIUS et DE HAULT.

XVI.

6 novembre 1631.

Resultat faict comme la semonce lorsqu'il arrive le decedz d'un ancien juge ou consul, doibt estre faicte, et ce qu'il se doibt payer pour cela.

Nous juge et consulz des marchands à Paris soubz signez, avons arresté que a l'aduenir celuy des seruiteurs de nostre greffier ou autre qui fera la semonce des anciens juge et consulz d'assister aux enterremens de ceux qui decederont, aura et luy auons ordonné et ordonnons, la somme de soixante quatre solz tournoiz des deniers du consulat pour chacun enterrement, laquelle somme lui sera payëe par nostredit greffier, et luy sera allouée en son compte, sans qu'il en soit payé aucune chose par les heritiers du deffunct, lesquelz luy seront baillez des billetz imprimés pour laisser ausdictz anciens juges et consulz. Faict a Paris le jeudy sixieme jour de novembre, l'an mil six cens trente un.

Signé : PERIER, DE COMPANS, FOUCAULT et GOGER.

XVII.

31 janvier 1632.

Resultat faict de ce qui se doibt pratiquer au jour des enterremens des juge et consulz.

Ce jourdhuy trente uniesme et dernier jour de janvier mil six cens trente deux en l'assemblée generale faicte pour l'eslection d'un juge et quatre consulz, ayant esté par nous juge et consulz soubz signez proposé aux anciens juges et consulz le desordre et confusion qui arriuoit a aucuns enterremens des deffunts, ou Messieurs les juge et consulz estoient en charge estoient inuitez en corpz de consulz d'assister et prendre les quatre coings du poisle, ou aucuns des gardes y assistoient avec leurs robes, ce qui estoit indecent en la presence des juge et consulz qui representent les corpz et communautez de tous les marchandz, la consequence considérée, a esté advisé et arresté que, a l'aduenir, aux conuois et enterremens des deffunctz juge et consulz, ou les juge et consulz en charges se trouueront en corpz, les maistres et gardes des communautez des marchandz n'assisteront en robes, ce qui a esté declaré a tous les maistres et gardes des marchands assistans a ladite assemblée et eslection, et sera le present arresté transcrit au registre des chartres de nostre jurisdiction, pour y auoir recours en temps et lieu. *Signé :* PERIER, DE COMPANS, FOUCAULT et GOGER.

XVIII.

25 mai 1758.

Résultat de ce qui s'est pratiqué le jour de la procession du Saint-Sacrement.

Messieurs les juge et consuls ayant été priés par Monsieur le curé, accompagné de Monsieur le marguiller comptable de la paroisse Saint-Merry, de porter aujourd'hui les cordons du dais à la procession du Saint-Sacrement, ont jugé à propos de faire mention sur le présent registre de l'ordre et des frais de ladite cérémonie.

D'abord, Messieurs les cinq juge et consuls en place, avec un de Messieurs du siége prochain, se sont rendus aujourd'hui en l'hôtel de la juridiction, sur les sept heures du matin, où ils se sont revêtus de leurs robes; à sept heures et demie, les suisses et bedeaux de Saint-Merry sont venus les chercher, les ont conduits au chœur où ils ont été placés sur les stalles hautes à droite, les quatre huissiers audienciers de la juridiction qui les suivaient étant sur les stalles au-dessous d'eux. Là, Messieurs ont entendu la grand'messe, ont été à l'offrande, où ils ont donné un demi louis de douze livres et pareille somme à l'œuvre.

Dans la marche, des quatre huissiers audienciers en robe deux précédaient le dais, les deux autres suivaient, ainsi que les quatre domestiques de la juridiction, revêtus d'habits de la livrée du Roi et portant chacun un flambeau de cire pesant deux livres.

La procession finie, Messieurs ont été reconduits par les suisses et bedeaux à leur hôtel, où ils ont dîné ensemble avec Monsieur leur aumônier et Monsieur leur greffier qu'ils ont invité.

Messieurs ont donné à chacun des huissiers audienciers une livre et demie de bougie pour leur honoraire.

Quinze livres aux quatre domestiques de la juridiction qui avaient porté les flambeaux à la procession, savoir : six livres au concierge et trois livres à chacun des trois autres.

Trente livres aux suisses, bedeaux et domestiques de l'église.

Ils ont encore payé douze livres pour le louage des quatre habits des quatre domestiques dont il vient d'être parlé. Enfin, Messieurs ont fourni douze cierges de deux livres chacun pour être mis sur l'autel du chœur ledit jour.

ORDRES TENUS POUR ALLER SALUER LEURS MAJESTÉS LE ROI ET LA REINE.

XIX.

1610.

Ordre tenu par Messieurs les juge et consulz pour aller saluer le Roy Louis treisiesme du nom a son advenement a la couronne.

L'an mil six cens dix, le jeudy vingt septiesme jour de may, entre midy et une heure de relevée, sont partis de la maison judiciaire des consulz les sieurs Guillaume Passart, Charles Hélain, Michel Gamare, Jean Boué et Martin Caillou, consulz, assistez de plusieurs anciens juges et consulz revestus de leurs robes et bonnetz, et suivis de leur

greffier et des audianciers de ceans, et en cet estat se sont transportez
au Louure, suiuant l'assignation prise le matin par lesditz sieurs Passart et Hélain, auec monsieur de Souuré, conseiller du Roy en ses conseils d'Estat et priué, cheualier de ses ordres et gouuerneur de la personne du Roy tres chrestien, Louis treiziesme du nom, roy de France
et de Nauarre, agé de huict ans et huict mois seulement, pour saluer La
Majesté dudit Seigneur Roy a son aduenement a la couronne, a cause
du tres cruel, tres inhumain et tres detestable parricide commis en la
personne du deffunct Roy tres chrestien, tres clement, tres puissant et
tres victorieux Henry quatriesme du nom, roy de France et de Nauarre,
le vendredy quatorziesme jour desditz mois et an, par François Rauail-
lac, natif de la ville de Angoulesme; auquel lieu du Louure estant
arriuez en la chambre de la reyne Marie de Medicis, mere du Roy et
Regente en France, lesditz sieurs juge et consulz, assistez comme dessus, tous a genoux, nud teste, et apres auoir par lesditz sieurs baise
les bas des chausses de Sa Majesté au deffaust de robe et manteau,
l'auroient salué comme juge et consulz des marchandz establis par les
feu Roys ses predecesseurs, suppliant tres humblement Sa Majesté de
maintenir et conseruer leur jurisdiction en son entier, et autres choses
contenues en la harangue; la response du Roy fut telle, Aimez nous
comme vous auez aimé le feu Roy nostre pere, et je vous aymeray
comme il vous a aymez et vous conserueray en vos priuileges; ce
faict, lesditz sieurs juge et consulz, assistés comme dessus, se seroient
adressez a la Reyne, a laquelle tous a genoux et apres que lesdits sieurs
eurent baisé le bas de la robe de Sa Majesté, et luy auoir faict pareille
reueration et harangue en substance que au Roy, la response de la
Reyne fut aussy pareille en substance que celle du Roy; puis apres
lesditz juge et consulz et assistans allerent donner de l'eau beniste au
defunct Roy en sa chambre, et de la, passant par la galerie, reuindrent
en mesme ordre jusque a la maison consulaire se deuestir de leurs
robes et bonestz.

Jusques a ce jour n'ayant esté faict mémoire de la forme de laquelle
l'on auoit accoutumé d'user au precedant a l'auenement des Roys et
Roynes a la couronne, de Messieurs le chancellier et premier president, procureur et aduocats generaux du Roy en leurs charges, il a
esté trouué bon par Messieurs les juges et consulz et anciens d'inscrire
au registre le contenu cy dessus, pour seruir d'instruction et memoire

a l'aduenir, fors et excepté que faisant les harangues a Messieurs les chancellier et premier president, procureur et aduocats generaux du Roy au Parlement, on ne leur baise pas les robes et ne se met on pas a genoux.

XX.

1610.

Proclamation faicte dans la salle du consulat, l'audiance tenant, pour l'enterrement de feu Henry le Grand, auec l'ordre tenu par Messieurs les juge et consulz pour aller donner de l'eau beniste.

Le samedy vingt sixiesme jour de juin mil six cens dix, à neuf et dix heures du matin, la proclamation fut faicte pour l'enterrement de feu Henry le Grand, quatriesme du nom, en la Cour de Parlement, chambre des comptes, cour des aydes, Chastellet et hostel de ville, qui a l'instant allerent donner de l'eau beniste au Roy, fors Messieurs de l'Université, Chastellet et hostel de ville qui y furent à cinq heures du soir, tous neantmoins par corpz separez, les uns apres les autres.

Et le lundy suiuant, vingt huictiesme jour dudit mois de juin audit an, enuiron les neuf heures du matin, et entrée du siege, sont entrez dans la salle de l'audiance de çeans les crieurs de cette ville de Paris, reuetus de leurs robes et armoieries du Roy, suiuant la coutume, qui, apres auoir salué le siege et sonné leurs sonnettes, ont faict la proclamation comme il s'ensuit :

« Honnorable et deuote assistance, priez Dieu pour l'ame de Henry le Grand, par la grace de Dieu très hault, tres puissant et tres victorieux roy de France et de Nauarre, priez Dieu pour son ame. »

Puis, apres auoir faict une pause et resonné leurs sonnettes, auroient continué en ces termes :

« Priez Dieu pour l'ame de Henry le Grand, tres auguste, tres invincible, incomparable en armes, magnanimité et clemence, qui est tres-
passé en son chasteau royal du Louure, priez Dieu pour son ame. »

Et apres auoir derechef faict une pause et sonné, auroient continué
ce qui suict :

« Demain, apres midy, le corps de Sa Majesté sera conduit de son
chasteau du Louure en l'eglise Nostre Dame, en laquelle seront dites
vigilles sur son corps, et le lendemain, apres le service solemnel, sera
conduict en l'eglize Saint Denys, cimetiere des roys de France, pour y
estre inhumé auec ses predecesseurs, priez Dieu pour son ame. »

Ce faict, lesditz crieurs se seroient retirez, et a l'instant Monsieur
Passart, juge, auroit envoyé l'audiancier inuiter les anciens juges et
consulz de se trouuer à cinq heures de releuée en la maison desditz
consulz, auec leurs robes et bonnetz, pour aller donner de l'eau beniste
a Sa Majesté, a l'imitation de Nosseigneurs de Parlement et autres susnommez.

A laquelle heure, cinq heures de releuée, seroient comparus plusieurs desditz anciens juges et consulz, qui, auec leurs robes et bon-
nestz, estans en charge, deuancez des audienciers et du greffier, et en
cet estat allerent au Louure, ou estant introduictz en la salle basse ou
gissoit le corps de Sa Majesté, et ayant faict leurs prieres, donne de
l'eau beniste et salue Monsieur de Rodes, maistre des ceremonies, se
sont retirez en mesme ordre en la maison de ceans pour se deuestir de
leurs robes et bonnetz.

Mais sera remarqué pour memoire perpetuelle, qu'il est besoin aller
le matin ou le jour de deuant, donner de l'eau beniste et sans attendre
la proclamation, d'autant que lorsque lesditz sieurs juge consulz allerent donner l'eau beniste, on commencoit a destendre la salle, et
estoient les portes fermez, qui leur furent ouuertes par le commandement du maistre des ceremonies qui les fit ouurir pour le respect de la
jurisdiction.

XXI.

1643.

Ordre tenu et obserué par Messieurs les juge et consulz pour aller saluer le Roy Louis quatorziesme du nom a son auenement a la couronne, et a la Royne sa mere regente pendant sa minorité.

Le tres chrestien, tres victorieux et tres puissant prince Louis treziesme de ce nom Roy de France et de Nauarre, estant decedé en son chasteau royal de Sainct Germain en Laye le quatorziesme jour de may mil six cens quarante trois, Monseigneur le daulphin succedant a sa couronne sous le nom de Louis quatorziesme, vint a Paris le lendemain auec la Reyne sa mere, ou ayans esté receuz et saluez luy Roy, et elle comme Regente.

Les sieurs Pierre Eustache juge, Denys Pichon, Jean le Marchand, Jacques Barbier et Henry Gillot consulz des marchands, mirent en deliberation quel ordre ilz obserueroient, pour aller saluer leurs Majestés, ainsy que l'on auoit acoutume de le pratiquer, et a ce sujet le mardy dix neufiesme jour dudit mois de may manderent a l'hostel de la jurisdiction consulaire tous Messieurs les anciens qui ont passé par la charge de juge et consulz afin de resoudre et arrester entr'eux quel nombre desditz anciens les assisteroit, laquelle Compagnie estant assemblée fut d'aduis que lesditz sieurs juge et consulz y seroient accompagnez des sieurs Perier, de Vin, de Laistre, Bodeau, le Juge, Hersant, Berrand, Remond Lescot anciens juges et consulz, et assistez du commis au greffe et des quatre huissiers audianciers de leur jurisdiction, et comme il estoit necessaire quilz fussent presentez par personne de consideration, ledit sieur Gillot l'un des consulz en charge fut voir Monseigneur le duc de Montbason gouuerneur de Paris et Isle de France pour le supplier d'auoir agreable de les presenter, et, auparavant de voir la Royne, scauoir d'elle le jour et l'heure que Sa Majesté auroit agreable que lesditz juge et consulz fussent faire la reuerence a leurs Majestez, ce que ledit sieur Duc auroit promis faire

auec tesmoignage d'affection et de bonne volonté et faire scauoir que
le jour et l'heure par luy prise de ladite dame Royne estoit le jeudy
vingt-uniesme dudit mois de may, lesditz juge et consulz et anciens
ci-deuant nommez pour les assister se trouuerent a une heure de releuée en l'hostel consulaire dont ilz sortirent reuestus de leurs robes et
toques, assistez de leurdit commis au greffe et desditz quatre huissiers
audianciers, monterent en carosse et se rendirent en l'hostel dudit
seigneur Duc qui seroit à l'instant monté en son carosse qui fut suiui
de ceux ou estoient lesditz juge et consulz, suiuant apres eux les
gardes des six corps des marchandz suiuant leur ordre, et auroient
esté descendre a la grande porte du Louvre, d'ou ledit seigneur Duc
auroit conduit lesditz juge et consulz et anciens cy deuant nommez
assistez comme deuant est dit, par le grand escalier dans la salle des
gardes et de la dans la chambre du Roy Louys quatorziesme de ce
nom a present regnant, ou Sa Majesté estant et pres delle Madame de
Lansac sa gouuernante, et Monsieur le duc de Sainct Simon, lesditz
sieurs juge et consulz et anciens, tous a genoux et testes nües, auroient
salué Sadite Majesté en ladite qualité de juge et consulz des marchandz a Paris establis et maintenus par les feu Roys ses predecesseurs, le suppliant tres humblement de conseruer et maintenir leur
jurisdiction en son entier et autres choses contenues en la harangue
faicte par ledit sieur Eustache juge, a laquelle Sa Majesté a cause de
son bas aage ne fit que remercier la Compagnie et luy donna sa main
a baiser.

En suite de quoy, ledit seigneur duc de Montbazon les auroit menez
et conduitz en pareil ordre le long du passage qui conduit du logement du Roy en celuy de la Reyne regente, et auroient esté intro-
duitz en son grand cabinet, ou peu de temps aprez s'etant rendue
(de son petit cabinet ou elle estoit lorsquilz entrerent) et assize en
sa chaire sur un grand parterre, lesditz sieurs juge et consulz anciens
et assistans deuant nommez, pareillement a genoux et testes nues, apres
auoir faict la reuerence a Sa Majesté, auec pareille harangue en substance comme Reyne regente et lui auoir souhaité heureuse et longue
vie; Sadite Majesté les remercia de leur bonne volonté; leur dit qu'ilz
debuoient estre assurés de la sienne et quelle les conserucroit en leurs
priuileges.

Est a remarquer qu'en toute cette ceremonie les maistres et gardes

des six corpz ne furent admis et introduictz qu'apres que lesditz juge
et consulz anciens et assistans furens sortis des chambres de Leurs
Majestez.

Lesquelz sieurs juge et consulz et anciens apres cette action finie
remercierent ledit seigneur duc de Montbazon (ainsy que peu de
temps apres lesditz juge et consulz en charge furent encore en son
hostel) et s'en retournerent en celuy de leur jurisdiction.

On auoit acoustumé d'aller jeter de l'eau beniste au Roy decedé,
mais comme le feu Roy deceda en son chasteau de Sainct Germain en
Laye d'ou il fut porté a Sainct Denys en France, lesditz sieurs juge et
consulz ne purent luy rendre ce deuoir que de volonté.

La proclamation suiuante ne laissa pas d'estre pourtant faicte par les
vingt quatre crieurs de cette ville reuestus de leurs robes armoiriëez
et ayant leurs clochettes, et icelle prononcée par Jacques Mareschal
l'un d'iceux en la grande salle de ladite jurisdiction, le samedy ving-
tiesme juin audit an mil six cens quarante trois, l'audiance tenant ayant
esté a ce sujet remis des causes du jour precedant.

PROCLAMATION.

Nobles et devotes personnes, priez Dieu pour l'ame de tres hault,
tres puissant, tres excellent et magnanime prince Louis le Juste, par
la grace de Dieu Roy de France et de Nauarre, tres chrestien, tres
auguste, tres victorieux, incomparable en pieté et clemence, qui
deceda en son chasteau de Sainct Germain en Laye, le quatorziesme
du mois de may dernier, pour l'ame duquel se feront les seruices et
prieres en l'eglise Sainct Denys en France ou son corps repose, auquel
lieu demain apres midy seront dictes vespres et vigilles des mortz,
pour y estre lundy vingt deuxiesme du present mois, a dix heures du
matin, celebré son seruice solemnel, et a la fin d'icelluy inhumé,
priez Dieu qu'il en ayt l'ame.

Ce faict, lesditz crieurs se sont retirez apres auoir sonné leurs clochettes, et auroit esté l'audiance continuëe.

Le dixiesme jour de juin mil six cens quarante trois lesditz sieurs juge et consulz pour honnorer la mémoire dudit seigneur Roy resolurent et arresterent de faire dire et celebrer pour le repos de son ame un seruice solemnel en l'églize Sainct Mederic le samedy treiziesme jour dudit mois, et pour ce sujet firent aduertir et semondre tous les anciens juge et consulz, les maistres et gardes des six corps et communautez desditz marchands de cette ville de Paris, par les huissiers audianciers de la jurisdiction, et sur la priere qu'ilz firent ausditz sieurs juge et consulz de les dispenser de porter et distribuer les billets faictz pour ladite semonce, il fut arresté par lesditz sieurs juge et consulz, qu'apres la semonce verbale qui seroit faite par lesditz huissier suiuant la commission qu'ilz leur en deliureroient ledit jour dixiesme juin, lesdictz billetz seroient baillez aux personnes nommeez en icelle par le nommé de Saines, ce qui fut faict et ledit seruice celebre en ladite eglize.

Ces choses ont esté icy insereez pour memoire.

XXII.

12 septembre 1651.

Ordre observé par Messieurs les juge et consulz de Paris lorsqu'ilz furent saluer le Roy Louis quatorziesme du nom a sa majorité.

Le septiesme jour de septembre mil six cens cinquante un, le Roy Louis quatorziesme du nom ayant esté declaré majeur en son Parlement de Paris, les sieurs Jean Bachelier, Pierre Denison, Philippes Maillet, Claude Marcadé et Simon Yon juge et consulz alors en charge, ayans delibéré de rendre à Sa Majesté leurs debuoirs et l'aller saluer ainsy que deuoient faire toutes les Compagnies souueraines, auroient deputé ledit sieur Maillet vers Monsieur le mareschal l'Hospital, gouuerneur de Paris, de scauoir de luy s'il auoit agréable de les presenter a Sa dite Majesté, et apres que ledit sieur Maillet a rapporté a ladite Compagnie que ledit sieur mareschal les presenteroit le douziesme dudit mois, se sont disposez ledit jour de se transporter au

Palais Royal reuestus de leurs robes et toques de velours, accompagnez de leurs commis au greffe et de leurs quatre huissiers audianciers qui auoient aussi leurs manteaux a manches et toques acoustumez.

Et, a leur arriuée audit Palais Royal, ont trouvé Monsieur Saintot maistre des ceremonies qui les a faict entrer dans la salle des Ambassadeurs en attendant que Sa Majesté leur donnast audiance, ou peu de temps apres ledit sieur mareschal les manda par ledit sieur Saintot de l'aller trouuer dans la galerie des Antiques, pour les faire parler au Roy lors qu'il yroit a la messe, ou estant arriuez, demye heure après, le Roy accompagne de la Reyne, Monsieur le duc d'Anjou et autres princes et seigneurs, lesditz sieurs juge et consulz se prosternerent a genoux deuant Sa Majesté ou ledit sieur Bachelier juge portant la parole d'une parfaite joye de sa majorité (*sic*), suppliant Sa Majesté de maintenir et conseruer ladite jurisdiction dans les ordonnances et priuileges que les Roys ses predecesseurs ont accordez a l'innocence de cette bonne justice, apres quoy le Roy leur fit responce en tesmoignage de rejouissance qu'il les remercioit de leurs bonnes volontez et qu'il les aimeroit toujours auec affection.

Ensuite les six corpz des marchandz estoient dans la même galerie attendant que lesditz sieurs juge et consulz eussent parlé, pour se presenter au Roy afin d'en faire de mesme, ce qu'ilz firent en mesme temps.

XXIII.

7 août 1660.

Résultat fait en l'assemblée de Messieurs les anciens juges et consuls de l'ordre que l'on pourroit tenir pour aller saluer Leurs Majestés lorsqu'elles auront fait leur entrée en cette ville de Paris.

Aujourd'hui samedi, sur les quatre heures de relevée, en l'assemblée de Messieurs les anciens juges et consuls, mandés et convoqués par nous juge et consuls en charge, suivant notre commission du sixième jour du présent mois, pour délibérer avec nous sur ce que nous ferons pour l'entrée du Roi et de la Reine en cette ville de Paris, si nous irions voir Monseigneur le chancelier pour lui demander à y aller, lui témoigner notre bonne volonté, et quel ordre nous pourrions tenir pour aller saluer Leurs Majestés.

Sur quoi la matière mise en délibération, le livre des chartres de cette juridiction ayant été vu en pleine assemblée, par lequel il n'est fait aucune mention que les juge et consuls aient jamais été aux entrées qui se sont faites en cette ville, mais bien seulement ont été saluer Leurs Majestés. Pris l'avis de la Compagnie, recollection faite des voix et suivant la pluralité d'icelles, la Compagnie a été d'avis que l'un ou deux de nous en charge verroient Monseigneur le duc de Bournonville, gouverneur de Paris, pour le prier de faire en sorte que nous puissions saluer Leurs Majestés, soit au château de Vincennes ou en cette ville lorsqu'ils auront fait leur entrée; savoir de lui le jour, l'heure et le lieu, et d'avoir pour agréable de nous y introduire. Ce fait, noble homme Nicolas Baudequin, échevin en charge, et l'un de nous, auroit été requis de la part de la Compagnie de vouloir prendre la peine de voir ledit seigneur gouverneur pour ce sujet, ce qu'il avoit accepté et remercié la Compagnie de l'honneur qu'elle lui faisoit. A été aussi arrêté qu'après que ledit sieur Baudequin aura vu ledit seigneur gouverneur et suivant la réponse qui sera faite, sera résolu le nombre et choix de Messieurs les anciens pour nous assister.

Fait et délibéré en notre chambre du conseil, les jour et an susdits. *Signé :* Barbier, Baudequin, Beguin, de Moncheny et Cottart.

XXIV.

23 août 1660.

Résultat fait en l'assemblée de Messieurs les juges et consuls sur la réponse faite par Monseigneur le gouverneur de Paris, pour aller saluer Leurs Majestés au Louvre lorsqu'ils auroient fait leur entrée.

Aujourd'hui lundi, sur les deux heures de relevée, en l'assemblée de Messieurs les anciens juges et consuls, mandés et convoqués par nous juge et consuls des marchands établis par le Roi notre Sire à

Paris, soussignés, suivant notre commission de ce jourd'hui, pour délibérer avec nous sur la réponse faite par Monseigneur le duc de Bournonville, gouverneur de Paris, à noble homme Nicolas Baudequin, échevin en charge, et l'un de nous député par l'assemblée, suivant le résultat du septième jour dudit et présent mois. Ledit sieur Baudequin prenant la parole, auroit fait récit à la Compagnie que suivant ledit résultat, il avoit été parler audit seigneur gouverneur sur le sujet de ladite délibération, lequel lui auroit fait espérer qu'il verroit Monseigneur le chancelier; qu'ayant du depuis revu ledit seigneur gouverneur, icelui lui auroit dit qu'ils verroient Leurs Majestés, mais qu'il ne croyoit pas que ce fût au château de Vincennes, mais bien en cette ville, lorsqu'ils auroient fait leur entrée. Ayant été aussi arrêté par mondit Seigneur chancelier qu'ils iroient chez Monseigneur le Cardinal; que même ils verroient aussi Son Éminence; que néanmoins il étoit nécessaire de voir auparavant ledit seigneur chancelier; et après, savoir le lieu, jour et heure, et qu'il les introduiroit, étant ravi d'avoir occasion de les servir; qu'il ne restoit plus à la Compagnie que de délibérer du choix et nombre de Messieurs qui voudroient prendre la peine de les assister en cette cérémonie.

La matière mise en délibération et suivant la pluralité de voix, la Compagnie a été d'avis que nous, juge et consuls en charge, irons voir Monsieur le chancelier, le remercier de sa bienveillance et le prier de nous continuer sa protection; Que nous irons saluer Leurs Majestés lorsqu'elles auront fait leur entrée en cette ville, et pareillement nous verrons ledit seigneur gouverneur, afin de savoir de lui le jour, l'heure et le lieu pour saluer Leurs Majestés et Son Éminence Monseigneur le Cardinal; Et lorsque nous aurons reçu l'ordre dudit seigneur gouverneur, que pour rendre la cérémonie plus célèbre, tous Messieurs les anciens juges-consuls seront invités de se rendre en l'hôtel de cette juridiction, au jour et heure qu'ils seront de notre part mandés par nos huissiers audienciers.

Fait et délibéré en notre chambre du conseil les jour et an susdits. *Signé :* Barbier, Baudequin, Beguin, de Moncheny, Cottart.

36.

XXV.

3 aoust 1660.

*Ordre observé en la jurisdiction consulaire en l'année 1660 à cause
de la publication de la paix, rejouissance faicte du mariage du
Roy et entrée de Leurs Majestez en leur bonne ville de Paris, et de
ce qui s'est faict et passé lorsque Messieurs les juge et consulz ont
esté saluer Leurs Majestés et Son Éminence Monseigneur le Cardinal Jules Mazarini au chasteau du Louvre, et pendant ceste
année estoient en charge Sire Jacques Barbier, juge, Nicolas Baudequin, Denys Beguin, Mathurin de Moncheny et Jacques Cottart,
consulz.*

Du samedy 14 féurier 1660.

Ce jour, la paix d'entre les deux couronnes de France et d'Espagne
a esté publiée en ceste ville de Paris, et le *Te Deum* chanté en l'église
Nostre Dame le lundy seiziesme dudit mois, et en rejouissance l'audiance auroit cessé de tenir en cette jurisdiction.

Et le vendredy vingt cinquiesme juin et lundy vingt huictiesme dudit mois audit an, les audiances auroient encores esté cessées de tenir
en ladite jurisdiction a cause des rejouissances faictes en cette ville de
Paris pour le mariage du roy Louis quatorziesme du nom, Roy de
France et de Nauarre, avec la serenissime princesse Marie Therese
d'Autriche, infante d'Espagne.

Le jeudy vingt sixiesme aoust mil six cens soixante, fust faicte la
glorieuse et triumphante entrée du Roy et de la Reyne en cette ville de
Paris.

Le lendemain vendredy, vingt septiesme dudit mois d'aoust, le *Te
Deum* fut chanté en l'eglise Nostre Dame, et grace rendue a Dieu et
rejouissance faicte par toute la ville, cause pourquoy l'audiance auroit
encore cessé de tenir cedit jour.

Est a remarquer que les sept et vingt troisiesme aoust audit an auant ladite entrée, assemblée fust faicte en la jurisdiction de Messieurs les anciens juges et consulz conuoquez par les sieurs Barbier, Baudequin, Beguin, Moncheny et Cottart, juge et consuls en charge, et sur la deliberation faicte en ladite compagnie, fust aresté que l'on yroit voir Monseigneur le chancelier et Monseigneur le duc de Bournonville, gouuerneur de Paris, pour les prier, scauoir, Monsieur le chancelier, de voulloir faire agreer au Roy que les juge et consulz fussent saluer Leurs Majestez au Louure apres leurs entrée, et le seigneur gouuerneur, de vouloir prendre la peine de les introduire, ainsy qu'il auoit esté cy deuant pratiqué en pareilles occasions, et que, pour rendre l'action plus celebre, tous Messieurs les anciens juges et consulz y seroient mandez.

Et le lendemain, vingt quatriesme desditz mois et an, suiuant l'arresté faict en la Compagnie, lesditz sieurs juge et consulz en charge auroient esté voir ledict seigneur gouuerneur en son hostel aux Preez aux Clercz, lequel leur dit de voir Monseigneur le chancellier, ce qu'ilz firent, ayant parlé a luy apres l'auoir salué, il leur fit responce qu'ilz salueroient le Roy et les Reynes, quilz en recepuroyent l'ordre dudit seigneur gouuerneur, de quoy fust donné aduis audit seigneur gouuerneur par lesditz sieurs juge et consulz en charge, et sa response fust qu'il ne manqueroit pas de prendre jour pour cela, qu'il les aduertiroit du jour et qu'il les introduiroit, estant raui d'auoir occasion de les seruir, mesme qu'ilz verroyent aussy Monsieur le Cardinal.

Lordre ayant esté receu dudit seigneur gouuerneur du jour et heure pour aller salluer Leurs Majestez, lesditz sieurs juge et consulz en charge firent aduertir tous les anciens juges et consulz de se trouuer le lundy trentiesme dudit mois d'aoust, huict heures du matin, en la salle de la jurisdiction consulaire, ou s'estans rendus les Sires Estienne Geoffroy, Anthoine Bachelier, Jean Le Marchant, anciens juges, Jacques de Monhers, Gorge, Jean Rousseau, Syluain Roger, Didier Aubert, Robert Ballard, Pierre Denison, Christofle Maillet, Claude Marcadé, Rollin Auvry, Claude Labé, Mathieu Trotier, Alexandre de la Vayrie, André le Vieux, Jean Cottart, Paul Lefebvre, Louis Langlois, Anthoine de Cay, Claude Villain, Nicolas Fauerolles, Jacques Laugeois, Michel Oulry, Pierre Tiuille, Marc Heron, Claude Pulleu, Jean le Vieux, Charles Helyot, Jacques Planson et Philippes Geruais; sur l'aduis

qui fust donné que les maistres et gardes des six corpz des marchandz
estoient assemblez au bureau de la draperie et pretendoient aller saluer
Leurs Majestez auec leurs robes d'entrée et toques de velours, il fut
aduisé par la Compagnie que maistre Germain Verrier, principal
commis au greffe de ladite jurisdiction, yroit de leur part audit bureau
de la draperie pour faire scauoir ausdits maistres et gardes des six
corpz, que ou estoient les juge et consulz ils ne debuoient marcher
qu'en leurs habillements ordinaires de gardes avec leurs chapeaux,
ainsy qu'il s'estoit de tout temps pratiqué; a l'instant ledit Verrier,
suiuant ladite deliberation, fust audit bureau ou estoient assemblez lesditz maistres et gardes des six corpz, leur dit le sujet de sa deputation,
lesquelz delibererent sur le champ, et fut faict responce audit Verrier, par la bouche de monsieur le Vieux, grand garde de la draperie,
qu'il pouuoit assurer Messieurs les juge et consulz de la part desditz
six corpz qu'ilz se conformeroient tousjours dedans leurs intentions
comme estant leurs chefs, et qu'ilz nyroient qu'auec leurs habillements
ordinaires, ce qui fut a l'instant rapporté a la Compagnie par ledit Verrier; ce faict, lesditz sieurs juge et consulz en charge, avec lesditz anciens susnommez, sortirent de la jurisdiction, tous reuestus de leurs
robes et toques, assistez de leur principal commis au greffe et des
quatre huissiers audienciers de ladite jurisdiction, aussy revestus de
leurs robes et toques, tous furent en carosse, se rendirent a la porte du
Louure, de la en la salle des gardes du corps du Roy, et quelque
temps apres arriua ledit seigneur gouuerneur qui les fist entrer dans
l'antichambre du Roy, en laquelle le Roy passant s'arresta, fust salué
par lesditz juge et consulz en charge et anciens, tous a genoux, nuez
testes, le Roy debout, entoure des princes de Condé, Conty et autres
grandz seigneurs du royaume, ledit sieur Barbier, portant la parole,
auroit dit en ces termes :

« SIRE,

» Ce sont les juge et consulz de vostre bonne ville de Paris qui vous
rendent leurs debuoirs et tres humbles respectz qu'ilz doibuent a Vostre Majesté, pour supplier tres humblement Vostre Majesté de conseruer la jurisdiction consulaire, ainsy qu'ont faict les Roys vos predecesseurs d'heureuse memoire, nous prirons Dieu pour l'heureuse
prosperité et santé de Votre Majesté. »

Le Roy fist responce qu'il auoit agreable leur visite, qu'il scavoit l'integrité de leur justice, qu'ilz continuassent a la rendre ainsy quilz auoient faict, qu'il les protegeroit et qu'il les en assuroit.

Ce faict, a l'instant lesditz juge et consulz en charge, auec lesditz anciens juges et consuls, auroient esté menez et conduitz par ledit seigneur duc gouuerneur en l'appartement de la Royne mère, et furent par luy introduictz en sa chambre, elle estant assize dans un fauteuil, lesditz juge et consulz et anciens, tous un genouïl en terre, ledit sieur Baudequin, portant la parole pour le sieur Barbier qui estoit incommodé, fit sa harangue a la Reyne mere en substance :

« Madame, les juge et consulz des marchandz de cette ville de Paris viennent se prosterner aux piedz de Votre Majesté pour luy rendre leurs respectz et lui tesmoigner l'obligation quilz lui ont de leur auoir procuré ce grand ouurage de la paix et le mariage de nostre invincible monarque, vostre fils, ilz esperent que ce regne de paix ouurira celuy de la justice, et pour ce sujet, Madame, ilz vous demandent la mesme protection qu'il vous a pleu autrefois leur departir en temps de vostre regence, ilz esperent de vous, Madame, et dans cette attente ilz priront Dieu qu'il comble de benedictions vos souhaitz et vostre vye de toute sorte de felicité. »

La Reyne mere leur fit responce quelle receuoit a gre tous ces complimentz et quelle les auoit toujours considerez du temps mesme de sa regence, et quelle le feroit voir aux occasions.

Lesditz juge et consulz et anciens et leurs officiers se retirerent dans l'antichambre de la Reyne mere, d'ou peu de temps apres ledit seigneur gouuerneur les vint requerir pour saluer la Reyne qui estoit venue en la chambre de la Reyne mere, laquelle estant dans un fauteuil, auprès d'elle la Reyne mere et plusieurs princes et seigneurs, elle fust saluee par lesditz juge et consulz et anciens et officiers, un genouil en terre, et la parole portée par ledit Baudequin en ces termes et substance :

« Madame, les juge et consulz des marchandz de cette ville de Paris viennent de rendre leurs respectz et leurs profondes submissions au

Roy, ilz viennent a present vous rendre les mesmes debuoirs et vous
prient de leur agréer; ils esperent de vous, MADAME, d'autant plus
que c'est de Sa Majesté que procedent les rayons de la justice consulaire qu'ilz distribuent gratuitement a ses peuples, ilz vous prient,
Madame, de les fauoriser et de les proteger contre la violence de ceux
qui voudroient l'opprimer, c'est ce dont ilz supplient Vostre Majesté,
tandis qu'esleuant leurs vœux au Ciel ilz prirent Dieu pour la prosperité de la personne de Votre Majesté et l'augmentation de la famille
royale, de laquelle ilz sont les tres humbles et tres obeissants subjectz. »

LA REYNE fit responce par la bouche dudit seigneur de Bournonuille,
gouuerneur, son cheualier d'honneur, quelle auoit agreable leur
visite, et que aux occasions elle tesmoigneroit l'estime quelle en faisoit et les seruiroit.

Apres laquelle responce lesditz sieurs juge et consul en charge et
anciens juges et consulz et leurs officiers sortirent de ladite chambre
et passerent dans la salle des gardes suisses, de la dans la cour du
Louure, où ilz furent saluer ledit seigneur gouuerneur qui montoit en
carosse, le remercierent de toutes les peines quil s'estoit donnëes, luy
tesmoignant l'obligation qu'ilz en auoient, et qu'ilz se donneroient
l'honneur de le remercier en son hostel, se retirerent et monterent en
carosse deuant la porte du Louure, et sen retournerent en ladite jurisdiction en mesme ordre qu'ilz en estoient partis, ou estantz descen-
duz et montez en leur salle auec lesditz anciens et officiers de la jurisdiction, auroient remercie lesditz anciens de l'honneur qu'ilz leurs
auroient faict.

Est a remarquer qu'en toute cette ceremonie les maistres et gardes
des six corps des marchandz ne furent admis et introduictz par monsieur le preuost des marchandz qu'apres que les juge et consulz et anciens furent sortis des chambres de Leurs Majestez, lesquelz estoient
vestus de leurs habillementz ordinaires de gardes et auec leurs chapeaux.

Et le jeudy, troisiesme jour de septembre en suiuant, les juge et
consulz en charge furent remercier ledit seigneur gouuerneur en son
hostel, le prierent de leur vouloir continuer sa bonne volonté, et faire

en sorte qu'ilz puissent voir Son Eminence Monseigneur le Cardinal
Mazarin; il leur tesmoigna grande affection et leur dit qu'il leur ren-
droit seruice aux occasions, et les aduertiroit du jour pour aller voir
Son Eminence.

Du jeudy 16ᵉ septembre audit an 1660.

Ce jour, sur les huict heures du matin, seroit venu en cette jurisdiction noble homme Nicolas Baudequin, premier consul en charge,
lequel, suiuant l'ordre qu'il venoit de receuoir de la part de Monseigneur le duc de Bournonville, gouuerneur de Paris, pour aller saluer
Son Eminence Monseigneur le Cardinal Mazarin, donna ordre d'aduertir promptement messieurs les juge et consulz en charge, auec ce que
l'on pourroit des anciens a cause de la brieueté du temps, ce qui fut
fait, car peu de temps apres se rendirent en l'hostel de ladite jurisdiction lesditz juge et consulz en charge avec les sieurs Claude Niuert,
Didier Aubert, Mathieu Trotier, Alexandre de la Vayrie, Jean Cottart, Paul Lefebure, lesquelz reuestuz de leurs robes et toques, et
accompagnez de leur principal commis au greffe et des quatre huissiers audianciers en ladite jurisdiction, reuestuz aussy de leurs robes
et toques, montèrent en carosse et furent descendre a la porte du
chasteau du Louure, passerent outre dans la cour dudit chasteau, et
furent par le grand escalier en l'appartement de Son Eminence, qui
est au dessus de celui du Roy, ou estant dans l'antichambre, ledit seigneur gouuerneur les y seroit venu joindre, et peu de temps apres
les auroit introduictz dans la chambre de sadite Eminence, lequel
estoit sur son lit a cause de son indisposition; lesditz juge et consulz en
charge et anciens luy firent une profonde reuerence, ledit sieur Baudequin, portant la parole (pour et en l'absence du sieur Barbier, juge,
qui estoit aux champz), fist harangue en ces termes :

« MONSEIGNEUR, le prouerbe qui disoit autrefois qu'il n'etoit pas permis a un chacun d'aller a Corinthe, a serui en cette conjoncture de
leçon aux juge et consulz des marchandz de cette ville de Paris, pour
s'abstenir d'entreprendre de parler de ces haultes et sublimes louanges
que vous auez meriteez pour le bien de la France et l'estonnement de
toute la terre; ilz ont creu, MONSEIGNEUR, que cela seroit mieux seant
dans des bouches plus eloquentes et en des langues plus discretes que
la leur, et que Vostre Eminence seroit plus satisfaicte sy ilz se reser-

roient dans les bornes de leur debuoir, que non pas de s'emploier en
des matieres qui surpassassent la portée de leur employ ; cest pour
quoy, Monseigneur, ilz supplient Vostre Eminence d'avoir agreables
leurs tres humbles debuoirs et leurs plus profondes submissions, et encores qu'ilz vous expriment la joye qu'ilz ont conceue pour tant de belles
actions que vous auez consomméez, et qu'ilz vous en tesmoignent les
obligations qu'ilz vous en ont auec toute la France, ils esperent, Monseigneur, que ce glorieux ouurage de la paix que vous auez acheué et
cet auguste mariage de nostre inuincible monarque que vous nous auez
procuré, redonneront a la justice son credit, sa splendeur et son auctorité et que par consequent la jurisdiction consulaire, qui ne com-
pose pas une moindre ny moins considerable partie de ce grand corps
de la justice, pourra reprendre sa vigueur ; ce quelle ne pourra sy Vostre Eminence n'en veult entreprendre la protection, laquelle luy est
dautant plus necessaire que journellement elle se voit opprimée par de
plus puissantes justices qui cassent leurs sentences et mulctent de
grosses amendes les parties qui veulent plaider pardeuant elle, et
ainsy destruisent une jurisdiction qui nest instituee que pour le bien
et pour le soulagement du public. Vous scauez, MONSEIGNEUR, vous
qui estes le plus sage et le plus prudent ministre que la France ayt possédé jusque a present, que le commerce et la negociation sont les plus
legitimes moyens par lesquels les richesses entrent et abondent en
un royaume, et la justice consulaire en estant la regle, la base et le
fondement, il ne sera pas indigne de vos soins si Vostre Eminence en
veut entreprendre la protection et mesme luy augmenter ses priuileges si elle juge qu'elle en ayt besoin ; cependant, Monseigneur, nous
eslancons nos vœux au Ciel pour la santé et prosperité de Vostre Eminence, pour sa continuation et encores pour l'augmentation de sa gloire
jusque a l'eternité ; ce sont, Monseigneur, les vœux et les souhaitz de
vos tres humbles et obeissans seruiteurs les juge et consulz des marchandz de cette ville de Paris. »

Monseigneur le Cardinal leur fist responce en ces termes :

« Qu'encore que le Roy se soit soustrait de la gloire qu'il pouuoit
acquerir par ses armes pour donner le repos et la paix a ses subjectz,
qu'il ne manqueroit pas d'avoir soin de conseruer a ses subjectz ce
qu'il auoit acquis au prejudice de sa gloire, et que quand a son esgard,

il auoit agreable leur visite, la recepuoit de bon cœur, et qu'en toutes occasions il leur tesmoigneroit, et en particulier et en general, et que, quant ilz auroient besoin de sa protection il s'y emploiroit de bon cœur, et même s'ilz auoient besoin de quelques priuileges; ce qu'il leur assuroit du fond de son cœur. »

Ce faict, lesditz juge et consulz, apres auoir fait la reuerence, se retirerent et remercierent ledit seigneur gouuerneur qui les auroit reconduictz dans l'antichambre de Son Eminence, qu'ilz se donneroient l'honneur de l'aller remercier en son hostel; et ensuite retournerent lesditz sieurs juge et consulz en charge et anciens assistez, comme dict a esté, de leurs officiers, en leur hostel consulaire au mesme ordre qu'ilz en estoient partis.

Et ledit jour de releuée, lesditz juge et consulz en charge auroient esté remercier ledit seigneur gouuerneur en son hostel, qui les receust fauorablement auec tesmoignage fort grand de son amitié, et leur dit que ou il auroit occasion de les seruir, tant en general qu'en particulier, il le feroit de tout son cœur, mesme que s'ils desiroient quelques nouueaux priviléges, il s'y emploieroit de tout son cœur.

Est aussy a remarquer que lorsque lesditz juge et consulz et anciens furent saluer Son Eminence, les maistres et gardes des six corpz des marchandz ne furent introduictz par Monsieur le preuost des marchandz qu'apres que lesditz juge et consulz furent sortis de la chambre de Son Eminence, et quelque uns des six corpz s'estantz presentez pour entrer parmy lesditz juge et consulz, ayant esté reconnus par l'huissier de la porte de la chambre pour n'avoir pas la toque de velours, furent repoussez rudement, et il leur fut dit par ledit huissier et un gentilhomme de Son Eminence qu'ilz n'entreroient qu'apres lesditz juge et consulz.

Tout ce que dessus a esté escript de l'ordonnance desditz sieurs Barbier, Baudequin, Beguin, Moncheny et Cottart, juge et consulz, pour seruir aux successeurs qui entreront en charge.

XXVI.

10 juin 1774.

Ordre tenu par Messieurs les juge et consulz pour aller saluer le Roy Louis seizieme du nom à son avènement à la couronne, et la Reyne Marie Antoinette Joseph Jeanne son épouse.

Le mercredi huitieme jour de juin mil sept cent soixante quatorze, les juges et consuls, assistés de Messieurs les juge et consuls en exercice en l'année mil sept cent soixante treize, deliberans sur ce qu'ils devoient faire à l'occasion de l'avènement de Louis seizieme du nom et de Marie Antoinette Joseph Jeanne son épouse à la couronne de France, et des devoirs qu'ils devoient rendre a leurs Majestés, se sont fait representer le registre où sont inscrites les formalités cy devant observées en semblables cas, y ayant trouvé ;

Que le vingt sept mai mil six cent dix, à l'avenement du Roy Louis XIII à la couronne, les juge et consulz apres assignation prise par deux d'entre eux avec Monsieur de Souuré gouverneur de la personne du Roy, s'étoient transportes au Louure revetus de leurs robes et bonnets, et suiuis de leurs greffiers audianciers, et arrives en la chambre de la Reyne mere du Roy et Regente, tous à genoux nu tête, et apres auoir par lesdits sieurs baisé les bas des chausses de Sa Majesté au défaut de robe et manteau, l'auroient saluée comme juge et consulz des marchands etablis par les Roys ses predecesseurs.

Que le vingt un may mil six cent quarante trois, à l'avenement du Roy Louis XIV a la couronne, les juge et consuls qui avoient quelques jours auparavant deputé l'un d'eux a Monsieur le duc de Montbason pour le prier de les presenter a Sa Majesté, allerent, accompagnés de neuf anciens juges et consuls revetus de leurs robes et tocques, assistés de leur greffier et de leurs quatre huissiers audianciers, en l'hotel de mondit sieur de Montbason, qui seroit à l'instant monté en son carosse qui fut suivi de ceux ou etoient lesdits juge et consuls, suivant apres eux les gardes des six corps des marchands suivant leur ordre, et auroient été au Louvre ou etant en la chambre du Roy tous a genoux et tête nue auroient salué Sa Majesté qui remercia la Compagnie et luy donna sa main a baiser, et ensuite ledit sieur duc de Montbason les ayant conduits chez la Reine dans son grand cabinet, ou la Reine se rendit : les juges et consuls anciens et assistans cy devant nommez pareillement a genoux et nü tête saluerent Sa Majesté.

Que dans toute cette cérémonie, ainsy qu'il est remarqué audit Registre, les maîtres et gardes des six corps ne furent admis et introduits qu'apres que lesdits juges et consuls anciens et assistans furent sortis des chambres de Leurs Majestés, et que lesdits juges et consuls et anciens remercierent ledit sieur duc de Montbason, et meme peu de temps après lesdits juge et consuls en charge furent encore en son hotel.

Que en mil six cent cinquante un, Louis XIV ayant été declaré majeur, les juge et consulz deputerent l'un d'eux vers Monsieur le marechal de l'Hospital gouverneur de Paris pour le prier de les presenter a Sa Majesté, et sur sa promesse de le faire, se transporterent le douze septembre au Palais Royal, accompagnés de leur greffier et de leurs quatre huissiers audianciers, tous revetus de leurs robes et tocques, et a leur arrivée, ont trouvé monsieur Saintot maitre des ceremonies qui les a fait entrer dans la salle des Ambassadeurs, en attendant que Sa Majesté leur donnast audiance, ou peu de temps apres ledit sieur marechal les manda par ledit sieur Saintot de l'aller trouver pour saluer le Roy, ou etant ils se prosternerent à genoux devant Sa Majesté, et ensuite les six corps des marchands qui etoient dans la meme galerie, attendant que les juge et consuls eussent parlé pour se presenter au Roy, en firent de même.

Qu'en mil six cent soixante, a l'occasion de la publication de la paix, du mariage du Roy et de son entrée à Paris, les juge et consuls apres deliberation prise en assemblée generale en laquelle il fut arrêté que l'on iroit voir Monsieur le chancelier et Monsieur le duc de Bournonville gouverneur de Paris pour le prier de faire agréer a Leurs Majestés que les juge et consuls fussent les saluer, et pour presenter lesdits juge et consulz, et sur ce que mondit sieur le chancellier leur dit qu'ils recevroient leurs ordres de mondit sieur le gouverneur, lequel les fit avertir pour le trente aoust : Lesdits juge et consuls ayant convoqué tous les anciens juges et consuls furent avertis que les maitres et gardes des six corps des marchands etoient assemblés au bureau de la draperie et pretendoient aller saluer Leurs Majestés avec leur robe d'entrée et leurs toques, le greffier de la jurisdiction fut deputé audit bureau de la draperie pour faire scavoir auxdits maitres et gardes des six corps, que ou etoient les juge et consuls ils ne devoient marcher qu'en leurs habillements ordinaires de gardes avec leurs chapeaux, ainsy qu'il etoit cy-devant pratiqué, sur quoy les dits maitres et gardes des six corps repondirent audit greffier qu'il pouvoit assurer les juge et consulz de la part des six corps, qu'ils se conformeroient toujours dans leurs intentions comme etant leurs chefs, et qu'ils n'iroient qu'avec leurs habillemens ordinaires; ce fait, lesdits juge et consuls avec lesdits anciens se rendirent au Louvre, assistés de leur greffier et des quatre huissiers audianciers, tous revetus de leurs robes et tocques, et furent introduits par mondit sieur le gouverneur dans l'antichambre du Roy ou ils le saluerent a genoux, nu têtes, et de suite furent conduits par le gouverneur dans la chambre de la Reine Mere ou ils lui presenterent aussy leur respect, et s'étant retirés dans l'antichambre, ledit sieur gouverneur les vint requerir pour saluer la Reine qui etoit venue en la chambre de la Reine Mere.

Et, dans toute cette ceremonie, les maitres et gardes des six corps des marchands ne furent introduits par le prevot des marchands et admis qu'apres que les juge et consuls et anciens furent sortis des chambres de Leurs Majestés.

La matière mise en déliberation, il a été arrêté d'écrire à Monsieur le maréchal duc de Brissac gouverneur de Paris la lettre qui suit :

« MONSEIGNEUR,

» Les juge et consuls des marchands établis à Paris desirant presenter à Sa Majesté l'hommage de leur profond respect, supplient votre grandeur de leur procurer cette faveur. Nous voïons par nos registres, Monseigneur, que Monsieur le duc de Montbason, Monsieur le mare-chal de l'Hospital et Monsieur le duc de Bournonville gouverneur de

Paris en pareilles circonstances, ont présenté nos prédécesseurs, nous espérons que vous voudrez bien nous faire la même grâce. Comme nous craignons de ne vous point trouver à votre hôtel pour vous en prier de vive voix, et que notre service journalier nous laisse peu la liberté de sortir, nous avons dressé la présente que nous devons laisser à votre hôtel si nous n'avons pas le bonheur de vous trouver : daignez Monseigneur, nous faire scavoir de même, le jour et l'heure auxquels nous devons nous presenter au chateau de la Muette.

» Nous sommes avec un profond respect,

» Monseigneur,

» De votre Grandeur,

» Les très humbles et très obeissants serviteurs,

» Les Juge et Consuls des Marchands à Paris. »

Et mondit sieur maréchal duc de Brissac ayant fait réponse le même jour huit juin, que le lendemain neuf au matin, lesdits juge et consuls eussent à se rendre chez luy pour luy donner des preuves certaines que les prédécesseurs desdits juge et consulz avoient été presentés par les siens en pareilles circonstances, ils s'y seroient transportés le jeudy neuf juin au matin, et luy auroient porté le registre où sont inscrits les procès-verbaux des ordres observés en pareilles circonstances dans les années mil six cent dix, mil six cent quarante-trois, mil six cent cinquante un, et mil six cent soixante, et où est singulièrement constaté le droit qu'ont les juge et consuls de préceder les maitres et gardes des six corps des marchands dans les cérémonies publiques, d'après quoy le seigneur gouverneur leur auroit dit de se rendre au château de la Muette où sont Leurs Majestés, le vendredi dix juin, huit heures du matin.

Et, ledit jour vendredi dix juin huit heures du matin, Sires Jean Jacques Vancquetin, juge, Jean Noel Boullenger, Jean Baptiste Martin, Jean Francois Jard, et Balthazar Incelin, consuls, revêtus de leurs robes et toques et suivis de leurs greffiers et de deux huissiers audienciers, se sont transportés au chateau de la Muette, où étant, ils ont été introduits dans le grand salon au rez de chaussée tenant à la chapelle. Ils y ont trouvé Monsieur le prevot des marchands, les échevins conseillers et quartiniers qui venoient d'y entrer. Monsieur le gouverneur s'y est aussy rendu, et peu de temps après les officiers de Sa Majesté ont dressé dans cette pièce une table sur laquelle ils ont présenté à déjeuner aux deux compagnies; peu après sont arrivés dans la même salle les maîtres et gardes des six corps introduits par Monsieur de Sartine lieutenant général de police et revêtus de leurs habillemens ordinaires de gardes avec leurs chapeaux. Vers les neuf heures, Monsieur le marquis de Dreux grand maître des cérémonies est venu trouver messieurs du corps de ville pour les introduire chez le Roy; Monsieur de Sartine qui y etoit monté quelque temps auparavant est descendu, ensuite a appelé les maîtres et gardes des six corps, et les a fait monter à l'appartement du Roy.

Les juge et consulz sont aussitôt montés, accompagnés comme il est cy devant dit, et les maîtres et gardes sortans de l'appartement du Roy, ils y sont entrés, et le Roy étant debout à l'entrée de sa chambre accompagné de Monsieur le chancellier, de Monsieur le duc de Lavrillière ministre d'État et de Monsieur le gouverneur de Paris, de Monsieur le marechal prince de Soubise et autres princes et seigneurs de la Cour, ils se sont agenouillés, et Sire Vancquetin juge a adressé à Sa Majesté la parole en ces termes :

   « Sire ,

» Les juge et consuls des marchands de votre bonne ville de Paris apportent aux pieds de Votre Majesté l'hommage de leur profond respect.

» Institués qu'ils sont pour maintenir dans les engagemens des particuliers cette exactitude si précieuse, et dont Votre Majesté vient de donner elle-même par le premier acte public [1] émané de son trône auguste, un exemple éclatant et mémorable, ils la supplient d'accorder à leur jurisdiction la protection dont les Roys vos prédécesseurs l'ont toujours honorée. »

A quoy Sa Majesté a fait réponse : C'est fort bien, relevez vous.

Et lesdits juge et consulz etant redescendus dans le salon au rez de chaussée, Monsieur le gouverneur y est venu aussy, et ils luy ont fait

[1] L'édit du mois de may 1774.

leur représentation sur le droit qu'ils ont de précéder les maîtres et gardes des six corps, étant leurs chefs, ainsy qu'ils l'ont reconnu en 1660.

Sur quoy mondit sieur le gouverneur s'en étant expliqué avec Monsieur de Sartine, lieutenant général de police, ce magistrat a dit aux juge et consuls qu'il n'avoit point eu intention de donner atteinte à leur droit et qu'il en reconnoissoit tellement la légitimité, que lorsqu'il s'agiroit de se présenter chez la Reyne, les juge et consulz pouvoient le faire immédiatement après la ville, et que les maîtres et gardes des six corps ne marcheroient qu'après, ce que lesdits maîtres et gardes ont généralement reconnu être dans l'ordre et de droit.

Au moyen de quoy le moment de saluer la Reyne étant venu, les juge et consulz s'y sont présentés immédiatement après le corps de ville, mandés de la part de Monsieur le gouverneur, et la Reyne étant debout à l'entrée de sa chambre, ils se sont agenouillez, et Sire Vancquetin juge l'a complimentée en ces termes :

« MADAME,

» Les juge et consuls des marchands de votre bonne ville de Paris apportent aux pieds de Votre Majesté l'hommage de leur profond respect.

» Ils la supplient d'accorder sa protection à leur jurisdiction. »

Et Sa Majesté leur a fait réponse, « Je vous accorde ma protection. »

Ce fait, les juge et consuls ayant fait demander à Monsieur le gouverneur, le moment où ils pourroient aller le remercier à son hôtel, il leur a indiqué le lendemain samedy onze du présent, dix heures du matin, et ils s'y sont rendus, et ont de tout ce que dessus dressé le présent récit pour servir de renseignements à leurs successeurs en semblables circonstances, et ont lesdits sieurs juge et consuls signé.

XXVII.

12 novembre 1781.

Procès-verbal de ce qui s'est passé, lors de la visite que les juge-consuls ont faite à Sa Majesté Louis XVI, pour le féliciter de la naissance d'un Dauphin.

Nous juge et consuls en exercice, nous étant rendus en l'hôtel de la juridiction consulaire, le vingt-quatre octobre au matin, pour nos fonctions ordinaires, aurions appris qu'il y avait des ordres de police pour des réjouissances publiques, à l'occasion de l'heureux accouchement de la Reine et de la naissance de Monseigneur le Dauphin; aurions, en conséquence, après l'audience du matin, pris le parti de vaquer à la relevée et décidé tout de suite de faire chanter le vendredi suivant, vingt-six dudit mois, une messe solennelle suivie d'un *Te Deum* en action de grâces, laquelle aurait été célébrée par Monsieur le curé de Saint-Méry, assisté de Monsieur notre chapelain, de Messieurs les anciens juges et anciens consuls, de Monsieur Marion, député du commerce, de Messieurs nos greffiers en chef, de Messieurs nos conseillers de semaine, de Messieurs nos agréés, de Messieurs nos huissiers audienciers et de nos greffiers au plumitif, clercs d'audience, qui auraient tous été invités par billet en la manière accoutumée.

Nous aurions ensuite tenu l'audience et jugé toutes les causes qui se seraient présentées jusqu'à deux heures; mais ayant appris que Sa Majesté devait venir le soir à Notre-Dame pour y assister au *Te Deum* en action de grâces, nous aurions jugé à propos de vaquer le soir, afin de donner au peuple la facilité de participer à la joie publique.

Nous aurions aussi fait pressentir le mercredi suivant, trente et un du même mois, Monsieur le gouverneur de Paris, pour savoir de lui si nous pourrions être admis par son moyen à présenter au Roi nos compliments de félicitations au sujet de l'heureux événement, lequel nous aurait remis au samedi suivant pour la réponse; nous nous serions en conséquence rendus ledit jour, trois novembre, en son hôtel, à l'heure de midi, en robes, accompagnés d'un greffier en chef et de deux huissiers audienciers.

Alors Monsieur le gouverneur de Paris nous aurait donné parole de nous trouver à Versailles chez lui, au château, le lendemain, quatre novembre, à onze heures du matin, pour nous présenter au Roi, où nous n'aurions pas manqué de nous rendre.

Monsieur Lenoir, lieutenant général de police, Monsieur le procureur du Roi et deux Messieurs des gardes des six corps ayant été admis dans son cabinet, nous y serions entrés tout de suite; alors Monsieur le lieutenant de police aurait demandé à Monsieur le gouverneur qui seraient présentés en premier de Messieurs les consuls ou de Messieurs des six corps; Monsieur Lenoir aurait paru incliner pour ces derniers; mais, sur les représentations que nous lui aurions faites, que Messieurs les consuls étant juridiction et juges des marchands et par conséquent des six corps, nous devions avoir la préférence sur ces Messieurs, ce qui aurait été approuvé par Monsieur le procureur du Roi, qui fit sentir la justice de notre demande.

Monsieur le gouverneur nous aurait alors introduits les premiers chez Sa Majesté, qui aurait reçu les consuls d'un air content et satisfait, et entendu leur compliment conçu en ces termes :

Sire Billard portant la parole :

« SIRE,

» Quel bonheur pour les juge et consuls de votre capitale, qui exercent la justice sous votre autorité, de pouvoir en ce jour, prosternés aux pieds de Votre Majesté, lui offrir le tribut de leurs respectueux hommages, en lui manifestant leur joie sur l'événement qui fait éclater toute la France en transports d'allégresse et en actions de grâces.

» La naissance d'un Dauphin, en affermissant sur le trône de cet empire le sang des Bourbons, assure de plus en plus la félicité de la nation.

» Puisse le Dieu tout-puissant protecteur de ce royaume, en nous perpétuant ses faveurs, prolonger les jours sacrés du Monarque bienfaisant qui nous gouverne, ceux de notre auguste Reine, conserver le précieux rejeton à qui elle vient de donner le jour, Sire, tous nos vœux seront accomplis. »

Après ce discours, le Roi nous aurait fait une inclination qui témoignait son contentement.

Au sortir de chez le Roi, les juge et consuls, précédés de Monsieur le gouverneur de Paris, auraient été présentés à Monseigneur le Dauphin, à qui Messieurs les consuls dirent, Sire Billard portant la parole :

« MONSEIGNEUR,

» En bénissant le jour heureux de votre naissance, les juge et consuls de Paris ont l'honneur de vous présenter leurs hommages; ils ne cesseront d'offrir leurs vœux au ciel pour la conservation de vos jours précieux, qui sont confiés aux soins d'une princesse qui n'est pas moins recommandable par son illustre naissance que par ses rares vertus. »

Comme Messieurs les consuls n'auraient pas été avertis qu'il leur serait possible d'entrer chez la Reine pour lui présenter leurs respects et leurs compliments, après leur départ, Monsieur le gouverneur ne sachant pas où ils étaient allés pour dîner, les aurait fait chercher pour les y introduire, ce qui n'aurait pu avoir lieu par le défaut de pouvoir les trouver, et les aurait privés de l'honneur d'y être admis.

Et le jeudi suivant, huit du même mois, nous aurions eu l'honneur d'aller chez Monsieur le gouverneur de Paris lui faire nos remerciments de ses bons offices auprès de Sa Majesté, accompagnés d'un de nos greffiers en chef et de deux huissiers audienciers.

XXVIII.

15 janvier 1784.

Précis de ce qui s'est passé, à la messe solennelle et Te Deum *que Messieurs des six corps ont fait chanter à l'église Saint-Germain l'Auxerrois.*

Lundi dernier, treize du présent mois, avant l'audience du matin, Messieurs Mesnard et Grand Jacquet, premiers gardes des corps de la draperie-mercerie et de l'épicerie, étant venus nous communiquer de quelques affaires et nous présenter des billets d'invitation pour assister à la messe solennelle et *Te Deum* qu'ils avaient arrêté de faire chanter en l'église royale et paroissiale de Saint-Germain l'Auxerrois,

nous nous sommes déterminés, par après leur départ, à assister à cette
cérémonie en corps de juridiction, et, à cet effet, nous avons fait adresser par notre greffier à Monsieur Mesnard, premier garde de la draperie-mercerie, la lettre suivante :

« MONSIEUR,

» Messieurs les juge et consuls en exercice me chargent de vous
prévenir qu'ils sont dans l'intention d'assister en corps de juridiction
au *Te Deum* que Messieurs des six corps feront chanter jeudi prochain
en l'église de Saint-Germain l'Auxerrois. En conséquence, ces Messieurs prient Messieurs les six corps de vouloir bien leur faire garder
la place qu'ils doivent occuper à cette cérémonie, et de les en instruire par une réponse. »

Monsieur Mesnard ayant fait la réponse suivante :

« MONSIEUR,

» J'ai fait part à Messieurs des six corps de la lettre que vous m'avez
fait l'honneur de m'écrire. Ils me chargent de vous exprimer la satisfaction qu'ils auront toujours de marquer leur considération pour le
siége. En conséquence, après avoir examiné le local, ils ont cru ne
pouvoir offrir à Messieurs les juge et consuls une place plus convenable pour les recevoir en corps de juridiction, que la travée au pied
du sanctuaire, en face de la grille collatérale servant d'entrée du côté
de la sacristie; ils auront l'attention d'y faire déposer des siéges. Je
vous prie de vouloir bien informer le siége des dispositions de la Compagnie, et de les assurer en particulier de mon respect. »

En conséquence de cette réponse, nous juge et consuls en exercice,
soussignés, nous sommes transportés ce jourd'hui quinze, onze heures
du matin, à l'église de Saint-Germain l'Auxerrois, accompagnés de
l'un de nos greffiers en chef et suivis de notre suisse, sans épée. Étant
entrés dans l'église, nous y avons été reçus à l'entrée de la nef, en bas,
près du grand portail, par les six corps, et conduits par les députés
d'entre eux au haut du chœur, à main gauche, au bas du sanctuaire,
dans la travée, vis-à-vis la grille collatérale servant d'entrée au célébrant, où le suisse de la paroisse gardait pour nous cinq fauteuils à bras
de damas cramoisi, cinq carreaux de pied et cinq pliants couverts de

velours sur lesquels nous nous sommes placés, un siége pour notre greffier, à côté, et deux banquettes derrière, pour nos audienciers. Le milieu du chœur était occupé par Monsieur Lenoir, lieutenant de police, et Messieurs Dupont, lieutenant particulier, et de Flandre de Brunville, procureur du Roi au Châtelet, ses deux assesseurs, sur trois fauteuils en velours, garnis avec carreaux et pliants; derrière, trois autres fauteuils avec carreaux et pliants, destinés à Messieurs les avocats du Roi, et derrière, des banquettes où se sont placés d'anciens consuls et d'anciens gardes des corps. Les six travées à droite et à gauche ensuite de celles où nous étions placés, étaient remplies par les gardes des six corps en charge, sur les stalles hautes et les stalles basses et banquettes au-dessous, pour d'aucuns consuls, anciens gardes et autres invités.

Après avoir ainsi entendu la messe et le *Te Deum*, Monsieur le lieutenant de police et ses assesseurs s'étant levés les premiers pour sortir, nous ont salués et se sont entretenus avec nous quelques instants et ont passé chez Monsieur le curé où nous sommes aussi allés avec les six corps; là, nous nous sommes arrêtés tous environ un quart d'heure à complimenter le curé et à nous saluer réciproquement; après nous sommes descendus pour reprendre nos voitures, à travers les gardes des six corps qui étaient rangés sur notre passage, et nous avons fait les remercîments d'usage. Rentrés en notre hôtel, nous avons cru devoir faire sur notre registre la présente mention, pour servir de gouverne à nos successeurs en pareille occurrence.

Fait, etc.....

XXIX.

2 octobre 1787.

Précis de ce qui s'est passé à la juridiction consulaire, depuis le 15 août, jour de la translation du Parlement à Troyes, jusqu'au 1ᵉʳ octobre, que la Chambre des vacations a repris ses séances dans la capitale.

Le dix-sept août, nous avons ordonné qu'à commencer dudit jour il serait sursis pendant un mois à la contrainte par corps.

Le siége, après mûres délibérations, a déterminé qu'il ne pouvait aller à Troyes présenter au Parlement ses respectueux hommages sans porter au commerce le plus grand préjudice, les audiences se trouvant surchargées par la cessation des autres tribunaux.

Le huit septembre, Monsieur le procureur général a envoyé à la juridiction consulaire des lettres patentes enregistrées au Parlement séant à Troyes avec une lettre dont ci-joint la copie ainsi que des lettres patentes.

Copie de la lettre adressée de Troyes, le huit septembre 1787, par Monsieur le procureur général aux juge et consuls de Paris :

« Messieurs,

» Je vous envoie un exemplaire imprimé des lettres patentes du Roi du dix-huit août 1787 registrées en Parlement le trois de ce mois, qui ordonnent que les juge et consuls, autres que ceux de la ville de Paris, qui seront élus, seront tenus de prêter serment entre les mains des anciens consuls sortant de charge. Je vous prie de faire lire, publier ces lettres patentes à l'audience de votre juridiction, de les faire registrer sur les registres de votre juridiction, et de m'en envoyer l'acte incessamment.

» Je suis, Messieurs,

» Votre très-humble et affectionné serviteur,

Signé : Joly de Fleury.

Lettres patentes du Roi qui ordonnent que les juge et consuls autres que ceux de la ville de Paris, qui seront élus, seront tenus de prêter serment entre les mains des anciens consuls sortant de charge.

Registrées, ouï et ce requérant le procureur général du Roi, pour être exécutées selon leur forme et teneur, à la charge néanmoins que les juge-consuls de Paris continueraient de prêter serment en la Cour en la manière accoutumée, comme aussi à la charge que chaque juge-consul entrant en charge, sera tenu de se pourvoir en la Cour, à l'effet d'obtenir un arrêt portant commission au juge-consul sortant pour recevoir son serment, lequel arrêt lui sera délivré sur la requête du procureur général du Roi ; et copies collationnées desdites lettres envoyées aux bailliages et sénéchaussées, ensemble aux juridictions consulaires du ressort, pour y être lues, publiées et registrées. Enjoint aux substituts du procureur général du Roi ès dits siéges d'y tenir la main, et d'en certifier la Cour au mois suivant l'arrêt de ce jour. A Troyes, en Parlement, la Grand'chambre et Tournelle assemblées, le trois septembre mil sept cent quatre-vingt-sept. *Signé :* LEBRET.

Les lettres patentes ont été lues, publiées et enregistrées à l'audience le dix septembre, et conformément à la lettre de Monsieur le procureur général, on lui a envoyé le lendemain l'acte d'enregistrement et on lui a écrit une lettre conçue en ces termes :

« MONSEIGNEUR,

» Nous avons l'honneur de vous remettre ci-inclus l'acte de publication, faite à notre audience du dix du présent mois, des lettres patentes concernant la prestation de serment des juge et consuls, que vous nous avez envoyées le huit.

» Pardonnez-nous, Monseigneur, la liberté que nous prenons de présenter à la Cour nos très-humbles remercîments de la bonté vraiment paternelle avec laquelle elle a bien voulu prendre la défense du commerce, menacé de la plus grande calamité ;

» De lui témoigner nos vifs regrets sur les fautes désastreuses qui nous privent de la présence de nos augustes supérieurs,

» Et d'agréer les vœux ardents que nous ne cessons de faire pour le retour des Pères de la patrie, seul capable de calmer les craintes, et de ranimer l'espoir du bonheur dans le cœur de la Nation.

» Nous sommes avec respect,

» MONSEIGNEUR,

» Vos très-humbles et très-obéissants serviteurs,

» *Signé :* GIBERT, juge ;
» BAROCHE, TESTART, DUMELLE, KNAPEN, consuls. »

Le Parlement ayant été rappelé dans le lieu de ses séances le samedi trente septembre, la juridiction consulaire a envoyé son secrétaire à l'hôtel de Monsieur Lepelletier de Saint-Fargeau, présidant la Chambre des vacations, pour lui demander le jour et l'heure où la juridiction pourrait avoir l'honneur de le voir. Monsieur de Saint-Fargeau était à

la campagne; le suisse a répondu que si l'on voulait avoir audience,
il fallait lui écrire; ce qui a été exécuté sur-le-champ.

Copie de la lettre écrite à Monsieur de Saint-Fargeau :

« MONSIEUR,

» Les circonstances ne nous permettant point encore de rendre nos
hommages à la Cour et de lui porter les sentiments de la plus vive
allégresse qu'a fait naître son retour dans le cœur de la Nation, nous
vous supplions de vouloir bien nous faire la grâce de nous indiquer le
jour où nous pourrions au moins jouir de la satisfaction de vous présenter nos respects et l'expression de la joie publique.

» Je suis avec le plus profond respect,

» MONSIEUR,

» Votre très-humble et très-obéissant serviteur,

» *Signé :* GIBERT, juge-consul. »

Le lundi, premier octobre, on a été instruit que le Châtelet et le
Bailliage du Palais étaient au Parlement pour féliciter la Cour sur son
retour; la juridiction consulaire a cru, quoiqu'elle n'ait pas reçu de
réponse de Monsieur de Saint-Fargeau, qu'elle ne pouvait se dispenser
de se rendre sur-le-champ au Palais, à l'effet de complimenter la
Cour, si la séance n'était pas finie, et à défaut prendre acte au greffe
qu'elle s'était présentée ledit jour premier octobre. On est parti sur les
onze heures, accompagnés du greffier et de deux huissiers audienciers.
En arrivant au pied du grand escalier, nous avons été instruits que la
séance était levée et que Messieurs étaient à délibérer dans la chambre
de la Tournelle; nous avons cru qu'il convenait de nous présenter.
Nous sommes montés par le grand escalier, précédés de deux officiers
de robe courte, nos huissiers et le greffier. Étant arrivés à la porte de
la Tournelle, nous nous sommes fait annoncer : Monsieur Sainfray,
substitut de Monsieur le procureur général, s'est présenté, et nous a
demandé si la Cour nous attendait; nous lui avons répondu que nous
avions eu l'honneur d'écrire à Monsieur le président de Saint-Fargeau,
que nous n'avions pas eu de réponse, mais qu'ayant été instruits que
le Châtelet et le Bailliage avaient eu l'honneur de complimenter la

Cour ce matin, nous le priions de demander à la Cour si elle voulait nous recevoir : on nous a fait entrer dans la salle de Saint-Louis, où, au bout d'un quart d'heure, Monsieur Dufranc est venu nous annoncer que le Parlement allait prendre séance et nous recevoir; on a ouvert les deux battants, deux à trois mille personnes sont entrées, et le Parlement a suivi au bout d'un quart d'heure. Après que Messieurs eurent pris leurs places, un huissier a demandé à haute voix messieurs les consuls. L'affluence du monde nous empêchait d'approcher. Deux officiers de robe courte ont fait faire place, et nous avons pris celles qu'occupent ordinairement Messieurs les avocats.

Messieurs les consuls, Sire Gibert portant la parole, ont dit :

« MESSIEURS,

» Les malheurs désastreux dont était menacée la nation, et singulièrement le commerce, étaient sans doute de nature à faire naître le désespoir dans le cœur de tous les Français.

» Il ne fallait pas moins que les lumières supérieures de la Cour et son dévouement magnanime pour détruire l'illusion répandue autour du trône de notre auguste souverain, et lui faire connaître la vérité et le bien.

» Cette connaissance ne pouvait manquer de produire dans le cœur d'un Roi bienfaisant le désir de calmer les alarmes, de rétablir l'ordre, et de rappeler à lui les fidèles magistrats qui s'étaient si généreusement sacrifiés pour le soutien de ses véritables intérêts.

» C'est à cet événement à jamais mémorable, dans ce moment si désiré, que les juge et consuls supplient la Cour de leur permettre de déposer à ses pieds le tribut le plus pur de leurs humbles hommages, le sentiment de la plus vive reconnaissance et l'expression de la joie nationale sur son glorieux retour. »

Monsieur de Saint-Fargeau a répondu :

« La Cour est fort sensible à l'expression du zèle des juge et consuls; elle leur donnera en toute occasion des preuves de sa confiance et de sa protection. »

Les applaudissements, les claquements de mains et les vivat ont duré jusqu'à ce que Messieurs soient sortis de la chambre. Monsieur Dufranc nous a priés de nous rendre au greffe pour y déposer notre discours, ce qui a été fait sur-le-champ. Nous avons cru que nous ne pourrions nous dispenser d'aller complimenter Monsieur Daligre, premier président; nous avons marché avec le même cortége, et nous sommes entrés par la galerie qui conduit à son hôtel; étant entrés dans la salle d'audience, on nous a annoncés. Monsieur le premier président s'est présenté, et Messieurs les consuls, Sire Gibert portant la parole, ont dit :

« MONSEIGNEUR,

» Les juge et consuls de Paris ont mêlé leurs vœux à ceux de la nation entière pour le rappel de la Cour au lieu de ses séances.

» S'ils avaient pu suivre le mouvement de leur cœur et l'impulsion du zèle qui les anime, ils auraient été manifester aux pieds de la Cour les hommages respectueux qui lui sont dus; mais retenus par un service aussi rapide que rigoureux, ils n'ont pu remplir ce devoir.

» Aujourd'hui que la capitale fait éclater ses cris d'allégresse et de joie, la leur ne peut être muette, et ils viennent la déposer dans le sein d'un magistrat que ses vertus, comme le caractère dont il est revêtu, font également chérir et respecter. »

La réponse de Monsieur le premier président était remplie des marques de sa bienveillance pour la juridiction.

Il nous a reconduits jusqu'à la porte de la salle d'audience, et il ne s'est retiré que lorsque nous avons été tous dans l'antichambre.

Nous sommes rentrés à la juridiction sur les une heure, et nous avons tenu l'audience pour la campagne.

Ledit jour, sur les quatre heures, nous avons reçu la réponse de Monsieur de Saint-Fargeau à la lettre que nous avions eu l'honneur de lui écrire, et il nous a fait savoir qu'il nous recevra le lendemain, sur les une heure.

Nous nous sommes rendus en conséquence à la juridiction le lendemain deux octobre; nous avons été chez Monsieur de Saint-Fargeau, accompagnés du greffier seulement, les huissiers n'ayant pas été prévenus. On nous a annoncés : Monsieur de Saint-Fargeau nous a reçus dans son cabinet. Messieurs les consuls, Sire Gibert portant la parole, ont dit :

« Monsieur,

» Comblés des bontés vraiment paternelles avec lesquelles la Cour a bien voulu recevoir les témoignages de notre allégresse, il ne nous reste, Monsieur, à désirer que le bonheur de vous faire agréer l'assurance de notre parfaite reconnaissance et de notre profond respect. »

Sa réponse a été très-honnête et très-affectueuse; il s'est entretenu avec nous pendant un quart d'heure et nous a reconduits jusqu'à la porte de la salle d'audience. En sortant de chez lui, nous nous sommes rendus chez Monsieur le procureur général pour lui présenter nos respects : il était à sa terre de Fleury. Nous nous sommes fait inscrire sur son agenda et nous sommes rentrés à la juridiction à deux heures et demie.

Nous avons cru qu'il convenait de faire imprimer la lettre de Monsieur le procureur général et notre réponse à ce magistrat, la lettre écrite à Monsieur de Saint-Fargeau, les discours, tant au Parlement que ceux faits aux présidents en leur hôtel, pour instruire nos collègues des démarches que les circonstances nous obligeaient de faire.

Fait et délibéré, etc.

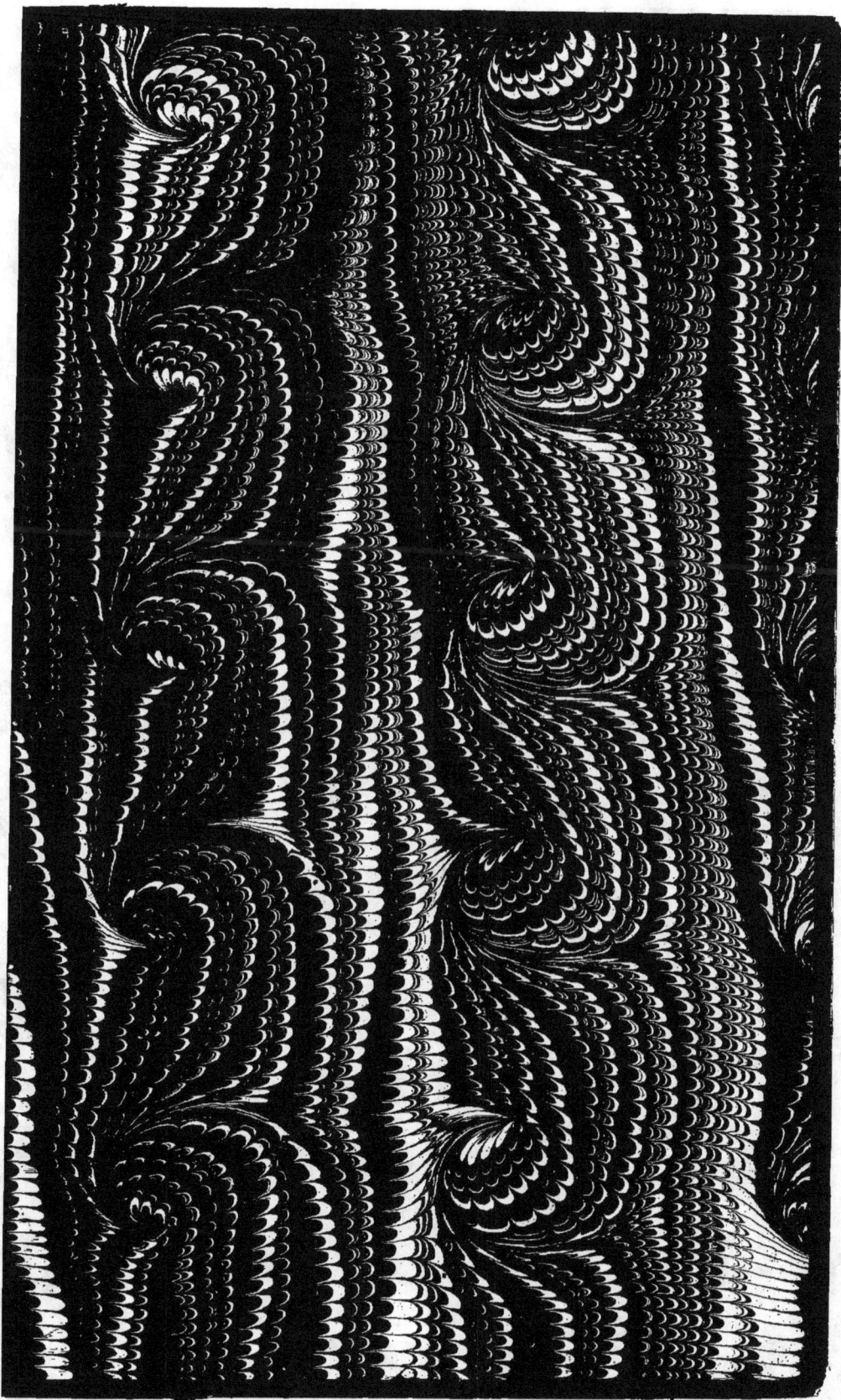

www.ingramcontent.com/pod-product-compliance
Lightning Source LLC
Chambersburg PA
CBHW070238290326
41929CB00046B/1843